从帝制走向共和

杨天石解读辛亥秘档

杨天石 著

重庆出版集团
重庆出版社

目 录

初版自序 / 1

第一章 惊天大计——维新派计划谋杀慈禧太后
　　康有为谋围颐和园捕杀西太后确证 / 3
　　康有为"戊戌密谋"补证 / 10
　　袁世凯《戊戌纪略》的真实性及其相关问题 / 14

第二章 余波不息——戊戌政变后的维新党人
　　唐才常佚札与维新党人的湖南起义计划 / 31
　　须磨村密札与改良派请杀袁世凯的谋划 / 35
　　毕永年生平事迹钩沉 / 45

第三章 双重任务——20世纪初的反帝反清斗争
　　1901年至1905年的拒俄运动 / 59
　　陈天华的《要求救亡意见书》及其被否定经过 / 83
　　1911年的拒英、拒法、拒俄运动 / 89

第四章 何所从来——辨析辛亥革命的主导力量
　　辛亥革命与共和知识分子 / 111
　　　　——对一种传统观点的质疑
　　孙中山在1900年 / 124
　　　　——读日本外务省档案札记

宋教仁佚文钩沉 / 132

第五章　兄弟阋墙——革命团体内部的裂痕和误解
　　同盟会的分裂与光复会的重建 / 143
　　《龙华会章程》主属考 / 177
　　章太炎与端方关系考析 / 185
　　《民报》的续刊及其争论 / 200

第六章　与虎谋皮——列强环伺下的财政危机
　　在华经济利益与辛亥革命时期英国的对华政策 / 221
　　孙中山与"租让满洲"问题 / 238
　　华俄道胜银行借款案与南京临时政府危机 / 252
　　孙中山与民国初年的轮船招商局借款 / 259
　　　　——兼论革命党人的财政困难与辛亥革命失败的原因

第七章　虽败犹荣——辛亥革命的历史反思和国际影响
　　陈其美的"三次革命"设想 / 279
　　　　——读日本外务省所藏陈其美致杨以均密函
　　何天炯与孙中山 / 289
　　　　——宫崎滔天家藏书札研究
　　"五四"答问 / 307
　　潘佩珠与中国 / 315
　　　　——读越南《潘佩珠自判》

第八章　直视伟人——如何定位和评价孙中山
　　孙中山与中国革命的前途 / 331
　　　　——兼论清末民初对孙中山民生主义的批评
　　"取那善果，避那恶果" / 352
　　　　——略论孙中山对资本主义的态度

孙中山是平民知识分子革命家 / 357
宋嘉树与孙中山、宋庆龄的婚姻 / 365
　　——读宋嘉树复孙中山英文函

第九章　新旧土洋——革命前后中国的思潮嬗递
儒学在近代中国 / 379
戊戌维新以来的"国民国家"思想 / 390
论辛亥革命前的国粹主义思潮 / 407
论《天义报》刘师培等人的无政府主义 / 425

第十章　高山仰止——文化革新与文化名人
南社的酝酿 / 453
黄遵宪的生平、思想和创作 / 472
论钱玄同思想 / 485
　　——以钱玄同未刊日记为主所作的研究
钱玄同与胡适 / 508
柳亚子与胡适 / 543
　　——关于中国诗歌变革方向的辩论及其他

再版说明

这是杨天石先生的一部旧作，但也可以说是一部新书。说它是"旧作"，因为此书曾于2001年由社科文献出版社出版，至今已有15个年头。说它是"新书"，因为过去十余年间，尤其是2011年辛亥革命100周年，出版界掀起了"辛亥革命"题材出版的热潮，但如杨天石先生的著作这般，从史料本身出发，对辛亥革命前后的史料进行系统整理，加以严密的分析论证，进行探隐发微、见前人所未见式的佳作，实在不多。

兹举数例如下：

其一，辛亥革命是谁领导的？通常的回答是"民族资产阶级"，但杨先生却开创性地指出："倘不从某些既定的概念或原则出发，而从客观存在的历史事实出发，答案其实是十分清楚而明白的。这就是，那个时期出现并形成的共和知识分子是辛亥革命的领导力量。"在《辛亥革命与共和知识分子》一文中，杨先生通过辛亥革命时期的中国资产阶级状况、共和知识分子、辛亥革命舞台上的活动角色与领导力量、近代中国知识分子的嬗变与近代中国历史的演进等几个方面加以论证，阐明了维新、共和、共产三代知识分子在近代中国历史嬗变中的作用，其视角之宏大、论证之严谨、方法之科学，令人耳目一新。

其二，辛亥革命推翻了帝制，创立了共和政体，但革命成果很快就被袁世凯窃取，一场轰轰烈烈的革命很快归于失败。究其原因，旧说大多认为是由于资产阶级的软弱性，而杨先生则认为，这种说法是政治分析，而非历史分析，因此，陆续写了《孙中山与"租让满洲"问题》、《华俄道胜银行借款案与南京临时政府危机》、《孙中山与民国初年的轮船招商局借款》等文，揭示了革命半途而废的真实原因：孙中山本想进军北京，彻底推翻清朝政府，但由于财政拮据，借贷无门，内外交困，不得不忍痛议和，并最终让位于袁世凯。

其三，在《同盟会的分裂与光复会的重建》一文中，杨天石先生提出，在同盟会成立以后，曾经发生过两次"倒孙（中山）风潮"。第一次反映出日本社会党分裂和日本无政府主义派别对同盟会的影响，第二次反映出同盟会内部的经费和人事纠纷。此后，杨先生又陆续写成《〈龙华会章程〉主属考》、《章太炎与端方关系考析》、《〈民报〉的续刊及其争论》、《蒋介石为何刺杀陶成章》等文，系统地清理并揭示了辛亥革命前后的同盟会内部矛盾真相。上述五篇文章中的前四篇即收入本书。

因编辑杨先生的著作，得以有幸与杨先生近距离地接触。最令我感佩的，是杨先生治学态度之严谨，为人之虚己下人。杨先生曾说自己写作的原则是"没有新材料决不动笔"，而据我亲眼所见，有了新材料，杨先生也不轻易动笔，而是对这新材料进行分析、对比，就不同的材料进行相互印证，确认这则新材料"可靠"，方才动笔。为了确认一个新材料是否可以引用，他会"上穷碧落下黄泉"地搜求证据，不放过任何线索，不惜放下身价向同行、朋友，甚至是像我们这样的近代史门外汉求助。如果不能确认新材料是可靠的，杨先生宁愿舍弃不用。在各行各业浮躁之风大盛的今天，我常常感喟杨先生做学问之"傻"、之辛苦、之不易。正因如此，杨先生的作品，经得住时间的考验。

近年来，杨天石先生的影响已经走出学术界，走向大众读者。越来越多非近代史专业的文史爱好者成了杨先生的忠实粉丝。我想，这和杨先生一贯的治学之严谨，工作之勤奋，心态之开放，文风之贴近读者不无关系。杨先生的这部旧作，如今图书市场早已无售。在一些旧书网（如孔夫子旧书网）上，价格已高达百数十元，可谓一书难求。蒙杨先生惠允，我们将此书用一种新的体例加以编排，再次出版以飨读者。在编辑过程中，经杨先生同意，删去了原作中的若干篇目，这是不得不向读者朋友特别说明的。

杨先生曾在一篇文章中说："历史反映人类社会已逝的一切，因此，忠实地再现历史本相是史学最重要也是最根本的任务。但是，历史真相并不是一眼可见，一索可得的。它需要历史学家'上穷碧落下黄泉'，充分掌握一切可能掌握的资料，经过严密的考证与分析，才能比较准确地再现出来。""我认为，历史学家笔下的史实要能经受不同立场、不同时期的读者的挑剔和检验，争取做到：你可以反对我的观点，但推翻不了我的史实。"我相信，这本新版的《从帝制走向共和》，正是杨先生此语的又一绝佳例证。

编者
2015年10月

初版自序

辛亥革命发生于上个世纪初叶，过去九十年了。

九十年来，人们一直没有忘记黄鹤楼畔响起的炮声，以及它所引发的中华大地的变化。我想，今后大概也不会忘记。中华民族将世世代代永远记住这一革命。

在辛亥革命中，中国各族儿女共同喊出了一句伟大的口号：振兴中华。

在辛亥革命中，中国的先进分子开始了对一种新的社会制度的探求。

辛亥革命的目标是：民族独立、人民民主和普遍富裕。

辛亥革命的成果是：皇冠落地，中国历史从帝制走向共和，作了一次大飞跃。

辛亥革命是近代中国历史上第一次比较完全意义上的革命。它的胜利果实虽然被篡夺了，但是，闸门从此打开，道路因而开辟，此后，中国人民的斗争就一浪高过一浪，汹涌澎湃，再也无法阻遏。

本书是著者研究辛亥革命的专题文集，大致集中于以下几个方面：

辛亥革命时期以新型知识精英为主体的爱国运动；

辛亥革命的领导力量；

革命党人的内部矛盾；

革命党人的财政困难和辛亥革命失败的原因；

英、日关系与南北和局；

辛亥革命时期的社会思潮：社会主义、民生主义、无政府主义、国粹主义、欧化主义；

辛亥革命时期的文学；

从辛亥革命向五四新文化运动的过渡，等等。

关于著者对上述问题的看法，各文俱在，兹不赘述。

研究中国近代史，首先要充分掌握资料。但是，近代的历史资料，不仅数量大、收藏分散、未经整理，甚至未经刊行。要将它们一一收集起来，是件很困难、很吃力的事。多年来，著者始终将掌握资料放在研究工作的首位，而尤其致力于手稿、档案和稀见、少见书刊的访求，海内、海外，只要有迹可寻的，都要尽量设法找到，逐一研读。我在大学时的一位老师，能从人们常见资料中发现人们常常看不出来的问题，他将有关文章，统名为"读人所常见书札记"。我没有老师那样的智慧和眼力，只能下笨功夫，致力于"读人所难见书"。我的原则是，没有新材料决不动笔，因此，读者或许可以发现，本书各文，大都有一点儿不易见到的资料。

研究中国近代史，还必须从史实出发，而不能从原则出发。人们的社会地位、政治背景、利益需求以及知识结构、价值观念多有不同，他们从中国近代史中抽象出来的原则也因此多有差异。这些原则，有的是正确的，有的是片面的，有些是错误的。科学的态度是用史实检验一切既往的原则、分析和判断。合者存，不合者废，片面者加以补充或修订。多年来，人们喜欢将某些现成结论简单地搬进历史著作，而不作任何分析和论证。其实，有些在我们今天看来是天经地义、无须证明的观点，后人却可能会瞪大眼睛，询问一句："为什么？"本书各文，提出了一些新观点，它们是否都正确，不敢自信，但有一点可以向读者保证：著者是力图从史实出发的。

著名学者章开沅教授说过，研究辛亥革命要"上下延伸，横向会通"。我很赞赏这一意见。本书在纵向上，以有关戊戌政变的文章始，以孙中山的护法斗争终，目的是将辛亥革命放在较长的时间段落内加以考察；在横向上，包括政治史、思想史、文化史、文学史等几个方面，目的是将辛亥革命放在比较广阔的范围内加以审视[1]。

中国古代的哲人庄子慨叹：吾生也有涯，而知也无涯。我开始踏入辛亥革命研究领域时，还是二十来岁的少壮，如今却已两鬓渐苍，步入"二毛"之年了。虽自觉童心尚在，而老境已至。回首前尘，所做的事实在太少、太少。不过有一点是肯定的——生命不息，自当耕耘不止。

著者
2001年5月

---

[1] 此处所说为本书初版的体例。此次再版，经作者同意，由编者对体例进行了较大幅度的改动。——编者注

第一章 惊天大计
——维新派计划谋杀慈禧太后

康有为谋围颐和园捕杀西太后确证

戊戌政变时期，清朝政府曾指责康有为"谋围颐和园，劫制皇太后"，以之作为维新派大逆不道的罪状。当时道路传言，议论纷纷，史籍、笔记中多有记载。但是，由于这一消息过于耸人听闻，康有为对此又一直矢口否认，多年来，历史学家们大都不予置信。实际上，它确有其事。康有为不仅曾准备"劫制"西太后，而且曾准备乘机捕杀。笔者于日本外务省档案中获得了可靠的证据。

1898年9月28日，清政府将谭嗣同、杨深秀等六人处决。次日，以光绪皇帝的口气发布上谕说：

> 主事康有为首倡邪说，惑世诬民，而宵小之徒，群相附和，乘变法之际，隐行其乱法之谋，包藏祸心，潜图不轨，前日竟有纠约乱党，谋围颐和园，劫制皇太后，陷害朕躬之事，幸经察觉，立破奸谋。又闻该乱党私立保国会，言保中国不保大清，其悖逆情形，实堪发指。朕恭奉慈闱，力崇孝治，此中外臣民之所共知。康有为学术乖僻，其平日著作，无非离经叛道，非圣无法之言。兹因其素讲时务，令在总理各国事务衙门章京上行走，旋令赶上海办官报局，乃竟逗留辇下，构煽阴谋，若非仰赖祖宗默佑，洞烛幾先，其

事何堪设想！[1]

中国并不是一个法治传统很盛的国家，单凭"惑世诬民"、"离经叛道"、"非圣无法"一类字眼，清政府完全可以下令捉拿康有为，处决谭嗣同等人。"上谕"特别提出"谋围颐和园，劫制皇太后"，显然事出有因。

据恽毓鼎《崇陵传信录》一书记载，政变前夕，当西太后盛怒还宫时，曾指责光绪皇帝说："我抚养汝二十余年，乃听小人之言谋我乎？"又说："痴儿，今日无我，明日安有汝乎？"[2]恽毓鼎曾随侍光绪多年，上述记载自非无根之谈。费行简的《慈禧传信录》一书所记与恽书大体相同，但更明确。它记西太后大骂光绪说："汝以旁支，吾特授以大统，自四岁入宫，调护教诲，耗尽心力，尔始得成婚亲政。试问何负尔，尔竟欲囚我颐和园，尔真禽兽不若矣！"[3]《清廷戊戌朝变记》所载亦同。西太后责问光绪说："康有为叛逆，图谋于我，汝不知乎？尚敢回护也！"[4]综观上述材料，可以确定：西太后认为，光绪皇帝和康有为串通，准备将她囚禁于颐和园，因而才有前述29日的上谕。

对清政府的指责，康有为多次矢口否认，反说是袁世凯的离间计。1908年，他在《上摄政王书》中说：

> 戊戌春夏之交，先帝发愤于中国之积弱，强邻之侵凌，毅然维新变法以易天下。其时慈宫意旨所在，虽非外廷所能窥伺，就令两宫政见小有异同，而慈孝感召之诚，终未尝因此而稍杀。自逆臣世凯无端造出谋围颐和园一语，阴行离间，遂使两宫之间常有介介，而后此事变遂日出而不穷，先帝所以备历艰险以迄今日，实维此之故。[5]

---

1 《德宗实录》第427卷。

2 中国近代史资料丛刊《戊戌变法》（一），第476页，上海人民出版社，1957。

3 同注2。

4 同注2。

5 《戊戌变法》（二），第518页。

康有为这封信的主旨在于说明光绪"仁孝"而西太后"慈",因此说了许多违心的话,如所谓"慈孝感召之诚"云云,即是自欺欺人的谎言。康有为进一步声称:"推袁世凯所以造出此无根浮言之故,全由世凯受先帝不次之擢,其事颇为廷臣所属目,而盈廷汹汹,方与新政为难,世凯忽生自危之心,乃幻出此至狠极毒之恶谋,如俗谚所谓苦肉计者以自求解免,此戊戌冤狱之所由起也。"康有为的这段话实在没有多少说服力。袁世凯为了自求解免,向荣禄、西太后邀宠,出面告密就可以了,何必一定要造出"谋围颐和园"一类的谣言来呢?须知,一经查实没有此事,袁世凯的欺诳之罪也不会很小。老奸巨猾的袁世凯不会这么干的。

然而,"谋围颐和园"一说确实出于袁世凯。他的《戊戌日记》对谭嗣同夜访有详细的记载,内称:

> (谭)因出一草稿,如名片式,内开荣某谋废立弑君,大逆不道,若不速除,上位不能保,即性命亦不能保。袁世凯初五请训,请面付朱谕一道,令其带本部兵赴津,见荣某,出朱谕宣读,立即正法。即以袁某代为直督,传谕僚属,张挂告示,布告荣某大逆罪状,即封禁电局铁路,迅速载袁某部兵入京,派一半围颐和园,一半守宫,大事可定。如不听臣策,即死在上前各等语。予闻之魂飞天外,因诘以"围颐和园欲何为?"谭云:"不除此老朽,国不能保。此事在我,公不必问。"[1]

袁世凯自认,是他向荣禄告密的。袁在日记中称,他写这篇日记,是为了"交诸子密藏","以征事实"[2]。当然,袁世凯为人阴险奸诈,他的话不能轻信,必须以其他材料验证。

王照逃亡日本后在与犬养毅的笔谈中说:

---

[1] 《戊戌变法》(一),第550~551页。有关情节袁世凯生前也曾对人说过,张一麐任袁世凯幕僚时也有所闻,见《心太平室集》卷8。

[2] 《戊戌变法》(一),第555页。

> 梁启超、谭嗣同于初三夜往见袁，劝其围太后，袁不允。[1]

在维新运动中，王照与康有为关系密切。当新旧两派斗争日益尖锐的时候，康有为曾动员他游说聂士成率军保卫光绪[2]。谭嗣同夜访袁世凯之际，康有为又曾和他一起商议，"令请调袁军入勤王"[3]。因此，他的话不会没有根据。

李提摩太在《留华四十五年记》中说：

> 在颁布维新谕旨时，守旧派怨恨皇帝荒唐的计划，可能很快地使中国毁灭，他们恳求慈禧将一切的政权都掌握在她自己手里。她下谕秋天要在天津阅兵。皇帝恐怕在检阅的藉口之下，慈禧将要夺取所有权柄，而把他放在一边。维新党催着他要先发制人，把她监禁在颐和园，这样才可以制止反对派对于维新的一切障碍。皇帝即根据此点召见荣禄部下的将领袁世凯，计算在他的支持下，带兵至京看守她住的宫殿。

又说：

> 维新党都同意要终止反动派的阻力，惟一的办法就是把慈禧关闭起来。[4]

李提摩太是康有为替光绪皇帝聘请的顾问，参与维新机密。光绪求救的密诏传出之后，康有为、谭嗣同曾分别拜访他，和他一起商讨"保护皇帝"的办法。因此，李提摩太的上述回忆自然也不是捕风捉影之谈。

许世英在回忆录里说：戊戌那一年，他在北京，听到"围园"的有

1　《戊戌变法》（四），第322～333页。
2　同注1。
3　《戊戌变法》（四），第161页。
4　《戊戌变法》（四），第562～564页。

关传说，曾经跑去问刘光第，刘说："确曾有此一议。"[1]许世英的回忆录写于晚年，他没有说谎的必要。

梁启超记谭嗣同夜访袁世凯时说：

> 荣禄密谋，全在天津阅兵之举。足下及董、聂三军，皆受荣所节制，将挟兵力以行大事，虽然，董、聂不足道也。天下健者，惟有足下，若变起，足下以一军敌彼二军，保护圣主，复大权，清君侧，肃宫廷，指挥若定，不世之业也。[2]

史家们千万不能忽略这"肃宫廷"三字，如果不对西太后采取措施的话，宫廷又如何能"肃"呢？

西太后是维新运动的最大障碍。杀一个荣禄，并不能完全解决问题。由杀荣禄而包围颐和园，处置西太后，这是顺理成章的事。事实上，维新派早就有过类似想法：康有为声称，如果要"尊君权"，"非去太后不可"[3]。杨深秀也曾向文悌透露："此时若有人带兵八千人，即可围颐和园，逼胁皇太后。"[4]

最可靠的确证是毕永年的《诡谋直纪》。毕永年，湖南长沙人，会党首领，谭嗣同、唐才常的好友。戊戌政变前夕到达北京，被引见康有为，受命在包围颐和园时，乘机捕杀西太后。《诡谋直纪》是他关于此事的日记，节录如下：

> 二十九日……夜九时，（康）召仆至其室，谓仆曰："汝知今日之危急乎？太后欲于九月天津大阅时弑皇上，将奈之何？吾欲效唐朝张柬之废武后之举，然天子手无寸兵，殊难举事。吾已奏请皇上，召袁世凯入京，欲令其为李多祚也。"

---

1 《人间世》半月刊，第5卷第4期第26页，台北版，1961年4月。
2 《戊戌变法》（四），第52页。
3 《戊戌变法》（四），第331页。
4 日本外务省档案1.6.1.4-2-2，491183。

八月初一日，仆见谭君，与商此事，谭云："此事甚不可，而康先生必欲为之，且使皇上面谕，我将奈之何！我亦决矣。兄能在此助我，甚善，但不知康欲如何用兄也。"午后一时，谭又病剧，不能久谈而出。夜八时，忽传上谕，袁以侍郎候补。康与梁正在晚餐，乃拍案叫绝曰："天子真圣明，较我等所献之计尤觉隆重，袁必更喜而图报矣。"康即起身命仆随至其室，询仆如何办法。仆曰："事已至此，无可奈何，但当定计而行耳，然仆终疑袁不可用也。"康曰："袁极可用，吾已得其允据矣。"乃于几间取袁所上康书示仆，其书中极谢康之荐引拔擢，并云赴汤蹈火，亦所不辞。康谓仆曰："汝观袁有如此语，尚不可用乎？"仆曰："袁可用矣，然先生欲令仆为何事？"康曰："吾欲令汝往袁幕中为参谋，以监督之何如？"仆曰："仆一人在袁幕中何用，且袁一人如有异志，非仆一人所能制也。"康曰："或以百人交汝率之，何如？至袁统兵围颐和园时，汝则率百人奉诏往执西后而废之可也。"

初三日，但见康氏兄弟及梁氏等纷纷奔走，意甚忙迫。午膳时钱君告仆曰："康先生欲弑太后奈何？"仆曰："兄何知之？"钱曰："顷梁君谓我云：先生之意，其奏知皇上时，只言废之，且俟往围颐和园时，执而杀之可也，未知毕君肯任此事否？兄何不一探之等语。然则此事显然矣，将奈之何？"仆曰："我久知之，彼欲使我为成济也，兄且俟之。"[1]

此件大约写作于1899年初。当时，毕永年和康有为矛盾已深，写成后交给了日人平山周，平山周交给了日本驻上海代理总领事小田切万寿之助。同年2月8日，小田切万寿之助将它上报给日本外务次官都筑馨六[2]。它为了解康有为谋围颐和园、捕杀西太后的有关活动提供了最确凿的材

---

[1] 日本外务省档案1.6.1.4-2-2，491315～491318。

[2] 日本外务省档案1.6.1.4-2-2，491312～491314。

料[1]。它所记载的某些情节也可与其他材料互相印证。例如捕杀西太后的人选，除毕永年外，还曾急催唐才常入京，这正与袁世凯《戊戌日记》所载谭嗣同称"电湖南召集好将多人"相合。又如它记载康有为告诉毕永年，已派人往袁处离间袁世凯与荣禄之间的关系，这同《康南海自编年谱》的说法一致。当然，也有个别情节不准确，例如它记夜访袁世凯的为康有为、谭嗣同、梁启超三人，这是因为谭嗣同没有将全部真实情况告诉毕永年，出于猜测之故。

在《上摄政王书》中，康有为说："今者两宫皆弃臣民而长逝矣，臣子哀痛有所终极，过去陈迹渐如烟云。虽然，千秋以后之史家，于戊戌之事岂能阙焉而弗为记载，使长留谋颐和园之一疑案不得表白，则天下后世非有疑于先帝之孝，则有疑于先帝之明，而不然者又将有疑于大行太皇太后之慈。"[2]为了维护封建伦理，康有为力图否认有关事实。他没有想到，这一"疑案"终于得出了违反他的意志的"表白"。历史是糊弄不得的。

附记：承日本立命馆大学教授松本英纪惠借日本外务省档案缩微胶卷，特此致谢。

---

1 冯自由在《毕永年削发记》一文中有简略记载，但未说明资料来源，见《革命逸史》初集，第74页，中华书局，1981。
2 《戊戌变法》（二），第519页。

康有为"戊戌密谋"补证

戊戌政变前夜，康有为为了挽回局势，曾与谭嗣同、梁启超密谋，利用袁世凯，乘机派毕永年捕杀西太后。有关事实，前文已作阐述。近读梁启超致康有为密札一通，发现它不仅为戊戌密谋提供了新的有力证据，而且说明了梁启超力主掩盖事实真相的情况和政治目的，因据之以作补证。

密札首尾均佚，中云：

（上脱）唐已撤回矣。顷得诸要人为我斡旋，各事可称顺手。惟张、鹿两军机仍不慊于吾党，监国之待彼革，处处还其体面，故尚不无小小阻力。弟子已有书与张，通殷勤，释前嫌，若吾师别致一函更妙（函寄此间可也）。

师所上监国书奉到时，袁贼已败，故措词不能不稍变易，已僭改若干，誊写递去矣。戊戌密谋，鄙意谓必当隐讳，盖投鼠忌器，今两宫皆殂，前事非复嗣统者所忍言，非伤德宗，伤孝钦，为监国计，实无从理此曲直也。故弟子写信入都，皆力辩戊戌绝无阴谋，一切悉由贼虚构，专归罪于彼一人，则可以开脱孝钦，而事易办。师谓何如？望此后发论，跟此一线，以免异同，为叩！党禁之开必非远，然忌我者众，贼虽败而死灰尚未尽，今后所以处之者，益当慎重。

若此次再出岔，则中国真沉九渊矣。师谓何如？[1]

函中所言唐，指唐绍仪；张、鹿两军机，指张之洞与鹿传霖；监国，指摄政王载沣；袁贼，指袁世凯；德宗，指光绪；孝钦，指西太后。函中提到"袁贼已败"，故知此函作于1909年1月2日，清政府罢斥袁世凯之后。函中所言"彼革"，亦指袁世凯。"处处还其体面"，指载沣以袁世凯患有"足疾"、"开缺回籍养疴"为名革除了他的职务。所谓"戊戌密谋"，即指包围颐和园，软禁以至捕杀西太后的计划，因为"诛荣禄"等一类打算，早已由梁启超在《戊戌政变记》等处公布，不必再"隐讳"了。

戊戌政变后，康、梁流亡海外，对袁世凯出面告密以致"六君子"被杀、光绪被囚的行为一直怀恨在心，多次策划倒袁。1908年11月，光绪和西太后相继死去，由光绪的弟弟载沣摄政，这使康、梁大为兴奋，视为"讨贼复仇"的绝好机会。他们多方活动，联络满汉贵族、大臣，企图使清政府惩办袁世凯，其中重要的方式就是给载沣上书，在《上摄政王书》中，康有为力辩"谋围颐和园"，说这是袁世凯捏造的"无根浮言"，"至狠极毒"，恶贯满盈，要求载沣像康熙诛鳌拜、嘉庆诛和珅、西太后杀肃顺一样处置袁世凯，"为先帝复大仇，为国民除大蠹"[2]。从梁札可以看出，《上摄政王书》是经由梁启超之手转递给载沣的，其间经过梁启超的"僭改"，而其"僭改"的最重要之处则是周到地掩盖"戊戌密谋"。

还在1909年，康有为在给英国人濮兰德的书信中就曾说："盖自前年八月，庆、荣、刚诸逆贼欲弑皇上，而假托于仆，诬以进毒丸，欲杀弟而即弑皇上，一起两得；既而足下见救，弟不可杀，则改诬以围颐和园。"[3]当时，光绪是西太后的阶下囚，康有为泄露"围园"密谋必然会危及光绪。现在囚人者与被囚者都已经死去，康有为觉得时势不同了，

---

[1] 蒋贵麟：《万木草堂遗稿外编》（下），台北版，第860～861页。

[2] 《戊戌变法》（二），第521页。

[3] 《康有为政论集》（上），第424页，中华书局，1981。

因此在《上摄政王书》中作了某种透露，而这遭到了梁启超的强烈反对，声言"戊戌密谋，鄙意谓必当隐讳"，要求老师和他统一口径："以后发论，跟此一线，以免异同。"

确实，梁启超比他的老师精细。载沣虽然是光绪的亲弟弟，但他的地位是西太后给予的。把"围园"这样的密谋提到载沣面前，就会使他处于十分为难的地位："非伤德宗，伤孝钦，为监国计，实无从理此曲直。"肯定密谋是正义之举吧？这就要证明西太后不义；而且，光绪与密谋的关系也无法交代。如果光绪知情，这就有悖于"孝道"；如果不知情，又难免失察之过，和改良派力图塑造的光绪形象大相径庭。这一时期，梁启超还有一封给肃亲王善耆的书札，中云："德宗皇帝之仁孝与英明，皆天下所共闻也。以仁孝之德宗岂其对于太皇太后而有此悖逆之举？若谓全由康有为主谋，德宗不预知，试思德宗岂昏庸之主，由疏逖小臣之康有为得任意播弄者耶？"又云："使德宗而与闻康之谋，德宗不得为仁孝也；使德宗而为康所卖，是德宗不得为英明也，而德宗岂其然哉！"[1]康有为的《上摄政王书》中也有类似的一段话，当即梁启超的"僭改"之一。这段话很好地说明了梁启超的内心矛盾。他权衡再三，只有"力辩戊戌绝无阴谋"，一切均由袁世凯"虚构"，"专归罪于彼一人"，这样，就可以撇开西太后的关系，"而事易办"，载沣下决心惩办袁世凯就容易多了。

梁启超力主掩盖事实真相的另一考虑是"开放党禁"。载沣摄政后，康有为、梁启超除活动倒袁、惩袁外，同时还企图为戊戌一案平反，其内容包括：抚恤"六君子"，起用因参与变法而被罢斥的维新党人，允许康、梁等合法地从事政治活动等。如果包围颐和园一类密谋泄露，必将增强反对力量，惹起许多麻烦，不如矢口否认来得干净。所以，梁启超又告诫康有为，不能再"出岔"了："党禁之开必非远，然忌我者众，贼虽败而死灰尚未尽，今后所以处之者，益当慎重。"

对梁启超的考虑，康有为深以为然。所以他不仅同意梁启超的"僭改"，而且终其身一直守口如瓶。1926年，当袁世凯的《戊戌日记》在

---

[1]《梁启超年谱长编》，第478页，上海人民出版社，1983。

《申报》上发表时，曾经有人认为"个中人物，只有南海"，希望他出面"证明是非"，但是，康有为却保持沉默，"始终未有只字相答"[1]。康有为的疏忽之处在于，他没有想到毕永年留下了一份日记，也没有将梁启超的密札销毁，使得我们在"确证"之后，还可以"补证"。

1　张一麐：《致蔡元培书》，《中国现代史丛刊》（二），台北版，第1~2页。

袁世凯《戊戌纪略》的真实性及其相关问题[1]

戊戌政变前夜，谭嗣同夜访袁世凯是中国近代史上的重要事件，任何讲述维新运动史的专著都不能不阐述它。关于夜访情况，袁世凯的《戊戌纪略》和梁启超的《戊戌政变记》都有较详细的记载。在这两份资料中，袁世凯的《纪略》写于光绪二十四年八月十四日（1898年9月29日），距谭嗣同夜访不过11天，为当事人亲笔所记，属于直接资料；梁启超的著作，其内容当据谭嗣同转述，且系流亡日本后追记，属于间接资料，而且，梁启超晚年还曾自述，《政变记》并非"信史"，其中有个人"感情作用"支配，将"真迹放大"之处[2]。因此，袁世凯的《纪略》似应更为可靠。但是，由于袁世凯是中国近代史上的"大奸大憝"，彼认为"一生善于作伪"，所以，尽管他信誓旦旦地保证《纪略》的真实性，仍然不能为人们所取信。有关夜访等记载，史家们宁可取梁而弃袁，其结果是使戊戌政变的真相长期得不到正确揭示。

本文将对袁世凯《戊戌纪略》的真实性做出评估，并由此探讨戊戌

---

[1] 笔者见到的《戊戌纪略》抄件共两种：一种藏于中国社会科学院近代史研究所，收入中国近代史资料丛刊《戊戌变法》（一），改题为《戊戌日记》；一种存于湖南省博物馆，注明系袁政府秘书监夏寿田（午诒）家藏（馆藏号，史1，3068）。

[2] 梁启超《中国历史研究法》第五章第二节："如吾二十年前所著《戊戌政变记》，后之作清史者记戊戌事，谁不认为可信之史料，然谓所记悉为信史，吾已不敢自承，何则？感情作用所支配，不免将真迹放大也。"见《饮冰室合集》专集，73，第91页。

政变中一些扑朔迷离的问题。

一　袁世凯的《纪略》主要情节可靠，而梁启超则有意隐瞒

袁世凯《戊戌纪略》的主要情节是谭嗣同夜访袁世凯，劝他带兵包围颐和园，除掉西太后。

对此，《纪略》记谭嗣同拿出一份事先写好的拟上光绪皇帝的奏章，内称：

> 荣某谋废立弑君，大逆不道，若不速除，上位不能保，即性命亦不能保。袁世凯初五请训，请面付朱谕一道，令其带本部兵赴津，见荣某，出朱谕宣读，立即正法。即以袁某代为直督，传谕僚属，张挂告示，布告荣某大逆罪状，即封禁电局、铁路，迅速载袁某部兵入京，派一半围颐和园，一半守宫，大事可定。如不听臣策，即死在上前。[1]

当袁世凯询问谭嗣同，"围颐和园欲何为"时，谭嗣同直言相告："不除此老朽，国不能保。此事在我，公不必问。"谭嗣同所称颐和园中的"老朽"，当然指的是慈禧太后。

这是维新派精心设计的一份完整的政变计划，分两步。第一步，诛荣禄。其理由是荣禄向慈禧太后献策，借九月天津阅兵光绪皇帝巡幸天津之机，废弑皇帝。关于此，梁启超《戊戌政变记》记谭对袁世凯称：

> 荣禄密谋，全在天津阅兵之举。足下及董、聂三军，皆受荣所节制，将挟兵力以行大事，虽然，董、聂不足道也。天下健者，惟有足下，若变起，足下以一军敌彼二军，保护圣主，复大权，清君侧，肃宫廷，指挥若定，不世之业也。

---

[1] 中国近代史资料丛刊《戊戌变法》（一），第550～551页。

《康南海自编年谱》云：

> 乃嘱谭复生入袁世凯所寓，说袁勤王，率死士数百扶上登午门而杀荣禄，除旧党。

又记袁表态云：

> 杀荣禄乃一狗耳！然吾营官皆旧人，枪弹火药皆在荣禄处，且小站去京二百余里，隔于铁路，虑不远事泄。若天津阅兵时，上驰入吾营，则可以上命诛贼臣也。

在以上记载里，梁启超、康有为为一方，袁世凯为另一方，双方记载相较，在第一步杀荣禄上完全一致，可见双方记载均属实。

维新派政变的第二步是杀慈禧太后。其进行步骤是：袁世凯带兵入京，包围颐和园，由维新派自己的人动手杀掉慈禧。关于此，毕永年《诡谋直纪》记钱惟骥奉梁启超之命，试探毕永年态度时曾说：

> 顷梁君谓我云：先生之意，其奏知皇上时，只言废之，且俟往围颐和园时，执而杀之可也，未知毕君肯任此事否？[1]

可见，袁世凯关于维新派政变的第二步所述，也属实。毕永年是谭嗣同的生死之交，维新派计划由毕永年动手，执行慈禧太后的死刑，所以，谭才对袁说："此事在我，公不必问。"稍后，又再次对袁强调："去此老朽，无须用公。但要公以二事，诛荣某，围颐和园耳！"[2]

由上述可见，袁世凯关于谭嗣同夜访的主要情节的记载不仅是可靠的，而且是准确、适度的，没有夸张之词。反观梁启超的有关记载，

---

1 日本外务省档案，161422。笔者整理本见《近代史资料》总63号。
2 参阅本书《康有为谋围颐和园捕杀西太后确证》。

则只有诛荣禄的第一步，对第二步，则坚决否认，称之为诬蔑、捏造之词[1]。不仅如此，而且在光绪皇帝、慈禧太后相继去世，形势变化，康有为有透露之意的时候，梁启超还认为"必当隐讳"，要求康有为继续保守秘密，"望此后发论，跟此一线，以免异同"[2]。

袁和梁的记述，在大关节上，到底谁可信呢？

二 《纪略》大多数的次要情节也可靠，仅在少数问题上有掩饰和美化

袁世凯《戊戌纪略》不仅主要情节可靠，其次要情节，许多地方也可以一一考实。现择其要者分述如下：

1. 英舰游弋问题。《戊戌纪略》称：初三日将暮，"得营中电信，谓有英兵船多只游弋大沽海口，接荣相传令，饬各营整备听调，即回寓作复电。适有荣相专弁遗书，已调聂士成带兵十营来津驻扎陈家沟，盼即日回防。"查台湾中研院所藏总理衙门收电档，八月初二日，聂士成致电荣禄云："昨下午六点钟由营口来兵船七艘，三只泊金山嘴，四只泊秦皇岛，风闻系英国兵舰。"同日，又电云："现外国兵轮已泊塘沽口内。"八月初三，荣禄即据此电告总理衙门。可见，《纪略》所称"英兵船多只游弋大沽海口"一事，确有来历。又据八月六日天津《国闻报》载，聂士成军确于初四、初五由芦台拨队来津。可见，《纪略》所称荣禄调聂士成军来津驻扎，亦系事实[3]。

2. 反间计问题。《戊戌纪略》载，谭嗣同为了打动袁世凯，曾特别提出，荣禄阻碍袁世凯晋升。谭的原话是："此人（指荣禄——笔者）极其狡诈，外面与公甚好，心内甚多猜忌。公辛苦多年，中外钦佩，去年仅

---

1 《戊戌政变记》，第64、92页，中华书局，1954。
2 梁启超：《致康有为密札》，蒋贵麟：《万木草堂遗稿外编》（下），台北版，第860~861页。参阅本书《康有为"戊戌密谋"补证》。
3 参见黄彰健：《戊戌变法史研究》，第524~525页，台湾"中研院"历史语言研究所专刊之五十四，1970。

升一阶，实荣某抑之也。康先生曾先在上前保公，上曰：'闻诸慈圣，荣某常谓公跅弛不可用'等语。此言甚确，知之者亦甚多。"关于此事，《康南海自编年谱》记，当年六月，康为了离间袁世凯和荣禄的关系，曾派徐致靖的侄子徐仁禄对袁说："我（指康）与卓如、芝栋、复生屡荐于上，上言荣禄谓袁世凯跅弛不可大用。"两者完全相合，特别是"跅弛不可用"云云，竟完全一致。

关于反间计，《诡谋直纪》也记载，康有为曾对毕永年说："吾已令人往袁处行反间之计，袁深信之，已深恨太后与荣禄矣！"

3. 电召湖南好汉问题。《戊戌纪略》称，谭嗣同曾对袁世凯说："我雇有好汉数十人，并电湖南召集好将多人，不日可到。"关于此，《诡谋直纪》记：毕永年曾建议发电湖南，催唐才常入京同谋，得到康、梁、谭三人赞同，连发两电催促。

4. 光绪皇帝密谕问题。《戊戌纪略》记，谭嗣同曾向袁世凯出示光绪皇帝的密谕，其内容大概为："朕锐意变法，诸老臣均不顺手，如操之太急，又恐慈圣不悦。饬杨锐、刘光第、林旭、谭嗣同另议良法。"

关于此谕，杨锐儿子后来交出的正本为："近来朕仰窥皇太后圣意。不愿将法尽变，并不欲将此辈荒谬昏庸之大臣罢黜，而用通达英勇之人令其议政，以为恐失人心。虽经朕屡次降旨整饬，并且随时有几鉴之事，但圣意坚定，终恐无济于事。即如十九日之朱谕，皇太后已以为过重，故不得不徐图之，此近来之实在为难之情形也。朕亦岂不知中国积弱不振，至于阽危，皆由此辈所误，但必欲朕一旦痛切降旨，将旧法尽变，而尽黜此辈昏庸之人，则朕之权力实有未足。果使如此，则朕位且不能保，何况其他！今朕问汝，可有何良策，俾旧法可以全变，将老谬昏庸之大臣尽行罢黜，而登进通达英勇之人令其议政，使中国转危为安，化弱为强，而又不致有拂圣意？尔其与林旭、刘光第、谭嗣同及诸同志妥速筹商，密缮封奏，由军机大臣代递，候朕熟思，再行办理。朕实不胜十分焦急翘盼之至！"将袁世凯所述和密谕正本相较，虽有长短之别，但精神实质完全相同；特别值得注意的是，在没有提到康有为这一点上，二者也相同。

《戊戌纪略》又记谭在袁面前埋怨说："朱谕在林旭手，此为杨锐抄给我看的，确有此朱谕，在三日前所发交者，林旭等极可恶，不立即交我，几误大事。"查有关记载，光绪皇帝的密谕是七月三十日交给杨锐的，但杨锐惊恐不知所以为计，直到八月初三才通过林旭交到康有为、谭嗣同手里。这些情况，足证《纪略》有关记载相当精确。

5. 袁的推宕策略问题。《戊戌纪略》记，袁世凯没有答应谭嗣同立即回津举事的要求，而是推到九月天津阅兵时动手。袁称："九月即将巡幸天津，待至伊时军队咸集，皇上下一寸纸条，谁敢不遵，又何事不成？"关于此，《诡谋直纪》载，初四一早，毕永年向谭嗣同询问夜访结果时，谭答称："袁尚未允也，然亦未决辞，欲从缓办也。"两者所述相合。

6. 举荐张之洞。《戊戌纪略》记袁世凯初五请训时，曾向光绪皇帝推荐张之洞，说是"变法尤在得人，必须有真正明达时务、老成持重如张之洞者，赞襄主持，方可仰答圣意"。

按，袁世凯在七月二十九日从天津奉召到北京时，即有推荐张之洞的打算。当日，钱念劬致电张之洞云："袁臬明后见，欲请帅入枢。"[1]

根据以上六条，可证在若干次要情节上，袁世凯的《戊戌纪略》也没有说谎，其记述基本可靠。

袁世凯有无不老实之处呢？当然有。其一，上引《康南海自编年谱》记袁世凯称："杀荣禄乃一狗耳！"关于此，梁启超《戊戌政变记》所载更为详细具体。不仅有对话，而且有对话时的神态。据该书，当谭嗣同说到"荣禄固操、莽之才，绝世之雄，待之恐不易易"时，袁怒目视曰："若皇上在仆营，则诛荣禄如杀一狗耳！"谭嗣同夜访袁世凯之后，必然向康、梁作详细汇报。袁世凯的这一表态必然给了康、梁以深刻印象，所以几年之后，康有为想再次利用袁世凯的时候，曾经给袁写过一封信，内称：

中国岌岌危亡，横睇海内，能救者惟公耳。八月三夜之言，仆犹记之，慷慨而许诛尔朱。中间之变，殆出于不得已。盖闻尔朱已

---

[1] 《张文襄公集》卷156，第29页。

先调董、聂之军，无能为役，杀身无益，不若留以有待。此实志士之苦心也。

函中所称"尔朱"，当即荣禄；所称"八月三夜之言"，当即"诛荣禄如杀一狗"的慷慨表示。给袁世凯本人写信，自无捏造袁本人言行的可能[1]。

衡以上述记载及资料，谭嗣同夜访时，袁世凯曾有过"诛荣禄"的表态（哪怕是虚与委蛇），应无疑义。但是，袁世凯在《戊戌纪略》中，却只字未提。"诛荣禄如杀一狗"云云，在袁世凯看来，既有损他的形象，泄露之后也影响他和荣禄的关系，加以掩饰是必然的。

其二，在《纪略》中，袁世凯对自己颇多美化。在维新和守旧的两派斗争中，袁世凯投靠守旧派，主要是出于对双方力量对比和个人利害的考虑，并非如他自己所说是出于所谓"人臣之大义"。这一点，读者极易明白，无须多言。

《纪略》在某些细节上也可能还有一些可疑之处，但是，就总体言，它的真实性较《政变记》为高。

三 相关问题

如果我们肯定《戊戌纪略》基本可信，那么，与戊戌政变相关的几个扑朔迷离的问题就可以迎刃而解了。

（一）天津阅兵时的废弑密谋

维新派要袁世凯举兵的理由是荣禄与慈禧太后密谋，在九月天津阅兵时废掉甚至杀掉光绪皇帝。八月初六日晨，袁世凯告密时曾将此点告知荣禄，但荣禄坚决否认。据《戊戌纪略》，荣禄听后，脸色陡变，大声呼冤说："荣某若有丝毫犯上心，天必诛我。"

荣禄内心是否一丁点儿"犯上"的想法都没有，笔者不能妄测。但

---

[1] 台湾"中研院"近代史研究所藏康有为未刊文稿，缩微胶卷。

是，所谓天津阅兵时的废弑密谋则可以否定。其理由：1. 光绪皇帝光杆一个，没有实权，要废要弑，在北京即可，不必等到天津阅兵时候，也不必如此大动兵戈，麻烦费事。关于此，前人已经指出："夫太后、荣相每以为此其时也，可以废立矣，必在宫中调兵入卫，决不及出京到天津，行此大举动也。况今日京师之臣民，不知有是非久矣，苟行废立，尚有敢谓其不然者乎？不待兵力以压制之耳！"[1] 2. 决定在天津阅兵，时在七月初八日，那时，光绪皇帝还没有下令精简机构，也还没有斥革怀塔布等礼部六大臣，和慈禧太后、荣禄的矛盾尚未尖锐化，慈禧太后还不会下如此狠心。3. 后来，慈禧太后真正发动政变了，其过程十分简单，车驾从颐和园还宫即可，对光绪皇帝，也仅止于剥夺实权，软禁于中南海瀛台，并没有取消其皇帝的名分，她在七月时怎么可能就有废弑之想呢？4. 即使有废弑之想，事属极密，康有为等何从得知？对此，维新派从无说明，因此，可以肯定，所谓废弑之说乃是维新派的一种虚构。梁启超说："然意上位危险，谅其事发在九月阅兵时耳！"[2] 康有为说："先是虑九月天津阅兵即行废立，夙夜虑此。"[3] 这里的"意"字、"谅"字、"虑"字，都很能说明实质。当两种政治力量进行生死较量时，神经过敏，估计情况过于严重是常有的事。

然而，问题又不止此。维新派之所以虚构天津阅兵时的废弑之说，与其说是出于疑惧，毋宁说是出于需要——为己方的政变制造舆论。

维新派早就认为变法的最大障碍在于慈禧太后，计划有所处置。当年四月二十九日（6月17日），光绪皇帝召见康有为的第二天，梁启超即致函夏曾佑云："西王母主持于上，它事不能有望也。"[4] 后来，王照流亡日本，向犬养毅透露说：

> 俄而康被荐召对，即变其说，谓非尊君权不可，照亦深以为

---

[1] 苏继祖：《清廷戊戌朝变记》，《戊戌变法》（一），第336页。
[2] 《戊戌政变记》，第73页，中华书局，1954。
[3] 《康南海自编年谱》，《戊戌变法》（四），第159页。
[4] 《梁启超年谱长编》，光绪二十四年四月二十九日，第121页。

然。盖皇上既英明，自宜用君权也。及叩尊君权之道，则曰非去太后不可，并言太后与皇上种种为难之状。[1]

由此可知，处置慈禧太后的计划当酝酿于康有为被光绪皇帝召见后不久。至于处置方法，则是利用"兵力夺权"[2]。康有为、杨深秀都曾表示："此时若有人带兵八千人，即可围颐和园，逼胁皇太后。"[3]为此，康有为曾想利用王照和聂士成的把兄弟关系，动员聂执行这一任务，许以事成后任命聂为直隶总督，为王照拒绝。这以后，康有为才转向依靠袁世凯。但是，要处置慈禧太后，必须得到光绪皇帝首肯，也必须有一个堂皇的理由动员内部，而天津阅兵时废弑皇上之说正好可以满足这两个需要。它一可以制造紧张气氛，吓唬光绪皇帝，逼他按维新派的路子走；二可以动员毕永年和袁世凯等人出来"勤王"。《诡谋直纪》载，七月二十九日康有为曾对毕永年说：

汝知今日之危急乎？太后欲于九月天津大阅时弑皇上，将奈之何！吾欲效唐朝张柬之废武后之举，然天子手无寸兵，殊难举事。吾已奏请皇上，召袁世凯入京，欲令其为李多祚也。

试想，如果没有太后想"弑皇上"这一条理由，毕永年、袁世凯如何肯出死力效命？事成之后，又何以向天下后世交代？

此外，守旧派没有天津废弑密谋还可以从荣禄对光绪皇帝的态度上得到证明。

《戊戌纪略》载，袁世凯在向荣禄告密时曾表示："此事与皇上无涉，如累及上位，我惟有仰药而死耳！"为此，二人"筹商良久，迄无善策"。又记载，荣禄奉召入京时，袁世凯叮嘱他："皇上万一不安，天下后世，其谓中堂何！我亦世受国恩，倘上有不安，惟有以死报之！"而荣禄

---

[1] 王照：《关于戊戌政变之新史料》，《戊戌变法》（四），第331页。
[2] 王照：《方家园杂咏记事自批》，《梁启超年谱长编》，第143页。
[3] 《康有为事实》，日本外务省档案1.6.1.4-2-2，491183。

则答以"此事在我与庆邸，决不至累及皇上"，声称："慈圣，祖母也；皇上，父亲也。处祖母父亲之间，为子孙惟有出死力以调和。"云云。

在封建社会中，皇帝是国家的象征，光绪又还年轻，来日方长，荣禄、袁世凯在决定向慈禧告密时，不愿牵扯光绪皇帝是可能的。上引袁世凯对荣禄所说的一番"忠义"之言，目前虽难以找到证明材料，但是，荣禄对袁世凯的答语却是有旁证可稽的，据当时报纸报道，荣禄入京后，确曾以"调和"自命，声称此行目的，"庶几与父言慈，与子言孝"。[1]这里的语气、基调和《戊戌纪略》所记他和袁世凯的对话相同。有记载说，次年，在慈禧太后真正想废掉光绪皇帝时，荣禄曾建议立"大阿哥"，保持皇帝名义[2]。还有记载说，荣禄有时还能在慈禧太后面前为光绪皇帝"宽解"[3]。凡此，均可证明《戊戌纪略》记荣禄称"决不至累及皇上"，以及他企图"调和"之说为不虚。既然在光绪皇帝实际上成为阶下囚时，荣禄都不赞成将他废掉，此前自然更不会有将他废掉、杀掉的想法。

附带应该论及的是，荣禄的思想和主张大体上属于洋务派，和奕劻、刚毅等有别。将荣禄描绘为死硬、凶恶、阴险的顽固派，是梁启超等人夸张、渲染，"将真迹放大"的结果。

（二）慈禧太后政变与袁世凯告密的关系

《戊戌纪略》述，袁世凯于八月初五日返津后，即到荣禄处告密，"略述内情"称："皇上圣孝，实无他意，但有群小结党煽惑，谋危宗社，罪实在下，必须保全皇上以安天下。"话还未说完，连续来了两位客人，袁世凯得不到讲话机会，便告退，约好第二天早晨再次拜访。初六一早，荣禄主动到袁处了解情况，袁详述谭嗣同夜访情节。二人商量如何保护光绪皇帝，没有找到办法。当晚，荣禄召见袁世凯，发现北京来的御史杨崇伊在座，杨带来了慈禧太后当日宣布"训政"的

---

[1] 《中堂入京》，《国闻报》，光绪二十四年八月十一日。
[2] 《崇陵传信录》，《戊戌变法》（一），第478页。
[3] 金梁：《四朝佚闻》，《戊戌变法》（四），第222页。

消息，等等。

袁初五晚向荣禄告密时，何以不要求荣禄屏退入座的两位客人？荣禄何以不单独留下袁世凯深谈，而要待到第二天早晨才去找袁询问？这些情况，由于资料不足，不好揣测[1]。但是，袁所述的告密情节清楚地摆脱了他和慈禧太后发动政变的关系，是否可靠呢？

慈禧初六"训政"，立即命步军统领衙门捉拿康有为、康广仁弟兄和御史宋伯鲁，没有下令捉拿谭嗣同等，这是慈禧"训政"和袁世凯告密无关的铁证。袁世凯告密而不提谭嗣同，或者慈禧有意缓捕谭嗣同都是不可能的。因此，慈禧太后的再次"训政"应与袁世凯告密无关。关于此，时贤已有论述，兹不详论。笔者只想指出，此点亦可证《戊戌纪略》的有关记载属实。

（三）杨崇伊的作用

《戊戌纪略》载，政变当天，杨崇伊即从北京匆匆赶到天津，向荣禄报告慈禧再次"训政"的消息。杨如此积极，正说明了他和"训政"的密不可分的关系。慈禧"训政"，应从他身上找寻原因。按，杨崇伊属于李鸿章系统的守旧派，他连强学会都反对。怀塔布等六个礼部堂官被斥革后，他曾于七月二十八日到天津与荣禄密谋。其后，他即通过庆亲王奕劻于八月初三日向在颐和园的慈禧上书，要求太后再次"训政"。这道奏章指责文廷式创设大同学会，"外奉广东叛民孙文为主，内奉康有为为主"，又指责康有为偕其弟康广仁及梁启超来京讲学，"将以煽动天下之士心"，"不知何缘，引入内廷，两月以来，变更成法，斥逐老成，借口言路之开，以位置党羽"。这道奏章特别使慈禧太后不安的是关于伊藤博文的消息：

> 风闻东洋故相伊藤博文即日到京，将专政柄。臣虽得自传闻，其应如响。伊藤果用，则祖宗所传之天下，不啻拱手让人。

---

1 根据徐世昌《韬养斋日记》（未刊稿），袁世凯八月初五晚，曾与徐世昌谈话，所谈内容亦不得而知。

按，伊藤博文于当年七月二十三日来华后，即陆续有英国传教士李提摩太及中国官员提议任用他为顾问或"客卿"，光绪皇帝且决定于八月初五日接见他。慈禧太后本来就对变法不满，在她看来，如果光绪皇帝任用伊藤，得到洋鬼子的帮助，其后果将不堪设想。因此，她才于初四日晚匆忙还宫，并于初五日中午光绪接见伊藤时坐在帘后监听。关于此，张荫桓回忆说：

> 伊藤觐见，又系我带领。时太后在帘内，到班时，我向伊藤拉手，乃外国礼而太后不知。上殿时挽伊之袖，对答词毕，又挽伊袖令出，就赐坐，太后皆见之。[1]

张荫桓把他获罪的根源归结为慈禧太后看见他和伊藤握手、挽袖，未免过于简单，但是，这则材料说明了慈禧太后匆匆还宫"训政"，除了她对维新运动不满外，还在于害怕光绪和洋鬼子结合[2]。

还有一条材料可以说明杨崇伊奏章的作用，这就是，慈禧"训政"后，除了首先下令逮捕他奏章中攻击的康有为弟兄外，接着，又于八月初十日下令访拿或密拿文廷式和孙文，于十四日下令拿办梁启超，这三人，都是杨崇伊奏章中的参劾对象。

慈禧太后政变和杨崇伊奏章之间的关系，前人早已指出。例如，长期在光绪皇帝左右供职的恽毓鼎就认为杨崇伊的奏章导致政变[3]，政变发生后几天，叶昌炽和几位关心此事的友人讨论"各证所闻，知莘伯发难

---

1 《驿舍探幽录》，《戊戌变法》（一），第493页；又苏继祖《清廷戊戌朝变记》亦云："伊藤为日本改革领袖，皇上急欲面询变法方略，预定于殿内间设酒果以便详询一切，而是日太后先在屏后坐听，以鉴察之，上仅能与照例数语而退。"见《戊戌变法》（一），第346页。

2 苏继祖《清廷戊戌朝变记》称："（太后）原定初六日还宫，皇上于初三日代传懿旨，忽于初三日酉刻进城，诸务仓卒未备。所以匆匆还宫者，为监视皇上见伊藤也。"见《戊戌变法》（一），第355页。

3 《崇陵传信录》，《戊戌变法》（一），第476页。

无疑义"[1]。只是由于梁启超在《戊戌政变记》中明确指认慈禧政变成于袁世凯之手,因此,人们普遍不采恽、叶二说,结果,愈相信梁启超,许多史实之间就愈加显得矛盾扞格,胶葛不解。

明确了杨崇伊在促成慈禧太后政变中的作用,那末,后续的问题就很清楚了。

八月初六晨,袁世凯向荣禄详细报告了谭嗣同夜访的全部情节。当晚,杨崇伊到天津向荣禄报告慈禧太后政变消息,荣禄特意召来袁世凯。初七日,杨崇伊返京,自然,他会带走袁世凯告密的全部信息。胡思敬《戊戌履霜录》云:"(荣禄)遣人变服赍蜡书,驰告奕劻,奕劻言于太后。"[2]"变服赍蜡书"云云,情节未必如此,但是,他指出荣禄"遣人"入京告变应该是可信的。谁能当此重任呢?杨崇伊自然是再合适不过的人物了。

《戊戌政变记》、《慈禧传信录》等书载,荣禄在袁世凯告密后,迅即亲身入京向慈禧太后告变。许多史家均视此为信史,其实,这不过是梁启超等人的猜测之谈。《戊戌纪略》载,荣禄于八月十日(9月25日)奉召入京,这才是可信的。

慈禧太后从奕劻那里得知谭嗣同夜访情节应为八月初七日下午以后,因此,八月初八日凌晨,慈禧太后立即密令逮捕谭嗣同等人[3]。八月十三日(9月28日),清政府处斩谭嗣同等人的"上谕"指责康有为等"首倡邪说"、"构煽阴谋",其主要内容为"纠约乱党,谋围颐和园,劫制皇太后",这就是袁世凯告密后增补的罪状了。

(四)光绪皇帝的知情程度与赐袁世凯密谕问题

八月初五日,袁世凯向光绪皇帝请训。梁启超《戊戌政变记》称:

---

1 《缘督庐日记钞》,《戊戌变法》(一),第531页。
2 《戊戌变法》(一),第378页。
3 魏允恭《致汪康年等人函》云:"今早五更又奉密旨拿杨锐、刘光第、谭嗣同、林旭等四人,弟亲见步军统领监送等车,想已发交刑部,惟林旭尚未寻着。"该函末署八月八日。见《汪康年师友手札》(三),第3115~3116页,上海古籍出版社,1987。

光绪皇帝曾赐以"朱笔密谕"[1]，英人濮兰德的《慈禧外纪》称：光绪在乾清宫密室召见袁世凯，"告袁以所定机密之谋"，"付以小箭一支，为执行帝谕之据，又付以上谕一道"。[2]其他如陈夔龙《梦蕉亭杂记》、费行简《慈禧传信录》、苏继祖《清廷戊戌朝变记》等书，都有赐袁世凯"手诏"或"密谕"的记载。其中最有权威的当推张一麐的《古红梅阁笔记》，该书在叙述谭嗣同"谋围颐和园"的有关情节后记载云："次日召见，德宗示以所命。"[3]张并加注说明，他的有关记载"皆袁所亲告人者"。张是袁世凯的幕客，1909年袁世凯被清政府赶回老家前夕，他曾向袁面问颠末，袁第二天即将《戊戌纪略》交付给他。因此，张说似乎不容置疑。但是，此说却与《戊戌纪略》所述相反。

据《戊戌纪略》，初五日，袁世凯向光绪皇帝请训时，只有袁世凯一人独白，在他劝光绪皇帝"忍耐待时，步步经理"，任用老成持重的张之洞出面赞襄变法后，皇帝虽然"动容"，但是，"无答谕"，什么话也没有说，当然什么密诏也没有给。两者孰为信史呢？

查毕永年《诡谋直纪》，八月初二日，梁启超曾说："（康）先生之意，其奏知皇上时，只言废之，俟往围颐和园时，执而杀之可也。"又上引《戊戌纪略》载，谭嗣同夜访时，曾向袁出示一份拟好的奏章，其中谈到"如不听臣策，即死在上前"；谭并对袁说："今晚必须定议，我即诣宫请旨办理。"可见，谭嗣同要在和袁世凯说定后才入宫死谏，袁世凯既未同意，谭嗣同自无深夜入宫面奏的必要，光绪皇帝因而也不可能知情。初四晚，慈禧太后还宫，第二天，即对光绪皇帝采取了严密的监视措施，袁世凯请训时，即有某侍卫大臣窃听[4]。自然，光绪皇帝不可能对袁世凯有什么指示，也不可能以密诏相付；如果有，他的命运肯定要比

---

1 中华书局版，第64页。

2 上海中华书局1934年第5版，第146页。

3 《心太平室遗集》卷8。

4 《古红梅阁笔记》云，袁世凯请训退朝后，"有某侍卫大臣其背曰：ّ好小子！'盖西后遣人诇之，而以为立言得体也"。

软禁瀛台糟糕得多[1]。

以上阐释了与《戊戌纪略》相关的四个问题。多年来，史家们为这些问题争论不休，伤透了脑筋，现在是否到了廓清迷雾、还其本相的时候了呢？

四 题外赘言

维新运动是近代中国比较完全意义上的改革运动。康有为、梁启超等人无疑站在领导时代潮流的进步方面，但是，康有为、梁启超为了政治斗争的需要，也说过假话，制作过一些假的或半真半假的资料。关于这一方面，史家已有所论证。多年来，我们已经习惯了这样的思维方式，凡进步人物说的话都可信；凡反面人物说的话都不可信。实际上，历史是极为复杂的。进步人物可能说假话，反面人物也可能说真话。一切史料都必须经过考证和检验，否则，我们就可能被虚假的东西牵着走，陷入迷宫而不能自拔。

---

[1] 我过去曾相信光绪皇帝初五日对袁世凯有密谕或密诏，见拙文《光绪皇帝与戊戌密谋》，《历史教学》1986年第12期，应予撤销。

第二章 余波不息
——戊戌政变后的维新党人

唐才常佚札与维新党人的湖南起义计划

日本国会图书馆藏唐才常致宗方小太郎手札一通,为中华书局版《唐才常集》所未收,迄今尚未有人论及。它为研究唐才常和自立军起义提供了新资料。

函称:

> 执事前日驺从往汉,匆匆未及拜送,至以为歉。兹有沈君愚溪、林君述唐,拟与田野桔治君同往湖南,开办学堂、报馆等事。此举颇系东南大局,至为紧要。必须开创之时,极力冲破。以后举行诸事,自然顺理成章。顷悉白岩、荒井、宫坂诸君,皆于日内来汉,妥商一切。务乞先生与数君子及沈、林二人,公同会议,谋定启动,但求挟一必行之志,毋为浮议所移。湖湘幸甚!大局幸甚!
>
> (下略)

末署"小弟唐才常顿首。华十月十九日"。

宗方小太郎,号北平,日本肥后人。1864年生。年轻时从学于军国主义分子佐佐友房。中法战争期间到中国。1890年接受日本海军部任务,在中国收集情报。1894年中日甲午战争爆发,曾化装潜入威海卫、旅顺两要塞刺探。1898年在汉口经营《汉报》。同年归国,发起组织东亚同文会。1899年，东亚同文会会长近卫笃麿漫游欧美后，便道访华。10月25日，抵达上海。27日，从上海出发赴汉口，宗方小太郎随行。函云："执事前日骖从往汉，匆匆未及拜送。"本函作于1899年11月21日（光绪二十五年十月十九日），可知唐才常当时在上海。函中所言沈君愚溪，指沈荩，湖南长沙人。戊戌变法时即与谭嗣同、唐才常交往。1900年2月，在上海与唐才常共同发起组织正气会（旋改称自立会），任事务员。同年7月，参加在愚园召开的国会。后被推为自立军右军统领，在湖北新堤发难。林君述唐，指林圭，湖南湘阴人。长沙时务学堂学生。戊戌政变后留学日本。1899年冬归国，参加组织正气会。1900年在汉口组织自立军机关。8月被捕，22日被害。田野桔治，一作田野桔次，日人。唐才常等创立正气会时，对外托名东文译社，即以田野桔治为社长。后来，他又出版《同文沪报》，为自立军作鼓吹。

唐才常与宗方小太郎相识于戊戌政变之后，二人曾和康有为一起，在日本商量推翻西太后统治的起义计划。宗方小太郎1898年10月31日日记载：

> 与柏原同至加贺町访问康有为，湖南〈南〉学会代表人唐才常在座。唐系湘中志士，声言因拟发动义兵，来日借兵并兼请声援。康有为频频乞求援助。余称：日本政府决不轻易出兵，但如时机到来，不求亦将提供援助。目前，只有我辈能为义军增添力量，期望使诸君之志愿得以实现。康称：南学会员约一万二千名，均为上流士子。前任湘抚陈宝箴为会长，徐仁铸、黄公度为首领。湖南势力实在此会。一旦举事，将引军直进，略取武昌，沿江东下，攻占南京，然后移军北上。官军能战者仅袁世凯、聂士成、董福祥三军，合计不过三万人。义军倘能进入湖北，当可得到张之洞之响应云云。谈话自十一时至午后二时归。[1]

柏原，即犬养毅的亲信柏原文太郎。宗方的这一页日记提供了康有为、

---

[1]《宗方小太郎文书》，日本原书房版，第673页。

唐才常起义的计划轮廓和进军路线。当时，距西太后重新训政不过40天，康有为、唐才常就已经决心以武力为维新事业开辟道路，这不能不说是一个跃进。旧说以为变法的失败就是改良派堕落的开始，这一划分未免过于机械。

唐才常与宗方小太郎的第二次见面在11月1日。当日宗方日记云：

> 湖南人毕永年、唐才常等来访。唐系南学会代表人，拟在湖南举义，为求我同志助力而来。余恳切劝谕，约以暂且沉潜待机，在此间专力准备，待余至清国后妥定方略。[1]

毕永年，长沙人，谭嗣同、唐才常的好友，戊戌政变前夕，康有为图谋利用袁世凯的力量包围颐和园，其中捕杀西太后的任务即交给了他。这时，他正和唐才常一起筹划起义。显然，唐才常对宗方愿为义军"增添力量"的表示极感兴趣，因此，第二天便偕毕永年登门拜访。

唐才常原是戊戌变法时期的激进派。他与康有为一起确定了起义计划后，即积极从事筹备与组织工作，1899年春，毕永年偕宗方的同学、日人平山周赴汉口，会见林圭，三人一起入湘，联络各地哥老会。同年5月，毕永年派长沙人张灿、谭祖培、李心荣赴日，会见宗方，要求迅速在湖南举义[2]。此前，唐才常也回到国内，在上海主编《亚东时报》。这年秋，唐才常再次赴日，会见孙中山，商定孙、康两派合作，共同在湖南、湖北及长江流域起兵的计划。这一时期，唐才常还联络了在东京高等大同学堂学习的林圭、蔡锷等一批留学生，决定回国举事。11月，孙中山、梁启超为之饯行。不久，唐才常首途回沪，林圭及田野桔治也于同月中旬到达上海。唐才常致宗方小太郎函正是在此情况下写成，由林圭等亲手递交的。

湖南是康有为、唐才常起义计划中的发动点。唐才常派沈荩、林圭及田野桔治去武汉的目的是联络张之洞，通过张取得合法身份，以办

---

[1] 《宗方小太郎文书》，第673页。

[2] 《宗方小太郎文书》，第674页。

学、办报为名在湖南进行军事准备。信中，唐才常要求宗方与沈荩、林圭及白岩、荒井、宫坂等人，"公同会议，谋定后动"，显然指起义一类事情，如果只为了办学、办报，是不值得如此重视的。

在唐才常致函宗方的前18天，宗方曾在武昌访问张之洞，了解他的态度。谈话中，张之洞激烈地指责康有为一派欺君卖国，对日本政府驱逐康有为出境表示感谢，宗方则答以并非驱逐，而是有志之士劝告康有为自动离日的结果。张之洞便顺着宗方的话头，进一步要求"劝告"梁启超离日。宗方发现张之洞并非如康有为所言有可能响应义举，失望而去[1]。这可能是促使宗方改变对唐才常起义态度的原因之一。

沈荩、林圭、田野桔治的湖南计划也因未能打通张之洞的关节而无法进行。据田野桔治记述："当时上海有日本愚物三人，竟向予等之计划直开反对之运动，以阻挠之不使行。"[2]这里所说的"日本愚物三人"，当即唐函所称"白岩、荒井、宫坂"。他们不愿充当沈荩等人和张之洞之间的中介。田野忿忿地表示："倘彼愚物而为德、法人，予必赠以决斗书，而先流其血以浣恨矣！"[3]田野的记述表明，围绕对康有为、唐才常起义的态度，日本大陆浪人间产生了严重的对立。

白岩等人的态度是宗方小太郎态度的反映。在策划起义的最初阶段，宗方表示支持，这使康有为等增强了起义的决心；但是，宗方后来却并不积极。他们和康有为等发生关系本来就是为日本侵略政策服务的，因而其反复变化也就不奇怪了。

尽管宗方等改变了态度，但是，唐才常、沈荩、林圭等还是积极筹备，不过计划中的起义中心却逐渐转移到了湖北。

---

1 《宗方小太郎文书》，第676～677页。
2 《自立会史料集》，第207页，岳麓书社，1983。
3 《自立会史料集》，第208页，岳麓书社，1983。

须磨村密札与改良派请杀袁世凯的谋划

一　引　言

1908年11月14日，光绪皇帝去世，根据西太后的意旨，立醇亲王载沣之子溥仪为帝，载沣以摄政王监国。15日，西太后也突然死去。这一连串的事件给了流亡在海外的改良派以极大震动，也带来了巨大希望。当时，梁启超正居留于日本兵库县须磨村的怡和别庄。他于22日邀约神户同文学校前校长汤觉顿、现校长张寿波、学监吴肇祥一起商量，"就清国皇室当前发生的事变进行了种种谋议"[1]。23日，以日本中国领署、同文学校等名义向国内发出挂号或普通邮件共八封。25日，继续发出若干封。这些书信，经日本情报人员秘密检查后抄录了四封，由兵库县知事服部一三上报给外务大臣小村寿太郎，现存于日本外务省外交史料馆。它们反映了当时改良派力图促使清政府诛杀袁世凯的紧张活动，有较重要的史料价值。但是，书信中运用了不少隐语，意思晦涩；日本情报人员辨读汉字草书的能力又很差，抄件讹误严重。笔者参考各种文献，反复揣摩，读懂了这些书信的大部分内容，因整理阐述如次。那些不可

---

[1]　《兵库县知事服部一三致外务大臣小村寿太郎》，兵发秘第407号，日本外务省档案1.6.1.4-2-1（3），440838。

解，或者虽解而不正确的部分，只好留待高明。

二　密札　解读

为了尽可能保存原貌，现照录日本情报人员抄件全文。改正的字加〔〕号，增补的字加〈〉号，虽改正而有疑问的字加（？）号，无法辨读或无法排印的字以××代替。所有标点均根据笔者对文意的理解重新厘订。

其一：

封　书

须磨怡和别庄

北京西四牌楼南砖塔胡同内钱串胡同路北栅栏门外务部长大人（寿卿勋启）

日本中国领署缄

文　意

新帝既立，醇邸摄故〔政〕。以醇王之贤，薄海内外，必以平〔手〕加额。帷〔惟〕讨贼复仇之举，刻不容缓。而当此变乱纷纂之际，最不能不取奇才异能之士，以定危局，以报先帝，更宜行大赏罚，以一新天下之耳目，一吐天下之公愤。公亲枝忠报，当必有嘉猷远漠〔谟〕献替，当路如萧、泽者，此时真可定奇谋成奇勋在〔者〕也。潘公人极沈击〔挚〕，有大决断，作多常士，望公推诚。兹为公侦诸要人，急叩之。匆匆伤变，为书不详。然石〔所〕言至重，不揣固陋，谈〔祈〕高明英断（？）。敬谈〔祈〕为图〔国〕珍重。第〔弟〕名心叩。十月二十五日。[1]

---

[1] 日本外务省档案1.6.1.4-2-1（3），以下各札均同，不一一注明。

本札及下二札均为11月23日发。在本札中，发信人隐名，仅署"名心叩"，当为梁启超。受信人长大人，应为长福，是改良派在清朝贵族中的内应。他字寿卿，一作绶卿，宗室正红旗人。1901年被清政府派赴日本，入弘文学院学习警务。其后任驻神户领事，和梁启超关系密切，曾参加政闻社。归国后在外务部任主事，为改良派做过不少事情。函中所言萧，指肃亲王善耆，时任民政部尚书；泽，指载泽，时任度支部尚书。他们都是清朝贵族中的实权派。函中所言潘公则指潘博，康有为的学生，他一名之博，字若海，号弱庵，曾打入善耆主持的民政部任职，是改良派在北京从事秘密工作的重要人物[1]。

戊戌政变前夜，康、梁等人计划利用袁世凯的力量，包围颐和园，软禁以至捕杀西太后，消灭变法的反对力量。但是，由于杨崇伊上书和袁世凯告密，形势突然变化：光绪被囚，六君子被杀，新政完全被推翻。因此，康、梁对袁世凯有切齿之仇。1907年春，康有为指示梁启超、麦孟华二人，将"倒袁"作为首要任务。他在信中说："今先其大者，自以倒劭为先。"康有为并指示，必要时可以进行暗杀，声言："鲁难未已，则以聂政行之，亦不得已也。"[2] 马良也向梁启超提出，对袁世凯，可以送他一丸子弹[3]。光绪去世，改良派普遍认为是袁世凯所害，而且怀疑他会进一步篡夺清朝江山。当时有一份传单说："袁世凯乘太后病危，潜通内侍，鸩弑皇上，密召姜、杨各军入京自卫，将又弑新帝篡位。"[4] 这份传单不一定出自康、梁之手，但却反映了他们的观点。对载沣的摄政，他们是满意的，因为载沣是光绪的亲弟弟。清朝历史上，当权力递嬗之时，曾经有过康熙擒鳌拜，嘉庆诛和珅，西太后诛肃顺等例子。康、梁有鉴于此，决定利用时机，力促清政府诛杀袁世凯。

11月18日，梁启超以康有为和他自己的名义致电各省督抚，中云：

1　康有为：《粤两生集序》，《粤两生集》。
2　《梁启超年谱长编》，第449页。
3　《梁启超年谱长编》，第451页。
4　《东京宪政分会会员会檄》，日本外务省档案1.6.1.4-2-1（3），440886。

"两宫祸变，袁为罪魁，乞诛贼臣，伸公愤。"[1]有关资料表明，这一时期，他们还直接给载沣打过电报，"请诛贼臣以安社稷"[2]。

梁启超的第二步便是给长福写信，说明形势危急，"变乱纷纂"，"讨贼复仇之举，刻不容缓"，勉励他以宗室的身份提出"嘉猷远谟"。由于长福地位不高，梁启超的主要希望寄托在善耆、载泽二人身上。从1907年夏起，善耆便和梁启超建立了联系。信中所谓"行大赏罚"，"一新天下之耳目"，"一吐天下之公愤"等，主要是写给善耆等人看的。"定奇谋，成奇勋"者，即以非常手段处决袁世凯之意。本函将潘博推荐给长福，要求他们推诚相见，通力合作，在清政府"要人"之间活动。后来，为联系方便，潘博就住在长福家里。

其二：

封　书

北京西四牌楼南砖塔胡同内钱串胡同路北栅栏门外务部长大人（寿卿勋启）

日本中国领署缄

文　意

绥公吾足〔兄〕尊右：不意三日之间，叠遭图〔国〕恤。面〔而〕先帝上宾，文〔尤〕为天下人石〔所〕同疑。呜呼！不意贼意〔竟〕敢悖逆如此。

先帝已失，奸贼犹逍遥法外，呼天抢地，如何之〔如何〕！仆以前此谣诼避嫌，石〔不〕能入北，穷居海外，忽问〔闻〕此癸，权〔摧〕痛如〔何〕言！比东〔来〕朝局若何？仆不〔所〕知者惟恃报纸，词多影响，且纷杂莫是，焦苦愈不可状，务请明此耳！京上委公，飞示详区，玉〔至〕祷玉〔至〕祷！宝云令清浊上之都，专丙此

---

[1] 《清国革命党领袖经历及行动调查》，明治文库藏《有松英义关系文书》；又见日本外务省档案1.6.1.4-2-1（3），440805。

[2] 《戊戌变法》第2册，第517页。

事，特有何仁，至×时望与密话，宝云因匆促，故区石〔不〕能详，当其致副书复，工〔旦〕夕待令。

本札受信人仍为长福，发信人应为须磨村会议参加者汤觉顿、张寿波、吴肇祥三人中的一个。函中云："仆以前此谣诼避嫌，不能入北，穷居海外。"汤觉顿于1908年春受梁启超委派，秘密前往北京，和善耆、良弼等人联系，但不久即受人怀疑，再度避居海外。[1]据此，可知发信人为汤觉顿。

本札称光绪之死（上宾）"为天下人所同疑"，愤慨于奸贼"竟敢悖逆如此"，虽不十分肯定，但已相当明确地把袁世凯视为凶手。"先帝已失，奸贼犹逍遥法外"二语，含蓄地提出了诛袁要求。由于已有梁札，所以汤觉顿在本札中仅要求长福火速通报"朝局"。"至祷至祷"以下，当时日本情报人员就已经看不懂，特别标注了"不明"二字，笔者目前也还不能解读清楚。其中宝云，似指梁启超，大意当为迫切期待长福有所指示，本人"待令"北上云云。

其三：

封　书

上海〈海〉宁路须征呈〔里〕香山何禺〔寓〕何清逸先生
（同文学校）

文　意

兹公：夜〔报〕已到了。此数日内沈静之局面，使〈人〉闷绝，此次在南方，当无从着手，惟有此〔北〕行之一法。然今日见夜〔报〕，山公确已首途。恐兹公井〔并〕入北，正石〔不〕易了。无论如何，必以〔须〕设法，能此为妙。子笺处，最当注意也。今日夜〔报〕纸言，仓主提议，速布宪法，手段真是可畏。奈何奈何！匆匆，即请大安。余详荷函

1　参阅《梁启超年谱长编》，第450、471、475页。

39

今日×××语夜〔报〕已收到。

两　浑

本札反映了梁启超为诛袁而采取的第三个步骤。受信人何清逸，名天柱，改良派在上海的据点——广智书局的实际负责人，当即函中所言兹公。山公，指岑春煊。仓主，指袁世凯[1]。荷，指汤觉顿[2]。两浑，当时书信中的隐语，常用于受信人、发信人均隐名之时。

岑春煊是袁世凯的老对头。1906年，清政府将岑从两广调任云贵总督，岑春煊认为是奕劻和袁世凯的奸计，托病就医上海，暗中和改良派发生关系。1907年春，奉旨调补四川总督，但同时清政府又规定他"毋庸来京请训"。岑春煊乃于启程赴任舟次武汉之际，突然乘车入京，在西太后面前参劾奕劻"贪庸误国"，被任命为邮传部尚书。他和瞿鸿禨联结，接连参劾了袁世凯的亲信朱宝奎和段芝贵二人，被外放两广总督。在他出京到达上海之际，梁启超曾秘密自日本返沪，准备和他会谈。因瞿鸿禨已被免职，岑本人也因"暗结康梁"之嫌被参，二人未能见面。自此，岑春煊即居留上海。1908年11月，光绪病重的消息传出后，岑春煊曾准备带着医生入京，已经订好了船期[3]。听到光绪的噩耗后，岑春煊更为"激昂"[4]。19日上海《神州日报》从北京发出专电称："岑春煊即将起用。"20日又报道称："前两广总督岑宫保向居沪北垃圾桥地方，前晚接到京电，着即来京等因，宫保当即北上。"22日，日本报纸也报道说，岑春煊于20日通过芜湖，拟经汉口入京[5]。梁启超致何天柱函中所称："山公确已首途"，当即本此。从信中可以看出，梁启超准备派何天柱随岑春煊北上，但因岑已上路，感到"不易"，但仍表示，"无论如何，必须设法，能此为妙"。函中所言"仓主提议，速布宪法"云云，据《大公报》及日本报纸报道，袁世凯在光绪、西太后相继去世后，曾向清政府提议，迅

1　山，取岑字之头；仓主，因袁世凯以小站练兵出身，小站出稻，故由此取义。
2　《梁启超年谱长编》，第518～519页。
3　岑春煊：《乐斋漫录》，台北文星书店，第18页。
4　《某某来书》，《康有为与保皇会》，第389页，上海人民出版社。
5　《大阪朝日新闻》，1908年11月2日第2版。

速召开国会，实行宪政，以安人心[1]。梁札当即指此。袁世凯在载沣登台后，地位岌岌可危，但是，他却迅速抓住了"速开国会"、"实行宪政"一类题目，借以收买人心，争取好感。因此，梁启超发出了"手段真是可畏"的感叹。

其四：

封　书（书留）

上海海宁路须征里香山何寓何大人清逸启

神户同文学校

文　意

对伟两公同釜〔鉴〕：构父来，得具忠〔悉〕伟公不获与山公偕行，诚大憾事：今所忧者，无途可以入都可〔耳〕。无论如何，必须设法者。答〔若〕能者〔有〕得，自有生发，不一日得〔待〕一日也。十乘昨未〔来〕一书，乃事前取〔所〕发，不遇〔过〕告急可〔耳〕，尚待次凶〔函〕乃有别消息也。

今晨东电言，子箴已起用，此亦可注目者。伟公入北，当必能见比〔此〕公也。

名心叩

高叟与山公偕否？座〔望〕示知。

本札11月25日发。书留，日语挂号信之意。受信人中的对公，指麦孟华[2]；伟公，指何天柱（清逸）[3]。发信人仍署"名心叩"，当为梁启超。函中所言构父，指向瑞彝，是改良派的重要成员。

在改良派中，麦孟华和岑春煊关系最深。1907年春，岑春煊调任四

1　《大公报》，1908年11月22日，《大阪朝日新闻》，1908年11月22日第1版；《东京朝日新闻》，1908年11月24日第2版。

2　麦孟华曾于1907年春受岑春煊之聘入蜀。佚名《致梁启超书》："乃者与对费九牛二虎之力，为入蜀之计。"（《梁任公先生知交手札》第46页）据此可知对公为麦孟华。

3　何名天柱，字擎一，故以伟公相称。

川总督时，曾特聘麦孟华随行。岑春煊准备舟次武汉时突然改道入京的计划，麦孟华也深知，并拟借岑之力入京活动，岑也表示愿"出力相助"[1]。但因事机不密，消息泄露，麦孟华的随行计划被迫作废。后来，陈庆桂曾参劾岑春煊"逗留沪上，将有他图，皆麦某一人为之主谋。以应行严缉之人，而竟倚为心腹"[2]。但这并未影响岑、麦二人之间的关系。光绪逝世后，麦孟华也认为关键在于载沣能否"行大赏罚"、"戮一二人"，如果袁世凯不死，后果将不堪设想。因此力促岑春煊入京，曾进言说："上崩必出贼手（且后亦必有变），亟当预驰入北，联有力者申大义。"[3] 由于岑、麦之间的关系已经暴露，因而，随岑北行的任务自然落到了改良派在上海的另一员大将何天柱身上。从密札看，梁启超从向瑞彝处得悉，何天柱终于未能随岑北行，感到极大遗憾，但仍坚持北上方针，再次强调"无论如何，必须设法"。因为只有在北京，他们的诛袁谋划才有可能"生发"。

函中提到的十乘，看来是改良派在北京的密探，应指潘博。他向梁启超报告了光绪病重的消息，所以函中称："十乘昨来一书，乃事前所发，不过告急耳，尚待次函乃有别消息也。"函中提到的子笺，疑指瞿鸿禨。前函称："子笺处，最当注意也。"本函称："今晨东电言，子笺已起用，此亦可注目者。"当时，有人估计，瞿鸿禨有可能被再次起用，梁启超并估计，何天柱入京时，将能见到他。至于所言高叟，改良派密札中有时称他为固哉，盖取《孟子》"固哉高叟之为诗也"之义，当是岑春煊的幕僚。

三 请杀谋划的失败

改良派虽然做出了请杀袁世凯的种种谋划，但其进行却困难重重。

首先是汤觉顿北行受阻。由于嫌疑未消，北京方面发函劝他暂时不必

---

1 《蜕庵致任公书》，《梁任公先生知交手札》（一），台北文海出版社，第42~44页。
2 《梁启超年谱长编》，第383页。
3 《某某来书》，《康有为与保皇会》，第389页。

返国[1]。其次是岑春煊听了别人的话，对北京政局采取"沉吟观变"态度，决定暂不北上[2]。报上并发表了"闻岑春煊咯血病甚剧，不能北来"的消息[3]。这一切使改良派很生气，也很失望。麦孟华在致康有为书中愤愤地说："初闻彼议论，以为一偈傥士，今彼先事绝无布置（前此弟尚以为彼有密谋，不令我辈知耳，今乃见其实无预备也），既不能谋，临事又复首鼠，又不能断，嘉州无可复望矣。"[4]此外，子笺的起用也迄无确讯。虽然康、梁二人都很关心此事，但麦孟华只能告以"此间尚无闻"[5]。

尽管如此，改良派仍然在作努力。他们分析了形势，觉得载沣的地位并不十分巩固。麦孟华函称："今醇势颇摇摇，然彼非行大英断，则势必不能固；欲其行大英断，则非有人运动不可。"[6]于是，他们决定，由何天柱携带康有为从海外汇来的款子，单独入京"运动"[7]。何天柱此行的成果如何，不得而知，长福方面却给梁启超传达了善耆和载泽的讯息：元凶必去，决无中变，不必担心[8]。1909年1月2日，载沣以袁世凯患有足疾为名，命他开缺回籍休养。

对袁世凯的开缺，改良派中有人表示满意，徐勤函称："袁贼被逐，为之狂喜。中国虽未即强，然罪人斯得，大仇已复，吾党天职，亦可少尽矣。"[9]但康、梁二人都不甘心。梁启超致书善耆，认为对袁世凯，"虽明正典刑，殊不为过"，至少也应该明诏宣布他的罪状，加上"革职"、"交地方官严加管束"一类字样[10]。他估计张之洞可能会成为讨袁的障碍，因此极力主张"和张"，通过各种途径进行拉拢。康有为则仍然企图以光绪被毒为理由要袁世凯的脑袋。他于1909年1月致书梁启超说："惟

---

1 《梁启超年谱长编》，第475页。
2 《某某来书》，《康有为与保皇会》，第389页。
3 《神州日报》，1908年11月21日。
4 《某某来书》，《康有为与保皇会》，第389页。
5 同注4。
6 同注4。
7 同注4。
8 《梁启超年谱长编》，第477页。
9 《致康有为书》，《康有为与保皇会》，第387页。
10 《梁启超年谱长编》，第480页。

览来各书意,北中不欲正名,极不欲认弑事。此义最宜商。以《春秋》之义正之耶?抑岂彼等隐忍了事耶?"[1]他提出:在伦敦时,有人告诉他,袁世凯曾以三万金贿买御医力钧下毒。康有为建议揭发此案,查讯力钧。他并曾准备发动各埠华侨签名上书,给清政府施加压力,已经写好了《讨贼哀启》,内称:"醇王以介弟摄政,仁明孝友,应有讨贼之举;我会本以保皇为事,忠义昭著,应发讨贼之义。"[2]与此同时,康有为又起草了《上摄政王书》,此书经梁启超修改后发出,信中,康有为提出,袁世凯"苟有弑逆之事,其恶固擢发难容;即无弑逆之迹,其恶亦难从末减"。他历数袁世凯"造言诬君"、"纵匪误国"、"招权纳贿"等罪状,以康熙诛鳌拜等事为例,要求载沣将袁世凯"明著爰书,肆诸东市"。康有为并忧心忡忡地警告载沣:袁世凯虽然离开了朝廷,但"潜伏爪牙,阴谋不轨",清朝的"宗社"之忧,"且未有艾"。[3]书上,没有结果。1911年,在武昌起义的疾风暴雨中,载沣不得不起用袁世凯。

袁世凯之所以没有被杀,并非载沣有爱于袁世凯,而是因为:一、袁世凯羽翼已成,且外有帝国主义的支持;二、清朝贵族集团已经极端衰弱,不仅远非康熙擒鳌拜的时代,连西太后诛肃顺的时代也不能相比了。载沣非不欲也,实不能也。

---

1 《梁启超年谱长编》,第481~482页。
2 《戊戌变法》第1册,第434页。
3 《戊戌变法》第2册,第517~522页。

毕永年生平事迹钩沉

在戊戌维新以至兴中会惠州起义期间，毕永年都是个重要人物，但是，迄今为止，人们对他所知甚少。冯自由辛勤收集辛亥革命史料多年，著有《毕永年削发记》一文，是目前最完整的毕氏传记，但该文讹误甚多，关于毕氏的下落，竟认为"不知所终"[1]。近年来出版的一些辛亥革命史著作，在涉及毕氏生平时，叙述也常有谬误。这就启示我们，有必要对毕氏的生平进行研究和探索。

一

毕永年，号松甫，一作松琥，湖南长沙人。1870年（同治九年）生。8岁时随父叔往来军中，练就了一身过人的胆识，长大时读王船山遗书，受到民族思想的熏陶。当时，曾国藩、胡林翼、左宗棠还是不少湖南老乡的崇拜对象，毕永年却愤然表示："吾乡素重气节，安得有此败类。"[2]1894年（光绪二十年），江标督学湖南，以"变风气，开辟新治为己任"，试士的内容注重舆地、掌故、算学、物理及世界形势等内容，即

---

[1] 《革命逸史》初集。

[2] 同注1。

使是制艺，也允许议论时事[1]。毕永年所作文即有"民不新，国不固，新不作，气不扬"之语，认为中国三代以下，天下嚣嚣的原因在于"陈陈相因，气颓于寐"，表明了这个年轻人已经具有鲜明的维新思想[2]。1897年（光绪二十三年），与唐才常同时考取拔贡。自此，即与唐才常、谭嗣同结为好友，经常一起商议救国大计。三个人都重视会党的力量，毕永年并亲自加入哥老会，往来于汉口、岳州、新堤、长沙等地。他体格魁伟，为人豪放不羁，轻财好义，很快就结识金龙山堂龙头杨鸿钧，腾龙山堂龙头李云彪及张尧卿、辜天佑、师襄等人，得到他们的信任。

1898年（光绪二十四年）2月，谭嗣同、唐才常等在长沙组织南学会，讲演并讨论新学，毕永年成为会中的活跃分子。当时，谭嗣同等以"保种"、"保教"相号召，而毕永年却独持异议，认为首先必须开通民智，"示群民以人皆读书之益"，"俾知通商之局，终此不更，则中西聚处日繁，不必再作闭关之想"。某次会上，他对谭嗣同说："所谓保种、保教，非保之于今日，盖保之于将来也。此时若不将此层揭破，大声疾呼，终属隔膜，愈欲求雪耻，愈将畏首畏尾。或以西学为沽名之具，时务为特科之阶，非互相剿袭，则仅窃皮毛矣。"毕永年的话触动了谭嗣同的心思，回答说："王船山云：抱孤云，临万端，纵二千年，横十八省，可与深谈，惟见君耳。然因君又引出我无穷之悲矣。欲歌无声，欲哭无泪，此层教我如何揭破？会须与君以热血相见耳。"[3]

4月14日（夏历三月二十四日），毕永年在《湘报》发表《存华篇》，将中国传统思想和西方天赋人权观念结合起来，认为权为人人共有之权，国为人人共有之国，只有发扬民权，才有可能上下一心，保存中华。文称：

> 人人皆承天地之气以为命，即人人皆有自主之权以立命。权也者，我与王侯卿相共之者也；国也者，非独王侯卿相之国，即我群士

1　胡思敬：《江标传》，《碑传集补》卷9。
2　《沅湘通艺录》卷1，丛书集成本。
3　《湘报》第29号，1898年4月8日。

群民共有之国也。既为群士群民共有之国,则为之上者,必无私国于己、私权于国之心,而后可以绵绵延延,巩祚如磐石;下亦必无不在其位,不谋其政之心,而歧视其因为乘銮服冕者之国,然后可以同心合作,上下一心,保神明之胄于一线,救累卵之危于泰山。[1]

文章痛切地陈述了列强瓜分中国的危急局势,呼吁清朝统治者"殷忧启圣,恐惧致福,乘此伐毛洗髓,涤秽荡瑕,与天下更始"。当时,湖南学会林立,毕永年除与黄遵宪、徐仁铸、熊希龄等人共同发起组织湖南不缠足会外[2],又和唐才常共同发起成立公法学会,研究中外通商以来所立约章,作为"将来自强之本"。毕永年手订章程十七条,规定会中集资订阅各报,会友各持日记一本,将研究心得按"大弊"、"小疵"、"议增"、"议改"四项分类编记,定期传观讨论。[3]

为了使南学会的活动内容更为丰富,4月下旬,谭嗣同、熊希龄、毕永年分别致函岳麓书院山长王先谦,邀请他来会讲学,王虽是湖南名儒,但为人守旧顽固。5月,王先谦复函毕永年,指责南学会诸人"佻口径情,流为犯讪","所务在名,所图在私"。王要毕氏"闭户自修,不立名目,不事争逐",否则,"请各行其是,毋复后言"[4],叶德辉并拟将此函刊刻张扬[5]。此后,湖南守旧派对南学会和《湘报》的攻击愈来愈厉害,皮锡瑞等曾公举毕永年去日本人办的报馆任主笔,以便在外人的保护下得以放言无忌[6]。由于学会一类的活动受阻,毕永年又曾受谭嗣同之命,和唐才常相偕去议口联络哥老会[7]。

同年8月21日(七月初五日),谭嗣同应光绪皇帝之召入京。9月5日

---

1 《湘报》第34号,1898年4月14日。

2 《湖南不缠足会总会董事题名》,《湘报》,第28号,1898年4月14日。

3 《公法学会章程》,《湘报》,第48号,1898年4月14日。

4 《翼教丛编》卷6。

5 皮锡瑞:《师伏堂未刊日记》,《湖南历史资料》,1959年第1期,第89页。

6 皮锡瑞:《师伏堂未刊日记》,《湖南历史资料》,1959年第1期,第114页。

7 唐才常:《戊戌见闻录》,转引自邓潭洲:《谭嗣同传论》,第69页,上海人民出版社,1981。

（七月二十日），被任命为四品卿衔军机章京，与杨锐、林旭、刘光第共同参与新政。为了追随谭嗣同，毕永年也于8月间离开湖南，经上海入京。途经烟台时，与日人平山周、井上雅二等相逢。9月12日（七月二十七日），相偕抵京。毕永年住在广升店中。次日，会见康有为。当时，正是帝后两党斗争白热化的时候，康有为早已从谭嗣同处得知，毕永年是会党好手，命他留京相助。当日，毕永年移居南海会馆，与康有为住到一起，得以参预密谋。康有为计划命毕永年往袁世凯幕中为参谋，并计划命毕永年统率百人，在袁世凯兵围颐和园时乘机捕杀西太后。毕永年认为袁世凯胆小，又是李鸿章之党，恐怕靠不住，而且自己是南方人，初至北京，统领彼此不相识的士兵，不可能在短期内收为心腹，得其死力，因此，对接受这一任务表示犹疑。9月19日（八月初四日）晨，当他从谭嗣同处获悉，谭已将密谋向袁世凯和盘托出时，立即预感到事情必败，表示"不愿同罹斯难"，并劝谭嗣同"自谋，不可与之同尽"[1]。当日午后，毕永年即迁居于附近的宁乡馆。20日（八月初五日），康广仁、梁启超准备推荐毕永年为李提摩太的秘书，为毕氏所拒。当夜，毕永年致书谭嗣同，劝他速自定计，不要白死。又致书梁启超作别。21日（八月初六日），毕永年急驰出京。同日，西太后即下令逮捕康有为，查抄南海会馆。

毕永年行至上海之际，得到谭嗣同等殉难的噩耗，即自断辫发，发誓不再隶属于满清统治之下[2]。不久，应横滨大同学校校长徐勤之邀，随日人安永东之助东渡[3]，在横滨会见孙中山，讨论国事，感到意气投合，于是加入兴中会，走上新的道路。

1　毕永年：《诡谋直纪》，日本外务省档案1.6.1.4-2-2，491315～491318。
2　民表（秦力山）：《毕永年传》，《自立会史料集》，第229页，岳麓书社，1983。
3　《宫崎滔天氏之谈》，《宫崎滔天全集》，第4卷，第289页，日本平凡社版。

二

在毕永年离京之前一日，康有为即仓皇南下。10月26日（九月十二日），康离港赴日。到日本后，即与唐才常一起制订了一项湖南起义计划。其内容为，利用南学会的力量和影响，在长沙起兵，引军直进，攻取武昌，然后沿江东下，占领南京，再移军北上，进取北京，推翻西太后的统治[1]。日本人宗方小太郎表示支持这一计划。11月1日（九月十八日），毕永年曾与唐才常一起访问宗方，再次说明该项计划，要求宗方相助[2]。宗方是个中国通，负有为日本军方在中国收集情报的任务，当年正在汉口经营《汉报》。他劝毕、唐二人沉潜待机，做好准备，待他到中国后妥商方略。其后，毕永年并介绍唐才常会见孙中山，商量在湘、粤及长江沿岸各省的起义计划。为此，当时正在日本的兴中会会长杨衢云飞函通报在香港的革命党人："我们的计划获得成功，和湖南的维新派取得合作。"[3]同月，唐才常首途回国。12月，毕永年接到湖南即将起事的电报，也偕平山周回到上海。离日之前，他曾有一函致日本文部大臣犬养毅，函云：

> 先生见教极是，湘人素称勇悍，仿佛贵邦萨摩。今日因西后淫虐之极，湘人激于义愤，咸思一旦制其死命。仆远在此间，不知湘中刻下已有举动否？但昨飞电急催，不得不发，则将来各国干预时，亦望贵国出面干预，则仆等自有成算，惟先生察之。[4]

维新派由于自身没有多大力量，最初依靠光绪皇帝，戊戌政变后，企图

---

1 《对支回顾录》下册，第381、382页。

2 同注1。

3 谢缵泰：《中华民国革命秘史》，《孙中山与辛亥革命史料专辑》，第302页，广东人民出版社，1981。

4 参见拙著《近代中国史事钩沉——海外访史录》，社会科学文献出版社，1998。

依靠列强，本函正反映出这种情况。同时，毕永年又有《留别诸君子诗》，答谢饯别的犬养毅诸人，诗云：

> 日月久冥晦，川岳将崩摧。中原羯虏沦华族，汉家文物委尘埃。又况惨折忠臣燕市死，武后淫虐如虎豺。湖湘子弟激义愤，洞庭鼙鼓声如雷。我行迟迟复欲止，蒿目东亚多悲哀。感君为我设饯意，故乡风味俨衔杯。天地澄清会有待，大东合邦且徘徊。短歌抒意报君贶，瞬看玉帛当重来。[1]

末署"双湖浪士毕永年拜呈，均希哂收"。

1898年5月，康有为曾与日本驻华公使矢野文雄约定，举行"两国大合邦会议"，实行两国联合。诗中所称"大东合邦"即指康有为的这一计划；但诗中又有"羯虏"、"汉家"之语，表明这一时期毕永年的思想已经越出了康有为的范畴。上函及诗稿的原件今均存日本冈山市木堂纪念馆。

毕永年在上海稍作停留，即与平山周相偕赴汉口，会见原湖南时务学堂学生林圭，三人一起入湘，具体设计了在长沙纵火起义的计划[2]。毕等先后到过长沙、浏阳、衡州等地，遍访哥老会头目及康有为视为同党的人物，包括威字营统领黄忠浩、熊希龄的父亲熊兆祥等，发现情况和预料相反，不仅熊、黄不敢有轻动之心，而且整个湖南人心消沉[3]。南学会、公法学会已经消亡解体，《湘报》改为只录上谕的《汇报》，时务学堂改为求是书院，恢复了老一套。半年前生龙活虎的气概丧失殆尽。只有在和哥老会头目杨鸿钧、李云彪等人的接触中，才使毕永年和平山周感到鼓舞[4]。1899年（光绪二十五年）2月初，二人回到上海。

此际，唐才常已因康有为的一再催促，离沪赴港，经由广西桂林入

---

[1] 参见拙著《近代中国史事钩沉——海外访史录》，社会科学文献出版社，1998。

[2] 民表（秦力山）：《林锡圭传》，《自立会史料集》，第231页。

[3] 小田切万寿之助：《湖南地方近况及送呈毕永年著〈诡谋直纪〉之件》，日本外务省档案1.61.4-2-2，491312～491314。

[4] 《湖南现状》（平山周回日谈话），《知新报》第85册，1899年4月30日。

湘，毕永年读到了康有为的一封来信。信中，康有为指使毕永年"制造事端"[1]。其内容，已无可查考，可能是康有为得悉湖南人心消沉后，要毕等制造排外事件以激动民气。毕永年对康有为的做法本来就已经不满，读信之后，大为愤激，因而便记述康有为密谋包围颐和园、捕杀西太后等情节，题为《诡谋直纪》，交给平山周，平山周交给日本驻上海代理领事小田切万寿之助。小田切随即于2月8日抄呈日本外务次官都筑馨六。此后，毕永年就和康有为分道扬镳了。

为了向孙中山汇报湖南之行的情况，毕永年于1899年春再到日本。当时，王照和康、梁的关系已完全恶化。原来，王照虽然赞成维新，但主张调和帝后矛盾，利用西太后推行变法，反对康有为拥帝斥后的做法。戊戌政变前夕，光绪皇帝通过杨锐带出密诏，要杨等"妥速筹商"，如何既能使"旧法全变"，而又不至于得罪西太后，"有拂圣意"，但康有为却将它点窜改作，与光绪皇帝的原意有所背离。由于王照了解这一秘密，流亡日本后受到康、梁的严密监视，王照不能忍受，在平山周的诱导下与犬养毅笔谈，说明"今康刊刻露布之密诏非皇上之真密诏，乃康所伪作者也"。笔谈中，王照曾引毕永年为证，声言"今毕兄在此，证康、梁之为人，幸我公一详审之"[2]。笔谈之末，毕永年作跋说：

> 王君又告予曰：原因保荐康、梁，故致此流离之祸，家败人亡，路人皆为叹息。乃康、梁等自同逃共居以来，陵侮压制，几令照无以度日。每朋友有信来，必先经康、梁目，始令照览，如照寄家书，亦必先经康、梁目始得入封。且一言不敢妄发，一步不敢任行，几于监狱无异矣。予见王君泪随声下，不禁愤火中烧。康、梁等真小人之尤，神人共愤，恨不令王君手戮之。[3]

---

[1] 小田切万寿之助：《湖南地方近况及送呈毕永年著〈诡谋直纪〉之件》，日本外务省档案1.6.1.4-2-2，491312~491314。

[2] 《王照与木堂翁笔谈》，《大公报》1936年7月24日，据抄件印布。"今毕兄在此"之"毕"字，抄件隐去。

[3] 《王照与木堂翁笔谈》，《大公报》1936年7月24日。抄件跋下有"湖南□□□录竟附识"数字，隐去之三字，当为毕永年。

此跋虽主要记述王照所言，但充分反映出毕永年对康、梁的敌视态度。

三

毕永年、平山周的湖南之行虽然没有发现可以立即起事的征兆，但却认为湖南是哥老会大本营，有会员约12万人，组织严密，其头目沉毅可用，因此，孙中山听取了他们的汇报后便决定在湖南、广东、湖北三省同时大举，并命毕永年再次回国运动。1899年夏，毕永年先到汉口，在宗方小太郎的议报馆任主笔不久，因不堪报馆中的日本人虐待中国仆役弃职[1]。他再度入湘，向会党头目介绍孙中山的为人，劝他们和兴中会携手反清。同年秋，毕永年偕杨鸿钧、李云彪、张尧卿等六个会党头目赴港。行至上海时，路费不够，毕永年只好让杨、李等先行。他写了一封信给在港的陈少白和日人宫崎寅藏，附有哥老会头目的小传。宫崎对这些小传称赞不已，认为文字不多，简明痛快，人物性格跃然纸上，有如读《三国志》、《水浒传》一般[2]。李等向陈少白及宫崎表示："当今之世，不通外情，而漫欲揭竿者，恐贻不测之祸于百年之后。而吾徒之中，能通外情，仍深属望于孙君，愿待毕君之来共议之。"[3]一星期后，毕永年得到陈少白的资助到港。大家一致同意毕永年的意见，决定将哥老会、三合会、兴中会合并为中和堂兴汉会，推孙中山为会长，各事均在其指挥下行动。于是制定纲领三条，饮血盟誓，并且刻一枚图章，由宫崎带回日本，交给孙中山。10月29日（九月二十五日），毕永年致函宗方小太郎云：

---

1 《亡友录》，《宫崎滔天全集》第2卷，第560页。
2 《宫崎滔天全集》第1卷，第152、411页。
3 《宫崎滔天全集》第1卷，第122页。

久不相见，渴念殊深，惟德业益宏，无任翘企。弟因诸友牵帅，遂遽弃贵馆之委任而相随伊等至香港，鄙怀实所歉仄，幸先生谅焉。此间一切情形，高桥先生当已面述尊听，弟不赘陈，惟勉竭绵力细心组织之，以俟机会而已。然尚冀先生不忘畴昔之言，生民幸甚。[1]

函中所言高桥，指日本人高桥谦，东亚同文会广东支部长。"惟勉竭绵力细心组织之"，当指兴汉会事。"不忘畴昔之言"，当指宗方小太郎支持湖南起义的诺言。

兴汉会组成后，毕永年携诸会党头目东渡日本，会见孙中山，受到殷勤的款待。12月返港，经费发生困难。当时，康有为正在香港，他新从美洲归来，得到华侨的资助，囊中富有，暗中赠送给会党头目数百元。毕永年认为不能收，而哥老会头目却愉快地接收了，再次倒向康有为一边。[2]毕永年受此刺激，在湖南籍同乡紫林和尚的影响下，愤然削发为僧，易名悟玄。他遗书平山周作别云：

弟自得友仁兄，深佩仁兄义气宏重，常思运雄力为敝国拯生灵，可谓天下之至公者矣。弟惜吾中国久成奴才世界，至愚且贱。盖举国之人，无不欲肥身赡身以自利者，弟实不愿与斯世斯人共图私利，故决然隐遁，归命牟尼。今将云游，特来告别。仁兄一片热肠，弟决不敢妄相阻挠，愿仁兄慎以图之，勿轻信人也。[3]

信中，毕永年表示，日内即将往浙江普陀山，第二年三月，将由五台、终南而入峨嵋，从此萍踪浪迹，随遇而安，不复干预人世间事。毕永年的削发使兴汉会和湘、鄂会党之间的联系大受影响。1900年1月26日（光绪二十五年十二月二十六日），林圭曾致函孙中山在香港的代表容星桥，

---

[1] 日本近代立法会收集，缩微胶卷，日本明治文库藏。
[2] 平山周签注：《总理年谱长编初稿各方签注汇编》（上），油印本。
[3] 平山周：《中国秘密社会史》，第146页，商务印书馆，1912。

对之惋惜不已,但林圭认为,毕永年是热血汉子,"终无死心,必仍起而救世"[1]。果然,毕永年没有当几天和尚,又跑到上海,和唐才常一起,筹组正气会。4月1日(三月十一日),唐才常在上海开设富有山堂,毕永年被推为副龙头[2]。5月16日(四月十八日),毕永年介绍长沙人张灿等访问正在上海的宗方小太郎,要求迅速在湖南举义[3]。这一时期,毕永年在上海来往的人物除宗方外,有文廷式、汪康年、唐才常、张通典、荻葆贤等,大体都是自立会的领导人。也就在这一时期,毕永年和唐才常在政治主张上发生分歧。唐才常继续游移于保皇与革命之间,毕永年则要求他斩断和保皇会的关系。两人辩论了一昼夜,毕永年痛哭而去。6月,毕永年易名安永松彦,南下福建、广东,联络会党。7月15日(六月十九日)致函宗方小太郎云:

> 沪上两次赐书,均已收到,拜读之余,益增感激。先生如此不辞劳瘁,为支那力图保全,况彦本父母之邦耶!敢不竭虑捐身,以副先生相知之雅乎?惟台湾之事,全赖先生注意成之,或乞先生偕中山氏往台一行,或即留中山寓于台地。彦愿力任闽中之事,而与服部君及粤中诸豪联为一气,或不甚难。因彦之友多在五虎口、华秋、电光、射马、长门、金牌、闽安诸炮台及马尾、南台诸营中者,但得佳果五千枚,便可消暑热。彦虽无救焚拯溺之材,然台中既得先生及中山之布署,而粤中又有服部之肆应,或者其有成乎?[4]

服部,指服部二郎,陈少白的化名。当时,孙中山正企图以台湾为基地,在广东、福建沿海发动大规模的起义。由本函可见毕永年在兴中会中的地位及其在福建的广泛联系。"佳果五千枚",当指起义所需的枪械,毕永年要求宗方提供帮助。同函又称:

---

1 《致孙中山代表容星桥书》,《悟庵先生成仁录》。
2 《岳州镇咨呈匪情一案》,《俞廉三遗集》卷101。
3 《对支回顾录》下册,第383页。
4 日本近代立法会收集,缩微胶卷,日本明治文库藏。

如贵邦人尚有以缓办之说进者，愿先生勿听也。彦子然一身，久无父母兄弟妻子之念，惟此痛恨胡虏，欲速灭亡之心辄形诸梦寐，不能自已。先生知我，伏祈谅之。

毕永年反对"缓办之说"，急于灭亡"胡虏"之心汹涌澎湃而不能自制，从这里，不仅可以看到他的炽烈、高昂的革命热情，而且也不难窥知他和唐才常终于分手的原因。

7月16日（六月二十日），孙中山自西贡抵达香港。由于香港政府对孙中山有过驱逐令，因此，孙中山只能在船上布置军事。毕永年被任命为民政部长，平山周被任命为外务部长。此际，孙中山正通过粤绅刘学询运动李鸿章在广东独立，毕永年赞成这一计划。他在广州密切注视李鸿章的举动，致书平山云：

　　李胡子已去肇庆、广安水军中，大约一二礼拜可回省城。

　　李鸿章氏已出条教，大有先事预防之意，或纳粤绅之请，其将允黄袍加身之举乎？然天命未可知也。日内又查察满洲人之流寓户口，未审有何措施？此公老手斫轮，如能一顺作成，亦苍生之福。

　　闻杨胡子偕萧姓到港，必谒仁兄，未知有何言，乞勿以秘密告之，因杨材劣，而萧姓又新交也。

　　弟日内集诸同志，咸踊跃听命，弟欲乘此机，一一深结之，俾勿冷其心意，然无资足用也。乞仁兄畀弟二百元，或百五十元亦可，否则百元必须允赐。兹乞紫林氏代到港，乞交彼携回至盼！[1]

李胡子，指李云彪；杨胡子，指杨鸿钧。他们这一年曾到上海，结交唐才常，发现唐夸张声势，所言不实，又转回广东，重新和毕永年合作[2]。紫林氏，指紫林和尚。他原为有志之士，因躲避清政府的追捕遁入佛

---

[1] 平山周签注：《总理年谱长编初稿各方签注汇编》（上），油印本。

[2] 《清国之形势及秘密结社》，日本外务省档案1.6.1.4-2，490899。

门，浪迹四方，但仍然和哥老会头目有联系，同情并支持毕永年的事业[1]。本函反映出毕永年惠州起义前夕的活动情况。毕永年写此函后不久，即离粤赴港，改名普航，仍以掌握哥老会为职责。

10月6日（闰八月十三日），惠州起义爆发。11月7日（九月十六日），义军因饷弹殆尽解散。毕永年回到广州，卖掉西服，仍着僧装，和紫林和尚一起隐居于广州白云山。有书致同志称："他日有奇虬巨鲸，大珠空青，任吾大陆破坏之责者，其人今或为僧也耶，吾方入其群以求之。"[2] 1902年1月14日，毕永年逝世于惠州罗浮山寺，年仅三十二岁[3]。

---

1 《亡友录》，《宫崎滔天全集》第2卷，第561页。
2 民表（秦力山）：《毕永年传》，《自立会史料集》，第230页。
3 《长沙毕永年先生追悼大会通告》，《民立报》，1912年1月4日。

第三章 双重任务
——20世纪初的反帝反清斗争

1901年至1905年的拒俄运动

在侵略我国的帝国主义国家中,沙皇俄国是贪婪而野心尤大的一个。

还在19世纪,沙俄帝国主义就强迫清朝政府签订一系列不平等条约,掠夺了我国东北、西北150多万平方公里的土地。1900年,它在伙同其他帝国主义国家组成八国联军入侵我国的同时,又武装抢占我国东北三省,妄图一口吞下黑龙江以南100余万平方公里的土地。随之,沙俄政府将一个又一个"密约"强加于中国当局,企图巩固其侵略成果,攫取更大的权益。

沙俄帝国主义的阴谋如果得逞,不仅东北三省要沦为俄国的属地或附庸,势必还将激起国际帝国主义对我国的瓜分狂潮。"存亡呼吸争此刻!"在东北人民被迫实行武装抗俄,保家卫国的同时,一场以反对签订"密约",要求收复东北为中心的拒俄运动,在我国广大人民中轰轰烈烈地掀起来了。

爱国救亡的热烈动员

1901年至1905年的拒俄运动前后持续四年。中间,因沙俄侵略形势的变化,斗争的焦点在不同时间里也有所变化,总共经历了三个阶段:

即1901年反对沙俄迫订条约霸占奉天的斗争；1903年反对沙俄拖延撤兵的斗争；1903年至1905年反对沙俄重占奉天和在东北与日本进行帝国主义战争的斗争。

1900年10月，沙俄侵略军强迫清朝盛京将军增祺签订了《奉天交地暂且章程》，规定沙俄要在沈阳设立"总管"一员，奉天将军所办各项"要政"，"该总管应当明晰"。还规定，奉天省城等处应留俄兵驻防，在奉天的中国军队一律解散，武器收缴，营垒拆毁[1]。这样，沙俄政府虽然表面上声称要将奉天省交还清朝政府，实际上却在力图把它变为自己武力控制之下的殖民地。1901年初，沙俄外交大臣拉姆斯道夫又提出书面约款12条，规定沙俄有驻兵东北"保护"铁路权，有出兵帮助"剿抚"权，有要求革办中国官吏权，中国不得驻兵东北，不得运入兵器，不得自行造路，等等，全面剥夺了我国对东北的主权。此外，《约款》还要求将蒙古、新疆、华北等地划为沙俄的势力范围[2]。消息传出，立即激起了中国人民的巨大愤怒。

3月15日，上海爱国人士集会于张园，汪允中、汪康年、蒋观云等发表演说。与会者严正谴责沙俄的侵略野心，揭示民族危机的严重，号召人民"出死力以争此一日之命"。会议同时要求清朝政府"力拒俄约，以保危局"[3]，并于会后向江、鄂两督呈递《公禀》，主张反击沙俄帝国主义侵略。

3月24日，上海爱国人士得悉沙俄政府逼迫清王朝于25日、26日在俄方提出的约款上画押，第二次集会于张园，再度要求清朝政府"始终坚拒"，"勿受恫吓"。[4]

张园拒俄会议得到了各地群众的热烈响应。江苏、浙江、广东、山东以至东北的群众纷纷来函，捐款、捐物，表示支持，杭州城内贴满了声讨沙俄帝国主义的揭帖——《普天同愤》。3月28日，召开演说会，要

---

[1] 《清季外交史料》第144卷。
[2] 杨儒：《中俄会商交收东三省电报汇抄》抄本，北京图书馆藏。
[3] 《中外日报》，1901年3月16日。
[4] 《中外日报》，1901年3月25日。

求筹集"备俄民款",对俄"公战"。[1]广东香山、澳门以及香港的绅商也举行集会,"聚议拒俄"[2]。在新加坡的华侨则强烈表示,沙俄侵略者的要求"万不可许"[3]。

斗争很快取得初步胜利,清朝驻俄公使拒绝在约款上签字。中国人民的坚决反对,是清朝政府终于不敢签约的重要原因。

1902年4月,清朝政府与沙俄签订《东三省交收条约》,规定沙俄侵略军应分期从中国境内撤走。1903年4月,围绕撤兵问题,拒俄运动进入第二阶段。按条约,当时沙俄应撤退在我国金州、牛庄等地的侵略军。但是,不仅没有撤出,沙俄政府反而乘机提出七项新的侵略要求。

4月27日,在上海的江苏等18省爱国人士再次集会于张园。与会者除谴责沙皇俄国的"吞并"政策外,还指斥推行"亲俄"外交的清朝政府的"昏昧狂惑"。会议致电清朝政府外务部,表示对沙俄帝国主义的七项新要求,全国人民"万难承认"。又通电各国表示:即使清朝政府承认,"我全国国民万不承认"[4]。会后,冯镜如等发起组织中国四民总会。4月30日,四民总会集会,上海各界和爱国学社、爱国女学学生等1200余人参加,蔡元培、马君武等演说。会议议决改名为国民总会,"以保全国国土、国权为目的"[5]。邹容等1600余人先后签名入会。

4月29日,在日本东京的中国学生集会于锦辉馆。与会者激昂奋发,议决成立拒俄义勇队,黄兴等130余人签名入队,陈天华等50余人签名加入本部。拒俄义勇队以古希腊斯巴达人反击波斯入侵,"扼险拒守"的事迹自励,决心开赴东北,与沙俄侵略军决一死战[6]。

年轻的鲁迅当时正在东京留学,他积极参加拒俄运动。锦辉馆大会后,他迅速译作《斯巴达之魂》,勉励中国青年"掷笔而起",像斯巴达人一样誓死保卫自己的祖国。

1　《中外日报》,1901年4月6日。

2　《中外日报》,1901年4月5日。

3　《中外日报》,1901年4月4日。

4　《苏报》,1903年4月28日。

5　《苏报》,1903年5月1日。国民总会在实际成立时,定名为国民公会。

6　《致北洋大臣袁缄》,《浙江潮》第4期。

5月2日，拒俄义勇队改名为学生军。11日，由于日本政府的干涉，再次改名为军国民教育会，吴永珊（玉章）、廖仲恺、陶成章、杨昌济等积极捐款支持。与此同时，留日中国女学生则组织赤十字社，准备随军出征。

运动迅速发展到了北京、湖北、安徽、江西、广东、浙江、直隶、江苏、福建、湖南、河南各地。

4月30日，京师大学堂学生集会。会后，向管学大臣和政务处呈递《请代奏拒俄书》，又向各省督抚、各省学堂发出函电，呼吁"发大志愿，结大团体"，"勿将东三省予俄"！[1]

湖北学生接到京师大学堂学生的函件后，各学堂同时停课，吴禄贞等数百人在曾公祠、三佛阁等处集会。学生们表示，祖国的一草一木也不能让给侵略者。

安徽学生于5月17日集会于安庆，决定成立安徽爱国会。准备在此基础上，联络上海爱国学社和东南各省志士，进一步成立国民同盟会。

大半个中国都在动员：江西大学堂组织义勇队，福州成立海滨公会，湖南学生申请领枪备战，广东人士联名抗争，直隶四百余人上书，河南召开演说会……

较之第一阶段，运动的规模和参加的阶层都更为广阔了，爱国绅商、大中学生之外，少年儿童、基督教徒、八旗生员等也都积极投入斗争。为了激励同志舍身救国，有些青年知识分子甚至跳水、跳海，慷慨赴死。

1903年9月，沙俄政府将七项侵略要求合并为五条，重新向清王朝提出。10月20日，沙俄侵略军强行闯入奉天城，升起沙俄旗帜，再次占领奉天，拒俄运动进入第三阶段。

12月，蔡元培等在上海组织对俄同志会，"以研究对付东三省问题之法"[2]。对俄同志会发刊日报《俄事警闻》，专门报道沙俄侵华消息，号召全国人民奋起拒俄。1904年3月，日俄战争爆发，对俄同志会改组为争存

---

1 《苏报》，1903年5月20日。

2 《俄事警闻》，1903年12月15日。

会,《俄事警闻》也改名《警钟日报》。11月,因反对清朝政府联俄,再度改组为反对联俄会。

与对俄同志会成立时期相近,上海还出现了对俄同志女会,组织妇女投入拒俄斗争。

由于沙俄侵华机构道胜银行在上海以重息借提钱庄现银,接济东北的俄国侵略军,1904年1月,上海钱业商人集议,决定共同查察勾结沙俄的奸商。同月,有人向上海商人发出传单,建议停止供应在上海的俄国兵船所需煤、菜等物。拒俄斗争从政治斗争进入经济领域了。

与上海相呼应,在赵声、章士钊等发动下,南京水师、陆师、高等师范等学堂的学生集会于北极阁,要求编立"民兵",增设武备功课,练习兵操,以备抗俄。

民族危机深深地激动着海内外中国人民的心。沪、宁之外,新疆的回族人民表示愿一战强俄;东京中国留学生纷纷停课,集会聚议,筹组"义勇铁血团";陈天华于感愤之中写血书寄回湖南,要求湘人预备死战;远在美洲的华商则打电报回国,表示愿承担对沙俄侵略军作战的费用。

这一时期,各地拒俄组织不断涌现。广东有助国拒俄同志议会,哈尔滨有商民自保会,锦州有仇俄会,湖北也有人发起组织拒俄会。其中,以丁开嶂的抗俄铁血会最为突出。

丁开嶂原是京师大学堂师范馆学生。1903年曾参加过上书要求拒俄的活动。日俄战争爆发后,他和同学朱锡麟、张榕等三人共同出关,组织抗俄武装。朱锡麟成立东亚义勇队,张榕倡办"东三省保卫公所",组织"关东保卫军",丁开嶂则创立抗俄铁血会。铁血会联络了活跃于直隶、奉天、吉林、黑龙江省的"绿林领袖","小伙数百,大伙数千,最大之伙数万"[1],决心将沙俄侵略军从我国境内赶出去。

像丁开嶂等这样直接投入抗俄武装斗争的知识分子为数并不多,但它是这一阶段拒俄运动的一个特色。沙皇俄国侵略行动的加剧起了警醒作用,迫使抗俄运动的先进分子不能再停留在集会、演说、通电等常用的抗议形式上。

---

1 《大陆》,第2年第4号。

这一阶段运动的另一特色,是工人阶级的活跃。

东北工人直接受沙俄帝国主义压迫和剥削,因此,对沙俄帝国主义最仇恨,"无论何事,皆喜与俄人相抗","其心恨俄人实深"。1904年2月,在旅顺沙俄海军工厂工作的2000余名中国工人全体罢工。3月,被沙俄霸占的东北各矿山中国工人也相率罢工。沙俄侵略者以增加工资为饵,诱骗工人复工,但工人坚持斗争,"势甚汹汹",[1] 其中,武山煤矿工人更组织起来攻击沙俄侵略者。不少工人逃离工厂、矿山,投入东北人民抗俄武装。

1904年底,沙俄帝国主义在日俄战争中战败,溃逃上海的阿斯科舰水兵无故杀害上海工人周生友,沙俄帝国主义拒绝交出凶手,上海人民掀起了要求惩凶的斗争。第一商学会举行演说会,对俄同志女会所在的宗孟女学演出了俄兵杀毙周生友的影戏,《警钟日报》发表了《为俄兵砍毙华人事敬告全国同胞》和《宁波人可以兴矣》等一系列文章,号召"联合群力,同盟罢工"。1905年1月14日,在上海的各省商董于商务总会集会,决定停用俄国银行钞票,周生友的宁波籍同乡工人则在全市散发传单,定于15日开四明公所会议,准备停工罢市。次日,数千工人在四明公所前聚会。由于清朝政府的破坏和上海资产阶级头面人物的妥协,这次斗争未能进一步向前发展。清朝政府要人们"静候妥办"[2],资产阶级上层要人们"静候上宪商办"[3],但是,"众商明白者十之一二,工作则无一明白者"[4]。就是说,民族资产阶级的一部分动摇了,而工人阶级则是不妥协的。周生友事件是拒俄运动的尾声。年轻的中国工人阶级在事件中简短的表现,就显示了自己突出的性格。

日俄战争后,沙俄帝国主义在东北侵占的权益因战败而逐渐为日本帝国主义所取代,中国人民反对帝国主义侵略的群众运动,也由拒俄转入其他中心。

---

1 《警钟日报》,1904年4月6日。

2 《外务部发商约大臣盛宣怀电》,《俄兵砍毙华人案抄档》,北京图书馆藏。

3 《时报》,1904年12月29日。

4 《外务部收上海道袁树勋电》,《俄兵砍毙华人案抄档》。

拒俄运动与反清革命

清朝政府中，慈禧太后、李鸿章等属于亲俄派。他们企图依靠沙俄帝国主义的帮助维持自己腐朽的统治。对于沙俄政府的侵略要求，他们是准备予以满足的。1907年，当拉姆斯道夫将书面约款12条改头换面，压缩为11条时，李鸿章就明确表示，可以"照允"[1]，要杨儒"酌量画押，勿误"![2]张之洞、刘坤一、袁世凯等属于亲英、日派。因为背景不同，他们和李鸿章之间存在着一定矛盾，反对在沙俄政府提出的约款上签字。但是，不管是亲俄派也好，亲英、日派也好，都反对人民自己发动的拒俄运动。

第一阶段，清王朝流亡西安，既自顾不暇，又鞭长莫及，直接出面干预的是在南方的张之洞等人。1901年4月，张之洞致电宁、沪当局，攻击张园拒俄会议"借俄约为名，阴实是自立会党藉端煽众"，嘱刘坤一下令"设法阻止，以消乱萌"[3]。同月，杭州地方当局以"惑人观听"、"有碍时局"为理由出示禁止张贴拒俄揭帖，已经贴出的几百张被撕得净光。[4]

值得注意的是，这一时期亲政府的上海《申报》连续发表《密约解》等文，声称约款云云，"类皆传闻无据之词"[5]。攻击拒俄运动的参加者"故为谣诼以骇民人"，"不俟朝旨，独断专行，勾结匪人，擅与友邦开衅"，"罪在必诛，法无可贷"[6]。显然，这是官方准备大肆镇压的前奏。

第二阶段，清朝政府的狰狞面目就暴露无遗了。

在北京，京师大学堂学生召开拒俄大会的当晚，学堂当局就出示禁

1　《李傅相来电》，杨儒：《中俄会商交收东三省电报汇抄》。

2　同注1。

3　《致江宁刘制台、上海盛大臣》，《张文襄公电稿》卷45。

4　《集成报》第一册，光绪二十七年三月上浣。

5　《申报》，1901年3月28日。

6　《申报》，1901年4月23日。

止，胡说拒俄不是"学生分内之事"[1]。此后，学堂当局开始在学生中查察"会党"。不久，奉旨会办京师大学堂事宜的张之洞又亲到学堂，警告学生，"学堂以外之事不可以作"[2]。

在安庆，安徽地方当局诬蔑爱国会的活动"摇惑人心"，"有违国家法律"，下令不准演说，不准结社，不准出售与阅读新书新报，违者"指名提究"。[3]安庆知府拘捕了爱国会发起人，封闭了西学堂，安徽大学堂开除了"议论拒俄"的学生十数名[4]。

在上海，清朝商约大臣吕海寰密告江苏巡抚恩寿，说是"有所谓热心少年，在张园聚众议事，名为拒法抗俄，实则希图作乱"，要求密拿严办[5]。恩寿立即要上海道照会各国领事，指名逮捕蔡元培等四人。

在湖北，武昌知府梁鼎芬居然召集停课聚会拒俄的学生，大放厥词，说是："（尔等）只宜用功写字读书，以图上进，此等不干己之事管它则甚，就使以东三省送给俄人，尔等亦不必干预！[6]"有的学生因为参加了拒俄会议就被梁以"性情浮动"为理由悬牌开除。

东京中国留学生的拒俄活动尤其使清王朝惶惶不安。驻日公使蔡钧密电外务部，说是留学生"以拒俄为名，实图不轨"，正"分派会党"，"纠合同志"，"密置党羽"于长江、北洋等地，准备起事，云云。[7]于是，清朝贵族、署理湖广总督端方立即密电沿江沿海及直隶各地"一体严备"[8]。5月底或6月初，清王朝发出《严拿留学生密谕》，大骂留学生编立义勇队，要求与沙俄侵略军作战的行动"有碍邦交"，要蔡钧等"时侦动静"，要各地方督抚查拿"行踪诡秘"、"有革命本心"的归国留学生，"就地正法"。[9]6月21日，清王朝外务部根据慈禧太后"严密查拿，随

---

1 《大公报》，1903年5月4日、6月12日。
2 同注1。
3 《大公报》，1903年6月13日。
4 《国民日报》，1903年8月23日。
5 张篁溪：《苏报案实录》，《辛亥革命》（一），第372页。
6 《苏报》，1903年5月19日。
7 《大公报》，1903年6月28日。
8 《中外日报》，1903年6月30日。
9 《苏报》，1903年6月5日。

时惩办"的指令，再次密电沿江沿海各省督抚，攻击爱国学生"肆行无忌"、"猖狂悖谬"，要他们务必将这些"败类"查拿到手。[1]

各地的拒俄运动几乎无例外地遭到了镇压。南京各学堂颁布条例：禁聚众演说国政时事，禁书信往来中有"编义勇队"、"拒俄"等"骇人听闻"之语。成都的"青年组织"、"学社"一律被通知闭歇。有些地方的学堂居然在黎明时搜查学生宿舍，将《苏报》等新书新报概付一炬。

清朝政府为什么如此仇视拒俄的爱国者呢？道理很简单。第一，运动打击了侵略者和卖国贼，这就是所谓"擅自与友邦开衅"，"有碍邦交"；第二，人民自己发动斗争，漠视了"神圣"的君主专制，这就是所谓"把持国家政事"[2]。"不俟朝旨，独断专行"。为着"免蹈各国民权之弊"[3]，清廷在对付"革命"的名义下，毫不留情地对拒俄运动予以镇压。

应当指出，拒俄运动确实一开始就有革命党人参加，清廷并不完全是诬指。早在19世纪末年，孙中山和他的同志就开始了革命活动，孙中山与兴中会在海外华侨、留学生以及国内进步群众中都有一定影响。革命党人是真诚的爱国者，他们一面参加拒俄，一面也自觉地通过这个运动来扩大其影响[4]。但是，在运动开始时，与中国其他政治势力相比，革命派的力量还是微弱的，在国内就更加微弱了；只是在拒俄运动进行的年代里，它的力量才有了长足的发展。在此过程中，沙俄和清朝政府帮了革命派的大忙，使革命派对人们的启导收到了自己未曾料及的效果。

清朝政府对拒俄运动竭尽禁止、摧残、镇压之能事，严重阻碍了运动的开展，但归根结蒂，反动统治者所收得的效果恰恰与其主观愿望相反。被空前的民族危机卷入拒俄运动的人们，绝大多数不是革命者，他们对救亡途径的认识很不一样，统治者的"新政"，改良派的"维新"，在他们中间都有市场，许多人甚至甘心情愿去为大清效命疆场。可是，报国之门却被堵塞了。这就不能不激起人们对反动统治者的愤怒，迫使人

---

1 《外务部发沿江沿海各省督抚电旨》，端方档，中国第一历史档案馆藏。
2 《致刘制台、盛大臣》，《张文襄公电稿》卷45。
3 《大公报》，1903年8月30日。
4 《青年会与拒俄义勇队》，《革命逸史》初集。

们深思：为什么这个政府拿中国权益去结欢"与国"那么大方，而对爱国"子民"倒视若仇敌呢？清朝政府对外投降、对内镇压，进一步暴露了其帝国主义走狗的真面目。这种反动面目的暴露，对于反清革命运动的高涨有着重大意义。此前，清政府这种面目已经暴露得颇为充分，它伙同帝国主义侵略者血腥镇压了义和团运动。但是，当时的知识分子们对义和团的事业缺乏正确理解，因而也就没有能引起他们的切肤之痛。这一次，在强敌入侵之际，手无寸铁的青年学子、名流学者也因爱国遭受不测，知识分子阶层中的震动与愤慨明显地强烈起来。拒俄运动的先进分子很快信服了孙中山及其同志的结论：只有反清革命才能挽救祖国的危亡。

毛泽东指出："辛亥革命是革帝国主义的命。中国人所以要革清朝的命，是因为清朝是帝国主义的走狗。"[1]事实正是如此。20世纪开端，八国联军战争和《辛丑条约》造成的空前深重的民族危机警醒了中国人民，为民族、民主革命运动的高涨提供了条件。拒俄运动就是人民觉悟的表现，它对反清革命运动发展的重要推动作用不容忽视。不信，请看运动中群众迅速革命化的进程。

拒俄运动的领袖之一蔡元培，原是清朝的翰林院编修，1901年以后逐渐趋向激进，1902年组织中国教育会。但是，到参加拒俄，他至少还不是坚决的反清革命者。1903年底，他还曾希望团结清朝政府共同抵御沙俄侵略，在他主编的《俄事警闻》上，发表过《告革命党》等文，认为在"盗劫吾物"之际，不应该"不追盗而徒责吾仆通盗之罪"[2]，建议包括清朝统治者在内的满、汉"合起来"，"商议打退俄国的法子，免得我们旗人、汉人通通受罪"[3]。然而，清朝政府背叛了包括满族人民在内的中国各族人民的利益，现实粉碎了他的幻想，终于使他成为革命派的代表人物之一。又如黄宗仰，原是常熟清凉寺的和尚，日益紧迫的民

---

1 毛泽东：《唯心历史观的破产》，《毛泽东选集》第四卷，第1513页，人民出版社，1991年6月第2版。

2 《俄事警闻》，1903年12月30日。

3 《俄事警闻》，1903年12月31日。

族危机使他不能安于寺院生活。张园会上,他慷慨陈词;国民公会中,他热情谋划。然而,清朝政府却指名逮捕他,迫使他流亡日本。"要御外侮先革命"[1]。他得出了要挽救民族危机,必须推翻清朝政府的结论,于是他"对佛誓发十大愿,大愿逐满不成佛"[2],跟着孙中山干起革命来了。拒俄运动更把许多青年推向反清革命的前列。后来牺牲于广州"三二九"之役的方声洞当时逢人便痛论国是,"谓非一刀两断,颠覆满清政府,以建共和,则吾人终无安枕之一日"[3]。吴玉章在回忆当时情况时也说:"我虽然不是很自觉地参加了这一运动,但这一运动却在我的生活中掀起了巨大的波澜,把我推入了革命的洪流。"[4]类似的情况很多,检阅清末革命志士的经历,许多人都是在拒俄运动中开始其政治生涯并投向反清革命的。

舆论界的变化显得更加突出。1903年6月5日,《苏报》揭载清朝政府的《严拿留学生密谕》。紧接着,发表《读〈严拿留学生密谕〉有愤》等文,愤怒地谴责清朝政府"以我土地江山","送人赠友"的卖国行径,指出"小丑不除,大敌难御",号召"以排满为业"[5],明确地喊出了反清的革命口号。《苏报》原来是一张高唱"保皇立宪之说"的报纸,正是在拒俄运动中,它的主人陈范愤于人民的拒俄要求,"清廷均弗置恤,且有拘捕留学生代表之命令","因而改倡排满之说"[6],使之变成革命派的重要喉舌。

继《苏报》之后,东京中国留学生主办的《江苏》、《浙江潮》等杂志的态度也日益明朗。6月25日,《江苏》第4期发表《革命其可免乎》一文,痛斥清朝政府镇压拒俄运动,"目为悖逆,指为不轨","移文州郡,传电畿疆,罗织搜索,防若寇贼"的行为。9月21日,该刊第6期《〈支那分割之

---

1 《书感》,《江苏》第6期。

2 《抱憾歌》,《江苏》第6期。

3 《方声洞小史》,《神州日报》,1911年8月2日。"满清政府"四字,原报为"□□政府"。

4 《从甲午战争前后到辛亥革命的回忆》,《吴玉章回忆录》,第19页,中国青年出版社,1978。

5 《苏报》,1903年6月10日、11日。

6 《陈梦坡事略》,《革命逸史》初集,第120页。

危机〉译后语》中更加鲜明地表示:"满清政府而不欲与俄人战,而不敢与俄人战,乃并不愿他人之与俄人战,乃并欲出其代表者之权限以禁四万万主人翁之与俄人战,则我同胞不可不秣马以先与满清政府战。"

此外,邹容的《革命军》修改、出版于拒俄运动高潮中,陈天华的《警世钟》也写作、出版于这一时期。两书都是宣传反清革命的代表作,其作者也都是拒俄运动的活动分子。在《复湖南同学诸君子》中,陈天华曾针对清朝政府对留学生拒俄的攻击诬蔑,剖白过参加者的爱国之心。他在信里说,他对清朝政府一见留学生结社爱国,"则遂大惊小怪,屡索而不得其解,我政府之识见如此……此诚可为痛哭流涕者矣"[1]。可以说,《警世钟》就是他"屡索"之后的结果,答案是必须打倒清朝这个"洋人的朝廷"。这两部书和其他许多同类作品集中地出现在这段时间,并且立即受到读者的热烈欢迎,正是形势急剧变化的反映。

舆论是先声。在《苏报》等明确地喊出反清口号后,一些拒俄组织陆续转变为革命组织。

还在5月份,军国民教育会就曾派出两名特派员到天津去见清朝政府的北洋大臣袁世凯,请他主战,表示愿为前驱。但是,特派员刚到上海,清朝政府军机处就接到上海地方当局的电报,说是:"近来爱国党欲假拒俄之说,拟将北上,恐有不轨事宜。"[2]到了天津,连袁世凯的影子也见不着,每次都被阻于门外;所能见到的清朝官吏都要他们"从事学问",不要干预国事。于是,两名特派员只能回到东京。7月5日,军国民教育会召集全体大会,由特派员汇报归国之行,秦毓鎏等15人提出了一份《意见书》,要求将原订宗旨中的"实行爱国主义"改为"实行民族主义",以卖国的满族贵族集团为革命对象。这一意见虽然遭到了湖北留学生、原拒俄义勇队成员王璟芳等的激烈反对,王在会上声嘶力竭地叫嚷:"大清不可背负"[3],但是,《意见书》还是获得了军国民教育会绝大多数

---

[1] 《苏报》,1903年6月14日。

[2] 《苏报》,1903年6月26日。

[3] 《中外日报》,1903年10月15日。

会员的赞成，仅有十余人退会。

军国民教育会的变化是中国留日学生转向革命的重要标志，从这以后，"革命思潮遂骎骎乎有一日千里之势"[1]。这里，孙中山的经历是很有意思的。1901、1902两年，孙中山在日本，志同道合者寥寥；有人把他视为怪人，甚至把他想象为"江洋大盗"。1903年夏秋间，孙中山自河内抵达日本横滨，情形就大不一样了，程家柽、杨笃生等拒俄运动的活跃分子纷纷访问他，研究革命进行方针。孙中山极为兴奋，在东京青山创设革命军事学校，规定了"驱除鞑虏，恢复中华，创立民国，平均地权"的誓词。很快，这个誓词就通过《警钟日报》和国内群众见了面。

转变后的军国民教育会决定了鼓吹（宣传）、暗杀、起义等三种进行方法，总部设在东京，上海、保定等地后来都设有支部。它还派出过12个"运动员"，分赴国内外"筹集经费"、"联络同志"[2]。

以杨笃生为首的一些人组成军国民教育会暗杀团。1904年，他们曾潜入北京，谋炸亲俄派头子慈禧。同年冬，清朝退职官僚王之春在上海勾结沙俄领事和军官，运动亲俄，拒俄同志会成员又曾策动万福华枪击王之春。

黄兴是12个"运动员"之一。1903年11月，他在长沙与章士钊、秦毓鎏等创立华兴会，确定了由湖南起义、直捣幽燕的策略。

武昌是拒俄运动的又一中心。1903年曾公祠拒俄大会上，吕大森曾直斥清朝政府"昏聩"[3]，会后，积极分子们自然形成了花园山秘密机关。次年5月，以"革命排满"为宗旨的科学补习所成立，吕大森被推为所长。

江浙地区的光复会也是在拒俄运动的基础上发展起来的，它的前身就是军国民教育会暗杀团，对俄同志会会长蔡元培是该团的骨干。1904年，暗杀团改组，正式定名为光复会，对俄同志会并入光复会。

这一时期，还曾出现过安徽武毅会（岳王会）、南京知耻学社、上海

1　《甲辰马福益长沙之役》，冯自由：《中华民国开国前革命史》第1册。

2　《军国民教育会纪事》，该会自印本，苏州大学图书馆藏。

3　《科学补习所始末》，张难先：《湖北革命知之录》。

福建学生会、福建文明社、江西易知社等若干革命团体。其中一些团体或者与拒俄组织有着渊源关系。或者由拒俄运动的活动分子作为骨干。

一切都说明了，拒俄运动的高潮正在转变和发展为民族民主革命的高潮。

不可避免的政治分野

在拒俄运动的第一阶段，主要还是改良派在活动；到了第二阶段，运动发展为革命派和改良派的联合行动，革命派对运动进程的影响日益显著。随着运动的深入，革命派和改良派之间的分歧愈益明显。斗争也日趋尖锐。

1903年4月27日的张园拒俄会，据改良派的报纸说："因有二人演说之词不合众意，众人有上前驳诘者。"[1]又说："有一党人及野蛮浮薄之学生等，专以败坏秩序为事"，"肆意骚扰"。[2]显然，这是指革命派对于改良派的斗争。不久，改良派的机关报《中外日报》机关发表论说，含沙射影地攻击革命派在拒俄运动中的主张"不合时势"，是什么"人方病寒而投之以治热之药"。[3]针对这种挑衅，激进的《苏报》指出：张园拒俄会是爱国集会，表现了中国人民"国家思想之萌芽"，应该"引而进之"，不应该消极指责。又指出：《中外日报》的态度是一种"保守"思想，其主笔是"素与康、梁为缘者也"。[4]

戊戌变法后，革命派曾企图争取改良派共同反清，改良派中的某些人如梁启超等也曾虚与委蛇，显示出一副要与革命派合作的样子。他们之间的分歧发展为公开论战，拒俄运动中的斗争是一个环节。冰炭不相容。当时曾有人投函《苏报》，要求双方"晤谈"或"函商"，遭到《苏

---

[1] 《中外日报》，1903年4月28日。
[2] 《大公报》，1903年5月5日。
[3] 《中外日报》，1903年5月12日、14日。
[4] 《苏报》，1903年5月18日。

报》的明确拒绝。¹在国民公会问题上，改良派和革命派的斗争就更加白热化了。最初，国民公会标榜"无所谓派别"，它的报名地点既设在爱国学社，又设在《新民丛报》上海支店，是革命派和改良派的联盟。然而，在发展进程中，康有为的门徒龙积之和国民公会发起人之一冯镜如把它改名为国民议政会，力图纳入"立宪"运动的轨道。他们竭力宣扬："皇上者中国之皇上"，计划以7月9日为陈请慈禧归政光绪的日子。龙积之等人的企图受到了邹容的坚决抵制，邹容带头痛骂冯镜如，爱国学社学生纷纷脱会，迫使国民议政会无形解散。²

感受到革命派的威胁，改良派的枪头就逐渐指向革命派了，这以后，他们也还谈沙俄等帝国主义对中国的侵略，但主要是为了吓唬清朝政府，同时也吓唬革命派，为其改良主义的政治主张服务。《中外日报》发表过一篇题为《论政府当求消化乱党之法》的论说，说是革命党兴起的原因就在于：清朝政府任凭沙俄占据东三省，于是革命党就认为政府没有顾惜土地与悯恤人民之心，想造反了。为政府计，应该"锐意维新"，这样，革命党就会"消化"，"普天之下悉是甘雨和风"了。³在另一篇题为《革命驳议》的论说里，改良派扬言：一搞革命，就要发生内乱，外国人就会乘虚而入，沙俄以"平乱"为借口侵占东北就是前车之鉴。文章耸人听闻地批判革命派道："奈何欲自启乱机，而勾引外人，使其瓜分吾宇耶？"⁴你想革命吗？一顶卖国主义的帽子就甩过来了。

与改良派针锋相对，革命派指出，小小变法只能起欺骗和装饰作用，解决不了挽救中国危亡的问题。至于帝国主义的干涉也并不可怕，只要革命思想能普及全国，"人人挟一不自由毋宁死之主义"，那就可以和侵略者相周旋，即使不幸被强敌所屈服，但黄河伏流，一泻千里，总有消灭帝国主义"殖民政略"的一天。⁵改良派惧怕帝国主义，不敢革命；革命派不那么怕帝国主义，所以敢于革命。但是，怕根未净，总觉得打

1　《苏报》，1903年6月2日。

2　《中国少年之少年》(柳亚子)：《中国灭亡小史》，《复报》第10期。

3　《中外日报》，1903年7月31日。

4　《中外日报》，1903年6月7日。

5　《苏报》，1903年6月12日、13日。

起来不是帝国主义的对手,因而不敢坚决反帝。

改良派宣扬光绪"圣明",清朝政府可以依赖;革命派就以清朝政府丧地辱国、镇压拒俄运动、投降沙俄为例说明其不可依赖。1903年时章太炎指出:清王朝的"满洲故土"已经被沙俄抢走了,不能把丧失国土的罪魁捧出来当元首[1]。1904年初,孙中山也指出:东北是清朝的"发祥之地",这样的地方都丢了,发展下去,必然是"日削百里,月失数城,终底于尽"。要挽救国家的危亡,必须"发奋为雄,大举革命","倾此残腐将死之满清政府"。针对改良派畏惧帝国主义干涉的懦夫心理,孙中山还指出:"我愈畏缩,则彼愈窥伺",叩头、乞怜不能阻止帝国主义的侵略。他以清朝政府为例说:"清国帝后今日日媚外人矣","媚外人之中又与俄为最亲暱矣,然而据其发祥之地者则俄也"[2]。

不同人从同一事件中常常会引出不同的结论:沙俄侵夺我国东北,改良派由之引出的是中国不能革命,革命派由之引出的是中国必须革命。

谁掌握真理,谁就将赢得群众。拒俄运动期间,革命派和改良派的斗争还只是一次前哨战,但是,胜负却很快就有了分晓。

1904年底,日本《万朝报》译载德国一家报纸的议论,提到一项世界商业统计表已经承认我国长城以北为沙俄的势力范围,因此,在留学生中引起了极大骚动,改良派乘机活动,再度企图将拒俄运动引入"立宪"的轨道。先是由梁启超的一个门徒出面召集四川留学生开会,提出了一份《要求归政意见书》,共六条,要求慈禧太后归政光绪,宣布立宪,召还康有为,并决定推张澜为"伏阙上书"的代表。

1905年初,中国留学生就《要求归政意见书》展开大辩论。结果,大多数人反对。福建、安徽、贵州、直隶四省同乡会批评其为"不切时势,无补时局",江西同乡会批评其为"徒事喧嚣,毫无实际",两广同乡会在留学生会馆贴出了"两粤学生全部大反对川策六条"的标语,广西同乡会则明确宣告:"抵御瓜分之策,以革命为宗旨。"[3]

---

[1] 《驳康有为论革命书》,《太炎文录》卷2。
[2] 檀香山《隆记报》,转引自《檀山华侨》。
[3] 《大陆》,第3年第2号。

改良派遭到了一次惨败。这次辩论预示了《民报》时期革命派对改良派辩论的大胜。

未能解决的历史课题

拒俄运动锋芒所向，直指沙俄帝国主义及其走狗清朝政府中的亲俄派。同这伙凶恶而强大的敌人做斗争，特别是要使斗争超出发宣言、提抗议、集会、结社的范围，以武力驱逐侵略者，必须拥有足以制胜的雄厚实力。

领导这场运动的民族资产阶级和部分知识精英是懂得这个道理的，他们指出：对于沙俄侵略者，"非结合大群不足以御之"[1]。从何处聚集力量呢？他们向全国各阶层的各种人，上至政府、疆吏、领兵大员，下至术士、游民、乞丐、娼妓，无论男女老少，或者革命党、立宪党、保皇会、守旧派，乃至道学先生、厌世派，都发出或准备发出救亡的呼吁。但是，在这些包容甚广的人群中，主要倚仗哪种人的力量呢？半殖民地半封建中国社会阶级关系的错综复杂，又使他们对此踯躅彷徨。他们之所以同时向如此众多的、相互间格格不入以至敌对的人们发出呼吁，正说明他们心中无数。

中国民族资产阶级曾经寄希望于自己。有人提出，"与其官争于上，不如商争于下"，建议停止对俄的茶丝贸易，"无论如何重价，不准出售与彼"[2]。主张用自身的力量而不依赖"官争于上"，这是民族资产阶级觉悟的表现。但是，他们的经济力量毕竟太微弱了，这种呼吁如同投向大海的石子，没有激起多大波澜。

另一些人则寄希望于青年学生。他们认为：学生是中国社会的"主人"，为存亡之"关键"，"中国之兴，兴于学生"[3]。邹容于1903年5月发起

---

1 《中国四民总会处知启》，《苏报》，1903年4月30日。

2 《中外日报》，1901年3月28日。

3 《苏报》，1903年5月30日。

中国学生同盟会,正是这一思想的反映。青年学生在运动中表现最为活跃,最为激进,但是也有人怀疑莘莘学子的作用,他们问道:以少数学生去和"如虎、如狼、如蛇、如蝎"的沙俄侵略者作战,行吗?

在当时的历史环境下,中国民族资产阶级是先进的阶级,但是这个阶级包括知识分子在内,人数很少,经济力量有限,只靠本阶级的群众是做不出很多事来的。资产阶级要和国内外反动势力斗争,就必须援引其他阶级的力量。他们曾经企图依靠清朝的某些督抚。然而,事实证明,张之洞、刘坤一、袁世凯、端方们的"拒俄",不过是因为自身的特殊利害发出的空喊,这流人在镇压拒俄的群众时却是实干的。人们的希望破灭了。《苏报》激烈地批评军国民教育会最初采取的请愿做法是"热昏"。"不识人头,吃煞苦头"。求助于袁世凯之流,不是要"吃煞苦头"吗?[1]

也曾有些人企图依靠某些帝国主义国家。20世纪初年,英、日、美等国在争夺我国东北问题上和沙俄有激烈的利害冲突,因此,有人主张联合英、日、美共同作战,有人建议请各国"公断"。这当然都是无法做到的。于一筹莫展之际,改良派居然附和美国提出的将东三省辟为各国公共通商口岸的主张,企图利用列强的力量排挤沙俄。日俄战争爆发了,不少人声援日方。郑观应等在广州等地捐款组织赤十字社,准备疗治日本伤兵。在革命派中,也有人倡议"编成义兵",附入日军,去打头阵。由于对沙俄侵略的仇恨,很多人幼稚地把同情寄予日本方面。

这种情况也遭到了批评。鲁迅就认为此类人"太无远见",曾专门写信给蔡元培,提请他办《俄事警闻》时注意[2]。有人正确地指出,争夺着的双方都同样垂涎于我国的"膏腴绣壤"[3],"中国不能自立,无论何国,均未可恃",我们不能"自委弃其国民之责任"而一味求助于人。

不错,帝国主义国家之间的矛盾,清朝统治集团中各派系之间的矛盾,可以也应当利用,但是把获胜的希望寄托于此却是幻想。

尽管改良派不敢得罪清廷,康有为等甚至可笑地把局面的改观悬于

---

1 《苏报》,1903年6月6日。

2 沈瓞民:《鲁迅早年的活动点滴》,《上海文学》,1961年第10号。

3 《俄事警闻》,1904年2月25日。

光绪重新亲政的空想上，而那种企图依靠某些帝国主义的倾向更难于克服，但运动中的先进分子已经逐渐认识到上面这些看上去"强大"的力量并不可恃，开始向另外的方面去寻求助力。在运动的第二、第三阶段，革命派参加领导运动之后，他们曾经注意到人民群众的力量。

1904年时，有人提出过"民战"的口号。他们指出："民仇俄人，痛入骨髓"，只要能把人民动员起来，那么，掷瓦砾、施坑陷都会是斗争的办法。沙俄侵略军不过20万，东北居民则在千万以上，"以十民杀一俄兵，俄兵立尽矣！"[1]这个口号无疑是进步的。广大人民群众中蕴藏着巨大的爱国反帝斗争力量。除了把人民动员起来，又靠谁来战胜俄国侵略者呢？不过，要实现"民战"，却非易事。

有人主张动员会党。他们认为：会党具有"刚肠侠骨"，"天不怕，地不怕"，只要"统统联络起来"，"莫说是一个俄罗斯，更是十个也不可怕了"。[2]

当时，东北活跃着无数支抗俄武装。在最著名的"忠义军"以外，影响较大的还有一种队伍，由于多武装马队，被清王朝称为"马贼"。"马贼"的成分和政治态度虽然复杂，但参加抗俄的"马贼"斗争却很英勇。他们毁铁道，割电线，焚烧粮库，劫夺枪支弹药，骚扰、袭击俄军，给了侵略者以沉重打击。这一事实吸引了拒俄运动的活动分子们重视。1904年2月，《警钟日报》发表时评，赞扬"马贼"昭如日月，为"吾民族之代表"，宣称："吾不能不爱马贼。"

近代中国的新型知识精英总是不耐烦难，希望顺当地利用现成的有组织的力量。由于对会党和"马贼"缺少实际了解，上述议论未免流于理想化，但那种急于获得下层群众响应的心情则是可以理解的。

他们也曾直接向工农群众发出呼吁。

我国拒俄运动发生、发展的时候，距巴黎公社成立已经三十余年。此间，国际工人运动有了长足的发展。这一事实，使得拒俄运动的活动分子们不得不对我国年轻的无产阶级抱有热切的期望。《俄事警闻》宣

---

1 《警钟日报》，1904年3月5日。

2 《俄事警闻》，1904年1月29日。

称：工人是"世界上第一等有力量的"[1]。由对俄同志会成员主编的《中国白话报》则热情介绍外国工党的斗争"能够制皇帝、官府的死命"[2]。他们要求中国工人能"学着外国工人，结成一个大党"，"打退东三省的俄国人，叫各国不来夺我们的地方"[3]。

主张动员农民的人也有。《俄事警闻》在题为《告农》的社论中说：俄国夺了东三省，全国人都应该出力，农民"劳苦惯了"，"当兵是顶相宜的"，而且"人数本来多"，只要本领也好了，又明白"道理"，"肯拼命去一打"，"俄国自然打退了"。《俄事警闻》并应许："那时候，你们可以想个把田地归公的法子。"[4]

以农民为主体的义和团是抗击八国联军入侵的主力，在东北，也是抗击沙俄入侵的主力。他们所进行的斗争，尽管存在着弱点，却无疑是一种"民战"。对义和团，清王朝和改良派都诬之为拳匪。在拒俄运动中，革命派中的某些人却独能做出较为正确的评价。他们赞誉其"不可奴隶、不可屠割之一种毅然独立之血诚"，是中国"前此未有之特色"[5]。

在20世纪初年，出现这种赞扬工农，主张发动工农展开反帝斗争的观点是难能可贵的。当时，以孙中山为首的革命派生气勃勃，为了反帝反封建斗争，他们需要群众的力量，敢于向劳动人民发出呼吁。由于眼界比较宽，革命派感到自己比改良派有力量，他们满怀信心地批判了流行一时的"不战亡、战亦亡"的悲观主义论调。但是，应当指出，即使在这时，他们也并不真正认识劳动人民。如前所述，对工农的呼吁，乃是向社会上类型众多的人发出的呼吁中的一种，他们并没有认识到，只有工农才是拒俄反帝的最主要的动力。

1903年，当上海成立"四民公会"时，《浙江潮》第5期发表过一篇时评，大意说，中国有一件最可悲痛的事便是，"士"为士、农、工、商四民之首，不能自成一社会，而又与其他社会隔绝，所以，"日日言社会

---

1 《警钟日报》，1904年1月10日。

2 《时事问答》，《中国白话报》第5期。

3 同注1。

4 《俄事警闻》，1904年12月22日。

5 《对于俄约之国民运动》，《江苏》第2期。

改革，言社会发达而无效"。文章要求该会成为"国民之机关"，"自士社会以待合于其他种种各社会"。这段评论可谓"切中时弊"。然而，拒俄运动中，它始终是空谈，"士"们除了热衷在本阶级群众中活动外，并没有认真去做"合于"其他社会的工作，还是一个孤零零的自居的"首"。当上海工人为周生友案投入拒俄斗争时，《警钟日报》的"士"们可以在报上大谈"工民革命"，指手画脚，但是却不跑到工人中去做点实际工作。丁开嶂、张榕跑到东北去了，但是，主要依靠的也还是地方上层人士和"马贼"中的上层头目。1903年的"四民公会"无工无农，是个"二民"公会，实际上主要是知识分子的"一民"公会。此后的对俄同志会状况也是这样。该会极盛时不到200人，他们非常懊恼地感慨道："义勇之军，侦探之队，徒抱虚愿，一无表现，所藉手者，区区《俄事警闻》之报告而已。"[1] 没有人民大众参加，当然只能是这样一个结果。

哪些阶级、阶层、人士是反对帝国主义的力量？谁又是其中的主要动力？这是一切反帝斗争都必须解决的历史课题。拒俄运动中的知识精英们接触到这个问题并试图予以解决，他们在这方面所取得的成就应当给以恰当的估价，但是，离解决这个问题的路程还很远。

反帝而不依靠人民，不发动工农群众，必然无所成就，最终仍然要和帝国主义者妥协。后来辛亥革命之所以失败，这是一个重要原因。拒俄运动也已经预示了这一前景。

反对沙皇奴役的世界人民斗争的一部分

我国的拒俄运动不是孤立的，它是20世纪初年反对沙皇奴役的世界人民斗争的一部分。

世界人民热烈地同情和支持我国的拒俄斗争。还在1900年12月，列宁就在《火星报》第一号上发表《中国的战争》一文，论述中国人民反对沙皇侵略的正义性，号召俄国工人阶级奋起斗争，"以结束政府的专

---

[1] 《警钟日报》，1904年3月15日。

制统治"。响应列宁的号召，布尔什维克揭露了沙俄政府在中国的犯罪政策，俄国社会民主工党巴库委员会在传单里写道："难道俄国人民需要满洲这一块外国的土地吗？"[1]一些在中国的国际友人还积极参加了拒俄运动。例如1903年有德国友人在南京"见中国人即握手，告以中国前途之苦及改变之不可缓"，"语及东三省事，辄切齿怒目"。[2]1904年日俄战争期间，居住在哈尔滨的犹太、波兰友人曾联络中国劳工，准备起事抗俄。

我国人民也热烈同情和支持世界人民反对沙皇的斗争。

1903年，在俄国社会民主党领导下，乌克兰、高加索等地爆发总罢工斗争。对此，《江苏》杂志发表文章说："暴动！暴动！俄罗斯果不得不暴动，俄罗斯终不能不演革命之活剧。倒专制旧政体，建共和新政府，为日非远矣。"[3]1905年1月，彼得堡的工人由罢工斗争发展为准备武装起义。消息传到我国，《警钟日报》立即发表《请看俄国之工人》一文，赞美俄国工人"立志之坚"[4]。在当时，沙皇还是个庞然大物，但是，中国拒俄运动分子们相信俄国人民："斯拉夫民族真好男儿，真不愧为伟大之人民。善于动，善于杀官吏！杀君主！"[5]他们认为，在这样的人民面前，沙皇政府是迟早要完蛋的。

列宁曾经指出过："俄国是各族人民的监狱。"[6]在这个监狱里，犹太人所受的压迫极为严重。中国拒俄运动的活动分子们尖锐地揭露了一小撮沙俄反动分子对犹太人的虐杀："或挖其两眼，或断其四肢于板，以刀碎割。小儿则携往最高之处掷下，或则腰斩。"这是怎样一幅惨绝人寰的画面呀！中国拒俄运动的活动分子们语重心长地警告人们："吾悲犹太，吾不能不虑夫将为犹太者。"[7]

波兰曾长期为沙皇俄国、普鲁士、奥地利等所瓜分，沙皇政府在其

---

[1] 《史学译丛》，1957年第5期，第100页。

[2] 《朱臻仕》，《江苏》第7期。

[3] 《江苏》第6期。

[4] 同注3。

[5] 《警钟日报》，1905年1月26日。

[6] 《革命的无产阶级和民族自决权》，《列宁全集》第21卷，第392页。

[7] 《经世文潮》，第4期。

占领区实行残暴的殖民统治。在《猛回头》、《新湖南》等小册子中，中国拒俄运动的活动分子们谴责了这种统治。对于波兰人民的斗争，中国拒俄运动的活动分子们尤其寄以殷切的期望。1904年3月，他们见到了一份波兰义勇军的讨俄檄文，情不自禁地欢呼："伟哉！波兰之民族！壮哉！波兰之志士。"他们专门写了《波兰之志士》、《读〈波兰义勇军组织主意书〉》等文章，指出："彼俄国者，裂波兰故土最多，压波兰遗民最酷。擒贼先王，首在覆俄。"文章建议波兰志士利用日俄战争的机会奋起抗俄，乘熊脚被扎的时候"突刃其腹"。中国拒俄运动的活动分子们相信，经过斗争，"必有一波兰新国出现于波罗的海之滨"[1]。

此外，对于反对沙皇奴役的芬兰、瑞典、挪威、丹麦、波斯、土耳其等国人民的斗争，中国拒俄运动的活动分子们也都表示关切，并看成是对我国人民的支持，"此为我国报深仇、雪大耻，树我完全独立之旗"之"大机会也"[2]。

1904年2月5日，《俄事警闻》发表过《俄祸》一文，中云：

> 若夫俄，则尤虎狼之尤者也。自彼得大帝以来，以吞并与国，囊括全球为志，彼意非使史拉夫人种为全世界之主不止。此非我中国之祸，而全世界之祸。

这段话值得重视。马克思指出："资产阶级的沙文主义只不过是一种虚假的装饰，它给资产阶级的种种无理要求罩上了一件民族的外衣。"[3]沙皇推行"囊括全球"的侵略政策，并不是为了使"史拉夫人种为全世界之主"，而是要使俄国的一小撮地主和垄断资本家为"全世界之主"。在这一点上，《俄事警闻》讲得不对。但是，沙俄帝国主义是军事封建帝国主义，它的垄断资本主义和封建农奴制残余密切结合着，它把帝国主义的各种最坏因素都集中了起来，而且变本加厉了。因此，极富于侵略性，

---

1 《警钟日报》，1904年3月9日。
2 《抗俄铁血会檄文》，《大陆》，第2年第4号。
3 马克思：《〈法兰西内战〉初稿》，《马克思恩格斯选集》第2卷，第427页。

是当时世界的大祸害。《俄事警闻》发出的这一"警闻"又是正确的。中国拒俄运动的活动分子看清沙皇的侵略野心，明确自己斗争的意义，就更加鼓舞了自己的斗志。

1901年至1905年的拒俄运动是我国近代一次较大规模的群众性反帝爱国运动。它打击了沙皇吞并我国领土的野心，揭露了清朝统治者对内镇压、对外投降的面目，表现了我国人民不甘屈服于内外敌人的爱国主义精神和革命精神，促进了民族民主革命高潮的到来，在近代中国史上，是起了积极作用的。

陈天华的《要求救亡意见书》及其被否定经过

许多著作都提到陈天华有一份《要求救亡意见书》，但史学家们迄未见到。1985年，我在日本外务省档案中将它找到了。原件为铅印传单，附于警视总监安立纲之给外务大臣小村寿太郎的报告之后[1]。

1905年1月，日本《万朝报》译载德国某报的一篇文章，声称各国商业统计表关于中国领土已不列长城以北，承认其为俄国范围，"此实瓜分政策"云云。这一消息在中国留日学生中引起了骚动。四川学生首先集会，有人提出《要求归政意见书》，主张西太后将"大政"归还光绪皇帝，"以一主权"，同时，要求清政府"宣布立宪以定国是"。该意见书提议于1905年2月4日（夏历元旦）致电清政府，陈述意见，并随撰详细呈文，公举代表二三人到北京伏阙上书[2]。在这一情况下，陈天华撰写并印刷了《要求救亡意见书》，在留日学生中散发。

《意见书》全文三千余字。开宗明义，首先说明当时形势和不得已拟向清政府请愿，要求救亡的苦衷。《意见书》称：

近日以来，警电纷至，危迫情形，视前尤急，同人等焦心灼虑，苦无良策，乃于无可如〈何〉之中，作一死中求生之想，则惟

---

[1] 《关于清国留学生行动》，甲秘第13号，明治三十八年二月二日。
[2] 《东京留学界议请归政立宪之汇志》，《大陆》，第3年第2号。

有以救亡要求政府也。

　　《意见书》将清政府譬喻为"管屋者"，将国民譬喻为主人，说是："主人有屋，托人管理，不慎于火。管理者以非其屋也，将任其延烧，为主人者岂能不以屋如焚焰，必责其赔偿而急促之使救火乎？"

　　关于请愿的目的，《意见书》说明，在于劝止清政府及其大臣们出卖国家权益。它称：

　　　　目的惟何？但使朝廷誓死殉国，勿存为一印度王之思想，卖吾侪以救活；为大臣者实事求是，勿抱一为小朝廷大臣之主义，以吾侪之权利，为彼等富贵之媒。

　　当时，印度已沦为英国的殖民地，印度国王则成为侵略者卵翼下的儿皇帝。陈天华要求清政府以印度为鉴，不要使中华民族陷入更悲惨的境地。

　　关于请愿的条件，《意见书》向清政府提出对外条件三项，对内条件四项。对外条件为：1. 勿以土地割让于外人，竭死力保护矿山、铁路、航权；2. 勿以人民委弃于外人，人民之生命、产业、利权，丝毫不容外人侵犯；3. 勿以主权倒授于外人，力杜外人驻兵内地并掌握用人行政之权。对内条件为：1. 实行变法；2. 早定国是；3. 予人民以地方自治之权；4. 许人民以自由著述、言论、集会之权。《意见书》同时提出国民义务四项：1. 当兵；2. 纳租税；3. 募公债；4. 为政府奔走开导。《意见书》要求清政府履行条件，国民履行义务，双方处于对等地位。它说："吾侪之义务有一未尽者，不待政府诛之，吾侪必自诛之。吾侪对于政府尽义务矣，而政府之于吾侪所求者或不许之，或许而阳奉阴违，行之不力，或竟显违吾侪所订之条件，则吾侪必尽吾力之所能以对付于政府，诛一人而十人往，诛十人而百人往。吾侪不死尽，政府不得高枕而卧也。"

　　《意见书》的主要篇幅是设为问答，以二人辩难的形式，解释各种疑问，说明请愿活动的必要。最后，《意见书》表示，将以留学生全体名义，在两周内赴北京实行。"有志偕行者请至神田西小川町一之一东新社（陈天华住址——笔者），商订出发，反对者请即函告，否则作为默认。"

《意见书》表现了陈天华一如既往的爱国主义热情。他认为，国家由土地、人民、主权三要素组成，有一个要素不具备，就不能称之为国家。《意见书》指出：当时帝国主义者纷纷向清政府索取土地和势力范围；在非洲、美洲的华侨和东三省的难民备受帝国主义虐待；主权无一不被外人掌握。因此，中国"早已等于瓜分，且更甚于瓜分"。《意见书》呼吁中国人民及时设法，拯救国家危亡。它说："救死者必于将死未死之时，不可待于已死；救亡者亦必于将亡未亡之时，不可待于已亡。"这些地方，和陈天华的名著《猛回头》、《警世钟》的基本精神是一致的。但是，在对待清政府的态度上，却有了显著的变化。原先，陈天华指斥清政府是"洋人的朝廷"，认为"满洲政府抱定一个'汉人强满人亡'的宗旨，死死不肯变法"，主张以暴力将其推翻。"改条约，复政权，完全独立"，建立一个崭新的国家[1]；而现在则希望以和平请愿的方式促使清政府豁然警醒，外拒强敌，内行变法。两相对比，不能不认为是一个重大的变化。在写作《意见书》之前，陈天华曾会见梁启超，二人多次通信，《意见书》反映出改良派的影响是毋庸置疑的。

《意见书》末段，陈天华设想有一个革命者出来质询："吾侪平日之所主张，非革命乎？今乃欲倚赖于政府，何其进退失据也？"对此，《意见书》回答道：

> 政府之将以土地、人民、主权三者与外人，一弹指间也；而吾子之革命，旦夕可举乎？吾恐议论未定，而条约上之效力发生，已尽中华之所有权移转于他人手矣，则何如要求政府，与之更始以围〔图〕存乎？

这段话可以看作是陈天华对自己改变主张的解释。在陈天华看来，革命不会很快发生，远水救不了近火，国家危亡在即，只能以请愿的形式阻

---

[1] 参见刘晴波、彭国兴编校：《陈天华集》，第36、61、59页，湖南人民出版社，1958。

止清政府卖国,这样会便捷得多。

然而,陈天华毕竟不同于改良派。这就是,他对于和平请愿的作用并不十分夸大,对清政府能否改弦更张也并不抱很多幻想。《意见书》说:

> 吾侪之要求,所以使政府应付外人之要求外,而亦留一二以应吾侪之要求也。盖使彼惟虞外人之一方面,而不虞国民之方面,则必至举吾侪尽售之于外人,以保固其印度王、小朝廷大臣之名位不止。今吾侪乃预先警告之,吾侪虽被售,而必不使安固其印度王、小朝廷大臣之名位,是亦侥幸望其勿售也。

这里说得很清楚,和平请愿的目的只是"侥幸望其勿售"。有些地方,《意见书》又说:

> 至于警告而不听,则吾侪自必有继续之行为,决非仅如公车上书之故事也。各国民党之对于政府也,必先提出要求之条件,要求而不纳,然后有示威之举动,而无不如此者。吾侪躐等以为之,则政府不知吾等意向所在,而国民亦不知吾等之宗旨为何,纵掷数人之头颅亦不过等诸无意识之作为,而吾侪之主义,终难暴白于天下。惟先将主义标出,可平和则平和,当激烈则激烈,一出于公,而不杂以一毫之私,使政府有所择取,使国民有所依然,于将来或不至全无影响。此吾侪今日之苦心也,政府之无可望则久已知之矣。

这里,陈天华明确宣布,清政府"无可望",是扶不起来的阿斗,因此,斗争方式不能仅限于"公车上书"一类故事,而是要将"吾侪之主义"表白于天下,"可平和则平和,当激烈则激烈",可见,陈天华并没有封死通向革命的道路。

在《意见书》中,陈天华还说:"吾侪之欲以救亡要求政府也,非谓如是即可以救亡也,乃欲以求吾致死之所也。政府能与吾侪共致死于外人,则外人乃吾侪致死之所也;政府必欲以吾侪送之于外人,则政府乃吾侪致死之所也。"这里，陈天华那种不惜一切，敢于与内外敌人拼死战斗的精神又表现出来了。

《意见书》散发后，立即受到了湖南留学生的强烈反对。1905年1月27日，宋教仁在日记中写道："彭希明、徐运奎来，谈最久。时陈星台将有北京之行，运奎谋与余极力反对其说，余允之。"[1]28日，宋教仁应彭希明之邀，至刘揆一处，与黄兴、章士钊等会商，决定召开同乡会干涉。当日，宋教仁在日记中又写道："时陈星台发有《要求救亡意见书》于学界，其宗旨专倚赖政府对外与对内之政策，而将北上陈于政府，余等皆反对其说。"[2]29日，在湘西学会例会上，宋教仁演说"瓜分问题"，激烈地反对向清政府请愿，主张各省独立自治。当日到会者50余人，有赞成者，有反对者，未能取得一致意见。30日，在锦辉馆召开湖南同乡会，与会200人，一致决议反对陈天华的"要求政府之说"，赞成宋教仁的"全省独立自治"主张[3]。2月1日，黄兴、宋教仁和陈天华举行"特别谈判"，宋教仁批评陈天华"受保皇党之运动"，双方"辩难良久"，陈天华因受日本警署传唤离去[4]。在警署时，日本当局通知陈天华，禁止散发《要求救亡意见书》[5]。2月2日，宋教仁得到黄兴的通知："陈星台事，已干涉其不作。"[6]

与此同时，东京留日学生就向清政府请愿问题进行了广泛的讨论。

广西同乡会认为，"抵御瓜分之策，以革命为宗旨"[7]。

福建、安徽、贵州、直隶四省同乡会公函称："此次提议上书政府一事，公认为不切时势，无补时局，请置勿议。"[8]

留学生会馆干事及各省评议员大会讨论结果，反对请愿者占十分

1　陈旭麓主编：《宋教仁集》，第512～514页。

2　同注1。

3　同注1。

4　同注1。

5　《关于清国留学生行动》，甲秘第13号，明治三十八年二月二日。

6　同注1。

7　《东京留学界议请归政立宪之汇志》，《大陆》，第3年第2号。

8　同注7。

之九[1]。

这种情况，显示出在东京中国留日学生中，革命日益成为普遍的要求。正是在这种形势下，在黄兴、宋教仁的帮助下，陈天华纠正了自己的错误，再度焕发革命精神，重新执笔为革命作鼓吹，写下了《论中国宜改创民主政体》等名篇。

---

1 《东京留学界议请归政立宪之汇志》，《大陆》，第3年第2号。

1911年的拒英、拒法、拒俄运动

1911年初，我国边疆地区警报频传：1月3日，英国派兵侵占我国云南西北边境要地片马；2月，英法合办的隆兴公司强索云南七府矿产开采权，法国借口保护铁路而陈兵滇边；同月，沙俄借修订《伊犁条约》及所属《改订陆路通商条约》之机，企图攫取新疆、蒙古、张家口等地的自由贸易权、免税权、土地所有权和在中国全境的治外法权。这些事件的接连发生，标志着中国民族危机的进一步加深。于是，由立宪派和革命党人分头发动，掀起了一场以拒英、拒法、拒俄为主要内容的反帝爱国运动。它是轰轰烈烈的保路运动的前奏，在舆论、组织、武装等方面为辛亥革命作了准备。

关于这一运动，日本学者小岛淑男以留日学生与国民会为中心进行多年研究，其成果已结集为专书[1]。但是国内迄今还没有专著讨论这一问题，有关辛亥革命史的著作对此也很少涉及。本文将从更广阔的角度审视这一运动，并着重考察同盟会在其中的作用及其斗争策略。

---

1 《留日学生の辛亥革命》，日本东京青木书店，1989。

一 云南谘议局的"保界"呼吁与各地立宪派的响应

1911年的拒英、拒法、拒俄运动发端于云南谘议局的呼吁。

1月28日,云南谘议局致电全国报馆:"英人派兵据我片马,势将北进,扼蜀、藏咽喉,窥长江流域,大局危甚。拟先文明对待,不卖英货,请转各商协力进行。"[1]同时,又上书云贵总督李经羲,要求他一面与政府协力争议,一面在腾越、思茅等地编练重兵,以备不时之用[2]。2月7日,云南绅商在谘议局开会,议决成立中国保界会。该会决定:第一,联合全国各报馆、各宣讲所,分别著论演说,号召人民起而斗争;联合各省志士仁人,上书外务部,请与英人严正交涉,并以此案发交海牙和平会裁判。第二,在买卖货物、乘载轮船、雇作佣工等方面对英国进行限制,同时奖励并补助自设工厂和轮船公司。宣言要求全国及海外华人在各自驻地普遍设立保界会,并特别声明:"我国现值积弱,只宜用文明之抵制,不可为野蛮之举动。"[3]2月11日,商会集会,决定抵制英货,以当月23日为"不卖英货日期","过期如有再买卖英货者,即公同议罚"。[4]

云南谘议局的呼吁迅速得到各省谘议局的响应。贵州谘议局复电称:"英据片马,先以不卖英货抵制,各界协议,表同情,并电政府力拒。"陕西谘议局复电称,"非人自为兵,无以救亡",建议以3月9日为期,联络各省谘议局,同时致电资政院,奏请就地开办团练[5]。当时,俄国政府企图借修订《伊犁条约》扩大侵略权益的阴谋已经暴露,因此,各谘议局除通电拒英外,又大力呼吁拒俄。江宁谘议局议长张謇致电全国各谘议局,提议联合各局议长,上书清政府,表示"俄旧约万不可徇"[6]。3月11

---

1 《民立报》,1911年2月4日。
2 《申报》,1911年3月2日。
3 《云南保界会之宣言书》,《帝国日报》,1911年3月7日、8日。
4 《千钧一发之云南》,《帝国日报》,1911年3月13日。
5 以上引文均见1911年3月13日《帝国日报》。
6 《议长之救亡电》,《民立报》,1911年3月2日。

日，国会请愿同志会发表长篇文章，指责"俄人之阴险狡诈"和清政府的"畏葸无能"[1]，要求各方人士联电政府力争。20日，福建谘议局在得到山西、江西等省谘议局的支持后，致电清政府军机处，要求召开资政院临时大会，以民气为外交后盾。

在各省立宪派的鼓噪声中，资政院在京议员联名上书总裁溥伦，认为"修订中俄商约一事，实关系西北大局"，要求溥伦根据院章，奏请召开临时会议，但溥伦置之不答[2]。议员们赴溥伦住宅求见，溥伦又闭门不纳。尽管如此，清政府仍然认为溥伦等压制议员不力，于3月22日下令撤去溥伦、沈家本的资政院正副总裁职务。其间，议员们不肯死心，再次上书，说明各省谘议局纷纷申请开会，不可置之不理[3]。书上后，清政府的内阁大员们连看也不想看，"温谕阻拒"[4]。

新的民族危机也使海外的立宪派不能安坐，企图借此发动第五次国会请愿运动。2月下旬，在美国的中华帝国宪政会致电国内各团体，声称："敌迫，国会迟必亡，速五请。"[5]但是，国内立宪派由于对清政府镇压四次国会请愿运动的记忆犹新，不愿再行自找没趣，帝国宪政会的呼吁没有引起任何反响。

当时，立宪派的兴趣在于提前召开各省谘议局联合会。按规定，该会会期应在夏历六月（7月），现因召开资政院临时会无望，遂由福建谘议局提议提前召开联合会。5月12日，该会在北京开幕，到会的各省谘议局议长、议员及资政院议员共63人，以谭延闿为主席、汤化龙为审查长。会上，代表们普遍提议编练民兵，保卫边疆，反映出立宪派对清政府的愤懑、绝望，以及忧患意识的加深和自保要求的增强。据该会整理的资料，在全部27个议题中，与编练民兵或救亡相关的议题即达14件[6]。讨论中，代表们一致同意，编练民兵，主要用于对外，宗旨在于救亡；

---

1 《神州日报》，1911年3月12日。

2 《资政临时会小产》，《民立报》，1911年3月21日。

3 《还说什么临时会》，《神州日报》，1911年3月27日。

4 《民立报》，1911年5月17日。

5 《申报》，1911年2月24日。

6 《直省谘议局议员联合会第二届报告书》，第6~7页。

在定名上，代表们上书都察院，指出当今世界各国均采"国民皆兵"主义，要求各省、厅、州、县会同自治团体，选择土著而有职业者编练"备补兵"，"取民兵之意，而变通练军之法"，同时，号召各省谘议局议员协同各团体，组织体育社，召选学生学习步兵操法、射击教范等科目，以"提倡尚武精神，补助军事教育"。[1]

联合会开会期间，云南籍资政院议员顾视高、张之霖提出片马一案，汤化龙认为，"上奏亦无效，不如作为我辈攻击政府之资料"[2]，此后，片马问题即成为立宪派射向皇族内阁的有力子弹。6月13日，联合会致电各省谘议局等称："片马交涉，政府主延宕、退让两说，丧权误国，请径电内阁，力争重勘。"[3]6月18日，云南谘议局议长段宇清及资政院议员李增到京出席联合会。段称："仍恳诸公念片马非云南之片马，乃全国之片马，片马失，则云南失，云南失，则中国不保。"[4]24日，联合会通过由湖北省谘议局副议长张国溶起草的《通告全国人民书》，全面抨击皇族内阁的内外政策。当时，清政府曾准备同意英国前驻腾越领事烈敦的要求，"永远租借片马"。对此，《通告全国人民书》评论说："夫永远租借实割让土地之变名词。"[5]26日，联合会又上书外务部，要求将片马问题提交内阁，请另派大臣重行勘界，以固国防。

皇族内阁准备租让片马的消息激起了云南各界的强烈愤怒。8月，云南谘议局再次致电各省谘议局，呼吁采取联合行动："片马案，阁议永租，请协力电争，力争重勘。"[6]9月又电内阁称："片马让租，民情愤激，恳勿退让，中国幸甚！并请从速解决，再迟恐为祸愈烈。"[7]当时，保界会一类组织遍布云南各地，"会员之泣血断指，誓以死争者前后相继"。[8]

---

1 《直省谘议局议员联合会第二届报告书》，第71、95页。

2 《直省谘议局议员联合会第二届报告书》，第50页。

3 《片马事往来电》，《民立报》，1911年7月15日。

4 《直省谘议局议员联合会第二届报告书》，第58页。

5 《直省谘议局议员联合会第二届报告书》，第101~102页。

6 《片马之争》，《民立报》，1911年8月15日。

7 《民立报》，1911年9月29日。

8 《直省谘议局议员联合会第二届报告书》，第84页。

据时在云南的清军第38协统领曲同丰报告，"每接见绅耆，彼无不谆谆以片马为词"，"中心愤懑，词意遂多不平"。[1]这种种迹象表明，与立宪派的愿望相反，一场革命风暴就要来临了。

二 留日中国国民会的成立及其与使馆的冲突

留日学界一向是近代中国反帝爱国运动的重要策源地。1911年2月25日，豫晋秦陇协会于中国留学生会馆集会，筹议行动办法。次日，东京中国留学生遍发传单，召开全体大会，到会者1200余人。会上同盟会员邹资州、刘揆一、陈策三人提议："对于中俄条约，俄国殊属无理，此事万一政府含糊答应，于吾国北省殊有损害。吾辈当竭力设法警告内地及各省谘议局，拒绝此约，且须运动各省谘议局成独立机关，组织国民军，以防外敌。"[2]会议决议在一星期内成立救亡机关，向内地及欧美、南洋华侨发送警告书及电报，同时成立国民军，请驻日公使汪大燮代电政府，要求拒俄。会后，河南留学生、同盟会员刘基炎提议到使馆要求赞助经费，得到热烈赞同。于是，他被推为总队长，率领全体人员列队向使馆进发。

汪大燮慑于学生的浩大声势，表示赞助国民军，并认捐日币1000元。当时参加游行的自费生及官费生纷纷认捐，谈妥官费生每人认捐10元，由使署预支，以后月扣2元，并由汪大燮签字为信。

27日，留学生总会召开临时各省职员会。会后，以留东全体学生名义向上海《民立报》及21省谘议局发电："俄侵伊犁，英占片马，法强索滇矿，若稍退步，全国沦亡。政府无望，已集全力，捐现金两万余，设立救国机关。"电报要求各省谘议局，"开临时会，组织国民军，以救灭亡"。[3]同时，又致电爪哇中国会馆，要求南洋各埠华侨"协力进行"[4]。

---

1 《曲同丰上陆军部呈》：中国社会科学院近代史研究所藏，秘学第258号。
2 《东京留学生大会》，《时报》，1911年3月11日。
3 《民立报》，1911年3月1日。
4 日本外务省档案：《清国留学生各省代表者会合ノ件》，明治四十四年（1911）3月5日。

3月5日,留日各省同乡会约80名代表集会,在熊越山主持下达成了"武力救国"的一致意见[1]。会议决定不用"国民军"名义,而称中国国民会,推举同盟会员李肇甫、傅梦豪、陈策、袁麟阁四人为章程起草员。8月,国民会全体职员集会,通过《留日中国国民会草纲》,确定该会宗旨为"以提倡国民军为主,并研究政治、教育、实业"[2]。同时决定各省于12日前推举代表二人组成演说团,共为五团,分往21省演说,宣传救亡。13日,又以留日全体学生名义公布《中国危亡警告书》,陈述俄、英、法侵略中国的严重局势,说明治标之法是"要求政府严拒俄人之请",治本之法是"联合各省速创国民军",本中之本是"革政治、励教育、兴实业"。[3]

当中国国民会组建之际,留日女学生也建立了专门的爱国组织。3月5日,同盟会员林演存、刘其超、唐群英及朱光凤四人发起召开留日女界全体大会,到会者百余人。会议选举唐群英为会长。

驻日使馆虽然答应了学生的爱国要求,但并不准备兑现。3月13日,留日学生代表赴使馆领取官费生捐款,并要求会见汪大燮,但汪大燮拒而不见。会计课长吴某称:如欲领款,非各人签名捺印不可。这实际上是一个无法办到的条件,因为留日学生分散在100多个学校里,南到长崎,北至北海道,不可能人人办理这一手续。学生代表据理力争也没有结果。15日,留学生召开评议会,报告13日交涉结果,并决定再次向使馆交涉,但汪大燮已先期避走横滨。参赞吴兆麟称:原允垫付的经费由公使作主,已不能付给。于是,48名代表即决定模仿北京国会请愿团在庆亲王门前长立一夜的例子,在公使馆静坐,直至天明。

3月16日,各校留学生闻讯赶来的已达五六百人,当即在使馆内集会,群情激愤,有人主张昼夜死守,"不得款勿归",有人主张"自由行动",但始终没有扰乱行为[4]。汪大燮不得已,委托横滨总领事传言,要求

---

1 《留学生爱国大会补记》,《民立报》,1911年3月12日。
2 日本外务省档案:《清国留学生关系杂纂》。
3 日本外务省档案MT16141。
4 《留日中国国民会临时哀告内外同胞意见书》,《神州日报》,1911年4月6~14日。

学生推举少数代表次日在横滨相见。学生对此表示同意,并于晚8时撤离使馆。

3月16日下午,国民会理事长李肇甫,干事熊越山,职员马伯援(同盟会会员)、颜振兹四人赴横滨领事馆见汪大燮。汪称:"此次举动非尔等所应为。"学生答以"留东全体,同此忠忱,非某等一二人私意"。汪继称:"派代表回国一事,须查明所派之人及演说内容,始能决定。"他还建议将国民会改为爱国会,并再次强调,官费捐必须每人盖印,要求李肇甫等将国民会办法详细录呈,次日至使馆相见[1]。

李肇甫等向汪大燮告退后即得悉,当日下午三点,使馆指责熊越山等"挟众要求,彻夜不散,殊属无理取闹",要求学生们"笃志劭修,确循绳尺"。[2]使馆态度的变化根源于清政府的强硬立场。当日,学部致电使馆,声称"学生干预政治,例禁綦严","倘有抗拒情事,仍应从严究办"[3]。外务部也致电汪大燮,严词指责其处理不当,声称倘再听任学生等"轻佻跋扈",将予以革职处分[4]。18日,汪大燮接见李肇甫、熊越山、马伯援三人,出示外务部及学部电报,要求解散国民会。同日,留学生监督处发表禁止国民会布告,声称"此中情形,必系贪人败类,借题生事"[5]。

3月19日,中国国民会全体职员开会。有人提议开大会与使馆宣战,熊越山力主以慎重态度处理各事,李肇甫称:公使既不接受我等要求,强迫亦迥非本会宗旨,今后除依赖各人出资,讲究活动方法外,别无他法[6]。最后决议:(1)募集自由捐;(2)根据金额数量,组织演说团赴各省演讲;(3)派代表赴东三省、云南、上海三处;(4)在上海创办日报,作为总机关,联络各省谘议局及公共团体,力图救亡。散会时到会诸人重签姓名,相互勉励说:"凡我中国男儿,当有决心,无论前途有如何危

---

1 《留东国民会始末记》,《民立报》,1911年3月30日。
2 《留日中国防大学民会近况》,《神州日报》,1911年3月30日。
3 日本外务省档案:《清国留学生ノ行动》,明治四十四年(1911)三月二十一日。
4 日本外务省档案:《中国国民会总会ノ件》,明治四十四年(1911)三月二十三日。
5 《留日中国国民会近况》,《神州日报》,1911年3月31日。
6 《中国国民会总会ノ件》。

险障碍，吾辈必毅然行之。"[1]

4月6日，发布《留日中国国民会临时哀告内外同胞意见书》，详述成立经过及与使署交涉情形，批驳对该会的种种谣诼和误解。《意见书》放弃了组织"国民军"的提法，声称国民会的宗旨在于"兴团练，办体育"，"人以武力求，我不可不以武力应"，要求清政府"许民间以讲武之路"[2]。同日，又发布了经修订的《中国国民会章程》，宣称"以提倡尚武精神，养成军国民资格为主，并研究政治、教育、实业诸大端"[3]。18日，归国代表、同盟会员黄嘉梁（云南）、萧德明（四川）、蒋洗凡（山东）、金树汾（东三省）、王葆真（直隶）、傅梦豪（浙江）等六人由东京启程，分赴云南、东三省及上海，国内外运动开始合流。

第一批代表归国之后，留日学界只平静了几天，一个新的高潮又出现了。

4月上旬，上海《时报》、《民立报》陆续刊载了一项惊人的消息，列强派大员在巴黎集会，商议瓜分中国。这则消息来源不明，很可能是革命党人为鼓舞民气而有意编造的。果然，留日学界忧心如焚，寝食不安，由拒英、拒法、拒俄发展为全面反对瓜分的爱国运动。23日，留日学生总会、留日学生国民会再次召开大会。在会上，云南留学生赵某指责清政府为"外人之走狗"。直隶学生王某说："有一言告满族兄弟，今日中国处此瓜分时代，满人也要亡了，汉人也要亡了，满汉皆亡，争持什么呀！"他表示："今日要救国，第一是泯除满汉。"[4]会议作出11项决议，其主要者为：（1）清政府禁止国民会，当以不纳税相抗；（2）发动中国劳动者反抗政府；（3）不言满汉二字，以免侵犯满汉一致之权利；（4）再次派遣代表归国，联络各省谘议局，协力工作；（5）向世界各国华商团体募集国民会之基本金。[5]显然，与会者正确地认识到，在瓜分危机面前，满汉民族有着一致的利益，因而能将"满族兄弟"和清政府加以区分，对

---

1 《留东国民会始末记》，《民报》，1911年3月30日。

2 《神州日报》，1911年4月6～14日。

3 《民立报》，1911年4月24日。

4 《民立报》，1911年5月4日。

5 日本外务省档案：《清国留学生大会》，明治四十四年（1911）四月二十三日。

"满族兄弟",强调"一致之权利";对清政府,强调发动中国劳动者"反抗"。这是正确的决策。

会议前后,各省同乡会陆续选出归国代表约57人。他们归国后有力地推动了国内运动。

除留日学生外,留德、留美学生也表现了强烈的爱国热忱。2月21日,留德学会致电京沪各报,声称:"俄以兵要约,掠地、侵权,时势危急,各国亦不直俄,望速筹救亡,并迫求政府力抗。"[1]3月3日,再电上海《神州日报》等,指责"当局昏庸误国"[2]。与此同时,欧美留学生也摆脱了国会请愿运动的影响,于4月初致电上海《民立报》及各省谘议局称:"俄约败,瓜分著,速鼓民气,倡民捐,练民兵,为国效死。"[3]从而表明他们和留日学界以及国内运动发展相一致了。5月,由依利诺斯大学中国学生会发起,成立军国民期成会,提倡尚武。29日,十所大学的中国留学生在芝加哥召开会议,议决改名为爱国会,以"保全主权,联络友国"为主旨[4]。

清末时,云南有一批学生在越南求学,当他们得悉法军陈兵滇边的消息后,立即致电清政府,要求迅速调拨北洋新军迎敌。其后,又刊发小册子,报告法国处心积虑地准备侵略云南的情况,作者沉痛地问道:"行将被人宰杀,被人淫辱,被人芟荑,被人掠夺","我父老思此,其能忍乎?"建议就地征兵,编练新军,以便保卫乡邦[5]。

三大洲的中国留学生同声相应,同气相求,这是以前的反帝爱国运动中很少见过的事例。

---

1 《柏林华学生公电》,《时报》,1911年2月22日。
2 《留德学会电》,《神州日报》,1911年4月2日。
3 《留美学生公电》,《民立报》,1911年4月4日。
4 《美洲通信》,《民立报》,1911年8月23日、9月2日。
5 中国社会科学院近代史研究所藏:《云南警告》。

三 民族资产阶级的奋起与国民总会的成立

继留日学生之后，上海各界奋起响应。其中，新生的民族资产阶级尤为活跃。

2月26日留日学生全体大会召开后，云南留学生、同盟会云南分会会长杨大铸及会员王九龄即束装归国。3月5日，到达上海，至《民立报》社会晤宋教仁。旋即发布《通告书》，力陈保卫片马的重要性，指出"我国人不欲为亡国民，则必预备死战"，"我国人欲死战，则必先练民兵"。[1] 9日，马良、王河屏等人响应云南谘议局的号召，发起组织中国保界会上海分会，并称此举欲"联四百兆有用之身"，"以为政府后盾"。[2] 11日，分会在张园集会，到会者约千人，会议公推豆米业资本家、沪南商会委员、同盟会员叶惠钧为临时议长，同盟会员朱少屏、王九龄、沈缦云和女医生张竹君等相继发表演说。银行家、工业资本家沈缦云称："前保矿会、路保会等都无实力，以致未能收效。此次应准备实力，庶几收获巨效。"[3] 会后，马良再次发表公告，宣布改名为国界调查会。

3月12日，上海民族资产阶级头面人物沈缦云、王一亭（银行家、工业家、同盟会员）、虞洽卿（轮船公司创办人、银行家、工业家）、胡寄梅（钱商）、周豹元、叶惠钧、顾馨一（银行、面粉业投资者）、袁恒之（布商）等联合发表致南北商团启事，声言"西北风云迫在眉睫，同人等现拟组织义勇队，以筹对付之策"[4]。当日召开大会，到会者千数百人。沈缦云提议，组织全国商团联合会，俟各处商团成立，再行组织义勇队，以达"人自为兵"之目的。宋教仁在会上阐述了片马事件及《伊犁条约》修约诸问题的由来，认为"小之关乎一地，大之关乎全国，亡

---

1 《滇代表通告书》，《帝国日报》，1911年8月14、15日。

2 《时报》，1911年3月10日。

3 《中国保界大会记事》，《时报》，1911年3月12日。

4 《上海南北商团均鉴》，《神州日报》，1911年3月12日。

灭瓜分之祸，悉系此焉"[1]。会后，即以南市毛家弄商团公会为全国商团事务所，一面分函各省商团，一面接受工商各界报名。至3月19日，工、商、学、绅各界报名者达二百余人。

商余学会是上海商界最早响应的团体。3月17日，它通告招收16岁以上青年进行兵学、徒手、器械、枪操等各种训练。培养"商战人材"，"建立商团基础"[2]。

与组织商团同时，上海同济大学学生朱家骅等发起组织敢死团，并于3月3日发表公启，宣称："外患日迫，强邻胁我以兵，处此危急之秋，非有死士起而捐躯，毁家纾难，断难救祖国危亡。"[3]至4月20日前后，报名男女共150人。该团以朱家骅为团长，团址设于张静江的通义银行内。它得到了同盟会员陈其美、戴季陶、于右任、宋教仁、范光启等人的积极支持。

为资助商团，夏月珊、潘月樵等艺人在新舞台演出《国民爱国》新剧，将所得戏资均作为全国商团联合会经费。演出中，观众感泣，争先向台上掷捐。沈缦云即席发演说称："今日并不愿来观新舞台之《国民爱国》，实愿来观诸君之爱国。"[4]4月9日，全国商团联合会在新舞台开会欢迎新会友，选举李平书为会长，沈缦云、叶惠钧为副会长，虞洽卿为名誉副会长，名誉正会长暂缺。张瑞兰在会上发表演说："四民之中，士农工三者均无团，惟吾商团发起联合会，可知商在民中，最为热心有志者。"[5]会后公布简章，规定商团须由各省商会发起，全国凡人烟稠密、商业荟萃之区均应组织商团；上海设总事务所，各省设事务所，各府厅州县等设分事务所[6]。

商团最初只是商民维护地方治安的组织。全国商团联合会的成立标志着中国资本家阶级政治觉悟和阶级觉悟的提高，表明这个阶级已经不

---

1 《记全国商团联合会》，《神州日报》，1911年3月13日。

2 《神州日报》，1911年3月17日。

3 《全国同胞公鉴》，《神州日报》，1911年3月13日。

4 《丽丽所观剧记》，《民立报》，1911年3月21~22日。

5 《商团之风云大会》，《民立报》，1911年4月10日。

6 《全国商团联合会缘起》，《民立报》，1911年4月12~17日。

满足于从事一般的政治活动,正在准备以武装力量保卫阶级利益和民族利益。

受全国商团联合会成立的影响,4月23日,朱伯为等在西园开会,组织中国学界联合会。到会者七百余人。沈缦云代表全国商团联合会致辞,他说:"当今时代,当固结团体,一手保守自己,一手抵御外侮,则列强不能侵入。"刚刚归国的留东国民会代表傅梦豪、黄嘉梁也在会上力陈外患日亟,建议各省普遍成立民团,加速准备武装[1]。

傅梦豪等到沪后,立即展开活动。4月26日,他们举行招待会,上海知识界及商界头面人物沈敦和、王一亭、沈缦云、杨千里、陈其美、包天笑、朱少屏等二十余人出席。傅梦豪在答词中表示:"愿联合各界组成一大团体,作总机关,以激发全国。"[2]

5月7日,由上海日报公会、嘉定旅沪同乡会、全国商团联合会、福建学生会、全国学界联合会、湖北旅沪同乡会、中国精武体操会、云贵旅沪同乡会、江西旅沪学会、四川旅沪同乡会等十团体发起召开欢迎国民会代表的大会。会上,傅梦豪再次提出:"全国团体总机关之设,为我人不可刻缓之任务。"[3] 11日,傅梦豪及山东归国代表蒋洗凡邀请上海各团体及报馆记者集会,讨论成立事务所。6月11日,上海各界四千余人在张园召开大会,宣布中国国民总会成立,以沈缦云为正会长,马相伯为副会长,叶惠钧为坐办。15日发布宣言,声称:"以提倡尚武精神,兴办团练,实行国民应尽义务为宗旨。"[4] 次日,又布告全国,要求各地迅速设立分会。为了支持国民总会,留日中国国民会并派同盟会员章梓到上海工作。

自全国商团联合会成立,上海商团发展迅速。书业、参药业、豆米业、珠玉业、水果业及闸北、沪南、回教等商团纷纷成立并开操。根据7月26日叶惠钧在沪南商团体育研究社开幕典礼上的讲话,当时上海商团

---

1 《全国学界联合会事》,《民立报》,1911年4月24日。

2 《国民会代表记事》,《民立报》,1911年4月27日。

3 《欢迎国民会代表》,《民立报》,1911年5月9日。

4 《民立报》,1911年6月15日。

已发展到2000人之多，是一支可观的武装力量了[1]。

全国商团联合会成立后，福建、南昌、营口等地陆续建立商团，通州商团还派人到上海联络，《时报》有一篇文章说："上海为通商之大埠，上海商学界之举动，国人恒取为模范。今沪商既有义勇队之组织，全国商学界必竞相效法，将来我国民兵之基础，或因是以立，未可知也。"[2]作者也许过于乐观了，但是，如果引导得法，商团在全国范围内得到更大发展并非没有可能。

四　清政府的禁阻与运动向各省的扩展

运动首先引起了帝国主义的不安。

俄国驻华公使廓索维慈照会外务部，声称京外各报，登载中俄交涉事，"肆意诋毁，摇惑人心，请设法抑止"[3]。同时，日本驻华代理公使也照会外务部，反对中国人民普练民团。照会说："近来奉吉各处商民，啸聚日多，日夜操练，名为防匪，实系排外，若不即时查禁，恐又肇拳匪之祸，务请设法解散，以遏乱萌。"[4]

清政府秉承帝国主义的意旨。3月1日，外务部致电各省督抚，指责外间报纸关于片马、伊犁的交涉"言多失实"，又指责留日学生的举动"摇惑人心，牵动全局"，要求各省督抚"解释谣言，严密防范，勿任酿成事端"[5]。同时，汪大燮也密电外务部，声称东京留学生"其势汹汹，不可复遏，诚恐激成暴动，关系大局，请转致学部、陆军部设法预防"[6]。其后，清政府学部、陆军部、政务处纷纷致电各省督抚，要求"切实查禁"，"严加防范"，甚至声色俱厉地表示："嗣后倘有前项情事，

1　《商团体育开幕记》，《光华日报》，1911年8月19日。
2　宣（林白水）：《论上海华商组织义勇队事》，《时报》，1911年3月10日。
3　《呜呼中国人之言论自由权》，《帝国日报》，1911年3月16日。
4　《国民军乎拳匪乎》，《神州日报》，1911年3月18日。
5　《外务部致各督抚英人进兵片马事报传失实请解释电》，《清宣统朝外交史料》卷19。
6　《汪大燮电告外务部》，《时报》，1911年3月13日。

惟各该主管是问。"[1]在清政府的严词督责下，各省督抚及有关官吏纷纷照办。

首先是控制舆论。早在2月下旬，两广总督张鸣岐就根据清政府新近公布的报律，出示禁止各报登载中英、中俄、蒙藏交涉各事，违者罚款，或将记者监禁六个月[2]。3月初，汉口某报登载留日学生来电，湖广总督瑞澂立命巡警道传谕各报馆，不准刊登有关函件，违者按律究罚[3]。

其次是禁止开会集议。瑞澂称："边务交涉，朝廷自有主持，岂容无知学生开会干预。"[4]陆军部要求各省陆军学堂严禁学生预闻。保定陆军学堂有几个学生试图开会，竟被诬以"将据火药库作乱"[5]而遭逮捕。

清政府尤为恐怖的是结社。当时，清政府虽已颁布结社律，但那不过是一种装饰。保界会向清政府申请立案时，清政府即以"国家政事不准干预"为理由，通电各省禁止[6]。对于敢死团，清政府更为惶恐，密电江督，"严查团内主名，速行驱散"[7]。4月27日黄花岗起义后，驻日使馆向清政府报告，"广东革党起事，确系国民会主谋"，要求拿办归国代表，于是，皇族内阁立即电令各省严防国民会员至内地"煽惑"，并查禁国民军[8]。但是，这些禁令并未起多大作用，运动还是在一些省份内得到了发展。

东北 留日中国国民会派赴东三省的代表王葆真（卓山）、金树芬（鼎勋）于4月下旬抵达奉天后，即从事公开和秘密两方面的活动。公开活动有：会见东三省总督赵尔巽，联络谘议局、教育会、商会、农会各团体，组织体育会及国民会奉天总会，同时又注意团结满族、蒙古族爱国人士。他们还在旗籍人士广铁生、关天生的积极支持下，创办《国民报》。秘密活动有：会见陈干、商震、刘艺舟等同盟会骨干，决定分头联

---

1 《电报中之国民军》，《民立报》，1911年4月13日。

2 《时报》，1911年2月23日。

3 《瑞督饬禁组织国民军》，《时报》，1911年3月10日。

4 同注3。

5 《保定消息》，《神州日报》，1911年3月22日。

6 《保界会又将查禁》，《民立报》，1911年3月22日。

7 《敢死团消息》，《神州日报》，1911年3月26日。

8 《民立报》，1911年5月12日，《光华日报》，1911年7月4日。

络同志，促进革命运动[1]。9月14日，国民会吉林分会成立，以蒙古族人士庆山、杨梦龄为会长，满族人士松毓为副会长，金树芬为干事长[2]。

福建 3月中旬，福州城乡大量出现速办团练的传单，陈述英、法、俄侵略中国的危急形势，声称"在今日欲求自保之道，莫如筹办乡团"。传单还要求"乡乡有团，人人能兵"，"由一乡而一县，由一县而一府，由一府而一省"，形成乡团的大联合。22日，福建商务总会召开特别大会，议决仿照上海办法，筹办福州商团公会，规定每一商号至少须出一人入会操练。[3] 26日，闽县城镇自治联合会提议市区组织商团，近郊组织体操会，乡村组织农团[4]。4月7日，上海福建学生会急电福州《建言报》，声称各国在巴黎密议瓜分中国，要求故乡父老"速办民团，图死抗"。此后，《建言报》连续发表《呜呼福建》，《再告我福建同胞》等文章，号召福建人民行动起来，拯救福建[5]。5月上旬，留日国民会代表孙容居等30人及福建旅沪同乡会、学生会代表等结伴归闽，访问谘议局议长及常驻议员。22日，谘议局、教育总会、商会、实业协会等团体集会，议决用个人名义签禀呈递闽督，请求速办民团。

在各方倡议下，厦门体育会、建宁府体育会、福州商团、霞浦团练筹备会、福建团练期成会等先后成立。

浙江 6月上旬，留日学生代表俞景朗、詹麟来、吴玉、李砥、李复真及旅沪同乡代表许开甫等回浙，访问谘议局议长沈钧儒。15日，在法学协会集会，决定组织全浙国民尚武分会，推沈钧儒起草章程。该会发起人除沈钧儒外，还有同盟会员陈训正、许炳堃、褚辅成及地方知名人士经亨颐等[6]。30日，该会召开成立大会，以徐班侯为会长，褚辅成为副会长；上海国民总会代表章梓、陈其美自沪莅会，以示支持。

---

1 王葆真：《滦州起义及北方革命运动简述》，见《辛亥革命回忆录》（五），第398～401页。

2 《吉林通讯》，《民立报》，1911年9月18、29日。

3 以上引文见日本外务省档案：《时局二关スル神州民间运动模样报告ノ件》，明治四十四年（1911）三月三十一日。

4 《闽人报告之风云》，《民立报》，1911年3月31日。

5 《建言报》剪报，见日本外务省档案MT16141，677～688。

6 《浙江国民会又盛》，《民立报》，1911年6月11日。

全浙国民尚武分会要求各府州县普遍设立学团、商团、工团、农团。成立会后，俞景朗、李砥、吴玉、陈训正等分赴绍兴、台州、湖州、衢州、宁波、嘉兴、严州、金华、嘉善、石门等地活动，陆续建起了一部分国民尚武分会和民团。

运动发展得较为顺利的还有山东、江苏等省。留日山东国民分会所派代表丁惟汾、颜仲文于6月1日抵达济南，遍访绅学各界，先后在谘议局、教育总会等处召开谈话会，决定成立山东国民分会。江苏由于工商业、教育业较为发达，因此，无锡、南通、苏州、宜兴、江都、丹徒、丹阳等地普遍建立了国民分会、商业体操会、体育会、商团体育会一类组织。此外，运动在云南、广西、广东、湖北、直隶等省也有不同程度的反应。

海外华侨积极支持国内反帝运动的发展。3月份，秘鲁侨商何贺民等致电粤商自治会称：秘报盛传瓜分中国，侨民震悼，迄速电复，并分呈各界[1]。同月，横滨华侨致电北京资政院及各省谘议局，声称"列强无理要求，南北进兵据扰"，要求"筹策对待救亡"。[2] 5月28日，横滨富商张泽广、缪菊辰、邓浩辉等人发起召开在日华侨大会，邀请李肇甫、马伯援、夏重民等参加，呼吁创设国民军，并募集经费。侨商们表示："能救中国者，吾辈愿生死供养之。"[3] 同月下旬，泗水华侨散布传单，主张"有力者出力，有财者出财，联合各省民团，倾覆恶劣政府"[4]。6月初，泗水书报社发起筹集救亡捐，以之作为国民军的后盾[5]。不少华侨表示："区区军费，当竭力相助。"

上述事实说明，只要帝国主义的侵略存在，只要清政府坚持媚外卖国政策，那么，中国人民的反帝爱国运动就必然是不可阻遏的。在拒英、拒法、拒俄运动之后不久，保路运动又以更大的规模爆发，并且迅速演变为推翻清王朝的全国性武装起义。

---

1 《秘鲁华侨来电》，《时报》，1911年3月6日。
2 《横滨公电》，《时报》，1911年3月5日。
3 《华侨创设国民军》，《光华日报》，1911年6月27日。
4 《民族思想之发达》，《光华日报》，1911年5月26日。
5 《光华日报》，1911年6月7日、7月8日。

五　同盟会在运动中的作用及其斗争策略

同盟会领导层在1907年春夏之后，即处于严重的分裂状态。孙中山长期对东京同盟会本部灰心失望，并一度产生过抛弃同盟会，另建新党的打算[1]。这种情况到1910年冬才有所改变。当年6月，孙中山经檀香山到日本后，陆续会见同盟会骨干。11月，又命刘揆一复兴同盟会本部。自刘揆一被推为庶务，一批新人进入本部后，同盟会本部的工作出现转机。

中国同盟会成立后，专注于发动武装起义，就其主要方面来说是正确的。但是，忽视合法斗争，忽视群众运动，也是一个重要的缺点。当1911年拒英、拒法、拒俄运动发生、发展时，孙中山正在美国，一心一意为筹备中的武装起义募集经费。他既对国内情况隔膜，又怀疑群众热情的持久性。曾经有人向他汇报上海敢死团的情况，但他却丝毫不感兴趣，声称："上海之发生团体向无能坚持长久者，料此团亦不能免蹈此弊。"[2] 当然，不能认为孙中山的批评完全没有道理，但也必须指出，孙中山不懂得将群众的热情鼓舞起来，使之坚持下去，正是革命政党的任务；军事起义必须与群众运动相结合，才能波起浪涌，相互促进。和孙中山一样，黄兴也未能对运动给予应有的关注。如曾经有人建议，革命党应利用人们反对英军占领片马的爱国情绪，在云南发动起义，但黄兴由于顾虑会引起国际纠纷，决意将起义改在广州发动[3]。起义失败后，他为复仇主义情绪所支配，力主以个人之力进行暗杀，仍然忽视对运动的领导或指导。

尽管如此，熊越山、李肇甫、刘揆一、宋教仁、陈其美、沈缦云、叶惠钧、刘基炎、陈策、夏重民、孙竹丹、傅梦豪、黄嘉梁、杨大铸、

1　参阅本书《同盟会的分裂与光复会的重建》。
2　《孙中山全集》第1卷，第521页，中华书局，1981。
3　《黄毓英传》，《南社》第10集。

蒋洗凡、萧德明、王葆真、袁麟阁、陈训正、褚辅成等一批同盟会员仍然积极参与并领导了运动。他们不仅在各类组织、各类活动中发挥了骨干作用，而且善于利用合法斗争，团结盟友，表现出一定的斗争艺术。

辛亥革命前夕，清政府虽然衰朽不堪，但镇压革命党人和革命活动仍然十分坚决。2月26日的留学生大会，决议成立国民军，其后改名国民会，废弃组织国民军的提法，这是一项正确的决策。因为既名之为"军"，则不仅在日本无法活动，在清政府统治下也无法活动。运动中，同盟会没有公开出面，而是通过国民会这一群众性组织进行活动。部分激进分子曾经主张抛弃国民会，"以破竹之势与满洲政府肉搏"[1]。但是，这一主张没有得到采纳。参加国民会领导的同盟会员们力争不提出激烈的口号，不超出合法斗争所许可的范围，一切都在爱国主义的旗号下进行。以"留日全体学生公启"名义发出的《中国危亡警告书》特意加上"圣上御极"、"两朝圣后，忧国爱民"一类的保护性字眼，参加国民会领导的同盟会员们还力图说明："国民会惟一之目的在救国，国为大家共有，则救之之道须大家努力。"[2] 此外，《哀告同胞书》声明国民会不提倡革命，归国代表的活动也规定为不得鼓吹革命。所有这些，都便于争取广大的同情者，并使清政府的镇压失去有力的借口。归国代表们之所以能在国内开展某些活动，这是原因之一。

同盟会的本部设于海外，其活动方式一般为在海外策划，在边疆或沿海地区发动起义；这种"输入式"的革命便于从海外获得武器和军饷，其缺点是难于和国内群众发生紧密的联系，缺少立足生根之地。留日国民会决定将中国国民总会设于上海，在各地设立分会，这就将革命工作的重心从国外转入国内，从边疆转入腹地，从而有利于国内革命运动和群众运动的发展。后来，同盟会中部总会将本部设于上海，在各地设分会，显然也出于同一考虑。

同盟会领导的武装起义，前期着重利用会党。会党虽和社会下层联系密切，但散漫、落后，易于见利忘义，所以同盟会后期转而依靠新

---

[1] 日本外务省档案：《清国留学各省代表者会合ノ件》。

[2] 《国民会代表记事》，《民立报》，1911年4月27日。

军。新军掌握现代武器，组织性、纪律性强，但因其处在清政府的严密控制下，发动不易。在拒英、拒法、拒俄运动中，同盟会员们号召发展商团、民团以至体育会一类组织，这就开辟了新的武装力量的源泉。商团、民团是一种早已存在的地方自保性的武装组织，既为清政府所允许，也易于为各界所接受。在筹建过程中，同盟会员们又特别说明，其目的在于"为政府之后援"，"为国家宣力"，努力以合法的外衣包裹不合法的内容，这就便于为起义积蓄力量。事实证明，在武昌起义后的各地光复中，上海、福建等地的商团、民团都发挥了重要作用。

谘议局的议员们一般主张君主立宪，维护清王朝，在政治路线上和革命派对立。但是，立宪派又因反对帝国主义侵略，要求挽救民族危机，和革命派有一致之处。运动中，同盟会员们没有把立宪派和谘议局看成敌对势力，而是以之为盟友，利用谘议局进行工作。2月26日的留学生全体大会的三个发起人中间，夏重民是同盟会员，胡源汇则是立宪派。会议决定发动各省谘议局参加抗争。3月3日，云南谘议局即复电赞同，声称双方的救亡办法"名异实同"[1]。其后，留日国民会和各省谘议局之间函电往来，互通声气，互相支持。归国代表们一般也都和谘议局联系，在谘议局的赞同下，或以谘议局的名义组织各项活动，谘议局和绅、商、学各界联系密切，又是清政府承认的机构，这就为同盟会员们的活动提供了方便条件。

运动中，同盟会员们还注意争取地方督抚如赵尔巽、增韫等人的支持，从而取得了公开活动的条件。

上海民族资产阶级在全国有较大的影响。辛亥革命前，这一阶级在各项政治活动中日益活跃。留日国民会注意联络上海民族资产阶级的头面人物和各地商界人士，这是正确的。但是中国民族资产阶级发展不足，力量微弱，仅仅依靠这一阶级决不足以成事。4月23日，留学生全体大会上，同盟会员夏重民提议发动劳动者反抗清政府，会议并就此作出了相应决议，这就找到了推翻旧制度的真正强大动力。遗憾的是，革命党人始终未能贯彻这一决议，在辛亥革命的全过程中，他们始终找不到

---

[1] 《云南公电》，《时报》，1911年3月5日。

动员和组织劳动者的有效办法。

在运动中，某些同盟会员还提出了一些很好的主张。例如刘揆一于3月上旬发表的《汉、满、蒙、回、藏民党会意见书》，主张"融和汉、满、蒙、回、藏之民党"。意见书克服了革命党人中长期存在的狭隘种族主义思想，强调各民族人民在反对瓜分问题上的一致性。意见书说："使满人而知断送满洲桑梓地者为满洲皇族也，知汉族不强，满族亦随而亡也，知非建立共和政府满汉种族之意见终不能融洽也，吾恐汉人虽不革命，满人犹当首先排去其皇族而倾倒其政府矣。"意见书提出了在各族人民之间"通气谊"、"通业学"等计划，认为这样"内可倾倒政府，而建设共和国家，外可巩固边疆而抵抗东西强权"。[1]这是革命党人在认识上的一个大飞跃。

《民立报》是革命党人在上海的重要宣传机关。宋教仁、于右任、范光启等人在该报上发表了大量文字，宣扬爱国主义，为运动推波助澜，其中以宋教仁的作品最为突出。他先后发表《滇西之祸源篇》、《二百年来之俄患》、《承化寺说》、《现今中国外交形势论》、《俄人何足畏哉》、《讨俄横议》等文，从世界大势、边疆地理、对外交涉等方面立论，说明"对英划界"、"对俄改约"，是"近日存亡攸关"的大问题。他指责清政府"聋聩成性"、"冥顽不灵"，不知"国际政局推移变化之理"，号召国民"急起直追，以自为计"。[2]他和陈其美等一起，在联络上海资产阶级、推动商团建设上发挥了重要作用。

同盟会成立后，在鼓吹和实行革命方面取得了巨大成绩，但自1907年以后，它的弱点、缺点也已充分暴露，到了不能不变的地步。拒英、拒法、拒俄运动中，参加国民会领导的同盟会员的上述做法就体现了这种转变；稍后，宋教仁等建立同盟会中部总会也是为了进行这种转变。但是，形势不等人，在同盟会尚未完成这种转变的时候，武昌起义的炮声就响起来了。

---

[1] 日本外务省档案MT16141，512~513。

[2] 《现今中国外交形势论》，《民立报》，1911年3月16日。按，《宋教仁集》对此文及《俄人何足畏哉》均失收。

第四章 何所从来
——辨析辛亥革命的主导力量

辛亥革命与共和知识分子
——对一种传统观点的质疑

辛亥革命是谁领导的？多年来的回答是中国民族资产阶级。与此密切相连的问题是：辛亥革命的阶级基础是什么，以孙中山为代表的革命党人代表哪一个阶级的利益？通常的回答是：民族资产阶级，或曰民族资产阶级中下层。我以为，这些回答都不准确。

那么到底谁是这一革命的领导力量呢，答曰：倘不从某些既定的概念或原则出发，而从客观存在的历史事实出发，答案其实是十分清楚而明白的。这就是，那个时期出现并形成的共和知识分子是辛亥革命的领导力量。这个问题搞清楚了，辛亥革命的阶级基础、革命党人代表哪一个阶级利益等问题也就迎刃而解了。

试说其理由。

一 辛亥革命时期的中国民族资产阶级状况

中国的民族资本主义工业在洋务运动期间开始出现，戊戌维新前后略有发展，但是，到了辛亥革命前夜，仍然十分微弱。

早些年有学者进行统计，够得上称为近代企业的不过500家左右。

近年来有学者重新作了统计，数字有所扩大，但也不过1000家左右[1]。这1000家左右的近代企业能够产生多少资产阶级分子呢，充其量不会超过1万人吧？如果加上具有近代特征的新式航运业、金融业和商业，资产阶级分子的数量会大一些。有人根据1911年各地商务总会的会员数和商务分会会董数，约略估计当时民族资本家的数字为52630人[2]。但是，商务总会的成员和分会会董的情况很复杂，难以一概视为近代意义上的资本家。即使上述数字大体准确，对于幅员广大的中国来说也仍然是十分微弱的。当时，这一阶级不仅人数不多，经济力量薄弱，而且，对政治的影响力极为有限。这样一支队伍怎么可能领导像辛亥革命这样具有广阔规模的全国性革命呢？我们不能任意地扩大资产阶级的队伍，不能把当时出现的新型知识分子，包括学生、教员、企业雇员以及记者、医生等自由职业者一概视为资产阶级，更不能把旧式商人以至小业主视为资产阶级。我赞成丁日初教授的观点，不笼统地说资产阶级，而说资本家阶级，这样可以有一个严格的界定，不至于把资产阶级扩大化，易于进行科学的讨论。

辛亥革命时期的中国民族资本家阶级是否可以分为上层和中下层呢？从理论上当然可以分，但是，实际上却很难分得清楚，似乎迄今也还没有人作过仔细的区分和精确的定性与定量研究。上层资本家阶级通常以张謇为代表，那么，下层呢？通常以禹之谟为代表（其实，禹之谟办的只是手工作坊，目的在于掩护革命）。除了禹之谟还有谁，似乎不大好找了。如果辛亥革命的阶级基础是民族资产阶级中下层的话，那么，代表就不能是一个、两个，一个、两个怎么能构成阶级基础呢？其实，如果我们实事求是地进行研究的话，就会发现，辛亥革命前夜的中国民族资本家阶级内部在政治态度和政治主张上并无鲜明的分歧，相反，却是颇为一致的。这就是，参加某些具有反帝爱国性质的运动，如抵制美货运动、收回利权运动等，在政治上，他们一般反对革命，主张君主立宪，求稳怕乱，是立宪运动和国会请愿运动的积极参加者。只是

---

[1] 杜恂诚：《民族资本主义与旧中国政府》，第31页，上海社会科学出版社，1991。
[2] 黄逸峰、姜铎等：《旧中国民族资产阶级》，第88页，江苏古籍出版社，1990。

到了清政府镇压国会请愿运动,建立皇族内阁之后,他们才对清政府感到绝望,个别人如沈缦云才转向革命。武昌起义之后,这个阶级才附和革命。但是,他们仍然怕乱求稳,畏惧革命党人的激烈言论和行动。其结果,在孙中山和袁世凯之间,他们选择了袁世凯。二次革命期间,除沈缦云等少数人外,他们更抛弃了孙中山,赞成袁世凯对革命党人的镇压。在以后的年代里,我们也未见有多少资本家阶级分子试图影响孙中山等人的政策并予以大量财力支持(华侨资产阶级有支持孙中山的,也有支持康有为、梁启超的,应作别论)。

多年来,我们习惯于简单地以经济地位来划分政治派别,或者简单地以经济地位来说明政治态度。似乎"大"、"上层"就一定反动,而"中"、"小"、"下层"就一定进步点。例如研究中国封建社会的学者有所谓"中小地主阶级"说,似乎王安石等改革派、岳飞等主战派、杜甫、白居易、陆游等同情人民疾苦的诗人都是"中小地主阶级"或"地主阶级中下层"的代表,其实,历史的真相何尝如此!乡村里的中小地主剥削起农民来一点也不比大地主轻,抗日战争中,给日本人当汉奸、狗腿子的恐怕中小地主不少吧!这种地主阶级中下层进步说和民族资产阶级中下层进步说都不是从历史事实中抽象出来的科学理论,而是根据某些概念、原则,主观演绎的结果。

二 关于共和知识分子

辛亥革命前夜,中国社会逐渐出现几种热潮,这就是留学热、办新式学堂热、出版新式书刊报纸热,由于这些原因,中国社会就出现了一个新的阶层(有些学者称为群体),这就是新型知识分子。这个阶层发展很快,数量很大,试看下列数字:留学生:1903年为1300人,1904年为2400人,1905年为8500人,1906年13000人。国内新式学堂学生:1907年为101.3万余人,1908年为128.4万人,1909年为162.6万余人。较之民族资本家阶级说来,这是一支数量较大、政治上更为活跃的社会力量。

和传统的封建知识分子比起来，他们有若干特点：

1. 具有近代科学知识。从知识结构的主体看，不再是子曰诗云，而是声、光、化、电和达尔文、赫胥黎的进化、天演之学。

2. 具有近代民主主义思想。从思想的主流看，不再是"普天之下，莫非王土；率土之滨，莫非王臣"和"臣当尽忠，子当尽孝"的旧观念，而是以卢梭为代表的"主权在民"说。

3. 他们出卖脑力，或即将出卖脑力，以知识为谋生手段，主要服务于新兴的科学、文化、教育事业，不必依靠地产，也不必依靠科举，在一定程度上摆脱了对地主阶级和清政府的依附。

能把他们看作是资产阶级分子吗？不能。因为他们中的大多数是学堂学生、留学生，还没有进入社会生产关系的网络，尚不存在对资本家的依附关系，和资本家阶级的经济利益可谓风马牛不相及。即使他们中的少数人已经受雇于新型企业，他们也是雇佣脑力劳动者，而不是资产阶级。把知识分子统统归入资产阶级的范畴，这是"左"倾思潮影响下的观念，我们不应继续沿袭。

能把他们看成是资本家阶级的代表或资本家阶级中下层的代表吗？也不完全合适。这是因为：他们和西方资产阶级革命时期的新型知识分子的情况也有不同：

1. 推动他们投入社会政治运动的主要原因是救亡，从帝国主义的侵略下挽救祖国，振兴中华，并不是资本家阶级的经济利益。当他们离乡去国、寻求真理的时候，当他们抛妻别子、准备武装起义的时候，他们所想到的是如何使灾难深重的祖国免于瓜分，如何使可爱的民族免于沦为马牛。至于发展资本主义，他们中的许多人连想都没有想过。

2. 他们不少人的思想中程度不同地存在着批判资本主义或反资本主义的内容，并表现出对社会主义的同情和向往。例如邹容，1903年出了本《革命军》，这是长期被人们认为是提出了资产阶级共和国方案的一本书，然而，没过几天，他就宣布，他本人对《革命军》一书已经不那么有兴趣，现在要写《均平赋》了。所谓"均平"，正是社会主义思想在近代中国早期传播时的同义语。又如章太炎，1903年以前向往的确实是西方资本主义，但是，走出上海西牢，到了日本之后，一看，不对了，原来资本主义社会也有很多问题，那贫富悬殊不论，单就议会选举过程来说，真是千奇百怪，丑恶肮脏得很，于是，他怀疑了、愤怒了，表示要扒开拿破仑、华盛顿的坟墓，用金锤去砸他们的头。金者，铁也，分量是很重的。他设想了一个"无政府、无聚落、无人类、无众生、无世界"的五无境界，以之作为最高理想。当然，章太炎明白，这是幻想。于是，他又大讲善恶并进，俱分进化，提倡社会倒退，认为人类愈文明也就愈恶，倒是野蛮人善良，主张学习野蛮人，甚至学猴子，"吾辈拟猿可也"。这一时期的章太炎显然不能视为资本家阶级的代表。当然，章太炎的上述思想比较极端，但是，当时像章太炎一样大骂资本主义的却大有人在。1907年东京中国革命党人中有一个社会主义讲习会，每会必讲中国不能走资本主义道路。当然，他们所谓的"社会主义"，其实是无政府主义，那时，在中国革命党人中，不同程度地受到无政府主义影响的人不在少数。辛亥革命前后，有那么一个阶段，拿破仑、华盛顿不那么吃香了，卢梭也不那么吃香了，吃香的是巴枯宁、蒲鲁东，特别是克鲁泡特金的共产无政府主义，受到许多人的信仰。这不是偶然的。辛亥革命发生于西方资本主义社会矛盾相对尖锐、工人运动相对发展的时期。既然资本主义有那么多问题，而共产无政府主义又显得那么美好，彻底的平等，彻底的公正，彻底地消灭了剥削和压迫，那么，一步跨进这个天堂岂不是很好吗？所以，中国革命中超越资本主义、避免资本主义的思想是由来已久的。

这里，要着重谈谈孙中山思想。还在1903年，他就表示，西方社会贫富悬殊，不是理想世界。他也像邹容一样谈"平均"，声称社会主义乃是一刻也不能忘记的东西。1905年5月，他在比利时访问社会党国际局（第二国际），要求接纳他的党，同时表示：将吸收欧洲文明的精华，使"中世纪的生产方式直接过渡到社会主义的阶段，而工人不必经受被资本家剥削的痛苦"[1]。同年，他在《民报》发刊词中创立了民生主义概念，明确表示，中国不能走欧美老路。1912年，他觉得民族、民主革命

---

1 《孙中山全集》，第1卷，第273～274页。

已经成功,该是他搞社会革命的时候了,于是到处骂资本家,骂资本主义,大讲社会主义,推崇马克思。1914年5月,又致函社会党国际局,希望得到该组织成员的帮助,"让中国成为世界上第一个社会主义国家"[1]。对此,人们应该充分肯定它在中国革命史上的破天荒的意义和孙中山的伟大追求,不应该根据某些凝固的社会主义模式加以挑剔。同时,应该指出的是,孙中山懂得,在生产力十分落后的中国,资本主义并不是只有坏作用,相反,倒是不可或缺的东西。因此,他于1918年在《实业计划》中提出,要奖励和保护私人资本主义,但是,孙中山本人的兴趣和感情都倾注在国有和公有经济上。他要最大可能地发展国有和公有经济,同时,限制和节制私人资本主义。在政权问题上,孙中山在1912年就批判西方资本主义民主,认为那只是富人的民主。十月革命后,他提出要建立俄国式的"最新式的共和国",后来又提出要建设一个非少数人所得而私的真正民主的国家,还曾表示要当"工人总统"[2]。显然,孙中山的思想和西方资产阶级革命家的思想是有所不同的。马克思说过:"同样,也不应该认为,所有的民主派代表人物都是小店主或小店主的崇拜人。按照他们所受的教育和个人的地位来说,他们可能和小店主相隔天壤。使他们成为小资产阶级代表人物的是下面这样一种情况:他们的思想不能越出小资产阶级的生活所越不出的界限。他们在理论上得出的任务和决定,就是小生产者出于自己的物质利益和自己的社会地位在实践中所得出的那些任务和决定。一般说来,一个阶级的政治代表和著作方面的代表人物和他们所代表的阶级间的关系,都是这样。"[3]但是,孙中山的某些思想恰恰超出了资产阶级的"物质利益"和"社会地位",将它们全部、完全说成是代表了资本家阶级的利益是说不通的。相反,如果从知识分子寻求救国救民的真理的角度去理解,那就一切都在情理之中了。有些事,按照事物的本来面貌去解释,本来是清楚的;按照某些教条主义的原则去解释,可能愈说愈糊涂。

---

1 《孙中山集外集》,第365页,上海人民出版社,1990。
2 《孙文力助工人之宣言》,《香港华字日报》,1921年6月9日。
3 《路易·波拿巴的雾月十八日》,此段译文参考了《列宁全集》第2卷第185页的译文。

孙中山并不是孤立的个人。廖仲恺、朱执信，以至胡汉民、早期的冯自由等都有类似的思想。这是一个派别，有一群人。当然，就这一时期投身革命的知识分子的主体来说，无政府主义或社会主义都还不占支配地位。他们投身革命的目的也还不是在中国实现社会主义，而是为了救国、振兴中华，建设一个强大的、实行共和制的"主权在民"的民主主义国家。因此，我觉得，称他们为共和知识分子比较合适。当然，也可以称他们为平民知识分子、民主知识分子，或革命民主知识分子，意思都一样。但是，如果考虑辛亥革命前后的时代特征，并和近代中国其他时期其他类型的知识分子相区别的话，我觉得称他们为共和知识分子比较恰当。

反对帝国主义，振兴中华，推翻以清朝贵族为代表的封建专制制度，建设共和国，这是有利于中国资本主义发展的，从这个意义上说，共和知识分子代表了中国民族资本家阶级的利益未尝不可，但是，在当时的历史条件下，他们难道不代表民族的利益、人民的利益？如果仅仅把他们看成是资本家阶级利益的代表者，是不是缩小了辛亥革命的意义和内涵？是不是不符合、至少不完全符合那个时代大批仁人志士的精神面貌？对于那些断头沥血，慷慨捐躯的烈士们是不是有点不敬？

辛亥革命时期共和知识分子是中国前所未有的社会力量，也是中国知识分子中前所未有的类型。他们既部分地代表中国民族资本家阶级，又不完全代表中国民族资本家阶级的利益。这一社会力量的出现立即使中国历史出现了新特色。

三 辛亥革命舞台上的活动角色与领导力量

活跃在辛亥革命舞台上的主要是四种社会力量：共和知识分子、新军、会党和立宪派士绅（立宪知识分子、民族资本家、资产阶级化的地主）。如前所述，立宪派士绅是武昌起义前夜或起义高潮中参加进来的，具有附和革命甚至投机革命的特点，虽然，他们的参加对于加速清政府的崩溃，促进各省光复具有重要的意义，但是，他们不是辛亥革命的领导力量是不言而喻的。新军是武昌起义的发动者，也是若干省份光复的主要力量，但是新军的作用主要在后期，而且，参加起义的新军实际上是穿上军装的共和知识分子。他们进过新式学堂。其军官中的不少人还留过洋。这是新军和"旧军"巡防营不同的地方。至于会党，他们没有自己的政治纲领，并不是一支独立的政治力量，更不能起领导作用。因此，在辛亥革命时期，起领导作用的力量只能是共和知识分子。辛亥革命之所以不同于旧式的农民起义，也不同于中国历史上多次反复出现的改朝换代，其原因，就在于出现了具有新思想、新观念的共和知识分子，就在于共和知识分子发挥了领导作用。

共和知识分子对辛亥革命的领导作用主要体现在以下几个方面：

1. 他们是革命纲领的制订者和革命思想的孕育者、传播者。
2. 他们是各革命团体的组织者和领导者。
3. 他们是多次反帝爱国运动的发起者。
4. 他们是历次武装起义的组织者和领导者。
5. 他们是南京临时政府的领导主体。

有了这几条，够不够呢？我看够了。因此，我们可以理直气壮地说：辛亥革命是共和知识分子（或曰革命民主知识分子）领导的。

共和知识分子本身不是资产阶级（也不是所谓"广义的资产阶级"），其产生的主要社会基础和社会条件是近代中国的民族危机和西方民主主义文化的传播（附带说一句，西方民主主义文化并不全是资产阶级文化，提倡"主权在民"的卢梭通常被认为是小资产阶级的思想家），和近代中国民族资本主义经济的发展与民族资本家阶级的产生没有必然的直接的联系。设想一下，如果辛亥革命前夜，中国的近代企业只有一二百家，几十家、一两家，甚至一家都没有，那么，辛亥革命还会不会发生呢？我以为，只要中国的半封建、半殖民地的社会性质不变，只要中国产生了一批共和知识分子，那么，类似辛亥革命的革命总要发生。相反，如果中国不出现一大批共和知识分子，那么，即使民族资本主义更发达，资本家阶级的阵容更强大，类似辛亥革命的革命也不会发生。倒是为资本家阶级所支持的立宪运动会成功。我们不能把政治和经济的关系理解得过于机械，过于简单和直接。不客气地说，那样一种理解，是庸俗社会学，好像是在运用马克思主义，其实不是马克思主义，是马克思和恩格斯都反对过的。

有些现象，按照庸俗社会学的观点是无法解释的。例如，洪仁玕的《资政新篇》无疑是在中国发展资本主义的方案，但是，当时中国的资本主义和资本家阶级在哪里呢？很显然，《资政新篇》是"舶来品"，是洪仁玕根据他对西方资本主义国家的了解构想的。思想具有相对的独立性，同样，知识分子也具有相对的独立性。

当然，知识分子的作用是有限的，知识分子的弱点也是明显的。思想必须和一定的物质力量相结合，才能发挥作用；知识分子也必须和其他社会力量相结合，才能对社会变革发生强大的作用。辛亥革命时期的共和知识分子得不到中国民族资本家阶级的有力支持，找不到和中国社会人数最多、革命潜力最为深厚的农民相结合的道路，又没有像后来的共产知识分子一样有一个较好的国际靠山（共产国际和苏联），其失败有其历史的必然性。我们的史学家们好从中国民族资产阶级的局限性来论证辛亥革命的局限性，至于民族资产阶级的这种局限性是如何制约、传递到那一时期的革命家身上，如何制约、影响着革命纲领、革命政策的制订与革命的实际进程，却很少有人作过具体而认真的分析。这种以政治分析代替历史论证的学风是不可取的。我觉得，如果不仅从中国民族资产阶级的特点、局限，而且也从那个时期共和知识分子的特点、局限来说明辛亥革命的特点、局限，包括其失败的原因，也许更接近于真理。

把辛亥革命说成是共和知识分子领导的是不是有悖于马克思主义呢，并不。这里，我们不妨看看列宁是如何分析俄国革命的。在《纪念赫尔岑》一文中，列宁说过："我们纪念赫尔岑时，清楚地看到先后在俄国革命中活动的三代人物，三个阶级。起初是贵族和地主，十二月党人和赫尔岑。""响应、扩大和加强了这种革命鼓动的，是平民知识分子革命家，从车尔尼雪夫斯基到'民意党'的英雄。"然后才是无产阶级[1]。可见，中间有一段是由"平民知识分子革命家"领导的。当时，俄

1　《列宁全集》第18卷，第15页，人民出版社。

国资产阶级和资产阶级化的地主积极鼓吹改良，反对革命，希望在保存地主土地所有制和沙皇政权的前提下进行改革。其代表卡维林称："从上而下地废除农奴制度，就可以使俄国在500年内保持平静。"相反，平民知识分子是主张推翻沙皇制度的，因此，尽管有时列宁把平民知识分子称为"自由民主资产阶级的受过教育的代表"[1]，但是，他仍然将他们和俄国资产阶级区分开来。毛泽东在分析五四运动时也说："五四运动，在其开始，是共产主义的知识分子、革命的小资产阶级知识分子和资产阶级知识分子（他们是当时运动中的右翼）三部分人的统一战线的革命运动。"[2]毛泽东这里并没有讲五四运动是资产阶级领导的，也没有讲是无产阶级领导的，而是从参加运动的三种类型的知识分子的角度作了分析。那么，对于辛亥革命为什么不可以从知识分子的角度作分析呢？毛泽东还说过："知识分子和青年学生并不是一个阶级或阶层。但是，从他们的家庭出身看，从他们的生活条件看，从他们的政治立场看，现代中国知识分子和青年学生的多数是可以归入小资产阶级的范畴。"[3]这里，先不论毛泽东的阶级划分标准是否和列宁相一致。列宁说过："区别各阶级的基本标志，是他们在社会生产中所处的地位，也就是他们对生产资料的关系。"[4]也先不论小资产阶级是一个被用得过于宽泛、失去了科学性的概念，我只想说的是，如果毛泽东所说现代中国知识分子和青年学生多数"可以归入小资产阶级的范畴"可以成立的话，那么，也应该得出，是小资产阶级，而不是资产阶级领导了辛亥革命。

我们还可以从日本史的角度进行一点分析。如所周知，明治维新是一次资产阶级的改革运动，从那以后，日本迅速走上了资本主义的发展道路。然而，明治维新是谁领导的呢？下级武士。下级武士是贵族，而不是资本家阶级。可见，资产阶级改革、资产阶级革命的领导者不一定是资产阶级。俄国历史也有类似的情况。1861年，沙皇亚历山大二世批

---

1 《俄国工人报刊的历史》，《列宁全集》第20卷，第240页。
2 《新民主主义论》，《毛泽东选集》合订本，第660页，1967年版。
3 《中国革命和中国共产党》，《毛泽东选集》合订本，第604页。
4 《社会革命党人所复活的庸俗社会主义和民粹主义》，《列宁全集》中文第2版第7卷，第30页。

准废除农奴制的法令，即所谓1861年改革，它是由农奴主实行的。

四　近代中国知识分子的嬗变与近代中国历史的演进

鸦片战争前，中国社会只有封建知识分子，没有近代意义的新型知识分子。当然，封建知识分子也不是只有一种类型、铁板一块。有朱熹那样代表地主阶级总体利益和长远利益，热心为封建制度卫道的知识分子；也有李卓吾、戴震、曹雪芹那样不满封建束缚，梦想未来社会和新生活的异端知识分子。但是我想，那个时期没有近代意义上的新型知识分子，大家都会同意的。

近代中国的新型知识分子萌生于洋务运动中。在那个时期，向国外派遣了第一批留学生，办起了一批新式学堂，于是，有一批知识分子掌握了西方近代自然科学，他们的知识结构和封建知识分子有很大不同。这批人，可以称为洋务知识分子。此后，随着西方社会科学的传入和日益为人们所接受，中国知识分子的知识结构和思想主流，也就是世界观、人生观发生了愈来愈大的变化，新型知识分子阶层遂勃然兴起，并给予中国社会以越来越大的影响。

我以为，活跃于近代中国政治舞台上的主要是三种类型的知识分子：维新知识分子、共和知识分子、共产知识分子（或称共产主义知识分子）。洋务知识分子因为人数少，对近代中国的政治影响不大，而且大体上可以纳入维新知识分子的范畴，故本文略而不论。维新知识分子以康有为、梁启超、严复为代表。他们刚刚从封建知识分子中分化出来，旧思想、旧影响还比较多，新思想还不充分、不成熟。他们的主要思想特征是：只搞维新（改良），不搞革命；主张君主立宪，不搞民主共和；要求发展资本主义，反对社会主义。在《民报》和《新民丛报》论战期间，梁启超曾大讲中国不能搞社会主义，大讲中国必须奖励资本家，中国的垄断资本家不是多了，而是少了。为了发展中国的资本主义，和外国资本竞争，即使让劳动者吃点亏也是应该的。在政治上，他们求稳怕乱，力图通过君主立宪为中国资本主义的发展创造一个稳定的环境。我以为这才是代表中国资本家阶级利益和发展要求的言论。后来的立宪知识分子也可以归入这一类。

在维新知识分子中间，康有为提出过大同理想，当然不代表资产阶级的利益。但是，这是一种乌托邦，不是康有为的现实政治纲领，不影响他作为维新知识分子的性质。同时还应该指出的是，知识分子的思想常常可以超出于特定阶级的局限之外，融汇、接受其他阶级的思想。以为一个人头脑里，只能有一个阶级的思想，无产阶级只有无产阶级思想，资产阶级只有资产阶级思想，那是不符合事实的。孙中山、黄兴是共和知识分子的代表。他们和封建地主阶级的联系较少，接受的封建文化影响也较少，相反，接受的西方民主主义文化则较多。和维新知识分子比起来，他们是更完全意义上的新型知识分子。这一部分知识分子有强烈的民主主义思想，具有彻底地、不妥协地反对封建专制制度的精神，同时，又不同程度上接受社会主义的影响，希望尽可能避免资本主义的恶果，将民主革命和社会革命"毕其功于一役"。当然，这批知识分子中也有一些人只接受民主革命，反对社会革命，千方百计地要将"社会革命"改为"社会政策"。这部分人，后来成为共和知识分子中的右翼，五四运动以后成为自由知识分子。

共产知识分子以李大钊、陈独秀、毛泽东为其代表。他们继承了共和知识分子中向往社会主义的那一部分人的特点，在辛亥革命失败以后开始了新探求，在俄国十月革命胜利的影响下找到了产生于西方的马克思主义。这样，他们就不只满足于在中国进行民主革命，而要在中国建设社会主义和共产主义，以便消灭人世间的一切不合理的现象，达到尽善尽美的理想境界。他们把自己的希望寄托于中国无产阶级身上，明确地以无产阶级的阶级代表自任。中国共产党的发起者和领导人主要就是这样一批共产知识分子。

三种知识分子之间没有不可逾越的界限，可以互相转化，也大量存在着这种转化的事实。维新知识分子转化为共和知识分子，共和知识分子转化为共产知识分子的情况不是很多吗？这种转化，并非由于阶级利益的变化，而是思想的变迁。许多政治上的分歧常常是思想、认识的分歧，有些（注意，不是全部）政治派别的分歧也只是政策、策略的分歧，一切都从经济利益或阶级关系来分析是说不通的。例如，辛亥革命以后，孙中山、黄兴之间发生多方面的分歧。孙中山主张立即发动反袁的三次革命，黄兴则主张暂停革命；孙中山主张建立党的领袖的绝对权威，黄兴则坚决反对，甚至因此而拒绝加入中华革命党；孙中山主张联日，争取日本政府的援助，为此，不惜向日方提出了中日盟约11条，黄兴则对此持严厉批判态度。这里，你能说反映着阶级关系的不同吗？

当我们纵观戊戌以来的中国近代史时，可以清楚地看出，近代中国政治的风云雷雨主要是这三代知识分子活动的结果。随着近代中国新型知识分子思想的嬗变发展，中国近代史也就表现为三个不同的阶段，呈现出不同的特点和色彩。

附记：

本文是作者1992年12月29日在上海中山学社所作的学术报告。其中所引孙中山1914年5月致社会党国际局函，根据1994年上海人民出版社版《孙中山集外集补编》，应为1915年11月10日之作。

孙中山在1900年
——读日本外务省档案札记

1897年8月16日，孙中山自加拿大抵达日本横滨。三天后，一份标明秘字的密报便送到了外务大臣大隈重信的面前。自此，日本情报人员即十分注意孙中山的动态，各种报告不断送向外务省。日积月累，数量相当可观。这些报告，和其他关于中国革命者的情报汇集在一起，名为《各国内政关系杂纂支那之部·革命党关系（含亡命者）》。现藏于日本外务省外交史料馆，档案号为1.6.1.4-2-1。它们是研究孙中山和中国革命史的重要资料。美国国会图书馆曾将其中少部分摄成缩微胶卷，但是，不知由于什么原因，大部分遗漏未摄。1985年，我应京都大学人文科学研究所狭间直树教授之邀，赴日访问，有机会阅读了全部该项档案。现就其中1900年部分略作探索。

1900年是中华民族的多事之秋。这年6月，中国北部土地上掀起了波澜壮阔的义和团运动，英、美、法、德、俄、日、意、奥八个帝国主义国家组成联军，大举入侵中国。这时，孙中山正居留于日本。他忧心如焚地注视着国内外形势，千方百计地利用时机，筹备发动反清起义，拯救危难中的祖国。档案反映出，孙中山的想法是：在南方建立共和国，然后逐渐向北发展，推翻清朝政权。6月上旬，他与人密谈说，"目前北京方面形势异常不稳"，"如清政府势力失坠，即我辈奋起之良机"，他表示：

"我等之最终目的是与南方人民共商大计，割取清帝国之一部另建一新共和国。"[1] 8月，和孙中山一起行动的日本人内田良平也透露："孙逸仙及其一派党徒策划之目的为，以江苏、广东、广西等华南六省为根据地，建成一独立的共和政体，然后逐渐向华北方面伸展势力，推翻爱新觉罗政权，最后统一支那十八省，在亚洲建成一大共和国。"[2] 为了达到这一目的，孙中山纵横捭阖于香港英国当局和日本政府之间，同时积极争取李鸿章、康有为、容闳等人，力图建立广泛的合作。

当时，香港英国当局正在策动两广总督李鸿章据华南"自主"，孙中山对这一计划表示过兴趣。为此，他于6月11日离日南行。7月12日，李鸿章调任直隶总督，途经香港，曾与港督卜力（N. A. Blake）会谈。有关情况，孙中山于7月24日向日本"某访客"介绍说："太守（指卜力——笔者）向李氏说明形势，言称：按刻下清国时局，实为分割广东、广西两省之良机等等，并怂恿李鸿章以孙逸仙为顾问，出掌两省之主权。李氏答称：将观察今后时局之趋势，徐行处断。"孙中山并称："太守所言，盖系欲以两广为英国属领，以扩展其利益范围。"[3] 这段言论显示，孙中山虽然在华南"自主"问题上与香港英国当局发生密切关系，但对其侵略意图是洞若观火的。

关于孙中山南行的情况，档案称："目前孙逸仙潜赴香港之际，曾与香港太守进行密商。密商之事似已略见端倪，故又暂来我国。其后，香港太守已有通告前来，略谓：密商之事，当可接受。"[4] 孙中山南行时，一直未能与卜力见面。这里所说的"密商"，可能发生在孙中山的代表与卜力之间。据卜力8月3日给殖民大臣张伯伦的备忘录，他和孙中山的代表确曾有过一次会见。卜力要求孙中山等人起草一份"有许多人签名的

1　《神奈川县知事浅田德则致外务大臣青木周藏的报告》，秘甲字第212号，1900年6月11日发。

2　《福冈县知事深野一三致外务大臣青木周藏的报告》，高秘字第848号，1900年8月26日发。

3　《兵库县知事大森钟一致外务大臣青木周藏的报告》，兵发秘字第410号，1900年7月25日发。

4　《福冈县知事深野一三致外务大臣青木周藏的报告》，高秘字第874号，1900年9月2日发。

送给列强的请愿书,清楚地表明他们所要求的改革,并且说明,他们采用这种方法,是为了避免在目前的危机中会使列强为难的行动"[1]。卜力报告说,他的建议已送交孙中山的"革新派"。日本外务省档案所述,当即此事。档案又称:"孙之同志已将其所谋事项草成一纸建议,拟请交香港太守。"[2]档案并提供了该项建议的具体内容,共四条:

(1)移都中央(上海或汉口);(2)颁行自治制(中央政府将就施政问题向各国公使征询意见,地方政府将就自治制问题向各国领事征询意见);(3)改革刑政,使其公平;(4)废科举,兴实学。

从这四条看来,它就是我们今天可以看到的《致港督卜力书》中的《平治章程》。该函由孙中山领衔,有陈少白、杨衢云、郑士良、史坚如等兴中会骨干联合签名。所不同的是,《平治章程》为六条,较档案多出两条,文字亦悬殊。这种情况说明,档案所收可能是最初的稿本,而今存《平治章程》则是后来修改的结果。值得注意的是,档案记载,平山周认为,上列第二项所谓"中央政府将就施政问题向各国公使征询意见"等语,"将使国家之独立为之丧失",特地于8月24日赶到门司,和正在登轮回国、秘密前往上海的孙中山商谈,建议削除此条[3]。这就说明,《平治章程》到这时还未定稿。今本《孙中山全集》将它定为当年6、7月之间的作品,看来需要修正。

由于八国联军的入侵和各派政治力量的活跃,中国政局呈现出微妙多变的形势。老奸巨猾的李鸿章离开香港之后,到上海就逗留不前了。他要等一等,观察一下风向。孙中山此次前往上海的目的之一就是为了和李鸿章会谈。他认为,北京政府当时已全为"排外思想者"所占据,光绪皇帝随时有被害的可能。只要光绪皇帝一死,南方督抚们便会"另行动作"。早在8月上旬,他就声称:"清国南方各省督抚以及新进有识之士,在满清朝廷尚存在之期间,固将维持现状;但随时势之演变,迟

---

1 《卜力致张伯伦》,1900年8月3日,英国外交部档案,第17组1718卷[46],第364~367页,转引自史扶邻:《孙中山与中国革命的起源》,第181页,中国社会科学出版社,1981年。
2 《福冈县知事深野一三致外务大臣青木周藏的报告》,高秘字第874号,1900年9月2日发。
3 同注2。

早必与我等意见一致。基于此情况,身入故国固属危险,但就某些地区而论,作为达到目的之一种手段,亦可通过无甚危险之和平途径与有上述思想的人士相会合,实属最为必要。基于此原因,只要无甚危险,亦愿与李鸿章会谈。"[1]后来,他又进一步声称,如果时机许可,愿与刘坤一、张之洞一见[2]。

孙中山此行目的之二是为了联络容闳。当时,容闳在唐才常等人的推戴下,已经出任上海中国国会会长,在其起草的英文宣言中声称:"不认满洲政府有统治清国之权,将欲更始以谋人民之乐利。"孙中山对此表示欢迎。他说:"中国政治改革派中亦有不同派系之分。当今之局,彼此间绝不可纠缠于以往在发展当中所生之某些感情隔阂而互争短长,亟应消除成见,广为联合,团结一致,共同谋划。吾等仰为首领之人乃系容闳。此人曾任驻美公使,在国内颇孚众望。据推测,此人正与李鸿章等地方督抚及康有为一派中之重要人物暗相联结,从事政治改革之策划,正在循序渐进之中;本人亦欲厕身其间,竭诚效力。"[3]孙中山并表示,如果时势合宜,他准备直入北京一行。

孙中山此行的目的之三是为了通过英国驻上海领事继续与香港当局谈判。档案称:"又闻,孙抵上海后,将由英国领事串通,与香港太守密议,并将通过此次国际谈判以遂其志。"[4]

孙中山启程之后,在轮船上曾经以笔答的形式对"访客"发表过一次书面谈话。中云:"前略诚如君言,伊侯不过为政策之诡变,不得止〔已〕而为此反对保全之言,原无唱分割之论,仆闻之略安。"当时,八国联军已经攻陷北京,在对华政策上形成了两派意见。一派主张瓜分中国,一派主张"保全中国",即形式上保持中国的完整。两相比较,后者对中国人民较为有利。伊藤博文是日本政界名流,对日

---

[1] 《神奈川县知事周布公平致外务大臣青木周藏的报告》,秘甲字第308号,1900年8月10日发。

[2] 《福冈县知事深野一三致外务大臣青木周藏的报告》,高秘字第874号,1900年9月2日发。

[3] 《神奈川县知事周布公平致外务大臣青木周藏的报告》,秘甲字第334号,1900年8月22日发。

[4] 同注2。

本政府有举足轻重的影响，因此，孙中山极为关心他的主张，明确地表示"喜闻保全之论，而恶分割之言"[1]。这段话，虽是写给"访客"的，实际上是写给伊藤和日本政府的。笔答中，孙中山还倾诉了对祖国命运的忧虑和对民族独立、统一的渴望。他说："吾国自有史鉴以来，数十余朝，每当易朝，有暂分裂者，有不分裂者，而分裂者多。生灵涂炭，民不聊生。而自行分裂尚如此，况为他国所瓜分者乎！故有识之士，甚畏分割也，且更畏外国之分割也。"[2] 这段话，表现了一个伟大的爱国主义者的襟怀。

孙中山抵达上海的时候，正是张之洞在武汉血腥镇压自立军起义之后。英国政府为了维护其在长江流域的利益，终于决定支持张之洞。对唐才常等人的逮捕是经过英国代理领事傅磊斯同意的。正因为这样，所以英国驻沪领事对孙中山的来访只给予了冷淡的接待。孙中山还在船上和李鸿章的幕僚刘学询进行了会谈，也没有什么结果。9月3日，孙中山与容闳、容星桥等人同船抵日。容闳对九州《日出新闻》社记者说："英国对清国之行动，其真意何在，实不可知！世间盖无心事难测之如英国人者。"[3] 这应该也反映了孙中山此时此际的心情吧！

上海之行失败使孙中山转而继续经营南方。9月25日，孙中山乘轮由神户驶赴台湾，经过马关的时候，曾与玄洋社头目日人平冈浩太郎会谈。谈话中，孙中山对日本政府的冷淡态度流露出不满之情。平冈解释说：日本政府之所以冷淡，"一是出于对英国外交策略上的考虑；但更主要者，乃因先生对日本尚无任何贡献"。平冈接着向孙中山提出："现今台湾土匪尚未剿平，儿玉总督为此颇费心机，且对我国之国力消耗亦实匪鲜。且今日台湾匪徒已绝非台湾本地之土人，其主要动力实来自隔岸闽、粤两省人之煽动与资助。"平冈要孙中山协助儿玉，"根除匪患"，并称，这将是对日本的一项"厚贶"。此后，"我等即可以儿玉总督为中心，

---

1 《兵库县知事大森钟一致外务大臣青木周藏的报告》，兵发秘字第593号，1900年9月22日发。

2 同注1。

3 《长崎县知事服部一三致外务大臣青木周藏的报告》，高秘字第336号，1900年9月7日发。

在日本为先生奔走效力，裨先生得遂大志"。自从日本帝国主义侵占台湾后，台湾各族人民即不断发动反抗斗争，给予侵略者以很大困扰。平冈的这一席话主要目的在于诱使孙中山为日本的侵台政策服务。孙中山当时表示："当在可能范围内竭尽绵薄。"[1] 后来的事实表明，孙中山的这种表示乃是虚与委蛇，他的真实目的在于利用日本台湾总督儿玉的力量，在华南发动起义。

9月28日，孙中山抵达基隆，随即与平山周同赴台北，与儿玉的代表台湾民政长后藤新平会谈。后藤"许以起事之后，可以相助"[2]。其后，孙中山即在台北建立指挥中心，聘请日本军人参加，一面命郑士良于10月8日在广东惠州举行起义，一面积极筹备在厦门以南云霄县的铜山港登陆。但是，日本政府迅速改变了态度。10月2日，外务大臣青木周藏致电驻神州领事丰岛舍松等，告以孙中山的起义意图，有许多日本人可能是他的同谋。电报称："台湾总督已经下令，打电报通知他们可能到达的港口的日本领事。他们或许已经到达中国，即使没有上述电报，万一他们中一些人到达你的地区，你要严密地监视他们的举动，并且作出最大的努力，防止他们的阴谋实行。"[3] 10月19日，山县有朋内阁辞职，继任的伊藤博文内阁采取同一态度。

日本政府态度的变化和帝国主义之间的矛盾有关。

义和团运动期间，日本东亚同文会和日本政府都曾蓄谋乘机侵略中国南方。6月18日，东亚同文会召集干事会。会长近卫笃麿主张"严密审时度势，如有一发可乘之机，自应奋勇前进，以谋帝国之利益"。但他同时又表示，必须"与列国保持协调"，"谛视俄国之动静，乃为明智"。因此干事会一致议决，暂不对中国出兵，以期"养精蓄锐，一旦时机成熟，自当一展鹏翼，占领南方之目的地"[4]。 内田良平原计划怂恿孙中

1　《福冈县知事深野一三致外务大臣青木周藏的报告》，高秘字第1000号，1900年9月28日发。

2　孙中山：《建国方略》第8章。

3　《外务大臣青木周藏致驻神州领事丰岛舍松等电》，1900年10月2日收，《历史档案》，1986年第3期。

4　《关于清国亡命者孙逸仙等人动静之报告》，乙秘字第316号，1900年6月19日发。

129

山在南方起义,他自己则同时纠集土匪,在华北举事,占领朝鲜,引发日俄战争,但是,当他将这一计划向"幕后谋主"汇报时,"幕后谋主"认为,"日俄冲突不久必将发生,今日如在华北举事,难免引起列强干涉"[1]。正是这些顾虑,促使日本政府放弃了原定夺取厦门、占领福建的野心勃勃的计划,并相应地改变了对孙中山起义的态度。

11月10日,孙中山失望地离开基隆,再赴日本。他在与人谈话时说:"本人对日本政府之行动极为关注。盖以日本在地理上较列国占有优势,并且出动军队最多(指八国联军中的日军——笔者),显示出极大的军事力量,使列国为之震骇。既如此,本人预期日本政府在外交上亦将采取同等步骤,在一切事务中俱居于主导地位。果如斯,则本人亦将奋然崛起,与日本政府步调相谐,以期大举谋事。讵料日本政府优柔寡断,此次又有坐视利益为他国所夺之势,为此状况,本人的事业又安得不受挫折!"又说:"本人之事业系于日本,日本既不能主动占据主导地位,则本人之事业即将无可作为。"[2] 孙中山当时将全部希望都倾注在日本政府身上,一旦落空,其沮丧心情是不难想象的。

但是,孙中山毕竟是百折不挠的革命家,再赴日本之后,立即着手准备新的起义,11月下旬,他与人谈话称:"本国目前形势,将是举事之大好时机,我同志等亦大有奋发之志,正在稳步前进。"他一面与日商签约,购买250万发弹药,一面努力摸清伊藤博文内阁的态度。他说:"举事之前必须取得一二强国之支援,至少必须取得谅解。现今日本内阁更迭未久,外交方针尚未明确,看来依靠日本尚不如转倚已示谅解之英国为佳;但必须探明举事之际日本政府将取何种态度。"[3] 由于找不到革命的依靠力量,孙中山只能摇摆于英、日两国政府之间。彻底摆脱对帝国主义的幻想,这段路对孙中山说来是漫长而又遥远的。

---

1 《福冈县知事深野一三致外务大臣青木周藏的报告》,高秘字第848号,1900年8月26日发。

2 《福冈县知事深野一三致外务大臣青木周藏的报告》,高秘字第1131号,1900年11月15日发。

3 《神奈川县知事周布公平致外务大臣加藤高明的报告》,秘甲字第500号,1900年11月27日发。

附记：

本文所引日本外务省未刊档案，大部分为邹念之先生所译，谨此致谢。

宋教仁佚文钩沉

陈旭麓教授主编的《宋教仁集》辑录相当丰富，但仍有缺漏。兹就管见，增补较重要的佚文数篇，略加考订和分析。

一　致李、胡二星使书

此札发表于1908年10月12日新加坡出版的《中兴日报》。李，即李家驹。胡，即胡惟德。两人于1907、1908年先后出使日本，故称星使。全文为：

李、胡二星使执事：

　　敬启者：某愚不幸，素持与政府立于不两立之主义。曩者，"间岛"问题之起，某以公等政府诸人昏聩无知，将坐使日人攫夺我十数万里之地。政府固所反对，然国家领土，国民人人当宝爱之。吾人今日既未能获与外国交涉之权，则不得不暂倚政府。又我所悉该问题情事，既较多于公等政府诸人，则尤不宜袖手含默。故费数月之功，著《间岛问题》一书，发明该地确为中领之证据，欲以为政府外交援助。又以某素为公等所目为党人者，若遽自贡献，必受峻拒,而反无益于事,故又委曲设计,介于敝同乡之曾为李公旧属许孝绶氏(此君非某同主义者,实为宪政党员,幸勿误会),以达李公之前。幸为李公采纳,抄送外部;外部得此,果大有所资于谈判,向〔而〕获斥退日人之口实。因是且有电欲招致某,谓有面询之要。适有来自北京之友人贻书劝某,谓项城外相实有非常之志,曷藉此阴与握手(此人与李公有旧,其与项城之关系,李公当亦知之,其与某手札尚在敝处也)。某闻此亦既跃跃有入虎口之意。既而事为中日报章所播,道路纷纷,谣谤交作。某之怨家,或谋以是陷某,故某有所警戒,乃取消前议,决计不去。前此对李公谓须政府出巨款购秘密证据书,方可赴召者,亦不过欲攫取政府金钱,以为吾党用之术也(欺诈之罪,幸未成立,尚祈原宥)。

惟是某虽来去,而事既有形,公等或曲解某意,谓某实有所希冀,亦所难料。又悠悠之口,不揣其实,谤声之加,在所不免。吾党作事,固不求人谅知,然不有以释于公等,则将谓吾党之人有遗行矣。今某不胜大愿,恳请胡公即将此官费挖除,并革去留学生之名,以示与公等断绝关系之义,以袪公等之曲解。折子一册,已奉缴于贵署会计课,乞为检纳。噫!人各有志,不必相强,笑我置我,岂所计及!惟此心能见白于此,则惟行吾志可矣!

抑某更有请者:李公学问非外交材,而惟颇长厚,某亦深佩。胡公持节有年,对外之政度不甚谙。今后其各善自努力,以辅弼公等之政府。际此立宪维新之会,各位官禄,固亦大切,然爱惜国土,保持利权,勿使同胞后日有失啖饭之所,亦食人之食者事人之事之义也。二公勉之哉;手肃,敬候起居不宣。某顿首。

《中兴日报》在发表本札时介绍说:"湖南人宋教仁,为著名之革命党,曾在东京倡办《二十世纪之支那》。去年游历满洲,著《间岛问题》一书。清政府方与日本交涉间岛问题,非常棘手。及得此书,如获拱璧,即以各种证据反驳日使,日政府至今尚不能决答,其书之价值可知矣。"又说:"袁世凯、那桐等谓宋有大才,特电驻日使李家驹,令致意宋某,使即来京助理间岛交涉,当与以不次之擢用,宋拒绝之。及新任日使胡惟德来,奉袁、那等命,力求宋赴京重用,敦促再三,宋大愤,移书李、胡二使,辞甚决绝。"按,胡惟德接替李家驹使日,时在1908年8月1日[1]。据此可知本札必作于此后的一两个月内,或即作于《中兴日报》发表此札前不久。

1907年,日本为侵略我国东北,擅自派人率领宪兵在图们江北岸我国领土上设立派出所。同时,制造假证,提出所谓"间岛问题",否认中国对该地的主权。8月24日,清政府外交部表示:间岛系日人强立名目,其地为延吉厅所属,确系中国领土。9月,清政府任命陈昭常为吉林边务督办,吴禄贞为帮办,勘查界务。

宋教仁1907年春去东北进行革命活动时,对延吉地区作过详细考查。为了揭穿日本侵略者的谎言,他进一步收集资料,以数月之力写成《间岛问题》一书。该书资料丰富,证据确凿,当时任外务部尚书的袁世凯得到此书后,准备调用宋教仁参加对日谈判,宋教仁也准备借此打入清政府,并索取一笔酬金作为革命活动的经费。此事因故未成,宋教仁便写此信向李、胡二人说明原委,表示其革命立场,并交还留学生官费折子。

宋教仁是革命党,以推翻清政府为职志,但是,在"间岛"问题上又不能袖手旁观。从保卫祖国领土出发,他毅然著书、献书。本札正反映了宋教仁在这一问题上的爱国主义立场和光明磊落的态度。

关于宋教仁和清政府联系的经过,以往有人回忆说:宋为穷困所迫,将稿子请覃理鸣介绍,求售于某学社,未被接受。有某翰林赏识此书,愿出百元买下,宋不允。适值袁世凯在京,因欲查明延吉情况,令驻日公使杨枢物色留日吉林学生二人担任此项工作。杨从某翰林处得知宋著,便从覃理鸣处取出原稿,将内容摘要电告袁世凯,袁极赞许云云[2]。在这里,宋教仁是被动的。《致李、胡二星使书》说明,在整个过程中,宋教仁"委曲设计",是主动的。其过程是经由许孝绥转达李家驹,

---

1 据《前出使日本大臣李家驹奏报交卸使事日期折》,《清光绪朝中日交涉史料》卷74。
2 《辛亥革命回忆录》第6集,第38~39页。

再由李家驹抄送清政府外务部,完全和杨枢无关。

值得注意的是,本札提到,有"来自北京之友人某",此人和袁世凯有关系,他声称"项城外相实有非常之志",建议宋"阴与握手"。据樊光回忆,也有人对陶成章作过类似的工作。他在所撰《章炳麟、陶成章合传补充》中说:

当时袁曾派一人至东京考查政治,故意与焕卿先生邂逅相识,与先生攀谈时恭顺有礼。其人袁姓,广州人。……(他)说:吾与项城皆崇焕子孙,公论之仇至今犹新,项城素仰我公大才,常谓旋转乾坤之壮举,惟与我公图之。我公曷与我同诣京师,与项城面谋机宜,则天下可定,百姓之福也。并谓:如暂时不能晋京,我公需要经费,不论巨细,项城必愿为助。[1]

游说宋教仁的和游说陶成章的不一定是一个人,但两件材料都说明,袁世凯此时确实在东京革命党人中有所活动。

二 致吴玉章书

本札作于1911年9月1日,1913年4月16日以手迹影印于上海《中华民报》。全文为:

玉章吾兄大人足下:

沪上别后,未作一字,吾兄安抵乡关,近况如何,念念。此间自前月初集议数次,决定组织中部总会,已经成立,与其事者计川、滇、鄂、湘、闽、浙、江、皖等省,皆有其人,南京军界亦稍有组织,刻下惟以经费支绌,不能推行耳。兹特将章程呈览左右,一切详情,当由亚休君面述。

---

[1] 上海政协文史资料未刊稿。

川中之事如何办法，尚乞吾友与诸君筹商进行为幸。办报一事，集议数次，亦以无款，仍难实行。南洋所办之报尔后亦无消息，东京更不能筹款。川省不乏热心之士，不知可以设法否？亦乞吾兄谋之。果得数百金者，即拟冒险往东开办也。此间通信处，要函则请寄上海海关造册处潘训初收阅，于里面加封与弟等名便可，普通函寄《民立报》为是。但君由粤释归，归后恐亦诸多不便。若能得款办报，请其往东为此，何如？余不尽敏，敬候

近安

弟谭人凤顿
宋渔父
七月九日

本札发表时宋教仁已被袁世凯派人刺杀，吴玉章在跋语中说：

辛亥三月二十九，广州败后，同逃沪上，图再举，珊与张君懋隆担任川事，此函即宋君专人送至川者，张君去岁此时亦已被害于粤，今宋君又遇刺，检点遗墨，不禁泫然。

据此可知此函虽与谭人凤联署，而实为宋教仁手笔。

1911年7月31日，宋教仁、陈其美、谭人凤等在上海成立同盟会中部总会，决定将起事地点转移至长江中下游地区。本札即作于该会成立后一个月。

宋教仁、吴玉章都曾参加当年春天的广州起义，从吴跋中可以知道，他们于起义失败后在沪共同计划再举，决定由吴玉章、张懋隆承担四川方面的事务。信中，宋教仁告以中部总会已经成立，并寄去章程："川中之事如何办法，尚乞吾友与诸君筹商进行为幸。"显然是重申前议，并要求吴玉章在四川建立中部总会的分支机构。

现在中部总会的资料中没有办报方面的计划，本札说明，它曾企图在东京创办一份报纸，并物色人选。信中说："但君由粤释归，归后恐亦

诸多不便。若能得款办报,请其往东为此,何如?"这里所说的但君,指但懋辛,他也是三·二九起义的参加者,事败被捕,不久释放。

宋教仁给吴玉章写信的时候,四川保路运动正进入火热阶段,罢市、罢课风潮席卷全省。宋教仁及时地注意到了四川,这是其高明之处。但是,东京办报计划却脱离了国内正在迅速发展的斗争实际。

三　与杨德邻君书

本函作于1912年1月11日,发表于次日上海《民立报》,全文为:

《民主报》转杨德邻君鉴:
　　现有紧要事相商,乞即来宁游府西街二号门牌一晤,宋教仁叩。真。

杨德邻字性恂,湖南长沙人。1905年留学日本,学习政法。曾参加国会请愿运动,1911年因受其弟杨笃生蹈海事件的刺激,转向革命。本函称:"现有紧要事相商",可能是指建立法制院事。

四　与雷奋等书

本函发表于1912年1月23日《民立报》,全文为:

《民立报》转雷奋、杨荫杭、孟森三先生鉴:
　　法制院事,经纬万端,非大贤相助为理不办。请屈来宁。张季直先生亦大赞之。宋教仁叩。

雷奋,江苏松江人。杨荫杭,江苏无锡人。孟森,江苏武进人。三人都曾留日学习法政，归国后雷奋成为预备立宪公会的重要分子，孟森成为江苏谘议局议员，都和张謇关系密切。

1912年南京临时政府成立后，孙中山即积极筹备设立法制局，以便制定各项法律、命令。1月12日，孙中山派人向参议院提议建立法制局，得到通过。随后孙中山任命宋教仁为法制局局长，汤化龙为副局长。本函即作于此后。值得注意的是：通过本函及上函，可以看出，宋教仁计划邀请的法制局成员，大都是原立宪派分子，表现出一种新的政治倾向。

五　致孙毓筠电

本电发表于1912年4月19日上海《民声日报》，与谭人凤联署，全文为：

安徽孙都督鉴：

合肥李仲仙先生为吾国唯一政治大家，吾党备极钦佩。曩〔曩〕督三迤，政绩炳然。昆垣光复，通电各路统将，释兵归顺，保全滋大，滇民至今感之。贵省有此伟人，地方果有公论，方当一致推崇，俾匡危局。乃闻在皖财产，竟为少数无意识者倡议攘夺，恣意支配，殊属狂悖妄为！公有执行法律、维护秩序之责，务请严令取消，加意保护，以彰公〔功〕过。临电愤愤，翘盼复示。谭人凤、宋教仁。

李仲仙，指李经羲，安徽合肥人，李鸿章之侄，1909年任云贵总督。1911年10月昆明起义时，被革命军俘虏，提出"可杀不可辱"、"保护其眷口回籍"等要求，被蔡锷、李根源等人礼送出境。临行前，要求革命党人准其提取四万多两白银的存款，路过河口时，又强行提取公款三千元。其后迁居上海。他和他的儿子劣绅李国松在合肥的家财则被庐州军政分府查抄。本电即为此而发。

李经羲是清朝官僚。在任时，"除作官要钱外，则无所为"[1]。被礼送出境后，又向清政府致电效忠，声称："力尽援绝，不能挽救，罪应万戮。"[2]就是这样一个人，宋教仁等却誉为"政治大家"和"伟人"，认为安徽地方应当"一致推崇，俾匡危局"。同时，对革命党人查抄其财产的行为则斥之为"狂悖妄为"，实在糊涂得可以。

六　复昌明礼教社函

本函发表于1912年6月5日上海《神州日报》。全文为：

> 吴、完、毛、章诸先生左右：
> 　　来示诵悉。吾国自前清末造，礼教陵夷，识者早有人心世道之忧。管子云，礼义廉耻，国之四维。四维不张，国乃灭亡。古之善治天下者，未有不以正人心、端教化为本，而觇国势者，即于此卜隆替焉。今之世风，坏乱极矣，在民彝物则之理，未尝或息于人心。有人焉出而维持之，鼓舞之，则观感自异。诸君子慨念及此，力扶纲常，下以固地方根本之图；即上以弥行政机关之缺，是诚名教之伟人，而仆之所瓣香祷拜者也。所拟简章，均极妥善，即祈力筹进行，无任欢迎翘企之至。宋教仁顿首。

吴，吴简纶；完，完志平；毛，毛蔚云；章，章组璧。四人均为昌明礼教社驻社临时干事。

昌明礼教社，筹备于1912年4月，成立于同年5月7日。社址在上海。发起人为伍廷芳、徐绍桢、谭人凤、范光启、李钟珏、杨士琦、吕志伊等19人。该社宣言书称："吾国纲常名教，肇自轩辕。至宣圣诞生，而礼

---

[1] 孙种因：《重九战记》、《辛亥革命》（六），第246页。
[2] 《宣统三年十月十六日云贵总督李经羲致内阁请代奏电》，同上书，第246页。

乐大备……司马迁、韩退之、朱晦庵、王阳明诸先辈竭力维持，故数千年神圣不可侵犯之礼教，至此日益昌明。"又称："美雨欧风，固贵群相栉沐；蛇神牛鬼，未免出乎范围。"该宣言书指责当时自由恋爱、家庭革命等风气为："假自由而不谈道德，借平等以玩视服从。错认方针，桑中结约；妄生理想，叶上题诗。演革命于家庭，灭澌孝悌；诩改良于社会，颠倒衣裳。"[1]因此，该社声称"以维持礼法，改良风俗，普及教育，开通民智为宗旨"[2]。由于复古守旧的倾向过于明显，5月7日成立会时推举吕志伊修改简章，宣称"以研究中外礼法，改良社会风俗，普及人民教育为宗旨"[3]。

辛亥革命前后，复古主义思潮喧嚣一时。除地主阶级顽固派外，若干革命党人也参与其中。例如昌明礼教社的发起人，不少是同盟会的中坚分子，便是一证。这种状况，突出地说明了部分革命党人文化思想的落后性，也突出地说明了中国封建伦理纲常的根深蒂固。宋教仁出于何种原因支持昌明礼教社，固然尚待研究，但它至少说明了，在反对封建文化方面，宋教仁还缺乏必要的坚决和敏感。

宋教仁受过阳明心学的严重影响，本函所述"民彝物则之理，未尝或息于人心"等，完全是阳明学的语言。

---

[1] 《神州日报》，1912年4月25日。

[2] 《神州日报》，1912年4月30日。

[3] 《神州日报》，1912年6月7日。

第五章 兄弟阋墙
——革命团体内部的裂痕和误解

同盟会的分裂与光复会的重建

1905年,同盟会成立,实现了各派反满力量的联合,以孙中山为代表的民族民主革命营垒出现了某种团结、兴旺的景象,革命也取得了前所未有的进展。思想上,和改良派的论战正在胜利进行,军事上,萍、浏、醴起义之后,各地革命党人跃跃欲动,一个武装起义的高潮正在酝酿。但是,好景不长,1907年夏,同盟会发生严重分裂。此后,愈演愈烈,终于导致光复会的重建。

当革命正需要一个坚强有力的、统一的司令部时,同盟会却陷于分崩离析的涣散状态。

对于这种情况,曾经有人主要以地域、宗派观念来说明问题,以为是广东派与湖南派、江浙派之争;又有人以为是同盟会的三民主义和光复会的"一民主义",即所谓资产阶级、小资产阶级革命派与地主阶级反满派之争;这些解释,都不符合历史的本来面目。

一 张继、章太炎、刘师培、陶成章掀起的倒孙风潮

革命进程中总难免有光明与阴暗两面。辛亥革命之后,当年献身于革命的先行者热衷于阐扬功烈,而对于这一进程中的不光彩的方面,大

都不愿涉及，或语焉不详。因此，在讨论同盟会的分裂与光复会的重建时，清理这一事件的过程是首要的工作。

1907年初，孙中山与黄兴曾因国旗图式问题发生争执。孙中山主张沿用兴中会的青天白日旗，黄兴则认为青天白日旗与日本旗相近，"有日本并华之象"，必须迅速毁弃[1]。争论中，黄兴坚决毁弃青天白日旗的主张使孙中山很激动，他厉声说："仆在南洋，托命于是旗者数万人，欲毁之，先摈仆可也。"[2]这样，黄兴也因而激动起来，他发誓要退出同盟会。

情感冲动常常驱使人走向歧途。冷静下来之后，黄兴接受了孙中山的方案，他致书胡汉民说："余今为党与大局，已勉强从先生意耳！"[3]

尽管国旗风波没有使孙黄关系破裂，但是，却在孙中山和宋教仁之间投下了阴影。宋教仁本来就认为孙中山"待人作事，近于专制跋扈"，当他得知此事后，就更增加了不满，从而萌发了"早自为计"的念头[4]。3月1日，他向孙中山辞去同盟会庶务干事一职。同月23日，偕白逾桓等离开东京赴奉天运动绿林武装。

对孙中山的不满使宋教仁以后一度参加了倒孙的行列，但在当时，还仅限于两人间；去奉天之后，宋教仁仍然使用中国同盟会孙文、黄兴的名义进行活动[5]。因此，在同盟会的内部矛盾中，国旗图式问题只是一个小序曲。

对同盟会分裂具有决定意义的事件是孙中山接受日本政府赠款问题。

清朝政府镇压了萍、浏、醴起义之后，感到对革命力量不可忽视，追寻"祸本"，认为出于流亡在日本的孙中山，因此，通过驻日公使杨枢等出面交涉，要求日本政府逮捕并引渡孙中山[6]。日本西园寺内阁对此采取两面政策，即一面向清朝政府表示，同意驱逐孙中山出境，一面又力争不得罪中国革命党人。日本政府通过内田良平、宫崎寅藏

1　《雪生年录》卷1。

2　《太炎先生自年谱》。

3　《胡汉民自传》，《革命文献》（三），总第394页。

4　《宋教仁日记》，1907年2月28日。

5　王以贞：《记宋钝初赴满洲联络马军革命事》，全国政协文史资料未刊稿。

6　《时报》，丁未一月二十七日。

等对孙中山说：清廷要求日本把孙中山抓起来，日本政府考虑不抓，但孙中山必须迅速离日，否则不能保证安全[1]。同时，日本政府并资助五千元[2]，另一日本股票商人铃木久五郎也资助一万元，作为孙中山离日的经费。当时，孙中山因急需一笔款子去中国南方发动，以便趁热打铁，适应萍、浏、醴起义所带动的革命高涨形势，便接受了这两笔资助。

除赠款外，日本政府还通过内田良平出面为孙中山饯行。2月25日，内田良平在赤阪区三河屋设宴，应邀者有孙中山、章太炎、宋教仁、胡汉民、刘师培、汪东、宫崎寅藏、清藤幸七郎、和田三郎等人[3]。3月5日，孙中山偕胡汉民及日人萱野长知等南下。事后数日，西园寺内阁才通知清朝政府，已经驱逐孙中山出境。清朝政府立即大肆宣扬，炫为外交上的胜利。

对日本政府的态度，孙中山是满意的。他觉得，"各国政策无论如何文明，其对于与国必重于对民党，但日本政府两方面皆存好意，庶几平等相待"，"殷勤备至"[4]。他完全没想到，此事却在同盟会中激起了巨大的风波。

铃木久五郎资助一万元一事章太炎是知道的，孙中山曾从中提取二千元交章太炎作为《民报》经费[5]，章太炎嫌少，认为一万元应全部留下，但对日本政府资助五千元一事，章太炎等则一无所知。孙中山离日后，这一情况为参加同盟会的日本人平山周、北一辉、和田三郎等探悉，首先和中介人宫崎寅藏等吵了起来。接着，张继、章太炎、刘师培、谭人凤、田桐等也得知了这一情况，并传闻孙中山临行时的宴会就是一去不复返的保证，云云[6]。张继等认为孙中山"受贿"，"被收买"，"有损同盟会的威信"，便闹了起来，张继破口大骂，声言"革命之前，

---

1 樊光：《光复会领袖章炳麟、陶成章合传补充》，上海政协文史资料未刊稿。
2 日本政府资助款数，说法不一，此用刘揆一说，见《黄兴传记》，《辛亥革命》（四）。
3 《宫崎滔天年谱》，《宫崎滔天全集》（五），第687页。
4 《致檀香山同志书》，黄季陆编：《总理全集·函札》，1944年版，第122～123页。
5 胡汉民述：《南洋与中国革命》，见张永福编：《南洋与创立民国》。
6 谭人凤：《牌词》，《近代史资料》，1956年第3期。

必先革命党之命"[1]。章太炎把挂在《民报》社的孙中山照片撕下来，批上"卖《民报》之孙文应即撤去"等字。他以为孙中山在香港，便把照片和批语寄去，以羞辱孙中山[2]。可能为此事他还写过声讨性的檄文[3]。刚到日本不久的刘师培也同声附和[4]。他们一致要求罢免孙中山的同盟会总理职务。

在这一事件中，北一辉起了挑动和扩大矛盾的作用。他原是日本新潟佐渡地方一个酿酒业主的儿子，因家庭破产而倾向于当时流行的社会主义思潮。1906年出版《国体论及纯正社会主义》一书。同年11月加入宫崎寅藏、和田三郎等组成的革命评论社。不久，又经宫崎介绍，加入同盟会。他认为孙中山是西欧主义者，因而，憎恶孙中山，接近章太炎、宋教仁等人。在其所著《支那革命外史》一书中，他自述说："当时所发生之内讧，诸友皆以发生于不肖入党数月之后，因而归罪于不肖之行动。然而不肖方以彼等各自之色彩逐步趋向鲜明为快，深希彼等各自贯彻其思想之所向，因此敢于置不肖一身之毁誉于不顾也。"[5]从这段叙述不难看出，北一辉当时并不以同盟会的团结为重，而是强烈期望分歧加大。他又说："以孙君英美化之超国家观视之，当其被逐时，日本政府赠予之数千金，未尝不可视为对亡命客所给予之国际怜悯，然以太炎国粹主义之自尊心视之，则深以孙君率留学生离去而不示威为憾，且认为孙君实不应密收金钱，如丧家狗之被逐，太炎之所以逼使孙君辞去总理之理由，亦可使人理解者也。"[6]《支那革命外史》一书写于1914年，虽然事隔已久，偏袒章太炎等人的感情仍然很强烈。

平心而论，双方都有其不当之处。

从孙中山一方看，他对西园寺内阁的两面政策缺乏认识，这是事实。但是，当时中国革命党人以日本为活动基地，日本政府并未采取明

---

[1] 北一辉：《支那革命外史》，东京，昭和15年改订6版，第48页。

[2] 胡汉民述：《南洋与中国革命》，见张永福编：《南洋与创立民国》。

[3] 参见刘师培：《上端方书》，《建国月刊》第12卷，第4期。

[4] 陶成章：《浙案纪略》，《辛亥革命》（三），第48页。

[5] 北一辉：《支那革命外史》，第47页。

[6] 《支那革命外史》，第48页。

显的敌视态度，因此，自然不应采取率领留学生"示威"一类轻率的做法。孙中山处理不当的地方是：在接受日本政府赠款问题上没有和大家商量，并说明有关情况。

从张继等一方看，他们反对孙中山接受西园寺内阁的赠款可能不无道理，但是，孙中山接受赠款是为了南下起义，他们视此为"受贿"是错误的，由此大吵大闹，提出革孙中山的命，要求撤换其总理职务尤其错误。章太炎的做法更是一种人身侮辱，是只图一时痛快、不顾后果、严重伤害同志关系的行为。

屋漏偏逢连夜雨。当东京的倒孙风潮正闹得沸沸扬扬的时候，又传来了黄冈、七女湖起义失败的消息。这是孙中山离日后领导的第一次军事行动，它的失败使同盟会的内部矛盾犹如火上加油，反对孙中山的人日益增多。张继等催逼同盟会庶务干事刘揆一召集大会，罢免孙中山，改选黄兴为总理。刘揆一认为孙中山接受赠款是为了供应黄冈、七女湖起义急需，当时，孙黄二人正在筹划于广东发动新的起义，"万一因总理二字而有误会，使党军前途，顿生阻力，非独陷害孙黄二公，实不啻全体党员之自杀"[1]。因此，力排众议。张继于盛怒之下，和刘揆一扭打起来。与此同时，刘师培则进一步要求改组同盟会本部。他自己想当同盟会领导人，并企图援引北一辉与和田三郎为本部干事，也遭到刘揆一的拒绝，因此，北一辉也对刘动了武[2]。

一波未平，一波又起。同年6月17日，为筹备在广东钦、廉二府同时起义，孙中山派萱野长知赴日购械。在宫崎寅藏协助下，共购得村田式快枪二千支，每支带弹六百发，计划运至白龙港起岸，供革命军使用。村田式在日本已经落后，在中国尚不失为先进武器。但章太炎却认为不能使用，吵吵嚷嚷地说："这种式子在日本老早不用了，用到中国去不是使同志白白地丢了性命吗？可见得孙某实在不是道理，我们要破坏

---

[1] 刘揆一：《黄兴传记》，《辛亥革命》（四），第289页。
[2] 陶冶公：《中国同盟会原始党报〈民报〉的历史和我在报社服务的一些见闻》，全国政协文史资料未刊稿。

它！"[1]当时，宋教仁已被张继从奉天叫回东京[2]，他支持章太炎，并联络了同盟会本部的一些人，以《民报》社名义用明码打电报给香港《中国日报》，说是"械劣难用，请停止另购"[3]。因而，购械计划搁浅。

在倒孙风潮中，陶成章支持张继、章太炎等。据当时人回忆说："其时党人购买枪械靠日本浪人介绍代购"，"章太炎先生与陶公均主宁可少购，购必精良"，"而孙黄二人但求其多而价廉，认为械多可张大声势"，"陶于争论时坚持尤力，因与孙黄失和，我彼时耳闻其事，曾于日比谷昌口医院访陶时有'大家不要争夺领袖'的话，陶闻言即谓：'年轻人不要胡说'，但言词之中却嫌孙先生武断"。[4]这里所说的"争夺领袖"虽被陶成章斥为"胡说"，但证以上引其他史事，当是事实。

倒孙风潮中支持张继、章太炎等的还有谭人凤、田桐、白逾桓等，但他们的表现不那样突出，以后的表现也不尽相同。

钦廉起义由孙中山亲自策划。他联络了当地抗捐的民团，联络了在清军中任职的同盟会员赵声和郭人漳，并派黄兴和王和顺归国领导。原以为只要武器一到，立即可以组成一支"声势甚大"的军队，然后收两广，出长江，汇合南京、武昌的新军，形成破竹之势，"革命可收完全之效果也"[5]。及至王和顺攻克防城，武器不到，孙中山自觉失信于起义同志和当地团绅，极为恼火，便由胡汉民出面致函同盟会本部，"力责之"，表示要执行党中纪律。不久，又派林文回东京，禁制章太炎和宋教仁，令其以后不得再干预军事问题[6]。9月，孙中山致函宫崎寅藏，谴责平山周、北一辉、和田三郎等"不顾公义"、"破坏团体"、"侵入内部，几致全局为之瓦解"。他将运动日本各方面的任务交给了宫崎一人，表示"不特平山、北、和田数子，不可使之闻知"，连同盟会本部及《民报》社中

---

1 胡汉民述：《南洋与中国革命》。
2 李根源：《雪生年录》卷1。
3 冯自由：《吊章太炎先生》，《制言》第25期。
4 许轶民：《从陶成章先生被说起》，《上海文史资料选辑》第4辑，油印本。
5 孙中山：《建国方略》第8章，《总理全集·方略》，第68页。
6 《胡汉民自传》，《革命文献》第3辑，总399页。

人，亦不必与之商议[1]。在同盟会的内部分歧中，北一辉等起了恶劣的作用，孙中山完全应该采取断然措施。但是，专任宫崎一人，却危险地表现了抛开同盟会本部和民报社的意向。

由于东京同盟会本部的混乱状态日益严重，刘揆一写信告知黄兴，又写信给冯自由、胡汉民，引用"万方有罪，罪在一人"的譬语，要求冯、胡劝孙中山向东京同盟会本部引咎谢罪。对此，孙中山复函谓："党内纠纷，惟事实足以解决，无引咎之理由可言。"[2]他表示可以辞去总理一职，但必须在同盟会本部及章太炎承认不是之时[3]。刘揆一要孙中山"引咎"，意在以孙中山的高姿态来平息越来越盛的倒孙风潮，但这是一种息事宁人的糊涂做法，孙中山对此表示拒绝是正确的。但是，他没有及时采取积极措施来分辨是非，增强团结，而是等待"事实"的解决，要求同盟会本部及章太炎"承认不是"，这就不仅将分歧的种子保留了下来，而且以感情代替了理智。

在孙中山复函刘揆一的同时，黄兴也复函称："革命为党员生死问题，而非个人名位问题。孙总理德高望重，诸君如求革命得有成功，乞勿误会而倾心拥护，且免陷兴于不义。"[4]孙中山是当时中国革命民主派的一面旗帜，黄兴以其正确态度维护了孙中山的威信，也维护了同盟会的团结。但是，他也没有做更多的工作来消除矛盾。

由于黄兴拒绝出任同盟会总理，东京的倒孙风潮暂时平息下来了，但双方的对立情绪仍然存在。这年7月6日，光复会会员徐锡麟在安庆发动起义失败，清吏在审讯时问及行刺是否为孙文指使，徐锡麟答道："我与孙文宗旨不合，他亦不配使我行刺。"[5]在同盟会成立后，徐锡麟始终拒绝加入同盟会，他与孙中山"宗旨不合"的情况早已存在，但是，"不配使我行刺"云云，显然由于倒孙风潮的影响，它反映了光复会领导人对孙中山远非一般的不满。

1　《为防城义望筹画接济饷械致宫崎寅藏》，《总理全集·函札》，第91页。

2　刘揆一：《黄兴传记》，《辛亥革命》（三），第289页。

3　《致张继函》，孙中山佚稿，吴稚晖藏。

4　同注2。

5　《徐锡麟供》，陶成章：《浙案纪略》下卷，《辛亥革命》（三），第81页。

历史上的政治斗争不乏借题发挥的例子，倒孙风潮可以说就是如此。它借助于几个具体问题爆发出来，其中隐藏的是深刻的思想分歧。

倒孙风潮的主力是张继、章太炎、刘师培、陶成章，他们当时都在不同程度上接受了日本社会主义运动中正在流行的无政府主义思潮的影响。

二 无政府主义派别的出现

20世纪初年，国际社会主义运动中占优势地位的是第二国际的右倾机会主义和"左"的无政府主义，日本的情况也是如此。当时，日本已进入帝国主义阶段，资本主义社会的固有矛盾充分表现出来，罢工斗争高涨，社会主义运动处于活跃阶段。1901年，在片山潜领导下，建立了社会民主党。1903年，幸德秋水组织平民社，宣传"平民主义、社会主义、和平主义"，翻译出版了《共产党宣言》。1906年，社会民主党以社会党的名义重新建立。但是，这一时期，日本社会主义运动又还很幼稚。片山潜说："尽管在我们中间对于马克思主义进行了热烈的争辩和讨论，尽管我们翻译马克思和恩格斯的一系列经典著作，但是我们仍然处于一团混乱的状态之中，不善于理解马克思主义，在我们中间占统治地位的是马克思主义跟改良主义和无政府工团主义的稀奇古怪的杂拌。"[1]1907年，日本社会党分裂为软硬两派。软派以片山潜、田添铁二为代表，在第二国际影响下，主张通过议会道路来实现革命；硬派以幸德秋水、堺利彦、山川均、大杉荣为代表，完全否定议会斗争，宣扬无政府主义，主张除"直接行动"——总同盟罢工外，别无其他革命的途径。前者组织社会主义研究会，后者组织金曜（星期五）讲演会。

日本社会党开始分裂后不久，张继、章太炎等便和硬派发生接触并接受其影响。

1906年，张继根据幸德秋水的日译本，转译了马拉跌士达的《无政

---

[1] 片山潜：《论马克思主义在日本的发展》，《共产国际》第7~8期，1933年俄文版，第84页。

府主义》一书，成为无政府主义的狂热信徒。1907年春，他和章太炎通过北一辉的关系结识幸德秋水，深受影响。在幸德秋水的遗物中，保存有章太炎、张继一封求教的手札，中云："明日午后一时，往贵宅敬聆雅教，乞先生勿弃。三月二十六日。"[1]此后，双方来往日益密切。陶冶公回忆说："（我们）参加了日本原始社会主义者幸德秋水为首组织的座谈会"，"经常以旅行玩山游水为名，到东京郊外一些地方秘密开会"。[2]不仅如此，幸德秋水等有时还深入中国留学生宿舍，大谈特谈巴枯宁和克鲁泡特金的学说[3]。这样，在中国留日学生和革命者中，就逐渐形成了一个倾向无政府主义的派别。对于这一派别，幸德秋水描述说："亡命的革命党中多数青年，则已不满足于以往搞的驱逐鞑虏、复我中华、创立宪政，创立共和政体等运动，而进一步主张民生主义，即社会主义，其中最进步的人则热心倡导共产的无政府主义或个人的无政府主义，把几万册杂志、小册子陆续秘密输入其国内。""对于当前的国会、选举、商业、经济，都根本不信任，他们对当前的政治组织和社会组织都表示绝望，而另外要谋求人民幸福之途。"[4]

1907年4月，幸德秋水在《平民新闻》上撰文，提倡中国的革命家与日本的革命家携手，东洋各国的社会党应当联合起来[5]。章太炎首先响应幸德秋水的倡议，开始与印度流亡在东京的革命者筹组亚洲和亲会。和亲会以"反抗帝国主义，期使亚洲已失主权之民族各得独立"为宗旨，主张凡亚洲人，无论民族主义、共和主义、社会主义、无政府主义皆可入会[6]。中国方面参加者有章太炎、张继、刘师培、何震、苏曼殊、陈独秀等数十人，日本方面参加者有幸德秋水、山川均、大杉荣等。和亲会约章表现了某些无政府主义的影响，例如它规定"无会长、干事之职，各会员皆有平均利权"，这正是无政府主义者反对一切"在上之人"的传

---

[1] 石母田正：《续历史与民族的发现》，第193页，东京，1969。
[2] 陶冶公：《无政府主义思想对同盟会的影响》，未刊稿。
[3] 南桂馨：《山西辛亥革命前后的回忆》，《辛亥革命回忆录》（五），第147页。
[4] 《病中漫谈》，《高知新闻》，明治四十一年（1908）一月一日。
[5] 《幸德传次郎遗文集》（三），第121页。
[6] 章太炎：《亚洲和亲会约章》，未刊稿，陶冶公原藏。

统主张。6月,刘师培通过他的妻子何震出面创办《天义报》,声称其宗旨在于"破坏固有之社会,颠覆现今一切之政府,抵抗一切之强权,以实行人类完全之平等"[1]。同月,正当倒孙风潮大起的时候,张继和刘师培共同发起组织"社会主义讲习会",其广告称:"近日以来,社会主义盛于欧美,蔓延于日本,而中国学者则鲜闻其说,虽有志之士知倡民族主义,然仅辨种族之异同,不复计民生之休戚,即使光复之说果见实行。亦恐以暴易暴,不知其非",因此,他们要研究"社会主义"[2]。这份广告实际上是另树一帜的宣言书,它应是刘师培改组同盟会本部的要求遭到拒绝之后的产物。经过两个多月的筹备,"社会主义讲习会"于8月31日召开成立会。会上,刘师培表明了和孙中山完全不同的政治纲领。他宣称:"吾辈之宗旨,不仅以实行社会主义为止,乃以无政府为目的","吾辈之意,惟欲于满洲政府颠覆后,即行无政府"。据他说,如果"排满以后另立新政府",那就"势必举欧美、日本之伪文明推行于中国",其结果必将是"中国人民愈无自由,愈无幸福,较之今日,尤为苦困"[3]。"建立民国"是孙中山为同盟会规定的重要任务,刘师培这里所指责的"排满以后另立新政府",显然针对孙中山和同盟会而言。它表明,刘师培等决心和孙中山分道扬镳了。幸德秋水参加了成立会,在演说中,他声言社会主义运动中有两派,"平和派属马克思,激烈派则属巴枯宁";又表示:"中日两国,地域相近","两国国民,均可相互扶助","以促无政府主义之实行"[4]。

最初,"社会主义讲习会"每星期活动一次,后来改为每月活动两次。在讲习会上发表演说,中国方面有张继、刘师培、章太炎、陶成章、何震、汪公权、景定成、乔义生等;日本方面有幸德秋水、堺利彦、山川均、大杉荣、宫崎民藏等。

章太炎是讲习会的积极分子,曾先后作过《国家论》、《人之根性

---

1 《天义》广告,《民报》第15号。
2 《天义》,第2卷。
3 《社会主义讲习会第一次开会记事》,《天义》,第6卷。
4 《幸德秋水演说词》,《新世纪》第25号。

恶》等讲演。1907年12月，又曾提议派张继去青岛举办讲习会。当时，山东同盟会员邀请章太炎等派人去青岛办学，章回信说："鄙意学堂不当骤办，盖此事既须经费，讲师又不易求，不如专在学会讲社会主义为妙。溥泉可至青岛一游，与同人开讲社会主义一两礼拜。"[1]张继所讲的"社会主义"，当然是无政府主义。同一时期，章太炎在为张继所译《无政府主义》一书的序言中也说："若能循《齐物》之眇义，任夔蚿之各适，一人百族，势不相侵，井上食李之夫，犬儒裸形之学，旷绝人间，老死自得，无宜强相陵逼，引入区中，庶几吹万不同，使其自已，斯盖马氏所未逮欤？"[2]章太炎这里所说的"马氏"，就是意大利老无政府主义者马拉跌士达。在章太炎看来，无政府主义虽然赶不上庄子的《齐物论》，但它还是实现人类平等、救护贫民的好药方："然其批捣政家，锄犁驵侩，振泰风以播尘埃，鼓雷霆以破积坚，堕高堙卑，邱夷渊实，荡复满盈之器，大庇无告之民，岂弟首途，必自兹始。虽有大智，孰能异其说耶？谅知大戟荛花，是时为帝者也。"[3]

章太炎之外，陶成章也是讲习会的积极分子。魏兰《陶焕卿先生行述》记载说："（丁未）冬，在清风亭，偕张继等演说，提倡社会主义。"[4]这里所说的清风亭，正是社会主义讲习会集会的常用地点。

社会主义讲习会介绍过马克思主义。他们翻译过《共产党宣言》，刘师培还为中译本写了个序。他称马克思主义关于阶级斗争的理论为"不易之说"[5]，"与达尔文发现生物学，其功不殊"[6]。但是，刘师培认为，马克思主义的革命性又还远远不够。其一，马克思主义不排斥作为手段之一的议会斗争，这在他看来，就是导致第二国际"利用国会政策，陷身卑猥"的根由[7]。其二，马克思主义主张无产阶级在推翻了旧制度之后，

---

1 《致陈干书》，章太炎佚稿。

2 《民报》第20号。

3 同注2。

4 抄件。张篁溪曾将之篡改为《光复会领袖陶成章革命史》。

5 刘师培：《〈共产党宣言〉中译本序》，《天义》，第16～19卷。

6 齐民社同人：《〈社会主义经济论〉中译识语》，《天义》，第16～19卷。

7 同注5。

还必须建立自己的国家,这在他看来,就是使人还要成为国家的奴隶,"均背于平等之旨"[1]。

"社会主义讲习会"推崇蒲鲁东、巴枯宁、施蒂纳尔、克鲁泡特金等无政府主义者的思想,也推崇极端仇视资本主义文明,"否定政治"的托尔斯泰主义。

在他们看来,巴枯宁堪称"近世之英杰"[2],施蒂纳尔的学说"最为高尚"[3],克鲁泡特金的学说"最为圆满","悉以科学为根据"。[4]托尔斯泰主义被称为"消极无政府主义","足箴中国新党之迷"。[5]他们不要政府,不要国家,不要政治,不要军队,不要法律,幻想立即建立一个"完全平等"的人类社会。

章太炎的思想和刘师培等略有不同。他认为不能立即废除一切政府,而必须设新政府以为"无政府之阶",同时,他又认为不能以"无政府"为最高理想,而应该"高蹈"尽善尽美的"太虚",即除"无政府"之外,还要"无聚落,无人类,无众生,无世界"。[6]在章太炎这一时期的思想里,无政府主义和佛教虚无主义是密切结合着的。

小资产阶级不可能正确地理解和接受科学社会主义。20世纪初年,中国近代工业还很微弱,无产阶级还处在幼年阶段,"社会主义讲习会"诸人接触到了马克思主义,但却拒绝接受,有其历史必然性。

如果连马克思主义都还被认为革命性不够,那么,孙中山的革命民主主义纲领就更不在话下。"社会主义讲习会"诸人和孙中山在一系列问题上存在着分歧。

1. 在对帝国主义的态度上。孙中山"民族主义"思想的主要矛头指向对外卖国投降的清朝政府,它包含有反对帝国主义侵略的爱国主义内容。但是,无可否认,孙中山对帝国主义存有某种幻想。他长年奔走世

---

1 刘师培:《欧洲社会主义与无政府主义异同考》,《天义》,第6卷。
2 《巴枯宁学术要旨》,《天义》,第1卷。
3 自由:《斯撒纳尔无政府主义述略》,《天义》,第8~10卷。
4 刘师培:《苦鲁巴特金学术述略》,《天义》,第11~12卷。
5 《俄杜尔斯托〈致支那人〉节译识语》,《天义》,第11~12卷。
6 《五无论》,《民报》第16期。

界各地，固然是为了发动华侨，但也是为了争取帝国主义国家的援助。《民报》六大主义即要求"世界列国赞成中国之革新事业"[1]。对于日本政府，他尤其寄以希望。章太炎等人则强烈地反对帝国主义。他们认为，帝国主义绝不可能赞助中国革命，也反对向帝国主义国家争取任何形式的援助。对《民报》六大主义中的上述条文，章太炎解释道："此本含混言之，要之列国政府必不赞成。"[2]他声言："藉援强国，冀以自全，在品格则为下劣，在事实则无秋毫之效"[3]，孙中山接受日本政府赠款一事之所以使章太炎等那样激动，其原因盖在此。

应该承认，在对帝国主义本质的认识上，章太炎等优于孙中山，但是，他们不懂得帝国主义国家之间存在着错综复杂的矛盾，由于这种矛盾，他们的对华政策（包括对中国革命的态度）并不完全相同，在不丧失原则的条件下，革命党人并非不可以接受某些帝国主义国家某种形式的"援助"或"支持"。

2. 在对民主立宪的态度上。孙中山指责中国数千年来的君主专制政体，主张通过"政治革命"以建立"民主立宪政体"[4]。《同盟会宣言》规定："由平民革命以建国民政府，凡为国民皆平等以有参政权。大总统由国民共举。议会以国民公举之议员构成之，制定中华民国宪法，人人共守。"[5]这是孙中山民权主义思想最完整的表述。孙中山认为这种政体于中国"最为相宜"。

"社会主义讲习会"诸人则不然。他们不仅反对君主立宪，而且也反对民主立宪。章太炎说："政府之可鄙厌，宁独专制，虽民主立宪犹将拨而去之。藉令死者有知，当操金椎以趋冢墓，下见拿破仑、华盛顿则敲其头矣！"[6]在"社会主义讲习会"上，他大声疾呼："无论君主立宪，

---

1 《日报》第1号封里。
2 《答祐民》，《民报》第22号。
3 同注2。
4 《三民主义与中国前途》，《孙中山选集》（上），第75页，人民出版社，1956。
5 《孙中山选集》（上），第69页。
6 《官制索隐》，《民报》第14号。

民主立宪，均一无可采。"[1]陶成章也说："况且立宪实在是有弊病，无论什么君主立宪、共和立宪，总不免于少数人的私意，平民依旧吃苦。"[2]在当时，他们尤为激烈地反对代议制度，章太炎指责议院为国家"诱惑愚民而钳制其口"的工具，把"议士"和政府、官吏一起视为"天下之最下流者"[3]。刘师培则指责议会政策为万恶之源，认为"凡以议会政策为目的者，无论出何党派，决无有利平民之一日"[4]。

20世纪初年，欧美、日本等资本主义国家议会选举制度弊端百出。"社会主义讲习会"诸人看到了这一点，但是，他们不了解，资产阶级民主比之封建专制制度来，仍然是个大进步。

3. 在土地问题上。孙中山看到了欧美资本主义发展所形成的贫富悬殊现象，因此，在民族主义、民权主义之外，特别提出了民生主义。孙中山民生主义的核心是"平均地权"，即由国家核定地价，现有的地价归原主所有，革命后因社会进步所增加的地价归国家所有，"为国民所共享"[5]，《民报》称之为"土地国有"。孙中山主观上企图以此来防止资本主义发展所产生的弊端，而实际上，它只限制了地主阶级对土地价格的垄断，使土地买卖适合于现代工商业发展的需要，因此，列宁曾称之为"纯粹资本主义的、十足资本主义的土地纲领"[6]。

《民报》时期，孙中山还没有提出"节制资本"的口号，但《同盟会宣言》中有"敢有垄断以制国民之生命者，与众弃之"一语[7]，《民报》在和《新民丛报》辩论时，曾特别指出，国民经济命脉不能"归一二私人所垄断"[8]，要求将邮政、电线、铁道、银行、轮船、烟草、糖酒诸事业收归国家所有。可见，孙中山等反对的是垄断资本主义，而不是一切

---

1 《社会主义讲习会第三次开会记》，《天义》，第8~10卷。

2 《龙华会章程》。该章程自署为甲辰（1904）年作，实系有意倒填，应为1907年冬至1908年春夏间之作。关于此，笔者另有考证，见本书《龙华会章程主属考》。

3 《官制索隐》，《民报》第14号。

4 《社会主义与国会政策》，《天义》，第15卷。

5 《同盟会宣言》，《孙中山选集》（上），第69页。

6 《中国的民主主义和民粹主义》，《列宁选集》，第2卷，第427页。

7 同注5。

8 冯自由：《民生主义与中国政治革命之前途》，《民报》第4号。

资本主义。

和孙中山的"平均地权"思想不同，章太炎主张"均配土田，使耕者不为佃奴"[1]；陶成章主张"把田地改作大家公有财产，也不准富豪们霸占"[2]。刘师培则主张通过"农人革命"以没收地主的土地，按口均分，"使人人之田，均有定额"[3]。他尖锐地抨击同盟会的"土地财产国有之说"，指责其为"名曰均财，实则易为政府所利用。观于汉武、王莽之所为，则今之欲设政府又以平均地权愚民者，均汉武、王莽之流也"[4]。从无政府主义的立场出发，刘师培反对任何政权机构来干预土地问题，而主张诉诸农民群众完全自发的行动。

刘师培等主张把土地分给农民，这自然较孙中山和同盟会为急进，但其目的在于维护小私有制和小农经济。他们反对在中国发展资本主义和近代工业。刘师培主张"杀尽资本家"[5]，称实业为"民生之蠹"。据他说：工业日进，机械日新，那么，小民的生活也就愈加困难[6]。章太炎认为，小艇如果可乘，就不必去造轮舰；躬耕如果可以足食，就不必去搞什么机械[7]。在"社会主义讲习会"上，他甚至公然主张人类倒退回去学猴子，"拟猿可也"[8]。

4. 在革命策略上，孙中山主张发动会党、新军以进行武装起义。1895年，孙中山即在广州举行了武装反清的最初尝试。1906年之后，他又积极筹备在广东、广西、云南等省边境发动起义。整个辛亥革命准备时期，在以武装斗争推翻清朝政府这一点上，孙中山始终坚定如一。

刘师培等反对孙中山的武装起义路线。1907年，张继译出了德国无政府主义者罗列的《总同盟罢工》。该书提倡"非军备主义"，主张以"直

---

1 《五无论》，《民报》第16号。

2 《龙华会章程》。

3 《悲佃篇》，《民报》第15号，参见《怪汉译〈俄国第二次议会提议之土地本法案及施行法案〉序》，《天义》，第16～19卷。

4 《西汉社会主义学发达考》，《天义》，第5卷。

5 畏公（刘师培）：《女子劳动问题》，《天义》，第5卷。

6 《异哉中国妇人会》，《天义》，第2卷，参见志达：《政府奖励实业》，《天义》，第5卷。

7 《〈无政府主义〉序》，《民报》第20号。

8 《朱希祖日记》，1908年3月20日，稿本。

接行动"——全社会的总同盟罢工作为"工人阶级反抗掠夺者的不二法门"[1]。刘师培、章太炎均曾为之作序。刘序认为，如果罗列的策略能够在中国推行起来，就会出现"握政之人，丧其所依"的局面，革命就大功告成了。他批评孙中山发动会党以进行武装起义的策略为"罔恤民劳"[2]。章序的观点与刘序大体相近。他天真地设想：只要全体劳动者发动起来，"一市之间，闭门七日"，那么，不仅统治者的"馈饷役使"无人供给，而且连军队也将无法发挥作用，"虽有利器，且缩不前"了[3]。这一时期，在东京的一些集会上，章太炎、刘师培、张继三人曾密切配合，多次宣扬过总同盟罢工。例如1907年11月，留日中国学生因收回苏杭甬路权事在东京集会，即首由章太炎建议运动省城罢市、罢工，次由刘师培声称"惟罢市，罢工尚为有益"，末由张继"申明无政府主义罢工之说"[4]。

在"社会主义讲习会"诸人中，陶成章这一时期是主张武装起义的，但和孙中山在南方边境发动不同，他主张在浙江、江苏、安徽、福建、江西一带发动。为此，他于1908年春夏间积极组织五省革命协会。

双方在思想观点和斗争策略方面的分歧大体如上，它们是导致同盟会分裂的真正原因。关于此，日人竹内善朔说："到了明治四十年（1907年），张继、刘光汉[5]（当时都在二十四五岁左右）等优秀青年才受到社会思想的刺激，因而改变了过去指望通过'大陆浪人'取得日本朝野较著声望的政治家们对中国革命提供援助的那种想法，转而希望自己去掌握科学的、哲学的、条理清楚的革命原理，用以唤起人民大众的觉醒。据我看来，他们正是为了实现这个目的才开始面向社会主义，换言之，不依靠外力而要自力更生的这种愿望促使他们开始了社会主义的研究，而恰恰在这一点上，恐怕正是孙文和章炳麟及其他青年革命党员之间发生

---

1 《总同盟罢工》，见《工人宝鉴》。

2 《天义》，第8~10合卷。

3 《太炎文录》初编，《别录》卷2。

4 《党人拒款之运动》，《神州日报》，1907年11月24日；参见《留学界拒款之运动》，《神州日报》，1907年12月4日。

5 刘光汉，即刘师培。

裂痕的原因所在。北一辉写的《支那革命外史》一书中也曾提到，这大概是明治四十年孙逸仙从日本政府（？）某机关得到五千日元（当时我们听说是由犬养毅派人从中斡旋的）后离开日本的原因。《民报》社的人们都指责这件事，说孙文被收买了；其实，我们当时都有这样一种感觉：孙文看来，对于当时留日青年中的这种思想变化情况，继续在日本待下去也无能为力了。因此可以说，当时的社会主义思想研究在一部分中国同志之间构成了发生内讧的原因。如果这种看法是对的话，这和日本社会主义者之间的派别问题如出一辙。可以说，思想的成长引起了他们之间的分裂，而且其中又掺杂了感情活动。"[1]竹内善朔是幸德派的金曜讲演会成员，同盟会分裂的目击者，他的这段回忆为我们提供了理解这一段历史的第一手资料。

不难看出，"社会主义讲习会"诸人的观点中除谬误的成分外，也有若干合理的成分，但是，极端狂热的无政府主义把它们扭曲了。

无政府主义是一种小资产阶级思潮，这一阶级经常在"左"和右两极滚动。列宁指出道：小资产者，在资本主义条件下，由于"经常受到压迫，生活往往陡然下降，所以容易激发一种极端的革命狂热，而缺乏坚韧性、组织性、纪律性和坚定精神"。"这种革命狂热动摇不定，华而不实"，"很快就转为俯首听命，消沉颓丧"[2]。"社会主义讲习会"诸人生长于半殖民地、半封建的中国，亲身感受到了帝国主义的压迫，亲眼看见了或听到了日本、西欧资本主义发展所造成的各种罪恶，因此，对中国资产阶级民主主义革命的前途绝望。刘师培等认为，与其在中国发展资本主义，还不如保持封建主义。刘师培声称："若于政府尚存之日，则维新不如守旧，立宪不如专制"，"代议之制度，较之官吏之专制，其害尤深。"[3]章太炎也表示，如果没有均配土田、官立工场、限制财产相续、解散议员等四条作为保证，那么，"勿论君民立宪，皆不如专制之为

---

[1] 《明治末期中日革命运动的交流》，日本评论社《中国研究》（五），1948年9月。

[2] 《共产主义运动中"左派"幼稚病》，《列宁全集》第31卷，第14页。

[3] 《论新政为病民之根》，《天义》，第8~10卷。

愈"[1]。他说:"盛唐专制之政,非不可以致理"[2],"今之专制,直刑罚不中为害,佗犹少病"[3]。这就从"左"边滑到右边去了。

1907年冬,由于悲观失望,章太炎想到印度去做和尚。他先是通过清朝政府驻长崎领事卞绋昌向张之洞谋求路费,未成,又连续给短期归国的刘师培夫妇写过五封信,要他们和端方等联系[4]。他没有想到,刘师培夫妇这时已决计叛变革命。到上海后,刘师培立即写信向端方自首。次年1月,张继因参加幸德派的第二十次金曜讲演会,被日本警察追捕,辗转逃往法国[5]。这样,"社会主义讲习会"就失去了一员干将。其后,刘师培夫妇回到东京,改出《衡报》,托名在澳门出版,继续高唱无政府主义,暗中则为清朝政府做侦探。4月,章太炎与刘师培、何震、汪公权之间因事吵翻,章太炎从刘、何的住处搬回民报社。6月,发表《排满平议》,明确表示和无政府主义决裂,宣称"无政府主义者,与中国情状不相应,是亦无当者也。"[6]这样,"社会主义讲习会"又失去了一员干将。此后,刘师培夫妇逐渐受到东京中国革命党人的冷落。在此期间,刘师培、陶成章之间也发生不和。这年11月,刘氏夫妇回到上海。为了制造混乱,挑拨关系,将章太炎要他们和端方等联系的五封信影印寄给了黄兴等人。黄兴当时"一笑置之"[7],但以后却从这五封信引发出了一场轩然大波。

同盟会的内部矛盾本来就相当复杂,由于出现了刘师培一流内奸,它就更加复杂化了。

---

1 《五无论》,《民报》第16号。

2 《政闻社员大会破坏状》,《民报》第17号。

3 《与马良书》,《民报》第19号。

4 《党人》,《新世纪》第117号。

5 《金曜讲演的大迫害》,《熊本评论》,明治四十一年(1908)二月五日。

6 《民报》第21号。

7 曼华:《同盟会时代〈民报〉始末记》,《辛亥革命》(二),第447页。

三　第二次倒孙风潮

同盟会中无政府主义派别的出现反映出革命派内部政治、思想上的深刻矛盾。但是，除个别人与之稍有辩驳外，并没有形成一场是非明辨的论战。

从孙中山一面看，他对无政府主义的破坏性认识不足。曾经有人提醒他：无政府主义"其性质与同盟会之民生主义迥殊"，但孙中山却回答说："无政府论之理想至为高超纯洁，有类于乌托邦，但可望而不可即，颇似世上说部所谈之神仙世界。吾人对于神仙，既不赞成，亦不反对，故即以神仙视之可矣。"[1]

从"社会主义讲习会"一面看，由于张继出走，章太炎、陶成章和刘师培之间不睦，这个派别也已处于涣散状态，无法继续活动，更无力从思想上、理论上对同盟会进行新的攻击。除刘师培外，无政府主义的旗号也逐渐收了起来。

自1908年下半年起，同盟会内部矛盾的焦点转为经费问题。

章太炎等人在东京掀起的风潮严重地伤害了孙中山的感情，自此，他将全部心血和热情都浇注到了南洋方面。1907年8月，孙中山积极支持同盟会新加坡分会创办《中兴日报》，使之成为宣传革命和与改良派论战的新阵地。他不仅亲自为该报撰稿，过问编辑、财务、招股等事，而且多次表示，《中兴报》的文章议论"颇惬人心"[2]，"于大局甚为有关"[3]，维持《中兴报》乃"吾党在南洋之极急务"[4]，要求南洋各地同志积极支持。

在此同时，孙中山又积极整顿南洋各地同盟会，并酝酿将它改组为

1　冯自由：《同盟会四大纲领及三民主义溯源》，《革命逸史》第3集。
2　《到暹罗前后致邓择如等函》，《国父全书》，台北版，第412页。
3　《赴欧洲前致邓择如等各函》，《总理全集·函札》，第50页。
4　《致黄甲元嘱筹款维持〈中兴报〉函》，《国父全书》，第408页。

中华革命党[1]。1908年秋,他在新加坡建立同盟会南洋支部,订立分会总章十六条及通信办法二条,委胡汉民为支部长,统一领导南洋各地同盟会分会,以期互相联络,"协力相扶,同心共济"[2]。通讯办法规定:各团体间至少每两个月互相通讯一次,住址有移换时,须即时通知南洋支部,如有新团体成立,即由南洋支部发信通知。这样,南洋支部实际上变成了一个与东京总部并峙的中心。

和南洋相反,东京同盟会总部愈来愈涣散,《民报》的问题也愈来愈多。

《民报》在归章太炎编辑后,逐渐倾向于谈国粹,说佛理。孙中山、胡汉民离日后,原主要撰稿人朱执信、汪精卫等也陆续离日,《民报》谈佛理的文章逐渐增多。1908年2月印行的第1号居然以首要篇幅刊登《大乘佛教缘起说》。有读者批评其为不作"民声",而作"佛声"[3]。这种不满当然不会是个别的,因此,销数锐减,"印刷房饭之费,不足自资"[4],窘迫得开不了伙。章太炎有时就靠啃几块"麦饼"过日子[5]。其后,章太炎曾写过五六封信,打过三四次电报,呼吁南洋方面接济,据说,"或无复音,或言南洋疲极,空无一钱,有时亦以虚语羁縻,谓当挟五六千金来东(相)助,至期则又饰以他语,先后所寄,只银圆三百而已。"[6]

为了维持《民报》出版,陶成章准备亲往南洋招股。对此,孙中山及东京部分革命党人均加劝阻,理由是"南洋同志甚少,且多非资本家","必无效果",建议在东京另筹[7]。陶成章没有听取这一意见,于1908年8月南行。

陶成章南行的目的有二:除为《民报》募捐外,还要为筹备中的五

---

[1] 冯自由:《同盟会四大纲领及三民主义溯源》,《革命逸史》第3集;参见《致张继函》,孙中山佚稿。

[2] 《为规定南洋各处团体通信办法致邓泽如函》,《总理全集·函札》,第46页。

[3] 转引自章太炎:《答梦庵》,《民报》第21号。

[4] 章太炎:《伪〈民报〉检举状》,《南洋总汇新报》,1909年11月6日。

[5] 黄侃:《太炎先生行事记》,《制言》第41期。

[6] 同注4。

[7] 南洋归客:《驳诬毁孙中山者》,《民立报》,1912年11月6日。

省革命协会募集经费。到南洋后，陶成章向孙中山要求拨款三千元作为《民报》印刷费，并要求增加股款及维持费。据有关人士回忆，"孙中山四处张罗，无法筹措，乃出其手表等物，嘱往变款，以救燃眉之急"，陶成章因此发生误会，与孙中山"争持不休"[1]。此外陶成章又要求孙中山为他筹款5万元，以便"回浙办事"。对此，孙中山"推以近日南洋经济恐慌，自顾不暇，断难办到"[2]。陶成章要求为他写介绍函去各地募捐，孙中山同意了[3]。

"南洋经济恐慌"并非完全是孙中山的托词。自1907年黄冈之役起，至1908年5月河口之役止，孙中山共在南方边境发动了六次起义，用去近20万元，南洋华侨中有力捐款的同盟会员大都已成强弩之末；加上河口之役后，六七百名起义战士被法国殖民当局解除武装，强行押送至新加坡，又需要解决他们的生活出路问题，经济更形拮据。10月16日，孙中山致檀香山同志函云："党中财政日困，虽香港一隅，或得檀埠同志之接济，而他方则无法可设也。"[4]信中所言，应是事实。

由于在经费上没有得到孙中山的积极支持，陶成章决计"独自经营"[5]。他制订了章程，开始以浙江同盟分会江、浙、皖、赣、闽五省革命军布置决行团为名进行筹饷。章程中，陶成章特别说明："本光复会，由来已久。乙巳夏，由总会长蔡、湖南分会长黄，从舆论众望，请孙中山先生为会长，开会日本东京，改名同盟会，而以本会附属之。但该时浙江内地，势力异常扩张，章程发布已久，更改为难，故内地暂从旧名。然重要事务员，均任同盟会职事，故又名浙江同盟会分会。"又称：本会"以浙江为根基"，"以江、浙、皖、赣、闽五省为本会办事区域"。[6]这一章程突出地夸张光复会的作用。它绝口不提兴中会，把成立在前的华兴会说成是光复会的湖南分会，把光复会说成是同盟会的母体，并将

---

1 郑螺生：《华侨革命之前因后果》，见黄警硕《南洋霹雳华侨革命史迹》。
2 《由欧抵美前后致王子匡与留此同志各函》，《国父全书》，第417页。
3 《华侨革命史》，《陈新政遗集》（下）。
4 《致檀香山同志请尽力筹款函》，《国父全书》，第411页。
5 魏兰：《陶焕卿先生行述》。
6 《凭单》，徐市隐：《缅甸中国同盟会开国革命史》第3节。

"办事区域"扩大到浙江以外的东南各省，显然，都是在为重新打出光复会旗号作准备。

南洋是同盟会的根据地。从兴中会起，孙中山就在南洋活动，当地华侨对同盟会是熟悉的，光复会则还是一个陌生的名词。因此，在一段时期间，陶成章还不得不仰仗孙中山和同盟会的威望。筹饷章程中，陶成章特别声明"本会既为同盟会分会，故本章程订定后，移知东京总部及南洋支部"，所得款数"亦移知东京总会及星洲分会"。[1]但是，陶成章的募捐活动却一直进行得很不顺利。11月，陶成章去到缅甸仰光，在《光华日报》上发表记述秋瑾、徐锡麟起义的《浙案纪略》以为宣传，临行时募得千元。12月6日，到槟榔屿，该地办事人声称，按章程，必须孙中山之人来运动方可，仅邀集三四人，认捐三百元。1909年1月23日，到坝罗，正值《中兴报》代表到埠演说，言"《中兴报》事紧要"，并声言，"陶君来此，不过来游历而已，并非筹款而来"，因此，亦仅认捐三百数十元[2]。至当年4月底，各地认捐总数不足三千元，且多未兑现。陶成章怀疑孙中山在"暗中设法播弄"，开始攻击孙中山。他在致李燮和函中说："弟自去岁南来，迄今已历九月，所希望之目的，全然未达。"又说："弟本不说中山坏事，盖犹为团体起见，不得不稍留余地，至是逼弟无可奈何，不得不略陈一二已。"[3]其间，陶成章曾向孙中山索取介绍函至各地收款，为孙中山拒绝[4]。

光复会的传统活动地点在江、浙，陶成章在南洋"独自经营"，明显地造成了和南洋支部争夺群众和影响的对垒局面。如果说，东京的倒孙风潮表现为对个人的不满，"社会主义讲习会"的建立表现为思想上的分歧，这以后就进一步发展为组织上的对立了。

离开坝罗后，陶成章活动于勿里洞、吧城、谏义里、文岛等地（均为今印度尼西亚属地），酝酿新的倒孙风潮。

---

1 《凭单》，徐市隐：《缅甸中国同盟会开国革命史》。
2 《致铁仙》，己酉三月九日，陶成章手札，湖南省哲学社会科学研究所藏，下同。
3 同注2。
4 《华侨革命史》，《陈新政遗集》（下）。

还在1909年5月间，陶成章就在文岛等地散布流言，声称孙中山将各处同志捐款攫为己有，河口起义所用不过千余元，等等[1]。8月，陶成章去到槟港，结合李燮和、柳聘农、陈方度、胡国梁等七八人，以东京南渡分驻英、荷各属办事的川、广、湘、鄂、江、浙、闽七省同志的名义起草了一份《孙文罪状》，声言孙中山在"同盟会初成立之际，彼固无一分功庸"；"在两广内地，固无一毫势力"；"既得势，彼乃忘其所自始"，"谎骗营私之念萌，而其毒其祸，遂遍及于南洋各埠矣"。《罪状》称，"罄南山之竹，书罪无穷；决东海之波，流恶无尽"，指责孙中山有"残贼同志之罪状"五条，"蒙蔽同志之罪状"三条，"败坏全体名誉之罪状"四条，并表示，"恶莠不全，则嘉禾不长"，共提出要求九条，其主要者为：

1. 开除孙文总理之名，发表罪状，遍告海内外。

2. 另订章程，发布南洋各机关，令其直接东京总会。嘱令南洋支部章程一概作废。

3. 公举办事二人，前往南洋各埠演说，收拾人心，揭破孙文诡谋，使其无立足之地。

4. 再开《民报》机关。

5. 兼于民报社内，附设旬报，凡《中兴报》之所至，亦踪寻之而往。

陶成章、李燮和等声称，只要开除了孙文，发表《罪状》，"事必大有可为，无论将次者开办不至蒙害，即令既破败者，热心之人尚多，犹堪收效在桑榆也"。此外，《罪状》并诬蔑孙中山在香港、上海汇丰银行贮款20万元；其兄在九龙起造屋宇，用款不足，孙中山电汇款项助建云云[2]。其后，陶成章便带着这份《罪状》赶赴东京，要求同盟会本部开会讨论。

在东京的"倒孙风潮"之后，孙中山即不大过问同盟会本部和《民报》的工作，这是事实，但是，《罪状》大部分属于诬陷。它得到了少数江浙人的支持，却遭到了黄兴等的坚持拒绝。黄兴一面向陶成章作调停、劝说，一面和谭人凤、刘揆一联名发表长达千余言的致李燮和等公

---

[1] 汪精卫：《致蓝瑞元、黄蔡凤书》，《革命之倡导与发展》（三），台北版，第591页。

[2] 《神州日报》，1912年11月2日。

函,逐条为孙中山申辩。

黄兴的调停、劝说、申辩都没有能打动陶成章。在公布《罪状》的要求被拒绝后,陶成章便决定自行发表。他在致胡国梁函中表示:"与中山已不两立","不若由二三人出面发表之,从此分为两歧罢了"。[1]其后,便由陈威涛、魏兰将《罪状》油印百余份,寄给了南洋各报。

革命的首要问题是分清敌我,陶成章等把孙中山视为敌人,不顾大局,不顾影响,恶意诬陷,这是一个极为严重的错误。

陶成章等人的行动迅速影响了章太炎。在公布《孙文罪状》的同时,章太炎也刊发《伪〈民报〉检举状》,再次参加了对孙中山的攻击。

《民报》于1908年10月遭日本政府封禁,1909年秋,黄兴在林文等帮助下筹备恢复。因为对章太炎主持时的《民报》不满,黄兴邀汪精卫到东京任编辑;又因避免日本政府干涉,托名以巴黎《新世纪》为发行所。

恢复《民报》本来是陶成章等在《孙文罪状》中提出来的"善后办法",但是,他坚持不能替孙中山"虚张声势",必须以革除其总理职务为先决条件[2]。自然,这也遭到了黄兴的拒绝。因此,他便支持章太炎出面反对。章太炎由于多年困苦维持《民报》,一旦恢复,却被排斥在外,因此,大动肝火。他指责续刊《民报》为伪《民报》,在《检举状》中攻击孙中山"背本忘初,见危不振",并主观武断地说:"夫孙文怀挟巨资,而用之公务者十不及一,《民报》所求补助,无过三四千金,亦竟不为筹画,其乾没可知已。"[3]没有任何根据,一个想当然的"可知已"就定了孙中山"乾没"巨资的案!

对孙中山的公开诽谤为保皇派提供了炮弹。不久,南洋《总汇报》发表了《伪〈民报〉检举状》。其后,保皇派大规模地开展了对孙中山的攻击,各种秽词如水般泼来。他们辱骂孙中山为"马骗"、"棍骗",诬蔑其"假借革命名目,以为衣食饭碗之计",是:"孙文腔中,何尝有一滴爱国之血,眼中何尝有半点爱国之泪,心中何尝有分毫爱国之思,不过口

---

[1] 《致若愚》,1909年9月24日,陶成章手札。

[2] 《为陶成章诬谤事致孙中山函》,《黄克强先生全集》,台北版。

[3] 《南洋总汇总报》,1909年11月6日。

头禅焉耳！"[1]

和陶成章、章太炎相呼应，当时在法国的张继则写信给孙中山，要求他"退隐深山"，或"布告天下，辞退同盟会总理"。[2]

这样，就出现了第二次倒孙风潮。

敌人的辱骂、镇压并不可怕，可怕的是同营垒人的反诬和倒戈。长期以来，孙中山把实际领导起义的责任交给黄兴等人，而以在华侨中募集起义经费为己任。陶、章这两份材料的公布对孙中山工作所造成的困难是可想而知的。为了破坏孙中山赴美募捐，陶成章等甚至冒名作信，将攻击材料寄发美洲各华字日报，10月22日孙中山与王子匡函云："近接美洲来信，谓有人托同盟会之名，致书各埠，大加诋毁于弟，不留余地，该处人心颇为所惑云。此事于联络华侨一方面，大有阻碍矣！"[3]但他毫不灰心，一面要求吴稚晖在巴黎《新世纪》上撰写长文，"加以公道之评判"[4]，一面对张继严正指出："此时为革命最衰微之时，非成功兴盛之候，是为弟冒艰危、茹困苦以进取之时代，非退隐之时代也。"他并愤愤地说："同盟会及太炎至今未自认过，则弟已不承认为彼等之总理者久矣。前去两年，两广、云南起兵，皆奉革命党本部之名义，并未一用同盟会名义也。"[5]

经历种种挫折而革命之志不挠，这是孙中山作为一个伟大人物的突出优点，但是，因章太炎等少数人而迁怒于同盟会，仍然是以感情代替了理智。在很长一段时期内，东京同盟会员处于群龙无首的状态，国内各地同盟会分会也无人领导，在这方面，孙中山不无责任。

1910年2月，孙中山在旧金山建立同盟会分会，在誓词中将同盟会会员改称中华革命党党员，开始实现其酝酿已久的打算。同年秋，抵达槟榔屿后，又通知南洋各地同盟会分会，一律照改[6]。但由于同盟会已在群

---

[1] 介民：《敬告捐助革命军饷者》，加拿大《日新报》，1911年4月26日。
[2] 转引自孙中山《致张继函》，吴稚晖原藏，未刊稿。
[3] 《由欧抵美前后致王子匡与留此同志各函》，《国父全书》，第417页。
[4] 《在欧将去美国时致伦敦吴敬恒函》，《总理全集·函札》，第106页。
[5] 《致张继函》，吴稚晖原藏，未刊稿。
[6] 冯自由：《同盟会四大纲领及三民主义潮源》，《革命逸史》第3集。

众中留下深刻的影响，事实上难以执行，不久也就作罢。

得道多助，失道寡助。陶成章对孙中山的攻击激起了革命党人的义愤。东京方面，黄兴等决定不和章太炎计较，只在即将续刊的《民报》上登一启事，宣布章为"神经症之人"。他要孙中山"海量涵之"，表示"陶等虽悍，弟当以身力拒"[1]。为了给孙中山赴美活动扫除障碍，黄兴又函知美洲，指出有人从东京发函攻击孙中山，"用心险毒，殊为可愤"，要求美洲同志乘孙中山到美机会，同心协力，以谋团体之进步，致大业之成功[2]。

安南方面，中国革命党人发表《河内公函》，详述发动云南、广西起义的情况，针对陶成章的诽谤，一一予以驳斥[3]。

南洋方面，革命党人焚毁了陶、章散发的印刷品[4]，派人调查，发现孙中山在九龙的家除几间旧房外，别无所有；孙中山的哥哥孙眉自己盖了草房子在那里种地。于是，将实情公布，真相大白[5]。

多年来，同盟会在其内部分歧中，既无同志式的讨论，又无思想上的必要交锋。现在交锋了，这对于澄清真相、维护孙中山的威望来说都是必要的，但是，这种交锋无助于填平双方感情上的巨大鸿沟。

在倒孙风潮的掀起者中间，刘师培的叛徒面目此时已经暴露。1908年冬，刘师培回上海后即出卖了同盟会会员张恭，不久，又投入端方幕中。1909年8月，端方由两江调直隶，报上发表了随员名单，刘师培赫然在内。在此情况下，人们不得不思考，和刘师培一度关系极为密切的章太炎是什么人？他为什么对孙中山如此攻击不遗余力呢？在未经冷静分析的情况下，东京革命党人公布了章太炎致刘师培、何震五函，指责章太炎为端方侦探。11月30日，《中兴日报》发表《章炳麟与刘光汉之关系历史》及《为章炳麟叛党事答复投书诸君》等文。12月，孙中山得悉保皇派报纸发表了章太炎的《伪〈民报〉检举状》，认为章太炎"破坏党事

---

1 《为陶成章诬谤事致孙中山函》，《黄克强先生全集》。
2 《为孙中山受谤致各同志望同心协助函》，《黄克强先生全集》。
3 胡汉民：《致南洋同志书》，邹鲁：《中国国民党史稿》第1册。
4 《华侨革命史》，《陈新政遗集》（下）。
5 胡汉民述：《南洋与中国革命》。

之心已不留余地",要求吴稚晖将章太炎致刘师培、何震五函的笔迹照片寄给他,"以证明太炎之所为,庶足以破其言之效力"[1]。不久,香港《中国日报》、巴黎《新世纪》、旧金山《美洲少年报》先后发表了这五封信,《中国日报》声称章太炎受端方委任,担任解散革命党及充常驻东京之侦探员,《新世纪》指责章太炎以"万金出卖一革命"[2]。

将章氏五函的问题一下子提到如此的高度,当然也严重伤害了章太炎的感情。刚愎自用又极易冲动的章太炎对此的态度是可想而知的。

在第二次倒孙风潮中,思想分歧退居次要地位,但是,双方的关系则由彼此猜忌、怨憎发展为互相敌视和进行势不两立的攻击,分裂成为不可避免的了。

四 光复会的重建与倒退

陶成章到东京作了两手准备:一手是争取黄兴,开除孙中山,另推同盟会总理,掌握同盟会的领导权;另一手是取消对同盟会形式上的附属关系,公开分裂,重建光复会山头。

在开除孙中山的要求被拒绝之后,陶成章便按第二手行事。他多次与李燮和、胡国梁等通函,声称同盟会东京总会已经"一败涂地,无可整顿"[3],必须"另行组织新机关"[4]。他说:"何妨另开局面乎?前次之事,终算一场大晦气罢了!"[5]在此同时,又积极争取章太炎,以光复会成立在先来打动他,说:"逸仙难与图事,吾辈主张光复,本在江上,事亦在同盟会先,曷分设光复会?"[6]章太炎长期对孙中山不满,他的性格

---

[1] 《致吴敬恒请于〈新世纪〉评论〈日华新报〉破坏党事谬论各函》,《总理全集·函札》,第110页。
[2] 《党人》,《新世纪》,第117页。
[3] 《致若愚、铁仙》,陶成章手札。
[4] 《致若愚、柱中》,同上。
[5] 《致亦逵、柱中》,同上。
[6] 《太炎先生自定年谱》。

又一向是任情孤注，不考虑利害得失，对此自然表示同意。

1910年2月，光复会总部成立于日本东京，章太炎任会长，陶成章任副会长，章梓任庶务员，沈家康任书记员[1]。不久，新加坡、文岛等地陆续建立分会。由于基本群众在南洋，因此，光复会在南洋设行总部，代行东京本部职权，以李燮和、沈钧业、魏兰为执行员，下辖各地分会，形成了所谓"以南部为根基，推东京为主干"的局面[2]。

后期光复会收容了同盟会包括原华兴会内对孙中山不满的分子，以同盟会的反对派面目出现，但是，比起同盟会，它在不少方面都倒退了。

章太炎是后期光复会中唯一的理论家。这一时期，他思想中的封建主义成分进一步增加。3月10日，他和陶成章在东京一起创办《教育今语杂志》，以"保存国故，振兴学艺，提倡平民普及教育"为宗旨。《缘起》中说："恨欧学东渐，济济多士，悉舍国故而新是趋"，"同人有忧之，爰设一报"，借以"明正道，辟邪词"。[3]中国是个封建古国，清王朝是个实行高度封建专制主义的王朝，因此，在这一历史条件下，"欧学"，即西方资产阶级上升时期的民主主义文化，仍然可以发挥其进步作用，但是，《教育今语杂志》却视为"邪词"，要"辟"。在此之前，续刊《民报》正在介绍卢梭的《民约论》，《教育今语杂志》的出版可以说唱的是对台戏。同年由章太炎编辑的《学林》也一样充满了国粹气。该刊《缘起》说："世人多急〈利〉近功，以古学不足治，惟异化之务"，它号召"一二耆儒故老"起来挽救即将"坠入粪壤"的"文武之道"[4]。这里所说的"异化"，指的是鸦片战争以来先进的中国人向西方寻找救国真理的热潮，所谓"文武之道"，指的是长期成为中国人民精神枷锁的封建文化。在该刊第2期上，章太炎发表了著名的《秦政记》，歌颂"卓绝在上，不与士民等夷"的"天子"，说是"人主独贵者，政亦独制"。同期发表的《非黄》则抨击"尚贤"、"任众"的民主政治，说是"诚听法，虽

---

[1] 《致柱中、若愚、彝宗、福生、文庆、佐新》，陶成章手札。

[2] 章太炎：《致临时大总统书》，《大共和日报》，1912年1月28日。

[3] 《教育今语杂志》，第1册。

[4] 《学林》，第1册。

专任，与武断莫比；诚尚贤，虽任众，与武断奚分？"如果说，1908年章太炎发表《代议然否论》，主张"代议政体，必不如专制为善"时，还曾经特别提出了一个"恢廓民权"的方案，那么，这一时期，他已经更多地神往于"王者一人秉权于上"的法家专制主义了。

陶成章是后期光复会的组织者和实际领导人。这一时期，他的活动逐渐向改良主义方向靠近。

前文指出，当张继等迷信"直接行动"——总同盟罢工时，陶成章仍然主张进行武装起义，但是，光复会重建时，他却抛弃了自己的主张。在《致石哥函》中，他说："夫我辈之目的，在一举覆清，若东放一把火，西散一盘沙，实属有害而无益。"又说："如不用暗杀，则用地方起兵，丧民费财，祸莫大焉！一有不慎，必引外国人之干涉，后事益难着手矣！"[1]和人民群众缺乏充分的联系，实行单纯的军事冒险，这是同盟会所领导的武装起义的弱点，但是，这些起义毕竟打击了清朝统治，锻炼了革命者，教育了群众，不能称为"有害无益"，更不能称为"祸莫大焉"，至于所谓"必引外国人之干涉"云云，更是被革命派痛驳过的改良派论调。

当时，国内各省革命力量迅速发展，他们武装反清的总目标一致，只在策略上互有歧异："有欲向云贵以进取者，有欲向两广以进取者，有欲向江浙以进取者，有欲向两湖以进取者，有欲向山东、河南以进取者，有欲向中央革命者。"[2]这本来并不难统一，对于上述各种力量，陶成章一概采取排斥态度，他说："如此纷纷之热心人各欲乞此总会以求运动整顿，其将奈之何哉！当是时也，不与则名不正，言不顺；欲与则无款以给之，即令有稍稍之款，与其一不与其二不可也，与其先不与其后不可也，全力助他人，未见他人之能集事，本己之方针，且先乱矣。秦末之项羽，隋末之李密，其失败皆因此也。"[3]在陶成章看来，多一些人革命反而会造成麻烦，唯此一家最好，因此，他给光复会规定了"必不

1　陶成章手札。

2　《致石哥》，陶成章手札。

3　同注2。

汲汲扩张"的关门主义方针[1]。《浙案纪略》中,陶成章说:"浙人素多个人性质,少团体性质,其行事也喜独不喜群。"这可以说是陶成章的夫子自道。

一不靠武装起义,二不靠全国各地的革命力量,陶成章靠什么"一举覆清"呢?他靠的是暗杀活动。光复会重建后,他曾建议集款数千金或万金,专办此事,以振动华侨,扩大影响[2]。甚至,他想入非非地提出了一个实行"中央革命"的妓院方略:收罗一批美女,在北京开设妓院,诱惑满族亲贵,席间放毒,一网打尽[3]。

弱者和穷途窘促的人常常盼望奇迹,妓院方略的提出,说明了陶成章和同盟会分裂后,既软弱无力,又穷途窘促。

当然,生活中出现奇迹的可能并不大,这一点,陶成章完全明白。因此,他为后期光复会规定的方针是"专主个人运动,以教育为根本","察学生之有志者联络之"[4]。据他说,如果能得到两三个有资本的学生的赞成,就于愿已足。光复会重建后,陶成章立即和章太炎编辑《教育今语杂志》,目的在此;随之,他在东京埋头编写小学历史、地理教科书,目的也在此。1911年初,他又曾计划到南洋找一个寺院住下,专力编撰教科书。《致柱哥》函云:"盖弟近立定主意,不为虚耗金钱之事,更不为无益之举,而虚耗其精神,实事求是,以图渐进,不为躐等。"[5]

"虚耗金钱"、"无益之举"云云,指的都是武装起义,"渐进"云云,指的就是教育。"不为躐等"云云,完全是改良派的爬行哲学。和刘师培、章太炎一样,陶成章也经历了一个从"左"到右的转化。

反革命的暴力必须以革命的暴力去推翻。同盟会领导的武装起义虽然存在着种种弱点,但是,历史证明了,使清朝皇帝滚下龙座的还是武昌新军手中的枪炮,而不是陶成章的"教育根本"论。

在经费问题上,后期光复会也逐渐效法改良派。

---

1 《致石哥》,陶成章手札。

2 同注1。

3 魏兰:《陶焕卿先生行述》。

4 同注1。

5 《致柱哥》,陶成章手札。

同盟会解决经费问题靠在华侨中募捐，这使他们在一定的范围内还能联系群众。后期光复会成立后，陶成章主张靠经商，他说："历观万事，皆与财政相为因果，然财政之道，非自行筹划无由，此商业之所以不得不速为经营。"[1]为此，他和李燮和等积极筹办商业公司，计划经营教科书籍、图画、科学仪器、体操、音乐用具、学校用品、衣衫、牙粉、肥皂等；并计划把《教育今语杂志》改变为广告机关[2]。这一套，都是流亡海外的改良派的做法。

由于分裂不得人心，光复会重建会不久即在各方面陷入困境。

首先是对孙中山的攻击不得不停下来。本来，陶成章已经编印好了《布告同志书》一册，"直言孙文种种之非"。由于舆论，包括光复会内部的强烈反对，仅散发了九册，不得不宣布"余皆不寄了"[3]。

其次是陶成章视为"吾辈面目所存"的《教育今语杂志》停刊。陶成章原以为该刊发行后会"普及南方各地"，结果只售出了不到三百本，大部分搁置在代派所无人问津[4]，已销之款又迟迟收不到，因而"亏折甚巨"[5]，"真正困难万分"[6]。

再次是筹款门路均已断绝。据陶成章说：内地可筹之处，久已筹之一空；东京万无可筹[7]；南洋呢？所筹之款又不见寄来，气得他准备发表声明，将不再向南洋各地募捐[8]。

此外，商业活动也进行得极不顺利。陶成章《致柱中》函云："祈老哥善自珍重，勿以经商目的之不能遽遂，多生烦懑，致生理有碍也。"[9]

按照计划，陶成章还准备创办《光复报》与《光复杂志》，但都因找不到作文之人而告吹。据陶成章说：章太炎虽有几个弟子，但多半是为

---

1 陶成章函札残页，1910年。

2 同注1。

3 《致铁仙》，陶成章手札。

4 《致福哥》，陶成章手札。

5 《致彝宗、若愚、柱中、文庆》，陶成章手札。

6 《致铁仙、若愚》，陶成章手札。

7 同注6。

8 《致若愚、铁仙》，陶成章手札。

9 《致柱中》，陶成章手札。

了学成后往内地当教员,"非特不肯作文,且亦不能请其作文",其中虽有一二稍有志者,但"皆欲独善其身",不愿意介入。章太炎本人呢?"乃其不肯作文何"!章太炎反对创办《光复报》和《光复杂志》[1]。这一时期,陶、章之间可能也产生了某种矛盾。

革命需要团结,陶成章肆无忌惮的分裂行为使他陷入了四面楚歌中。在东京,他觉得"实在难以过日"[2];回南洋吧,当地同盟会员反对分裂的呼声很高,"风潮方作,来反遭忌"[3]。一直踌躇到1911年4月,他才从东京回到南洋,已经是广州起义的前夜了。

在筹备广州起义过程中,黄兴电邀李燮和、王文庆、陈方度等参加,建议"捐除意见,同任艰巨"[4],主动向光复会伸出了合作之手。李燮和等积极响应。1910年10月,李燮和受槟港同志委托,参加了孙中山在槟榔屿召集的发难会议。会后随即回槟港传达,动员华侨捐款。经过几个月的努力,筹得一万七千余元,由李燮和、陈方度带给了黄兴。不久,胡国梁、柳聘农也带着募得的五千元赶到香港,向统筹部报到,一起参加了震惊中外的广州起义[5]。

与此同时,陶成章也应李燮和、王文庆电召,到达香港,表示出和同盟会合作的意向。这样,在经过了长期的分裂之后,同盟、光复矛盾重重的关系出现了转机。但不幸的是,这一转机很快就消失了。

广州起义失败后,赵声极为悲愤。一日,胡汉民招饮,食后,赵声腹痛剧作,延医诊治,知为盲肠炎,经割治无效,于5月18日逝世。赵声先是光复会员,后加入同盟会,是在双方会员中都具有威望的革命者。对赵声之死,陶成章疑为胡汉民所毒,进一步加深了对同盟会的猜忌。其后,陶成章回到上海,在嵩山路沈宅开会时与陈其美发生冲突,陈掏枪欲打陶成章。数日后,陶匆匆离开上海,再返南洋。于是,旧矛盾之外又加上了新矛盾,同盟、光复之间的关系又增添了新的复杂因素,它

---

1 《致福哥》,陶成章手札。

2 《致石哥》,陶成章手札。

3 《致柱中、若愚》,陶成章手札。

4 冯自由:《光复军司令李燮和》,《革命逸史》第2集。

5 胡国梁:《辛亥广州起义别纪》,《建国月刊》第14卷,第1期。

埋下了辛亥革命后两会继续摩擦、龃龉、对立的种子。

通过以上分析，不难看出，同盟会的分裂是个复杂的历史现象，它是一系列政治、思想、策略分歧和人事纠纷发展的结果。既有其时代原因，也有其社会原因。

中国资产阶级民主革命发生于帝国主义时代，资本主义社会的弊端早已暴露无遗，因此，在这一情况下，必然会产生对资产阶级民主革命的不满、怀疑以至绝望的情绪。同时，中国又是个小资产阶级极其广大的国家，在国际无政府主义思潮一度抬头的情况下，同盟会中有人接受这一思潮的影响是很自然的。中国同盟会的分裂发生于日本社会党的分裂之后，张继、刘师培诸人的行为不少是对后者的模仿。

"社会主义讲习会"诸人在反对帝国主义、实行土地革命和不能建立资产阶级共和国等问题上向同盟会提出了挑战。由于中国民族资产阶级的阶级局限和其由娘肚子里带出来的特殊软弱性，它无法解决这些问题。孙中山的三民主义在对改良派的论战中已经被证明了不是很有力的理论武器；在回答"社会主义讲习会"的挑战上，当然更加发挥不了多大作用。

"社会主义讲习会"诸人自身同样也解决不了这些问题。在书面上、口头上，他们可以连篇累牍、喋喋不休地发出极端革命的大言壮语，沉溺于"无政府革命"的狂热幻想，然而，却提不出任何切实可行的办法。在严峻的现实面前，他们中有些人很快向右转，倒向封建主义和改良主义，或颓唐，或倒退，或动摇，或叛变投降。

同盟会的分裂渊源于思想分歧，但是，在其发展过程中，思想分歧逐渐被掩盖起来，个人主义、宗派主义、分散主义和山头主义逐渐上升，旧的感情上的裂痕和新的摩擦、猜忌、怨憎结合在一起，引发出新的攻击。终于愈演愈烈，一发而不可收拾。

克服个人主义、宗派主义等倾向需要以大局为重的广阔胸襟和高度的组织观念，而这，对资产阶级、小资产阶级来说，都是难以做到的。

站在中国革命的对立面的是帝国主义和封建主义。要推翻这两个敌人，不仅需要强大的阶级力量，也需要号令一致、步伐一致的战斗。当领导这一革命的司令部——同盟会处于思想分歧、组织涣散的状态时，历史就已经决定了这次革命必然是一次巨大的小产。

《龙华会章程》主属考

在辛亥革命史研究中,《龙华会章程》[1]因为主张土地公有,很受史家注目。《章程》说:"要把田地改作大家公有财产,也不准富豪们霸占,使得我们四万万同胞,并四万万同胞的子孙,不生出贫富的阶级。"不少论著都乐于引证和评论这段文字,但是,《章程》本身需要加以考订的若干问题,却一直没有受到应有的注意并从而得到正确解决。

认真读过《龙华会章程》的人,都会发觉其中一个明显的自相矛盾之处。它的标题上大书着"龙华会"字样,而《会规十条》中的《命名》条却说:"我们的会,就叫做革命协会。"龙华会是浙江哥老会的一个支派,陶成章《浙案纪略》载有它的始末;关于革命协会,该书也有记载,云:"戊申春夏间,浙江革命党人另订一新章,将合江浙皖赣闽五省各秘密党会镕铸而一之,定其名曰革命协会。"[2]如果《章程》属革命协会,应为1908年事,但《檄文》之末却明白写着"甲辰正月朔日",即1904年2月16日,恰当龙华会兴盛之时。那么,现今之《龙华会章程》到

1　《龙华会章程》共7个部分,即《檄文》、《会规十条》、《约章五条》、《入会仪式》、《祭文》、《入会规矩之次序》和《附录》,全文见平山周《中国秘密社会史》一书。该书商务印书馆译本初版于1912年5月。1954年《中国近代史参考资料选辑》增订本和1957年中国近代史资料丛刊《辛亥革命》(以下凡引用此书者,不再注明),都在《龙华会章程》的总题下,选收了《檄文》和《会规十条》两部分。

2　《浙案纪略》,全文见《辛亥革命》(三)。

底是1908年革命协会的章程，还是1904年龙华会的章程？

最能说明现今《章程》主属问题的证据，首先在《章程》自身。

第一，《章程》正文说明了会名叫"革命协会"。它说："我们的会，就叫做革命协会；山名，就叫做一统龙华山；堂名呢？就叫做汉族同登普渡堂。"它还有"我们这个革命协会"、"我们这个协会"等语。特别是《檄文》部分，开宗明义就问："怎样叫做革命？"接着答，"革命就是造反"，并详加诠释、发挥。它为何首先在"革命"一词上大做文章呢？理由显而易见，就是因为该团体系以"革命"二字命名的缘故。

第二，《章程》约束的对象是一批而不是某个会党团体。《会规十条》说："现在所设的官职，同洪家、潘家的旧官职是一式一样的。"《入会规矩之次序》说："大都督、左右都督，招兄弟入自己部下时，各照各会各教各党的老规矩。"可见，它约束的对象包括了洪家（红帮）、潘家（青帮）这哥老会的两大派，包括了各教各会各党。这种情况，龙华会是无法办到的。

第三，《章程》变更了会党旧有的章制。《章程》虽称它的官职、制度与各会党是一样的，实际却有增损，名称都有所变更。这些变更当然是为着将各会党统一在协会内。其中最突出的变更是入会式。哥老会崇敬五祖、桃园结义、梁山泊和瓦岗寨，它的开山式与入会式是"场中正面坛中，设五祖、关圣等神"。龙华会是终南会的一支，终南会票布的中央即标明"关圣帝君之位"。《章程》则规定："凡进我们这个协会的规矩，最好是在岳庙里。"无论在何处，均须"设立公案，写少保忠武王岳爷爷的神位一个"，配以杨再兴、牛皋、施全。以对岳飞的崇拜代替对关羽的崇拜，明显不同于包括龙华会在内的任何一个会党团体。

第四，《章程》规定的活动范围与《浙案纪略》所载革命协会活动范围相同。《附录》说，拟将各股力量分为五省十路，这五省恰好是江苏、安徽、江西、浙江、福建。

以上四点表明，现今之《龙华会章程》正是"将合江浙皖赣闽五省各秘密党会镕铸而一之"的"新章"，亦即革命协会的章程。

确认《章程》属革命协会，除它自身外，其他方面也并不乏明证。

1910年，日本侦探山口升奉派来中国调查革命党、保皇党和会党等各方面情况，回国后写过一份题为《清国形势与秘密结社》[1]的报告书，其第三卷《中清地方》的第三章即为《江南的革命协会》。该章内分五节：《会规十条》、《约章五条》、《入会式》、《新中国军政署职官表》、《五省十路》。《章程》被删节、合并或分割，纳入相应的节内。这一材料说明，现今之《龙华会章程》在当时确实是被称作革命协会章程的。

用山口报告书作证明也有其弱点，它没有著录《檄文》。好在《檄文》与《章程》其他部分的联系是紧密的。它开篇就阐发了会名的含义，篇末还署明发布者为"新中国军政省"，即出自革命协会的中枢机关。仅此两点，就表明《檄文》不能与其他部分分割开来。山口引用《章程》是为充实情报，不是为保存文献，他不引《檄文》，并不能动摇《檄文》在全篇中的地位。

不过，《章程》的主属问题至此并未最终解决。会名"龙华"，发布于"甲辰"，都是《章程》自己标明的，多数论者对此深信不疑。既是1908年的革命协会章程，为何又标上"龙华会"和"甲辰"年呢？个别企图解决《章程》主属问题的论者也在此踌躇不前[2]，因此，要彻底解决《章程》的主属问题，就不能绕过文件自身设置的难关。

其实，《章程》到底产生于何时的问题并不难解决。每一种历史文件都必然留有它产生的那个时间的痕迹。《龙华会章程》也不会例外。关于这点，可以考察《檄文》的内容。

《檄文》说：

> 然而也有一种口口声声拍满洲人马屁的外国人，同着几个亡心昧理的中国人，居然想望满洲立宪。列位要晓得"立宪"二字怎么样解

1　日本外务省档案，缩微胶卷，MT109，北京图书馆藏。

2　此前，魏建猷《龙华会和〈龙华会章〉》一文曾指出关于《章程》主属问题的矛盾。他认为它"可能是革命协会的章程"，但又说其拟定"不迟于1903年"（《文汇报》，1961年10月5日）。赵金钰则根据山口报告书断言《章程》自《会规十条》以下为1908年革命协会章程，而《檄文》仍是1904年龙华会文件，它们是时间不同的"两个不同组织的两个不相关联的文件"（《关于〈龙华会章程〉的几个问题》，《光明日报》，1963年7月3日）。

法。外面看看像是照各国的样子，实在是把权柄集中在皇帝同几个大官身上，却好借着"宪法"二字，用出种种的苛法来压制我们。

这段谈立宪的话，既揭露了搞立宪骗局的清朝政府，也谴责了企望清廷的立宪派和某些外国人。立宪主张在国内抬头，始于1904年日俄战争时。"甲辰日俄战起，识者咸为之曰：非日俄之战，而立宪专制二政体之战也。"及至日胜俄败，"于是立宪之议，主者渐多"[1]。这年，有孙宝琦、张之洞、魏光焘、岑春煊奏请清廷立宪。1905年，清廷派载泽等五大臣出国考察宪政，载泽等回国后即奏请宣布立宪。1906年9月1日，清廷下诏"预备仿行宪政"。所谓"仿行"，意即照外国样子办。《檄文》既涉及清廷的假立宪，它怎么可能写成于动议立宪之前的"甲辰正月朔日"呢？在预备立宪的名义下，1906年11月，清廷颁布中央官制，更定了几个部的名称，并增设资政院及审计院，集权于满洲亲贵。次年，开始改变地方官制，7月，颁布外官制，收回了各省督抚的军权和财权。这一切，不正是《檄文》所谴责的"外面看看像是照外国样子，实在是把权柄集中在皇帝同几个大官身上"吗？因此，它的写作时间，只能在清朝政府开始实行内外官制改革之后。

值得指出的是，所谓"口口声声拍满洲人马屁的外国人，同着几个亡心昧理的中国人，居然想望满洲立宪"等语，也是有事实可稽的。1907年10月17日，政闻社在东京锦辉馆开成立大会，拥护立宪，梁启超、蒋智由等邀犬养毅等八名日本人参加。犬养在会上说："诸君如以巩固独立、保全领土为前提而研究之，结果不认革命为必要，如立宪党之主张也，则不革命亦可。"[2]革命党人张继、陶成章、平刚等冲击会场，打跑了梁启超，张继登台演说。这个犬养，起初表示同情革命派，现又食言自肥，因而，激起革命党人不满，张继曾严词诘问。事后，章太炎又作《政闻社社员大会破坏状》[3]记其事，并发长论批驳犬养。《檄文》所

1　《立宪纪闻》，《东方杂志》临时增刊《宪政初纲》。
2　《立宪党与革命党》，《政论》第3号，1907年12月。
3　《民报》第17号，1907年10月25日。

云，应是隐指其事。

《檄文》又说：

> 况且立宪实在是有弊病，无论什么君主立宪、共和立宪，总不免于少数人的私意，平民依旧吃苦，将来天下各国，定归还要革命。……虽然成功之后，或是因为万不得已，暂时设一总统，由大家公举，或五年一任，或八年一任。年限虽不定，然而不能传子传孙呢！或者用市民政体，或竟定为无政府，不设总统，亦未可知。

这段话一般地反对立宪，无论其为君主为共和，而主张"定为无政府"，显系无政府主义的宣传。它所说的共和立宪，亦即民主共和，这乃是当时革命派的基本政治主张。处在世界资本主义进入垄断阶段的历史条件下，孙中山看到欧美各国"贫富不均"，"总由少数人把持文明幸福"，社会革命"是决不能免的"，但他认为在中国可以采用"平均地权"的办法加以预防；对共和立宪，则始终坚信。共和立宪作为救国之道，在同盟会成立前后，除受封建统治阶级和改良派攻击外，革命派内部基本上是一致的。只是到了1907年，这个主张才开始在内部受到一些人的起劲反对，这些人拥护或倾向无政府主义，自成一个小派别。他们说："盖政府者，万恶之源也。不必论其为君主、民主，不必论其为立宪为共和，既有政府，即不啻授以杀人之具。"[1]又说："政府之可鄙厌，宁独专制，虽民主立宪，犹将拔而去之。"[2]张继在锦辉馆持以批驳犬养毅的，就是这种无政府主义观点[3]。《檄文》所宣传的，也正是这个派别的观点。同盟会内这个无政府主义派别的出现，是以1907年6月刘师培、何震发刊《天义》报和张继、刘师培发起"社会主义讲习会"为标志的。《檄文》的草拟，当然也不会早于这个时间。

檄文还说：

---

1 《政府者万恶之源也》，《天义》第3期，1907年7月10日。
2 章太炎：《官制索隐》，《民报》第14号，1907年6月8日。
3 景定成：《罪案》。

> 单只为防我们汉人造反，便各处要紧的省份驻扎旗兵，监守着我们。还要我们辛苦地种出田来，养活他们。近来又想出新鲜法子，要想夺我们的各省田地，凡是好的都想归给他们，那狗屁的上谕，反说是满汉平等，时价估买。

这里提到的"狗屁上谕"何所指？稽之文献，甲辰正月之前没有内容相似的上谕，而在1907年秋，倒有一通《旗丁改筹生计谕》，中云：

> 我朝以武功定天下，从前各省分设驻防，原为绥靖疆域起见。迨承平既久，习为游惰，坐耗口粮，而生齿滋繁，衣食艰窘，徒恃累代豢养之恩，不习四民谋生之业，亟应另筹生计，俾各自食其力。著各省督抚，会同各将军都统等，查明驻防旗丁数目，先尽该驻防原有马厂、庄田各产业，妥拟章程，分划区域，计口授地，责令耕种。其本无马厂、压田，暨有厂田而不敷安插者，饬令各地方官于驻防附近州县，俟农隙时，各以时价分购地亩，每年约按旗丁十分之一，或十数分之一，授给领种，逐渐推广，世世执业，严禁典售。……旗丁归农之后，所有丁粮词讼，统归有司治理，一切与齐民无异。……期于化除畛域，共作国民，用副朝廷一视同仁之至意。[1]

细究两者，该谕提到"我朝以武功定天下"，派旗兵"各省分设驻防"，"绥靖疆域"，《檄文》就指责清朝"为防我们汉人造反，便各处要紧的省份驻扎旗兵"。该谕要求各地方官为驻防旗丁授田购买土地，《檄文》就指责其"近来又想出新鲜法子，要想夺我们的各省田地"。该谕有"时价分购"，旗丁归农后"一切与齐民无异"。"化除畛域，共作国民"，"一视同仁"的说法，《檄文》就指责其"反说是满汉平等，时价估买"。两相比较，可见《檄文》所抨击的"狗屁上谕"，正是这通《旗丁改筹生计谕》。

---

[1] 《德宗实录》第578卷。

革命党人对这通上谕是很注意的,曾经在《民报》上揭露其反动实质[1]。

以上三处所涉及的时事,均集中于1907年的夏秋,这说明《檄文》不可能产生于1904年初,《章程》自署的"甲辰正月朔日",纯系倒填。《旗丁改筹生计谕》颁布于1907年9月27日(光绪三十三年八月二十日),《檄文》称之为"近来"之事,可见《檄文》应写于此后不久的1907年冬或1908年春。陶成章说,革命协会"新章"的制定在1908年春夏间,《檄文》自身显示的写作时间是与之相符的。这一点,也是《章程》即革命协会章程的有力证明。

至此,可以进而讨论《章程》标明的会名问题了。"龙华会"亦名"龙华山",会主沈奠(荣卿),副会长张恭、周华昌,原是终南会骨干。后来终南会首领或死或走,他们便另立龙华会,时间约在1902年。1904年夏秋间,在浙江联络会党的魏兰结识沈英、张恭,继又引陶成章前往,以发动龙华会响应夏历十月初十日的华兴会长沙起义。此后,龙华会成了光复会联系的一支重要的会党力量。秋瑾组织光复会,"恃以为大本营者,即此会也"。但是,龙华会在光复军失败时遭到了严重的破坏,此后再没有恢复过活动。

龙华会与反清革命运动的关系虽很密切,但从前文举出的例证看,现今的《章程》并不是它的章程,而是多个会党联合的章程。那么,这样一个章程为什么又标上龙华会的名称呢?不妨看两段材料。

山口报告书说:

> 于是,陶成章、沈英、张恭等首倡者即联合归国留日学生等,纠集浙江、福建、江苏、江西、安徽五省之头目,在杭州召开大会,统一各会党结为一团,建立一个名为龙华山汉族同登普渡堂革命协会的组织。

《中国秘密社会史》说:

---

[1] 《预备立宪之满洲》,《民报》第19号,1908年2月25日。

> 于是，有陶成章、沈英、张恭等，倡议于杭州，集浙江、福建、江苏、江西、安徽五省之头目，开一大会，打作一团，名龙华会。

比较之下，两条材料，译笔虽异，内容文字却基本相同，这至少可以估计它们是出自同一个原始资料。唯一较大差别，仅在于会名。但通过这一对比，就可以明确问题所在了。第一，平山所说的"龙华会"，虽有浙江龙华会首沈英、张恭介入，按其内容，却正是山口说的革命协会，而非浙江龙华会。《龙华会章程》系这段文字的附录，它理应是革命协会章程，当无疑义。第二，关于会名，山口报告书显然是照所据原始资料移录的，记载的是全名，而《中国秘密社会史》却由于作者方面的原因，不顾会党名称有会名、山名、堂名的区别，给变成了"龙华会"。误植的会名和倒填的时间，不经考察，被轻易地联系在一起，便酿成一件疑案。

附带还可以指出，山口、平山都没有说明革命协会倡议的时间，其原因可能在于无法解决《章程》自署时间和协会实际倡议时间的冲突，只好回避了事。山口不著录《檄文》，很可能也出于此因。

现在，我们可以毫不犹豫地下一个结论：现今之《龙华会章程》，实即1908年江、浙、皖、赣、闽五省革命协会章程。章程自署年月是有意倒填的。

章太炎与端方关系考析

一

辛亥革命时期,曾经发生过一桩轰动一时的公案,即章太炎与清朝两江总督端方的关系问题。

1909年冬到1911年初,在陶成章、李燮和、章太炎等发动对孙中山的攻击之后,香港《中国日报》、巴黎《新世纪》等报刊先后公布过章太炎给刘师培、何震夫妇的五封信。据此,《新世纪》断言章太炎已经被端方收买:"此即太炎先生得金之清单。玩'摊年过久'一语,指十年八年而言,又玩'岁不过千余元'一语,即可推其总数,大约万金。万金出卖一革命,至为便宜。"[1]《中国日报》则进一步宣称:"据最近布告,言章与直督(端方后由两江调直隶——笔者)幕员刘光汉和好如初,且受端方委托,担任解散革命党及充常驻东京之侦探员。"到清朝灭亡后的1912年,章太炎倒向袁世凯方面,同盟会会员主持的上海《民权报》便重新发表了这五封信中的四封,认为是"以万金出卖革命党之一篇大罪案"[2]。该报说:"本报攻击章者,在昔日以图财之故而通清吏,作奸

---

[1] 《党人》,《新世纪》,第117号。
[2] 《章炳麟之丑史》,《民权报》,1912年5月4日。

细,弃革命党,攻击孙中山;在今则主张专制,逢迎袁世凯,诋毁孙、黄,排斥同盟会。"[1]

章太炎与端方的关系到底怎样呢?搞清楚这一问题,对于研究章太炎、同盟会的内部矛盾以至辛亥革命史都有一定的意义。

为了便于考察并方便读者,现将章太炎致刘师培、何震的五封信及何震所加注解节录如下:

致何震函一(以下简称函一,余类推)云:"近想安抵沪上","所托诸事,务望尽力"。末署:"兄麟顿首"。

何震注解说:"此信无甚关系,惟观'所托诸事,务望尽力'二言,则凡运动张之洞诸事,皆包括其中矣。"

致何震函二云:"闻妹将赴金陵,想近日已在途也。……刘、卞二处消息如何?幸告。"末署:"兄麟顿首,阳十一月二十五日。"

何震注解说:"刘、卞二处。刘即□□□姊,系章下狱后,刘允月贴二十金,至今未交者也。卞即前长崎领事卞绶昌,张之洞之女婿。彼于去年八月致函张之洞,誓言决不革命,决不与闻政治,且言中国革命决难成功,若赠以巨金,则彼往印度为僧。书为申叔所见,始知彼与官场有往来。及我返国,彼知吾兄何誉生与前长崎领事卞绶昌亲善,彼为张婿,故嘱我往长崎访之,使再致书于之洞。"

函三云:"四、六君鉴:二十九日接得手示,知四弟在船甚苦。……四弟既不往宁,在沪交涉亦善。前书言恐有枝节,愚意可密致杨仁山书,令其转圜。"末署:"毛一顿首。十二月三十日。"

何震注:"四君、四弟,均刘申叔也。六君即何震也。毛一,章自称也。……杨仁山者,池州杨文会也,以通佛学闻,南京官场多敬之,故彼欲嘱何致书于彼,请其向江督为彼乞恩。"

函四云:"黄、叶亦无他语,惟已明知四弟到沪,在外喧传,黄更知兄欲出家。前数日有周尊者,自上海来信去:'闻黄抱香语,公欲出家。'则此事已稍漏泄矣。运动之事,想二子无不周知。"

---

[1] 《正告神州报》,《民权报》,1912年5月7日。

何震注："黄者，湖北人黄抱香也；叶为黄友，浙江人，忘其名。黄见章不做《民报》，将疑彼无心革命，在东京对人宣言，故彼畏之甚，疑其尽知彼事。又叶为邻人，知申叔返沪，故信中言'运动之事，想二子无不周知'也。"

函五云："领事按月支款之说，万难允从。一、若按年分摊，则一岁不过千余元，或仅数百，必不敷用。二、若摊年过久，章甫去江宁后，事即中寝。三、领事为政府所派，非两江私派，若果迁延抵赖，亦无如何，以留学官费证之可见，要之不以意气相期，尽力磋磨，亦无益也。弟若转圜，当要以先付三分之二，不则二分取一，如或未能，当面回复。此则当令六弟任之。"末署："兄毛一白。阳三十日。"

何震注："此信最有关系。何接彼第四信，复致书于彼，故为疑问之词，谓'将付领巨款欤，抑至印后按月支款欤？请示明，以便开交涉。'彼乃以此函相答，反对按月支款之说。章甫者，端方也。"

要考察章太炎与端方的关系，首先要考察这五封信的真伪。

二

有些研究者认为这五封信是假的。笔者认为，何震的注解虽未可全信，但这些信却是真的。

不妨先就这五封信的本身作一番考察。

五函署有月日，未标年份，它们是哪一年写作的呢？何震注云："黄见章不做《民报》。"《新世纪》也说："彼时乃忽辞《民报》编辑之任，即在作此五书之时。"按，章太炎确曾一度辞去《民报》编辑人的职务，《民报》第18期《启事》云："本社编辑人章君炳麟因脑病忽作，不能用心，顷已辞职，今仍请张君继接续主持。"该期印刷于1907年12月24日，显然，五信即作于这一日期前后的一段时间内。

信的年份明确了，对它的考察就方便了。

首先，应该检查一下受信人的行止与信的时间、内容有无冲突。

刘师培夫妇是1907年2月去日本的。当年12月前后，他们是否离开过日本呢？这年1月4日，苏曼殊在上海致刘三书云："顷须俟剑妹（何震号志剑——笔者）来，方能定日东行。剑妹十五日回乡，云一周可返，今逾半月未来，殊悒悒。"[1] 可见当时何震不仅已从日本回到上海，而且又从上海回了"乡"。同信又云："申公有意明春返居沪渎。"可见刘师培当时还在日本。不过，刘师培不是到次年才返沪的，据柳亚子回忆，1907年冬天，他就曾在沪与刘氏夫妇及其他友人聚饮，并留有当时作的诗和摄的相片[2]。到1908年2月26日，苏曼殊在日本致刘三书云："申叔伉俪西来。"[3] 可见刘继何之后，于1907年冬也回国了，到次年2月，又一起再到日本。上述五函中，前二函单独写给何震，后三函写给刘、何二人，其所署月、日，均与何震、刘师培当时的行程、活动状况相吻合。

其次，应该考察一下五信的基本事实。

何震在注中说，"赠以巨金"，章太炎就到印度为僧。函四中，章太炎也有"黄更知兄（章氏自称——笔者）欲出家"之语。这一时期，章太炎是否有过类似的念头呢？

1907年6月28日苏曼殊致刘三书云："衲今后决意与太炎先生同谒梵土，但行期尚不能定。"[4]

同年11月28日苏曼殊致刘三书又云："前太炎有信来，命曼随行。南入印度，现路费未足，未能预定行期。"[5]

同年章太炎赠苏曼殊照片题词云："当于戊申（1908年）孟夏，披剃入山。"[6]

1　《苏曼殊全集》第1集，第199页，北新书局，1931。

2　《南社纪略》，第8页，开华书局，1940。

3　《苏曼殊全集》第1集，第202页。

4　《苏曼殊全集》第1集，第335页。

5　《苏曼殊全集》第1期，第197页。

6　《越风》第18期。文中云，该相片是"三十九岁所造影像"。章生于同治七年十一月三十日，39岁生日应在1907年1月中旬，故应作于是年。

1916年章太炎《致许寿裳书》回忆石："梵土旧多同志，自在江户，已有西游之约。"[1]

章氏弟子黄侃《太炎先生行事记》云："睹国事愈坏，党人无远略，则大愤，思适印度为浮屠，资斧困绝，不能行。"[2]

综上可见，章太炎在1907年确曾计划去印度做和尚，并为缺乏路费所苦。

1906年章太炎到日本后，逐渐和孙中山发生了思想上、政治上的深刻分歧。1907年上半年，这种分歧通过孙中山离日时接受日本政府赠款和钦、廉起义购买日械等问题尖锐地爆发了出来，黄侃所谓"睹国事愈坏，党人无远略，则大愤"，应指此。想去印度做和尚，也应在这个时候。这一时期，章太炎自称"震旦优婆塞"[3]，以示其皈依佛门之意，也是一个旁证。

章太炎是否曾通过刘师培夫妇从端方那里取得去印度当和尚的费用呢？

在刘师培秘密写给端方的一封信中有关于章太炎的一段语，原文如下：

> 余杭章炳麟少治经学，尤深于《春秋左传》。……彼居东京岁余，抑郁不得志。初拟变易《民报》宗旨，以消弭种族革命（彼所作文词均言佛理，或考古制，无一篇言及排满革命）。嗣彼党时有谤言，故彼即作檄斥孙文，并置身同盟会之外，近且辞《民报》编辑矣。即偶有讲演，亦系党人迫彼使为，非其志也。今拟往印度为僧，兼求中土未译之经。惟经费拮据，未克骤行。倘明公赦其既往之愆，开以自新之路，助以薄款，按月支给，则国学得一保存之人，而革命党中亦失一绩学工文之士。以彼苦身励行，重于言诺，

---

1 《制言》第25期。当时章太炎再次准备去印度学佛，"以维摩居士之身，效慈恩法师之事"。

2 《制言》第41期。

3 《梵文典序》，《天义》第6卷。优婆塞，梵语音译，指男性居士。《涅槃经》："归依于佛者，真名优婆塞。"

往印以后，决不至于有负于明公。惟此事宣露于外，则革命党人或对彼潜加暗害，所谓爱之者害之也。《论语》有言："君子成人之美"。尚祈明公之力践此言也。[1]

该信向端方表示"大恨往日革命之非"，并献"弭乱之策"，实际上是一封叛徒的自首书。通过这封信，刘师培和端方勾搭成功，成为隐藏在革命队伍中的一名内奸。

这封自首书与章氏五函有其相通之处：

第一，此信提及章氏"近且辞《民报》编辑"，可知写于1907年12月或稍后，正是刘师培从日本回到上海之际。章氏函三写于是年12月30日，中云："四弟（刘师培）既不往宁，在沪交涉亦善。"时、地、人、事均合。

第二，章氏五函系托刘氏夫妇向端方谋求在印度为僧款项，此信向端方明白地将此问题提出了。特殊之处仅在于刘的"交涉"是以替端方画策并为章太炎乞怜的方式提出的。这样提出问题，很符合其叛徒身份。他既替端方物色到一个理想的策反对象，也等于自己献上一份可观的觐礼，还替老朋友办了事。

第三，章在函四中警告刘、何："此事已稍漏泄矣"！此信也警告端方："此事宣露于外，则革命党人或对彼潜加暗害，所谓爱之者害之也。"秘密进行以保全章太炎的态度是一致的。

第四，争执的付款方式是同一个。此信向端方提出的"按月支给"，正是章太炎在函五中极力予以反对的付款办法。据何震注，何接第四函后，先写信问章"将付领巨款欤，抑至印后按月支款欤？请示明，以便开交涉"。于是函五才反对按月支款，要求刘去"转圜"，争取先付三分之二或二分之一。

此信与章氏五函为什么有这些重要的相通之处呢？合理的解答应该是，它们是同一桩事在不同场合留下的文件。不然，就不容易解释此信中的这种情况：刘师培向端方比较真实地介绍了章太炎与孙中山的矛

---

[1] 天津《大公报》，1934年11月2日；《建国月刊》第12卷第4期。

盾，却抹杀章当时的革命活动，所谓想"消弭种族革命"，文章"无一篇言及排满革命"，讲演"亦系党人迫彼使为"等，均非事实。这种曲笔，无非是要让端方相信对章太炎可以"赦其既往之愆，开以自新之路"，痛快地拿出钱来。如果刘师培心中无底，一旦端方给了钱，章拒不接受，甚至予以揭露，那么，内奸的面目不就要暴露了吗？显然，他敢于预支章"决不至于有负于明公"的保票，就是因为他是受章太炎的委托来"交涉"的。这封自首书的存在，证明了章太炎确曾通过刘师培向端方处活动，同时也证明了章氏五函是真的。

这封自首书是1934年偶然发现的，据有关线索判断，它是从端方家中流散出来的。事后不久公布的章氏五函容易招人怀疑，这封自首书的真实性却不好轻易否定。刘师培虽号称"才子"，他也不可能在编造假信之前，就预先递一份与之呼应的信给端方，并使之留传下来，以便在后人讨论此段公案时继续作伪。

其他方面的材料，也有力地证明了章氏确曾向端方谋款。

1909年10月，当东京的革命党人因章太炎和刘师培的来往而指责其为"侦探"时，据陶成章说，章太炎"已有《辩书》一纸，将以付印"，这份《辩书》到底付印了没有，现在还不清楚。但是，其内容从陶成章稍后的《致柱中、若愚手札》却不难窥知。陶成章说："太炎作和尚之意实有，至侦探，断断无之。彼居东京，每日讲学，所出入者止学堂，何有官场特派员？昭昭在人耳目，诬妄太炎先生无益也。"柱中就是李燮和，在同盟会的内部矛盾中和章太炎、陶成章是站在一起的。事情已经发展到了连自己人都发生怀疑，说明对方提出的证据相当有分量，以致陶成章不得不出面保证："至侦探，断断无之"，而于"作和尚之意"，不能不承认"实有"；至于与之密切相连的通过刘师培夫妇向端方谋款一事呢？则未置一例，不加否定，实际上采取了承认的态度。陶成章当时在东京与章太炎朝夕相处，立场完全一致，他对李燮和的上述说明当然也反映了章太炎的态度。它表明，如果章太炎确有一份《辩书》的话，所"辩"者也只是并非"侦探"，而没有否定通过刘师培夫妇向端方谋款这一事实。

此外，还有一些值得注意的现象。

前文谈到，1912年上海《民权报》大骂章太炎时，曾重新发表章太炎致刘氏夫妇五函中的四函。事隔一日，5月5日，上海《民声日报》以"记者"名义发表文章说明情况称：

> 初，日人有汉字统一会之设，而张之洞亦赞成之。章氏曾为一文，揭诸《民报》，盛致讥评张氏之意。张氏于文学极自熹，闻章氏非之，思所以自解者，令其婿卞某托刘申叔代达殷勤，谓每年愿致千金，而章氏多所要索，卞某不敢应，以语端方。端方固恧章甚，以为可以术致章氏归国而后除之。章氏知其狙诈，则愈为谲言相弄。端知章不可利诱，其事遂寝。

该文认为，《民权报》所发表的章氏四函"并无卖党之证"，"谓章氏以术取清吏之财则诚有之，夫以术取清吏之财者，革命党中宁止一章氏，要之非穷凶极恶，罪在不赦者也"。该文明显地替章氏辩护，但承认"章氏以术取清吏之财则诚有之"。《民声日报》是一家拥护袁世凯、吹捧章太炎的报馆。它的主笔黄侃1908年以后成为章太炎的弟子，处处以维护乃师尊严为己任。上海《天铎报》发表过对章"不敬"的文字，黄侃便把该报主笔之一的柳亚子找去，"铁青面孔"责问，要柳脱离该报[1]。试想，如果章太炎根本没有通过刘师培和端方发生过关系，黄侃怎么能让本报"记者"作出这种答辩来呢？这个"记者"不是别人，应该就是极端熟悉章太炎东京生活的黄侃自己。

上海《神州日报》也是一家拥袁捧章的报馆。它的主笔之一汪允中和章太炎同为俞樾门生。对于《民权报》刊载的章氏函件，它同样不敢否认，5月6日该报社论说："其事之有无，姑不置辩。"又说什么"小德出入，尽人难免"，意思是这只是"小德"！5月8日，该报又发表文章说："夫章原书中有一字涉及党人事实否？如以设法取人金钱即指为卖党之证，盖党人流离奔走时，其设法自济者多矣，某报可谓其人皆卖党乎？"这

---

[1] 《南社纪略》，第47页。

篇文章进而承认了事实，但"小德"问题也没有了，而是"设法自济"。

最后，必须着重指出的是致刘师培、何震五函是章太炎的亲笔。曼华《同盟会时代〈民报〉始末记》说："刘申叔夫妇以居东备受党人冷淡，亦相偕遁还国门，投效于满吏端方。申叔抵沪时，且遗书黄廑午、林广尘、汤公介等，诋章枚叔曾致函端午桥，由刘妻何震转交，要挟巨款二万，即舍革命而不言，往印度为借以终其身云。内并附章氏关于此事之手书真迹照片，廑午等一笑置之。"[1] 此文是根据汤增璧的回忆写成的，汤增璧即汤公介，他是民报社职员，章太炎的友人。这段回忆虽有其失真之处，但关于章氏手书照片的说法应是可信的。刘师培散发的这份真迹照片，正是日后《中刚日报》等报刊揭露章太炎的依据。1909年12月，因为美洲华侨受了陶、章攻击孙中山的影响，对孙中山的感情"大不善"，为了廓清影响，顺利开展在美的筹饷活动，孙中山曾写信给吴稚晖，要他将"刘光汉发露太炎同谋通奸之笔迹照片寄与弟用，以证明太炎之所为，庶足以破其言之效力"[2]。随后，这份真迹照片就影印刊登在美国《美洲少年报》上。

1912年，当中国同盟会广东支部听说袁世凯要委任章太炎任"国史院长"时，曾发表通电说：

> 章炳麟前乞充满奴端方侦探，泄漏民党秘密，笔据确凿，尚存本处。今闻拟委国史院长，如此重大事件，付诸金壬之手，势必颠倒是非，摇惑万世，誓不承认。[3]

可见，这份"笔迹照片"辛亥革命后还保存着。

章太炎不是谦谦君子，他不会容忍任何人对他无中生有、栽赃陷害，可是对于这件事，除了上面已经分析过的那份《辩书》外，他没有作过任何公开解释。这种异样的沉默只能说明其中有难以否认的事实。

---

[1] 中国史学会：《辛亥革命》（二），第447页。
[2] 《总理全集》第3册，《函札》，第111页，成都近芬书屋，1944。
[3] 《民权报》，1912年5月11日。

基于以上种种理由，笔者肯定章太炎致刘师培、何震的五封信是真的。

三

那么，章太炎和端方的关系到底怎样呢？

关于这个问题，在上述五函真伪问题的考证中实际上已可窥见其大概：章太炎确曾通过刘师培、何震夫妇跟端方联系，联系的中心问题是要端方给章太炎以去印度做和尚的经费，而章将从此脱离革命。刘师培在叛降端方时，向端方提出了这个问题，并在章、端之间联络交涉。章氏致刘氏夫妇的信，就是这种活动的记录。

在脱离革命去印为僧的背后是否还有更隐秘的政治交易？作这种指责的人没有提出充分的证据，笔者也没有发现这方面的材料，从章太炎的思想和性格看，他也绝对不会干这种事。但是，没有这点，并不能否定章太炎向端方运动经费是一个难辞其咎的错误。端方是镇压革命最力的满洲贵族之一，革命派恨之入骨。章太炎在和孙中山闹翻之后，去和这样一个人物发生关系，无怪乎事实公开后舆论大哗了。

这里，必须进一步考察的是章、端之间关系究竟达到何种程度。

1912年9月8日，北京《民主报》刊出该社职员的一篇文章，作者是与章太炎很熟的革命党人[1]，文中说：章"因刘申叔与圣母何震受端方运动，每月得其乾修二百两"。这条材料值得重视。前文提到，端方"资助"章太炎赴印度为僧的钱应怎样付给，刘师培提出的方案是"按月支给"，而章太炎不同意，认为按月支给不可靠，钱也太少，必须先在总数中"先付三分之二，不则二分取一"。这条材料所说的每月二百两银子，显然是一种折中方案，它既维持了"按月支给"的付款原则，又将实数提高到章氏所不愿意的"一岁不过千余元或仅数百"的一倍以上。问题

---

1 此人在东京曾见章太炎以脸盆"遥击"黄兴，又曾遇黄侃于途，"道太炎近事，为之咨嗟，太息不置"。

的关键在于章太炎曾否接收了这份"乾修",按作者文章,章太炎是接收了的。但是,这一方案并没有解决去印度的路费问题,章太炎并非谋衣谋食者流,显然不会接受。作者所述,当系出于传闻。

此后,这种关系有无进展?因为得不到直接材料,只能从别的方面考查。章、端之间以刘师培做中间人,章、刘关系可以反映出这个问题。1908年2月,即章太炎写了第五函的次月,刘师培、何震即回到东京。刘师培返日后,一面继续以"革命"的姿态大唱无政府主义"高调",一面暗中做侦探,向端方密报革命党人动态。这时,章太炎与刘、何关系很好,与两人同住于麹田区饭田町,同在名为研究"社会主义",而实为宣扬无政府主义的"社会主义讲习会"上作演说。但是,不过两个月,章就与两人大吵特吵起来,只好搬回民报社,自此,刘、何与章反目成仇,何震表弟汪公权甚至宣布要和章太炎"白刀子进去,红刀子出来"。他们之间为什么突然决裂呢?双方事后都没说明真实原因和细节,我们不能妄测这次冲突与章、端关系有关,但可以肯定,处于这种境况,由于失去中间人,章、端关系也就无法继续和发展下去了。

不过,事态并不到此为止。1908年4月27日,广州《国民报》刊出一则题为《章炳麟出家》的"活剧曲",中云:

(同志扫板唱)章炳麟抛却了、平生抱负。(慢板)眼见得汉人中、少个帮扶。披袈裟,坐蒲团,不顾宗祖。纵不念、众同胞,该念妻孥。况且是、我支那、蹉跎国步。望同志,抱热心,休作浮屠。

(章炳麟中板唱)……因此上,除却了三千苦恼,逼着我请个高僧来到东京披剃头毛。我非是、主持厌世遁入空门爱栖净土,我国人莫予肯谷,故把禅逃,从今后理乱不闻兴亡不顾,入沙门,参佛祖做贝叶工夫。

这篇戏文的史料价值,在于它反映出章氏出家消息传播之广,及革命党人对此的态度。戏文批评章"理乱不闻兴亡不顾",态度是善意的、诚恳的。对此,章太炎没有反应。紧接着,5月24日,上海《神州日报》又刊出了一则《炳麟启事》：

> 世风卑靡，营利竞巧，立宪革命，两难成就。遗弃世事，不撄尘网，固夙志所存也。近有假鄙名登报或结会者，均是子虚，嗣后闭门却扫，研精释典，不日即延高僧剃度，超出凡尘，无论新故诸友，如此以事见问者，概行谢绝。特此昭告，并希谅察。章炳麟白。

这里，除了去印度一节外，脱离革命和出家似乎都将实行了。但是，章太炎却在6月9日出版的《民报》第21期刊登《特别广告》，予以否认。

> 仆于阳历五月二十四日赴云南独立大会，仆归后即不见印章一方，篆书：章炳麟印。知是侦探乘间窃去，以后得仆书者，当审视笔迹，方可作准。
> 再，近有人散布匿名揭帖，伪造仆与锡良之电报，又有人冒名作信，在上海《神州日报》登《炳麟启事》一则。其散布匿名揭帖者，查得是山西宁武县人，其冒名告白，尚待调查，合并声明。

这则《广告》戳穿了前述《启事》是伪造的。它的伪造者是谁呢？这则《广告》中提到了"散布匿名揭帖"的是"山西宁武县人"。当时，在东京的"山西宁武县人"中，确有人信奉无政府主义，与章太炎不睦，并与刘师培关系密切。章太炎声明已经"查得"，但没有点名。至于"冒名告白"的作者，章氏只表示"尚待调查"，没有公布结果。实际上，也只有刘师培一伙才会干这种勾当。

这是因为：章太炎找刘、何替他跟端方拉关系，使刘师培、端方都觉得有油水可捞，因而刘替章打了保票，狡猾的端方虽不肯将巨款轻易付人，也还是出了高价。可是，章太炎居然食言——虽然在那里醉心佛学，梦想"扶掖圣教"，请了一个名叫密尸逻的印度人在那里教梵文[1]，但是，并没有去印度，而且，仍然在《民报》上发表文章，倡导"排满"。

---

[1] 杨仁山：《等不等观杂录》卷8。

这样，刘师培当然无法向他的主子交代了。情急无奈，只有不择手段，伪造一个启事在上海的报纸上登出来，好让端方看到，说明他刘师培已经完成了任务。

总之，在章太炎和刘师培的关系破裂以后，章太炎和端方的关系也就无法存在了。1908年10月，日本政府在封禁《民报》的同时，也封禁了刘师培的《天义报》和《衡报》。11月，刘师培回国，继续以革命党人的身份在上海招摇撞骗。此后不久，他即将章氏五函由何震加注说明后寄给黄兴等人。这一事实，说明端、刘的策反计划已经彻底破产，只能利用这五封信搞臭章太炎，在革命党人内部制造猜疑和矛盾。

章、端关系曾达到何种程度，如何结局，至此已比较了然了。前引《民声日报》的文章说："端知章不可利诱，其事遂寝。"这应该是可信的。

末了，附带谈一谈章太炎与端方的关系问题为什么引起了轩然大波。这种情况的形成当然与章太炎此举本身的严重性分不开，同时，也和同盟会内部矛盾的加剧有关。

在刘师培回国后不久，民报社发生纵火案。紧接着，又发生毒茶案。纵火、放毒的主犯都是刘师培的同伙汪公权。1908年12月，江、浙革命党人在上海策划起义，刘师培将这一情况密报端方，党人张恭被捕，刘师培一伙的叛徒身份因而逐渐暴露。此后，刘即投入端方幕中任"文案"。1909年8月，端方调赴直隶，上海报纸发表了随员名单，其中就有刘师培。这样，刘师培的叛徒身份就彻底暴露了。在此之后一月，陶成章、李燮和等联络少数人，发布了份所谓《七省同盟会员意见书》，诬陷孙中山吞蚀华侨巨款，藉革命肥家，陶并亲自跑到东京要求罢免孙中山的总理职务。同年10月，《民报》秘密在日本筹备复刊，章太炎又写了《伪〈民报〉检举状》，攻击孙中山。陶、章二人肆意破坏团结，声势咄咄逼人，迫使孙中山、黄兴等不得不回击，以挽回影响。尽管陶成章是组织和发动这场攻击的祸旨，章太炎却因旧日声名及其同孙中山的长期矛盾而风头最健。于是，章太炎与端方的关系被正式提出来了。

双方的激烈情绪是可以想见的。在抨击章太炎时，像吴稚晖那样断言章已经出卖革命，显然挟有个人恩怨；他人断言章背离革命、沦为侦探，不是意气用事，便是由于情况不明。章太炎和刘师培有过那样一段极为密切的关系，又有这样五封信，当时，人们无法弄清全部情况，把章、端关系估计得更复杂些并不奇怪。在我们考察这桩历史公案时，对于双方过头的话，都应根据可靠史实予以订正。

关于同盟会内部的分歧和斗争，笔者将另文讨论。这里须要提出的是，同盟会内部日常事务和人事上的冲突是由于在政治、思想和斗争策略上存在分歧而引起的。但是在斗争开展之时，这种分歧并没有被提出来展开应有的思想斗争，反而被个人的攻击所掩盖。这种现象也是当时革命派政治上不成熟的一种表现。我们在观察同盟会内部的斗争时，不应被一些热闹事件所迷惑，忽略了背后的主要分歧，也不能认为这些事件都不值一提，把它与背后的分歧看成截然两回事。这样，都无法掌握同盟会内部斗争的全貌。

附记：

本文发表后，有人赞成，有人怀疑。1979年，曾业英同志发现了章太炎复浙江统一党支部的一封信，为本文找到了确凿的证据，其争遂息。今录章函如下：

> 浙江统一党支部鉴：电悉。同盟南北诸报皆举端方事件，以为攻仆之词，其实不值一哂，请为诸君道其原委。仆自抵东办报，亲戚故旧，音问俱绝。后见同盟会渐趋腐败，愤欲为僧，以求梵丈于印度。又与安南、朝鲜诸学生立亚洲和亲会，闻印度革命党才高志坚，欲裹粮以从之，得所观法。于时假贷俱绝，惟南皮张孝达有一二日之旧游，后在东京关于文学教育诸事，亦尝遗书献替。张于革命党素无恶感，不得已告贷焉。其书嘱长崎领事卞某带归，卞即〈张〉之婿也。卞回国后，不敢请通，私以语端方，遂居为奇货，反嘱卞来告。其言十万金五万金者，皆凭虚饵人之语。仆亦欲达初志耳，何论出资者为端为张！而端遂欲致之鼓山（福建岛）、普陀等

处，仆遂决意不受。对敌之言，自有开合张弛，同盟会人遂云仆作侦探，然则黄兴出洋留学，亦端方特与官费，其侦探耶非耶？同盟会业成而〈归〉者，亦多仕宦，或为将弁、幕府之属，其侦探耶非耶？诬人之言，以［心］所不可。《天铎》、《民权》诸报，市井丑谈，未脱南洋、美洲口吻，夫何足致辩哉！剥此敬复。章炳麟白。

(《越铎日报》，1912年6月6日)

《民报》的续刊及其争论

1909年10月，同盟会本部在东京筹备续刊《民报》，以汪精卫为总编辑人，将原《民报》社长章太炎排除在外，章太炎愤而作《伪〈民报〉检举状》，对孙中山等进行攻击，引起《中国日报》、《公益报》、《中兴报》、《星洲晨报》、《新世纪》等报刊的反击，从而形成为同盟会分裂过程中的一大事件。对此，笔者已作过分析[1]，本文拟在旧作的基础上，依据新发现的资料，作进一步的阐述和探讨。

一 同盟会内部矛盾的加深和争夺《民报》的斗争

《民报》是在和改良派论战、宣传革命思想中发挥了重大作用的刊物。按其编辑方针和内容，可分前后两期。前期撰稿者主要为胡汉民、汪精卫、朱执信等，后期撰稿者主要为章太炎、刘师培、汤增璧等。1908年10月，日本政府下令禁止第24号发行，《民报》出版中断。在东京中国革命党人讨论续刊时，章太炎由于为支撑《民报》而吃尽苦头，又由于和黄兴、宋教仁之间发生分歧等多方面的原因，愤而当众宣布，辞去社长职

---

[1] 见本书《同盟会的分裂与光复会的重建》。

务，并声明"不再与闻《民报》之事"[1]。此后，革命党人虽有意将续刊问题付诸实施，但印刷发行地点、经费、编辑人选等都发生困难，章太炎的位置也不好安排，因此，迟迟不能获得进展。1909年夏，革命党人得到了"香港某君"的资助，决定以巴黎《新世纪》杂志社为掩护，仍在日本秘密印刷发行，黄兴等"共举"汪精卫为总编辑人。这样，有关困难逐一解决，停顿近一年的《民报》有了续刊希望。但是，同盟会的内部矛盾当时正在进一步加深，此事遭到了陶成章的强烈反对。

　　1907年春，孙中山离日南下，准备在中国南方边境发动起义，因缺乏经费，曾接受过日本政府的赠款，陶成章、章太炎等不明真相，在部分日本浪人的挑唆下，发动第一次"倒孙风潮"，要求罢免孙中山的同盟会总理职务。由于黄兴、刘揆一等人的抵制，这一风潮逐渐平息。1909年春，陶成章因在南洋筹款收效不大，和孙中山及同盟会南洋支部矛盾日深，酝酿发动第二次"倒孙风潮"。同年秋，他在陈威涛支持下[2]，联络李燮和等起草《孙文罪状》，大肆攻击孙中山有"残贼同志"、"蒙蔽同志"、"败坏全体名誉"等罪行三种十二项。陶成章的目的仍然是罢免孙中山的同盟会总理职务，争夺同盟会的领导，包括《民报》的编辑、出版权。《罪状》指责孙中山为了个人目的，企图扼杀《民报》。它说："《民报》名誉，为南洋各埠所顶礼，孙文之出名，亦即由此而来。今彼名既成立，复有《中兴报》之鼓吹，但《中兴报》不得目为南洋全体之机关，实系彼一人之机关而已。然使东京而有《民报》在也，是则加于《中兴报》及《中国日报》之上，南洋华侨人心，势必有所分驰，不得便其私图。故于去岁陶君《民报》收单寄交之后，彼即托言筹款困难，并不发布，至《中兴报》之股，集款至于再而至于三，极言本报大有关系，我同志不可不出力协助、维持等之言。此去岁秋冬二季时之事也。"[3]《罪状》又说：孙中山不仅要使得东京没有《民报》，而且要使得

1　《本报谨白》，《民报》第26号。

2　陈威涛，原名陈依陶，曾任《中兴报》书记，因账目糊涂，滥支公款，被《中兴报》登报革退。自此，即与陶成章结合，并改名"恶逸"，表示憎恶孙逸仙。有关情况，见德如《呜呼跳梁之小丑》，《中兴报》，1910年1月3日，新加坡大学图书馆藏，下同。

3　《孙文罪状》，《南洋总汇新报》，1909年11月11日，新加坡大学图书馆藏，下同。

南洋各埠除《中国日报》及《中兴报》之外，不再有中国的其他报章。"何则？中国各报均零星载有内地革命之事，使华侨见之，知我革党非仅彼一人专有矣。"[1]《罪状》以此作为孙中山"蒙蔽同志"的第一大罪。它附列善后办法九条，其第四条为："再开《民报》机关，通信各埠，以系海内之望。"第五条为："兼于《民报》社内，附设旬报，凡《中兴报》之所至，亦踪寻之而往，以为扩张势力之举，且以限止孙文谎骗之伎俩也。"[2]这里，陶成章、李燮和把续刊《民报》的目的说得很清楚，除了所谓"系海内之望"外，一是为了和《中兴报》分庭抗礼，一是为了攻击孙中山，"限止孙文谎骗之伎俩"。

《中兴报》初名《中兴日报》，1907年8月20日创刊于新加坡，第一任主编为田桐，是同盟会南洋支部的机关报。它创刊之后，继承前期《民报》方针，和保皇党的《南洋总汇新报》展开了激烈论战。原《民报》主力胡汉民、汪精卫及革命党人林文、居正等先后抵新，参加辩论。和章太炎主持的后期《民报》比起来，《中兴报》显得泼辣、锐利得多。其间，孙中山曾以南洋小学生为笔名，发表《论惧革命召瓜分者乃不识时务者也》等三篇文章，批驳保皇党谬论。1908年9月，陶成章也曾发表《规保皇党之欲为圣人英雄者》等四篇文章。章太炎的著作《新方言》、陶成章的著作《中国民族权力消长史》，《中兴日报》均曾发表告白，积极鼓吹。因此，它既不是孙中山一派的派报，更不是孙中山一人的私报。陶成章等攻击《中兴报》，目的在另树一帜。后来，南洋华侨曾驳斥道："夫《中兴报》为有限公司，全是华侨资本，虽为开通民智起见，仍含营业性质，吾同人亦有附股者，何硬指为孙君所办？试问《中兴报》之宗旨，果为何等？自负革命功首，而必踪其迹而破败之？"[3]这后一个问题提得是好的。革命的刊物之间本应互相配合，彼此支持，为什么要"踪其迹而破败之"呢？

---

[1] 《孙文罪状》，《南洋总汇新报》，1909年11月11日。

[2] 《南洋总汇新报》刊登的《孙文罪状》没有"善后办法"，此据1912年11月2日上海《神州日报》所登《孙文罪状》补。

[3] 庇胜华商同人：《复泗厘歪也再寄匿名谤书者》，《中兴报》，1909年12月8日，下同。

1909年8月下旬，陶成章带着《孙文罪状》赶赴东京，要求同盟会总部开会讨论。不久，汪精卫也到达东京。陶成章敏锐地感到，汪精卫此行的目的是为了续刊《民报》。他致书李燮和等说："精卫此次之来，一为辩护孙中山，二则因南洋反对日多，欲再来东京窃此总会及《民报》之名，以牢笼南洋。盖东京总会无人过问，故彼欲图此以济其私。"他声明，《民报》的编辑权"不由众议而自窃取者，无论何人"，"决不承认"[1]。继而表示，《民报》专为孙中山一人"虚张声势"，非先革除孙中山的同盟会总理职务不能办报[2]。这样，陶成章争夺《民报》，另树一帜的企图就清楚地表现了出来。陶成章的要求遭到了黄兴的坚决拒绝。在此期间，《民报》续刊的筹备工作开始，事为支持陶成章的章太炎得知，立即起草《伪〈民报〉检举状》，对孙中山进行了骇人听闻的攻击。由于它以"原《民报》社长章炳麟白"的名义并以传单形式散发，因而，迅速引起各方面的注意。

二　章太炎的《伪〈民报〉检举状》

《伪〈民报〉检举状》是章太炎盛怒之下的产物。它反映了陶成章对章太炎的影响，也反映了章太炎长期积郁的对孙中山的不满，还反映了章太炎思想性格中的弱点：主观、武断、感情用事。

（一）指责续刊《民报》为伪。章太炎说："《民报》于去年阳历十月，出至二十四期，即被日本政府封禁。时鄙人实为社长，躬自对簿。延至今日，突有伪《民报》出现，主之者为汪兆铭，即汪精卫，假托恢复之名，阴行欺诈之实。"[3]汪精卫是前《民报》的主要撰稿人，为什么他主编的《民报》就是"伪"呢？章太炎的理由是：《民报》被封禁时，自己是社长，曾在法庭上代表《民报》和日本政府打官司。

1　《致若愚、柱中》，《陶成章信札》，第14～15页，湖南人民出版社，1980。

2　《黄克强先生书翰墨迹》，台湾，1973年增订版。

3　《南洋总汇新报》，1909年11月6日。下引《检举状》原文，出处均同此，不一一注明。

（二）指责汪精卫、胡汉民"标榜"孙中山。章太炎说："(鄙人)出狱之后，主任《民报》，几及三年，未有一语专为孙文者也。惟汪精卫、胡汉民之徒，眼孔如豆，甘为孙文腹心，词锋所及，多涉标榜。"《民报》前期，汪精卫、胡汉民曾在他们的文章中，阐述了孙中山的民族、民权、民生三大主义，章太炎对此看不惯。他以"主任《民报》"三年，"未有一语专为孙文"自夸，正说明他和孙中山的思想之间有扞格难合之处。

（三）指责孙中山不接济《民报》的经济困难，"背本忘初，见危不振"。章太炎说：《民报》经费多次支绌。第一次在1908年春天，由于萍、浏、醴起义后，《民报》不能输入内地，销数减半，因此不仅付不出印刷费和房租，而且民报社连伙食都开不出，人迹杳无。其间，章太炎曾致书南洋，要求孙中山接济，或派胡汉民、汪精卫东渡，但"或无复音，或言南洋疲极，空无一钱，有时亦以虚语羁縻，谓当挟五六千金来东相助，至期则又饰以他语，先后所寄，只银圆三百而已"。第二次在1908年秋，章太炎印制股票数百份，托陶成章带到南洋募捐，但孙中山"坐视困穷，抑留不发"。第三次在《民报》被封后，准备迁地出版，同时，诉讼失败，日本政府判令交纳罚金一百五十元，章太炎交纳不出，亲身跑到警察署，准备坐牢，以苦役代罚金，幸得友人资助告免。章太炎愤愤地说："夫身当其事者，亲受诟辱则如此；从旁相助者，竭蹶营谋则如彼；而身拥厚资、豢养妻妾之孙文，忝为盟长，未有半铢之助，不自服罪，又敢诋毁他人，此真豺虎所不食，有北所不受。"《民报》经费困难是事实，章太炎辛苦支撑《民报》也是事实，但说孙中山"身拥厚资、豢养妻妾"则是主观臆想。

（四）指责孙中山"乾没"巨款，借革命以营私。章太炎说："孙文本一少年无赖，徒以惠州发难，事在最初，故志士乐与援引。……四五年中，名誉转大，一二奋激之士，过自谦挹，奖成威柄，推为盟长，同志又作《民报》以表意见……而孙文小器易盈，遂借此自为封殖。在东京则言在南洋有党与十万，在南洋则言学生全部皆受指挥，内地豪杰，悉听任使。恃《民报》鼓吹之文，借同志拥戴之意，乘时自利，聚敛万端。"章太炎提出的主要事实有两项。一为1907年春,孙中山接收日本政府赠款事,章太炎斥之为"密受外贿"。为钦州、廉州、镇南关、河口等地军费开支事。据章太炎统计,1907年孙中山南行,四处筹款,不下三四十万,但开销只有四万不到。他说:"镇南关、河口之役,军械至少,钦、廉亦未有大宗军火,先后所购之铳,仅二百余支,此外则机关铳四门,更无余器(此皆黄兴口说)。计其价值,不盈三万,所余款项,竟在何处?若云已悉散之会党,由今核实,则关仁甫之攻河口也,所领薪水,但及三千,许雪秋亦得三千,梁秀春二千而已。先后所散,略及万金。是则其说亦伪。夫孙文怀挟巨资,而用之公款者,十不及一。《民报》所求补助,无过三四千金,亦竟不为筹画,其乾没可知已。"在所有指责里,这一条最有损于孙中山的形象,因而也最使孙中山感到恼火和委屈。在《致吴稚晖函》中,他曾自述因投身革命而使家庭破产的事实:"两年前家兄在檀已报穷破产,其原因皆以资助革命运动之用,浮钱已尽,则以恒产作抵,借贷到期无偿,为债主拍卖其业。今迁居香港,寄人篱下,以耕种为活,而近因租价未完,又将为地主所逐。"并说:"自我一人于此两年之内,除住食旅费之外,几无一钱之花费,此同事之人所共知共见也。而此期之内,我名下之钱拨于公用者一万四千元,家人私蓄及首饰之拨入公用者,亦千数百元。此我'攫利'之实迹,固可昭示于天下也。"[1]

(五)指责孙中山卖国卖友。章太炎说:"云南本中国之地,而欲赠送法人。"又说:"试观黄兴,非与孙文死生共济者耶?而以争权怀恨,外好内猜;精卫演说,至以杨秀清相拟。关仁甫,非为孙文效死建功者耶?而以事败速逃,乃至密告英吏,诬以大盗。其背本无恩如此。"这一条指责很厉害,但由于过分无稽,因而人们并不大相信。

(六)劝阻华侨为续刊《民报》捐款。章太炎说:"令告诸君,今之《民报》非即昔之《民报》。昔之《民报》,为革命党所集成;今之《民报》,为孙文、汪精卫所私有。岂欲伸明大义,振起顽聋,实以掩从前之诈伪,便数子之私图。诸君若为孙氏一家计,助以余资,增其富厚可也;若为中国计者,何苦掷劳力之余财,以盈饕餮穷奇之欲!"这一条是

---

[1] 《国父全书》,第418～419页,台北版,1963。

釜底抽薪，目的在断绝续刊《民报》的经费来源。

透过凹凸镜看世界，一切都改变了样子。在章太炎的笔下，孙中山这个伟大的革命家成了贪财黩货的江湖骗子，他的行为一无可取。章太炎说："综观孙文所为，岂欲为民请命，伸大义于天下，但扰乱耳！"章太炎的这份《检举状》先在东京《日华新报》上发表。11月6日，保皇党在新加坡的机关报《南洋总汇新报》全文刊出，改题为《章炳麟宣布孙文罪状书》。同月11日、27日、29日，又分三天刊出了李燮和等的《孙文罪状》。编者以无限轻蔑的口吻在跋语中说："记者之意，不过欲使华侨知革党之内容，如是如是，则已入迷途者宜急早回头，将入而未入者更宜视之若浼。大之为国家培无限之正气，小之为华侨借有限之钱财，如是焉而已。"[1]整个辛亥革命时期，保皇党一直利用这两份"罪状"作为进攻革命党人的炮弹。1913年二次革命失败，袁世凯编印反动小册子《国贼孙文》，也从中撷取了不少材料。

《检举状》的作者是在革命党中素负重望的章太炎，它攻击的对象孙中山则是当时中国革命党人的旗帜。因此，《检举状》的散发和流布对革命党人的威信是个巨大的打击，也给同盟会的募捐活动制造了巨大困难。最初，黄兴持克制态度，仅在《民报》第26号刊登告白，说明章太炎"好听谗言"，"不计是非"，"不问情伪"，并不准备展开辩论[2]。但是，被《检举状》所激怒，东京部分革命党人已经平静不下来了，他们决定拿出撒手锏来回击。

三 刘师培《致黄兴书》的公布

1907年夏历八月，章太炎因和孙中山矛盾日深，对同盟会也日益不满，准备去印度做和尚，但缺乏路费，曾通过刘师培之妻何震与长崎领事、张之洞的女婿卞绰昌联系，企图向张之洞谋款，没有接上关系。

---

1 《南洋总汇新报》，1909年11月29日。

2 《民报》第26号告白。

后又通过何震、刘师培与端方联系，企图从端方手中取得路费。1907年冬，何、刘二人先后返国，暗中向端方自首，章太炎为谋款事，曾给二人写过若干封信。次年春，刘、何二人返回日本后，与章太炎之间的关系破裂。章太炎曾在《日华新报》上揭露过何震。作为报复，刘、何拟延聘律师起诉，后又拟将章太炎的有关信件汇印公布，但都没有实行，仅去《民报》社将章太炎"痛殴"了一顿。同年冬，刘、何二人返国。到上海后，为了在革命党人中挑拨离间，刘师培即给黄兴写信，揭露章太炎要他们向张之洞、端方谋款的经过。信中说：

> 彼于去秋（指1907年秋——笔者）之后，与仆同居，仆因平日所学，与彼相同，言奇折疑，遂成莫逆。然太炎当此之时，已无心于革命，欲往印度为僧；又以无款之故，欲向官场运动。乃作函于张之洞，辞多猥鄙，乃其稿藏于书中，猝为仆见。彼邓不复自讳，宣言士各有志，同盟会不足与有为，而研习佛教，亦当今急务。且与仆相商，言今长崎领事卞绋昌，为张之婿，于何震为戚属，可将致张之函稿（此为第二函）托卞转致，向张索款三万，以二万助彼旅费，以一万归仆，为印书之资。时震适以事返国，并为彼向余杭家索款（得洋八百元），道经长崎，登岸访卞。适卞已于前数日卸职，乘轮返国，此事遂成画饼。然太炎心仍未已，复作函于震，使之向金陵刘姓索款，并向卞绋昌及池州杨仁山谋，使以此事干江督端方，复令仆返沪，共商此事。然仆等均知此事不易成，至沪以后，乃告以三万元之款，必不可得，即成亦不过按月支款，冀寝其谋。而彼仍作函相促，并于《民报》登告白，言近罹脑疾，不克用心，并将此报寄至沪上，嘱仆等由卞、杨转示官场，仆等一笑置之。此报旋赠高某。[1]

信中所言章太炎情况，证以其他资料，大体属实。所言自身态度，例如"冀寝其谋"、"一笑置之"等，都在说谎。事实上，刘、何二人企图以

---

[1] 原载《日华新报》，转引自《星洲晨报》，1910年1月15日，新加坡大学图书馆藏。

策反章太炎作为向端方的见面礼,对"谋款"事是很积极的。由于刘师培这时还在伪装革命党,他不得不隐瞒了有关事实。信中,刘师培附寄章太炎的有关书信照片六纸,并说:"此六函外,尚有数函,因回国时,已在东京印照片,尚未完成,俟该照相馆将此片寄沪后,再为寄上,今印成者仅六片,故先寄上。"

黄兴等接到刘师培此信后,曾开会研究过,认为章太炎"心神狂乱,宗旨不定,稍涅即淄",决议此后凡有关秘密事情,不与商量,同时,为了给章太炎的回头留有余地,决定"讳莫如深,不予公布"。[1]《伪〈民报〉检举状》发布后,东京部分中国革命党人决定公布有关资料,作为对章太炎的回击。《日华新报》的编者原来是支持章太炎的,在获睹有关资料后,立即转变态度,以《章炳麟背叛革命党之铁证》为题发表了刘师培致黄兴书。按语说:"革命党章炳麟到东以来,主持《民报》,颇为该党所欢迎。本报亦以其国学大家,殊器重之,是以章氏来函,无不为之宣布。初谓章炳麟倡言道德者,必不作欺人语也。顷得革命党刘光汉(现在北洋总督衙门充当幕友)致该党黄某一函,披阅一过,令人发指。章氏日言道德,而其个人之道德则如是!呜呼!章氏休矣!己不正而欲正人,一何可笑之甚耶!说者谓章刊'伪《民报》'传单,为图归国地步。本社已得章炳麟背叛该党之亲笔函六纸,当付手民,刊成铜版,刊登报端,以告东京学界,毋再以章先生为道德家。"[2]刘师培致黄兴书及章太炎六函的发表成为革命党人向章太炎反攻的有力炮弹,笔战日益激烈。

11月下旬,香港《中国日报》以"东京访函"名义发表《章炳麟与刘光汉之关系历史》一文,详细地叙述了二人之间的离合关系。该文进一步宣称:"章近致书直督幕中刘光汉,重申前约,愿和好如初,目前刘已派委员到东京,与章交涉革党事,谓端午帅令其解散革党,事成许以重利,现章已允尽力担任云。"[3]按此文的说法,章太炎和端方的关系就不只是为了取得做和尚的路费,而是发展为因"重利"而出卖革命了。

---

[1] 意公:《与章炳麟书》,原载香港《公益报》,此据《中兴报》1909年12月2日转载该文引。

[2] 《星洲晨报》,1910年1月18日。

[3] 转引自《中兴报》,1909年11月30日。

同日，《中国日报》又发表《为章炳麟叛党事答复投书诸君》一文，宣布章炳麟已经"叛党"，成了"满洲鹰犬"，是"中国革命党之罪人，《民报》之罪人"。该文说："夫《民报》社长一职，乃由革命本部委任，岂章可据为子孙万世之事业乎？端方之赏金黄光耀目，章或可牺牲同志之生命以图之耳，若《民报》原有之名字，则不容汉奸辈盗窃之也。"[1]这样，革命党人就找到了排除章太炎于《民报》之外的充足理由。

此后，同盟会系统的报纸在反击章太炎时，大都采用《中国日报》的调子，指斥章太炎为端方侦探，有的并提出章太炎和清陆军部尚书铁良也有暧昧关系。这些反击，抵消了章太炎散发《检举状》所造成的影响，但是，却中了刘师培的反间计，扩大了同盟会内部的裂痕，也给章太炎加上了诬妄不实之词。章太炎和铁良的关系，完全出于刘师培一流内奸的捏造[2]；他和端方的关系，也仅止于谋款。"侦探"云云，均属子虚。

四　全盘否定章太炎的《民报》编辑工作

在胡汉民、汪精卫、朱执信等离日后，《民报》在大部分时间内由章太炎主持。《中国日报》等除在政治上指责章太炎"叛党"外，也对章太炎的《民报》编辑工作进行了指责。这些指责，反映了《检举状》公布后孙中山一派人的愤激情绪，也反映了他们对章太炎长期积郁的不满。

（一）指责章太炎不参加对《新民丛报》的论战。《中国日报》说："章与梁启超同办《时务报》以来，与保皇党之关系未尝断绝，《新民丛报》之《儒术真论》即章手笔。当《民报》与《新民丛报》笔战之时，战斗皆精卫、汉民、悬解（朱执信）、寄生（汪东）诸君任之，章以与梁启超交厚故，未有一文之助力。"[3]在革命派中，章太炎是最早批判梁启

---

[1] 转引自《中兴报》，1909年11月30日。

[2] 参见本书《章太炎与端方关系考析》。铁良，章太炎发表于《民报》第21号的告白作锡良。

[3] 《为章炳麟叛党事答复投书诸君》，转引自《中兴报》，1909年11月30日。下引《中国日报》文章，除注明者外，篇名、出处均同此，不一一注明。

209

超和康有为的人,但是在《民报》和《新民丛报》论战时,章太炎确实不大积极,他觉得胡汉民、汪精卫的文章"辞近诟谇"[1],当梁启超通过徐佛苏出面建议停止辩驳的时候,章太炎主张"许其调和"[2]。

(二)指责章太炎提倡佛学,背离孙中山的"三大主义"和《民报》的"六大主义"。《中国日报》说:"章炳麟以其一知半解、干燥无味之佛学论,占据《民报》全册之大部,一若以《民报》为其私有佛学之机关报也者。……由是各地阅者以《民报》主张佛学甚于本来之六大主义,多辞退不阅。"《公益报》也说:"足下弗悟,甫执文权,即叛《民报》本来宗旨之六大主义……所主张阐发民族、民权、民生之大问题者,足下偏摭拾一二佛经,为佛氏传教。"[3]章太炎在主持《民报》期间,发表过不少推崇佛学的文章。在这些文章中,既表现了章太炎改造佛学,寻求一种新的世界观,使之为民主革命服务的积极企图,也表现了他所承受的佛学唯心主义和虚无主义的消极影响。然而,佛学虽有某些精华,但这些精华却包裹在艰深烦琐的教义中。它不能也不应该成为革命党人的精神武器。章太炎撇开卢梭《民约论》等一类西方民主主义文化,也撇开业已为革命党人所接受的孙中山"三大主义",在《民报》上大肆推崇佛学,这就走上了一条错误的道路,也脱离了革命党人和广大群众。当时,四川革命党人铁铮就曾指出,佛学是"迂缓之学","上智之士犹穷年累月而不得,而况欲使普通之一般国民皆能明之以振起其气概!"[4]日人梦庵也针对章太炎的《大乘佛教缘起说》指出:"此《缘起说》足以济度恶劣政府乎?足以建设共和乎?佛教之平和思想,死于千载之上,曷得抱亡骸为维持新世界、新真正之平和之具?""《民报》之作此佛报者,抑出于何意乎?《民报》宜作民声,不宜作佛声也。"[5]应该承认,这些意见有一定道理。但章太炎性格执拗,对于佛学的嗜好也太深,先后发表《答铁铮》、《答梦庵》二文,继续坚持必须大力宣扬佛

---

1 《太炎先生自定年谱》。

2 《宋教仁日记》,第323页,1907年1月11日,湖南人民出版社。

3 意公:《与章炳麟书》,转引自《中兴报》,1909年12月2日。

4 《中国已亡之铁案说》,《鹃声》复刊第1号。

5 《呓语》,《东亚月报》第2号。

学，这就使革命党人很失望。应该说，孙中山等之所以热情扶助《中兴报》，而对《民报》态度消极，这是一条重要原因；续刊《民报》时之所以排除章太炎，这也是一条重要原因。关于后者，《公益报》曾明白宣示："顾同人之光复《民报》，志在发挥公理，非求泄发私怨也；志在宣扬民意，非求传播佛声也。故《民报》光复，不能使足下与闻，亦不欲以狂妄之夫再尸要地，以碍同志团体之进行也。"[1]

（三）指责章太炎提倡无神论，攻击基督教。《中国日报》说："基督教素重人权自由主义，故内外同胞之主张民族、民权、民生三大主义者，以基督教徒为多。乃章炳麟创为无神论，以排斥耶稣之道，以致内外同志多疑《民报》为排斥耶稣之机关报，摇惑人心，莫此为甚。"[2]革命派这里所说的基督教，指的是16世纪欧洲宗教改革运动中产生的"新教"。在当时，它代表新兴资产阶级的利益；在近代，殖民主义者曾利用它作为对外侵略的工具。章太炎批判基督教，主要目的在于反对帝国主义对中国的文化侵略。《中国日报》注意了团结基督教徒投入民主革命，但是却看不到章太炎批判基督教的积极意义，也看不到章太炎提倡无神论的积极意义（虽然章太炎的无神论并不彻底），这在理论上是短视浅见的。

（四）指责章太炎批判《新世纪》，伤害同志感情。《中国日报》说："法国《新世纪》与《民报》同属革命党之机关报，原应同心戮力，以谋国事，乃章炳麟以个人私怨，竟借《民报》为攻城之具，日向《新世纪》宣战，第24号有《规新世纪》之文，占全册之半，伤害同志之感情，徒贻外人之笑柄。"[3]辛亥革命前中国宣传无政府主义的杂志有两个：一为东京的《天义报》，创办人为刘师培、何震；一为巴黎的《新世纪》，创办人为吴稚晖、李石曾、张静江。两个杂志各有特点：前者和国粹主义纠结难分，带有很大的封建性；后者则对国粹主义持批判态度，反对封建文化的色彩较浓。章太炎受过刘师培无政府主义的影响，但对《新世纪》则始终深恶痛绝；在和刘师培决裂之后，即以《新世纪》为

---

[1] 意公：《与章炳麟书》，转引自《中兴报》，1909年12月2日。

[2] 《为章炳麟叛党事答复投书诸君》，转引自《中兴报》，1909年11月30日。

[3] 同注2。

靶子对无政府主义进行批判。他先后发表过《排满平议》、《四惑论》、《驳中国用万国新语说》、《规新世纪》等文。这些文章,并没有抓住要害,但他公开宣布"无政府主义者,与中国情状不相应"[1],总的来说反映了思想上一个方面的进步。

章太炎对《新世纪》的批判也有缺点。还在中国教育会时期,章太炎和吴稚晖之间就因事不和,章太炎到日本后,又听人说吴稚晖在《苏报》案中曾向清吏俞明震告密,因此,多次在《民报》上发表指责吴稚晖的公开信,这些指责,并没有提出有力的证据,某些地方却给人以骂大街的印象。其次,《新世纪》当时还是革命队伍中的一翼,他们公开声明:"种族革命党与社会革命党今日之作用同,而其主义不同,然此不同者,固无碍其同为革命党也,无碍其协力以图最近之革命也。"[2]因此,对《新世纪》可以批判,但必须掌握一定的火候,有所节制。在《台湾人与〈新世纪〉记者》一文中,章太炎说:"《新世纪》记者阳托名于无政府而阴羡西方琛丽","此曹无耻,复倍蓰于立宪党人","犹槟榔屿之少女,聚歌沙丘以求新牡,昨者方为甲者所掠,而有今日,复愿为乙者、丙者所掠"。[3]这些地方,从内容到语言都显得过火了。

(五)指责章太炎"挑动日人之恶感情",导致《民报》停刊。《中国日报》说:"《民报》出版以来,日政府绝不干涉,乃章炳麟倡言恢复台湾、朝鲜之议,又鼓吹暗杀,以挑动日人之恶感情,遂致有停止发行之命令。使章当日立论如第12号以前,则《民报》至今犹存也。"[4]《公益报》也说:"所主张中日国民联合者,足下明知社会党为当时日本内阁所忌,乃必发挥社会主义,撄其忌以种封禁之祸因。"[5]日本政府禁止《民报》第24号发行的原因很复杂,既和清政府的多次交涉有关,也和日本内阁更递、政策改变相连。西园寺内阁时代,采取一种"法兰西宽大政策",结社、言论、出版都相对自由,社会主义运动发展迅速。1908年7月,西园寺内阁被

---

1 《排满平议》,《民报》第21号。
2 真:《与友人论种族革命党及社会革命党》,《新世纪》第8号。
3 《民报》第22号。
4 《为章炳麟叛党事答复投书诸君》。
5 意公:《与章炳麟书》。

撤换，更替上台的桂太郎内阁对社会主义运动采取严厉镇压政策。《民报》虽因鼓吹暗杀的部分言论和日本社会党人中的无政府主义派别——"直接行动"派相呼应，为桂太郎内阁所忌，但是，把《民报》出版中断的原因归结为章太炎的过激言论所致，仍然是简单的、片面的。

章太炎的《民报》编辑工作有功绩，也有严重的过失。《中国日报》等完全抹煞前者，而将后者夸大，把章太炎说成《民报》罪人，这是极不恰当的。在双方都感情冲动而充满敌意的时候，对于彼此的是非功过很难作出实事求是的评价。

此外，革命党人在评论中还接触到了章太炎的性格问题。《公益报》说："足下复骄恣溢盈，竟成跋扈，托有神经病，为鱼肉侪辈，蛮气一发，动肆用武，致与无赖伍。年来若张继、黄兴二君，皆于谈次间，足下无头无脑即以老拳相向。自余东京同志，无故受足下之野蛮意气者，大不乏人。"[1]以学识渊博长于弄文的书生，却经常"无头无脑"对同志"以老拳相向"，《公益报》的指责似乎和人们印象中的章太炎不类，但这是有旁证的。1912年，有人回忆说："迨后清廷肆虐，委托日本政府停止《民报》出版，于是太炎搁笔，饭碗为碎。当时克强先生拟运动日廷取消停止出版，卒以经费匮乏，亦罔效。太炎则贫如乞儿，夜不得食，乃日迫克强先生，一言不合，辄以盥器遥击，克强先生额为之破，卒含笑谢之。"[2]一方是盛怒而以脸盆"遥击"，一方是"额为之破"而"含笑"道歉，两人的性格鲜明如见。

章太炎的这种性格特点使他很难与别人共事。《公益报》说："同志宽洪包容，均付之一笑……然因是而冷同志之心，何止千百。昔日东京同志，皆节提所费，踊跃资助《民报》者，感情既淡，而《民报》经济界之情形，亦受其影响。"[3]这里说章太炎的粗暴举动冷了"千百"同志之心，固有夸大，但是，它对革命党人之间的团结不利则是显然的。

历史是通过人的活动体现的，创造历史的是具有各色各样鲜明性格

---

[1] 意公：《与章炳麟书》。
[2] 快：《参看17号〈新纪元报〉》，北京《民主报》，1912年9月18日。
[3] 同注1。

的人们，因此，对历史发生作用的就不仅有经济、政治、思想诸因素，有时，也有个人性格的原因，虽然，它并不起决定作用。

五　同盟会系统各报对《检举状》的辩驳

《伪〈民报〉检举状》大多是不实无根之词，为了廓清影响，说明真相，同盟会系统的各报不得不逐条地进行辩驳。

（一）关于续刊《民报》的真伪问题。革命党人指出：《民报》为革命党人所创立，并非个人私产；当《民报》肇始时，章太炎还在狱中；要判断续刊《民报》的真伪，关键要看它的主持者是否革命党人，宗旨有无改变，而不在于章太炎是否出任社长。《中兴报》说："若谓章为社长则真，非章为社长则伪，是则章为《民报》之商标矣！"[1]《公益报》表示：章太炎主持编辑的《民报》如果还存在，依旧"发私怨，砌佛言"的话，那么，称之为"真佛报"、"伪《民报》"也是可以的；相反，续刊《民报》如能"于民族、民权、民生三大主义奉申宣扬，以饷我同胞"，即使主持者不是汪精卫，也是真《民报》。[2]黄兴则特别说明了章太炎"当众辞职"的经过，并叙述了汪精卫和《民报》的关系："自第一期以来，至第十三期，每期皆有汪君之文字，久为读者所同知。自第十四期以后，汪君闲事不兼任撰述。今被举为总编辑人，当必有以副读者诸君之望也。"[3]革命党人的这些言论，比较有力地阐述了续刊《民报》的合法性，驳斥了所谓"伪《民报》"的说法。

（二）关于汪精卫、胡汉民"标榜"孙中山问题。由于章太炎在《检举状》中说过："辛丑、壬寅之间，孙文寄寓横滨，漂泊无聊，始与握手而加之奖励者，即鄙人与长沙秦力山耳。"因此，革命党人便以子之矛攻子之盾。《中兴报》反问章太炎道：你这不也是"眼光如豆"，"愿

---

[1] 德如：《责章炳麟与发匿名书者》，《中兴报》，1909年12月6日。
[2] 同注1。
[3] 《本报谨白》，《民报》第26号。

与孙君为腹心"吗？为什么要嘲笑汪、胡二人呢？该报声明："中国之革命，孙君为自发难，历尽艰难，其才识学问，及办事资格，同志中未有能出孙君之右者，故为同志推戴，举为盟长，而革命事业之发达，未始非孙君抱持之坚，毅力之长，有以致之也。"[1]这一段话，正确地评价了孙中山在辛亥革命准备时期的作用，说明了革命党人对孙中山的"推戴"并非出于盲目。

（三）关于孙中山不接济《民报》经费困难问题。革命党人主要强调军情紧急，经费同样困难，首先要满足军事上的需要。《公益报》答复章太炎说："河口、南关、钦廉之役相继迭兴，军队中人，匪遑离局，足下乃于此匆遽时间，假《民报》待需之名，为书乞援，求以三四千金相济。自足下视之，或以为平情，然当夫军书旁午之间，饷需浩繁之际，撑持未暇，焉能兼顾其他！"[2]《中兴报》则表示：近年革命党人创办的报馆日渐增多，含辛茹苦、任怨任劳，如章太炎所说"朝治文章，暮营经费"的编辑人并不在少数，解决报馆的经济困难，要靠主任的运动，如果大家都向孙中山要求接济，那么，"吾恐孙君虽有点金之术，亦不能供给各报之要求"[3]。

同盟会创立初期，所需要支持的只有一个《民报》，经费上自然不感到十分拮据。1907年孙中山南行，在广东、广西、云南边境连续发动多次起义，开支突然浩大起来。镇南关起义期间，孙中山曾向法国一银行家洽谈，由该行在法国代募军债。钦、廉、上思起义期间，清军黎天才部曾准备归顺革命军，但孙中山却付不出奖赏的花红。这以后，由于张永福、陈楚楠等几个富有的华侨同盟会员濒临破产，孙中山更经常为经费不足所窘。1908年11月20日，他在致邓泽如等函中说："时局可为，惜财力不足赴之于目前，想同人等亦为扼腕而叹。"[4]不仅《中兴报》经常

---

[1] 德如：《责章炳麟与发匿名书者》。

[2] 意公：《与章炳麟书》。

[3] 同注2。

[4] 《国父全书》，第412页。

有停刊危险,孙中山自己也有"断粮"之忧[1]。因此,革命党人所作的辩解是事实,但是,他们忽略了双方思想分歧所起的作用。孙中山曾经称赞《中兴报》"文章议论,颇惬人心"[2],如果《民报》办得符合孙中山的理想,显然,他在解决其经济困难上是会积极得多的。

（四）关于孙中山乾没巨款,借革命以营私问题。革命党人主要采取反质法,要求章太炎交代出情况来源和具体数字、存贮地点。《公益报》说:"足下又言孙氏丁未南行,集资三四十万。试问某埠得收若干,某人捐助若干,足下能述其故否耶?""所谓身拥厚资者,此金钱究存贮于何处?下又能述其故否?"[3]这些问题,章太炎当然答不出。革命党人就此进一步指出：章太炎并非同盟会"实行部"人员,不了解军事进行和组织的实际情况,《公益报》说:"足下且未知军事组织之实情,从何知军事组织之真状,不意足下欲欺饰人心,遂敢妄谈军事也。"[4]革命党人的这些辩解,由于对经费收支缺乏必要的说明,因此说服力并不大。只有当南洋革命党人具体调查了孙家因革命而破产的状况后,章太炎的指责才得到了有力的驳斥和澄清。

（五）关于孙中山卖国卖友问题。《公益报》指出:"若云以云南赠送法人,则尤令人窃笑。无论孙氏无此事,亦无此权。"该报问道：河口起义失败后,大批义军战士被解送出境,不少"破弃身家事业"资助起义的华侨同盟会员被勒令出境,如果孙中山和法国人之间有什么"私盟"的话,怎么会出现这种状况?[5]黄兴发表声明,指责章太炎挑拨他和孙中山之间的关系是"造孽"[6];《中兴报》主编何德如则撰文说明：关仁甫在河口起义后到达新加坡,曾在《中兴报》居住数月,在返回香港时,同盟会员纷纷资助;关仁甫感念同志情谊,曾到何德如寓所辞行。章太炎

1　《为〈中兴报〉集股等事致邓泽如函》云:"现在本坡百务交迫,各同志皆陷于绝境,多有自顾不暇之势,故弟处已绝粮矣。"见《国父全书》,第415页。

2　《国父全书》,第413页。

3　意公:《与章炳麟书》。

4　同注1。

5　意公:《与章炳麟书》。

6　《本报告白》,《新世纪》第116号。

所说孙中山密告英吏、诬指关仁甫为大盗一事大谬特谬，完全是"以耳代目"，把流言当作事实的结果[1]。革命党人指出：直言贵在"有据"，章太炎如果继任《民报》编辑人，"遇事不察，言出不择，贸贸然而宣之于报纸"[2]，必然要损害《民报》的信誉。革命党人的这些批评，接触到了章太炎性格和思想方法上的弱点。

在逐条辩驳之外，革命党人也对章太炎不顾全大局、不考虑影响的错误做法进行了批评。他们指出：中国革命距成功之日尚远，"此正吾人卧薪尝胆、枕戈待旦之时"，"稍知自爱而能为大局计者，必不出此"。[3]革命党人的上述辩驳和批评所持的是摆事实、讲道理的态度，这就发挥了澄清视听，维护同盟会和孙中山威信的有益作用。

在续刊《民报》所引起的争论中，章太炎轻率地散发《伪〈民报〉检举状》，促使矛盾尖锐化，应负主要责任。但是，它也反映了孙中山和同盟会领导工作中的缺点。

如果同盟会能有一种制度，使它的领导人之间能够经常就重大的问题交流思想、统一看法，那么，分歧也许不至于愈来愈大。

如果同盟会的经费收支能在高级领导人之间公开，那么，章太炎显然不会怀疑孙中山"乾没"巨款。

如果在《民报》经费困难时，同盟会领导人能给予更多一点的关怀和温暖，那么，章太炎胸中就必然不会有那样多的不满和牢骚。

如果在续刊《民报》时不对章太炎完全封锁消息，那么，他也许不至于突然爆发出那样巨大的愤怒。

这些地方，说明了同盟会缺乏正确的组织原则，也缺乏统一思想、克服分歧的正确方针。

---

1 《责章炳麟与发匿名书者》。
2 同注1。
3 同注1。

第六章 与虎谋皮
——列强环伺下的财政危机

在华经济利益与辛亥革命时期英国的对华政策

一 一个积极卷入中国政治纠纷的英国商人

1911年10月10日，武昌新军士兵起义，拉开了中国辛亥革命的大幕。同年12月2日，上海英国商人李德立（Edward Selby Little）致电清政府内阁总理大臣袁世凯称："窃恐今日之战，若延久不和，则贵国之结局，不堪设想。现请民党招各省代表到申议和，已承首肯。贵大臣愿否派员与议，祈即示复为荷！"[1]次日，袁世凯复电表示："为政治竞争，极不愿专用武力。现由英官介绍，拟派员谈判大局。期早和平解决。厚情深感。"[2]12月5日，李德立再次致电袁世凯，声称已得"民党准允"，希望袁世凯立即派全权大臣来上海，与民党方面的全权代表议和。他表示愿意提供自己的住宅作为会议地址，建议袁与英国驻华公使朱尔典（Sir John Newell Jordan）面商[3]。次日，他致函伦敦《泰晤士报》驻中国记者莫里逊，得意扬扬地报告自己在革命党人和袁世凯之间斡旋的经过，声称"整个国家正陷入无政府状态，而且每况愈下。我想只有极少数人了解

---

1 FO682/2296/27，伦敦英国国家档案馆藏原英国驻华公使馆文件。
2 FO682/2296/31，伦敦英国国家档案馆藏原英国驻华公使馆文件。
3 FO682/2296/32，伦敦英国国家档案馆藏原英国驻华公使馆文件。

目前形势的极端严重性。因此,达成某种暂时的妥协实属刻不容缓"[1]。他在对南北和谈做了周到、细致的安排后,又于19日致电被起义军推为都督的黎元洪,再次强调"战延不和,中国前途,不堪设想",要求黎支持和谈[2]。

李德立,1864年生,1886年来华经商,1900年任英国卜内门公司(Brunner Mond & Co., Ltd)东方总号总经理,经营纯碱、染料等化工产品,有资本约300万英镑。曾三度担任上海公共租界工部局董事。他在南北双方的调停活动得到了英国驻上海总领事法磊斯(E. H. Fraser)和英国驻华公使朱尔典的充分支持[3]。

一个英国商人,他为什么对中国事件如此有兴趣,积极地卷进中国的政治纠纷中来呢?

二 英国人压迫清政府停战,企图在中国推行"君主立宪制"

武昌起义发生,清政府的湖广总督瑞澂即要求英国出动在长江的舰船,阻止起义军渡江,英国驻汉口代理总领事葛福(H. Goffe)请示朱尔典,朱尔典明确地指示英国在华海军总司令官"提供他所能提供的一切帮助"[4]。但是,朱尔典很快就看出,这次革命不是武力所可以镇压的。1911年10月30日、11月6日,朱尔典两次致函英国外交大臣格雷(E. Grey),声称"运动的广泛性以及它到处获得胜利,使得以武力恢复国家原来面目的一切企图难以实现"[5]。因此,他积极活动,压迫清政府,支持内阁总理大臣袁世凯与革命党人议和,借以消弭革命。

---

1 《李德立致莫里逊函》,骆惠敏编《清末民初政情内幕》(上),第805~806页,知识出版社。

2 曹亚伯:《武昌革命真史》(下)。

3 《李德立致莫里逊函》,《清末民初政情内幕》(上),第806页。

4 《关于中国事件的函电:中国第一号》,胡滨:《英国蓝皮书有关辛亥革命资料选译》上册,第1页,北京中华书局,1984。

5 《英国蓝皮书有关辛亥革命资料选译》,第85~86页。

约在11月初，朱尔典即会见庆亲王奕劻，迫使他作出"将停止继续战斗"的保证[1]。11月25日，朱尔典又拜会袁世凯，以严重到"给他留下深刻印象"的语言强调："战事的继续进行，将使汉口的英国人士遭受危险并感到惶惶不安。"袁世凯当时已经制订了一项武力镇压与停战谈判同时并进的方案，因此立即保证："如果能够根据双方都很满意的条款达成一项休战协定，他将乐于下令停战。"袁当即授权朱尔典通过葛福向革命党人转达此意。[2]此后，武昌革命党人与清军的谈判即在朱尔典和葛福的导演下进行。

11月27日，清军攻陷汉阳，黎元洪向葛福提出：（1）停战十五天，在此期间内，目前各方所占领的领土应各自驻守；（2）已加入革命党的所有省份的代表在上海集会；他们将选出全权代表与袁世凯所指派的代表进行谈判；（3）如有必要，停战继续延长十五天。[3]但是，袁世凯当时在军事上占有优势，不愿停战时间过长。12月1日，朱尔典致电葛福，转述袁世凯提出的停战三日等五项条件，其第五条要求英国总领事"作为证人在停战协定上签字"[4]。同日，格雷复电朱尔典，批准他在中国所采取的行动。12月2日，葛福向清军前线将领冯国璋的代表黄开文传达了和黎元洪的协议，决定停战三日[5]。次日，葛福得意地向朱尔典汇报："月前的情况几乎同袁世凯所要求的完全一致。"[6]冯国璋则向清政府内阁报告，已经"接到英使停战公函，并签有字据"[7]。

袁世凯和满洲贵族之间存在尖锐矛盾，革命党人企图利用此点，动员袁世凯反正。黄兴多次通过汪精卫、杨度等，向袁世凯许诺："若能赞成共和，必可举为总统。"袁世凯在唐绍仪等人面前声称："此事我不

1　《英国蓝皮书有关辛亥革命资料选译》，第111页。

2　《英国蓝皮书有关辛亥革命资料选译》，第73页。

3　《朱尔典爵士致格雷爵士电》，1911年11月28日，《英国蓝皮书有关辛亥革命资料选译》，第96页。

4　《朱尔典爵士致格雷爵士电》，1911年12月1日，《英国蓝皮书有关辛亥革命资料选译》，第103页。

5　《收冯国璋电》，FO682/2296/26，伦敦英国国家档案馆藏原英国驻华公使馆文件。

6　《英国蓝皮书有关辛亥革命资料选译》，第105页。

7　《辛亥革命》（八），第197页。

能为，应让黄兴为之。"[1]他老谋深算，看准形势对自己有利，准备施展手段，投注一博。袁的第一步计划是在停战之后于武昌召集各省代表会议，讨论和平条款。12月3日，朱尔典向葛福传达了袁世凯的这一意图，要他努力斡旋此事[2]。4日，朱尔典又与清政府外务部商定：（1）停战三日期满，续停十五日；（2）北军不遣兵向南，南军亦不遣兵向北；（3）总理大臣袁世凯派北方居留各省代表人前往与南军各代表讨论大局；（4）唐绍仪充任总理大臣代表，与黎元洪或其代表人谈判[3]。同日，朱尔典将上述条款电告葛福，授权他尽力斡旋，保证使这些条件被接受。电称："预料唐绍仪将于五天内到达汉口；我们诚挚地表示希望双方为了他们国家的利益，将认识到调解他们的分歧及获得一项和解的重要性。"[4]12月9日，双方达成协议，决定自当日至24日止，继续停战十五天，仍由葛福签押保证。[5]为了加强袁世凯在谈判中的有利地位，朱尔典并建议，由四国银行团向袁世凯内阁提供贷款，英国政府对此表现积极[6]。

唐绍仪早年就学于美国哥伦比亚大学，具有共和思想。归国后曾任袁世凯的英文翻译，后来又历任外务部右侍郎、奉天巡抚、邮传部尚书等职。他受命作为议和代表南下后，即在火车上剪掉辫子[7]。这一行动，意味着准备和清廷彻底分手。12月11日，唐绍仪抵达汉口，迅即向黎元洪表示："袁内阁亦主张共和，但须由国民会议议决，袁内阁据以告清廷，即可实行逊位。"[8]不过，唐的这一态度当时并未公布。

革命党人方面的代表是伍廷芳。他不愿离开上海，致函英国驻沪总领事法磊斯称，上海的许多朋友不希望他启程赴汉，当地也有许多公

---

1 《辛亥革命》（八），第77页。
2 《朱尔典爵士致格雷爵士电》，《英国蓝皮书有关辛亥革命资料选译》，第105页。
3 《辛亥革命》（八），第198页。
4 第105件，《英国蓝皮书有关辛亥革命资料选译》，第133页。
5 《辛亥革命》（八），第201页。
6 "The British Ambassador to the Secretary of State", *Papers Relating to the foreign Relations of the United States*, 1912, pp.103~104.
7 《蔡廷干来函》，《清末民初政情内幕》，第810页。
8 刘星楠：《辛亥各省代表会议日志》，《辛亥革命回忆录》第6集，第250页，文史资料出版社，1981。

务需要自己关心，要求英国公使出面，促使袁世凯指示唐绍仪来上海磋商[1]。此时，袁世凯对朱尔典的话，可谓言听计从。唐绍仪迅速得到指示，会谈决定改在上海举行。

谈判地点虽然改变了，但是，武昌地区的革命党人仍然抓紧机会，向唐绍仪提出了议和条件：（1）推翻清王朝；（2）优待皇室；（3）对满族人一律予以体恤；（4）统一中国。这四条虽然没有涉及革命后的政体问题，但是，"推翻清王朝"这一条，显然不符合朱尔典的意思，因此，他在电告英国政府时特别说明，"需要极认真地考虑局势"[2]。

12月14日，唐绍仪离汉赴沪，登舟时，葛福嘱咐唐绍仪说："革党主持共和甚坚……拟献调停之策：君主立宪。暂以今上二十五岁为期，届时体察圣德、圣学如何及人民程度，再由国会议决君主、民主国体。"葛福并称，已将这一意见告诉黎元洪[3]。"今上"，指宣统皇帝。当时宣统皇帝5岁。按照葛福的这一方案，中国的"国体"问题就被推到了20年之后。

朱尔典不满意清政府的颟顸、昏庸、办事效率低下，但是，他不喜欢革命党，更不愿意中国就此成为一个共和国家。葛福的方案，以实行"君主立宪"为核心，既促进清政府自我改革，也给革命党人保留了通过国会改变中国"国体"的希望。这是一个偏向清政府而又企图讨好革命党人的方案，显然代表了朱尔典的意见，也反映出英国政府当时的态度。

唐绍仪到上海后，住在李德立家里。[4]很快，李德立就安排了唐绍仪与伍廷芳的第一次会晤[5]。

三　带头向上海会谈施加压力

为了保证上海会谈能按英国设计的轨道运行，还在开议前，朱尔典

1　第122件，《英国蓝皮书有关辛亥革命资料选译》，第160页。

2　第127件，《英国蓝皮书有关辛亥革命资料选译》，第166页。

3　《上海唐、杨大臣来电》，FO682/2296/79，伦敦英国国家档案馆藏原英国公使馆文件。

4　《克达卜鲁斯致莫里逊》，《清末民初政情内幕》，第813页。

5　章仲和：《南北议和亲历纪实》，《辛亥革命回忆录》第8集，第416页。

就邀请日本、美国、法国、德国、俄国各驻华公使于12月15日集议，决定请各国政府批准，由各国驻上海领事联合照会双方议和专使，施加压力。照会内容如下：

> 英国政府等认为，中国目前的战事如继续进行，不仅使该国本身，而且也使外国人的重要利益和安全，容易遭到严重的危险。
>
> 英国政府等坚持它迄今所采取的绝对中立的态度，认为它有义务非正式地吁请双方代表团注意，必须尽快达成一项协议，以便停止目前的冲突，因为它相信这个意见是符合有关双方的愿望的。[1]

18日，民国总代表伍廷芳、中央军政府代表王正廷，参赞温宗尧、王宠惠、汪精卫、钮永建与袁世凯内阁的全权代表唐绍仪、杨士琦等在上海英租界市政厅举行首次会议。19日晚，驻华英、日等六国公使联合将上述照会电告唐绍仪与伍廷芳[2]。20日，英国驻沪总领事法磊斯又会同其他五国的总领事向唐、伍二人各自递交了本国的照会。唐答称："他将把这项友好关心的行动通知他的政府，肯定该行动将得到很高的评价。"伍表示，他本人主张和平，但是，"他也必须不忽视他本国人民的意志，因为他们正在为争取获得自由和一个较好的政府而奋斗，这些目的是任何匆忙拼凑起来的解决办法永远不能实现的"[3]。

首次会议决定各处一律停战。20日举行的第二次会议才进入核心议题。伍廷芳的发言以不容商量的坚决口吻表示："中国必须民主，由百姓公举大总统，重新缔造，我意以此说为确不可易。"为了打消清廷的顾虑，伍廷芳提出："改为民主，于满人甚有利益，不过须令君主逊位，其他满人皆可优待，皇位尤然。"他又特别针对唐绍仪等人说："今日代表各位，皆系汉人，应赞成此议。不独望各位赞成此议，且望袁氏亦赞成也。"唐绍仪在发言中表示，袁世凯同样赞成共和，"不过不能出口"。他

---

[1] 第128件，《英国蓝皮书有关辛亥革命资料》，第166页。
[2] 《辛亥革命》（八），第213页。
[3] 《关于中国事件的补充函电》，《英国蓝皮书有关辛亥革命资料选译》，第270页。

说:"共和立宪,万众一心。我等汉人,无不赞成,不过宜筹一善法,使和平解决,免致清廷横生阻力。"又说:"我为全权大臣,当有权也。"在伍要他对革命党的"主义"等问题表态时,他都明确表示肯定。唐称:武昌起义后,本人曾向清廷上折,建议召开国民大会,讨论君主、民主问题,取决多数,但为清廷所拒[1]。唐认为此法可使清廷易于下台,袁世凯易于转变,军队易于收束,声称"现时我尚持此宗旨"[2]。伍廷芳等相信多数会在自己方面,因此同意唐的意见。

二次会谈的结果堪称圆满。会后,唐绍仪致电袁世凯请示,内称:"昨日晤黄兴,谈一小时余,窥彼党宗旨,决计主张共和,毫无通融。此时不过私谈,若在议场,则彼此坚持,势必决裂。且各国领事情形,外交宗旨已变,并无扶持君主立宪之意,事机紧迫,请密筹一切为幸!"[3]袁世凯接到唐绍仪电报后,紧急探询英、日两国驻华使馆态度。朱尔典称:"黄兴所谈,当属其个人私见,勿须过于重视。关于君主立宪问题,本使之主张并无任何改变。"日方的回答则是:日本国政府支持中国实行君主立宪,"断无中途改变方针等类事情发生"[4]。同日,袁世凯电复唐绍仪称:"顷遣人切询英、日两使,据称,两国政府扶持君主宗旨,决无变更……在京各国,决不赞成共和,某〔英〕国尤甚。"[5]他还通知唐绍仪说:"松井两三日内可到沪。"松井,日本外务省参事官。当时,日本政府紧张地注视着上海会谈,特派松井到沪,配合驻上海总领事有吉明在会外活动。但是,袁世凯没有在电报中对唐绍仪在会上所应采取的方针作出明确指示。

---

1 1911年11月18日,唐绍仪在袁世凯支持下,曾面见奕劻,提议召开国民会议,讨论君主立宪与民主立宪问题,奕劻当时"声泪并下",表示同意,但又表示"不能独断,允于次早决定"。次日,即表示拒绝,唐绍仪所言,指此。见《洪述祖致赵凤昌密函》,《辛亥革命在上海史料选辑》第1069页,上海人民出版社,1981。参见唐在礼《辛亥前后我所亲历的大事》,《辛亥革命回忆录》第6集,第346~247页。

2 《南北代表会议问答速记录》,《辛亥革命》(八),第77~79页。

3 《上海唐大臣来电》,FO682/2296/84,伦敦英国国家档案馆藏原英国驻华公使馆文件。参见《内田外务大臣致伊集院驻清公使电》,《日本外交文书选译》,第279页。

4 《伊集院驻清公使致内田外务大臣电》,《日本外交文书选译》,第298~299页。

5 《致上海唐大臣电》,伦敦英国国家档案馆藏原英国驻华公使馆文件。

四 朱尔典等人改变主张，赞成"共和"

在回答袁世凯来人询问时，朱尔典虽然声称"本使之主张并无任何改变"，但实际并非如此。

唐绍仪12月11日到汉口后，莫里逊即于13日赶到当地采访，袁世凯特别拨了一辆专车供他使用。谈判地点改到上海后，莫里逊又匆匆赴沪活动。12月19日，莫里逊会见南方代表伍廷芳等，声称"满洲朝廷已完全不能有所作为"，认为除"皇室退回热河，在中国建立共和政体"，"推袁世凯为大总统"外，没有其他解决时局的办法。[1] 22日，他致电伦敦《泰晤士报》，将他的主张公布于众，电称："袁世凯仍主张帝制，但到最后如果无术可施，则很可能同意就任第一任大总统。对于袁氏为人，各方面虽然反感颇大，但一般均认为推袁为总统在获得国际承认上最为适宜。"在具体步骤上，莫里逊建议，"首先以上谕形式邀请各省代表在上海召集国民会议，讨论政体，朝廷则按会议决议行事"。莫里逊相信："黄兴将会同意此种步骤，而国民会议将做出何种决议，已毫无怀疑余地。"[2] 英国外交部见到此电后，立即将它转发给朱尔典[3]。

朱尔典其实早就了解并赞同莫里逊的主张。12月21日，朱尔典拜会日本驻华公使伊集院彦吉，企图争取日方支持。他首先说明形势："此次和谈，如欲以保全满洲朝廷为基础达成协议，看来已全无希望。"接着询问伊集院："可否按莫里逊所说，推袁世凯为大总统，以求稳定于一时？"[4] 他解释说，自己虽素来相信，维持满洲朝廷，实行君主立宪是最佳方案，但既然无法强制革命军接受，不如在"和谈决裂"和"成立共和政府"这两害中任选其一。伊集院反对朱尔典的意见，认为袁世凯不

---

1 《有吉驻上海总领事致内田外务大臣电》，《日本外交文书选译》，第297页。

2 转引自《山座驻英临时代理大使致内田外务大臣电》，《日本外交文书选译》，第315~316页。

3 《致达·狄·布拉姆函》，《清末民初政情内幕》，第816页。

4 《伊集院驻清公使致内田外务大臣电》，《日本外交文书选译》，第300页。

能在中国全国范围内得到信任,共和将使中国四分五裂。同日,日本驻沪总领事有吉明与专程赶到上海的外务省参事官松井访问英国驻沪总领事法磊斯,法磊斯称:"保存满洲朝廷,革命军坚决反对。为解决时局,看来只好任其建成类似共和之政府。"[1]朱尔典和法磊斯的态度表明,英国方面的对华政策已经在悄悄改变。

不过,应该指出的是,英国所支持的只是"类似共和之政府",而且必须以袁为首。1912年1月11日,德国驻伦敦代办在其向本国的汇报文书中就曾指出,"此间财阀对中国局势的演变殊抱乐观",他们相信:"在袁世凯领导下,一个假的共和政府将出现。它能以高压手段在表面维护宪政下,类似墨西哥的地亚士(Diaz)政权,维持治安。"[2]可见,英国财阀们关心的并不是中国的民主,而是他们所需要的"治安"!

五 日本企图拉拢列强,共同威吓,遭到英国拒绝

日本实行天皇制,对中国改采共和制极为恐慌。22日,伊集院会晤朱尔典,重申中国"采用君主立宪制最为稳妥","总期望以能保全清国确立永久安宁为目标"。伊集院特别说明,中国如实行共和制,日本不但将遭受甚大损害,而且在思想界亦必蒙受极大影响,希望朱尔典理解日本的特殊境地,但朱尔典仍不为所动[3]。同日,伊集院会晤袁世凯,揭发唐绍仪具有"共和"思想,示意袁撤销唐的代表职务。袁解释说:唐可能到上海后,受到革命气氛感染,以致"头脑混乱"。他声明,本人绝无赞成共和之意,但事态既已如此,不如"将计就计","以召开国会决定国体为基础,考虑解决方案"。[4]

---

[1] 《有吉驻上海总领事转发松井参事官致内田外务大臣电》,《日本外交文书选译》,第303页。

[2] 《驻伦敦代办顾尔门上帝国首相柏特曼何尔味公文》,孙瑞芹译《德国外交文件有关中国史料选译》第3卷,第214页,商务印书馆,1960。

[3] 《伊集院驻清公使致内田外务大臣电》,《日本外务省文书选译》,第305~307页。

[4] 《伊集院驻清公使致内田外务大臣电》,《日本外务省文书选译》,第310~313页。

袁世凯所说的"将计就计",意味着清政府准备接受唐绍仪的方案。12月24日,庆亲王奕劻与袁世凯先后约见朱尔典和伊集院。庆亲王出示复唐绍仪电稿,同意政体问题留待国民会议决定。该会将按照事前双方商定的条件,在今后三个月内由各省选举的代表组成[1]。朱尔典当即表示同意,声称"关于政体问题,只要真正能够体现全国人民意愿,英国政府当不致有何异议"[2]。伊集院则坚决要求清政府打消此念,缓发复唐绍仪电,在等待帝国政府对本使的电训后再定方针。他威胁说,如在日方态度决定之前贸然采取上述手段,将可能引起对中国的不利后果[3]。

日本政府对北京发生的变化早有预感。24日,紧急召开元老会议商讨,再次确认"君主立宪制度为解救清国时局之最良方策",训令伊集院转告袁世凯,要袁保持既往立场[4]。25日,外务大臣内田康哉一面向英国驻日公使窦纳乐(Sir C. M. Mac Donald)建议,由两国政府出面,联合美、德、法、俄等国,向革命党人施加压力,令其接受君主立宪方案;一面电令驻英临时代理大使山座圆次郎迅即与英国当局会晤,敦促英国外务大臣回答[5]。不过,英国政府的态度却极为冷淡。26日,格雷命人转告山座:两国政府的行动只能限于调停,超出此范围,对政体问题提出建议,言明孰可孰不可,或者由列强共同出面,采取哪怕是一点微小的类似压迫的行径,都是重大的冒险行动[6]。这就明确地拒绝了日本的建议。同日,格雷电复朱尔典说:"我们希望看到,在中国人民愿意采取的无论什么政体下,有一个强大的和统一的中国。"[7]格雷的这一电报,意味着对朱尔典所持方针的默认。

英日两国早在1902年即已结成同盟关系。此际,日本政府发觉已经无法改变英国政府的主意,又不能甩开盟友,孤行单干,便打算采取静

---

1 第136件,《英国蓝皮书有关辛亥革命资料选译》,第171页。
2 转引自《内田外务大臣致山座驻英临时代理大使电》,《日本外交文书选译》,第318页。
3 《伊集院驻清公使致内田外务大臣电》,《日本外交文书选译》,第321页。
4 《内田外务大臣致伊集院驻清公使电》,《日本外交文书选译》,第316页。
5 《内田外务大臣致山座驻英临时代理大使电》,《日本外交文书选译》,第319页。
6 《山座驻英临时代理大使致内田外务大臣电》,《日本外交文书选译》,第328页。
7 第137件,《英国蓝皮书有关辛亥革命资料选译》,第172页。

观态度。26日，内田心灰意懒地致电伊集院，声称在此情况下，如"帝国政府不顾两国间之协调关系而单独出面梗阻，亦属无趣"，"只能暂时听任事态之自然发展"。[1]

日本"静观"，上海会谈的重大阻力就消除了。

六　袁世凯突然变卦，朱尔典出面警告

上海会谈自12月20日之后，即陷于停顿。其间，伍廷芳多次要求续开会议。25日，唐绍仪致电袁世凯，要袁痛下决心，或急速召开国会，或则断然辞去总理职务[2]。27日，唐绍仪再电袁世凯，声称"默察东南各省情形，主张共和已成一往莫遏之势"，"和议一辍，战端再起，度支之竭蹶可虞，生民之涂炭愈甚，列强之分裂必乘，宗社之存亡莫卜"。他要求袁世凯以总理大臣身份，颁布阁令，召集临时国会，将君主、民主问题付之公议。[3]28日，隆裕太后根据袁世凯的要求，召集宗室王公讨论，仍不能决定，便召见袁世凯。当时，隆裕已经毫无主张，垂泪对袁世凯说："汝看着应如何办，即如何办。无论大局如何，我断不怨汝。皇上长大，有我在，亦不能怨汝。"袁世凯答称："论政体本应君主立宪，今既不能办到，革党不肯承认，即应决战。但战须有饷，现在库中只有二十余万两，不敷应用，外国又不肯借款，是以决战亦无把握。今唐绍仪请召集国会公决，如议定君主立宪政体，固属甚善；倘议定共和政体，必应优待皇室。如开战，战败后，恐不能保全皇室。此事关系皇室安危，仍请召见近支王公再为商议。"[4]在战和之间，袁世凯没有表态，但答案是明显的。同日，隆裕太后发布懿旨，决定接受唐绍仪的方案。

基本原则既定，南北会谈便于12月29日恢复。伍廷芳与唐绍仪商

1　《内田外务大臣复伊集院驻清公使电》，《日本外交文书选译》，第326页。
2　转引自《伊集院驻清公使致内田外务大臣电》，《日本外交文书选译》，第321～322页。
3　《辛亥革命》（八），第223页。
4　《绍英日记》，转引自马一良（绍英之子）：《清廷退位前后》，见《北京文史资料精华·世纪风云》，第31～32页，北京出版社，2000。

定,停战展期至1912年1月5日为止。同时议定《关于清皇帝(退位后)之待遇》5条,《关于满蒙回藏之待遇》5条。30日,议定国民大会组织法:分全国为24个区,每区各派代表3人,每人1票;如某区代表不满3人,仍有投3票之权[1]。但是,在召集国民会议地点等问题上,双方发生分歧。伍廷芳主张在上海开会,而袁世凯则坚主在北京。1912年1月1日,唐绍仪致电袁世凯,要求在会议地点及代表选举办法两个问题上不再坚持,同时,以"材力薄弱,奉职无状"为由,要求撤销代表职务,与革命党磋商各事,可由英国公使交鄂、沪两地英领事转交[2]。1月2日,清内阁同意唐绍仪等辞职。同日,袁世凯致电伍廷芳,声称唐绍仪所议各条,"均未与本大臣商明,遽行签订",要伍今后与袁本人"直接往返电商"。[3]

在某些具体条款上,唐绍仪确实没有事先请示袁世凯,但二人并无根本分歧。袁世凯此际之所以变卦,主要是因为孙中山已被选为临时大总统并在南京就职。袁世凯对此不满,要故作姿态,给革命党人一点儿颜色看看。但是,朱尔典却当真了。

朱尔典始终注视着南北会谈的进程。他虽身在北京,但是,袁世凯和唐绍仪之间的密电,他都得到了副本。当他了解到袁、唐之间的分歧以及唐辞职的消息后,立即于1912年1月1日拜会袁世凯,"使他记住对决裂所应承担的重大责任"[4]。

---

[1] 第143件,《英国蓝皮书有关辛亥革命资料选译》,第177页;参见《南北代表会议问答速记录》,《辛亥革命》(八),第90~91页。

[2] 《辛亥革命》(八),第231~232页。

[3] 《辛亥革命》(八),第234页。

[4] 第63件,《英国蓝皮书有关辛亥革命资料选译》,第307~308页。

七 在孙中山和袁世凯之间，英国支持袁世凯

朱尔典虽然对袁世凯的轻率有所不满，但他赞成袁世凯在大部分问题上的立场。他向格雷汇报说："在所有这些问题上，袁世凯这方面是较合情理的。在不到两周的时间内召集中国每省各三名代表的会议，那只不过是一幕滑稽戏。在这种情况下召开的大会不能够声称具有任何代表性。袁世凯说，按照这种方式达成的任何解决办法都不可能是长久的，他的话是正确的。"[1]

1月11日，袁世凯派亲信访问朱尔典，向他探询，如果清政府愿意让位给袁世凯，或者授权给他，是否能得到各国的承认。朱尔典明确地告诉来人："袁世凯得了各国的信任；他和南方首领们的争吵既然是中国内部的事情，他们相互之间应当能够达成协议。"[2]14日，袁世凯派私人秘书会见朱尔典，声称由于中国大部分地区都已宣布赞成共和，袁世凯已决定接受"这个不可改变的命运"。来人向朱尔典透露，隆裕太后不久将发布谕旨，宣布王朝退位，授权袁世凯处理临时政府工作。[3]朱尔典对袁世凯即将对中国的统治感到放心，以各种方式为袁世凯出台制造舆论准备。15日，包括张之洞的儿子在内的北京同志联合会的五个成员访问朱尔典，陈述该会的目的之一是促进中国的君主宪事业时，朱尔典就表示："各国所盼望的是一个使中国保持和平稳定的政府。许多外国人最初曾经认为，君主立宪最适合中国的需要，但鉴于南方的坚决反对，实现君主立宪是否可以不发生战争或不使中国分裂为两个国家，看来这是令人怀疑的。"[4]

16日，京津同盟会会员张先培等在北京东华门投弹谋炸袁世凯，未

---

1 第63件，《英国蓝皮书有关辛亥革命资料选译》，第307~308页。
2 第38件，《英国蓝皮书有关辛亥革命资料选译》，第241页。
3 第51件，《英国蓝皮书有关辛亥革命资料选译》，第280~281页。
4 第83件附件2，《英国蓝皮书有关辛亥革命资料选译》，第346~347页。

能击中。18日,朱尔典亲见袁世凯表示慰问。袁世凯很高兴有机会和朱尔典讨论局势,透露了他向清廷提出的建议:授权他在各省代表选举共和国总统之前,按照共和的原则处理临时政府工作。同时袁还透露,打算把临时政府暂迁天津几个月,以便断绝旧制度的影响[1]。但是,袁世凯的打算受到孙中山的强烈反对。20日,孙中山明确表示:北方不得设立临时政府,袁世凯必须接受民国对他的任命,而不能从满人那里获得权力。朱尔典对出现的这一情况深为不满,他致函格雷说:"人们很难理解,按照孙文在这些电报中制订的条款,在清帝退位与成立政府的这段时间内,北方将怎样过渡。民党的目的无疑是要表明,胜利是属于他们的,但如何实现这一目的而不在此地造成危险局势,则不是很清楚的。"[2]23日,袁世凯的秘书告诉朱尔典,满族王公在前陆军大臣铁良的影响下正在企图撤换袁世凯,因此袁的地位变得很不稳固。朱尔典为此忧心忡忡,致电格雷称:"如果像该秘书所说,袁世凯辞职或离开北京,局势也许变得严重起来。"[3]他认为,中国不能没有袁世凯。2月9日,朱尔典致函格雷,声称南京人民对"浙军"的暴行"感到非常愤恨","对革命军政府的体验已经极为不满","在许多场合下,他们开始对他们所给予革命运动的同情和支持感到后悔"。甚至孙中山决定改用阳历,选择阳历1月1日作为总统就职日也成了攻击的口实,说是"与中国人的感情相冲突必定不会受到人民群众的欢迎"。信末,朱尔典表示:"看来很明显,内阁总理大臣最后担任总统职位,是使中国能够恢复和平和秩序的惟一可能的办法。"[4]第二天,他在致电格雷函中进一步恭维袁世凯说:"新政府将从这位多才多艺的政治家的头脑中立即产生,他为了完成乱中求治的伟大任务作了充分准备。"[5]

清末,中国经济衰退,清政府为支付给各国的赔款和外债利息已使国库空虚,因此,孙中山的南京临时政府和北方的袁世凯政府都急需

---

1 第56件,《英国蓝皮书有关辛亥革命资料选译》,第287页。
2 第95件,《英国蓝皮书有关辛亥革命资料选译》,第360页。
3 第68件,《英国蓝皮书有关辛亥革命资料选译》,第319页。
4 第126件,《英国蓝皮书有关辛亥革命资料选译》,第444~445页。
5 第127件,《英国蓝皮书有关辛亥革命资料选译》,第463页。

财政输血。当时，南方革命政府的唯一可能的大宗收入是海关关税，但是，在武昌起义后不久，英国就积极联络其他国家，将海关关税控制起来，防止革命党人用作军费，同时作为继续向列强支付赔款的保证[1]。孙中山在计穷力竭的状况下，不能不走向列强借贷的老路子，然而所得无几。相反，袁世凯政府一成立，英国的财团、银行就为之提供大额贷款。1912年2月28日，英国汇丰银行应袁世凯要求，提供银200万两，以便南京临时政府处理解散前的各项善后事宜。此后，以汇丰银行为首的英国国际银行团不断为袁世凯政府输血，其简况如下：

3月9日，四国银行团借给袁世凯政府银110万两。

5月17日，四国银行团支付第三次贷款300万。

6月12日，六国财团支付第四次垫款300万。

6月18日，六国财团支付第五次垫款300万。

6月20日，六国银行团会议，表示愿继续垫付银8060万两。

8月30日，袁世凯政府驻英公使刘玉麟与伦敦克利斯浦公司（C. Birch Crisp and Co.）签订借款1000万英镑的合同。

1913年4月26日，五国银行团与袁世凯政府签订借款2500万英镑的协议。同日，垫款200万英镑。

上述贷款，除个别项目外，大部分兑现了。正是这一批批贷款，帮助袁世凯政府渡过经济危机，战胜了以孙中山为代表的民主革命派。

八　英国对华政策背后的经济利益

在资本–帝国主义时代，外交政策常常是经济利益的体现。

鸦片战争以后，英国不仅占领了中国的香港，取得多种政治特权，而且，在经济上也取得了巨大利益。以甲午战争前的各国对华贸易为例，英

---

[1] 《安格联致胡惟德函》，1911年10月23日，《中国海关与辛亥革命》，第330页。关于这一方面的情况，学术界论述已多，兹不赘述。

国（含香港）的进口率占71.6%，出口率占50.6%[1]。当时，外国在华企业共580家，英国就占了354家[2]。在16家外国轮船公司中，英资或有英资参与的占14家[3]。甲午战争后，英国对华资本输出的规模更大，速度更快。据统计，自1894年到1911年，英国汇丰银行单独或与其他银行共同在中国贷放银2.06亿两[4]。1902年，英国在华房地产投资5100.5万美元，而美国、德国、法国的总和不过2100.9万美元[5]。至1911年，中国欠英国的外债（财政借款、铁路借款、庚子赔款）已达221827000元，居各国之冠[6]。

了解了上述情况，人们就会理解，何以在辛亥革命中，英国对中国如此关注。

还在武昌起义后不久，朱尔典就将保护"英国人生命财产的安全"和"我们在汉口的利益"作为首要任务[7]。11月9日，英国海军中将温思乐（A. L. Winsloe）向朱尔典提出："是否可以建议中央政府召回清军，因为继续战斗似乎是无用的，并且妨碍贸易的恢复。"[8]随着革命运动的发展，英国的利益在中国更多地区受到威胁。在这一情况下，英国有关方面自然不能听任其各种在华利益毁于炮火，必然会急切地要求南北双方停止战斗。他们既要找到安抚革命党人，使之得到某种满足的办法，又要在中国培植于英国有利的统治者，建立一个能维持"治安"和"秩序"并能维护其在华利益的政府。而袁世凯，以往的历史已经证明，他既善于镇压国内革命运动和人民起事，又对侵略中国的列强毕恭毕敬。这正是英国所需要的统治中国的人物。1911年11月15日，格雷训示朱尔典说："我们对袁世凯怀有很友好的感情和敬意。我们希望看到，作为革命的一个结果，有一个强有力的政府，能够与各国公正交往，并维持内

---

[1] 严中平等：《中国近代经济统计资料选辑》，第65~66页，科学出版社，1955。
[2] *Chronicle and Directory*，1985，HongKong.
[3] 聂宝璋：《中国近代航运史资料》，第727页，上海人民出版社，1983。
[4] 徐义生：《中国近代外债史统计资料》，中华书局，1962。
[5] 吴承明：《帝国主义在旧中国的投资》，第173页，人民出版社，1955。
[6] 《帝国主义在旧中国的投资》，第186页。
[7] 第5件，第6件，《英国蓝皮书有关辛亥革命资料选译》，第3页。
[8] 第100件，《英国蓝皮书有关辛亥革命资料选译》，第111页。

部秩序和有利条件，使在中国建立起来的贸易获得进展。这样一个政府将得到我们能够提供的一切外交上的支持。"[1]辛亥革命时期，英国之所以全力支持袁世凯，其原因在此。

如果说，格雷的训示还带有某些外交辞令的色彩，那么，1911年1月21日朱尔典对伊集院所说的一段话就没有什么遮掩了。当时，朱尔典称："就原则而论，阁下所见，确有至理。但英国在华中、华南地区拥有贸易上的重大利害关系，故英国政府不能无视南方人的思想感情，甘冒遭受攻击的风险而轻易采取措施，以强行贯彻君主立宪。"[2]不久，德国人也将这一点看得很清楚。1912年2月3日，德国驻华公使哈豪森（E. von Haxthausen）致函德国国务总理说："英国之势力范围，系集中于扬子江及中国南方一带，当袁世凯十一月中旬来此之时，中国帝室军队虽在汉口、汉阳获得胜利，而英国方面对于援助北京政府之举，却不久即行放弃。上海英国商人之压迫与深恐商业受损之殷忧，终占优势。"哈豪森甚至说："英国政策乃系由上海方面决定者。"[3]哈豪森不一定了解本文一开头述及的卜内门公司东方总号总经理李德立其人其事，但他的叙述却一针见血地道出了历史的实质。

正是英国的在华经济利益（包括条约权利、资本输出、商业需要等等方面），最终决定了英国在辛亥革命时期的对华政策；李德立的活动，不是一种单纯的个人行为，它反映的是英国对华贸易、投资集团和英国在华资产阶级的需要。

---

1 第58件，《英国蓝皮书有关辛亥革命资料选译》，第58页。
2 《伊集院驻清公使致内田外务大臣电》，《日本外交文书选译》，第301页。
3 《辛亥革命与列强态度》，《辛亥革命》（八），第452页。

孙中山与"租让满洲"问题

不少日文资料都提到，辛亥革命时期，孙中山曾同意将满洲租借给日本。对于此事的真伪，日本学者山本四郎、久保田文次、藤井昇三等人已作过很深入的研究，特别是藤井昇三，多年来孜孜兀兀，发现了不少重要材料[1]。本文将在他们研究的基础上，结合作者本人发现的材料，对这一问题进行考察和分析。

1912年森恪与孙中山的会谈

日本国会图书馆所藏森恪1912年2月3日下午6时致益田孝特电云：

  中国财政穷乏，在年底（当系指旧历年关而言——笔者）以前如无一千五百万元，即难以作战，而革命政府亦将陷于混乱。现因汉冶萍公司之五百万元借款业已成立，故又以招商局为担保，向我国邮船会社及英、德、美国等进交涉，拟再借款一千万元。此项借

---

[1] 参见山本四郎：《辛亥革命と日本の动向》，《史林》，1966年第1期；久保田文次：《孙文の"满蒙让与论"について》，《中岛敏先生古稀纪念集》，1981；藤井昇三：《孙文の对日态度》，《石川忠雄教授还历纪念论文集》，1982。

款,如在五日之内仍无实现之希望,则万事休矣;孙、黄即可能与袁世凯缔结和议,将政权转让与袁。关于租借满洲,孙文已表应允。日本为防止革命军瓦解,如能在汉冶萍公司五百万元借款之外再借与一千万元,则孙等与袁世凯之和议即可中止,而孙文或黄兴即可赴日订立关于满洲之密约。如借款不能到手,则军队大有解散之虞。南京动摇,孙文必遭变故。故我国如有决心断然实行满洲之事,即请在四日之内以电报示知,续借一千万元。如是,即可使其中止与袁世凯之和议。[1]

森恪(1882~1932),日本大阪人。1901年被三井物产公司派到上海支店,任实习生,不久升职员,先后在上海、长沙、汉口、天津、北京等地活动,成为三井财阀的中国事务专家。益田孝(1848~1938),日本新潟人,三井财阀的总头目。明治维新时期在横滨经商。1872年由井上馨推荐,进入大藏省任职。1872年以后任三井物产公司理事长,对三井财阀的发展起了重要作用。武昌起义后,由于帝国主义把持中国海关等原因,中国革命党人处于严重的财政危机之中。南京临时政府成立,更急需一笔巨款以支持浩大的军费开支,并筹划北伐。1912年1月上旬,黄兴致电日本政界元老井上馨,要求日方提供援助[2]。另一元老山县有朋从井上处得知消息后,立即批示益田孝,乘此机会,与革命党人订立密约,使东三省为日本所有[3]。益田孝将这一任务交给了森恪,森恪即开始为此奔走。1月下旬,签订汉冶萍中日合办草约,规定集股三千万元,中日各半,由公司转借五百万给临时政府,作为购买武器与军火之用。2月2日,森恪又亲赴南京,与孙中山谈判。此前,黄兴正在和日本邮船株式会社上海支店长伊东米次郎及美国人司戴德、德国捷成洋行等磋商,拟以招商局为抵押,借款一千万元[4],尚未成功。森恪获悉后,即在3日和孙

---

1 井上馨文书,日本国会图书馆宪政资料室藏;三井文库亦藏有此件,文字稍有不同。
2 《原敬日记》第5卷,明治45年(1912)2月9日,昭和26年版,第17~18页。
3 同注2。
4 伊东米次郎:《关于招商局借款的电报》,1912年2月1日、2日,井上馨文书,日本国会图书馆藏。

中山会谈时，以提供一千万元借款为饵，诱使孙中山同意租借满洲。本电即发于会谈之后。据森恪记述，本电初稿由他用中文起草，曾经孙中山及胡汉民修改[1]。根据本电，可见南京临时政府财政困窘和需款北伐的情况，它说明孙中山、黄兴等人并不是一个心眼地想和袁世凯议和，只要财政上有办法，议和即可中止。

森恪2月3日的电报比较简略。2月8日，他有一封致益田孝的长函，详细汇报了和孙中山会谈的情况。据该函，当时在场的有南京临时政府秘书长胡汉民，日人宫崎滔天、山田纯三郎等人。会谈中，森恪转达了元老桂太郎的意见：

> 如阁下所知，如今世界为黄种人与白种人之战场，为制止白人势力先锋俄国之南下，确保日本存在之安全与东洋和平，日本认为有以日本之力量保全满洲之必要。为此，日本已不惜以国运为赌注，牺牲多数人之生命与财产。当俄国仍图南下、德人占据青岛之际，满洲终必假日本之手予以保全。以今日之大势论，仅赖中国政府单独之力保全满洲，虽阁下恐亦难以确信；而以日本之立场观之，更不能不深感一任中国政府独自维持之危险至极。事实已很明白，满洲仅赖中国政府之力已不能保全，此已为贵我双方之所共认，故可断言：满洲之命运业已定矣。可以预料，革命政府之前途必有诸多困难，基于地理上、历史上之特殊立场，如无日本之特殊援助，则成功之可能实甚渺茫。
>
> 倘阁下决心舍弃命运已定之满洲，一任日本势力发展，以此换取日本之特殊援助，完成革命大业，则日本必将立即采取必要手段以满足其要求。为保全满洲，日本已不惜进行第二次战争。当今之际，阁下如能默默合作，则（日本）国家悬系已久之大问题可得解决，避免第二次战争，以小努力取得大利益。不知阁下决心如何？若阁下所思与鄙人一致，望速裁断。[2]

---

[1] 《森恪致益田孝函》，1912年2月8日，三井文库藏。此函由藤井昇三首次发现。

[2] 《森恪致益田孝函》，1912年2月8日。

森恪表示，这是桂太郎透露给益田孝的秘密意旨。倘孙中山有意实行，则可由孙中山或黄兴中的一人秘密赴日，日本将派军舰迎接，然后转去京都，和从东京来的桂太郎会谈，缔结关于满洲的密约。

听了森恪的陈述后，孙中山表示：

何曾料到，桂公已有此决心？长久以来，自身为中国苦虑，为黄种人心忧。为东洋和平计，满洲无论如何亦须保留于东洋人手中。因此，当此次举事之初，余等即拟将满洲委之于日本，以此希求日本援助中国革命。但日本疏远余等，不相接近。当余发难之时，曾申请在日本立足，而日本官宪不允余入境。在此情形下，余以日本政治家并无包容余等之度量，因而离日转依美国。然由于地理上、人种上之关系，中国知无日本之同情与支援，即将一事无成，此乃运命攸关，故余为如何取得日本之同情而煞费苦心。其结果，日本有志人士为革命政府尽力者日渐增多，而日本政府迄今仍无转变表示，是以余等为日本政府之态度如何而日夜心忧。

孙中山又表示：

上述桂公之意，若在余自欧洲归国途中，甚或在到达香港时获悉，则余当即绕道日本，决定此一问题。然今日时机已失，事已迟矣。盖当时凡革命军之事，俱可依本人与黄兴之方针而定，今则不然。如今各省赞同余等主张者，自动举起革命之旗，加入余等行列。余等既缺兵权，又缺财权，故在贯彻主张时不能无所顾虑，凡大事必须由众议决定。其尤要者，最近革命政府之财政匮乏已达极点，缺少财源，无以供应军队，几陷于完全破产之境地。倘近数日内，无足够之资金以解燃眉之急，则军队恐将解散，而革命政府亦将面临瓦解之命运。在此严重时刻，倘余等数日间不能露面，恐将产生余等穷极逃走之流言。基于以上实情，在旧年年末以前，不论采取何种手段,亦须筹得足以维持军队之资金。之所以断然实行汉冶萍日中合办,以取得五百万元资金者为此;此次又苦心焦虑,欲以招商局为担保,筹措一千万元借款者,亦为此。然而,虽经种种筹划,而时光荏苒,交涉迄无结果。一面,军费之困穷日益严重,于军队解散、革命政府崩溃之前,作为最后之手段,惟有与袁世凯缔订和议,以防天下大乱;而后徐谋军费供应,策划再举,以武力扫除北京势力,拟定革新天下之方案。近来已频频与北方就和议进行交涉,谈判已渐趋成熟,双方条件大体一致,只要南方决心一下,南北休战言和,合为一体,随时均可实现。然余等对于获得财源,仍怀一线希望。倘或有幸,此刻能获得防止军队解散之足够经费,余等即可延缓与袁议和,俟年关过后再进一步筹借资金,而后继续排袁,仍按原计划,坚决以武力消除南北之异端,斩断他日内乱祸根,树立完全之共和政体,此即余等之设想。但据迄今为止之经过看来,获得财源,仍无希望。倘或不幸,在五天之内,即至九日,旧历年关之前,意欲筹得之一千五百万元经费,如仍无成功之希望,则万事休矣。只好在革命政府未倒之前,掌握机先,达成南北和议,将政权一时让与袁世凯,除此别无他策。而政权一旦转入袁氏手中,其后事态如何演变,实难逆料,而与日本签订密约之类,恐将无望。

谈话最后,孙中山虽然再一次声称"时机已失",但又表示,日本政府如确能"火速提供资金援助","余或黄兴中之一人可赴日本会见桂公,就满洲问题与革命政府之前途,共商大计"。[1]

这次谈话具体地透露了孙中山的困窘处境。当时,南京附近集中了数万军队,庞大的军费和军队哗变的担忧已经压得孙中山等喘不过气来。正如他在致章太炎信中说:"(南京军队)每日到陆军部取饷者数十起","年内无巨宗之收入,将且立踣"。"无论和战如何,军人无术使之

---

[1] 《森恪致益田孝函》,1912年2月8日。

枵腹。前敌之将士，犹时有哗溃之势"。[1]二者所述，完全吻合。这段谈话也告诉我们，孙中山与袁世凯的和谈实非得已，租让满洲主要是为了获得"排袁"必需的经费，孙中山的理想还是"以武力扫除北京势力"，"消除南北之异端，斩断他日内乱祸根，树立完全之共和政体"。

2月3日会谈之后，森恪因与安徽铜官山矿业代表会见，离开南京，前往上海。5日，孙中山致电森恪，希望迅速得到日方关于一千万元贷款的回答。同日下午3时，森恪致电益田孝："满洲，焦急等待对我等3日南京特急电之回答。"[2] 2月6日，森恪得益田孝复电称："绝密。满洲使彼等极为满意。正经由正确之渠道解决财政问题。彼等将于今日会晤总理大臣。"[3]森恪接电后，于当夜致电孙中山："满洲事，尊意当可满足。东京来电云：款事正在极力筹措中。与袁世凯之和议，在东京表明某种意向之前，望延期。尊意如何，盼急电复。"[4]在森恪的电报还没有到达南京的时候，孙中山又于6日下午5时致电森恪："与袁世凯之和议延期至9日，望在此前给予确切答复。"[5] 8日，益田孝再次复电森恪："与袁世凯议和事，不容他人置喙；但可明告孙、黄：予等怀有深切同情。予等祈愿孙、黄能在有利地位上进行妥协。"[6]电报声称：关于汉冶萍借款，当争取于明日汇款二百五十万元；铜官山（借款）亦可在明日给予确答；招商局借款如能成立，亦当努力敦促尽快汇款。关于满洲问题，电报指示森恪劝告孙、黄，来一人到日本签订密约。并说，果能实现，"将进一步获得更大的同情"[7]。2月11日凌晨1时55分，森恪再次致电益田孝：

顷据孙、黄所见，招商局借款之前途，难关尚多，颇费时日，故已不能依靠，目前军队大有解散之虞。在旧历年关以前，除汉阳

---

1 《孙中山全集》第2卷，第85~86页。

2 《森恪致益田孝函》，1912年2月8日。

3 同注2。

4 同注2。

5 同注2。

6 《益田孝致上海森恪电》，井上馨文书，日本国会图书馆宪政资料室藏。

7 同注6。

铁厂之五百万元借款外,尚须另行筹措一千万元,是乃绝不可少之需要。如此项款额不能到手,彼等即不可能离开南京。彼等业已答应租借满洲,要求在十天以内提供一千万元。如能承诺,则黄兴可即日前往日本,以签订秘密合同。究应如何办理,希火速给予明确回答。兹事干系甚大,万望全力以赴。[1]

招商局借款,即2月3日森恪电所述邮船会社借款。这一借款,本已于6日签订草约,但由于英国的介入,突生障碍[2],以租让满洲获取借款便成了孙中山和黄兴的希望所在。

此电发出后,没有任何回音。其原因,据南京会谈的参加者山田纯三郎回忆,在于陆军大臣石本新六的反对。

按照日本军部的扩张主义分子的观点,在中日、日俄两次战争中,满洲是日本人为之抛洒珍贵的鲜血的地方,理应享有一切权益,而无须以金钱收买[3]。同日,隆裕太后认可清帝退位优待条件,决定清帝下诏退位。

还在孙中山归国之前,南北和议即已开始。孙中山于1911年12月25日归国后,和议继续进行,但同时也在积极准备北伐。1912年1月上旬,孙中山组织了六路军队北伐,但是,各路均无很大进展,其原因之一就在于缺少经费。黄兴曾在《复张謇书》中表示:"援滦兵可即日出发,惟苦于无饷无械,不能多派。"又称:"派军舰去烟台与援滦同一事,以海军以烟台为根据地也。派人去天津之说,亦是要事,惟刻苦无款耳。"[4]由此可见,北伐计划受制于经费的状况。北伐既无从进行,于是孙中山、黄兴等人又寄希望于和谈,但是和谈也并不顺利。1月19日,袁世凯提出,由清廷授予他组织临时政府的全权,临时政府设在天津。20日,孙中山致电伍廷芳,表示:"清帝退位,政权同时消灭,不得私授其臣民。"

---

1 井上馨文书。

2 参见《内田外务大臣致伊集院驻华公使电》,邹念之:《日本外交文书选译》,第360~361、366~367页,中国社会科学出版社。

3 山田纯三郎:《シナ革命と孙文の中日联盟》,见嘉治隆一编:《第一人者の言叶》,第268页,亚东俱乐部,1961。

4 《黄兴集》,第99~100页,中华书局。

对此，袁拒不接受。孙中山再次倾向于以战争解决问题。29日，南京临时政府所辖各军在清江浦召开军事会议，部署北伐。与森恪的谈判正是在这一情况下举行的，它表现了孙中山为取得北伐经费而做出的巨大牺牲和努力。

由于谈判未成，孙中山只能接受他不愿意并力图避免的现实。山田纯三郎回忆说："孙先生方面，既无打倒袁世凯的武器，又无资金"，"不得不含泪同意南北妥协，最终让位于袁世凯"。[1]山田的有关回忆，由于事隔多年，情节上有不准确的地方，但这一段叙述是符合事实的。

孙中山在不同年代发表过的有关言论

将满洲租让给日本并不是孙中山一时的考虑，根据有关资料，他曾在不同年代、不同场合多次发表过类似的见解。

据内田良平回忆，早在1898年，孙中山就曾对他说："即使俄国乘革命之机夺取中国之领土，亦不足深忧。革命政府一旦成立，清朝政府必将奔逃满洲，以俄国为后援，以维护其国命。为此，新政府不得不与日本结成同盟，攘击俄国，与俄国之冲突终不可免。由此可以认为，革命愈早发生愈为有利。本来，吾人之目的在于灭满兴汉，革命成功之时，即使以诸如满、蒙、西伯利亚之地悉与日本，当亦无不可。"[2]内田的这段回忆写于1932年，和他在1923年完成的《硬石五拾年谱》有明显不同。据《年谱》，孙中山当时只是表示："中国革命倘成功，恢复俄国侵地乃容易之事，不足忧虑，何况日中提携耶！"[3]完全没有涉及满洲问题。因此有些学者怀疑它的真实性。但该书又记载：1906年，孙中山曾游说日本朝野人士，声称："满蒙可任日本取之，中国革命目的在于灭满

---

[1] 《シナ革命と孙文の中日联盟》，见嘉治隆一编：《第一人者の言叶》，第268页。

[2] 《日本の亚细亚》，黑龙会出版部，昭和7年12日，第321页。

[3] 《孙逸仙之支那革命与余之日露开战论》，《硬石五拾年谱》（内田良平自传），第52页，昭和53年版。

兴汉，中国建国在长城以内，故日本亟应援助革命党。"[1] 1907年，庆亲王奕劻致书伊藤博文，要求日本政府将孙中山驱逐出境。伊藤征询内田的意见，内田表示："自前年以来，孙文屡向我朝野人士表示，日本如能援助中国革命，将以满蒙让渡与日本。"他向伊藤建议说："纵令日本驱逐孙文出境，中国革命亦不能避免。日本为长远着想，压迫革命党殊不明智，故不如劝孙自动离境。"[2] 内田的这一段记载和《硬石五拾年谱》的相应记载是一致的[3]。此外，小川平吉也有一段回忆，可与内田的记载相印证。在《孙逸仙之革命与满洲独立》一文中，小川说：

> 孙逸仙与黄兴俱长期流亡日本，接受有志人士之援助，与我辈亦有长期交往，我辈亦曾给予相当援助。彼屡屡向我辈陈述：日本需要满洲，满洲与日本有不可隔离之关系。其地原为满洲人之土地，对我中国汉人来说并非绝对必要。我辈革命如能成功，如满洲之地，即使满足日本之希望，当亦无妨。上述主张，孙逸仙在座谈中一再重复，此在有志人士之间殆为众所周知之事实。[4]

小川并埋怨，辛亥革命后，革命党人实行汉、满、蒙、回、藏统一，创制五色旗，完全忘记了当年说过的话。不仅如此，《东亚先觉志士记传》还说：1900年惠州起义之前，孙中山曾通过清藤幸七郎之姐，访问日本妇女界著名人物下田歌子，请她协助尽力筹措军费。下田称："革命成功之日，须将满洲让与日本。"孙答"可以"。[5] 综合这几条材料，可以确认，辛亥革命前，孙中山流亡日本时已经有了以让与满洲换取日本援助的想法。

辛亥革命后，孙中山仍然如此。除上述1912年与森恪的会谈外，日本资料中还有下列记载：

---

[1] 《日本の亜細亜》，第340页。
[2] 同注1。
[3] 参见《硬石五拾年谱》，第151页。
[4] 见《満洲はどうたるか》，1913年版。
[5] 昭和11年版，第673页。

1. 宫崎滔天之子宫崎龙介写过一篇文章，题为《桂公与孙文的密约——满洲赠与日本》，其中谈到1913年春，孙中山访问日本时，曾对桂太郎说："日本真正理解中国，能协力建设新中国，即使将满洲等地提供给日本也没有关系。"[1] 山田纯三郎也回忆，当时，桂太郎曾向孙中山说起日本人口增加的趋势，表示将来日本人除向满洲发展外别无他法，询问孙中山能否以共同的力量使满洲成为乐土。孙中山表示同意[2]。

2. 1915年末或1916年初，孙中山和日本陆军参谋总长上原勇作密谈，再次表示："为了立即打倒专制横暴的袁世凯，确立全体国民所支持的革命新政府，收到中日结合的实际效果，希望日本至少以预备役将兵和武器编成三个师团，支援中国革命军"，在这一条件下，"中国新政府可以东北三省满洲的特殊权益全部让予日本"[3]。据记载，孙中山当时说：

> 日本人口年年增多，东北三省的辽阔原野适于开拓。日本本土资源贫乏，而满洲，则毋庸讳言，富有重要的资源，日本瞩目斯土，乃当然之国策。对此，我等中华革命党员能予充分谅解，故可以满洲作为日本的特殊地区，承认日本移民和开拓的优先权。[4]

孙中山并说，不仅满洲，"中国本土的开发亦唯日本的工业、技术、金融力量是赖"[5]；和以往不同的是，孙中山明确声明："东北三省是中国的领土，吾等坚决维护固有的主权，虽寸土亦不容侵略。"[6]

3. 1917年9月15日，日本社会运动家河上清访问广东军政府，孙中山又曾表示，希望日本方面给予"武器、军火和大量贷款"。他说："这样，我们就能推进到扬子江流域，将我们的政府迁移到华中的某一战略要点，然后，向北京进军。"他声称，一旦完成任务，为了中国和她的邻国

1　《宫崎滔天全集》第5卷，第548页。
2　山浦贯一：《森恪》，第408页，高山书店，1943。
3　山中峰太郎：《アジアの曙》，第235页，1963。
4　山中峰太郎：《アジアの曙》，第234页。
5　山中峰太郎：《アジアの曙》，第236页。
6　同注4。

的完全解放,将与日本结盟,并且宣布"亚洲是亚洲人的"这一原则。孙中山特别说明,一旦他掌握了权力,将愉快地将满洲交给日本管理。对此,孙中山解释道:

> 当然,我们乐意将满洲保持在自己手中,但是,我们不像你们那样需要它,我们认识到你们巨大的正在增长的人口迫切需要活动场地,中国在南方有丰富的发展余地,千万中国人民已经或正在去苏门答腊、爪哇、西里伯斯岛、婆罗洲、海峡殖民地、法属印度支那、暹罗、缅甸等地,成为富裕者,并且每年寄回家乡几百万美元。这样广阔的区域合法地属于亚洲,它们是中国的希望所在,比满洲更能给人以指望。[1]

在这次谈话中,孙中山从"大亚洲主义"的立场出发,说明了乐于将满洲交给日本管理的原因。其中所谈日本人口问题可以和1913年与桂太郎的谈话互为印证。

孙中山的这一思想一直延续到1923年左右。据日本陆军参谋佐佐木到一的记载,当年,孙中山还曾对访问广东的日本人说,"将来国民党实现对中国的统治的时候,必定将满洲委托给日本"[2]。只是在国共合作并实行联俄政策之后,孙中山才不再发表类似的言论。

上述资料,除个别属于记者采访外,大多数是当事人的回忆。由于并非一人,也并非出于一时,自然排除了无中生有的可能。当然,正像我们已经指出的,回忆录不可能像文献一样准确,它们既可能包含作者记忆的讹误,甚至还可能包含作者由于种种原因而对历史作出的增饰、隐讳或歪曲。上述资料的价值自然比不上森恪遗留下来的函电,但将二者结合起来考察,它们所反映出来的基本史实应该是毋庸置疑的。

---

[1] K. K. Kawakami(河上清):*Sun Yat-Sen's Great Asian Doctirne*,见日本辛亥革命研究会《辛亥革命研究》第5号,1985年10月。

[2] 《ある军人の自传》,第92~93页,劲草书房,1967年增补版。

怎样认识这一现象

一切历史现象的发生都有它的根据。要理解孙中山上述关于"满洲"问题的主张,就必须从他的思想和当时的历史环境中去加以分析。

第一,辛亥革命是一场反封建的民主革命,但它又是一场披着民族斗争外衣的革命。狭隘的民族主义情绪曾经蒙蔽了当时大多数革命家的眼睛,并使他们在满族、满洲地区问题上做出了错误的判断。众所周知,满族是我国多民族大家庭中的一个民族,满洲地区是我国神圣领土中的一部分。但是,辛亥革命时期,不少革命家却错误地称满族为"异族"或"异种",从而将满洲地区视为"化外之地"。创建兴中会时,孙中山即以"驱除鞑虏,恢复中华"为目标。1906年制订的《中国同盟会革命方略》称:"今之满洲,本塞外东胡,昔在明朝,屡为外患。后乘中国多事,长驱入关,灭我中国,据我政府,迫我汉人为其奴隶,有不从者,杀戮亿万,我汉人为亡国之民者二百六十年于斯。"[1]这里,显然将满族和满洲地区都排斥于"中国"之外。不久,这一问题即成为《民报》与《新民丛报》论战的重要内容,《民报》作者们反复说明,"满洲人非中国之人民","满洲建国以前为中国之羁縻州,建国以后为中国之敌国"。[2]孙中山在"满洲"问题上的主张,显然与这一错误认识有关。

第二,辛亥革命又是一场反帝斗争,目的是振兴中华、挽救国家危亡。但是,这一斗争又披着黄色人种与白色人种、亚洲人与欧洲人斗争的外衣。日本与中国同为黄色人种,在历史上和中国文化渊源较深,素有"同文同种"之称。明治维新以前,日本和中国一样受西方列强的侵略,因此,在当时中国不少革命家中,有着强烈的亲日本的倾向。他们认为日本和中国"利害相关",幻想和日本团结起来,抵御西方侵略,

---

[1] 《孙中山全集》第1卷,第296~297页。
[2] 《斥为满洲辩护者之无耻》,《民报》第12号;参见韦裔:《辨满人非中国之臣民》,《民报》第14~15号。

振兴亚洲。孙中山长期有着"大亚洲主义"思想。19世纪末，日本废除了和外国订立的不平等条约，孙中山认为是"我们全亚洲民族复兴的一天"。1904年的日俄战争，孙中山认为是"亚洲民族在最近的几年中头一次战胜欧洲人"，把它看作是亚洲民族独立运动中的大喜事。[1]1911年，孙中山主张亚洲各国联合起来，成立亚洲各国同盟[2]。1913年2月，孙中山在东京演说，认为"中日两国协力进行，则势力膨胀，不难造成一大亚洲，恢复以前之光荣历史"[3]。3月，在大阪演说又称："惟冀自今而后，益提携共同防御欧西列强之侵略，令我东洋为东洋人之东洋。"[4]为了振兴亚洲，孙中山甚至有过撤废中日两国国界的念头。1915年底或1916年初，他在和上原勇作密谈时说："倘日本真能以互助的精神，诚心实意地援助中国的革命统一，相互提携，为亚洲的独立与复兴通力协作，则中日两国的国界难道不也可以废除吗？"[5]从前引孙中山与森恪、河上清的谈话可以看出，孙中山在"满洲"问题上的主张，显然与他的"大亚洲主义"思想有关。

　　第三，孙中山长期处于孤立无助状态，有其特殊的软弱性。孙中山开始革命活动后不久，就把希望寄托在列强，特别是日本的援助上。1897年，他在与宫崎滔天笔谈时就曾表示，要"暗结日、英两国为后劲"[6]。1900年，他托日人菅原传向日本政府要求，"暗助一臂之力，借我以士官，供我以兵械"[7]。当年10月，他并曾计划由台湾引日本兵在厦门南方的云霄县铜山港登陆[8]。1903年，他又致函平山周，询以在日俄发生战争时，"能否运动政府兼图南局，一助吾人之事"[9]。在孙中山留下的全部文献中，这种要求日本和列强援助的资料很多。为了争取这种援助，

1　《孙中山全集》第11卷，第402页。

2　《孙中山年谱》，第115页，中华书局，1980。

3　《孙中山全集》第3卷，第27页。

4　《孙中山全集》第3卷，第42页。

5　山中峰太郎：《アジアの曙》，第234页。

6　《孙中山全集》第1卷，第187页。

7　《孙中山全集》第1卷，第201页。

8　《驻福州领事丰岛舍松致外务大臣青木周藏电》，《历史档案》，1986年第3期。

9　同注8。

孙中山曾特别宣布,"共和国承认满洲政府给予外国人的一切特权和租让权"[1]。同意租让满洲,也正是为了争取这种援助。孙中山不了解,如果真这样做了,将不仅不能换取他所期望的中国革命的胜利,而且将给中华民族带来巨大的灾难。20世纪30年代,日本帝国主义在我国东北制造"满洲国",内田良平、小川平吉等人积极为之鼓吹,其"理论"根据之一就是孙中山关于"满洲"问题的言论。

诚然,为了中国的独立和富强,孙中山鞠躬尽瘁地奋斗了一生,这是一个无可争辩的事实;但是,也正是为了这一目的,他又在相当长的时期内,准备将满洲租让给日本,这应该也是事实。问题的全部复杂性也在这里。我们当然不应该因此而否定孙中山在近代中国史上的崇高地位,当然同样也不应该为了维护这种地位而讳言有关事实。历史家所追求的只有真实和真理。对孙中山如此,对其他历史伟人也应该如此。

附记:

本文写作过程中,承藤井昇三、狭间直树、石田米子教授惠寄资料多种,又承邹念之先生热心细致地校订译文,谨此致谢。

后记:

高崇民《上半生简述》云:"1915年袁世凯阴谋要作皇帝,与日本订立卖国条约21条。孙中山为换取推翻袁世凯,一度主张把东三省让给日本。我在日本留学东京时,亲耳听到中山这种错误主张,表示坚决反对,黄兴当时也反对。"(《高崇民诗文集》,第374页,沈阳出版社,1991)黄兴于1914年6月离日赴美,1916年5月自美抵日。高崇民的回忆在时间上有误,但它却为本文提供了中文方面的佐证。据高崇民夫人称,当时曾有人建议高将此段回忆删去,但高坚持是历史事实,不肯删去。

1　《孙中山年谱》,第124页。

华俄道胜银行借款案与南京临时政府危机

南京临时政府成立后,由于帝国主义控制了海关和盐税,经济始终处于极度困窘中。为了渡过难关,临时政府曾先后向美、日、俄等国借款,均告失败。其中,华俄道胜银行借款是比较重要的一桩,它使本已波澜翻覆的政局更加动荡。陈其美曾在《致黄兴书》中说:"俄国借款,经临时参议院之极端反对,海内士大夫更借口丧失利权,引为诟病","终受经济影响,致妨政府行动。中山先生既束手无策,国家更濒于阽危。固执偏见,贻误大局,有负于中山先生者此其一"[1]。但是,对于这样一件大事,国内外学术著作迄今尚少论及,因此,有必要作一番较详细的考察。

华俄道胜银行成立于1895年12月,总行设于彼得堡,上海、天津等地设有分行。成立后,即积极履行沙皇俄国的侵华计划。它表面上是一家银行,实际上是"略加伪装的俄国财政部分支机构"[2]。1912年2月,它利用南京临时政府的财政危机,诱使其签订了150万英镑的借款合同草约。草约提出,自正式合同签字之日起,以一年为期,年利五厘,华俄道胜银行按九七扣付款。其第五条规定:"此款为民国之直接负欠,当以

---

[1] 《陈英士先生文集》,第41页,台北版,1977。

[2] R. Rosen, *Forty Years of Diplomacy*, Vol.1, London, 1922. p. 193.

其赋税之所入，备为付息及偿本之用。"[1]从成立之日起，华俄道胜银行一直谋求充当中国的国家银行，为清政府"办理租税、赋课的缴纳"等项事务。草约虽然没有像当时的其他借款一样，指明以某项路权或矿权作为担保，但本条却为沙俄控制中国的赋税提供了口实和条件。其第七条规定："民国以后如第一次拟借大批外债，若该银行所约条款与他银行仿佛者，该银行有首先应借之权。"清朝末年，列强争相对华输出资本，竞争剧烈，本条使沙俄轻易地取得了优先权。这是一项贪婪而阴险的包藏祸心的草约，但南京临时政府正处于饥不择食的境地，居然接受了。草约于当月21日在上海签字，南京临时政府代表为财政总长陈锦涛，华俄道胜银行代表为经理人凯里约。

根据草约，合同应在3月1日以前经南京临时参议院投票公决。因此，孙中山于2月25日向参议院提出咨文，要求召开临时会，"提前决议"[2]。26日上午，由南京临时政府秘书长胡汉民到院，宣称根据陈锦涛电报，不用抵押，借到华俄道胜银行巨款。这当然是皆大欢喜的事。讨论结果，议长林森用起立表决法，多数通过政府交议案诸要点[3]。27日，参议院继续开会，讨论草约，谷钟秀提议，先付特别审查。经林森指定，由刘彦、钱树芬、张耀曾、谷钟秀、汤漪等五人为特别审查员。结果，只提出了细节性的修改意见[4]。在讨论时，湖北参议员张伯烈、奉天参议员吴景濂激烈反对第五条，发言后即离座他去。在此情况下，林森提议省去三读，交付表决。结果，到场14人，8票赞成。林森宣布通过，但湖北参议员刘成禺等当即提出："此案系违法少数之表决，不得作为有效。"[5]

28日上午的会议上，刘成禺、张伯烈、时功玖等根据参议院议事细则"须有半数以上之议员到会方可开议"及"关于法律、财政及重大议案，必须三读始得议决"的规定，指责林森"违背细则，变更院规"[6]。

1　《民声日报》，1912年2月29日。

2　《孙中山全集》第2卷，第149页，中华书局。

3　《参议院议事录》，1912年2月26日。

4　《参议院议事录》，1912年2月27日。

5　《鄂省参议员刘成禺、时功玖、张伯烈辞职之公布》，《民声日报》，1912年3月2日。

6　同注5。

四川参议员熊成章批评刘成禺等："诸君于此前并不提议，今政府已将借债之事办成，乃起而反对，是何居心！"[1]时功玖则答以："某等居心爱中国，不袒政府；愿为国民之公仆，不为政府之走狗。"[2]双方愈益感情用事，林森"拍案大呵"，指责刘成禺等"阻挠他人言论"。在这一情况下，刘成禺等三人宣布辞职。他们致电黎元洪及湖北省临时议会，指责借款案"既启监督财政之渐，复挑拨列强猜忌之心"，声言："自问能力薄弱，难膺巨任，深恐陨越，有负乡人之托，谨此电辞。"[3]其后，吴景濂及陕西参议员康宝忠也相率辞职。

南京临时参议院于1月28日开院，17省共参议员31人。此后即由于种种原因，一部分参议员请假或无故缺席，到院人数日益减少。不久，又因汉冶萍借款、发行军用钞票、议决临时政府地点等问题，部分参议员与临时政府之间发生对立。2月25日，江苏参议员陈陶遗、杨廷栋致函参议院，指责临时政府"对于参议院，蹂躏侮蔑，亦云至矣"，是"民国开创史上一大污点"，宣布辞去参议员职务[4]。至此，由于刘成禺等再次辞职，参议院就出现了危机。当日下午，出席参议员仅12人，不过半数，林森宣布散会。29日，也因人数不足，未能开会。3月1日，不得不作出决议，如议员一月以内缺席七天，即应除名。同时宣布不承认刘成禺等人的辞职，决定致函江苏、湖北参议员，请于一星期以内函复，过期当即除名。但是，会议也承认27日的讨论"手续尚未完备"，决定重新讨论借款草约，补行二读、三读手续[5]。讨论结果，议决将第五条后半改为"当以民国政府所征赋税之收入内备为付息及偿本之用"[6]，第七条改为"民国以后如第一次拟借大批外债，若该银行所约条款与他银行较轻时，该银行有首先应借之权"，这些修改较原条约严密，对沙俄的借款优

---

[1] 《时君功玖之正论》，《民声日报》，1912年3月1日。

[2] 同注1。

[3] 《南京电报》，《民声日报》，1912年3月1日。

[4] 《来函》，《民声日报》，1912年2月29日。

[5] 《参议院议事录》，1912年3月1日。

[6] "内"字为三读后讨论所加，与上下文连续时欠通顺，此处保持原貌，未作改动。

先权加了限制，投票时，以22票可决全文[1]。

南京参议院的争论迅速激起了政海风波。2月29日，民社上海机关报《民声日报》报道了有关消息，并发表社论，指责南京临时政府："倒行逆施，竟以全国所得赋税抵押外人。吾不知政府诸公以何理由而为此毫无心肝之举动？"又称："以满清政府所不敢为者，而君等悍然为之，恐吾国民将谓君等之不满清若矣！"社论号召上海各团体、各政党共同行动，抗议并取消借款[2]。3月1日，又利用刘成禺等辞职一事发表社论，批评南京临时政府"用威吓手段，嗾使少数议员，秘密开会，擅自通过，此种野蛮专制之行为，前清时代所不敢出"。甚至说："议会为行政机关之奴隶，供总统及各部大臣之颐指，所谓代表舆论者安在？所谓征取民意者安在？民意不足征，舆论不足重，所谓共和之精神安在？"它鼓动湖北、江苏两省的参议员重返参议院，"张我舌剑，斩彼蟊贼"！[3]

在《民声日报》大张挞伐的同时，民社等则发起电报攻势。29日，民社致电袁世凯、孙中山、黎元洪及各省都督，批评草约"词旨笼统，既种祸根，必致酿成外侮"，要求袁、孙等"竭力挽回，免滋后祸"[4]。随后，由张嘉璈领衔发起的国民协会也致电孙中山，要求"顾全舆论"，"设法挽回"。[5]3月5日，共和宪政会李倬云、郑允恭、徐企文等发布传单，继续指责参议院"灭绝公论，违法独断，亡清覆辙，甘蹈不顾"，定于6日在江苏教育总会召开特别大会，推派代表赴宁，向政府要求取消借款[6]。会后，共和建设会、公民急进党、工商勇进党、社会党、工党、华侨联合会、民社、民国统一党、民生国计会、大同民党、公济总会、宣导会、共和宪政会等13个政团联合致电袁世凯和黎元洪，陈述华俄道胜银行借款案一事"实为违法，国民死不承认"[7]。

1　《参议院议事录》，1912年3月1日。

2　慰侬：《外债愤言》，《民声日报》，1912年2月29日。

3　《对参议院议员辞职之感言》，《民声日报》，1912年3月1日。

4　《民声日报》，1912年3月1日。

5　《民立报》，1912年3月4日。

6　《拒款会之传单》，《民声日报》，1912年3月5日。

7　《上海去电》，《民声日报》，1912年3月7日。

上海的抗议风潮迅速向各地扩散。黎元洪致电刘成禺、时功玖等人，表示对参议院"擅以国税作抵"的行为"殊深骇异"，声称除已将详情交鄂省临时议会公议外，并望刘成禺等人"尅日返宁，隐忍维持，毋庸辞职，并极力阻止，以挽大局"[1]。又于9日致电袁世凯及参议院，把自己打扮为一个爱国者，说什么"前清借债之失，我辈呼吁力争，言犹在耳"，"元洪绝不敢私行借债抵税，以误国民"[2]。扬州军政分院徐宝山也于6日通电，指责借款一案"失人心，丧主权，与清政府之铁路国有、四国借款，殆过之无不及"，他并由此进一步攻击"同盟会人"，"在内之把持政柄，在外之声势煊赫，虽满洲之亲贵，无此多也"。

华俄道胜银行借款是一桩损害国家主权的事件，受到批评是应该的。借款的反对者中，大部分基于爱国义愤，但是，也有人意气用事，甚至别有用心。

武昌起义后，迅速形成了湖北、江苏两大实力集团。前者以黎元洪、孙武为代表，其政治组织为民社，后者以程德全、张謇、章太炎为代表，其政治组织为中华民国联合会。它们的主要成员大部分是旧官僚、立宪派和失意的革命党人。两派形成后，即反对同盟会，反对南京临时政府，拥护袁世凯。华俄道胜银行借款案发生后，它们迅速行动起来，以之作为砸向对手的一块石头。

湖北省临时议会早在2月21日就通电各省临时议会与谘议局，提议在汉口另组临时中央议会。这种做法，旨在否认南京临时参议院的合法性，取而代之。这时，借款案更成了反对临时参议院的强有力的借口。3月1日，共和建设会致电孙中山，指责临时参议院"阿谀政府，少数擅决"，"请将参议院立时解散"[3]。3日，湖北省临时议会以万急电报，将参议院"违法情状"遍告各省议会和谘议局，要求3月底之前在汉口召集中央议会。5日，高元藩、张祥麟等与章太炎及江苏省议会议员会商，宣布不承认临时参议院2月28日以后所议各案。他们提议由苏鄂两省政府联

---

[1] 《湖北来电》，《民声日报》，1912年3月8日。

[2] 《武昌电报》，《民声日报》，1912年3月10日。

[3] 《共和建设会电》，《民声日报》，1912年3月2日。

名通告各省及新旧总统，取消南京临时参议院，同时请袁世凯通告各省议会，组织国民议会，再由国民议会组织参议院。江苏省临时议会随即致函都督庄蕴宽，要求联合各省宣布，在南北未统一之前，各种赋税俱归各省迳收，不得由现政府"随意指抵"[1]。6日，共和建设会、公民急进会等政团又致电孙中山等人，声称"今参议院议员寥若晨星，已失议事资格"，要求袁世凯出面"执行"，"以收统一"。[2] 10日，袁世凯在北京宣誓就任临时大总统。他们立即驰电表示"群情欢作"。南京临时参议院的《受职办法》规定，袁世凯任命国务总理及国务员时，必须取得临时参议院同意，这本是限制袁世凯权力的一条重要措施，但是，他们却向袁世凯献媚说：自从借款案发生，参议院议员人数不及原有人数之半，"按之法律，决难发生效力"，要求袁大总统"独力主持"，赋予这个野心家以组织政府的全权。[3]不仅如此，他们还企图推翻临时参议院通过的根本大法《临时约法》，说是"此种约法，人民绝不承认"[4]。这就说明，他们所反对的不只是借款案，而是反对南京临时政府的革命性一面。

在各方强力反对下，孙中山于2月底致电陈锦涛，告以参议院"手续未清"，"借款案暂缓签字"。[5]华俄道胜银行方面也因未能取得在同等条件下对华借款的优先权，表示"不能照办"，草约作废[6]。3月3日，孙中山复电民社成员胡培德宣称："日前商借华俄款，成立即救济鄂省百万，乃因参议员误认担保性质为抵押，又削草约中同等借债优先权，此议不成，遂令束手为难，今日已电商黎副总统矣。"[7]他自感已无力解决面临的各种困难，准备将临时大总统一职交由黎元洪代理。5日，他在和胡培德谈话时表示："临时政府地点未定，袁公不能南来，鄙人又不克久任，急欲离开金陵，已电武昌，请黎公来宁，以副总统名义代行

1　《苏都督指陈借债事件电》，《民立报》，1912年3月9日。

2　《民声日报》，1912年3月7日。

3　《武昌电报》，《民声日报》，1912年3月15日。

4　《通告不承认参议院临时约法电》，《申报》，1912年3月21日。

5　《南京特电》，《民声日报》，1912年3月1日。

6　《大总统复电》，《黎副总统政书》卷8。

7　《孙文电》，《民声日报》，1912年3月4日。按，此为孙中山佚文，各本孙中山集均失收。

大总统之职。"又称："近日为借款问题，国民不能信任政府，不能信任鄙人，鄙人拟卸职后即从事实业，已与外人筹商借款，以办铁路为前提，将使铁路贯通全国，此则为真文明事业。"[1]从袁世凯被选为临时大总统起，孙中山的卸任本已指日可待，但是，连有限的日子他也不能等待，希望卸任愈早愈好。

华俄道胜银行借款草约是一杯毒酒，这一点，孙中山和南京临时政府的成员未尝不清楚，这种情况，反映出南京临时政府已经陷入难以摆脱的困境之中。其结果是不仅未能对现状有任何一点改善，却引来了更多的攻击和反对，陷入更大的困境中。这一切表明，即使没有以袁世凯为代表的反动力量的进攻，南京临时政府也已经维持不下去了。

---

1 《孙大总统之谈片》，《民声日报》，1912年3月7日。

孙中山与民国初年的轮船招商局借款
——兼论革命党人的财政困难与辛亥革命失败的原因

一 紧随突然胜利而来的巨大财政需求

1911年10月10日的武昌起义是一次突然的胜利,几十天之间,革命党人迅速奄有南方半壁江山。但是,这突然到来的胜利也突然带来了巨大的财政需求。革命党人要建立全国性的政权,要兴师北伐,在在需要经费,其总数,当以亿元计。不幸的是:当时国穷民困,各地库存空虚;列强又迅速控制了海关税款,这就使得原来并无财源的革命党人碰到了一个十分难以解决的问题。

武昌起义后,孙中山迅速意识到,必须加紧筹款。10月31日,他致函美国人荷马里称:"如得财力支持,我绝对能控制局势。在我们到达之前,不可能组成强有力的政府,因此贷款是必要的。"[1]他决定暂不归国,先赴巴黎、伦敦借款,但是,革命军尚在和清朝政府对垒,胜负难明,西方的资本家采取"金融中立"政策,不肯轻易解囊,孙中山只能空手而归。

革命党人当时到底需要多少钱呢?12月16日,孙中山对邓泽如

---

[1] 《孙中山全集》第1卷,第544页。

说:"中国今日非五万万不能建设裕如。"[1]同月25日,孙中山自香港赴上海途中,曾对日本友人山田纯三郎说:"帮助搞点钱吧!""越多越好。""一千万、两千万都可以。"[2]这个数字虽曾惊得山田纯三郎目瞪口呆,但只可以看作是孙中山的初期财政预算。

精于理财的实业家张謇也有一本账。他认为:新政府的开支至少每年须有1亿2000万两,每月须有1000万两;扣除可能得到的收入,新政府每年将短缺8000万两。当时,曾有人动员他在未来的临时政府中出掌财政,但他自觉无力解决这一难题,声称"下走无点金术,虽牺牲之而无裨毫末",不肯就职[3]。

张謇无法解决,希望只能寄托在孙中山身上。孙中山未到上海前,就传说他挟有巨款;一到上海,被记者问到的问题之一就是带回了多少钱来支持革命军。不料孙中山的回答却是:"予不名一钱也,所带回者,革命之精神耳!"[4]"革命之精神"固然可以鼓舞士气,但是,并解决不了实际问题。孙中山不得不绞尽脑汁,殚精竭虑,为南京临时政府的财政找寻办法。

武昌起义前,革命党人的活动经费主要来源有二:一为募捐,发行债券;二为向资本主义国家的政府或私人借贷。武昌起义后,基本上也仍然是这两条路子。12月末,孙中山连续致电南洋和旧金山等处华侨,说明"现为组织中央政府,需款甚巨",拟以国债形式"征集大款"。[5]1912年1月8日,孙中山批准发行中华民国军需公债,定额为1万万元。但是,募集需时,远水解不了近渴,而且所得也不多。中华民国军需公债自2月2日起发行,仅得730余万元[6]。因此,革命党人一开始就将希望主要寄托在第二条路子上。1911年11月30日,为了进攻南京,革命党

---

1 《中国国民党二十年史迹》,第82页。
2 山田纯三郎:《南京政府之正体》,第3~6页,1934。
3 《对于南京新政府财政之意见书》,《张季子九录·政闻录》。
4 《孙中山全集》,第6卷,第246页。
5 《少年中国晨报》,1911年12月1日。
6 《旧中国公债史料》,第33、366页,财政经济出版社,1955。徐义生编:《中国近代外债史统计资料》,第96页,中华书局,1962。

人向日本大仓洋行借款银54万余两,用于订购军械和作战需要[1]。其后,为了成立南京临时政府,又由黄兴经手,向日商三井洋行借款30万元。但是这一点款项对于南京临时政府来说犹如杯水车薪。因此,黄兴不得不迅速派何天炯东渡,向日本财团谋款。其后,遂有中日合办汉冶萍公司,借款500万元之议;又有以轮船招商局为抵押,借款1000万元的谈判;还有委托日人阪谷方郎、原口要、涩泽荣一建立中央银行,筹款1亿元的计划。

二 轮船招商局贷款的由来与股东们的抵制

　　轮船招商局成立于1872年11月。初由李鸿章拨直隶练饷制钱20万串(约合银10万两),札委三品衔道员朱其昂办理,另各商认股10万两,属于官督商办企业。后在盛宣怀推荐下,招致唐廷枢、徐润等大买办入局,资本和轮船数都大为增加。至1894年,有江海轮船26艘,总吨位35475吨,每年营业收入平均规银200万两以上,历年盈余总数达1640423两。至1902年,资本实值2000万两。1909年,由官督商办改为商办。1910年8月,清政府邮传部命招商局恪守成规,继续实行官督商办。至1911年,共有江海轮船29艘,总吨位49373吨。

　　在招商局的发展过程中,其主管人员屡经变迁。1906年,袁世凯委任王存善为总理,1909年,盛宣怀、郑观应等9人被选为董事,以盛宣怀为主席,王存善为会办兼总稽核。1910年,清政府任命盛宣怀为董事会会长。1911年初,盛宣怀任邮传部尚书,辞去会长职务,股东们继选伍廷芳等9人为议事董事,唐德熙等3人为办事董事。但是,盛宣怀仍然保有招商局的巨大股份,并拥有巨大控制力量。

　　在邮传部任内,盛宣怀实行"铁路国有"政策,以商办粤汉川铁路路权换取英、法、德、美四国银行团的借款,激起四川各省人民的保路风潮,受到普遍反对,并被清政府革职。10月28日,盛宣怀逃离北京,

---

[1] 徐义生编:《中国近代外债史统计资料》,第96页,中华书局,1962。

经青岛、大连逃往日本。他一面寄希望于袁世凯对革命的镇压，一面则千方百计，设法保护其企业和财产。招商局的董事中，伍廷芳支持革命，但大多数则持敌对态度。11月4日上海独立后，招商局和其他公司一样悬挂白旗，表示归向革命，但是，这不过是一种应付之计。当时，革命党人已开始征用招商局的船只以应军需，盛宣怀等担心会进一步发生强迫捐献、押收、接管等情况，遂决定以所有财产为抵押，向英国汇丰银行借款150万两，企图以外商为保护伞。其后，招商局从借得的100万两中，提取10万两捐给革命军。革命军接到了这笔款子后，伍廷芳即将其中的1万5000两汇往伦敦，购买飞机。但是，区区10万两不能满足革命党人的财政需要，因此，要求招商局续捐40万两。12月上旬，黄兴等与日本大仓洋行上海支店代表井户中佐谈判，拟以该局的所有财产为抵押，换取400万元贷款[1]。1912年1月，南京临时政府成立，需款更巨。同月2日，内阁会议决定，为"筹措军饷，拟将招商局抵押一千万两"[2]。但是，这一决定受到了招商局的大多数董事们的抵制。

招商局多数董事反对的公开理由是：盛宣怀已因借外债失足，革命军若再以国家不可缺少的事业团体作抵押向外国借债，极不得当。而其内心的秘密则是不愿以自己的财产为革命军作抵押。日本驻上海总领事有吉明向本国政府报告说："（董事们顾虑）将来不论胜败谁属，在日后整顿该局财产时必将发生问题，故对借款之议多不赞成。""负债者固然是革命党，但该局一旦承认以其所有财产充当抵押，则今后对其产业既不能自由使用，且平日之营业活动亦必受到束缚。"[3]以总办为首的各常务董事更害怕股东们将来追究责任，不想承诺。他们一面表示愿从汇丰银行借款中续捐25万两，一面则力谋托庇于外人。1月6日，总办王存善（子展）访问日本驻上海总领事有吉明，寻求保护。王称：革命军不但任意征用船舶、仓库等，不付任何报酬，而且不断强令捐献。本人及各大股东意见，拟于今年三月份召开股东总会，一举卖却了事。他要求有

---

1 《内田外务大臣致有吉驻上海总领事电》，邹念之译：《日本外交文书选译》，第351页。

2 《申报》，1912年1月25日。

3 《关于招商局内部情况的报告》，《日本外交文书选译》，第353~354页。

吉明届时代为斡旋，由日本承购[1]。此后，招商局的董事们纷纷"告退"，拒不出席董事会例会。

三 黄兴与军界施加压力

鉴于招商局董事们的抗拒态度，黄兴与军界决定施加压力。1月20日，广东北伐军总司令姚雨平、光复军总司令部李燮和、浙军司令官朱瑞、辅军师团长黎天才、第一师团长柏文蔚等18支部队的首长联署，代表中华民国军界致书招商局总理、协理、董事等人，说明军兴之际，需款浩繁，必须借外债的理由。函件以极为严厉的口气警告说：

> 执事等别有谋划，欲危民国，以利一己，是为我民国之公敌，我军人等当先诛之。且贵局官股外，大半为盛氏私产，例应清查没收。

函件限令招商局于48小时内答复，"如执事等犹疑不允，姚等将执干戈与贵局从事，执事等其勿悔！"[2]这就是说，你不答应，我就要武力解决了。

事情既然如此严重，招商局的办事人员如何敢怠慢！立即于同日召开会议并于同日致函董事会会长、当时在南京临时政府担任司法总长的伍廷芳，表示接受条件。函称："今日会议此事，有关民国需要，即为同胞利福，如蒙中央政府承认担保本息并有受押之主，自当允照办理。"但是，梁等又表示："各股东多在远地，不及布告通知，未识会长意旨如何？"[3]把决断权扔给了伍廷芳。伍廷芳自然不愿负责，他一面表示，辞退会长及董事职务，一面劝董事会"将就"[4]。

1　《有吉驻上海总领事致内田外务大臣电》，《日本外交文书选译》，第354~355页；《有吉驻上海总领事致内田外务大臣函》，同上书，第355~356页。

2　《南京临时政府拟以招商局产抵借日债史料》，《历史档案》，1983年第3期。

3　《招商局董事梁庆榴、唐国泰致伍廷芳函稿》，《历史档案》，1983年第3期。

4　《伍廷芳复轮船招商局董事会函》，《历史档案》，1983年第3期。

263

南京临时政府方面等不得招商局董事会犹疑。1月21日，陈其美照会招商局，特别说明陆军部各军将士公函系陆军部总长黄兴交下，至22日午后三时，48小时的期限即满，要求迅速"查照承认"[1]。但是，22日董事会开会时，只有广东籍两个董事赞成，其余都避不到会。同日，招商局致电孙中山、黄兴，声称此事非常重大，非董事所能解决，要求允许电召各省股东来沪于10日内召开大会，共同议决，"以表一致欢迎之诚意"[2]。

招商局主事人员的策略是拖，但南京临时政府连10天的时间也不肯给。1月22日，黄兴致电陈其美：要求招商局于23日午前回答，否则，将会同海军部下拘捕令[3]。不过，黄兴大概也考虑到，此事不可一味蛮干，于是，在威吓之余，又致电招商局称："军需孔急，所请展期十天，万难照准。惟所禀各节，亦尚情有可原，本部体贴商情，准展限三天，至二十七日止，确实答复，万不能再有迁延，致误军需，有干未便。"[4]

黄兴既然松了口，招商局的主事人员便分电孙中山和黄兴，要求南京临时政府有"确实担保，并相当利益"，以便争取股东们不致临期反对；同时又提出，召集股东会议的电报已经发出，广告亦已刊出，无法更改，仍然要求展期至2月1日[5]。黄必同意展期，但批驳了招商局关于"确实担保，并相当利益"的要求，电称："国内财产，皆须国力保护，不得已而借以抵借外债实因新造国家，不当索国家之担保；若使国家不可信，覆巢之下无完卵，担保物安能作用，该局特未之思耳！至借该局抵借外债，原属虚抵，于该局权利，略无变更，更无要求特别利益之理。"[6]不过，在稍后一天，孙中山则大度地表示："贵局既能为国尽力，当有相当之报酬。"[7]

---

1 《沪军都督陈其美致招商局照会》，《历史档案》，1983年第3期。

2 《招商总局致孙中山、黄兴电稿》，《历史档案》，1983年第3期。

3 《黄兴致陈其美电》，《历史档案》，1983年第3期。

4 同注3。

5 《招商总局致黄兴电稿》，又《招商总局致孙中山电稿》，《历史档案》，1983年第3期。

6 《黄兴致陈其美等电》，《历史档案》，1983年第3期。

7 《总统府复招商局电》，《历史档案》，1983年第3期。

除董事外，招商局的股东们也强烈反对南京临时政府的抵押。广州港澳股东甘作培、唐安等致电孙中山，要求体恤商民艰难，取消抵押，保全政府名誉[1]。邓荣基等致函董事会，以革命党人遵奉的根本理论原则相抗。函称："窃思共和政策首重自由，招商局为完全商股，并无官股，既为商业，系商人自享之利益。即欲急公奉上，亦须由商人出于至诚。政府断无干预攘夺之利。"函件并称："如果欲取商业之股份为政府不时之需，以视满清收铁路为国有何如？"[2]部分上海股东也致函声称：到会人数如达半数，决议有效，不过半数，不论可决、否决均属无效。函件同样用革命党人遵奉的原则作为抵抗武器："民军既口共和，则凡事皆须照共和做去。"[3]

2月1日，招商局临时股东总会在上海张园召开。陈其美发言称："专制政府，尚未推翻，军饷器械，在在需款。筹款之法，至今日已势穷力竭，惟有借款之一法。"次股东张叔和发言，声称"招商局连年亏折，不如趁此时机，为政府效力，他日可向政府要求权利，俾营业日渐发达"。[4]会议主持人征询到会股东意见，无人作声。于是，陈其美即致电孙中山、黄兴及南京临时政府各部部长，报告"喜讯"。电称："各股东全体承认无反对，洵属热心爱国，深明大义。从兹饷糈有出，健儿北伐，犁庭扫穴，指顾间耳！"[5]2月2日，孙中山也致电招商总局董事及股东，表示嘉奖："得沪都督陈其美电，知贵局昨在张园开设股东大会，无一反对者，洵属热心爱国，深明大义，钦佩之至。请贵局总董迅即派员来宁与政府接洽一切，事可速成。"[6]同时，居正也代表内务总长程德全致电嘉奖："从此军饷有着，军心益壮，努力北伐，指日成功，俾吾国民脱专制之苦，享共和之福，皆公之赐也。"[7]

---

1 《甘作培等致孙中山电》，《历史档案》，1983年第3期。

2 《轮船招商总局致孙中山、黄兴函稿附呈各纸》，《历史档案》，1983年第3期。

3 同注2。

4 高劳：《临时政府借债汇记》，《东方杂志》8卷11号。

5 《民立报》，1912年2月2日。

6 《孙中山致招商总局电》，《历史档案》，1983年第3期。

7 《程德全致招商总局电》，《历史档案》，1983年第3期。

其实，陈其美报告的是假情况，2月2日，招商局致孙中山、黄兴电报告的才是实情。该电称：多数股东均因路远期促，不及到会；当日到会的股东只拥有4396股，仅得十分之一；另有大量股东表示反对。同时，招商局的主事人员将反对的电函一一抄呈，要求孙中山等人"核夺"。[1]其中有一份署名江粤股东220股赵尚勇等150人的公启竟称："侧闻贵局有意献媚民军，听信朱葆三、王一亭之言，将局产擅行抵押，假张园数千股之名义，十余分钟之时限，两书记之报告，即作为四万股股东全体承认，环球各国有此法律耶！"赵尚勇等表示："全赖股利以度日，朝不保暮。倘贵议董、局董擅自定议，尚勇等当以洋枪、炸弹对待，不共戴天！何人居住何处，均已访查明白。特此预告，凛之戒之！"[2]招商局接到的这些函电有些可能是主事人员的伪造，不过股东们大多持反对态度则是确定无疑的。

面对招商局董事们的合法抵制，孙中山不可能真正用军队和武力来解决问题。2月3日，孙中山于无可奈何之中复电招商局，邀请该局派人来宁商议。电称："日前股东开会议决，具见同情。至远地未深明委曲者，当不难于疏通。无论如何，仍请派员来宁熟商一切。"[3]电发，招商局的主事人员答称：董事会的成员已经辞职，又无决议，难以执行；在局各董，无此权责，不能越俎，已经登报要求各股东推举代表来沪赴宁，接洽办理[4]。同时，又继续抄呈各地股东的反对信函，以"民意"相抗。顺直股东宋树声等不仅批评革命党人"阳言共和，暗图专制，较之满奴时代有加无已"，而且揭露张园会议的真相："股东鼓掌者仅有两人，何得谓之全体股东赞成？此等野蛮举动，岂能遮尽天下人之耳目！"[5]

---

1 《招商总局致孙中山、黄兴电稿》，《历史档案》，1983年第3期。

2 《轮船招商总局致孙中山、黄兴函稿附呈各纸》，《历史档案》，1983年第3期。

3 《孙中山致招商局电》，《历史档案》，1983年第3期。

4 《招商总局办事董梁庆榴致陈其美函稿》，《历史档案》，1983年第3期。

5 《招商总局办事董梁庆榴致陈其美函稿附函》，《历史档案》，1983年第3期。

四 日本急于吞下招商局

除轮船招商局外,当时在中国长江流域经营航运业的还有英国太古、怡和,日本邮船株式会社及日清汽船株式会社等公司,形成中、英、日等国多角竞争的局面。其中,英商长期独霸,势力深厚,日资发展迅猛,势头强劲。为了进一步壮大自己,垄断中国航运,日资早就垂涎于轮船招商局,急欲吞下这一块肥肉。现在有了机会,自然不肯错过。一方面,他们紧紧抓住孙中山和黄兴,一方面则力图排除其他国家的竞争对手。

日本政府一开始就注视着轮船招商局的借款谈判。12月7日,外务大臣内康哉致电驻上海总领事有吉明,告以日本邮船及日清汽船两公司通过大仓洋行上海支店正在与轮船招商局进行的谈判,要求有吉明向该店询明情况,尽量予以协助,促其实现[1]。1912年1月3日,盛宣怀等逃到日本。1月6日,招商局总办王存善访问日本驻上海总领事馆,要求将招商局"一举卖却"时,有吉明立即答应。他建议:为与日本方面事先结成关系,先以低利向日本方面借款,偿还此前向英国汇丰银行所借之款。有吉明希望内田就近向盛宣怀"密行劝诱"[2]。1月7日,王存善托有吉明转交一封信给盛宣怀,有吉在向内田汇报时称:"估计招商局所有资产当不下一千万乃至一千三四百万两。我方如能充分给予有利条件,并采取安全措施,向该局股东等保证此项价款不致被革命党所没收,则此事看来不无成功之希望。"[3]

1月下旬,德国捷成洋行,英国汇丰银行,太古洋行及美国有关方面加入竞争,争相承抵,日本邮船株式会社与日清汽船株式会社立即通告孙中山、黄兴,声称1000万两已经备妥,要求孙、黄作出承诺,一定要

---

[1] 《内田外务大臣致有吉驻上海总领事电》,《日本外交文书选译》,第351页。
[2] 《有吉驻上海总领事致内田外务大臣电》,《日本外交文书选译》,第355页。
[3] 《有吉驻上海总领事致内田外务大臣函》,《日本外交文书选译》,第356~357页。

与日本方面商谈[1]。25日，有吉明致电内田，表示"此举颇合机宜"，希望内田督促日本财团速下决心。27日，内田复电有吉，除赞成所拟合同第七款所载"招商局因其本身业务经营之需要而进行此项借款"，以避免露出日本公然向革命军提供军费的痕迹外，特别指示，无论如何，要设法令英商太古洋行一类对手"罢手"。[2]

为了促使日方迅速决定，孙中山、黄兴有意向日方谈判代表扬言，如日方无保证，将向美国方面交涉，条件更优。1月25日，日本邮船株式会社上海支店长伊东米次郎致电东京总社，报告有关情况。电称："故1000万元之贷款，若有可能，望立即予以保证。"[3]其后，伊东米次郎亲赴南京，提出要全部收买轮船招商局，遭到黄兴拒绝。2月1日夜，伊东急电东京总社云："看来除进行贷款交涉外并无他策。彼曾提出借款一千万两，我方如以年息七厘提供一千万圆（日元），本人认为可能签订合同。惟现时与招商局签订合法之正式合同，殊非易事；但为排除竞争之干扰，在近期内与民国政府签订临时之草约，则甚为必要。当然，在合法之正式合同成立之前，我方不承担任何金钱上之责任，本人按此办法进行策划，未悉是否得宜，希即电示。"该电并称："又据告知，美国财政专家司戴德氏已于1月29日抵达本地，正在进行以招商局为抵押之一千万两的借款交涉，云云。"2月2日，伊东再电东京称："因与黄兴有约，已定于明日下午1时前往南京，切望在本人动身之前来电指明办法。"同时，伊东并称："德国商社捷成洋行亦正在进行此项交涉。"[5]此电发出后几个小时，伊东又致电东京称："德、美两国资本家联合提出：仅以土地为担保，提供贷款一千万两，彼辈之估价为二千万两。条件是立即清还汇丰银行旧债，然后将地照转托德国银行。基此形势，我方如不能以同等款额和同样条件进行周旋，则交涉恐将失败。"[6]三通电报，反

---

1 《有吉驻上海总领事致内田外务大臣电》，《日本外交文书选译》，第358页。
2 《内田外务大臣复有吉驻上海总领事电》，《日本外交文书选译》，第358~359页。
3 日本防卫厅研究所战史部藏《海军关系》档案。
4 井上馨文书，日本东京国会图书馆宪政资料室藏。
5 同注4。
6 同注4。

映出日本方面控制轮船招商局的急迫心情。

日本与孙、黄关于招商局的谈判引起了英国的注意。2月5日，英国驻日大使访问日本外务省，声称："上述借款之一部分，无疑将提供革命军作为军费使用，希望贵国政府加以制止。英国政府将继续尽最大努力制止本国财团向官、革双方之任何一方提供借款，确信贵国政府亦应采取同样措施。"[1] 8日，内田致电山座驻英临时代理等，说明日本政府对招商局谈判"已决定不予鼓励"，但也不准备劝阻[2]。其后，英国汇丰银行、太古洋行的竞争加剧，日本财团决定承担，先付100万元，内田指示："关于此事之进行，我国政府及官员表面上并不予以支持"，但"从背后给予必要之援助"[3]。

五 《契约书》草约的签订

2月6日，伊东米次郎与孙中山、黄兴签订《契约书》草案，共五条。规定"以招商局现有水陆财产之全部为抵当借款之目的"；民国政府与日本邮船株式会社对于本契约"绝对互守秘密"；借款额为日金1000万元，年利七厘半，交款5年后，分15年偿还；轮船招商局至期不能支付本息时，日本邮船株式会社将取得轮船招商局的营业权，一切抵押物，日本邮船株式会社可以出卖、借贷、转押；本借款成立后，日本邮船株式会社即有权监督轮船招商局的营业、财产、会计等[4]。

为了化解矛盾，争取支持，孙中山于2月6日致函招商局各董事与股东，函称："政府因于军需、国用孔亟，非得巨款无以解决民国之困难。战士既不惮牺牲其生命，在我商民亦必各致其力尽义务于国家。"函件并

---

1 《内田外务大臣致伊集院驻清公使、山座驻英临时代理大使电》，《日本外交文书选译》，第361页。

2 《内田外务大臣致伊集院驻清公使、山座驻英临时代理大使电》，《日本外交文书选译》，第361~362页。

3 《内田外务大臣致有吉驻上海总领事电》，《日本外交文书选译》，第363页。

4 《孙中山致招商局函》，《历史档案》，1983年第3期。

保证三点：(1) 此项借款，其本利俱由中华民国政府担任偿还，不使招商局受丝毫之损害。(2) 招商局如承认此次借款，中华民国当承认招商局为民国国家游船公司。(3) 扩张其外洋航路，予以相当之补助津贴，其详细办法可俟协商之[1]。其后，孙中山又采取移樽就教的办法，主动派汪精卫到上海，偕同陈其美与招商局主事人员洽商。此间，伍廷芳也同意担任董事会会长一职。这样，事情似乎有了某些转机。

2月9日，招商局发出由汪精卫代拟、伍廷芳交下的致各董事函稿，说明此次借款，本金及利息概由政府担任偿还，不仅于股东无丝毫损害，而且对招商局还有优待条件；只以局产作为抵押，并不请外人监督。2月10日，招商局董事会开会，出席董事五人。伍廷芳派温宗尧代表参加，即由其主持，说明招商局对于此次此借款，"有不可不赞成之理由"，陈其美、汪精卫出席会议，作了劝告和说明，并代表政府签署了优待招商局的公文。会议通过汪精卫所拟广告稿，中云："董事等详审以上情节，知此次借款与我各位股东丝毫无损，虽暂将局产作为虚抵，而既由政府担任偿还，将来之危险无从发生，目前之利益亦无妨害，况尚有种种利益以为酬报，似毋庸疑虑。当此民国甫建，军需孔亟之时，凡我国民，皆宜有所尽力，以负责任。想我各位股东，既谂内容，必无异议。除由董事等一致承诺外，谨此公布，以慰群情。"[2] 2月13日，财政部朱葆三持董事会诸人签字，到局取去通商银行股份票20万两。

此次会议，虽然勉强作出决议，但事情并不就此平静。2月13日，董事梁庆榴致函董事会，提出尚待研究的两个问题：一是当时的民国政府是临时政府，和议成功后即须取消，另行组织新政府，届时此项押款是否仍有效力，必须有确实保证。一是外人久已垂涎于招商局，必须在订立合同时，两方均请律师签字，说明外人不得借端派人干预局事[3]。在此前后，黎元洪也致电孙中山表示反对，电称："招商局为国家之重要交通

---

1 《孙中山致招商局函》，《历史档案》，1983年第3期。

2 《招商局董事会关于南京临时政府借款事项会议记录》，《中华民国史档案资料汇编》，第305～307页，江苏人民出版社，1981。

3 《梁庆榴致董事会函》，《历史档案》，1983年第3期。

机构，若以该局为抵押让与外人，在扬子江流域交通事业悉将归于外人掌握之中。"17日，再电称，"招商局借款，倘能成立，则民国之航权必随之而丧失殆尽"，"万勿因眼前之小利而轻听外人之甘言"[1]。

面对各方的反对浪潮，孙中山等人不得不做疏解工作。2月13日，孙中山致电港澳招商局股东，一方面说明此项借款，于招商局权利无损，同时委婉地提出告诫与批评："须知将士为民国不惜身命，商民亦同修戚，苏路、浙路，俱属商业，今皆承认借押，并非强招商局独为其难。为此电告各股东勿生误解，贻粤人羞！"[2]同时，王正廷则致电黎元洪，希望他对招商局借款"曲予赞成"[3]。

尽管契约书草约已经签订，但是日本方面却突然改变主意，要求将抵押贷款改为中日合资。2月12日，三井财阀理事长益田孝致电时在南京谈判的职员森恪云："为便于即时调拨资金，余等劝孙、黄立即召开招商局临时股东会，发行附加七分利优先股票，其资本额再增一千万两，其中五百万两由日本人应募之，余五百万两后日可依支那人之希望，以为借款之条件，当由日本人认购。"同日，益田再电森恪，告以盛宣怀十分满意，约定将全力相助，"议案倘得承认，余相信数日内款额即会汇拨。此电乃与邮船公司商妥之结果，要新政府保护外国人之股票所有权"[4]。日本方面的这一新要求的实质是：不仅成为招商局的债权人，而且要成为它的产权所有者。对此，黄兴和南京临时政府参议院均持反对态度。一切都说明，孙中山、黄兴以招商局为抵押取得借款的意图在短期内还难以实现。

就在此际，中国的政治形势发生了急转直下的变化。

---

[1] 转引自《松村驻汉口总领事致内田外务大臣函》，《日本外交文书选译》，第364~365页。

[2] 《孙中山致港澳招商局股东甘作培等电》，《孙中山全集》第2卷，第81页。

[3] 转引自《松村驻汉口总领事致内田外务大臣函》，《日本外交文书选译》，第365页。

[4] 井上侯文书，三井文库，转引自李廷江《日本财界与辛亥革命》，第257页，中国社会科学出版社。

六　孙中山和南京临时政府为财政困难逼倒

一个政权要运作，必须有足够的经费；一个军事战役的发动，也必须有足够的军饷和武器。这是个十分明白但却又不易解决的问题。这个问题不解决，任何英雄都无法在政治舞台上导演出有声有色的活剧来。不幸，孙中山和南京临时政府就碰到了这个问题。

在孙中山归国之前，南北和谈即在进行。孙中山归国后，虽然同意继续进行和谈，以便兵不血刃地光复全国，但在和议过程中，他越来越多地倾向于直捣北京，以战争解决问题。1912年1月2日，孙中山对日本记者称："今后两个月内能否得到二千万日元，是件大事，胜负的关键是资金问题。"[1]同月26日，孙中山致电陈炯明等称："和议难恃，战端将开，胜负之机，操于借款。"[2]30日，孙中山又在向参议院报告北伐作战方略时称，"中央财政匮乏已极"，已命财政、陆军两部"会同筹划"。[3]南京临时政府在此前后进行的合办汉冶萍公司和轮船招商局借款谈判，本意都在于取得一笔经费，支持政府机构的运转，发放南京附近革命军队的军饷，同时也支持北伐。但是，却迟迟不能到手。合办汉冶萍公司之议遭到临时参议院和张謇、章太炎等人的强烈反对，以轮船招商局为抵押的借款谈判也困难重重。2月初，孙中山、黄兴不得不转而以租让满洲为条件，要求日方紧急提供1000万元借款。孙中山当时的计划是，一面与袁世凯缔订和议，一面筹措军费，策划再举，"以武力扫除北京势力"，"继续排袁"，"消除南北之异端，斩断他日内乱祸根，树立完全之共和政体"。[4]但是，这一谈判，也由于日本陆军大臣石本新六的反对，没有成功[5]。其后，孙中山又企图以全国赋税为担保，向华俄道胜银行借款150

1　《东京朝日新闻》，1912年1月2日。
2　《孙中山全集》第2卷，第41～42页。
3　《孙中山全集》第2卷，第51页。
4　森恪致益田孝函。
5　参见本书另文《孙中山与"租让满洲"问题》。

万英镑，也未获结果[1]。这一时期，南京临时政府进行过的其他一些谈判，除与日本大仓洋行进行的"苏路借款"谈判，获得300万元外，其他均告失败；孙中山委托日人设立中央银行的计划也中途取消[2]。

由于缺乏经费，南京临时政府时刻面临着军队解散、政府崩溃的危险。正如孙中山《复章太炎函》中所称："先生等盖未知南京军队之现状也。每日到陆军部取饷者数十起，军事用票，非不可行，而现金太少，无以转换，虽强迫市人，亦复无益。年内（按指旧历年关——笔者）无巨宗之收入，将且立踣。"[3]既然连维持南京临时政府及其近畿部队的必需经费都难以保证，遑论北伐及其他。

关于南京临时政府的经费艰窘，以及军事、政治活动受制于财政的状况，有些在华的外国人当时就看得很清楚。1月19日，英国驻华公使朱尔典致格雷爵士函称："伍廷芳已向英王驻上海总领事承认，到1月底以后，革命派无钱支付军饷，所以他们很想使那些事情立即获得一项结果。"[4]次日，英国驻南京领事伟晋颂向朱尔典报告说："（南京临时政府）可供行政管理的税收甚至不够支付各部总长的薪金。"[5]另一个英国人则在备忘录中写道："革命派首领们进行军事的和政治的斗争的主要困难是款项问题。"[6]上述云云，都是事实。

2月11日凌晨1时55分，孙中山通过森恪，向日本方面紧急重申，在10天内提供1000万元借款[7]。同日，孙中山致电谭人凤云："目下筹集军费，最为第一要着。"[8]可见，他这时还是准备打仗的。但是，森恪发电后，始终没有回音。至此，孙中山对短期内获得借款绝望，不得不接受和议。2月12日，清政府宣布溥仪退位，授权袁世凯组织"临时共和政

---

1 参见本书另文《华俄道胜银行借款案与南京临时政府危机》。
2 参见李廷江《日本财界与辛亥革命》，第212~224页。
3 《孙中山全集》第2卷，第85页。
4 《英国蓝皮书有关辛亥革命资料选译》下册，第383页。
5 《英国蓝皮书有关辛亥革命资料选译》下册，第454页。
6 《黑德爵士的备忘录》，《英国蓝皮书有关辛亥革命资料选译》，第466页。
7 井上馨文书。
8 《孙中山全集》第2卷，第81页。

府"。13日,孙中山向临时参议院提出辞职咨文。同月15日,临时参议院选举袁世凯为第二任临时大总统。其后,陆续演出了袁世凯在北京就任(3月10日)和孙中山辞去临时大总统职务(4月1日)等活剧,辛亥革命的胜利果实遂为袁世凯篡夺。

孙中山让位于袁世凯固然反映出革命党人对袁的本质认识不足,希图取得廉价的胜利,但是,其主要原因则在于他们无力支付为争取彻底胜利所必需的代价。俗语云:"一钱逼倒英雄汉",孙中山和南京临时政府主要是被经费问题逼倒的。当人们了解了孙中山为解决南京政府财政危机所做的种种努力之后,就会认识到,过去流行的某些关于辛亥革命失败原因的说法,或是浮乏笼统的政治分析,或是对当时历史知之不多的皮相之谈。

七 尾 声

在南京临时政府洽借外债期间,袁世凯受清廷之命成立的"临时共和政府"也在积极与英、美、德、法四国银行团谈判。有意思的是,袁世凯为了显示解决中国问题非他莫属,同时也显示他的政府是正统,竟在洽借外债时将南京临时政府的需要包括在内。还在2月中旬,袁记"临时共和政府"度支部首领周自齐就向四国银行团驻北京代表提出,南京临时政府急需700万两,中国(北方)政府每月需款640万两[1]。同月27日,袁世凯的议和代表唐绍仪会见银行团代表,声称南京除急需200万两外,月内尚需500万两,北京亦需300万两。此外,每月行政经费约需640万两,南北各半。他要求以盐务作抵,借款6000万英镑[2]。英国公使朱尔典认为袁世凯是"挽救局势的惟一强有力人物",建议给予援助[3]。日本政

---

[1] 陆九如:《民国初年银行团借款始末记》,章伯锋、李宗一主编:《北洋军阀》第二卷,第166页,武汉出版社。

[2] 同注1。

[3] 毛里斯、柯立斯:《汇丰——香港上海银行》,第77页,中华书局,1979。

府迅速得知有关消息。28日，内田康哉指示伊集院驻华公使称："我资本家之交涉既已达到前述程度，时至今日，我政府已不能再事袖手旁观。"又称："我政府希望在可能范围内使英国公使正在秘密进行之借款交涉一时陷于停顿，以使我资本家在上海进行之交涉得以顺利进展。"[1]但是，有吉明则建议尽早放弃该项借款交涉。他致电内田称：袁世凯的势力正在增长，孙、黄方面的实力正日趋衰退，"若再进一步策划活动，不独有伤于北方袁世凯之感情，且必惹起南方伍廷芳及其他进步党人之反感，且与对英关系亦将产生不良后果"[2]。同日，四国银行团在获得"以中国轮船招商局船舶作为垫款担保"后，在上海经由汇丰银行向南京临时政府财政部拨银200万两[3]。29日，伊集院复电内田，告以此项款项，系袁世凯为向南京政府表示资助而在北京与四国银行团交涉成立的短期借款，电称："袁世凯亟欲利用南方目前之困境而向其提供财政援助，使南方感到不以袁为靠山即将寸步难行，借以使其本人在当前正在本地同南方代表进行之谈判中处于有利地位。"[4] 3月2日，内田致电伊集院公使，指示他"一面迫使对方约定不以招商局财产为抵押向他国进行借款交涉，在此基础上暂缓签订正合同"，同时指示，日方必须加入四国银行团借款。电称："凡属政治性借款，帝国政府必欲参加。"[5]至此，与日本方面关于轮船招商局借款的谈判终结。

由于四国银行团的支持，袁世凯政府于3月9日获得银110万的借款。5月7日，继获银300万两。6月12日，再获银300万两，6月18日，又获银300万两。孙中山得不到的，袁世凯却比较容易地得到了。

---

1 《内田外务大臣致伊集院驻华公使电》，《日本外交文书选译》，第366~367页。

2 《有吉驻上海总领事致内田外务大臣电》，《日本外交文书选译》，第367~368页。

3 《英国驻彼得堡大使馆致外交大臣备忘录》，陈春华等译：《俄国外交文书选译》，第319页，中华书局，1988。

4 《日本外交文书选译》，第368~369页。

5 《日本外交文书选译》，第369~370页。

第七章 虽败犹荣

——辛亥革命的历史反思和国际影响

陈其美的"三次革命"设想

——读日本外务省所藏陈其美致杨以均密函

一 密函及其来源

在日本外务省档案中,保存着一通陈其美致杨志平的函札,全文如下:

> 志平先生同志:前由潘君月樵介绍,沪江战事得蒙足下仗义疏财,接济维持,已呈请岑大元帅注册存案矣。金陵之役,同志血战三星期,复为张贼夺去,非人谋之不臧,实五助袁逆、张贼也。可恨之极!总之,吾辈抱定宗旨,百折不回,现已由沪江同志议决,以一半往长崎赴套,联合日人,筹饷购械,以台湾为根据,从闽、浙进行。复遣同志多人,赴大连联络胡党英杰,勾结宗社党人,在北方定期起事。江浙方面概归鄙人主持一切,将来仍请阁下召集洪门同志,共举义旗,直捣金陵,先诛张贼,后讨袁逆,以雪前耻,扫除专制恶毒,重立共和政体,吾党幸甚!再者,以后往来信札,总宜秘密,因邮局中人查检甚严,恐有泄露,故此次特派心腹前来,与阁下当面接洽,如蒙允准,即望将回件赐交来人带回。迩来

南北侦探遍地,吾辈举动切宜慎密,凡军火文件皆存在日人行中。遵〔尊〕处系属地,尤须谨防。倘再有疏虞,别一番心血又成画饼。铁君来常,事竣尚须往苏、杭一行。倘有需款,即乞尊处点付可也。此颂台绥!

美启

十三[1]

信末有杨以均手记:"已据信照付铁君洋五百元。此记。十五。"铁君,不详何人,当系陈其美的同志,到常熟、苏州、杭州负有特别任务者。

此函原系北京政府外交部1913年11月26日致各国公使团照会的附件。该照会称:

> 近日准江苏省报告称:前以乱党匿居上海租界,潜谋暗杀,特派侦察得悉,乱党起事时,有常熟人杨以均,曾受陈其美委任,为驻扎常州军需长,有筹款接济乱党情事。现复查获该逆之洪帮票布及陈其美亲笔函件,并缮具杨逆助乱及现谋情形节略一纸等因。查陈其美等前在南省称兵倡乱,罪状昭彰。现又密谋不轨,不特扰害中国治安,即于外人生命财产,亦多危险。近据密探调查确实情形,该逆仍匿上海,以租界为逋逃薮,以图再举。既经查获票布及亲笔函件,证据确凿,断难姑容。[2]

据此,知此函为江苏省有关方面缉查所得,转报北京政府外交部,外交部作为陈其美谋乱证据提供出来的。

当年8月3日,袁世凯政府曾限令陈其美自首,同时行文上海领事团,要求将陈其美等人驱离租界。次日,陈其美致函领事团,提出抗议。领事团没有采取相应措施,于是,北京政府就将交涉升级,致函公

---

1 日本外务省档案MT16141,3224~3225。
2 日本外务省档案MT16141,3222。

使团,要求"访拿"陈其美等人,交上海镇守使郑汝成等讯办。北京政府特别寄希望于日本,因此,照会诬称:"据上海探报,乱党秘计,已制军衣千套,均仿北军式样,以焚害日本重要官商署屋,激成外衅为宗旨。"云云。

杨以均,据北京外交部附抄函件二,知道他号志平,绰号杨老书,常熟县人,洪帮大头目,又名老五[1]。其他不详。

本函不见于已刊的《陈英士先生文集》或纪念集。它为研究陈其美的"三次革命"设想提供了重要资料。

二 密函作于"二次革命"全军覆没之际

1913年7月12日,李烈钧占领江西湖口炮台,以反对袁世凯为目标的"二次革命"爆发。15日,黄兴进入南京,宣布独立,被推为讨袁军总司令。16日,陈其美被推为驻沪讨袁军总司令,18日,宣布上海独立。"共图讨贼,保障共和"。22日,陈其美集合所部,分四路出击。23日,进攻江南制造局、高昌庙、龙华等处。25日,退守吴淞炮台。29日,江苏讨袁军失利,黄兴离开南京。8月12日,上海的袁世凯军队在海军协助下进攻吴淞。次日,上海讨袁军失败。函中所言"沪江战事",指此。从函中可知,此次上海讨袁之役,曾得到杨以均的经济支持。"岑大元帅",指岑春煊。"二次革命"的实际领导者虽是孙中山,但名义上的"各省讨袁军大元帅"则是岑春煊。

黄兴出走后,何海鸣迅即进入南京,并于8月8日占领都督府,自任江苏讨袁军临时总司令,继续抵抗袁世凯军队的进攻。8月14日,袁军张勋等部攻占天保城,但不久即被讨袁军夺回,张勋部惨败。此后,为争夺天保城,双方多次反复拉锯,讨袁军英勇战斗,给了袁军以严重杀伤。9月1日,张勋攻入南京,讨袁军与张勋部展开激烈巷战。次日,终因寡不敌众失败。函中所言"金陵之役,同志血战三星期,复为张贼夺

---

[1] 日本外务省档案MT16141,3226。

去",指此,它是"二改革命"中最激烈、也是最英勇的一次保卫战。

9月12日,重庆熊克武所率四川讨袁军被围攻,溃散。至此,历时两个月,涉及江西、江苏、广东、福建、四川、安徽、湖南等省的"二次革命"全军覆没。

密函所署时间为"十三日"。根据日本外务省档案,陈其美1913年到达东京会见孙中山的时间为10月7日[1],因此,密函的写作时间应为当年9月13日,距张勋攻入南京12天,距"二次革命"全军覆没仅1天。

三 密函所反映的陈其美的"三次革命"设想

密函称,南京为张勋攻陷后,上海和江苏的革命党人联合议决,分三路进行:一路:以同志之半赴日本长崎,"联合日人,筹饷购械,以台湾为根据,从闽、浙进行"。二路:派遣同志多人,"赴大连联络胡党英杰,勾结宗社党人,在北方定期起事"。三路:江浙方面仍由陈其美主持,仍请杨以均"召集洪门同志,共举义旗,直捣金陵,先诛张贼,后讨袁逆,以雪前耻"。三路的总目的则是:"扫除专制恶毒,重立共和政体。"这是"二次革命"失败后革命党人最早制订的"三次革命"计划。

"二次革命"时,革命党人动员了当时所可能动员的力量,准备与袁世凯进行殊死搏斗,但是,不旋踵间,灰飞烟灭,孙中山、黄兴等人纷纷出走,革命党人中弥漫着一片悲观、失望的气氛。黄兴诗云:"党人此后无完卵,民贼从兹益恣凶"[2],这恰是当时许多革命党人悲愤心情的写照。此后,革命党人中遂逐渐演化出缓进与急进两派——缓进派认为,

---

1 日本外务省档案,甲秘第182号,MT16141,2336;乙秘第1420号,MT16141,2324。日本方面有情报称:陈其美于9月4日到达长崎,5日赴东京,甚至有9月4日赴东京之说,均误。根据陈果夫回忆,9月26日,陈其美尚在上海,曾回海宁路10号探家(见何仲箫编《陈英士先生纪念全集》,文海出版社;《近代中国史料丛刊》第57辑,第50页);而且,陈其美也不可能到达东京后一个多月不去见孙中山。从各种材料判断,陈其美1913年赴日的时间应为10月初。

2 《黄兴集》,第347页,中华书局,北京,1981。

"二次革命"使党人元气大伤,"今无尺土一兵,安敢妄言激进"[1],主张暂停革命,长期准备;急进派则认为袁世凯实为孤家寡人,外强中干,主张继续推进反袁的武装斗争,尽早推翻其专制统治。陈其美的密函反映出,"二次革命"虽已全军覆没,但他不仅没有丝毫灰心,反而立即在上海召集会议,制订出新的起事计划,并且立即着手实施,既充分表现出他反对专制、拥护共和的坚定立场,也充分表现出他的不屈不挠、百折不回的革命意志。在中华革命党时期,他得到孙中山的充分信任和重用,不是偶然的。

密函中,陈其美提出的闽浙一路,孙中山1900年惠州起义时有过近似的计划[2];江浙一路,是1911年中部同盟会的方略;而选择东北,虽有1907年4月宋教仁辽东之行的前例[3],但主要是陈其美总结辛亥革命、"二次革命"失败原因的结果。关于此,蒋介石回忆说:

> 陈公尝谓辛亥、癸丑二役,皆不能贯彻革命党之三民主义者,以东北各省之根基薄弱,不能直捣北京,以扫除专制恶魔之巢穴,自今以往,如徒注重南方,而于北方仍不稍加意,是由覆其辙而不自悟者也。且袁军密布于东南,防范压制,不遗余力,如不度势量力,率意迳行,其无异于邹与楚敌也,其不成也必矣。故谋第三次革命,当于东北数省培植根基,以为犁庭扫穴之计。[4]

辛亥革命和"二次革命"失败的原因很复杂,但是,从军事的角度观察,南方蜂起,北方平静,缺乏就近"犁庭扫穴"、"直捣北京"的力量,不能不是一个原因。陈其美的这一战略思想,后来深刻地影响了蒋

---

1 《与陈炯明等联名通电》,《黄兴集》,第397页。

2 参见拙作《跋日本政府有关惠州起义的电报》,《海外访史录》,第63、65页,社会科学文献出版社,北京,1998。

3 参见《宋教仁日记》1907年4月9日,《宋教仁集》,第726~728页,中华书局,北京,1981。

4 《陈英士先生癸丑后之革命计划及事略》,中国国民党党史会编:《陈英士先生纪念集》,第8页,台北版,1977。

介石[1]。

革命当然需要基本力量，但是，这并不妨碍可以有临时的同盟军。陈其美密函中提到的要加以联络的"胡党英杰"，就是近代史上通常所说的"马贼"；所说的"宗社党人"，则是以清朝族升允为代表的复辟力量。这两支队伍当然不能成为革命的依靠，但是，在反对袁世凯这一点上，双方又可以在一定的条件下合作。密函表现出，陈其美不仅有反对专制、维护共和的坚定性，而且有某种策略的灵活性。

四 执行情况

陈其美密函中所提出的"三次革命"设想，除闽浙一路外，其他两路后来都是部分地执行了的。

"二次革命"期间，陈其美即曾派人到东北，游说张作霖等人，配合南方起事[2]。"二次革命"失败后，原在上海的银行家沈缦云即迁居大连，多方联络各种力量，策划举义。据1914年1月14日日本方面情报称：

> 正居留大连敷岛町的沈万〔缦〕云，携来相当资金，被推举为乱党之首，并令贼之魁首徐小虎负责铁岭、高〔沟〕邦子、凤凰城方面，令彭春亭负责军队方面，令徐宝负责对旅顺都督府做工作，令三谷末次郎运送武器，刘艺舟任临时司令部总司令，指挥锦州方面的李东仇，并同关东都督府及伊藤保持联络。还同升允的部下颜兴应在大连的中和栈聚会，组织"同心会"，正试图通过升允和日本

---

[1] 1923年8月，蒋升石在《致苏俄负责人意见书》中说："中国革命发源于南方。当时，革命党不能应用其人民种族革命之心理，实行其党魁直捣北京之计划。"（"国史馆"藏蒋中正档，台北）因此，他向苏俄方面提出，在中国西北或蒙古库仑建立根据地，以利进攻在北京的直系军阀政府。参见拙作《1923年蒋介石的苏联之行及其军事计划》，收入《蒋氏秘档与蒋介石真相》，社会科学文献出版社2002年2月出版。

[2] 《乙秘第289号》，《孙中山在日活动秘录》，第666页，南开大学出版社，1990。

人的媒介共同举事。[1]

日本人所描绘的这一图景正是陈其美密函中所言联络"胡党英杰"与宗社党人共同举事的设想。沈缦云原是陈其美任沪军都督时的财政总长，是上海资本家中始终革命的少数人物之一。他在"二次革命"失败后，不像其他人一样亡命国外，而是迁居大连，显然，应属革命党人的派遣。陈其美密函曾有"复遣同志多人"赴大连的计划，沈缦云应是这些"同志"中的一个。

在叙述了沈缦云的活动之后，日本情报继称：

> 戴天仇、陈其美也来到大连，企图和肃亲王派宗社党取得联系。还计划派人到新义州方面，趁结冰期占领安东县。[2]

日方的这一文件再清楚不过地表明了沈缦云和陈其美二人之间活动的联系。陈、戴到大连后，迅速会见沈缦云，了解情况，有所协商[3]。

关于陈其美的东北计划，日本方面的档案多有记载，如：

> 关于革命之策源地，尚不明了，但据传，将以大连为据点，在奉天附近举起革命大旗。同时在各省起义，一齐压向袁政府。[4]

> 大连流亡者有三派，其数八十四名。此外还有宗社党主要成员十数名，相互反目，但因第三次革命迫近，近来采取一致行动，与张作霖部下联合，等待解冰期计划先在奉天城举事。满洲诸方面都有他们的人。从本地给陈其美发了电，要求陈其美、戴天仇来大连，研究有关上述计划。[5]

> 举事之际，首先占领咽喉山海关，断绝交通。然后派人率匪西

---

1 《山座公使致福田都督》，《孙中山在日活动秘录》，第638页。
2 同注1。
3 《乙秘第289号》，《孙中山在日活动秘录》，第676页。
4 《长崎县知事李家隆介致外务大臣男爵牧野伸显》，《孙中山在日活动秘录》，第639页。
5 《乙秘第124号》，《孙中山在日活动秘录》，第640页。

下，由绥远、张家口进袭，直达内地。南通山东、河南，西联山西、陕西，纠合白匪，夹击北京。"[1]

这些记载表明，陈其美等东北计划的目的在于占据有利位置，从近处向北京的袁世凯政府进攻，实行革命党人多年神往的"首都革命"。

当时，东北革命党人急于起事，向陈其美报告，已经"预备完全"[2]。1914年1月19日，陈其美、戴季陶、山田纯三郎离开日本，赶赴大连。舟中，陈其美致函陈果夫称："今密往大连，审度情形，以期有为。究竟能否进行，尚难必也。叔当忠于国，愿以身殉之无憾！"[3]可见，他是怀着要做一番大事业的心情启程的。不过，他在路上就得了感冒，胃肠病复发，这使他一到大连就住进了医院。此后，他困于经费，难以作为。联络"胡党英杰"和宗社党人，都需要巨款。1月28日《致诸兄》函称："仍以筹款为着手办法，且俟第一着之成绩如何，再定后路也。开办费尚不敷，除申请中山先生拨济外，已专函介石，迫老夫子速履行前约之数以济眉急也。"[4]此后，他不断写信，说明"无大款难补大局"，"此间费已用罄为虑也"。[5]

除经费困难外，当时统治旅顺、大连的日本当局也多方阻挠。《致诸兄》函称："此间事外交干涉日紧。前者所称可以商酌之关东都督已受袁氏笼络矣。不但拒不见面，而且已命其部属将下逐客令矣。看未难望有为也。"[6]这里所说的"关东都督"，指日人福岛安正。沈缦云、陈其美虽然都寄希望于他，但实际上，自陈其美等踏上大连土地起，就一直处于日警的监视下。福岛并让民政署长转告陈："不得使大连成为与革命党有

1　《朝宪机第180号》，《孙中山：在日活动秘录》，第645页。

2　《致诸兄》，手迹，何仲箫编《陈英士先生纪念全集》，第50页。

3　《在台中九旅次致果夫函》，《陈英士先生文集》，第27页，党史会，1977。

4　《致诸兄》，手迹，《陈英士先生纪念全集》，第47页。

5　《致周淡游等》，手迹，《陈英士先生纪念全集》，第58页。

6　《陈英士先生纪念全集》，第52～53页。

关的策源地。"[1]2月3日，陈其美外出，日警居然拒绝他登车。这样，陈其美不得不接受孙中山的意见，于3月15日离大连返日。

陈其美返日后，并没有放弃他的东北计划。同年6月，孙中山和陈其美派陈中孚到东北。9月4日，在本溪湖举事，被日本警备队镇压[2]。陈其美做得有点声色的是中部江浙方面。

陈其美赴日后，蒋介石受命留守上海法租界，策划江浙起义。5月30日，蒋介石计划进攻闸北、真茹、沪宁火车站等处，传檄讨袁。不幸事机泄露，部属陈乔荫等被捕杀，蒋介石流亡日本[3]。陈其美的江浙讨袁计划再次受到挫折。

1914年7月，第一次世界大战爆发，中国革命党人认为是个机会，跃跃欲动。8月28日，孙中山、陈其美、蒋介石、戴季陶、山田纯三郎等集议，决定将革命军总司令部设在上海，派蒋介石等回国进行[4]。对此，蒋介石回忆说："当时欧战已启，青岛开战，时期不同，局势一变。前之谋于东北三省以养成潜势力，使其一举而成者，终以该地势力薄弱，不能速举，（英士）乃注全力于江浙二省，而以东三省作为继起之区。请总理委任夏君尔屿主持浙事，范君鸿仙主持沪事，吴君藻华主持苏事，极力猛进。"[5]9月12日，陈其美在东京乐观地宣称："经我等同志卧薪尝胆，日夜奔走，第三次革命之准备已渐次就绪，计划近日内在南方开始行动。此次行动远非二三日前发生于本溪湖方面小规模行动可比。一旦革命开始，计划在瞬时之间取得一二省，达此目的后，孙文及我等立即回国。"[6]同月20日，范光启（鸿仙）密谋进攻上海制造局，事泄被刺。10月，杭州秘密机关被破坏，殉难数十人。江浙讨袁计划又一次受到挫折。

1　《关东都督男爵福岛安正致外务大臣男爵牧野伸显阁下》，《孙中山在日活动秘录》，第664页。

2　日本外务省档案，乙秘第1879号、1912号、1951号；又，《中华革命党党员陈中孚之谈话》、《中国流亡者陈中孚之谈话》，均见《中国革命党问题》，第14卷。

3　中国第二历史档案馆编：《蒋介石年谱初稿》，第20~21页，档案出版社，北京，1992。

4　日本外务省档案，乙秘第1691号。

5　《陈英士先生癸丑后之革命计划及事略》，《陈英士先生纪念全集》，第8页。

6　《中国流亡者陈其美之谈话》，《孙中山在日活动秘录》，第690页。

1915年2月，陈其美以义无反顾的精神回到上海，亲自领导江浙地区的对袁活动，先后策划并领导刺杀郑汝成、肇和兵舰起义、进攻江阴炮台等多方面的活动。一直到1916年5月被刺，陈其美始终在江浙地区坚持不懈地战斗着。

1915年9月，陈其美到东京参加中华革命党会议时，向孙中山建议说："时期急促，迫不及待，东南诸省，袁氏爪牙密布，如不从西南方面蹈隙抵虚，则事难为也。"[1]这是陈其美对自己原拟"三次革命"计划的修订，这一修订是正确的。三个月之后，云贵高原就飘起了讨袁义旗。

---

[1] 蒋介石：《陈英士先生癸丑后之革命计划及事略》。

何天炯与孙中山
——宫崎滔天家藏书札研究[1]

在宫崎滔天的中国友人中，何天炯也许是其关系最密切的一个。今天，宫崎旧居还保存着何天炯的大量信札。它们提供了不少重要史实，是研究中国近代史的重要资料。本文以何天炯和孙中山的曲折关系为线索，探讨这些信件所反映的历史内容。

何天炯（1877—1925），字晓柳，与宫崎通信时常用的化名为高山英太郎。广东兴宁人。1903年赴日留学，进入正则预备学校。1905年8月3日加入同盟会，曾任本部会计。1911年参加广州三二九起义。武昌起义爆发，至汉阳参加黄兴的中华民国战时总司令部工作。南京临时政府成立前后，被孙中山、黄兴委任为驻日代表。1913年2月，随孙中山访日，3月归国。同年，二次革命失败，随孙中山流亡日本。现存信札，大部分作于此后至宫崎逝世的10年间。

原信仅署月日，封筒与信笺之间时有错乱，邮戳也有一部分模糊不清，因此，本文对各信所作系年大部分根据信件所反映的时事，为避免

---

[1] 本文与狭间直树合作。1985年6月，笔者访问东京宫崎旧居时，承宫崎智雄、宫崎蕗苳夫妇等盛情接待，得以见到这批信札。与此同时，狭间直树从已故《宫崎滔天全集》的编者小野川秀美、近藤秀树的遗物中，发现了这批信札的复印件，并蒙宫崎夫妇惠允利用。现值本文发表之际，谨致谢忱。

烦琐，不一一说明理由。

一　反袁时期

二次革命中，孙中山、黄兴之间发生矛盾。流亡日本期间，二人在检讨失败原因时又发生争执。何天炯于1913年9月16日抵达日本东京后，立即和宫崎滔天一起调和孙、黄的矛盾。根据日本情报人员的监视报告，9月16日下午，何天炯拜访孙中山，次日上午，拜访黄兴。此后，至11月1日，共拜访孙中山24次，黄兴4次[1]。最后一次拜访孙中山时，何天炯填写《誓约》，加入中华革命党[2]。两天后，何天炯返国。11月9日，在上海致函宫崎，要求随时报告"高野先生（指孙中山——笔者）近况"。此后，对孙中山的意见就愈来愈多了。

1914年7月29日致宫崎滔天函云："弟非忘情世事者，所以流连沪上者，有不得已之苦衷也。弟本拟于八九月之间东来卖画，今闻孙君望弟之来甚切，不知其意何居也？若谏不行，言不听，则并来无益也。"孙中山迫切希望何天炯再度赴日，但何因为调和工作没有取得什么积极成果，认为孙中山听不进劝谏，因此，抱消极态度。尽管如此，何天炯还是于当年9月底到了东京。当时，孙中山等人正在起草《中华革命党革命方略》，在17次讨论会中，何天炯曾经参加过3次[3]。12月16日，被委任为中华革命党广东支部长。同月22日，各省支部长在东京举行特别会议，何天炯担任主席。1915年3月3日，孙中山委任何天炯为南洋各埠特务委员，负责向华侨筹募经费，同年归沪。8月27日致宫崎函云："弟自南洋回中后，个人经济已困不堪言，而顾瞻党事，益愤懑无聊。前月底曾致函于胡汉民、廖仲恺、邓铿诸兄，嘱其劝中山公改订誓约，以维系人心。鄙函痛哭流涕，指陈得失，质之良心，尚无愧怍。闻三君对于此事，俱

1　日本外务省档案MT16141，2037~2053。

2　《党员誓约书》第28号，见萱野长知：《中华民国革命秘笈·附录》。

3　《中华革命党革命方略讨论会议记录》，《革命文献》第45辑，第9、15页，台北版。

太息无法挽回。当时该函为孙公所见,不独毫无反悔之心,且责弟为不明事体,然则民党前途毫无希望,弟尚何有东来筹谋一切之事乎?"孙中山有鉴于同盟会和国民党的涣散,因此,在组织中华革命党时,特别强调党员应无条件服从党魁。誓约中规定必须"附从孙先生",而且必须"捺指模"。这一规定遭到不少革命党人的非议。本函表明,何天炯对此激烈反对,胡汉民、廖仲恺、邓铿等人也不以为然。同函又云:"东京地方虽少,有中山公一人请负,不知革命事业可稍有起色否?一笑。""请负",日语,意为承包。誓约过分强调党魁的个人作用,忽视广大党员的积极性和主动性,因此,何天炯以"请负"相讥。它显示孙、何二人之间的关系出现了深刻的危机。

当时,革命党人呈现出四分五裂状态,在反袁斗争上各自为政。孙中山等曾投入大量金钱,准备在杭州起义,但没有成功。何天炯则计划在浙江嘉兴、湖州发动,也失败了。他在致宫崎函中说:"对于嘉兴、湖州二府之事,进行极密,同党中鲜有知者,至其成效之佳良,比之孙公处用全力以谋杭州者,实有天渊之别。惟该件近来误于廖仲恺氏为可惜耳。"何天炯陈述经过说:由于缺乏经费,不得不介绍该处代表于廖仲恺,廖仲恺指之为"无赖汉",并称,此人旧年屡在孙宅乞钱,我已经驱逐过多次,切勿再为其所骗。该代表听说之后,怒火中烧,急欲起事以明心迹,因而仓促行动,遭到失败。何天炯为此向廖仲恺提出质问,廖自称"错误"。何天炯在信中向宫崎发牢骚说:"亦足见孙公处办事人之无聊也!"此函说明,何天炯已因对孙中山不满而牵连及于廖仲恺等人。

1915年9月,何天炯曾到日本一行。10月5日返沪。此间,在对"康派"的态度上,何、孙二人又出现了新的分歧。何天炯于8日致宫崎等人函云:"黄兄与此地之康氏颇有函件往来,若孙氏之绝对排斥康氏,真不知其是何用意也。一叹!"黄兴于1914年6月离日赴美。他与在上海的康有为"颇有函件往来",这是迄今鲜为人知的事实。在对于共和政体的态度上,黄兴与康有为之间尖锐对立,但在反对袁世凯称帝上,双方又有共同点。后来,李根源曾正式与康有为磋商合作,取得了暂不考虑其他，先行"戮力倒袁"的协议[1]。从何函可知，孙中山反对黄兴与康有为发生关系，何天炯则支持黄兴。1915年11月1日函又云："冯、康联络之事，此刻尚在半真半假之中，然帝政问题如日紧一日，则将来成为事实，亦来可知也。且康之所图，范围颇广，比之神樣，实有天渊之别。弟恐第三次革命成功，竟在官僚之手，果尔，则自称神樣者，将变为泥菩萨，无人香花供养矣。有神樣之顽迷，致使同志四分五裂，为官僚所轻视，乃出而自树讨贼之旗，虽目的甚同，而吾党将来不能在政治上独占优势，推原祸始，陈英士等实不能辞其咎也。"冯，指冯国璋。他支持袁世凯对付革命党人的许多措施，但反对袁称帝。1915年6月，他曾和梁启超讨论帝制问题，并相偕入京力谏。此后，梁启超曾多次派人动员他赞助反袁起义。何函所言冯康联络，指此。"神樣"，日语，意为神仙、上帝。宫崎滔天与何天炯都不满意孙中山神化党魁的作用，在通信中以此词代指孙中山[2]。顽迷，指孙中山拒绝许多同志的劝告，坚持中华革命党誓约一事。在组建中华革命党过程中，陈其美"力排众议"，全力支持孙中山，因此，也为何天炯所不满。

11月7日，何天炯到达香港，企图运动龙济光及其部下倒袁。8日致函宫崎云："各处情形均甚佳妙。惟龙济光之为人颇为愚蠢，刻虽有与冯、张提携之事，难保无中变之虞也（云南、广西均可靠）。然天下事求其在我，就使龙等俱树讨袁之旗，而纯粹民党不能在军界上占有优势，则其结果亦毫无良善，可断言也。"龙济光与冯国璋、张鸣岐在1915年曾一度"提携"反袁，这也是迄今鲜为人知的事实。但是，正如何天炯所分析，这一"提携"很快就出现了"中变之虞"。龙济光反袁是假，拥袁是真。同函又云："神樣方面，亦派人四出筹款，能达到目的，亦属疑问。就使能得多少，亦杯水舆薪，谓其能包办粤事，恐亦未必。"从这里看，何天炯的行动与孙中山的中华革命党两辙。信中，何天炯还表示，

---

[1] 《雪生年录》。

[2] 还在1913年10月17日致宫崎民藏函中，滔天就曾以"神樣"一词讽刺孙中山，见《宫崎滔天全集》第5卷，第393~394页。参见狭间直树：《孙文思想中的民主与独裁》，《东方学报》第58册，第334页。

"若得十万元，弟敢不辞大言，虽为南粤霸王也可；若得半数，则粤事亦能中分而执牛耳。"尽管何天炯与孙中山在组党、联康等问题上存在分歧，但在靠金钱运动军阀部队倒袁上则一致，其结果当然可想而知。11月20日，何天炯返沪。21日，致函宫崎云："以鄙意视察所及，则两广方面情形实较长江一带为佳，而广西则尤可恃。广东之龙济光虽甚蛮劣，而其部下实至易动摇，特所欠者，些少之运动费耳。"他表示："今大团体已难结合，所恃者各人猛进之精神也。"何天炯不了解，如果没有一个坚强的"大团体"，只靠各人的"猛进"精神是绝难成事的。

袁世凯不顾国内外舆论的强烈反对，于12月12日称帝。25日，唐继尧、蔡锷通电宣告云南独立，轰轰烈烈的护国运动兴起。1916年1月2日，何天炯致函宫崎云："今南方风云已告变矣。以天时、人事推之，袁政府当无所逃罪于天下。可虑者，一般拥兵大员，不知共和为何物，虽一旦反戈向袁，其结果于民国前途不能放若何之异彩。"只有民主主义的军队才能造就民主主义的国家。"不知共和为何物"的"拥兵大员"们虽然可以参加反袁行列，但决不会成为民国的柱石。何天炯的看法是很有见地的。信中，何天炯介绍林国光去东京，会见宫崎和头山满，有所擘画。其内容，从此后的信看，仍是争取经费援助。2月24日函云："目下此间局面，如慢性淋病，不痒不痛，推其故，实因缺少药品，所以各方面俱难着手。且同人生活问题亦属异常辛苦，大有解散团体而为四方奔走之计。"何天炯虽参加了中华革命党，但其观点则和黄兴等人的欧事研究会一致，1915年11月，在形势的推动下，李根源、程潜等人陆续自国外返回上海，筹备武装讨袁。本函所称为"生活问题"所窘，"大有解散"之势的"团体"，当指欧事研究会在上海的机关。何天炯一度居住的法租界宝康里，正是程潜欧事研究会诸人回上海的聚居之地[1]。信中，何天炯向宫崎表示："除刻下电达尊处外，再为函达，实希望一勺水耳。"其拮据状态可以想见。

4月25日函云："上海驻在之海军有五万元即可得其树讨贼之旗。一周前，陈其美派已与之交涉成熟，惟以中山誓约及须挂青天白日旗（中

---

[1] 程潜：《护国之役前后回忆》，《文史资料选集》第48辑，第15页。

华革命党旗也）两问题致谈判破裂，将该五万元交回陈氏，而在上海之民党，则无人有五万元之能力，诚可痛也。"1915年12月6日，陈其美等曾在上海运动肇和舰起义，未成。本函表明，此后，陈其美等仍在海军中继续活动，已有成约，但因"誓约"及党旗两问题受阻。同函中，何天炯向宫崎提出五个方面的问题：（1）对华外交问题；（2）有现款能否买军械；（3）贵邦人士对于孙氏问题；（4）孙氏在东洋之举动；（5）黄兴何日回东京。五个问题中有两个是关于孙中山的，但这并不表明何对孙的态度有好转。这一时期何天炯应胡汉民之请，准备回粤调和革命党人中的纠纷，动身前听说孙中山向日本借得了一笔款子，于4日致函宫崎云："闻中山处大款告成，惜弟兀傲性成，为保全人格计，亦不能再与彼接洽耳。"表现了不愿合作的态度。

5月25日函又云："沪事现归钮永建君主持，惟苦于经济，不克进行，殊可痛也。久原款事，此后想仍有希望，请先生与克强兄商酌进行，此款如告成功，则袁必多一致命伤，可断言耳。"钮永建是欧事研究会的主干，他回国后，即积极推进和中华革命党的合作。4月20日，双方决定，上海方面的讨袁活动由陈其美统一负责，钮永建协助。5月1日，两广护国军在肇庆成立都司令部，钮永建被任命为驻沪军事代表。本函所言"沪事现归钮永建主持"，当即指此。久原，当指日本财阀久原房之助。何天炯不愿分用孙中山的借款，力图通过宫崎另谋财源，他与孙的隔阂愈来愈深了。

经过革命党人的运动，驻沪海军司令李鼎新、第一舰队司令林葆怿、练习舰队司令曾兆麟等表示愿意独立，加入护国军。6月19日，何天炯致宫崎函云："海军刻告独立，一切生机从而酝酿。报载克强行将返沪，炯颇为盼望。孙先生之中华革命党暗中仍极力进行。此回海军独立，纯是唐、钮运动而成，而中山派见之，颇生嫉妒。哀哀孙公，权利之心老而弥笃。蛊蛊信徒，衣钵相传，民国之祸，正未有已也。"唐，指唐绍仪，钮，指钮永建。尽管欧事研究会与中华革命党已经在反袁中携手，但何函显示，两派仍存在严重的成见和摩擦。"权利之心老而弥笃"，这是何天炯信函中对于孙中山最严厉的指责。

二　护法战争及其失败以后

袁世凯倒台后，何天炯对孙中山的态度有所转变，但仍然不信任。1916年9月10日致宫崎函云："孙先生近来态度甚为谨慎，外界非难之声尚少。惜其行事，忽然积极，忽然消极，如生龙活虎，无从捉摸，则欲四万万人有依赖之信用也，恐不易矣。"同时，他对黄兴也不满，同函云："黄先生对于政界，暗中十分热心，然此刻决无出头之望。以黄先生之资格地位，将来本为有用之人物，惜其人好作虚言，老同志中甚为解体，且其自身之气欲，日见发展，是亦无良好之结果也。"但是，反袁斗争的胜利毕竟使何天炯看到了希望。他说："支那虽日见堕落，然世界必日进文明，请先生勿悲观可也。"此后，何、孙关系逐渐好转。

1917年6月15日，何天炯曾至北京一行，可能是动员议员南下护法。7月，孙中山等由上海启程赴广州。8月，南下议员在广州召开国会非常会议，决定成立中华民国军政府。9月，孙中山就任军政府大元帅。10月，孙中山颁布讨伐段祺瑞令，号召全国人民"讨灭伪政府，还我约法，还我国会"，"还我人民主权"。[1]同月，护法战争开始。11月，何天炯到达广州，孙中山命他赴日争取财政援助，但何天炯则认为时机未到。12月8日致函宫崎云："刻下支那全局，自湖北独立，重庆收复后，形势又复一变矣。粤中军政府此刻惟有取稳健态度，以观时机之变耳。中山公屡欲遣弟东来，为经济之运动，弟以为此刻尚非其时，故局促于此也。"当月初，滇、黔、川护法联军占领重庆。接着，黎天才等组织湖北靖国军，在襄阳宣告"自主"。但何天炯并不乐观，主张以"稳健态度"观察时势。同函又云："陈君炯明现得督军之允许，编练军队二十营（约五千人左右）。若能取渐进主义，不招当局者之大忌，则纯民党方面未始无活动之余地。刻下此军拟向福建出发，惜饷械不十分充足，不知先生有何良策以救助之否？"当时，孙中山受桂系军阀威逼，感到必须有一

---

[1]《明正段祺瑞乱国盗权罪通令》，《孙中山全集》第4卷，第209页，中华书局。

支自己的军队,他争得粤督陈炳焜的支持,以省长公署的二十营卫军为基础,建立了一支以陈炯明为总司令的粤军,并以护法援闽名义开入闽南。本函所述史事指此。函中,何天炯要求宫崎设法"救助"饷械,说明和孙中山新的合作关系的建立。但是,何天炯仍不同意孙中山这时的"用人"政策。10月20日函云:"刻下粤省大局,混沌中尚含危险性质,结果如何,虽神仙不能逆睹也。其原因虽由陆氏派之野蛮无识,而第一着由孙公做坏,其后种种办法,背道而驰,如作茧自缚,使一切民党毫无活动之余地,则不能不咎孙公之用人不当耳。可悲可惭,民党其从此已矣乎!"此次护法,孙中山所依靠的是唐继尧和陆荣廷等军阀,他们对孙中山多方掣肘,军政府任命的六个部长,除个别人外大多不肯就职,军政府成了空架子。何天炯批评孙中山"第一着"就"做坏"了是有道理的。果然,由于军阀的排挤和破坏,孙中山愤而辞去大元帅职务,于1918年5月离粤经日本返沪,第一次护法战争宣告失败。

为了筹措革命经费,孙中山曾准备和日本资本家联合开采汕头附近的铁矿。1917年9月,孙中山电召日人塚原嘉一郎到广州洽谈。当时,日本军方正准备解决缺铁问题,对此异常积极。同年末,何天炯陪山田纯三郎到汕头调查铁矿,结果发现储量相当丰富[1]。1918年4月间,何天炯受孙中山之命赴日,进一步谈判开采事宜。6月归国,居留于上海。护法的失败使他消沉。但1919年的"五四"运动又使他振奋起来。5月10日,他和张继、戴季陶联名发表《告日本国民书》,揭露日本的侵略政策,呼吁日本人民从根本上改造政治组织,爱和平,重信义,与世界民主文明的潮流一起前进[2]。同月15日致宫崎函云:"中日两国人民本有亲善之要素,徒为少数握权力者迷误其方向。日本以国家主义为前提,故以侵略为天职;北京则以权利为生命,故至万不得已时,则虽卖弃其国家而不惜。一买一卖,而东亚从此多事。为人民者,宜如何发愤,起而纠正其迷梦,为人道前途放一绝大光明也!"生活是最好的教师,何天炯终于认识到中日两国反动派"一买一卖",相互勾结的事实,这是一个重大的进

---

1 参见樱井真清:《秋山真之》,第263~264页,秋山真之会,1933年2月刊。
2 藤本博生:《日本帝国主义与五四运动》,同朋舍版。

步。但是，把希望建立在纠正反动派的"迷梦"上，又仍是一种幻想。信中，何天炯又说："孙公现甚平安。惟南北和议，现又停顿，其前途安危如何，殊难逆料耳。中日风潮，影响于两国国民自由提携之实业者颇为重大，真不堪忧虑之至也。"当年2月20日，南北"和平会议"开始，5月21月，宣告最终破裂。本函作于此前，当时孙中山仍在上海。函中向宫崎传达了孙中山的"平安"消息，显示何孙关系的进一步好转。

6月7日函云："自昨日起，沪上情形暂不稳，大有买卖停止之势，民情之激昂亦可想见。不知北京、东京间之大买卖肯停止否？"6月5日，上海商界全体罢市，要求北京政府惩办曹汝霖、章宗祥、陆宗舆等卖国贼。6日，锐利机器厂、求新机器厂、华南电车公司等工人举行罢工。何天炯希望这种激昂的民情能够阻止北京政府和日本政府之间的勾结。当时何天炯正继续通过宫崎与日本资本家联系，除企图开发汕头附近的铁矿外，又准备开发芜湖附近的煤矿。他自称："抛却政府运动，而从事于实业，全副精神，俱注于此。"函中所言"两国国民自由提携之实业"，指此。在此后的通信中，大多谈开矿，较少涉及时局，也就更少谈到孙中山。这种情况，持续到1920年才有改变。当年4月7日，何天炯致函宫崎云："目下滇、桂之风云急矣。孙、唐继尧、李烈钧、陈炯明、王文华俱联为一气，势力亦颇不小。福建方面，则陈炯明与方声涛正在交战中（闻方氏既完全败却云）。陈氏之言曰：方氏受岑、莫之密令特来福建监视我等之行动，若不先行剿灭，则方氏为后顾之忧，我兵何能直入广东耶！此亦不得已之苦衷也，陆、莫在粤，人心既去，但强盗团体，颇为坚固，且其所处地势，指挥亦颇敏捷，反观孙、唐之气焰，亦颇不小，且其兵力亦颇足包围广东，惜运用殊欠联络。总之，今日之事，尚未知鹿死谁手。若长此'沉闷'、'混沌'、'欺诈'、'分赃'、'伪和'，诚不如大破坏、大杀戮，为少快人心也。"函中所指岑、莫，系岑春煊与广东督军莫荣新。自孙中山1918年离粤返沪后，广州的护法军政府即为桂系把持。1920年，孙中山和唐继尧、李烈钧、陈炯明以及贵州将领王文华等人组成了讨伐桂系的同盟。3月27日，孙中山复王文华函，指出桂系是"革新的障碍"，"若不排除而廓清之，则其进步之难，难于填海"。[1]同时，孙中山并积极图谋收复广州，重建广东革命根据地。本函所反映的正是这一形势。何天炯支持孙中山讨桂，但批评其"运用殊欠联络"，他对前途仍然悲观。同年，直皖矛盾日益尖锐，战争有一触即发之势。7月9日，何天炯致函宫崎云："敝国时局，日趋混乱。皖直两派，终有破裂之日，而吾党行动，自由前辈主持，弟不敢过问。然以鄙意度之，则日趋堕落，可断言也。"这里的前辈，虽然不单指孙中山，但显然包括他。何天炯对孙中山的态度虽然好转，但对孙的领导则并不放心。同月14日函云："弟坐守此间，终觉无聊。加之直皖风云，急转直下，与民国前途关系至钜，我辈已不能强，又不能弱，虚生人世，终夜思之，汗泪交流。"中国革命屡遭挫折，失败多而成功少。本函反映了当时相当多的革命党人的郁闷情绪。

在不懂得革命"必须唤起民众"之前，孙中山长期纵横捭阖于军阀之间，依靠一派军阀以反对另一派军阀。1920年，为了反对直系，孙中山力图与皖系建立反直同盟。4月，他致函周善培，嘱其与段祺瑞协商推倒徐世昌的问题。但是，段祺瑞早已成为曹锟、张作霖等各路军阀的众矢之的。7月11日，直皖战争爆发，皖系旋即失败。8月2日，何天炯致函宫崎云："段派失败，当然之结果也，倘不失败，则所谓与孙联络者，亦表面之事耳，与民国前途无关系也。今失败至此，民国多一革命党，殊可喜之事也。"孙中山认为段祺瑞"近日大有觉悟"，因此，决定与之携手"共图国事"[2]。但是，何天炯却看出了段祺瑞的联孙，不过是"表面文章"，显然高明一些。不过，他以为段祺瑞失败后会成为"革命党"，也还是相当糊涂。

但是，就在皖系一败涂地的时候，局势却突然发生了戏剧性的变化。1920年7月，桂系头目陆荣廷在龙州召集会议，以讨伐福州北军为名，进攻在福建的粤军陈炯明部。8月11日，为桂系把持的军政府发出进攻福建的动员令。12日，陈炯明在漳州誓师，决定打回广东。下旬，粤军大胜，桂军大败。9月6日，何天炯致宫崎函云："广东风云，日急

---

[1] 《孙中山全集》第5卷，第236页。
[2] 《批姚畏青函》，《孙中山全集》第5卷，第264页。

一日，此番想可得手。家乡在望，喜忧交集。久罹水火之粤民，天理循环，定能脱绿林酷虐之政治也（孙公之狂喜，如小孩儿得了玩具）。"陈炯明的粤军是孙中山亲手培植的军队，长期屯驻闽南，此次回粤，驱逐多年统治广东的桂系军阀，孙中山自然极为欣喜。"如小孩儿得了玩具"一语，形象而又生动地写出了孙中山当时的心情。其实，何天炯的欣喜之情也不亚于孙中山。9月19日致宫崎函云："惠州即时可以陷落，虎门要塞已入民军掌中。果尔，则广东事可以大定矣；广东定，则局面又大可活动。弟归心之急，不可言状。"30日函又云："广东大局如定，则民党地盘确立，南北之局成，天下事未可量也。"

陈炯明的回师很顺利。10月22日，粤军攻占惠州。23日，桂系官僚岑春煊通电退职。24日，宣布撤销军政府。29日，粤军攻克广州，桂系残部逃回广西。11月14日，何天炯致函宫崎云："本日晤中山先生，据云，前有两函奉询足下（即先生），惟至今未见复音，特嘱弟顺便转询，有无收到。兹广东局面，已暂次归入吾党范围。中山先生拟二周内即偕唐、伍两君返粤，拟将旧日军府维持现状，然后逐渐改良，以图发展，此实辛亥以来未有之机会。"唐，指唐绍仪，伍，指伍廷芳。陈炯明的胜利给了孙中山以希望，他准备回广东重组军政府，该函即作于此时。同函又云："中山先生之意，拟俟返粤后，组织稍有头绪，即遣弟东渡，与贵国朝野人士共商东亚大局之前途。弟维国家之事，先有内政，然后有外交，吾党如果有坚固正大之团体，则世界之外交皆可转移，岂独日本！故弟拟即日返粤，观察各方面之情形，或补救，或开展，然后再定行止。中山先生亦甚以为然。"可以看出，孙中山能倾听何天炯的意见，因此，何天炯也就积极起来了。

三　第二次护法战争期间

桂系被逐，国民党人在广东取得了立足之地。1920年11月25日，孙中山应粤军许崇智的要求，偕唐绍仪、伍廷芳返粤。29日，恢复军政府，宣言继续护法。其间，何天炯也跟着到了广州。他于12月21日致宫崎函云："日来军府极力整顿内政，国会重开，当必选孙公为正式总统，贯彻主张。外间所传孙、陈暗斗等事，纯是谣言。陈炯明亦极有觉悟，已宣誓服从孙公。湖南赵总司令恒惕及林省长支宇均完全加入盟约。唐、伍均听指挥。滇、贵相联，为〔惟〕军府之马首是瞻。四川事亦大有希望。广西陆荣廷则不成问题，粤军一到，彼内部必倒戈逐之矣。如此则西南联为一气，然后进窥长江，福建、浙江必首先响应，陈光远（江西）吴佩孚又必联翩加入，则北方不足平也。万岁！万岁！"孙中山重组军政府后，即与唐绍仪、伍廷芳、唐继尧等联名发表通告，宣布将以原"护法诸省为基础，厉行地方自治普及平民教育，利便交通，发展实业，统筹民食，刷新吏治、整理财政，废督裁兵"[1]同时宣布废除桂系在广州假托军政府政务会议名义所发的各种伪令。12月4日，续开政务会议，研究刷新吏治、实行建设问题。函中所言"军府极力整顿内政"，指此。当时军政府已与贵阳代总司令卢焘、湖南总司令赵恒惕等取得了联系，因此，何天炯对形势的估计极为乐观，认为进军广西，驱逐陆荣廷，然后挥师北伐等都已不成问题，情不自禁地连呼"万岁"！同函中，何天炯又告诉宫崎，军政府已决定向英、法、美各国派出代表一人。他自己大约在明年正月出使日本。何天炯表示："孙公视此问题极为重大，故弟亦不能不勉为其难，甚望先生等助吾一臂。头山、犬养两翁均请先为致意请安。"

　　孙中山急欲得到日本政府的承认和帮助，因此，多次催促何天炯启程，但何却认为出行之期不宜过急。1921年1月5日函云："弟东来之期，现仍未有一定。中山公虽时时催弟速行，惟弟个人之愚见，实未敢骤然赞同。盖历观今昔前后之外交，而不能出之冒昧者也。以弟愚见，至少程度须俟总统选举告成之后，然后有外交之可言。"此函发出后，孙中山又接到和田的电报，催促孙中山迅速派出驻日代表。1月25日，何天炯致函宫崎云："孙公接到和田二十二日来电云，须速派代表等语，但同人金以此次民党再兴，对内对外均须谨慎将事，刻下贵国政府，实有危害民

---

[1] 《建设方针宣言》，《孙中山全集》第5卷，第441页。

党之存心，故主张不能乱派代表，以启人轻侮之心。孙公当嘱弟回复此电，弟即复以'接和田电，甚感，但派遣代表，须与各国一并发表，请转达'。想先生早日接到此电矣。"和田，可能指和田三郎。他是日本社会党党员，辛亥革命前参加同盟会，与孙中山早有关系。从信中看，孙中山再一次接受了何天炯的意见，暂不宣布派遣驻日代表。同函又云："年来贵我两国民之感情，恶劣极矣。弟与先生虽有中日联盟之主张，不知何日可能实现？念之不胜愤慨。然刻下则时机已到，倘贵政府仍恃强为生，则人类幸福，必无可希望也。"从孙中山开始革命之日起，就一直期望得到日本政府的帮助，然而得到的总是失望。他们逐渐对日本政府的政策有了认识。何天炯此函就是这一觉悟的表现。

军政府成立后，形势逐渐稳定。2月6日，孙中山授意何天炯发电邀请宫崎访粤。3月12日，宫崎到达广州，萱野长知同行。13日，何天炯陪宫崎拜谒史坚如墓，参加孙中山主持的欢迎宴会。14日，何天炯送宫崎到香港。第二天，宫崎又送何天炯回广州。二人依依难舍。18日，宫崎到达上海。3月20日，何天炯致宫崎及萱野长知函云："先生此回来去之匆忙，中日人士诸多误解，甚有不胜惊讶者，真不堪一笑也。东亚之风云真迫切矣。此回吾党能否活动，全靠两先生之力，敬候好音。"看来，孙中山邀请宫崎访粤，并不是为了叙旧，而是有所委托，希望他代为向日本资本家借款，以解决财政困难。

4月7日，国会非常会议选举孙中山为非常大总统。4月9日，何天炯致函宫崎云："此间各界人心，完全一致。唐继尧氏当时虽甚赞成，然时为政学会人极力煽惑，故时持两可之说。今则为其部下诸将领力劝其附从孙氏，始有回复势力与名誉之望。故唐氏至今日，对于孙氏，极其信仰，毫无问题发生也。"对孙中山，唐继尧一直首鼠两端。1921年2月，唐继尧被第一军军长顾品珍驱逐，蛰居香港。孙中山派人邀请来粤，给以礼遇。这时唐继尧正处于困境，自然力图利用孙中山。何函称"其部下诸将领力劝其附从孙氏，始有回复势力与名誉之望"，这是事实。但是以为他对中山已经"极其信仰，毫无问题"，则是被其假象骗住了。函中，何天炯还提到了唐绍仪："唐氏以要求内阁总理一席为条件，此事非独孙氏不承认，我辈亦不之许，我已敬鬼神而远之矣。"5月6日，孙中山任命唐为财政总长，唐不就职。过去，人们通常认为，唐绍仪不赞成孙中山的政治主张，所以不愿就职。本函透露的情况为研究者提供了内幕。

除了孙、唐矛盾之外，还有孙中山和陈炯明之间的矛盾。4月18日，何天炯致宫崎函云："粤中自选出大总统后，人心甚为踊跃。惟困于经济，未定何日就职（大约五月初头可就职），因此反生出许多谣言，谓孙、陈不和云云，其实皆为北京侦探利用此等难局面施其手段耳。然则财政问题，诚粤中今日生死问题也。"4月7日，孙中山被选为非常大总统，但是，却未能立即就职，其原因，固在于经济，也在于陈炯明的反对。最初，陈炯明反对选举孙中山为大总统，后来又主张暂不就职。何天炯以为孙、陈不和是"北京侦探"制造的"谣言"，这是不了解内情的结果。但他认为"财政问题"为粤中"生死问题"，则是道出了部分实情的。

宫崎返日后，即积极向日本资本家活动，为此，何天炯于7月8日致函宫崎表示感谢，函中云："先生所示各函，鄙俱转达孙公，深以先生热诚宏愿，比之岁寒松柏，其人格尤苍健无匹云云，此诚吾党临风感激无已者也。"当时，正值日轮小川丸运输接济桂系军阀枪械一事被发现，广州各界掀起抗议和抵制日货运动。此事给予孙中山的外交政策以很大影响，何天炯在信中告诉宫崎："惟此间自小川丸事件发〈生〉以来，对于贵国外交，甚抱悲观。即如孙公对于东亚大局有伟大之计划者，亦云日本外交，不求其助，只希望不为我害，即大成功也。"在很长时期内，孙中山一直对日本政府存有不切实际的幻想，至此，算是觉悟了。

为了彻底消灭桂系军阀，孙中山于6月18日下达讨伐陆荣廷令。李烈钧响应号召，于桂西北成立滇黔赣讨陆联军总司令部，准备进军桂林、柳州等地。7月19日，何天炯致函宫崎云："此间诸情，尚称顺手。唯李烈钧氏所部，因军饷缺乏，行动迟缓，不能即日前来援桂，友人多为之扼腕者。然李氏在今日之时局，实有重大之关系。盖将来湖南、武汉之先锋队，不能不赖于此君。且李氏历年饱尝忧患，故对于孙公，颇能改其平日冷淡之态度，而极其诚服，而孙公亦倾诚相结，此真可为吾党前途欣幸者。"反袁斗争时期，李烈钧与黄兴的观点接近，因而也没有参加中华革命党。自此，即与孙中山疏远。但是，共同的革命目标终于使二人再度结合。何天炯为之庆幸，并盛赞孙中山的"倾诚相结"，说明何天炯对孙中山的态度也有了根本的变化。

宫崎一直希望何天炯尽早访日，和资本家直接洽谈，但何则由于经济困难，迟迟不能成行。7月19日，何天炯致函宫崎云："目下小弟之境遇，有种种之障碍（以经济为绝大之原因，惭愧惭愧），实未能即日东行，虽中山公亦无如此问题何耳。"信中，何天炯表示，希望宫崎偕日本企业家到广东游历调查，亲自来看看"此间之真象"。何天炯透露，日本台湾总督府参事官池田正在与广东财政厅接洽，愿出"民间资本"3000万元作为开发海南岛事业之用。同函，何天炯提出海南岛开发、广州大沙头商场以及士敏土厂改良等三项事业供宫崎考虑。

同日，何天炯接宫崎7月10日函，即持函见孙中山。孙中山读后，很高兴，对何天炯的东行任务作了明确的交代："汝东行之事，余无日不希望早日实现之者，惟此番正式政府成立，汝须代表政府之名义往，方为郑重。因此，汝之任务，固不在实业，尤不在借款。汝之任务，在宣传新政府光明正大之宗旨于日本朝野上下，告于今后贵政府不可对于东方有侵略及包办之野心。非独不可有此野心之进行，即如从前二十一条不当要挟，亦须一律取消。如此，则彼我两国，方有经济提携及种种亲善之可言。若一部分之小小实业问题，固无须政府特派代表以为之。且日本若不改变侵略政策，则小小实业亦不易成功，虽或能进行于初，其后亦必有困难之日。且以目下之情形而论，若政府贸然与日本生特别之关系（即经济及借款），则政府必受人民之攻击，或宣告死刑焉。盖以段祺瑞之强，其倒毙即在向敌人乞款以杀同胞，此皆可为殷鉴之事。"孙中山指示何天炯，东行的任务"不在实业，尤不在借款"，要他转告日本政府，从此不可"对于东方有侵略及包办之野心"，只有在这种条件下，中日才有"经济提携及种种亲善之可能"。这段话标志着孙中山外交政策和外交思想的重大转折和进步。

孙中山又对何天炯说：你此次东行，至少须有一万元才能出发，刻下总统府财政颇为困难，你外间有无友人或商人可以借贷？若有，可由政府出名，或担保。何在信中对宫崎称："鄙人闻孙公之言，乃有三种感触：一、甚佩孙公之言；二、甚怜孙公之遇；三、甚惜今之人借公为私，公款不用于公事。想先生亦有此感慨耳。"

不仅何天炯的访日经费无法解决，连他打一封电报给宫崎的钱都没有。上函两天后，何天炯再致宫崎一函，仍然敦促他陪同日本资本家南来。当时，粤军正在胜利地进行讨伐陆荣廷的战争。函中说："弟意广西问题，总可早日解决，因此资本家之热度必又增高一番。故弟意先生处如有确实可靠之资本家，则总以促其早日南来为是。然非与先生同来，则弟等亦颇难相信。"对何天炯的嘱托，宫崎曾努力进行，并且找到了一个愿意投资的资本家。8月5日，何天炯致宫崎函云："昨日接奉手示，当经转呈孙先生阅悉，深感先生热心毅力。此刻极盼先生携该有力者欣然来粤。"

讨桂战争进展迅速。8月13日，滇、粤、赣各军攻克桂林。21日，何天炯致宫崎函云："广西问题完全解决，两湖之风云又急，孙公之焦心，盖可知也。"当年7月，湖北绅商发动"驱王运动"，反对军阀王占元的统治。21日，湖南总司令赵恒惕以"援鄂"为名，调集军队向湖北进军。25日，直系军阀在保定开会，决定"出死力"支援王占元。8月9日，徐世昌任命吴佩孚为两湖巡阅使，湘鄂之战发展为湘直之战。17日，两军在咸宁、汀泗桥等地发生激战，湘军失利。函中所称"两湖之风云又急"，指此。"孙公之焦心，盖可知也。"何天炯已经与孙中山忧乐与共了。但"援鄂"战争很快结束，何天炯的兴奋中心再次转到外交及北伐等问题上。9月15日致函宫崎云："粤政府虽日见发达强固，面对于日本外交则甚为冷淡。受欺诈迫害之结果，无论若何之外交能者，恐亦不能疏通此鸿沟也。"9月21日函云："出兵长江问题，本年内必见诸事实。今日虽盛倡中山出马之说，但事机成熟之时，则陈炯明氏必自告奋勇，而使中山坐守两粤。此虽弟今日推切之辞，然十必中八九也。（反面言之，若事机而未成熟，则不许中山出马，此又陈氏自信之计划也。）"

关于日本资本家来粤问题，何天炯表示："盖今日之大问题，在中日间之恶感未除，粤政府为维持人心计，决不敢公然向日本生若何之关系。反之，日本资本家则必向安全有担保处，然后投资，此为不能沟通一气之大原因也。"何天炯要求，宫崎前谈之资本家，能早日来粤。

9月28日函云："近来米国方面，对于粤政府多有优礼之表示，倘兵力能及武汉，则先承认新政府者，必此君也。弟东行之期虽未定，然局面日开展，则出发之期亦不远矣。"孙中山当选为非常大总统后，驻粤美领事曾于6月28日拜会孙中山，随后又到外交部拜会伍廷芳、伍朝枢。这些举动，给了何天炯以错觉，认为是美国政府对于"粤政府"的"优礼"，并且天真地设想到北伐占领武汉后美国首先承认的问题。何天炯的这种乐观情况一直维持到1922年上半年。当年5月29日函云："粤中政局，甚为平安，决不致如外间新闻电报等之妄为猜度者。今江西军事，又日有进步。陈炯明氏亦觉悟自身前途，若长与孙公分离，则为取败之道。且广西匪乱颇亟，足使一般人心浮动，故陈氏已幡然允诺，担任剿匪事宜。孙公亦披诚相结。大约二、三日内，陈氏当由惠州回省任事矣。如此，则前方讨贼军，更可安心直进。此为吾党一大事件之解决，请宽锦念可也。"4月16日，孙中山在梧州召开扩大军事会议，决定出师江西，各军集中韶州，即以韶州为大本营。但陈炯明拒不参加梧州会议，并电辞本兼各职。4月21日，孙中山下令免除陈炯明的广东省长、粤军总司令、内务部长等职务，仅保留陆军部长一职。当晚，陈炯明偕粤军总部人员退居惠州。为了争取陈炯明参加北伐，孙中山于4月23日亲返广州，并派员劝告陈炯明回省。5月6日，孙中山亲赴韶关督师。24日，致电陈炯明的部属叶举等，告以对陈，"始终动以至诚"。29日，任命陈"办理两广军务"。函中所称："孙公亦披诚相结"，指此。同函中，何天炯表示，他对时局"再抱一积极奋斗之愿"，准备在两广盐务或广东财政方面，担任一项职务。他要宫崎向日本资本家运动借款时，说明粤中情况，打消顾虑。

也许是何天炯不了解情况，也许是他为了争取日本资本家投资而有意隐瞒。事实是，陈炯明并没有"觉悟"，而是在本函发出的半个月之后，就发动了叛乱。它碾碎了孙中山的北伐梦，也碾碎了何天炯"积极奋斗"的愿望。不久，何天炯"携眷归里，养亲读书"[1]。同年12月6日，

---

[1] 《何天炯事略》，中国第二历史档案馆藏，三十四，726。

宫崎滔天逝世。

何天炯的隐居生活并没有持续多久。1923年，孙中山第三次开赴广州。次年，何天炯出任大本营参议。1925年，再次被孙中山派赴日本。不久，孙中山逝世，何天炯"顿触山颓梁坏之感"[1]，同年病逝。

综观何天炯的一生，可以看出，他和孙中山的关系经历了一个曲折的过程。最初，他是孙中山革命事业的积极支持者和参加者；中间，因观点分歧而对孙中山持激烈批评态度；最后，抛弃嫌隙，分歧消融，再次共同奋斗。这一过程，表现了何天炯对孙中山认识的深化，也表现了孙中山思想作风的改进和提高。如果说，中华革命党时期，孙中山处事有时不免失之于片面和偏激，那么，到了广州时期，历经磨炼之后，就日益恢宏大度了。革命同志之间，贵在能顾全大局，在坚持革命的长途中消融矛盾，共同提高。这一方面，何天炯与孙中山的关系是一个很好的范例。

---

1 《何天炯事略》，中国第二历史档案馆藏，三十四，726。

"五四"答问

客：杨教授。今年是五四运动80周年，想请您谈谈有关问题。

主：谢谢。请提问题。

客：关于五四运动，有时的提法是"五四爱国运动"，有时的提法是"五四新文化运动"，您怎样看？

主：五四运动有广狭两义。1919年5月4日，北京学生为反对巴黎和会关于中国问题的决议举行规模浩大的游行示威，其后，各地、各界，包括海外华侨、留学生在内纷纷以各种方式响应，直至6月28日，中国代表团拒绝在对德和约上签字时为止，共历时50余天。这一运动在中国近代史上被称为五四爱国运动，也即狭义上的"五四运动"。广义上的五四运动则包括五四爱国运动前后的新文化运动在内。1915年9月，陈独秀在上海创办《青年》杂志，第二年改名为《新青年》。1917年陈独秀到北京大学出任文科学长，以李大钊、胡适、钱玄同、刘半农等为代表的北大进步教师成为它的主要撰稿者。《新青年》响亮地提出了民主（德先生）和科学（赛先生）两项要求，它们成为新文化运动中两个最重要、最激动人心的代表性的口号。五四爱国运动发生后，新文化运动继续向前发展，至1921年中国共产党成立为止。这一阶段，通常称为"五四新文化运动"。

客：五四爱国运动和五四新文化运动之间有什么关系？

主：以五四爱国运动为分界，新文化运动可以分前后两个阶段。五四前的新文化运动教育和熏陶了一代青年，为五四爱国运动的发生提供了思想准备。仅就运动从北京大学学生中开始这一点，就不难看出，它和新文化运动的主将陈独秀、李大钊等人的关系。五四爱国运动后，新文化运动以前所未有的蓬勃气势继续向前发展，马克思主义在中国得到进一步的传播，外来思潮的引入更加丰富，思想界更加活跃，各种社团、杂志如雨后春笋般出现，这样，新文化运动就进入了一个更高的阶段。

客：中国近代史上有多次爱国运动，五四运动有什么特点？

主：五四运动是此前一系列爱国运动的继续和发展，也是它的高峰。在五四运动之前，义和团运动的规模很大，其锋芒所向，是侵略中国、欺负中国人的帝国主义列强，因此，应属爱国运动之列。但是，这运动不仅笼统地反对所有的"洋鬼子"和"假洋鬼子"（当时称为二毛子），而且反对铁路、轮船等"洋物、洋货"，这是很愚昧的，最后又被清政府中的顽固派利用了。五四爱国运动则不同，它是文明抗争，是有分析有区别的抗争。它所反对的是帝国主义对中国的侵略，但它同时却欢迎一切对中国进步、发展有益的外国思想和文化。这是和义和团运动很不一样的地方。它是中国人民爱国运动的一次伟大进步。

五四爱国运动还有其他一些特点。例如它的群众基础空前广泛，除了新型知识分子是主体外，市民、商人都参加了，特别重要的是，中国工人阶级第一次登上政治舞台。这是一件大事。同时，它还是一次胜利了的群众运动，是一次实现群众意志、影响政府、改变了政府国策的运动。北京政府最后拒绝在巴黎和约上签字，这是前此中国政府不曾有过的"壮举"。

客：您刚才谈到"民主"和"科学"是五四新文化运动中两个最重要的口号，能对此作进一步的阐述吗？

主：可以。民主和科学，这是两个关系中国面貌、前途和命运的重大问题。可以说，中国要实现现代化，就必须解决这两个问题。

先谈民主。戊戌变法失败后，中国人民走上了革命的道路。为什么？其目的之一就是为了民主，让人民成为国家的主人、历史的主人。

因此，民主是中国革命所要解决的基本问题之一。中国的封建传统特别深厚，民主的障碍特别多，反封建的任务也就特别沉重。民国以后，北洋军阀的统治是封建统治或半封建的统治。民主徒有其表，国会成为装饰。蒋介石和国民党标榜的"党治"，实际上是个人独裁，还是封建专制主义的统治。中华人民共和国成立后，虽然消灭了封建土地所有制和封建地主阶级，但是，正如邓小平同志所指出的，"肃清思想政治方面的封建主义残余影响这个任务，因为对它的重要性估计不足，以后很快转入社会主义革命，所以没有能够完成"（《党和国家领导体制的改革》，《邓小平文选》第1卷，第289页）。"无产阶级文化大革命"是什么？"无产阶级文化大革命"实际上是"极左思潮"和封建主义的混合体。当年的严重的个人专断和个人崇拜不是封建主义是什么？只不过形式变了，是封建主义以新形式再生罢了。

再谈科学。这不仅是反对迷信、"灵学"的问题，也不仅是提倡科学思想、科学作风的问题，我觉得，这个口号的提出，实际上接触到了人类社会发展的根本推动力问题。综观人类文明史，可以说，它的每一重大进步都是科学发展的结果。你看，随着人类从石器时代、铜器时代、铁器时代、蒸汽时代的发展，人类社会也就相应地衍生出原始社会、奴隶社会、封建社会、资本主义等多种形态，一个比一个高，一个比一个进步。今天人类已经进入电子时代、信息时代，社会形态正在发生新的变化。例如：白领阶层的数量日益增大，蓝领阶层日渐缩小；工农差别、城乡差别、脑力劳动体力劳动的差别正在缩小等等。这些，都是和科学技术的进步紧密相连的。反之，没有科学技术的进步，没有生产力的发展，强行消灭三大差别，不是幻想，就是倒退。

1923年，"五四"热潮已经过去，当年新文化运动的主将之一钱玄同在反思这一运动时曾经表示："说来说去"，"还是德、赛两先生最有道理"。在我们今天看来，也仍然是德先生（民主）赛先生（科学）"最有道理"。

客：人们常说：五四运动是近代中国第一次伟大的思想解放运动，为什么？

主：孔子及其思想原来只是先秦时期各种学说中的一派，但是，自西汉定于一尊后,孔子的地位愈来愈高。虽有道家和佛学的流布,但并不能干扰儒学的统治地位。人们普遍以孔子之是非为是非,言必称"子曰",否则即被目为非圣无法,称为异端。五四前夜的新文化运动中,孔子的至高地位倒塌了。尽管当时对孔子的是非功过并未做出科学定论,偏激和片面之处在所难免。但是,新文化运动否定对孔子的偶像崇拜,打破老八股、老教条的垄断地位,其功绩是无量的。中国思想、文化界由此出现了多少年不曾有过的生动活泼状态,马克思主义与各种新思潮、新文化纷至沓来。可以说:没有新文化运动,就不会有中国的青春和新机,也就不会有中共的出世。这是五四运动成为近代中国第一次伟大的思想解放运动的原因。

客:五四新文化运动有时又称为五四启蒙运动。据我所知,近代中国的启蒙运动从戊戌变法前就开始了,似乎是一个相当长的过程。新文化运动和在它之前的启蒙运动有什么不同?

主:您讲得很对。近代中国的启蒙运动确实有一段漫长的历程。如果往前追溯的话,明清之际的黄宗羲、王夫之就有许多精彩的启蒙思想,清朝中叶的戴震、龚自珍等也有许多启蒙思想,但他们都是"特立独行",不能构成运动。19世纪末、20世纪初,真正可以称为启蒙运动的是戊戌前后和辛亥革命准备时期这两段。在这两段时期内,具有启蒙思想的人物多了,著作多了,报纸杂志多了,中国古代不曾有过的新型学会和团体也雨后春笋般地出现了。五四启蒙运动当然是在这基础上向前发展的。不过,应该说明的是,五四新文化运动以前的两次启蒙运动都有严重的缺点。拿戊戌前后这一段来说,可以说是"跪着的启蒙"。为什么?因为这一时期的启蒙思想都要借助于"孔圣人"的权威。以康有为来说,他的《孔子改制考》、《新学伪经考》两部书都可以算是启蒙著作,然而,一部说,孔子是中国古代进行"改制"(也就是改革)的祖师爷,今天的"改制"不过是"孔圣人"事业的继续;一部说,汉代的所谓古文经书都是一个叫刘歆的人伪造的,只有以汉代当代文字书写的今文经书才是"孔圣人"的真传。你看,在"孔圣人"面前,他还是跪着的。再以辛亥革命准备时期这一段来说,"孔圣人"及其儒学都受到怀疑了,有些思想家还发表过很激烈的言论,然而,大概一是出于"排满革命"的需要,一是担心"洋鬼子"的文化侵略,于是,有的人又出来大喊"光复旧物"、"保存国粹",提倡"发思古之幽情,振大汉之天声"了。这样,辛亥革命准备时期的启蒙思潮就只能说是一种"新旧杂糅的启蒙"。而五四新文化运动不同,它是站着的启蒙,是前所未有的比较彻底的启蒙。

客:近代中国还有几次思想解放运动?

主:第二次是延安整风(不包括抢救运动)。它所反对的是王明、博古等人倡导的洋八股、洋教条。第三次是前些年的"实践是检验真理的唯一标准"的讨论,它反对的是以"句句是真理论"和"两个凡是论"为典型的新八股和新教条。没有第二次思想解放运动,不会有新民主主义革命的胜利;没有第三次思想解放运动,不会有改革开放。"五四"以来的历史证明,八股、教条的生命力很强,不是一次、两次就可以彻底反掉的,所以要不断发扬"五四"精神,不断解放思想。

客:近年来海内外都出现了一些对五四新文化运动的否定意见,有人认为它全盘反传统,造成了中国文化的断裂,是激进主义,"极左思潮",甚至说它是"文化大革命"的源头,等等。您怎样看?

主:我完全不能同意上述意见。在我看来。五四新文化运动不仅没有造成中国文化的断裂,而是为中国文化的发展开辟了一条无比宽广的道路,使之进入了一个崭新的时代。例如:白话文学的发展,话剧、电影、音乐、雕塑等新的文化艺术形式的引进;现代自然科学和人文社会科学的建立,鲁迅、郭沫若、茅盾、巴金、老舍、田汉、冰心、钱锺书、聂耳、冼星海、徐悲鸿等文化巨人的出现,等。可以说,它推动了每一个文化门类的革新和发展。即使是儒学,由于"五四"时期备受批判,也演变出"新儒学",有了与前不同的新面貌。如果没有五四新文化运动,就不可能有这些巨大的变化,你们的报纸大概还会哼老调调,满版"子曰诗云",满篇"之乎者也"呢!

五四运动还在中国政治史上开辟了一个新时代。陈独秀、李大钊、毛泽东、周恩来以至邓小平等人,都是从"五四"时期开始自己的政治活动的。它是中国新民主主义革命的开端。这些，读者大都熟知，我就不多讲了。

客：五四新文化运动有无局限？

主：有。例如思想上的片面性和绝对化，好就绝对好，坏就绝对坏；对中国传统文化否定较多，对西方文化的消极面看得不够等，但是，这是前进中的错误，是支流，不是主流。

客：近代历史上有所谓"国粹主义思潮"或所谓"文化保守主义思潮"，您怎样看？

主："国粹主义思潮"和"文化保守主义"都很复杂，需要具体分析。提倡继承和发扬民族文化中的优良部分，当然是正确的、必要的，但是，文化要随着时代的发展而发展。旧文化中，总有若干部分不能适应新时代、新生活的需要，要淘汰，要革新，因此，不能笼统地号召"保存国粹"，否则就会抱残守缺、故步自封，成为阻碍先进文化发展的保守主义者。在改革旧文化的同时，还要充分、广泛地吸收外国文化中一切先进的、于我有用的成分，借以充实自己，丰富自己，发展自己，从而创造出反映新时代、适应人民新需要的新文化来。历史证明，一个先进的民族一定是善于学习其他民族先进文化的民族。鸦片战争以后，西方文化在许多方面（不是一切方面）明显地高于中国传统文化，因此，中国痛感有向西方学习的必要。毛泽东将康有为、孙中山主张学习西方的中国人称为"先进的中国人"，道理就在这里。今天，提倡改革开放，所谓开放，不仅是引进外资，我看也应该包括学习外国先进文化在内。不要步步设防，主观主义地规定什么能学、什么不能学，要树立一个观念——只要是比我们先进的，就学。

客：五四运动已经过去80年了。今天隆重纪念五四，是否仍有必要？在您看来，今天我们应该继承和发扬五四精神的哪些方面？

主：今天隆重纪念五四运动80周年很有必要。在我看来，现在可以从三个方面继承和发扬五四精神。

一是爱国精神。今天我们面临最后完成国家统一，进一步加强民族团结，反对分裂和振兴中华，把经济建设搞上去三大任务。国强民富，自然而然会有向心力；否则，就只有离心力。列宁说：饥饿比资本主义更可怕。邓小平说：贫穷不是社会主义。经济建设搞上去了，有中国特色的社会主义建设好了，人民生活进一步提高了，各种事情就好办了。50年代之初，大批华侨青年从海外归国，那是新中国初建所产生的吸引力，后来，三年困难时期，许多归国华侨又纷纷出国了。并不是他们不爱国了，而是因为我们的工作没有做好，犯了错误，经济没有搞上去。

二是民主精神。我们常说，要了解中国国情，根据国情办事。中国的国情是什么？两千年的封建专制和近百年的半封建统治，这是基本国情之一。再加上苏联的影响。俄罗斯原来是个历史悠久的封建农奴制国家，很落后，苏联体制因袭并且发展了不少封建主义、专制主义的东西，我们把它们误认为社会主义的东西拿过来了。毛泽东说过，我们不是苦于资本主义过多，而是苦于资本主义发展不足。但是，1949年以后，我们却把资本主义当成主要敌人，批资，批资，不断批资，以至于把资本主义的一些进步东西也批掉了。

邓小平说：没有民主就没有社会主义。但是，实现民主是长期的过程，要考虑社会条件，循序渐进。既不能停滞不前，又不能盲目冒进。停滞不前，人民不满意，腐败、官僚主义、效率低下等顽症无法解决，但是，盲目冒进也会把什么都毁掉，包括社会稳定、已经取得的进步和人民群众已经得到的东西。

三是科学精神。长期以来，人们认为，阶级斗争是社会发展的唯一动力，现在看来，这个理论片面性很大，流弊很多。邓小平提出，科学技术是第一生产力，这就是说，它是社会发展的第一生产力。这就是说，它是社会发展的第一推动力。这是对人类几千年历史发展的一个正确总结，意义非常重大。现在，中央提出科技兴国、教育兴国的口号，这是非常正确的。这就要进一步贯彻邓小平提出的尊重知识、尊重人才的政策，改善知识分子的工作环境和生活环境；还要重视和发挥社会科学的作用。社会科学是研究人以及人与人的相互关系的。它既和提高人的精神素质，提高生产力水平有关，又和选择、调整生产关系臻于和谐、合理有关，不应忽视。新中国成立以来最大的失误何在？就在于社会科学。对社会主义时期的阶级斗争估计错了，才会有无休无止的政治运动；对生产关系的特质和作用认识错了，才会有连续不断的超前过渡、超前改造。

客：杨教授，关于五四运动的研究，您最近有什么成果？

主：我正在校订钱玄同的未刊日记。钱玄同是五四新文化运动的主将之一，《新青年》的编者，后来又是古史辨学派的推动者和创建者之一。他的日记起自1905年东渡日本留学，止于1939年去世前数日，史料价值很高，相信它的出版将会有助于对五四新文化运动的研究。

客：谢谢您接受我的访问。

附记：

本文为1999年答《北京日报》记者李乔同志问而作，当时报纸只发表了其中一部分，这里发表的也是节选。

潘佩珠与中国
——读越南《潘佩珠自判》

说明：《潘佩珠自判》系潘本人于1925年被法国殖民者绑架后所作。过去，中国学者所见大都为摘编本，极为简略。2001年7月，我到日本访问，见到日本芙蓉书房出版的日文本《潘佩珠传》，附有《潘佩珠自判》全文，其中详细地介绍了他在中国和日本的经历，从中可见辛亥革命前后中越两国爱国者、革命者之间的密切关系。兹据《自判》，参以其他资料，写成本文，作为对辛亥革命90周年的纪念。

潘佩珠是越南著名革命家、爱国主义者、民族解放运动领袖。原名文珊，号巢南，别名是汉。1867年生于越南义安省南坛县。家世读书，父亲是塾师。佩珠四五岁时，虽尚未识字，但通过母亲口授，已能背诵中国古典诗歌总集《诗经》中的部分篇章。6岁时，被父亲带到塾馆，教授《三字经》、《论语》等书。后来曾考中解元。

潘佩珠年轻时，法国殖民者正积极侵略越南。1884年，顺京失守，绅士、义民纷纷起兵勤王。潘佩珠奔走于年轻读书人之间，结合60余人，组成"学生军"，企图起兵抗法。正在募捐制造军械之际，法兵攻到，义军被迫解散。此后，佩珠一面授徒卖文，一面精心研习《孙子兵法》及诸葛亮等人的军事著作，结交绿林豪杰与勤王党人，为长期抗法作准备。

1904年,潘佩珠组织维新会,以"驱逐法贼,恢复越南,建设君主立宪国"为宗旨。当年,日本在中国东北境内大败俄军。潘佩珠认为日本是"黄种新进之国",想到日本求援。但法国殖民者严禁越南人出国,有敢于冒险者则杀其父母,掘其祖宗坟墓。1905年,潘佩珠在老母去世、又将妻子安排妥当后,便化装成旅越华商的仆人,潜入中国,辗转到达香港。他首先访问中国保皇党机关报《商报》主笔徐勤,徐勤不见。潘便转而访问革命党人的机关报《中国日报》,会见主笔冯自由,通过笔谈,与冯交换意见。冯自由同情潘佩珠等人的抗法斗争,声称10年之后,中国"排满"成功,届时当援助越南,现在则尚非其时。冯自由建议潘佩珠往见粤督岑春煊,或可得一臂之助。潘觉得冯所言有理,便写了一封信托人送给岑的幕客周某,请周转呈。周某初时称,得到岑的消息后即派人到香港接潘。但是,此后竟杳无音讯。佩珠白白地在香港等了好多天。此事使潘佩珠认识到"专制朝廷之无人",满清和越南王朝,"一丘之貉耳"!

潘佩珠与梁启超

潘佩珠在越南国内时,读过梁启超的《戊戌变记》、《中国魂》及《新民丛报》等书刊,非常敬慕梁启超的为人。他在自香港至上海船中,从一个中国留美学生那里得到了梁启超在日本横滨的地址,打算一到日本,首先访问梁启超。4月下旬,佩珠抵达日本横滨,带着名片及自我介绍信登门求见,中云:"吾必一见此人而后死,吾必一见此人而后死无憾。"梁启超读后,非常感动,亲自出门迎接潘佩珠,梁的弟子们听说来了越南人,蜂拥而至。梁启超觉得说话不便,约定次日再谈。第二天,二人在临近太平洋的一家小酒楼见面,笔谈三四小时。潘佩珠向梁启超详细叙述了越南亡国后的悲惨状况:皇帝被送到非洲软禁,法国人选了个10岁的亲王做小皇帝。如果不是一家人,4个人聚于一室,就有被捕的危险。屋梁有税，窗有税，门有税，增加一窗一门，税率就随之增加。这一天，海阔天高，风和日丽，但潘佩珠心情悲苦，泪流不断。梁启超在笔谈中写道："一、贵国不患无独立之日，而但患其无独立之民；二、谋光复之计划有三要件，一为贵国之实力，二为两广之援助，三为日本之声援。但贵国苟内无实力，则二三两条均非贵国之福。"写到这里，梁启超特别提醒潘佩珠：所谓国内实力，指的是"民气、民智与人才"。两广的援助指军队与饷械，日本的声援指外交。当潘佩珠谈到想请日本出兵援助时，梁启超断然反对，写道："此策恐非善。日兵入境决无能驱之使出之理，是欲存国而反促其亡也。"

过了些日子，梁启超又将潘佩珠请到家里，作了更详细的笔谈。梁向潘保证："我国与贵国地理历史之关系，二千余年密切，甚于兄弟，岂有兄坐视其弟之死，而不救之乎？"他向潘提出两条建议：其一，多以剧烈悲痛之文字，描写沦亡惨状及法国人的毒辣计谋，唤起世界舆论注意；其二，鼓动国内青年出国游学，为兴民气、开民智之基础。梁启超要潘佩珠等人"卧薪尝胆，蓄愤待时"。他说："一旦我国大强，则必对外宣战，发第一之炮声，实为对法。盖贵国毗连我境，而越桂、滇越铁路，实为我腹心之忧。我国志士仁人，无一时忘此者，君切待之！"

潘佩珠觉得梁启超所言，极为有理，有豁然开悟之感。于是，迅速写作《越南亡国史》一书，交给梁启超，梁为之修改润色。10天后，书迅速出版。潘佩珠带着还散发着墨香的《越南亡国史》秘密回国，动员优秀青年出外游学。此后越南历史上有名的"东游运动"，即发端于此。此外，潘佩珠还带回了梁启超给越南爱国者的亲笔书信。梁建议从组织农会、商会、学会入手，这些意见，也得到越南爱国者的采纳。

潘佩珠在国内停留了一个多月，即启程返日。途经广州时，曾往访中法战争时的名将刘永福。刘时已70多岁，但精神健旺，谈起西洋人时，便拍案大呼："打！打！打！"

潘佩珠与孙中山

潘佩珠曾因梁启超的介绍，认识日本政治家、进步党领袖犬养毅。某日，犬养写信邀请潘佩珠来住所，要介绍他认识中国革命党大领袖孙逸仙。当时，孙中山正为组织中国同盟会事逗留横滨。犬养对潘佩珠说："贵国独立当在中国革命党成功之后，彼党与君同病相怜，君宜见此人，预为后来地步。"次日晚8点，潘佩珠持犬养名片及介绍函到横滨致和堂见孙，二人笔谈。当时，佩珠尚未摆脱君主思想，孙中山则痛斥君主立宪之虚伪。最后，孙要求越南党人加入中国革命党，声称："中国革命成功之时，即举其全力援助亚洲诸保护国，同时独立，而首先着手于越南。"潘佩珠同意孙中山对民主共和政体的评价，但要求中国革命党先援助越南，待越南独立时，"则请以北越借与中国革命党为根据地，进取两广，以窥中原"。两人辩论到深夜12点，约定次日再谈。过了几天，二人在致和堂再次相见，彼此重申前意，未有结论。

尽管在援中、援越的先后次序中未能达成一致意见，但是，两国革命党人却自此结下友谊。此后，潘佩珠和越南革命党人曾得到孙中山和中国革命党人的真诚援助。在《自判》中，潘佩珠称："其后吾党穷急时，得借手于彼等为多，则此两夕会谈为之媒介也。"1925年孙中山在北京逝世时，潘佩珠作挽联云："志在三民，道在三民，忆横滨致和堂两度握谈，卓有真神贻后死；忧以天下，乐以天下，被帝国主义者多年压迫，痛分余泪哭先生。"

寄希望于中华革命

中国同盟会成立后，影响迅速发展，仅在东京一地，就出现了几十种中国革命党人的刊物。其中有一种《云南》，办得相当成功。潘佩珠为了联络中国革命党人，共同奋斗，便向《云南》杂志主编赵伸自荐，担任杂志的义务编辑员。

1907年2月，《云南》杂志第4期刊出《越南人之海外血书》，呼吁越南人民"鸣我自由钟，树我独立帜，向役夺我家财之强虏索还我家财"。

同年7月，《云南》杂志第6期刊出《哀越吊滇》，文称："悲莫悲于吾族之越南，而忽忽焉俱吾死焉；悲莫悲于吾邻之云南，而岌岌焉后吾亡也。"

这两篇文章的作者都是潘佩珠。

在《云南》杂志上还登有一首中国留学生赠给潘佩珠的诗，中云："瘦骨嶙嶙鬓已皤，栖迟海外手无柯。伤心最是巢南子，亡国孤臣唤奈何！"从中可见潘佩珠忧虑国事、奔走呼号的情景。

和中国革命党人来往多了，潘佩珠本人的"民主之思想日益浓厚"，决定改弦易辙，转向革命。同时，潘佩珠这时也感到，依靠日本是不切实际的幻想，因而寄希望于中国革命。此前，孙中山曾向潘佩珠介绍日本友人宫崎滔天，宫崎劝潘说："贵国自力必不能推倒法人，求援友邦，未为不是，然日本何能厚援于君。日本政治家，大抵富于野心，而贫于义侠。君宜劝青年辈，多学英语及俄、德语，多与世界人结交。揭扬法人罪恶，使世界人闻之，重人道，薄强权，世界不乏此等人，始能为君等援耳！"潘佩珠觉得宫崎的话很有道理，将活动重点从日本政客转向日本"平民党人"和各国在日革命者。1907年至1908年之间，东京有一个亚洲各国革命者的组织，名为东亚同盟会（或名亚洲和亲会），其宗旨为"反抗帝国主义，期使亚洲已失主权之民族，各得独立"。章程规定，"凡亚洲人，除主张侵略主义者，无论民族主义、共和主义、社会主义、无政府主义，皆得入会"；"若一国有革命事，余国同会者应互相协助"。日本方面参加者有幸德秋水、堺利彦、宫崎滔天、大杉荣等；中国方面参加者有章太炎、张继、陈独秀、苏曼殊、景梅九等；朝鲜方面参加者有赵素昂等。此外还有印度、菲律宾在日本的革命者。潘佩珠等10余名越南志士参加了这一组织。

同一时期，潘佩珠还与云南赵伸、广西曾彦组成滇桂粤越联盟会。

潘佩珠参加东亚同盟会后，只活动了几个月，该会就被日本政府解散。滇桂粤越联盟会也因清政府和法国政府出面干涉，被日本政府勒令取消。1909年4月，潘佩珠被日本政府驱逐出境。

遁迹香港及广州

潘佩珠被日本政府驱逐后，迁居香港。当时，越南抗法武装斗争活跃。潘佩珠得到国内支援的经费，派人从日本购得长枪数百支，在中国革命党人李伟的帮助下，运回香港秘藏。为了将这批军械运回越南，潘佩珠曾于当年6月到新加坡，访问积极支持孙中山革命活动的华商陈楚楠，向他请教秘密运输军械的方法；又曾到泰国，会见皇室的一位亲王，请求帮助。1910年2月，中国革命党人在广州新军中谋划起义，潘佩珠和在港越南同志商量，决定将这批军械赠给中国革命党人。据潘佩珠回忆，该批军械计长枪480支，全部交给了孙中山的哥哥。

1910年春夏，潘佩珠隐姓化名，潜居广州，经常到香港、澳门码头，出卖自著各种爱国和革命书籍。卖书告白称："濡毫血泪借为革命之先声，失路英雄权作吹箫之后援。"有些同情革命的中国学生或商人，常以高价购书，因此，收入颇丰。潘佩珠每有所得，常和二三越南同志买醉酒家，有《酒中杂咏》诗云：

倚楼南望日徘徊，心绪如云郁不开。
疏雨深宵人暗泣，斜阳初月鹰孤回。
可无大火烧愁去，偏有长风送恨来。
顾影自怜还自笑，同胞如此我何哀！

本诗写滞留他乡时对祖国的怀念，充分反映出潘佩珠的一腔忧国忧民之情，有情有景，对仗工稳，是越南汉诗中的上品。

在广州期间，潘佩珠认识了一位名叫周伯龄的中国妇女，在西关开着一家女馆，以教授女学生为业。这位女教师得知潘佩珠是越南革命党人后，大为赞佩，便将女馆作为越南革命党人的居留之地，潘佩珠等人亲切地称她为周师太。有时，越南革命党人经济恐慌，周师太便典衣卖簪，供应潘佩珠等。这位普通的中国女子，不仅为人豪侠仗义，而且胆量很大。潘佩珠等将炸弹武器藏在女馆里，周师太毫不畏惧。某夜，越南革命党人借用周师太的菜刀，杀了跟踪的暗探。次晨，周师太笑着问道："你们昨晚宰了一头猪吧！"多年后，当年在周家女馆住过的越南革命党人中，有三人背叛，带着重金到周家探视，周师太得知重金的来源后怒骂说："我当年容养你们，把汝等看成人，现在成了狗，还有脸来看我！"骂得三人面惭心愧，狼狈而去。

武昌起义爆发，潘佩珠在广州成立越南光复会

1911年10月，武昌起义爆发。三个月不到，就在南京建立临时政府，宣告民国诞生。当时，潘佩珠正在暹罗种地，"寓党于农"。喜讯传来，潘佩珠怦然心动。他认为，中华政府必将继日本后，成为亚洲强国，如能中日联合，全力对欧，则越南、印度、菲律宾等均将获得独立。因此，准备到中国，再赴日本，进行合纵运动。他利用工作余暇，起草了数万言的小册子《联亚刍言》，极言中日同心之利与不同心之害。写成后，便寄给旧时相识的中国革命党人，祝贺成功，微示回华之意。不久，收到章太炎、陈其美、谢英伯诸人回信，表示欢迎。潘佩珠即到曼谷，访问《华暹新报》主笔萧佛成。萧是中国同盟会在暹罗的主要负责人，见到《联亚刍言》后，马上印刷了1000本。

1912年1月，潘佩珠带着新作回到广州，仍住周师太家。当时，孙中山是新任临时大总统，广东都督胡汉民、上海都督陈其美都是潘佩珠的老朋友。于是，散处中国各地和留在本土的越南革命党人，纷纷聚集羊城，至有百人之多。大家都想借中国革命胜利机会，恢复越南江山。有人并从国内带来消息说："中华革命成功之风潮，影响于我国甚大。人心

激奋，比前骤增。在外苟有先声，不患在内无再活之气势。"2月上旬，潘佩珠借用刘永福在沙河的旧宅，召集在粤全体越南革命者会议，讨论越南国体，选派委员回国运动及联络中华革命党人，设立机关等问题。会上，潘佩珠提出，拟在越南建立民主政体，得到多数与会者赞成，议决取消维新会，成立越南光复会。会章第一条即规定："驱逐法贼，恢复越南，建立共和民国，为本会惟一无二之宗旨。"下设总务、评议、执行三部。潘佩珠被选为总理；沙河刘家祠、黄沙周氏馆等被确定为党人聚会地点。

越南光复会成立，但是，缺乏活动经费。在这一紧要时刻，中国革命党人再次伸出了援助之手。心社负责人刘师复捐助200元，民军统领关仁甫捐赠100元，谢英伯、邓警亚等捐100元。有了这一笔款子，三位在成立大会上选出来的回国运动委员立即启程回国，大部分经费则用来印刷光复会章程及宣言。

在越南光复会干部中，有一位杨镇海，中国台湾人。原是台湾高等医学学校学生，富于革命思想。因反抗日本殖民统治被捕，关在监牢里，设计杀死狱卒，逃到上海，日本政府以杀人罪向中国方面提出控告，遂改名逃到广东。他读到越南光复会宣言及潘佩珠所著各书，即加入光复会，被选为庶务委员。

到南京、上海求援

2月下旬，潘佩珠抵达南京。当时，孙中山已决定让位给袁世凯，国事丛杂，应接不暇。潘佩珠和孙中山只见了一次面，谈了几分钟。晤谈机会较多的是黄兴。黄兴表示：援越实为我辈不可辞之义务，但此时尚属太早。现在所能为君计者，惟有选派学生进入我国学堂或军营，储备人才，等待机会。10年后，倘有所需，皆能办之。潘佩珠闻言，颇为失望，但不得不勉强同意。黄兴即刻为潘写信给胡汉民，托胡照顾越南在粤学生。潘佩珠带着黄兴的书信，转赴上海，会见陈其美。陈为人豪侠慷慨，潘所熟知，便毫无隐瞒地将越南革命党人的困窘状况和盘托出，要求援助。陈其美立即赠以4000银圆。潘向陈透露，将回国"行大剧烈之运动"，陈其美不以为然，声称"宜从教育入手，无教育之国民暴动不能成功"。潘则表示："我国教育权，完全在他人掌握，所立学堂，全为奴隶教育。又禁私立学堂，禁学生出洋，凡百教育之具，我辈无一毫自由。我人求一生于万死之中，惟有暴动。"潘佩珠并用意大利志士玛志尼的"教育与暴动并行"一语打动陈其美，陈听了这一番话，表示赞同，赠给潘佩珠军用炸弹30颗。潘佩珠得到这一礼物，才略感安慰。

组织振华兴亚会

潘佩珠带着对陈其美的感恩之情回到广州，忙着光复会的各项工作，如制订国旗、军旗等。他一心一意在越南发动武装革命，但仍然苦于经费短缺。这时，中国同盟会会员、原民军统领苏少楼劝潘仿照中国革命党人办法，在两粤及越南发行军用票。潘觉得可行，委托苏少楼等印制。正文为"越南光复会军用票"，背面用汉文及越南文说明："这票系越南光复军临时政府发行。依票面数字兑换现银。俟民国政府成立时，以实银收回，给息一倍。禁冒假滥发，违者重罚。"

除发行军用票外，苏少楼、邓警亚等还向潘佩珠建议，成立振华兴亚会，用以联络华人，壮大声势。潘佩珠起草章程及宣言。宣言书很长，大意是：中华地大、物博、人众，甲于亚洲。又为东方文化最古之国，当为全亚洲之兄长；欲举全亚洲兄长之责，当以扶植亚洲诸弱小国家为独一无二之天职。继则详叙中华国耻，全在外交不振，而外交不振之故，由于国威不扬，除对外排欧，更无他策。又言：苟援越，则胜算必在中华。华人一入，越兵倒戈。结论是：中华国威振则东亚因之而强，而其第一着手之方针，莫如援越人之独立。

振华兴亚会的章程和宣言面世后，得到许多中国人赞成。潘佩珠即在广州租借洋式二层楼房一幢，作为振华兴亚会舍所和越南光复会会堂。装饰布置，焕然一新。广州报界不少人是潘佩珠的朋友，积极为之鼓吹。10日间，不少广东人表示愿意入会。1912年8月，振华兴亚会召开成立大会，出席各界名流200余人。会议选举邓警亚为会长，潘佩珠为副会长，商定第一步援越，第二步援助印度和缅甸，第三步援助朝鲜。邓警亚倡议认购光复会军用票，当场售出1000元。

同年9月，越南光复会改组，吸收华人参加。公举潘佩珠为总理，苏少楼为副总理。在会中担任职务的华人还有黎丽（财政部总长）、邓冬生（军部副总长）、杨镇海（庶务部长）等。

当时，潘、邓、苏等人计议，由潘分派同志归国，成立光复军，在越南发动；由粤省同志组成援越军，从边境突入，共同推翻法国殖民统治。为此，邓警亚专访刘永福，动员他参加援越军。刘虽有其志，但此时精力已衰，慨然长叹道："吾老矣！无能为力了！"他答应，在义师发动时，派爱将吴风典率钦州子弟及遗存部队参加。邓又去动员原新军起义参加者，时任广东新军第五混成协协统的黎萼，得到同意，决定以黎为援越军总司令。次年，黎萼调任潮梅军务督办，独当一面。邓警亚认为时机成熟，计议半年后发动。不久，黎的军职被陈炯明解除，邓的计划遂成泡影。

四年广州之囚

光复会改组后，三位回国运动委员从越南来到广州，对潘佩珠说："国内军事之运动，非先有惊天动地之一声，殊难有效。"潘佩珠觉得有理，便派遣会员携带炸弹回国，企图在越南再现张良刺秦始皇、安重根刺伊藤博文的壮烈事件，借以激动人心。不料有关人员回国后，均未达到预定目的，法国殖民者反而找到了借口，向北京政府控告越南光复会是"杀人犯之机关"，潘佩珠是"杀人犯领袖"，要求引渡。当时，袁世凯当权，有笼络越南人士之意，托词缺乏证据了事。1913年，国民党人的"二次革命"失败，龙济光任广东督军，法国殖民统治者借机与龙交涉，要求引渡潘佩珠等人。同年，法国神父魏畅茂向龙济光告密，致使潘佩珠被捕。

潘佩珠被捕后，一度绝食七天，濒临死境，突然从报上得知欧战爆发，德法交战的消息，觉得是越南独立运动的好机会，喜而复食。但其后，潘佩珠又不断得到同志被捕、被害的噩耗，非常悲愤，作了许多哀悼诗，如"头恨不先朋辈断，心难并与国家亡"，"江山剩我支残局，魂梦随君涉重洋"等，反映出一个爱国者的深沉苦闷。1917年，龙济光被护国军打败，潘佩珠才得到释放。

通过蔡元培结交俄国人

潘佩珠出狱后，住到周师太馆中。从周师太处得知，法国人仍在严密注意他，有一个被收买的越南人，几乎每天都来侦察。潘佩珠感到处境不利，第二天便离粤赴沪，不想上海因有法国租界，到处是成群的"嗅狗"，潘佩珠便转移到杭州。

在杭州，潘佩珠从报纸上得知，法国北部九城均已为德军攻陷，便准备回国，发动反法斗争。他经南京、宜昌，辗转入川，会见渝军总司令黄复生。黄在宣统年间，曾和汪精卫一起在北京谋炸摄政王载沣。民国初年，潘佩珠在南京临时大总统府与黄有过一次晤谈。此次见面，分外欢快。黄复生想挽留潘佩珠，但潘归心似箭，于艰难跋涉后到达云南。其时欧战已停，法国成为战胜国，昆明是法国人的势力范围所在，潘佩珠虽持有黄复生给唐继尧的介绍信，但唐竟然不敢见潘一面。在此情况下，潘佩珠不得不折返重庆，黄复生委潘为川军总司令部谘议官。潘佩珠到职七日，便辞别黄复生，仍回杭州。其间，一度浮海赴日，但仍然无所作为。

1920年12月，潘佩珠听说有不少"红俄"共产党人聚集北京，而"赤化之大本营"，即在北京大学，便动了研究共产主义的念头。当时，日本人布施辰治著有《俄罗斯真相调查》一书，对劳农政府的主义、制度,叙述甚详。潘便将该书译为汉文,带着它自日本前往北京,想以此自荐于中俄两国的"社会党"之前。

到北京后,潘佩珠首先去北京大学会见校长蔡元培,蔡非常高兴,为他介绍了两个人,一个是俄国劳农游华团团长,一个是俄国驻华公使加拉罕的汉文参赞。潘佩珠向后者打听赴俄游学的办法,这位汉文参赞极为亲切、和蔼,回答说:"劳农政府对于赴俄游学之世界同胞,大为欢迎。如越南诸君,能游学尤为便利。"他详细介绍了赴俄的路径、办法,表示赴俄入学、归国等各项费用,均由劳农政府负担,但入学之前,必先承认:"一、愿信仰劳农之主义;二、学成归国,必任宣传劳农政府主义之责。三、须实行社会革命之事业。"该参赞还称潘是他第一个见到的越南人,要潘用英文写份材料,详述法人在越南的真相。但是,潘佩珠不懂英文,无法答应。

1921至1922年之间,潘佩珠先在北京,为《东亚新闻》写作,后到杭州,任《兵事杂志》编辑员。当时,在北京士官学校就读的越南人很多,但因国籍关系,难以在中国军界任职。段祺瑞时任国务总理兼陆军部总长,便授意浙江督军朱瑞在杭州创办《兵事杂志》,借以安排部分越南人,潘佩珠应该社总理林亮生之聘,为杂志撰写时评、社论、小说。对这一工作,潘佩珠很不满意,但通过这份杂志,潘佩珠得以"发挥其世界革命之精神",并且尽情挥洒,写作"痛骂帝国殖民之文",他也感到,这是"壮士穷途中的趣事"。

改建越南国民党

1924年7月5日,越南志士范鸿泰在广州法租界谋炸途经中国的法国印度支那总督马兰,炸死法国领事等四人,重伤二人,被法警追捕时投珠江自沉。事后,法国当局要求广东大元帅府驱逐在粤越南人,赔偿损害并道歉,均为孙中山及省长胡汉民所拒。孙中山说:"余未闻有越南人,脱使有之,亦皆好人,无一凶手。"

范鸿泰事件发生时，潘佩珠仍在杭州编辑《兵事杂志》。事件发生后，他南下广州，为烈士墓树碑。同年年底，廖仲恺等申请拨款3000元，将烈士改葬于黄花岗，建亭刻石，碑心大书"越南志士范鸿泰先生之墓"，为邹鲁手迹。

越南光复会自潘佩珠入狱后，会员零散，几近消失。范鸿泰事件发生，越南革命者的精神为之一振。潘佩珠到广州后，参观黄埔军官学校，会见校长蒋介石和副校长李济深，要求接纳越南学生入学，二人都表示赞成。

当时的广州，正是国民党召开"一大"、国共合作之际，一片"世界革命"气氛。潘佩珠和越南同志商量，决定取消光复会，改建越南国民党，党章、党纲均由潘佩珠起草。潘佩珠自称："其组织规模大抵取中国国民党之章程，而斟酌损益之。"

在上海被法国人绑架

越南国民党党纲及章程宣布后不久，胡志明从莫斯科来到广州，多次和潘佩珠商量，要求修改章程。1924年10月，潘佩珠回到杭州，拟于次年6月赴粤，讨论改组越南国民党问题，同时参加范鸿泰牺牲一周年纪念。

6月28日，潘佩珠自杭州到达上海北站，刚出站口，就发现一辆漂亮的汽车，环车站着四个洋人，其中一人上前对潘说："这个车很好，请先生上车。"潘佩珠婉言表示不要，一洋人自车后跃出，用力抱持潘佩珠进车，疾驰进入法租界，驶向海滨，一艘法国兵舰早已守候在那里。

在被囚于法国兵舰的日子里，潘佩珠作有《古风》一首赠给杭州的林亮生，诗云：

奔驰二十年，结果仅一死。哀哉亡国人，性命等蝼蚁。嗟余遭阳九，国亡正雏稚。生与奴隶群，俯仰自惭愧。所恨羽毛薄，一击容易试。歼敌计未就，尚蓄椎秦志。呼号十余年，同胞竞奋起。以此苏国魂，大触强权忌。网罗弥山河，荆棘遍天地。一枝何处借，大邦幸密迩。侧身覆载间，局蹐胡乃尔。今朝游沪滨，适才北站至。飚驰一汽车，环以凶徒四。捉人拥之前，驱向法领署。投身铁网中，鸡豚无其值。使余有国者，何至辱如是！余死何足惜，所虑在唇齿。堂堂大中华，一羽不能庇。兔死狐宁悲，瓶罄罍之耻。

诗中，潘佩珠叙述了自己被绑架的原因和经过，抒发国亡身危的悲哀，同时也对虽逃亡中国，却仍然得不到保护表示叹息。

潘佩珠被送回越南，软禁于顺化，直至1940年10月29日逝世，始终未能获得自由。

第八章 直视伟人
——如何定位和评价孙中山

孙中山与中国革命的前途

——兼论清末民初对孙中山民生主义的批评

中国应该建设一个什么样的社会？资本主义还是社会主义？从20世纪初开始，中国人便思考并辩论这一关系国家、民族命运的重大问题。孙中山很早就表示了对社会主义的向往，因而也很早就受到了资本主义前途论者的批评。在辩论中，孙中山不断思考，不断探索，也不断前进。尽管他一生都没有超出主观社会主义的水平，但他的有关思想中包含着应该为无产阶级政党所珍视的积极的、合理的内核。中国共产党不仅是孙中山民主革命事业的继承者，而且正确解决了他提出而未能解决的社会主义前途问题。今天，当我们回顾近百年来中国人民探索救国救民真理的历程时，应该承认，孙中山是近代中国社会主义的前驱宣传家和思想家。

一

孙中山明确地表示对社会主义的向往是在1903年。他在复友人函中说："社会主义，乃弟所极思不能须臾忘者。"[1] 当时，中国的先进分子

---

[1] 《孙中山全集》第1卷，第228页。

处于不同的思想层次中。一种人，热衷"排满革命"，渴望"光复旧物"，"重见汉宫威仪"；另一种人，以亚洲卢梭自命，沉醉于华盛顿、拿破仑的功业。孙中山超越上述两种人，宣布以社会主义为理想，显示出他在中国革命前途这一重大问题上，具有远大的目光，进行了深入的思考。1905年，孙中山在比利时向国际社会党（第二国际）执行局申请接纳他的党，同时宣布，将派代表出席下一届国际大会。这一举动，在当时中国的先进分子中，堪称并世无二。它表明，孙中山企图将中国革命和国际社会主义运动联系起来。此后，孙中山在《〈民报〉发刊词》、《中国同盟会革命方略》和《民报》创刊周年庆祝大会的演说中，公开阐明了自己的主张，民生主义这一概念开始震动中国的政治界和思想界。1912年，民国建立，孙中山错误地认为民族革命、政治革命两项任务已经完成，因此，以无比的热情进行"社会革命"的宣传。他以"极端社会党"自居，在南京、上海、武汉、广州、北京、太原、杭州等地多次发表演说。不仅对社会各界和同盟会讲，也对社会党、统一党、共和党讲，甚至还对黎元洪、袁世凯讲。[1]据报道，他还曾准备经营东沙岛，"试行社会主义"[2]。这是他一生中宣传社会主义的高潮时期。国民党"一大"前后，孙中山的热情再次爆发，社会主义又一次成为他演讲中的鲜明主题。由于十月革命的胜利以及和中国共产党的合作，他的有关宣传也就出现了前所未有的新内容和新特色。

孙中山开始革命活动的年代，自由资本主义已经发展为垄断资本主义，它的各种固有矛盾尖锐地表现出来。孙中山长期居留于欧美、日本等地，对资本主义社会的病症有相当透彻的了解。他多次指出，欧美社会贫富悬殊，两极分化，是一个极不平等的世界。1903年，他在复友人函中就指出："欧美之富者富可敌国，贫者贫无立锥。"[3]后来又说："欧美各国善果被富人享尽，贫民反食恶果，总由少数人把持文明幸福，故成

---

[1] 对统一党演讲见于《大共和日报》1912年4月17日，各本孙中山集均失收；对黎元洪谈话见于《申报》1912年4月14日报道；对袁世凯谈话见于《三水梁燕孙先生年谱》上册，第123页。

[2] 《神州日报》，1912年6月19日。

[3] 《孙中山全集》第1卷，第228页。

此不平等世界。"[1]孙中山认为这种贫富悬殊的现象必定会引发激烈的斗争,社会革命必不可免。他说:"他日必有大冲突,以图实剂于平。"[2]因此,他坚决主张,中国不应该走欧美老路。在《〈民报〉发刊词》中,他说:"近时志士舌敝唇焦,惟企强中国以比欧美。然而欧美强矣,其民实困。观大同盟罢工与无政府党、社会党之日炽,社会革命其将不远。吾国纵能媲迹于欧美,犹不能免于第二次之革命,而况追逐于人已然之末轨者之终无成耶!"[3]鸦片战争以来,中国人受列强欺负,媲迹欧美,曾经是许多爱国志士梦寐以求的理想,然而,孙中山却从欧美强大的外表下看出了"其民实困"的内相,毅然宣布不能追逐别人"已然之末轨",这在当时,是具有石破天惊意义的宣言。

孙中山看不起欧美事后所实行的改良政策,并由此上溯,批评欧美资产阶级民主革命的"疏陋"。他说:"倘欧美早百年注意社会问题,而今日补苴罅陋之政策可不发生。甚矣!其疏陋也。"[4]孙中山要求走自己独特的道路。他认为,中国的资本家还未出生。但是,随着近代工业的发展,必将加强劳工阶级与资本所有者之间的分野。他甚至估计,10年以后,中国的大资本家总数将超过10万人,其中有些人的财产,将超过美国的煤油和钢铁大王。孙中山不希望出现这种状况,主张在坚决发展近代工业的同时,预为防范。他说:"吾国治民生主义者,发达最先,睹其祸害于未萌,诚可举政治革命、社会革命毕其功于一役。还视欧美,彼且瞠乎其后也。"[5]对于这段名言,人们通常批评其为空想,这当然是正确的。但是,孙中山深刻地感到旧的一般民主主义革命(政治革命)的不足,要求在这一过程中解决社会革命的问题,防止资本主义"祸害",使中国不仅成为"国民的国家",而且成为"社会的国家",创造出一种使欧美瞠乎其后,真正造福人民的社会制度。显然,这一思想不仅对近代中国人民富于启发性,而且包含着积极的、合理的内核。列宁所说,孙

---

[1] 《孙中山全集》第1卷,第327~328页。

[2] 《孙中山全集》第1卷,第228页。

[3] 《孙中山全集》第1卷,第288~289页。

[4] 《孙中山全集》第2卷,第333页。

[5] 《孙中山全集》第1卷,第289页。

中山的政治思想倾向,"比民主主义的含义更广泛"[1],指的就是他思想中这种超出"民主主义"的成分。

对于资产阶级,孙中山多次进行批判,指责他们不劳而获,垄断财富,压制平民,流毒世界。他说:"资本家以机器为资本,垄断利源。工人劳动所生之产,皆为资本家所坐享。"[2]"彼恃其财力,不惟足以压制本国,其魔力并且及于外国。"[3]在孙中山看来,资本家的专制与专制政府并无二致,他说:"世界财力悉归少数资本家之掌握,一般平民全被其压制,是与专制政府何异?"[4]有时,他甚至认为资本家的压制比封建君主还要厉害。他说:"若专制皇帝,且口不离爱民,虽专横无艺,然犹不敢公然以压抑平民为职志。若资本家者,以压抑平民为本分者也,对于人民之痛苦,全然不负责任者也。一言以蔽之,资本家者,无良心者也。"[5]基于此,孙中山曾将自己的民生主义称为"排斥少数资本家"的主义[6]。1912年,他作过一个勇敢的预言:"政府有推翻之一日,资本家亦有推翻之一日。"[7]

孙中山不懂得剩余价值理论,因而,他对资产阶级的批判只能借助两种方式:一、在资本家和专制君主之间进行历史类比;二、像早期空想社会主义者一样,诉诸抽象的"理性"和道德观念。这种批判显示了孙中山对资本家的憎恶之情,它是震撼人心的,却远不是科学的、深刻的,无从揭露资本主义剥削的本质及其发生、发展、灭亡的规律。

对资产阶级的政治经济学,孙中山也持批判态度。他指责亚当·斯密的分配理论不合理,是为资产阶级利益辩护的"旧经济学"。他说:"按斯密亚丹经济学,生产之分配,地主占一部分,资本家占一部分,工人占一部分,遂谓其深合经济学之原理,殊不知此全额之生产,皆为工人

---

1 《中国的民主主义和民粹主义》,《列宁选集》第2卷,第360页。

2 《孙中山全集》第2卷,第516页。

3 《孙中山全集》第2卷,第472页。

4 同注3。

5 《孙中山全集》第2卷,第333页。

6 《孙中山全集》第2卷,第339页。

7 《孙中山全集》第2卷,第520页。

血汗所成,地主与资本家坐享其三分之二之利,而工人所享三分之一之利,又析与多数之工人,则每一工人所得,较资本家所得,其相去不亦远乎?宜乎富者愈富,贫者愈贫,平民生计,遂尽为资本家所夺矣。"[1] 长期以来,亚当·斯密的理论一直是西方资产阶级的"圣经明训",孙中山的批判虽然缺乏理论深度,但它毕竟刺去锐利的一枪,表示了对资本主义分配原则的抗议,也表示了对一种"新经济学"的期待。

早期空想社会主义者大都把工人阶级看作受苦受难、无所作为的阶级。孙中山与之不同,他热情赞誉工人阶级对人类发展的巨大贡献。他说:"当知世界一切之产物,莫不为工人血汗所构成。故工人者,不特为发达资本之功臣,亦即人类世界之功臣也。"[2]在资本主义社会两大阶级对立中,他真挚地同情工人阶级,表示愿为改善其处境而斗争。他说:"今坐视资本家压制平民而不为之所,岂得谓之平等乎?"[3]不仅如此,他还充分肯定工人阶级争取自身权利的斗争,认为"资本家所获甚丰,皆由工人之劳动而来,工人争其所应得之权利,亦理所当然"[4]。由此,他进一步肯定"社会革命",认为"不平则鸣,大多数人不能长为极少数人之牺牲者,公理之自然也"[5]。但是,孙中山也还不能认识工人阶级的伟大历史使命,不懂得只有它才能创造未来社会。在这一根本点上,孙中山并未能超出空想社会主义者的水平。

对马克思主义,孙中山也热情赞誉,早在1912年,他就充分肯定马克思"苦心孤诣,研究资本问题,垂三十年之久,而无条理之学说,遂成为有系统之学理"[6]。1924年,他发表《民生主义》演讲时更进一步指出,马克思的研究:"全凭事实,不尚理想",使社会主义从乌托邦的空想发展为科学,具有划时代的意义。他说:"现在研究社会问题的人也没有

---

1 《孙中山全集》第2卷,第512页。

2 《孙中山全集》第2卷,第519页。

3 《孙中山全集》第2卷,第473页。

4 《孙中山全集》第2卷,第491页。

5 《孙中山选集》,第138页,人民出版社,1981。

6 《孙中山全集》第2卷,第506页。

那一个人不是崇拜马克思做社会主义中的圣人。"[1]但是,这一时期,世界资本主义经济有较大的发展,有识之士正在采用所谓"资本主义合理化"措施,实行局部调整和改革。例如,美国汽车大王福特发明的"福特制"得到了广泛的运用,一些人因此提出:"不是马克思,而是福特"给工人指出了幸福之路;"新资本主义"将消灭贫穷和危机。孙中山敏锐地注意到了这些马克思身后才出现的新情况,要求加以研究。他说:"马克思所说的是资本家要延长工人作工的时间,福特车厂所实行的是缩短工人作工的时间;马克思所说的是资本家要减少工人的工钱,福特车厂所实行的是增加工人的工钱;马克思所说的是资本家要抬高出品的价格,福特车厂所实行的是减低出品的价格。像这些相反的道理,从前马克思都不明白,所以他从前的主张便大错特错。"[2]甚至说:"在马克思的眼光,以为资本家发达了之后便要互相吞并,自行消灭。但是到今日,各式各样的资本家不但不消灭,并且更加发达,没有止境,便可以证明马克思的学理了。"[3]尽管如此,孙中山仍然主张共产主义和民生主义是好朋友,在中国,虽不可用"马克思之法",却可以"师马克思之意"[4],态度是友好的。

思想家的理论原则和实践纲领之间常常存在着较大的差距。当思想家驰骋于想象的领域时,他可以无所顾忌,恣情任意,但是,当他脚踏实地时,就不能不考虑到各种现实的条件和因素,据此而制订的实践纲领就不能不受到制约,和理论原则之间的差距也就拉开了。在理论原则上,孙中山赞赏土地公有和资本公有,认为二者"得社会主义之真髓"[5],但是,在实践纲领上,孙中山却只主张以实行地价税为中心的平均地权和大资本国有。孙中山认为,实行了这两项也就是实行了社会主义。

孙中山期望在实行了他的社会主义后,中国不仅富强,而且家给人足,无一夫不获其所,成为"至完美"的国家。他天真地设想,那时将

---

[1] 《孙中山选集》,第807页,人民出版社,1981(下同)。

[2] 《孙中山选集》,第822页。

[3] 《孙中山选集》,第820页。

[4] 《孙中山选集》,第842页。

[5] 《孙中山全集》第2卷,第518页。

不是"患贫",而是"患富"的问题。他说:"数年后民生主义大行,地价、铁路、矿产各种实业俱能发达,彼时将忧财无用处,又何患穷哉!所谓教育费、养老费皆可由政府代为人民谋之,夫然后吾党革命主义始为圆满达成,中华民国在世界上将成为一安乐国,岂非大快事哉!"[1]孙中山设想,在这个"安乐国"里,政治民主,实业建设于"合作的基础之上",劳工将在优良的条件下工作,不仅获得"其劳力所获之全部",而且将"知识日进,获得充分之娱乐与幸福"。[2]

为了补偿生产中消费掉的生产资料,扩大再生产,发展文化、教育、卫生等公益事业,支付管理费用,因此,即使在共产主义社会中,劳动者也不可能获得"其劳力所获之全部",但是,在孙中山的这一提法中,显然弥足珍贵地包含了反对人剥削人的思想。

孙中山不理解工人阶级的历史使命及其在国家政权中掌握领导地位的必要,赞赏公有制而又不明确提出以之为主体,也不懂得科学社会主义的分配原则,这样,他所构思的"安乐国"当然远不是科学社会主义,但是,也显然越出了资产阶级一己私利的狭隘樊篱。列宁说过:"'靠牺牲别人来经营'这一事实的存在,永远会在被剥削者本身和个别'知识分子'代表中间产生与这一制度相反的理想。"[3]孙中山一类怀着救亡热诚投身革命的知识分子,自身不占有生产资料,经常以"平民"的代言人自居,在西方资本主义社会固有矛盾充分暴露、工人运动已经相当强大的情况下,产生对社会主义的向往是很自然的。

孙中山的社会主义思想有其独特的个性。就其批判资产阶级、抗议资本主义的分配制度、同情工人阶级、赞赏公有制等理论原则看,它接近于空想社会主义;但是,就其实践纲领看,则是一种"混合经济":以发展国有制为主,允许私人资本主义在不损害国计民生的条件下适当发展(下文详论)。

当孙中山构思他的"安乐国"时,世界上还没有社会主义国家。十

---

[1] 《孙中山全集》第2卷,第474页。

[2] 《孙中山全集》第2卷,第492页。

[3] 《民粹主义的经济内容》,《列宁全集》第1卷,第393～394页。

月革命胜利后,孙中山以极大的兴趣注视并研究俄国的情况。1920年1月,他在广东省署演说:"此次俄国革命后,实行社会主义,俄国遂酿成一种好风气。"[1]此后,他对俄国社会制度的赞美日益增多。1924年2月,他对驻广州湘军演说,声称"现在的俄国,什么阶级都没有。他们把全国变成了大公司,在那个大公司之内,人人都可以分红利,像这样好的国家,就是我要造成的新世界"[2]。这样,孙中山长期追求的理想境界就有了一个具体形象,从而具备了突破主观社会主义的可能。遗憾的是,孙中山逝世得太早,未能踏入这个飞跃过程。

二

在欧洲,共产主义的"怪影"曾使资产阶级长期惊悸骚动;在中国,孙中山对社会主义的向往也使许多人不安。清末民初,资本主义前途论者对他的民生主义进行过两次批评:第一次在1906—1907年,代表人物为梁启超,范围限于《新民丛报》;第二次在1912—1913年,代表人物为章太炎、孙武、张振武、金天羽、蓝公武,涉及的报刊有上海《大共和日报》、《民声日报》、《神州日报》、《独立周报》、武昌《大汉报》、北京《亚细亚报》、《国民公报》、《燕京时报》、天津《大公报》等。两次批评提出的问题都较多,而其核心则在于中国的前途。由于梁启超的第一次批评已为人们所熟悉,本文将着重阐述第二次批评的情况。

1. 认为社会主义是一种遥远的、不能实行的理想。梁启超称:对于"社会改良主义",他绝对表示同情;对于"麦喀、比比尔辈"所倡导的"社会革命主义",他认为"必不可行,即行,亦在千数百年之后"[3]。辛亥革命后,孙中山的批评者们持论大体与此相同。1912年1月,章太炎在中华民国联合会第一次大会上说:"近年对于民生问题,颇有主张纯粹社

---

[1] 《孙中山全集》第5卷,第430页。
[2] 《孙中山选集》,第887页。
[3] 《杂答某报》,《新民丛报》第86号,第48页。

会主义者,在欧洲程度已高之国尚不适用,何况中国?"[1]稍后,金天羽也在《大共和日报》上撰文称:"此华严之世界,能否涌现于短期之世纪中,虽起瞿昙、基督而揲蓍以求,犹不能以预测,则谓之哲人之理想而已。"[2]孙中山所倡导的,并不是马克思的"纯粹社会主义",批评家们可谓庸人自扰,不过,这倒暴露了他们对社会主义的真实态度。

2. 认为社会主义不适合于人类心理。梁启超称:"经济之最大动机,实起于人类之利己心。"[3]金天羽继称:"人类之生,固扶利己之心以俱来。"章士钊等创办的《独立周报》也称:"所谓兴公产地,所谓废私人之资本也,其果合乎人类之心理乎?"[4]地主阶级是讳言利己的,他们习惯于把本阶级的狭隘利益包裹在光华四射的礼义外衣中,赤裸裸地宣布利己主义为人类与生俱来的心理,是典型的资产阶级方式和资产阶级语言。

3. 认为社会主义将产生新的专制。梁启超提出,社会主义必以全国为"独一无二之公司","取全国人民之衣食住,乃至所执职业,一切干涉之而负其责任",结果必然滥用职权,"专制以为民病"。[5]金天羽发挥了这一思想,他称资本主义为"黄金专制之局",认为社会主义取代资本主义只是"破一专制而复产一专制,且其所专者又更甚焉"。其理由是,在社会主义制度下,国家掌握生产机关,因而也掌握利益的分配,必将导致国家权力的膨胀和特权者的产生。他说:"然而所谓分配之者,顾谁为分配乎?非小己之享特权者乎?国家之权干涉将无限域而至于筐箧,试问专制君主曾有是乎?"[6]社会主义民主本质上是工人阶级和人民大众当家作主,但是,这是一种史无前例的民主形式,在它的实践过程中,确实可能出现权力过分集中、管得过死、包得过多、一言堂以至个人专断等违反民主的现象,这是必须认真对待、努力加以解决的。但以为社会主义必然会产生新的专制局面,不过反映出资产阶级自由主义者的恐惧

---

[1] 《大共和日报》,1912年1月5日。

[2] 《社会主义之商榷》,《大共和日报》,1912年4月13日。

[3] 《驳某报之土地国有论》,《新民丛报》第91号,第5页。

[4] 梦渔:《论社会主义》,《独立周报》第27号。

[5] 《杂答某报》,《新民丛报》第86号,第23~24页。

[6] 《社会主义之商榷》,《大共和日报》,1912年1月5日。

心理而已。

4. 认为中国贫富悬殊不大，不必实行社会主义。《大共和日报》称："中山先生之提倡社会主义者，乃见美国贫富至不平均，铁道大王、石油大王之权力较专制君主为尤甚，惟恐中国人民遭此荼毒。此仁人之用心，记者敢不敬佩，但此乃美国之社会现象，中国今日无有也。"文章要求孙中山"详察中国之人情时势而后规画中国前途，幸毋拘泥习见，无理效颦"[1]。原属同盟会的武昌起义元勋张振武也激昂地提出："诸君试思，今日我国程度若何，有美国之托拿斯等弊否？"[2]这一批评貌似有理，然而孙中山有自己的解释：与其临渴掘井，何如未雨绸缪，等到铁道大王、石油大王出现再革命，就晚了。

5. 认为从中国当时政治形势看，不适合进行社会革命。孙武称："中国政治革命尚未完成，社会秩序尚未恢复"，只能"兴教育，砺知识"，才能挽救国家危亡[3]。又称："武昌起义系政治革命，现在各党互生意见，万不可再说社会革命，贫富亦万难均等。现在外人尚未承认，各省纷争日甚，吾辈实社会之罪人也。"[4]清朝统治的推翻不等于民主革命的胜利，在这一意义上，孙武的"政治革命尚未完成"的观点是正确的，但是，把革命党人的任务限于"兴教育，砺知识"等方面，同样也不能使"政治革命"趋于完成。

6. 认为中国的急务是发展资本主义，而不是实行社会主义。蓝公武称："今欲救济现社会之苦痛，须改良现社会之组织，使人各得以知识能力，自由竞争，而享其劳力之结果。"[5]显然，这种在私有制基础上的"自由竞争"，乃是自由发展资本主义的同义语。辛亥革命前，梁启超曾提出，当以"奖励资本家为第一义"；辛亥革命后，孙中山的批评家们也都异口同声。《大共和日报》和《大公报》断言："救贫疗饥之上药，道在奖富民殖产之野心，使人人胥有猗顿、陶朱之希望，取前朝束缚商工之

---

[1] 相如：《敬告孙中山先生》，《大共和日报》，1912年4月15日。
[2] 《共和党成立会记事》，《大公报》，1912年6月3日。
[3] 《汉口专电》，《神州日报》，1912年4月14日。
[4] 《武汉与孙中山》，《民声日报》，1912年4月16日。
[5] 《论均贫富之社会主义》，《国民公报》，1912年4月28日。

苛例，扫荡而廓清之。"它们批评孙中山的"社会革命"思想是"无病呻吟"，"徒以灰国民进取之雄心，而拥有厚资者，人人胥怀自危之念"。[1] 武昌《大汉报》论证世界各国的富强之道在于"以拓殖为经"，以农、工、商、工艺为主体。它说："我中国现今之最要政策，不惟惧贫民之多，且甚惧富民之少；不惟惧贫民不能富，且甚惧富民之日即为贫；不惧因奖励企业而令托拉斯之发生，而惧因社会主义而令专制之复活。"[2] 《民声日报》也称："今日吾国实业衰落，急当奖励资本家以开发富源，不当以社会主义过为遏抑。"[3] 他们步梁启超的故辙，力图从和外资竞争的角度论证中国大资本家出现的必要。金天羽说："吾国素无煤油、钢铁、电器、铁道诸大王，奋焦侥之臂以搏巨灵，其胜败虽愚者知之。然则吾国之于资本家焉，方存乎见少，又安可张均一分配之学说，乘豪富之未萌而预摧其蘖哉！"[4] 当时中国资本主义的发展还很微弱，孙中山的批评者们主张发展资本主义，是符合历史要求的；他们以民族资本主义抵御帝国主义经济侵略的思想也不无道理。但是，他们轻视劳动人民的利益，不考虑资本主义在中国发展的长远后果，既是狭隘的，又是短视浅见的。

7. 反对土地国有和单一税政策，认为只着眼于土地并不能解决资本主义社会的问题。梁启超称："夫欧美现社会所以机阱不可终日者，曰惟资本家专横故。使徒解决土地问题而不解决资本问题，则其有以愈于今日几何也！"[5] 在辛亥革命前，孙中山一直忽视资本问题，应该承认，梁启超的批评颇中肯綮。但是，梁启超却既反对解决资本问题，也反对解决土地问题，他认为私有制度是"现社会一切文明之源泉"，土地国有是一种"掠夺政策"。[6] 章太炎在辛亥革命前曾主张"均配土田，使耕者

1　《社会主义平议》，《大共和日报》，1912年4月18日；《大公报》，1912年4月15日。
2　觏棠：《论天与圣皆主张均产而犹有憾》，《大汉报》，1912年4月29日。
3　一羽：《与〈民立报〉商榷》，《民声日报》，1912年4月17日。
4　《社会主义之商榷》，《大共和日报》1912年4月13日。"方存乎见少"，此处当有误植。
5　《杂答某报》，《新民丛报》第86号，第34页。
6　《再驳某报之土地国有论》，《新民丛报》第90号，第22页；第91号，第5页。

不为佃奴"[1]，辛亥革命后却和张謇等沆瀣一气，认为"土地国有，夺富民之田以与贫民，则大悖乎理，照田价而悉由国家收买，则又无此款，故绝对难行"。[2]又说："其专主地税者，尤失称物平施之意。此土本无大地主，工商之利，厚于农夫，掊多益寡，自有权度，何用专求之耕稼人乎？"[3]章太炎这里所说的"耕稼人"，实际上是地主。关于这一点，金天羽表述得更清楚，他说："以全国之政费而累累于地主之肩，天下专制不平等，宁有过于此者哉！"[4]尽管土地国有一类主张是资产阶级激进思想家提出来的，但是，由于资本家们害怕因此牵动资本的所有权，因此，从来没有哪一个资产阶级政权全面实行过。中国民族资产阶级由于和封建主义关系密切，既要发展资本主义，又要保护封建的土地制度，因此，在他们的言论中出现为地主阶级呼吁的声音，并不奇怪。

8. 认为社会革命会导致秩序混乱，甚至国亡民死。孙武称："社会主义须从学理上研究，武汉人民恐尚无此程度，倘人民误解，视夺人财产，扰乱社会秩序为社会革命，则极为危险。"[5]《民声日报》称："若必以贫富均等为言，则富者无企业之心，贫者有依赖之势。极其流弊，则社会相陵，众暴寡，小加大，是率天下于劫夺之途，社会秩序必将破裂而不可收拾。"[6]几乎所有的孙中山的批评者都认为，中国此后的"暴动风潮"将日盛一日，其结果不堪收拾[7]。张振武称："如提倡社会主义，将使游手好闲之辈，人人胸中有均财思想，诚恐中国不亡于专制政治，而将亡于社会主义也。"[8]北京的《燕京时报》更危言耸听地说："今中山先生乃欲举天下人民，悉均其贫富焉，揆诸天演公例，既与优胜劣败之旨相违；征诸人道公平，复与安分循理之情不合。演成第二革命之惨剧，

---

1 《五无论》，《民报》第16号。

2 《大共和日报》，1912年1月5日。

3 《复张季直先生书》，《大共和日报》，1912年1月6日。

4 《社会主义之商榷》，《大共和日报》，1912年4月13日。

5 《专电》，《中华民报》，1912年4月14日。

6 一羽：《与〈民立报〉商榷》，《民声日报》，1912年4月17日。

7 《社会主义之商榷》，《大共和日报》，1912年4月13日；参见《论兵变与生计学之关系》，《大公报》，1912年6月26日。

8 《共和党成立纪事》，《大公报》，1912年6月3日。

同室操戈，燃萁煮豆，元气已经剥丧，毒剂又复进行，举四万万同胞，无富无贫，同归于尽，则中山先生所谓均贫富一言，非以利民生实以促民死也。"¹孙中山主张消除资本主义社会中贫富悬殊的现象，但并不提倡平均主义。上述言论，既有对孙中山思想的误解，也有对下层人民的恐惧，但更多反映的则是中国民族资产阶级对于一个安定局面的要求。

可以看出，两次批评在理论上是一贯的。批评者们强烈地反对孙中山的"社会革命"思想，反对社会主义前途，以典型的资产阶级心理和语言要求在中国发展资本主义。不同之处在于：第一次批评声势较小，仅限于一人一刊；第二次则涉及四五个主要城市的十余种出版物，孙中山在武汉和广州演说时，都有人当面反对²。其次，第一次批评的主角是作为资产阶级改良派的梁启超，而第二次批评的主角除原属于改良派的蓝公武外，几乎都是孙中山当年的战友。这是一个发人深思的现象。

辛亥时期的知识分子是一个复杂的群体。就对清政府的态度而言，有革命与改良之分；就对资本主义的态度而言，则有肯定与批判之分。辛亥革命胜利了，原来革命、改良的界限不再存在，因此，在对资本主义的态度上重新分化组合就不是奇怪的事了。

民国建元之初，资产阶级嗷嗷望治。他们向往着自此可以摆脱各种拘牵，大展宏图，真正出现"生意兴隆"，"财源茂盛"的局面。在这一情况下，孙中山的"社会革命"思想自然不会受到欢迎。尽管孙中山小心翼翼地在上海资本家面前声明："资本家当维持，如何反对？特资本家之流弊，则不能不防备。"³但是，这种低调的"维持"论抵消不了高调批判的影响，所谓"防弊"之说也不合资本家的胃口。孙中山及其追随者成了新时期"暴烈"派的象征。不仅众多的舆论反对他，当年的反满战友也纷纷和旧日的改良派、立宪分子合作，树帜立党，与同盟会抗衡。章太炎参加的中华民国联合会力辩"社会主义"和"社会政策"

1　焚笔：《论孙中山民生主义》，《燕京时报》，1912年4月27日。

2　在武汉，孙武当面反对，见《神州日报》及《民声日报》1912年4月14日《汉口专电》；在广州，一个叫区敦梦的记者当面反对，见《神州日报》1912年5月11日报道：《民生主义大讨论》。

3　《孙中山全集》第2卷，第340页。

之间的区别，以"采用稳健社会政策"，"维持现行私有制财产制"相号召[1]。孙武等人组成的民社则挑战式地向孙中山提出："现时中华民国适用国家主义乎？抑适用社会主义乎？"他们的结论是适用"国家主义"[2]。1912年5月，民社、国民协进会、民国工会等组成共和党，也继续以此为"党义"。这种新的抗衡反映到舆论上就是前述《大共和日报》《民声日报》《大汉报》等对孙中山民生主义的批评。

一种理论，必须反映现实的需要，而又和一定的阶级力量相联系，才会具有强大的生命力。孙中山的民族主义、民权主义在近代中国的政治生活中都发挥了巨大的作用，而民生主义，由于既脱离中国民族资产阶级，又脱离农民，因此，支持者始终寥寥。这种状况，直到发展为新民生主义之后，才有所改变。

三

尽管孙中山一生都没有超出主观社会主义的水平，但是，他的不倦的追求，却使他在晚年提出了新三民主义，并与中国共产党人合作，这就为中国革命最终通向社会主义提供了可能。

如所周知，孙中山的土地思想主要渊源于亨利·乔治。亨利·乔治激烈地攻击土地私有制，提倡土地国有，但是，在具体措施上，他却认为没有必要实行土地国有。这就从原来的理论原则上后退了。同样，孙中山也主张土地国有或公有。早在1902年，他就提出，私人对土地只有使用权，而无所有权，主张摧毁封建土地关系，"不稼者不得有尺寸耕土"[3]。同盟会时期，他又进一步提出："土地就等于空气一样，应该为大家公共享受，所以土地不能归诸私人，而应归之国家所有才对。"[4]他的

---

1 《特别启事》，《大共和日报》，1912年1月3日；《联合会政党纪事》，《大共和日报》，1912年3月4日。

2 《民声日报》，1912年4月19、20日。

3 《孙中山全集》第1卷，第213页。

4 马君武：《孙总理》，《逸史》第1卷，第3期，1939年6月。

战友们并设想，在此基础上，消灭"地主强权"，使"劳动者有田可耕"，"国内人人皆为租地者"。[1]但是，基于减少阻力的现实考虑，孙中山也从这一原则上后退了。综合孙中山的全部言论，他的平均地权的主要内容是：由地主自报地价，国家按值百抽一的比例课取地税；原价归地主所有，因社会进步而产生的增价则归国家所有，为国民共享，作为社会公益之用；国家并可根据需要随时按原价收买之。孙中山认为此法既可使国家掌握大量财富，又可使国家廉价获得土地，是一项有利于实行社会主义的政策。他说："地为生产之要素，平均地权后，社会主义即易行，如国家欲修一铁路，人民不能抬价，则收买土地自易。"[2]

孙中山的"平均地权"理论防止地主利用土地增值成为暴富，有剥夺地主所有权的部分，但是也有保留地主所有权的部分。在土地未被收买之前，地主只要按规定向国家交纳地价税，便仍然可以占有原来的土地并收取地租。因而，它是一个折衷的、温和的改良主义方案。至于按价收买，孙中山于1912年明确表示："土地国有之法，不必尽收归国家也。若修道路，若辟市场，其所必经之田园庐墓，或所必需之地亩，即按照业户税契时之价格，国家给价而收用之。"[3]由于孙中山所要买取的土地主要是为了解决工商业的建筑、经营和交通用地，因此，必然集中在城市繁盛之地及交通线上，对广大农村的地主阶级并不构成严重威胁，也不反映农民迫切的土地要求。晚年，孙中山公开提出蕴蓄多年的"耕者有其田"的口号，这才使"平均地权"这一主张具有了彻底摧毁封建土地制度的内容。

在资本问题上，孙中山同样也有一个漫长的探索过程。

最初，孙中山主张听任资本主义自由发展，认为"工商废居有巧拙，而欲均贫富者，此天下之大愚也。"[4]《民报》时期，冯自由、朱执信、胡汉民等人的文章中已经有了鲜明的大资本国有思想，孙中山对此

---

[1] 民意：《告非难民生主义者》，《民报》第12号，第101页。

[2] 《在南京同盟会员饯别会的演说》，《孙中山全集》第2卷，第321页。

[3] 《孙中山全集》第2卷，第355页。

[4] 《孙中山全集》第1卷，第213页。

却无所表述。直到1911年之后，孙中山的有关言论才突然增多。当年7月15日，他在美国旧金山演说，声称革命之后，要将"矿务、铁路归为国有"[1]。1912年4月1日，他在南京同盟会员饯别会上提出："国家一切大实业，如铁道、电气、水道等事务皆归国有，不使一私人独享其利。"[2]4月4日，他向上海《文汇报》记者表示："民国政府拟将国内所有铁路、航业、运河及其他重要事业，一律改为国有。"[3]其后，孙中山陆续宣布应归国有的范围还有森林、矿产、制铁、炼钢、海港、邮政、自来水、瓦斯及"一切公共事业"等。孙中山设想，国有企业的利润将完全归社会公有，由大家共享，这样，"全国人民便得享资本的利，不致受资本的害"[4]。孙中山将这一政策称之为"国家社会主义"或"集产社会主义"。《民报》时期，梁启超曾讥笑孙中山只解决土地问题，而不解决资本问题，如同一个人朝衣朝冠却不鞋不袜。现在，孙中山的视野进入了资本领域，捕捉到资本主义社会的根本问题，这是一个重大的进步。它表明，孙中山和企图掩盖资本主义社会主要矛盾的亨利·乔治不同，是在真诚地探索救国救民的道路。

必须指出的是，孙中山虽然主张大资本国有，但并不反对私人兴办有关事业。他曾提出，在最初阶段，铁路可以允许民办，以利竞争速成，而在40年之后，则以法律无偿收归国有[5]。关于矿业，他也有类似设想[6]。孙中山把这种办法称之为"民办国有主义"。同样，他也不反对外资输入，相反，却积极主张改变闭关自守状态，实行开放主义，在不损害国家主权的条件下允许外人开办矿山、铁路等事业，但是，都必须立定期限，届期收赎，甚至提前收赎。孙中山把这种办法称之为"使外国之资本主义以造成中国之社会主义"[7]。

---

1 《少年中国晨报》，1911年7月15日。
2 《孙中山全集》第2卷，第323页。
3 《孙中山全集》第2卷，第332页。
4 《孙中山选集》，第843页。
5 《孙中山全集》第2卷，第415页。
6 《孙中山选集》，第364页。
7 《孙中山选集》，第369页。

很长时期内,孙中山的言论重点在于批判资本主义祸害,未能提出对私人资本主义经济的明确方针。直至1918年,在《实业计划》中,他才表示:"凡夫事物之可以委诸个人,或其较国家经营为适宜者,应任个人为之,由国家奖励,而以法律保护之。"[1]孙中山的言论中,终于也出现了"奖励"、"保护"私营经济一类字眼,表明孙中山又一次考虑了他的批评者的意见,对中国经济发展采取了现实主义的态度。在中国当时生产力十分落后的情况下,禁止一切私人资本主义经济是错误的。

还必须指出,尽管孙中山承认了他应该承认的东西,但是,他仍然力图限制私人资本主义经济的发展程度。1921年12月,他在桂林说:"须研究对于将来之资本家加以如何之限制,而不必遽学俄国将资本家悉数扫除。"[2]这一段话,和毛泽东1949年所讲的一段话很类似。在《论人民民主专政》中,毛泽东说:"我们现在的方针是节制资本主义,而不是消灭资本主义。"[3]在对待资本主义的政策上,两位被视为不同阶级的革命家得出了基本相同的结论,这是一个很有意思的现象。

孙中山的理想和热情贯注之处始终在国有经济。他说:"盖国家之设施,利益所及,仍为国民福利,非如少数人之垄断,徒增长私人之经济,而贫民之苦日甚也。"[4]因此,他给私人经济留下的活动余地很小,而且时时有戒心,害怕由此生出"大富"阶级来。所以,就在《实业计划》中,他又同时宣布,他的工业革命计划是:"既废手工采机器,又统一而国有之","拟将一概工业组成一极大公司,归诸中国人民公有"。[5]由此不难想见,他的国有化的巨大规模。

在孙中山的思想中,国有制是遏制、防止私人资本主义祸害的力量,它的利润是属于人民的,因而是充满民主主义色彩的。1922年12月,一个名叫约翰·白莱斯福特的记者和孙中山谈话,认为国有企业"耗费而乏效能",有许多弊病,孙中山则表示,"国家社会主义"确有缺

---

1 《孙中山选集》,第217页。
2 《孙中山全集》第6卷,第28页。"俄国",原作"各国",误。
3 《毛泽东选集》第4卷,第1483页。
4 《孙中山全集》第2卷,第338页。
5 《孙中山选集》,第214、368页。

点,但主要原因在于"经验尚浅",数十年后,问题自可解决。他说:"余以为为公共利益作工,不为私利作工,纵有上述之弊,亦为利重弊轻。"又说:"利害相权,吾终以为国有企业较胜于现时之私有制。"[1]可见,他左袒国有经济的立场很坚定。

社会主义所有制的重要形式之一是国有化,但国有化并不等于社会主义,关键在于国家的性质。在资本主义社会或半封建半殖民地社会,国有化的实质是国家资本主义;只有在国家独立、人民真正当家作主的社会,国有化才是社会主义。对此,孙中山是有所理解的。他在批判清朝政府的铁道国有政策时曾说:"满清政府者,君主专制之政府,非国民公意之政府也。故满清政府之所谓国有,其害实较少数资本家为尤甚。"[2]因此,他主张政治斗争优先于经济斗争,"必民权主义实施,而后民生主义可以进行"[3]。这是一个相当深刻的思想。在孙中山看来,只有国家为人民之公产,政府符合"国民公意",在这样的情况下,国有即民有,才是社会主义。

对资本主义,孙中山最先发现的是经济制度的巨大祸害,后来,才逐渐认识到政治制度的缺陷,并且不断深化,由政体而触及国体。1912年5月,他在广州演说时指出,美、法两国的政治,"操之大资本家之手"[4]。6月,又指出:"英美立宪,富人享之,贫者无与焉。"[5]因此,即使在辛亥革命时期,从主观愿望上说,孙中山也不希望建立资产阶级专制的国家政权。正像他在经济上企图突破旧的民主革命的局限一样,孙中山在政治上也企图有所突破,这是他的伟大之处。十月革命后,1922年1月,他在桂林说:"法美共和国皆旧式的,今日惟俄国为新式的。吾人今日当造成一最新式的共和国。"[6]这是他在国家问题上向旧世界告别的一个重要宣言。讲话中,他甚至对工人管理国家持肯定态度。他说:"洪秀

---

[1] 《孙中山全集》第6卷,第634~637页。

[2] 《孙中山全集》第2卷,第338页。

[3] 同注2。

[4] 《孙中山全集》第2卷,第354页。

[5] 《孙中山全集》第2卷,第371页。

[6] 《孙中山全集》第6卷,第56页。

全建设太平天国,所行制度,当时所谓工人为国家管理,货物为国家所有,即完全经济革命主义,亦即俄国今日之均产主义。"[1]对太平天国的分析是不伦不类的,但一种新思想显然在孕育中。

孙中山多年的探求和新思想的影响在"一大"宣言中得到总结。"一大"宣言称:"近世各国所谓民权制度,往往为资产阶级所专有,适成为压迫平民之工具。若国民党之民权主义,则为一般子民所共有,非少数人所得而私也。"[2]这一宣言明确无误地显示,孙中山所要建立的乃是与欧美不同的人民共和国。与此同时,"一大"宣言又将孙中山"大资本国有"及其有关思想概括为"节制资本",与平均地权并列为民生主义的两大原则。它声称:"凡本国人及外国人之企业,或有独占的性质,或规模过大为私人之力所不能办者,如银行、铁道、航路之属,由国家经营管理之,使资本制度不能操纵国民之生计,此则节制资本之要旨也。"[3]前浪后浪,波波相连。从旧三民主义到新三民主义是质的飞跃,同时也是一种合乎逻辑的发展。"一大"以后,孙中山在广州市工人代表大会演说时,又以赞许的口气说:"俄国工人在几年以前结成大团体,推倒专制的沙皇,弄成工人的独裁政治,无论什么资本家都不许执政权,只有工人才可以管国事。"[4]虽然这时候,孙中山还弄不清楚苏维埃政权和英国工党内阁之间的实质区别,但显然又在向新的思想高度迈进了。

毛泽东说过:"在无产阶级领导下,新民主主义共和国的国营经济是社会主义的性质,是整个国民经济的领导力量。"[5]除了没有提出无产阶级领导权之外,孙中山晚年所设想的"为一般平民所共有"的共和国与共产党人主张的新民主主义共和国基本相同,因而这一共和国所实施的国有化也就不同于旧式的国家资本主义,它存在着发展为社会主义的趋势和可能。正因为如此,中国共产党人高度评价"节制资本"这一思

---

1 《孙中山全集》第6卷,第56页。

2 《孙中山选集》,第592页。

3 《孙中山选集》,第593页。

4 《孙中山选集》,第910页。

5 《新民主主义论》,《毛泽东选集》第2卷,1952年8月版,第649页。

想,称之为"新民主主义共和国的经济构成的正确方针"[1]。因为它既可以发挥资本主义有利于社会的一面,又使之不能操纵国计民生,便于防止其祸害,并转入社会主义。

四

孙中山的民生主义是中国革命特殊矛盾的产物。

中国革命发生在西方资本主义社会矛盾比较尖锐的时代,它的各项弊病和痼疾得到充分暴露,马克思主义和各种反资本主义思潮迅速流布,工人运动日益发展。当孙中山面对这一现实时,不可能不产生对社会主义的向往。但是,中国革命又发生在半封建、半殖民地社会里,经济落后,资本主义还是新生事物,因而,这一革命的性质必然也只能是反帝、反封建的民族、民主革命。当孙中山面对这一现实时,他不可能也不应该提出一个彻底的反对资本主义的纲领,不可能也不应该幻想迅速建立一个纯粹而又纯粹的"社会主义"社会。"节制资本",既允许资本主义在一定程度、一定规模上的发展,又对它的危害国计民生的方面有所限制,这是当时中国所能采取的唯一正确的方针。

人们可以指出,孙中山的理想并非科学社会主义,也可以说明他的"毕其功于一役"只是一种不切实际的幻想。但是,在20世纪初年,当中国革命正在起步的时候,孙中山就勇敢地揭露西方资本主义社会的病症,认为中国不能再走欧美老路,革命应有新的特点,必须避免资本主义祸害,它的前途应该是社会主义。这是一个对中国革命有重大历史意义的观点。提出这一观点是孙中山的历史功绩之一。

正确地解决了中国革命特殊矛盾的是中国共产党人。毛泽东说:"中国革命不能不做两步走。第一步是新民主主义,第二步才是社会主义。"[2]又说:"现时中国的资产阶级民主主义的革命,已不是旧式的一般

---

1 《新民主主义论》,《毛泽东选集》第2卷,第649页。
2 《新民主主义论》,《毛泽东选集》第2卷,第655页。

的资产阶级民主主义革命，这种革命已经过时了，而是新式的特殊的资产阶级民主主义的革命。""这种新式的民主革命，虽然在一方面是替资本主义扫清道路，但是另一方面又替社会主义创造前提。"[1]人们仔细研究之后就会发现，上述观点既扬弃了孙中山思想中的主观空想成分，而又吸收了他思想中积极、合理的内核。中国革命正是经过新民主主义这一特殊道路，"避免资本主义的前途"[2]，走向了社会主义。

附记：

　　本文是作者提交1986年11月12日在翠亨村召开的"孙中山和他的时代"国际学术讨论会的论文，略有修订。

1　《中国革命和中国共产党》，《毛泽东选集》第2卷，第619页。
2　同上第2卷，第621页。

"取那善果,避那恶果"
——略论孙中山对资本主义的态度

在人类文明史上,资本主义取代封建主义是一个伟大的进步。它创造了巨大的生产力,使人类社会从中世纪的黑暗走到了近代化的黎明。自此,人类社会即以一天等于几十年的速度向前迈进。但是,正像章炳麟所指出的,"善亦进化,恶亦进化"[1],资本主义在开出灿烂的近代文明之花的同时,也结出了令人憎厌的丑恶之果,例如,贫富两极分化、拜金主义、道德沦丧等。因此,一切有远见的人不得不严肃地思考,如何对待这善恶并进、美丑共存的资本主义文明。20世纪初,当中国国门洞开,先进的知识分子走向世界,四方求索,殚精竭虑地为国家、民族设计未来的蓝图时,自然面临着同样的问题。

一部分人,例如梁启超,政治上取法英、日,经济上主张照搬西方模式。他强烈地要求在中国发展资本主义,声称为了和外资竞争,中国的垄断资本家愈多愈好。为此,即使牺牲一部分劳动者的利益也在所不惜。这就是说,资本主义的善果、恶果一概接受下来。

另一部分人,例如章炳麟、刘师培,他们受了日本社会党左派幸德秋水等人的影响,比较多地看到了西方资本主义的恶果,反对在中国发展资本主义。章炳麟一度陷入退化论,认为愈文明之人愈恶,愈野蛮之

---

[1] 《俱分进化论》,《民报》第7号。

人其恶也就愈减。为了减少恶，人类不如退到原始社会。但是，章炳麟又觉得，原始社会生番的道德品质也还不十分理想，"犹具淫杀性"，因此，人类不如学猴子，"吾辈拟猿可也"[1]。他甚至设想了一个无政府、无聚落、无人类、无众生、无世界的"五无"境界，以为在那里就不会有恶与丑了。章炳麟思想貌似荒诞，实际上深刻地反映了对资本主义的绝望心理。基于和章炳麟同样的立场，刘师培提出："抵抗资本阶级，固当今之急务。"[2]他接受克鲁泡特金的影响，主张建立无政府共产主义社会。这个社会以"完全平等"为原则，每个成员必须轮流为工、为农、为士，按年龄流转于不同种类的工作之间，以实现"均力"。刘师培所要建立的社会，实际上是以绝对平均主义为原则，以小生产为基础的空想乌托邦，依然脱不了封建主义的窠臼。为了避免资本主义的恶果，章炳麟、刘师培等宁可不要资本主义的善果，走倒退、复古的路。

孙中山和梁启超、章炳麟、刘师培等不同，他既要继承资本主义的善果，又要避免资本主义的恶果。1906年12月，他在东京《民报》创刊周年庆祝大会上演说称："社会党常言，文明不利于贫民，不如复古。这也是矫枉过正的话。况且文明进步是自然所致，不能逃避的。文明有善果，也有恶果，须要取那善果，避那恶果。欧美各国，善果被富人享尽，贫民反食恶果，总由少数人把持文明幸福，故成此不平等的世界。我们这回革命，不但要做国民的国家，而且要做社会的国家，这是欧美所不能及的。"[3]孙中山的这段话，为前资本主义或非资本主义国家的现代化提出了一个正确的原则。对于资本主义，人们既不应该全盘否定，也不应该全盘肯定，而要"取那善果，避那恶果"，创造出更高级、更灿烂的现代文明来。

孙中山感情上并不喜欢资本主义，1912年左右，他曾经发表过许多激烈地批判资本主义和资本家的言论。例如，他在武昌演说时就痛骂资本家"无良心"，"以压抑平民为本分"，"对于人民之痛苦，全然不负责

---

1 《朱希祖日记》（稿本），1908年3月20日。
2 《衡报》第5号。
3 《孙中山全集》第1卷，第327~328页，中华书局。

任"。[1]他甚至预言,世界上有一天会没有资本家:"政府有推翻之一日,资本家亦有推翻之一日。"[2]在一段时间内,孙中山甚至被部分革命党人目为过激分子。为了防止资本家操纵国计民生,孙中山主张大力发展国家资本,由国家经营主要的工业部门。但是,孙中山认识到,中国生产力十分落后,禁止、消灭私人资本主义是错误的、有害的,因此,他在《实业计划》中明确提出:"凡夫事物之可以委诸个人,或其较国家经营为适宜者,应任个人为之,由国家奖励,而以法律保护之。"[3]这就充分保证了个人积极性的调动,可以加快经济发展速度,避免了由国家控制一切、垄断一切所可能出现的僵死、板滞局面。同时孙中山又提出,对私人资本主义必须加以限制,他说:"须研究对于将来之资本家加以如何之限制。"[4]这种对私人资本主义既奖励又限制的政策,就形成了孙中山的"节制资本"思想。它是孙中山"取那善果,避那恶果"思想的具体体现。

近代中国遭受帝国主义的侵略,被迫打开国门,因此,中国人对外国资本主义有一种天然的抵抗、拒绝心理,但是,孙中山却以超乎寻常的气魄宣布:"以前事事不能进步,均由排外自大之故。今欲急求发达,则不得不持开放主义。"[5]他仔细研究了日本明治维新的经验,认为日本能在几十年间,跻身于世界强国之列,其重要原因就在于实行开放主义。孙中山相信,中国比日本大,人口比日本多,只要顺应潮流,改变闭关自守状态,在开放条件下建设,一定可以比日本富强十倍。他欢迎外资输入,认为中国财力不足,要建设庞大的现代工业,必须募集外资。他以铁路为例说:"鄙人拟于十年之内,修筑全国铁路二十万里,惟现当民穷财竭之时,国家及人民皆无力筹此巨款。无已,惟有募集外资之一法。"[6]他多次以美国为例,说明美国未造铁路以前,其贫穷和中国

---

[1] 《孙中山全集》第2卷,第333页。
[2] 《孙中山全集》第2卷,第520页。
[3] 《孙中山全集》第6卷,第253页。
[4] 《孙中山全集》第6卷,第28页。
[5] 《孙中山全集》第2卷,第481页。
[6] 《孙中山全集》第2卷,第431页。

相同，后来向外国借债筑路，才收到富强之效。在近代中国，外债和鸩毒常常是同义语，借外债办工业被认为是饮鸩止渴。孙中山力排众议，认为外债可借，表现了极大的勇气和胆识。

对于借外债，中国人民有着痛苦的记忆。鸦片战争以后，清政府多次借外债，结果是对帝国主义的依附愈来愈深，经济殖民地化的程度也愈来愈深。孙中山认为，那是由于清政府所订条约不善，丧失主权的结果。孙中山主张，既要大胆地引进外资，又要坚决地抵制各种形式的侵略，维护国家主权和民族利益。因此，他提出，外国资本家不能过问借款的用途，更不能借端要求监督中国的财政。1912年，他在上海对《大陆报》记者说："外国不允借债中国则已，苟信任中国，而借之以债，则不应过问中国作何用途。假系中国将款投弃于海，亦系自由权。"[1]同年12月，他在《铁路总公司条例草案》中更明确规定："不论华洋股款，均应遵照中国现行法律办理。"[2]孙中山相信，只要中国保有主权，则任何国之债，都可以借，即使外人直接投资，也不应该禁止。他说："何以名为开放政策，就是让外国人到中国办理工商等事。"[3]他曾经设想过，以四十年后归还中国政府为条件，将铁路批给外国人修筑；又曾主张中外合资，共同经营实业。当然，孙中山认识到，凡事有利必有弊，引进外资不可能完全无弊，但他权衡轻重，认为利多弊少。他说："用外资非完全无害也，两害相权，当取其轻。"[4]他并特别提出，只要措施得当，还可以"避去其害"。

除了提倡引进外资，孙中山还提倡借助"外才"、"外技"、"外法"。他既主张派遣10万人去国外留学，学习先进的科学技术，又主张聘请外国的专家、发明家和有学问、有经验的经营管理人才。他说："我们无人才，即用外国人才。"[5]孙中山特别指出，这种聘用是有条件的，"必以教授训练中国之佐役，俾能将来继承其乏，为受雇于中国之外人必尽义

---

1 《孙中山全集》第2卷，第385页。
2 《孙中山全集》第2卷，第557页。
3 《孙中山全集》第2卷，第532页。
4 《孙中山全集》第2卷，第499页。
5 《孙中山全集》第2卷，第533页。

务之一。"[1]这样，才能保证民族人才的培养，不致永远受制于外人。孙中山还曾设想过一项中德合作计划：中国以物资、人力，德国以机器、科学，共同开发中国富源，改良中国行政。孙中山完全懂得，现代化的生产需要现代化的管理，绝不能沿袭小生产的一套老方法。对此，孙中山表示："我们方法不好，即用外国方法。"[2]有时，他并将"方法"提到了和资金同样重要的程度。他说："日本以外资外法，数十年一跃而为强国。"[3]为了引进"外法"，孙中山提出，必须杜绝官场腐败现象和衙门作风，否则，中国决无法借西方物质文明的引进而获得改变。

以上孙中山关于引进和利用外资、外才、外技、外法的论述，同样是他"取那善果，避那恶果"思想的具体体现。

在《实业计划》中，孙中山说："吾之意见，盖欲使外国之资本主义以造成中国之社会主义，而调和此人类进化之两种经济能力，使之互相为用，以促进将来世界之文明。"[4]1924年，他又说："拿外国已成的资本，来造成将来的共产世界，能够这样做去，才是事半功倍。"[5]孙中山的这一思想，不仅表现出伟大的气魄，而且闪耀着辩证智慧的光辉。历史必将证明，它对中国乃至世界的伟大作用。

附记：

本文为1992年6月10日在大陆、台湾、海外华人学者"孙逸仙思想和中国现代化学术座谈会"上的发言。

1　《孙中山全集》第6卷，第254页。
2　《孙中山全集》第2卷，第533页。
3　《孙中山全集》第5卷，第121页。
4　《孙中山全集》第6卷，第398页。
5　《孙中山全集》第9卷，第393页。

孙中山是平民知识分子革命家

长期以来，孙中山被定性为资产阶级革命家，我觉得此说与事实不合，于情理有悖，试作质疑如次。

孙中山出身于农民家庭，早年求学，尚未进入社会生产关系，后来长期以革命为职业，拮据一生，不是资产阶级分子；背后也没有什么财团支持他。

孙中山投身革命的时候，西方资本主义社会矛盾尖锐，共产主义的"怪影"已在欧洲大地回荡了近50年。对资本主义持批判、否定态度的不仅有马克思、恩格斯的社会主义、共产主义思想，而且还有态度更为激烈、否定更为彻底的无政府主义。孙中山长期生活在西方，萌生对资本主义社会的批判思想是自然的。

追求新的社会形态

根据可靠资料，孙中山曾于1905年到比利时布鲁塞尔走访第二国际执行局，要求接纳他的党。孙中山阐述的该党纲领有两条值得注意：1. 土地全部或大部为公共所有，由公社按一定章程租给农民；2. 采用机器生产，但防止欧洲已经发生的"一个阶级剥夺另一个阶级"的情况，使

"工人阶级不必经受资本家剥削的痛苦"。显然,这是地地道道的社会主义纲领。稍后,孙中山又特别将英文中的"社会主义"(Socialism)一词翻译为"民生主义",和"民族主义"、"民权主义"并列,作为中国革命的三大任务。孙中山特别提出:"欧美强矣,其民实困",中国革命决不能"追逐于人已然之末轨"。这就说明,当时,孙中山就在追求一种有别于欧美资本主义的新的社会形态。

辛亥革命后,孙中山继续宣传、阐述他的社会主义思想。他一面尖锐地指斥"资本家以机器为资本,垄断利源,工人劳动所生之产,皆为资本家所坐享",一面勇敢地预言:"政府有推翻之一日,资本家亦有推翻之一日。"他设想,在他的"民生主义"推行之后,实业将建设于"合作的基础之上",劳工将在优良的条件下工作,不仅获得"其劳力所获之全部",而且将"知识日进,获得充分之娱乐与幸福"。1915年11月,他再次致函国际社会党执行局,声称"中国的工业尚未发展,资本主义尚未抬头","可以轻易的塑造成任何形状"。他呼吁执行局,提供人才,协助自己"把中国建立成全世界第一个社会主义国家"。

政治制度上的新探索

在政治制度上,孙中山也力图超越西方模式。辛亥革命前,他就提出"我们这回革命,不但要做国民的国家,而且要做社会的国家",希望能在中国创建一种"破天荒的政体"。辛亥革命后不久,他又尖锐地指责欧美等国的政治,"操之大资本家之手","富人享之,贫者无与焉"。孙中山一生,始终致力于真正保障人民的集会、结社、出版等自由,并且以追求"普遍选举"与"直接民权"为目标。他不仅多次宣布,废除西方国家实行的以财产为标准的"阶级选举",而且对近代西方国家普遍实行的"代议制"也多有不满。他曾设想过一种瑞士模式,用"人民集会"或"总投票"的方式省略中间环节;也曾对后起的与法、美不同的苏俄模式感兴趣。他设想的这些模式虽然前后有异,但其目标则始终在于让人民拥有全部政治权力，真正成为国家的主人。1924年，他多年来对于人民民主的追求终于凝聚为国民党"一大"宣言中的一段著名文字："近世各国所谓民权制度，往往为资产阶级所专有，适成为压迫平民之工具。若国民党之民权主义，则为一般平民所共有，非少数者所得而私也。"

资产阶级革命家，顾名思义，他应该从资产阶级的利益出发，处处为资产阶级着想。孙中山的上述理想有一丝一毫的为资产阶级着想的成分吗？

正因为如此，孙中山一生中得到的来自资产阶级方面的支持并不多。辛亥革命前，国内的资产阶级大部分投身立宪运动和国会请愿运动，不赞成他的武装起义方案。武昌起义后，资产阶级一度附和革命，但他们对孙中山的"激烈"主张不放心，很快选择了袁世凯。其后，孙中山到处旅行、演讲，宣传"社会革命"，但是也到处遭到反对。他的旧日战友公开声明："近日吾国实业衰落，急当奖励资本家以开发富源，不当以社会主义过为遏抑"，明确地要和孙中山分道扬镳。1913年，他发动反袁的"二次革命"时，资本家普遍反对。1924年，广东的商人们更发动"商团叛乱"，反对孙中山及其政府。固然，这次叛乱的领导者是买办资产阶级分子，但其参加者大部分还是一般工商业者。假如孙中山是所谓代表资产阶级利益的革命家，能一而再、再而三地发生上述情况吗？

近代中国新型知识精英的产生与"平民知识分子"的出现

近代中国，特别是戊戌维新以后，随着大批年轻人出洋留学，也随着废科举、兴学堂，中国社会出现了一大批新型知识分子。这是此前中国不曾有过的一种社会力量。他们具备现代科学文化知识，是以出卖脑力和知识为生的雇佣劳动者，在社会身份上属于"平民阶层"或接近"平民阶层"。其中有些人后来附庸于清朝政府，或附庸于资本家阶级，成为他们的代言人；但是，其中也有不少人始终以"平民"的代言人和利益的代表者自居。驱使他们投身革命的动机是救亡，是民主，是将中国从列强欺凌和专制压迫中解救出来，而不是发展资本主义的要求和资产阶级一个阶级的利益。自然，他们在设计未来社会的模式时，没有多少私人财富需要特别保护，易于接受共和主义、社会主义、共产主义以至无政府主义的影响。这一部分知识分子可以称为"平民知识分子"。孙中山正是这一部分知识分子的杰出代表。因此，我觉得，与其将孙中山定性为"资产阶级革命家"，不如定性为"平民知识分子革命家"，或简称"平民革命家"为妥。

"平民知识分子"并非中国特有。在俄罗斯历史上，曾经产生过以别林斯基、车尔尼雪夫斯基、杜勃罗留波夫为代表的一代人。他们既激烈地批判俄罗斯的农奴制，又激烈地批判资本主义，向往社会主义。列宁曾将这一代人称为"平民知识分子革命家"，视为介于以赫尔岑为代表的贵族知识分子和后起的共产主义知识分子之间的过渡环节。既然俄罗斯有过，何以中国不能有？

日本明治维新以后，伴随着资本主义在日本的早期发展，对资本主义的批判思想也在一部分知识分子中发展起来。这一部分人，组织"平民社"，办《平民新闻》，提倡平民主义和社会主义，显然，他们也是"平民知识分子革命家"。

"平均地权"与"节制资本"并不代表资产阶级的要求

孙中山有两条纲领，通常被认为是发展资本主义的纲领："平均地权"与"节制资本"。

"平均地权"，按照孙中山的解释是：地主自报地价，政府照价征税；一旦交通发达，工商业发展，该片地价增值，则原价归地主，增价为全社会所有。例如，上海黄浦滩的某片土地，地主报价100元，后来增值为10000元时，地主所得仅为100元，而其余的9900元则按照"涨价归公"的原则，"为国民所共享"。同时，国家还可以按100元的原价收买这块土地。这一政策，剥夺土地所有者因垄断土地而暴富，因暴富而转化为资本家的机会,既使国家掌握大量财富,又使国家可以廉价取得为发展国有经济所必需的土地,因此,它只有一个受惠者,即国家及其所代表的国民。中国社会本来就长期实行土地自由买卖制度,地价低廉,实行这一政策并无助于资本家自由地、廉价地取得土地,很难对私人资本主义经济的发展起多大促进作用。

"节制资本",始见于国民党"一大"宣言,但孙中山的这一思想,可以追溯到《民报》与《新民丛报》论战时期。当时,革命党人高喊"社会革命",主张大资本国有,力图预防未来社会中出现贫富悬殊的现象。其后,孙中山多次表示,"一切大实业"均应归国家所有,利益由社会共享。到了国民党"一大",遂明确提出"节制资本"方针,规定凡有独占性质,或规模庞大的企业,均由国家经营管理,使"私有资本制度不能操纵国民之生计"。

这里,也许有人要问,孙中山在《实业计划》中表示过,"凡夫事物之可以委诸个人,或其较国家经营为适宜者,应任个人为之,由国家奖励,而以法律保护之",这不是代表资产阶级的利益是什么!这种说法似乎有理,然而,问题在于,孙中山为这种"个人企业"留下的活动余地很小。他曾在《实业计划》中宣布,"既废手工采机器,又统一而国有之","拟将一概工业组成一极大公司,归诸中国人民公有"。请注意这里的"一概工业"四字,由此不难想见,他所准备组建的"极大公司"的规模。如果孙中山是资产阶级利益的代表,他会这样严格地、无情地、大规模地限制资本主义的发展吗?

"国有"、"公有"、"私有"之间的长短优劣,近百年来一直争论不休,有待历史检验。值得注意的是,孙中山却始终袒护"公有制"。1922年12月,美国一位记者访问孙中山,谈到国有企业的种种弊病,孙中山却不以为然。他一方面表示,积累经验,数十年后,问题不难解决;一方面则明确声明:"余以为为公共利益作工,不为私利作工,纵有上述之弊,亦为利重弊轻","利害相权,吾终以为国有企业较胜于现时之私有制"。请看,这像一个资产阶级革命家的口吻吗?

其实,孙中山的"节制资本"的主张倒很像列宁的新经济政策。

1921年至1922年之间，苏维埃政府根据列宁的意见确定：一切涉及国家经济命脉的重要厂矿企业归国家所有，中小企业和国家暂时无力经营的企业允许私人经营。你看，两者之间不是很近似吗？所以，孙中山曾多次表示，他很赞赏列宁的新经济政策，并且很肯定地说，俄国人的新经济政策的主要之点和他的《建国方略》"如出一辙"。大概不会有人认为列宁实行新经济政策是为了发展资本主义，那么，我们又如何能认为孙中山的"节制资本"思想代表资产阶级的利益呢？

一段时期以来，人们总以为事物越纯越好，革命愈彻底愈好，其实不一定。在《民生主义》演讲中，孙中山曾经谈到，像马克思所设想的那种社会主义，连俄国都没有资格实行，何况比俄国更落后的中国？可见，孙中山不是不想一步就跨进尽善尽美的境界，而是认真考虑过中国国情，同时也考虑到资本主义还存在着的强大活力。非不愿也，势不能也。改革开放前的中国，人们匆匆忙忙，改造农业、改造手工业，改造资本主义工商业，急于"大跃进"，建设没有任何杂质的"纯而又纯"的社会主义，甚至大刮"共产风"，企图"跑步进入共产主义"，而其结果呢？

很长时期内，人们认为孙中山的"节制资本"思想是一种软弱性，远不如彻底消灭资本主义的口号来得彻底、痛快。然而，不论从当时中国的历史条件看，还是将它放到近代中国历史发展的长河中看，都说明了这是孙中山思想的深刻和高明所在。

毛泽东曾经高度评价过孙中山的"节制资本"思想，称之为"新民主主义共和国的经济构成的正确方针"。然而，令人不解的是，同一方针，在毛泽东那里，是一种无产阶级的阶级政策，而在孙中山那里，就成了其人属于"资产阶级革命家"的证据了！

辛亥革命时期资产阶级的代言人在哪里

如果孙中山不是资产阶级革命家，那么，辛亥革命时期资产阶级的代言人何在？

答曰：以梁启超为代表的改良派。这一点，仅从《新民丛报》时期梁启超的有关言论就可以得到清晰的证明。当革命派严厉指责资本家对社会的"残害"和"羁制"，甚至辱骂资本家为"盗贼"时，梁启超说：资本家"结合自然、资本、势力之三要素"，"冒险以求利润"，堪称"国民经济之中坚"，好得很嘛！应该"以奖励资本家为第一义"。

当革命派陈述劳动人民疾苦，倡导"社会革命"时，梁启超说：你们这是"以排斥资本家为务"，发展下去，劳动者就会要求减少工时，增加工资，甚至同盟罢工，资本家就会"倒毙"，完蛋。怎么得了！我看，为了发展资本主义，"稍牺牲他部分人之利益"也是必要的嘛！

当革命派倡导"土地国有"，侵犯私有权时，梁启超说：私有制度是"现社会一切文明之源泉"，如果将"所有权"这一观念除去，还有谁"勤勤赴功"，努力创业？你们提出这种主张，不就是为了博得"下等社会"同情，毁灭"上流社会"吗？

当革命派费尽心机，力图防止在中国出现大资本家和托拉斯集团时，梁启超说：这怎么成！假如中国没有大资本家，那外国的资本家就要侵入中国市场了呀！

当革命派热情赞颂马克思的学说为"科学社会主义"时，梁启超却视之为"煽动之具"，断言其必不可行，即行，也一定在千数百年之后。

可以看出，两种经济主张，鲜明对立，其利益关注之处，也鲜明对立。将它们同时说成资产阶级利益的反映，似乎缺乏说服力。

跳出"非无即资"的思维方式

很长时期内，我们流行着一种"非无即资"的思维方式。据说，"百家争鸣"其实只是无产阶级和资产阶级"两家"之争，于是，凡与"我"不合者或与某些"经典"不合者均成了资产阶级。一段时期内，资产阶级帽子满天飞，资产阶级知识分子、资产阶级右派、资产阶级右倾机会主义分子、走资本主义道路的当权派、资产阶级反动权威，如此等等，不一而足；在学术领域内也同样如此，许多历史人物常常被扣上资产阶级的帽子，而无须作任何严格的论证与分析。

现在，资产阶级知识分子、资产阶级右派分子一类的帽子已经摘掉了，难道戴在历史人物头上的那些帽子就都很合适吗？

宋嘉树与孙中山、宋庆龄的婚姻

——读宋嘉树复孙中山英文函

孙中山和宋庆龄的婚姻可以说是20世纪为数不多的伟大而瑰丽的婚姻之一。熟悉这段关系的学者都知道，当时，这段婚姻不仅受到孙中山的同志和战友的反对，而且受到宋庆龄父母的反对，一些据此演绎出来的小说、电影以至传记更将此描述得有声有色。然而，有根据的可靠的史料实在太少。2001年8月，我在日本访问期间，收到高知市民图书馆寄赠的新近出版的久保田文次教授所编《萱野长知·孙文关系史料集》[1]。久保田文次教授任职于日本女子大学，是日本著名学术团体辛亥革命研究会的发起人之一，多年来一直孜孜兀兀地收集孙中山的研究资料。这两年我每次访日，都要听他谈起这本《史料集》的编纂情况，并承他出示过部分珍贵史料和照片。这次收到书后，我料想一定有好东西，立即停下手中的工作来阅读。首先引起我注意的是宋庆龄的父亲宋嘉树写给孙中山的四封英文函件，其中1915年8月3日复孙中山函尤为重要。由于孙中山的来函已被宋嘉树烧掉，因此，这封复函就为我们推测来函，研究孙、宋婚姻关系以及宋嘉树的为人提供了第一手的最有权威的资料。

宋嘉树的复函发自神户山手大街中街三段24号中国俱乐部，寄东京灵南坂头山满收转。当时，宋嘉树在神户，孙中山在东京，宋庆龄在上

---

[1] 高知市民图书馆2001年3月发行。

海。原函后为萱野长知所藏,今天所能见到的是宫崎世龙的抄件。

一个特殊的词语引起宋嘉树的误解

宋函是对孙中山7月20日东京来信的答复。函中,宋嘉树首先说明为什么迟至8月3日才回信。函称:"7月20日大函刚刚收到。如果不是我离开神户两天,我将能早一点拜读尊函。我在舞子的前一站垂水停留了两天。"接着,宋嘉树叙述了他从孙中山那里听到宋庆龄打算结婚后的惊讶:

> 我极为意外地从您那里听说,罗莎蒙黛应允并且期待结婚,此点,您从未对我说过。此前,她告诉您,一旦她去上海,将结婚并和她的丈夫一起回到东京,从事可靠的工作。关于她未来的打算,她从未对我说过一个字。一些时候以前,您写信并且访问我,罗莎是否将和我一起去美国,我立即复函奉告,据我所知,她将留在家里陪伴母亲。现在,您告诉我一件十分新奇而难以置信的事情。我倾向于认为,这是一个天大的玩笑。它听起来如此奇特,如此可笑,这是超出于我的想象之外的小孩儿的玩笑话。

罗莎蒙黛是宋庆龄的英文名字。宋函的这一段话再清楚不过地说明,此前,宋庆龄从未向父亲谈过她的婚姻问题,因此,宋嘉树读了孙中山的来信后,颇有莫名惊诧、纯系天方夜谭之感。7月11日,孙中山曾致宋嘉树一函,15日,宋嘉树回函称:"我将于12月1日或在此前后赴美。我不认为,罗莎蒙黛也将赴美,她必须陪伴母亲并帮助料理家务。"宋嘉树8月3日函所称孙中山的询问信以及他的"立即复函",指的就是他们二人7月11日和15日的来往信件,因为两者之间只相差4天。

宋函接着写道:

  我的亲爱的博士，不要相信一个年轻女孩儿的小说语言，她喜欢给自己开玩笑。我能向您保证，我们是如此高度地尊敬您，永远不会做任何事情去伤害您和您的事业。"大叛逆者"是我们大家永远的敌人，罗莎像您一样极为憎恨这种人，所以，不会有和这种坏人结婚的可能的危险。加上我们是一个基督教家庭，我们的女儿不会为任何人作妾，哪怕他是地球上最伟大的国王、皇帝或者是总统。我们可能贫于"物质"，但是我们既无贪心，更无野心，不大可能去做违背基督教教义的任何事情。您似乎担心她打算当皇后，这是不会的。我要再次表示，在这个世界上，没有任何事情能够引诱我们去做任何事情，用任何方式去伤害您，或者您如此热爱，几乎全心全意地为之献身的事业。我将不会看到此类事情发生。您可以相信我，我将履行这一方面的承诺。我像您一样，是个一往直前的人，不希望欺骗我的朋友。我难以置信，她会有投身于我们共同的敌人脚下这种想法。她耻于和妾谈话，怎么会想让自己成为这样的人。您知道，在热海的时候，她甚至从未和张静江的二房说过话。此外，不论是谁，我们不会允许女儿去和一个已有家室的人结婚。对于我们来说，好的名声远比荣誉和面子重要。

  这是全函最关键的一段。从中可以看出，宋庆龄表示要嫁的是一个很有地位的"大叛逆者"，而且，已经有了妻子。因此，宋嘉树除了继续表示不能相信之外，进一步表示，自己的家庭是一个基督教家庭，不可能允许自己的女儿去为人做妾。函中，宋嘉树还极为动情地谈到，自己既无贪心，又无野心，不慕荣华，不媚权贵，即使对方是"地球上最伟大的国王、皇帝或者是总统"，也不会同意将女儿嫁给他。

  这里的"大叛逆者"是指孙中山吗？很像。孙中山是推翻清朝的革命者，当过民国第一任临时大总统，当时是中华革命党的至高无上的领袖，又是宋庆龄的爱恋对象，而且，孙中山确实早就有了一位妻子——卢夫人。这一段话，不是可以作为宋嘉树反对孙、宋婚姻的铁证吗？

  然而且慢。宋嘉树的信里写得清清楚楚，这位"大叛逆者"是"我们大家永远的敌人"，宋庆龄和孙中山同仇敌忾，都"极为憎恨这种人"。因此，宋嘉树怎么也不能相信，自己的女儿会心甘情愿地"投身于我们共同的敌人脚下"，会去和这种"坏人"结婚。显然，这个"大叛逆者"不是孙中山，而是孙中山的对立面，是孙中山、宋嘉树、宋庆龄都"极为憎恨"的"敌人"。正因为如此，宋嘉树才在函中向孙中山作了那么多保证：永远不会，也没有任何事物能引诱"我们"去做任何事情，用任何方式去伤害孙中山及其事业。因为，在宋嘉树看来，宋庆龄如果去和这种"大叛逆者"结婚，自然是对孙中山及其事业的最大伤害。

宋函中还有一段讲到"大叛逆者"：

我的亲爱的博士，请您记住，不管情况如何糟糕，我们都是您的真正的朋友。我可以断言，在中国人中间，没有人比您更高尚、更亲切、更有爱国心。明智而又有良心的人如何会反对您？我们宁可看到宋庆龄死去并且埋葬，而不愿意看到她为我们的大叛逆者作妾，即使是（做这种人的）妻子（也不能允许）。您可以放心，我们将上天下地，竭尽全力，防止任何此类事情发生。

这一段话的主旨仍然在向孙中山阐明：自己与孙的友谊是真挚的、纯洁的，孙是中国人中间最高尚、优秀的人物，自己宁愿看到女儿死去，也不愿看到她嫁给"大叛逆者"，要孙放心。可见，宋嘉树所理解的"大叛逆者"不是孙中山。

那么，这是怎么回事呢？

孙中山和宋嘉树之间的往来信件均用英文。"大叛逆者"的原文是Archtraitor。宋函在此词上加了引号，表明此词来自孙中山原函。这是一个稀见词，由arch和traitor复合而成，含义比较复杂。它既有"大叛逆者"之义，又可以理解为"大叛徒"、"大叛国者"、"大卖国贼"。看来，孙中山在给自己的老朋友、未来的岳父写信时，不好意思直说宋庆龄爱的、要嫁的是自己，而是说明，宋庆龄想嫁给一个已有妻子的Archtraitor，用以探测宋嘉树的态度。从孙中山的观点看，称自己为旧社会、旧制度的叛逆者，甚至是叛徒并无不当。然而，宋嘉树没有揣摩出这一层意思来，他从贬义上来理解这一词语，所以，他才在信中表示，孙中山所转述的宋庆龄的想法，"如此奇特，如此可笑"，是"小孩儿的玩笑话"；才在信中对 Archtraitor 给予了最严厉的批判，也才在信中一再向孙中山保证，不会做任何伤害孙中山及其事业的事情。

信中，宋嘉树还有一句话值得注意："您似乎担心她打算当皇后，这是不会的。"可能，孙中山在信中隐约地暗示过，宋庆龄与 Archtraitor 结婚后，会成为"皇后"式的人物，所以宋嘉树明确作了否定。按照宋嘉树的理解，Archtraitor 是袁世凯或袁世凯一类的人物。

另有两位爱慕宋庆龄的年轻人

宋嘉树复孙中山函提到了另外两个爱慕宋庆龄的人，函称：

> 您说，您询问过我，罗莎何时结婚，我没有回答您。如果沉默意味同意，那您就将祝贺我和C。说实话，我现在不知道关于罗莎结婚的任何事情。永（yung）和丹纯（Dan Chung）过去经常访问她，但是，据我所知，她没有表示过愿和他们结婚。我没有听说过您在上次来信中所说的情况。我从未收到过您的那封信。它从未出现过。可能遗失在途中了。我如何能知道它的内容？如果我不知道，如何能在沉默之外有其他表现？所以，沉默不意味"同意"。您还是暂且保留您的祝贺吧！

可见，孙中山知道，另有一位年轻人爱慕宋庆龄，因此，在7月20日之前，孙中山曾致函宋嘉树，询问宋庆龄的婚期。但是，这封信宋嘉树没有收到，孙中山因此于7月20日函中作进一步的探询："如果沉默意味同意"，就对宋嘉树和C表示祝贺。这种情况，说明了7月20日孙中山写信给宋嘉树，目的是摸底，想摸清宋关于女儿婚姻的真实意图，因此不便于十分清晰地说明自己和宋庆龄的恋爱关系。宋嘉树在复孙中山函中说：您的要求已被执行——您和"永"的信均已付火。这位"永"，由于资料不足，目前还不知道他的有关情况。从宋嘉树要孙中山"暂时"保留祝贺看来，他可能是宋嘉树比较中意的人。

宋嘉树慧眼识英雄

宋嘉树复孙中山函不仅有助于我们研究孙中山和宋庆龄的婚姻关系，而且为我们研究孙中山的人格魅力以及宋嘉树的为人、品格、眼光等提供了重要资料。宋函称：

> 虽然有些人不会感谢您的志在创造伟大中国的努力，但是，我们属于那些感谢您的工作的人们中的一部分。您生活在一个超前的世纪，因此很少人能理解您，感谢您如此热爱、几乎全心全意地进行的事业。中国不值得有您这样一个儿子，但是，未来将给您公平的评价，授予您荣誉，就像他们授予从前的改造者孔子一样。孔子曾受到不道德的掌权者的驱逐，所以，您也曾被驱逐，离开这块您爱得如此之深的土地。

当时，"二次革命"失败，孙中山流亡国外，处境极为不利。但是，宋嘉树却将他视同中国古代的圣人孔子，相信未来会给孙中山以公平崇高的评价。这一点，今天已为历史所证实，但是，在当时，不能不说是罕有的远见卓识，显示出其善于识人的慧眼。信中，宋嘉树还向孙中山叙述了几天前他和一位名叫李括安（音译）的人之间的辩论。当时，李指责"革命者没有为国家或人民带来任何利益，没有一个革命者是好的、真诚的、无私的，或者爱国的"。但宋嘉树却坚定地告诉他："有。"李括安要宋举出一个来，宋即答以："孙博士。"下面是宋嘉树对当时场景和事后状况的叙述：

他的脸变红，沉默了几分钟，然后他问，那他为什么不留在中国或者回国？我说："他是一个非常高尚的绅士，难于和小偷与凶手为伍。"他和孔子一样都面对不听教导的权势者，当年孔子怎么做，他就怎么做。事实上，除了有人试图诋毁您以外，没有别的事情能使我热血奔流并令我愤怒。我对李讲了这样一大通话，相信他将永远不愿在他的办公室再见到我。此后，我们在俱乐部里碰面，但彼此都不讲话。他是我的一个朋友，但现在是我的敌人，因为我颂扬并且保卫您。我不管他或她是谁，只要他或她在我的面前诋毁您，我一定会为您讨回公平。作为朋友，不论发生何种事情，我都感到有责任保护您的清白并且支持您的事业。我告诉李："如果不是由于孙博士的杰出的工作，今天你的头上还会挂着可耻的尾巴，这就是你现在得到的好处。"他试图使我相信，辫子无论怎样都会剪掉的。我说："是的。关于这件事，有大量的话可说。然而，事实是，过去没有一个人胆敢带头剪掉自己的辫子。吹牛容易实行难，两者不是一回事。"我驳倒了他，使他面现愧色，无言以对。

本段显示出，宋嘉树不仅充分理解并支持孙中山，而且不能容忍任何对孙中山的贬抑，时刻准备捍卫孙中山的清白。这不仅由于孙中山所从事的事业的正义性所致，而且也是孙中山的人格魅力感召的结果。

宋嘉树决定改变去美国的计划，赶回上海

宋嘉树8月3日函发出后，孙中山立即给宋嘉树写了回信。孙信今不存，但从情理估计，到了这种时刻，他不可能不坦率地向宋嘉树说明：他和宋庆龄之间的恋爱关系；7月20日函所称Archtraitor就是他自己，以及他如何处理和卢夫人之间的既定关系等一系列问题。8月13日，宋嘉树复函称：

大札拜收。刚刚收到罗莎蒙黛的信。她说，她因为在上海的一个家庭里教书，不可能和她的母亲一起去姐姐那里。她们母女两人都要求我到山西宋夫人处，我因为各种各样的理由不能答应，其中原因之一是，前些日子，我的健康变坏了。但是，即使我好了，也不去。我艰于行走。事实上，我变得如此衰弱，根本不可能恢复。星期天，我将乘法兰西邮船号赴上海，那里，我曾休养过。按照中国的风习，宋夫人必须到山西去，我将尽力选择某一个人和她一起去。我可能再回日本。倘若我回来，我将去看您。再见！祝您健康，事业成功。

末署："您的真诚的宋查理"。

　　在上一封信中，宋嘉树曾告诉孙中山：霭龄即将分娩，自己早已写信给庆龄，要她在下个月陪伴母亲去山西，但庆龄害怕那里的蚊子，不喜欢去北方，宋嘉树认为她必须去。而在这封信中，宋嘉树表示，庆龄在一个家庭教书，将选择另一个人去山西。

　　值得注意的是，这封信不再批判Archtraitor，也绝口不谈宋庆龄的婚姻问题，这只能说明，他既未同意，也未持强烈反对态度。信中，宋嘉树表示，他要在星期天回上海去休息，而原来，他是准备12月份去美国的。这一行程的改变说明，他要和夫人倪桂珍商量并听取宋庆龄本人的意见。信末附言称："在您再次见到我之前，请不要给我写信。"这说明，宋嘉树在主意未定之前，不愿意继续听取孙中山的有关陈述。

坚决反对孙宋婚姻的是宋庆龄的母亲

　　有关材料说明，坚持反对孙宋婚姻的是宋庆龄的母亲倪桂珍。《史料集》中收有孙中山的战友、同乡朱卓文致孙中山的几封信。其一为1915年2月2日函。中云：

> 廿九日抵沪，卅一日始与宋小姐相晤。据云他极愿效力党事，且急盼党事之成。至筹办地方一所以为他办事之用，他云此事他甚赞，惟须待数日，思一善法以避他母之疑眼云。刻下弟已将付〔附〕近一房陈设妥当，任他可〔何〕时均可到彼处办事矣。

其二为同年2月4日函，中云：

> 刻下弟在隔邻布置一房，以为宋小姐办事处。现他订于每星期一三五三天教弟女以英文。此后有函件与他，照前日之住址便可直接收到矣。至先生之书已在通运搬回，惟零星四散，前之书箱已由彼等拍卖，一无所存，殊为可惜。现弟再购教书箱重行编好，置于宋小姐办事之房。此房颇为清净，谅当合他之意。

上二函说明，宋庆龄的母亲倪桂珍并不像宋嘉树一样支持孙中山的革命事业，也不赞成宋庆龄参与"党事"，但宋庆龄热心革命，"急盼党事之成"。为了从家中走出来做事情，不得不找寻办法，"避他母之疑眼"。最后，找到的办法是"教弟女以英文"。弟女，即朱卓文的女儿慕菲雅（Muphia），后来曾帮助宋庆龄逃脱家中的"软禁"。

倪桂珍不仅反对宋庆龄参与"党事"，而且在听说女儿要和孙中山结婚以后，立即坚决否定，对宋庆龄说："你疯了，你简直疯了！他已经有两倍于你的年龄，同时又是一个结过婚的人。我决不同意这件婚事。"

宋嘉树呢？他比较冷静，要宋庆龄"等待一下，让我们再考虑考虑"。在给孙中山的信中，宋庆龄写道："我现在只是为着父亲，才留在这里，你是认识他的。同时你也知道他既然叫我等待，那是我不得不等的，但是等可是苦事，是非常的苦事，如果讲到我母亲的见解，那末等待完全是白费功夫。"[1]又在给宋美龄的信中写道："母亲所以不许我去，是因为反对孙先生，而父亲所以不许我去，是因为他要我详细的考虑而

---

[1] 傅启学：《国父孙中山先生传》，"中央文物供应社"，1983。

要我得到相当的把握！我已经等了很久，可是母亲的意志仍旧不会改变。而父亲的心，在我表示有了把握后，早已同意的了。"[1]可见，宋庆龄的父母对于孙宋婚姻的态度并不完全相同。

宋庆龄的"出逃"引起宋嘉树夫妇的愤慨

孙中山与原配夫人卢慕贞的婚姻属于旧式包办婚姻。卢夫人忠厚、贤惠，但没有文化。她对孙中山的革命事业缺乏理解，不愿意随孙过颠沛流离的生活，总是劝孙按照中国的旧风俗再娶一个妻子。二次革命失败后，孙中山流亡日本，但卢夫人却返回澳门，实际上二人已经分居。

孙中山要和宋庆龄结合，必须妥善地解决和卢夫人的关系问题。1915年9月1日，卢夫人抵达东京，和孙中山谈妥离婚事项。23日，卢夫人返回澳门。10月24日，宋庆龄自沪抵日。第二天，和孙中山举行了简朴的结婚仪式。两人相约三条：1.尽速办理符合中国法律的正式婚姻手续。2.将来永远保持夫妇关系，共同努力增进相互间之幸福。3.万一发生违反本誓约之行为，即使受到法律上社会上的任何制裁，亦不得有任何异议；而且为了保持各自的名声，即使任何一方之亲属采取任何措施，亦不得有任何怨言。

宋庆龄此次东行，并未征得家庭同意，而是"从窗户里爬了出来，在女佣的帮助下逃了出来"[2]。此事引起宋嘉树夫妇的强烈愤慨。二人匆匆追到日本，想阻止这场婚姻，但是，为时已晚。宋嘉树狠狠地批评了孙中山，表示要和孙绝交，和宋庆龄脱离父女关系。据亲见当时情景的日本人士回忆：宋嘉树站在大门口，气势汹汹地叫喊："我要见抢走我女儿的总理。"当孙中山走到大门的台阶上，询问"找我什么事"时，宋嘉树却突然跪在地上说："我的不懂规矩的女儿，就拜托给你了，请千万多

---

[1] 傅启学：《国父孙中山先生传》，"中央文物供应社"，1983。
[2] 斯诺：《复始之旅》，第104页，新华出版社，1984。

关照！"[1]然后在门前的三合土地面上磕了几个头，走了。

　　回国后，宋嘉树为宋庆龄补送了嫁妆：一套古朴的家具和一袭绣有一百个儿童的被面。此后，这位可敬的老人一如既往地继续支持孙中山及其事业，直到1918年5月去世。

2001年9月17日于日本京都大学人文科学研究所

附记：

　　本文写作，得到石川祯浩教授的许多帮助，谨此致谢。

---

[1] 车田让治：《国父孙中山与梅屋庄吉》，第293页，东京，1979。

第九章 新旧土洋
——革命前后中国的思潮嬗递

儒学在近代中国

尽管孔子一生困顿,命运多蹇,但是,自汉武帝罢黜百家、独尊儒术之后,儒学成为占统治地位的官学,孔子的地位就日益提高,以至于达到"吓人的高度"[1]。在漫长的近两千年的岁月中,很少有人敢向孔子的这种崇高地位挑战。这种情况,到了近代,才有明显改变。随着中国社会的变迁和进步,在西方文化和日本维新思潮的影响下,逐渐出现了非儒反孔思潮。与之相联系,崇儒尊孔的主张也以前所未有的复杂形态多样化地表现出来。两种意见互相诋排,各不相下,成为思想史上引人注目、发人深省的现象。

龚自珍是近代中国第一个对儒学独尊地位提出挑战的人。他在一首诗中写道:

> 兰台序九流,儒家但居一。诸师自有真,未肯附儒术。后代儒亦尊,儒者颜亦厚。洋洋朝野间,流亦不止九。不知古九流,存亡今孰多?或言儒先亡,此语又如何?[2]

---

1 鲁迅:《在现代中国的孔夫子》,《鲁迅全集》第6卷,第316页,人民文学出版社,1981。

2 《自春徂秋,偶有所触,拉杂书之,漫不诠次,得十五首》,《龚自珍全集》,第487页,上海人民出版社,1975。

九流，指的是班固在《汉书·艺文志》中所分列的九个学术流派。龚自珍认为，儒家只是九家中的一家，并无特殊之处；儒家以外的其他各家都有其符合真理的一面，不需要依附儒术；后代，儒家的地位被愈抬愈高，儒者的脸皮也愈来愈厚。这首诗，表现了龚自珍对儒学独尊地位的强烈不满以及对其他各家历史命运的关心。他甚至发出了儒家可能"先亡"的疑问。龚自珍的时代，中国封建社会已经到了暮色苍茫、悲风四起的"衰世"，龚自珍的疑问反映了一种信仰危机和对一种新的学术派别的憧憬。但是，由于长期儒学独尊的影响，龚自珍没有也不可能彻底摆脱儒学的束缚，他只能借助东汉以来长期衰微的今文经学派，利用其"微言大义"以表达自己的观点。

鸦片战争期间，中国人在西方的坚船利炮面前败下阵来，蒙受了亘古未有的奇耻大辱。先进的知识分子痛定思痛，对儒学的不满和怀疑增长了。魏源等人开始痛骂"腐儒"、"庸儒"，开始鄙弃程、朱、陆、王的"心性"之学，主张"师夷长技以制夷"，觉得西洋文化在某些方面比中国高明了。后来，这种向西方学习的要求又从"长技"发展到经济、政治等方面。但是，魏源以下一辈人，如冯桂芬、王韬、薛福成、马建忠、郑观应、陈炽、何启、胡礼垣等，一般地只敢批判程、朱、陆、王等后儒，而不敢批判先儒；只敢批判汉学和宋学，而不敢直接把矛头指向孔学。在他们看来，孔子和儒学还是完美无缺的，其崇高地位是不能动摇的。例如王韬就说过："盖万世不变者，孔子之道也，儒道也。"[1]这种情况，固然反映出思想家自身的特质，但更多反映出的却是儒学传统的强大力量和深厚影响。

正是在这种儒学传统的重压下，康有为等人的维新变法理论不能不包裹在儒学的外衣中，并力图借助于"孔圣人"的权威。他利用今文经学派的"《公羊》三世说"来阐述自己的以进化论为核心的社会历史观，并利用对古文经的辨伪来动摇人们对传统的信仰。康有为力图说明，西汉经学，根本没有所谓古文经，所有的古文经都是刘歆的伪造。

---

[1] 《杞忧生〈易言〉跋》，《弢园文录外编》。

刘歆之后，两千多年，千百万知识分子，二十个王朝礼乐制度的订立者都上了刘歆的当。这样，在龚自珍之后，康有为就进一步动摇了古文经学派的地位，引起人对这部分儒学经典的怀疑。当顽固派在祖坟面前叩头礼拜，表示要"恪守祖训"的时候，康有为却在旁边大喝，你这个祖坟是假的。这自然具有思想解放的意义。

同时，康有为又力图说明，孔子是维新变法的祖师爷。他主张"法后王"、"削封建"，实行"大一统"，反对"男尊女卑"，创立"选举制"，最高理想是实行民主共和云云[1]。因此，康有为称孔子为"万世教主"、"制法之王"、"生民未有之大成至圣"。康有为建议，清王朝"尊孔圣为国教"，以孔子纪年，全国设教部，地方设教会，每七日还要公举懂《六经》、《四书》的人为"讲生"，宣讲"圣经"。[2]

近代以来，有不少人，例如曾国藩、张之洞以及清代统治者尊孔，目的是为了维护旧秩序；戊戌时期的康有为尊孔，目的是为了变法。两种尊孔，迥然不同。但是，康有为笔下的孔子明显地不符合孔子的本来面目。它是维新派按照自己的理想和需要改铸出来的形象。

和康有为比起来，谭嗣同的思想显得激烈、深刻、锐利得多。他怀着满腔悲愤批判儒学所鼓吹的纲常伦理，分析其"惨祸烈毒"，揭露封建统治者以之残酷迫害人民的事实。当时，一位朝鲜人曾说："地球上不论何国，但读宋明腐儒之书，而自命为礼义之邦者，即是人间地狱。"谭嗣同完全同意这一观点[3]。他尤为激烈地批判君主专制主义，认为君主是人民推举出来"为民办事"的，可以共举，也可以共废，其恶劣者，"人人得而戮之"。[4]谭嗣同的思想已经越出改良主义的樊篱，走到革命民主主义的边缘。但是，谭嗣同仍然要挂上孔学的旗号。在谭嗣同笔下，孔子"废君统，倡民主，变不平等为平等"，不仅是维新派，而且简直就是民主主义者[5]。他认为，孔门传人曾子、子思、孟子、子夏等人还是继承

---

1 《孔子改制考》卷十一、九、八、三、十二。
2 《请尊孔圣为国教，立教部、教会，以孔子纪年而废淫祀折》。
3 《仁学》。
4 同注3。
5 同注3。

了孔子的民主传统,只是到了荀子,孔学才被篡改为"钳制束缚"的工具,荀学也就因此统治中国两千余年。谭嗣同严格地区分孔学和儒学,认为儒学使孔子之道愈见狭小,起了恶劣作用[1]。因此,他以马丁·路德自励,立志为恢复"孔教"的本来面目而奋斗。

在维新派中,严复对西学有精深的研究,因此,他的维新思想的理论基础以及批判儒学的理论武器都不是取自儒学自身,而是取自西方自然科学和社会政治学说。他不仅批判"宋明腐儒",而且破天荒地提出"《六经》且有不可用者"[2]。出于对儒家学派的强烈不满,严复甚至认为秦始皇焚书坑儒的行为也并不过分。他以热烈的语言赞扬西学的完美与严整,认为中学重三纲,西学重平等;中学亲亲,西学尚贤;中学以孝治天下,西学以公治天下;中学尊主,西学隆民;中学夸多识,西学尊亲知;中学委天数,西学恃人力……这是近代中国思想史上最初也是最鲜明的中西文化比较论,标志着在"西学"冲击下,中国人对传统文化的进一步怀疑和否定[3]。尽管如此,严复仍然维护孔子的权威,认为孔教不谈鬼神,不谈格致,专明人事,平实易行,千万不能破坏[4]。他甚至认为,精通西学之后,才能更好地理解中国圣人的"精意微言"[5]。戊戌维新是一次政治改革运动,也是一次思想启蒙运动。它本应对孔子和儒学的独尊地位有较大的冲击,但是,历史展示给人们的情景却是,孔子的地位还要继续高上去。这里,我们再一次看到了传统的强大力量和历史缠住现实的痛苦情况。

作为弟子,梁启超支持过康有为的保教论。戊戌政变后,梁启超流亡日本,于1902年发表《保教非所以尊孔论》,开始反对师说。他认为,孔子是哲学家、经学家、教育家,而非宗教家;保教之说束缚国民思想。他指出,孔子思想中有"通义"和"别义"两部分,前者万世不易,后者则"与时推移",应该博采佛教、耶教以及古代希腊以至"欧

---

1 《仁学》。

2 《辟韩》,《严复集》,第35页。中华书局,1986。

3 《论世变之亟》,《严复集》,第3页。

4 《保教余义》,《严复集》,第85页。

5 《救亡决论》,《严复集》,第49页。

美近世诸哲"的学说,进一步光大孔学。[1]尽管梁启超仍然断言,孔学将"悬日月,塞天地"、"万古不能灭",但他承认孔学中有不适用、不够用的部分,毕竟是有意义的进步。

真正动摇了孔子和儒学独尊地位的是以章太炎为代表的革命党人。19世纪末、20世纪初,作为维新思潮的反映,日本社会出现了一些非儒反孔的著作家,如远藤隆吉、白河次郎、久保天随等。在他们的影响和启迪下,章太炎一方面肯定孔子是中国古代优秀的历史学家、教育普及家和无神论者,同时,也发表了不少对孔子和儒学的激烈批评。1902年,他在《訄书》修订本中指出,孔子的名望远远超过了实际,其学术也并不十分高明,荀子、孟子都比他强得多。1906年,他在东京中国留学生大会上发表演说,批评孔子"最是胆小","不敢去联合平民,推翻贵族政体"。又说:孔教的最大污点,是使人不脱富贵利禄的思想。他明确表示:"孔教是断不可用的。"[2]其后,他又根据《庄子》、《墨子》等书的记载,在《诸子学说》中,批评孔子"哗众取宠"、"污邪诈伪"、"热中竞进",是个道德品质不好的人。由此,他进一步批评历史上的儒家学派投机善变,议论模糊,认为无论就道德言,就理想言,儒家均不可用。[3]1908年,日本《东亚月报》刊登孔子像,章太炎就此著文发挥说:孔子已经死了两千多年了,他的思想早已成为过去,"于此新世界者,形势礼俗岂有相关"?[4]

章太炎对孔子和儒学的批评并不科学。第一,他的批评根据不少出于《庄子》、《墨子》,庄、墨都是儒家的对立面,所述并不可靠;第二,章太炎的批评矛头在许多地方实际指向康有为。在他所描绘的孔子形象中,我们依稀可见康有为的面影。现实的斗争需要常常使人不能严谨地对待历史,虽章太炎这样的大学问家亦不能免。然而,章太炎将中国封建社会的至圣先师作为议论、批评的对象,仍然是了不起的大事。在章

---

1 《新民丛报》第2号。

2 《民报》第6号。

3 《国粹学报》丙午(1906)第8、9号。

4 《答梦庵》,《民报》第21号。

太炎之后,各种批评孔子的言论就多起来了。

1903年,上海爱国学社的刊物《童子世界》载文认为:"(孔子)如今看起来,也是很坏。"[1]《中国白话报》载文认为,孔子是个"顶喜欢依赖皇帝的东西"[2]。同盟会员宁调元直呼孔子为"民贼"。他说:"古之所谓至圣,今之所谓民贼也。"[3]1912年,民国建立,南京临时政府教育部通令废除中小学读经课程。时任教育部长的蔡元培明确宣布:"尊孔与信教自由相违。"[4]蔡元培主持临时教育会议,进一步通过"学校不拜孔子案"[5]。这样,孔学作为官学的地位就被否定了。

随着非儒反孔言论的增加和孔学作为官学地位的否定,崇儒尊孔的呼吁也日益强烈。辛亥革命前后发表崇儒尊孔言论的人很复杂。一种是革命派,如《国粹学报》的邓实、黄节等,他们视孔子为中国文化的代表;一种是康有为等保皇党,以孔学作为反对革命、维护君主制的工具;一种是清朝统治者及袁世凯、张勋等军阀,利用孔学维护其统治或复辟君主制;一种是某些外国传教士或来华人士,如林乐知(Y. J. Allen)、李提摩太(T. Richard)、李佳白(G. Reid)、庄士敦(R. F. Johnston)、盖沙令(H. Keyserling)、卫礼贤(R. Wilhelm)、有贺长雄等。1906年,清政府颁布《教育宗旨》,宣称孔子不仅是"中国万世不祧之宗",而且是"五洲生民共仰之圣"。[6]1913年6月,袁世凯发布尊孔令,宣称孔学"反之人心而安,放之四海而准"[7]。8月,孔教会代表陈焕章等上书,请定孔教为国教。10月,《天坛宪法草案》:"国民教育,以孔子之道为修身大本。"1914年9月,袁世凯在北京举行了盛大的祭孔典礼。袁世凯复辟帝制失败后,康有为于1916年9月再次上书,要求"以孔教为大教,

---

1 君衍:《法古》,《童子世界》第31期。
2 林獬:《国民意见书》,《中国白话报》第18期。
3 杨天石、曾景忠编:《宁调元集》,第395页,湖南人民出版社,1988。
4 《对于新教育之意见》,《民立报》,1912年2月10日。
5 《临时教育会议日记》,《教育杂志》第4卷第6号。
6 《学部奏请宣示教育宗旨折》,《大清教育新法令》第1册第2编。
7 《袁大总统书牍汇编》卷2。

编入宪法复祀孔子之拜跪"[1]。他说:"不拜孔子,留此膝何为?"[2]1917年3月,各省尊孔团体在上海组织全国公民尊孔联合会,发动所谓"国教请愿运动"。同年7月,张勋拥废帝溥仪复辟。

为什么近代的守旧复辟势力都崇儒尊孔,这不能不引起先进知识分子的思考,于是,一场新的非儒反孔热潮因而兴起。

五四前夜发表批孔文章的先锋是易白沙,主将则是陈独秀,吴虞、鲁迅、李大钊等人都做出了巨大贡献。当时对孔子和儒学的批判主要集中在以下几个方面:

1. 孔子和儒学维护尊卑等级制度,是历代帝王专制的护符。易白沙称:孔子"尊君权,漫无限制,易演成独夫专制之弊"。他阐述了历代帝王以孔子为傀儡,借以巩固其统治的情况,说明不能不归咎于孔子自身[3]。李大钊认为:"孔子生于专制之社会,专制之时代,自不能不就当时之政治制度而立说,故其说确足以代表专制社会之道德,亦确足为专制君主所利用资以为护符也。"[4]陈独秀提出:"孔教与帝制有不可离散之因缘。"[5]吴虞也说:"孔氏主尊卑贵贱之阶级制度,由天尊地卑演而为君尊臣卑,父尊子卑,夫尊妇卑。尊卑既严,贵贱遂别。"因此,"专制之威愈演愈烈"。[6]

2. 儒学伦理是片面的、不平等的、人压迫人的"奴隶道德"。陈独秀认为:君为臣纲,则民于君为附属品;父为子纲,则子于父为附属品;夫为妻纲,则妻于夫为附属品;由此产生的忠、孝、节等道德都是不平等的"以己属人"的"奴隶道德"[7]。于是,"君虐臣,父虐子,姑虐媳,夫虐妻,主虐奴,长虐幼",种种人压迫人的现象因而发生[8]。吴虞从分

---

1 《致总统总理书》,《孔教十年大事》卷8。
2 《康南海与中央电》,《青年》第1卷第6号。
3 《孔子平议》,《青年》第1卷第6号。
4 《自然的伦理观与孔子》,《李大钊文集》(上),第264页,人民出版社,1984。
5 《驳康有为致总统总理书》,《新青年》第2卷第2号。
6 《儒家主张阶级制度之害》,《吴虞文录》,第72~73页,上海亚东图书馆。
7 《一九一六年》,《青年》第1卷第5号。
8 《答傅桂馨》,《新青年》第3卷第1号。

析孝、悌等伦理规范入手,揭示中国古代的家族制度和专制政治之间的关系,说明儒学伦理"专为君亲长上而设",目的在要人们"不要犯上作乱",把中国弄成一个"制造顺民的大工厂"。他说:"麻木不仁的礼教,数千年来不知冤枉害死了多少无辜的人。"[1]鲁迅则通过"狂人"之口,以形象的文学语言说明中国历史一面充塞"仁义道德"的说教,一面充塞着血淋淋的"吃人"现象的残酷现实。吴虞盛赞鲁迅的这一发现,这是"把吃人的内容和仁义道德的表面看得清清楚楚","孔二先生的礼教讲到极点,就非吃人、杀人不成功"。[2]

3. 孔子之道不适于现代生活。陈独秀认为:宇宙间一切物质、精神,无时不在变迁进化之途。一定的学说产生并适应于一定的社会,社会变迁了,学说也应随之变迁。他说:现代社会以经济为命脉,盛行个人独立主义,经济上财产独立,伦理上个人人格独立,崇尚自由平等,而儒学则以纲常阶级(等级)为教,恰恰与此相反[3]。他们坚决反对在民国宪法上载入以孔子之道为修身大本一类字眼。在当时,他们尤其着重指出,专制与自由不相容。孔子之道与共和制势不两立。吴虞说:"共和之政立,儒教尊卑贵贱不平等之义,当然劣败而归于淘汰。"[4]陈独秀则斩钉截铁地表示:"孔教与共和乃绝对两不相容之物","主张尊孔,势必立君","势必复辟"。[5]李大钊在"五四"前就认为孔子其人"已为残骸遗骨,其学说之精神已不适于今日之时代精神"[6];"五四"后,他又对此作了深层分析,说明孔学是"中国二千余年来未曾变动的农业经济组织反映出来的产物"。他说:"不但中国,就是日本、高丽、越南等国,因为他们的农业经济组织和中国大体相似,也受了孔门伦理的影响不少。"他并进一步指出,西洋的工业经济打进东方以后,孔子的学说就"根本动

---

1 《吴虞文录》,第5~6、17页。

2 《吴虞文录》,第64、71页。

3 《孔子之道与现代生活》,《新青年》第2卷第4号。

4 《吴虞文录》,第7页。

5 《复辟与尊孔》,《新青年》第3卷第6号。

6 《自然的伦理观与孔子》,《李大钊文集》(上),第264页。

摇"了[1]。

4. 孔子缺少民主学风，孔子和儒学的独尊地位阻碍思想和文化的发展。易白沙认为：孔子讲学，不许问难，易演成思想专制之弊[2]。陈独秀认为：九流百家，无非国粹，汉武帝罢黜百家，是一种思想、学术上的专制主义，不仅遮盖了其他各家的光辉，而且窒息人们的聪明才智，摧残创造活力和独立思考精神，为害较之政治上的君主专制主义还要厉害[3]。李大钊认为：自孟子辟杨、墨之后，儒学形成了一种排拒异说的作风，自以为包揽天下的一切真理，完全听不得不同意见，动辄指斥别人为"淫词邪说"。他说："真理主义，且或在邪说淫词之中也。"[4]易白沙、陈独秀都指出，"人间万事，以竞争而兴，专占而萎败"，即以孔学本身而论，独尊的结果是失去竞争、辩难的对象，必然日形衰败[5]。据此，陈独秀等声称："无论何种学派，均不能定于一尊"；"各家之学，亦无须定尊于一人"。[6]

"五四"时期，陈独秀诸人对孔子和儒学的批判大体如上。经过"五四"，在中国封建社会中长期树立起来的孔子和儒学的独尊地位遂轰然倒塌。

真理是无边无际的大海。任何人、任何学派对真理的认识都是有限的、局部的，以为一个人、一个学派可以穷尽全部真理，以为在这个人、这个学派的思想学说中不包含任何谬误，可以适用于一切时代，一切地域，并以之作为检验真理的标准，都是一种可笑的幻想和迷信。"五四"时期陈独秀诸人批判这种迷信，推倒了孔子和儒学的独尊地位，不仅是一次反封建的思想革命，而且是一次思想解放运动，其意义是深远的。

---

1 《由经济上解释中国近代思想变动的原因》，《李大钊文集》（下），第178～180页。
2 《孔子平议》，《青年》第1卷第6号。
3 《宪法与孔教》，《新青年》第2卷第3号。
4 《民彝与政治》，《李大钊文集》（上），第169～171页。
5 《答常乃德》，《新青年》第2卷第6号。
6 陈独秀：《答吴又陵》。《新青年》第2卷第5号；易白沙：《孔子平议》（下），《新青年》第2卷第1号。

应该指出的是，陈独秀等人并不是全盘否定孔子和儒学，尤其不否定孔子在当时的历史地位和价值。一个人、一个学派在当时当地的作用和它在后世的作用常常有所不同。前者可以称为当时价值，后者可以称为后世价值。由于时代、地域和传述者的情况不同，一个人、一个学派的后世价值是复杂多变的。陈独秀等人，包括最偏激的钱玄同在内，都一致认为孔子"自是当时之伟人"，他们所否定的主要是孔子的后世价值，特别是它在20世纪初年中国的现实价值。陈独秀说："吾人讨论学术，评论古人，首当问其学说、教义尚足以实行于今世而有益与否？非谓其于当时之社会毫无价值也。"[1] 20世纪初年，中国人的任务是追求民主和科学，建设现代化的国家与社会，康有为、袁世凯们却力图利用尊孔维护旧道德、旧文化，复辟封建专制主义，这自然不能不引起先进知识分子的反击，所以陈独秀又说："愚之非难孔子之动机，非因孔子之道不适于今世，乃以今之妄人强欲以不适今世之孔道支配今世之社会国家，将为文明进化之大阻力也。"[2] 显然，"五四"时期的非儒反孔思潮乃是一场从属于现实政治斗争的思想斗争，而不是严格的科学讨论。它不可能是全面的、辩证的、充分理智的，而必然带有片面、绝对和情绪化的特征。这表现在谈孔子和儒学的当时价值少，谈现实价值多；谈积极面少，谈消极面多；谈教育学、文献学方面的贡献少，谈政治学和伦理学方面的缺陷多。至于在工业化的过程中，如何利用孔学作为调整人际关系的凝聚剂，在高度工业化之后，如何利用孔学作为现代文明弊病的救正剂，这些问题，更非"五四"时期的思想家所能想见。

在世界文化史上，儒学是一个博大、深刻、有着鲜明特征的思想体系。它既有保守、落后的封建性一面，曾经长期成为中国人民的精神枷锁，今后也将成为中国人民走向现代化的精神枷锁；但是，它也有反映人类社会普遍需要、普遍特点和普遍规律的真理性一面。有些思想，经过改造和转换，会成为有益于现代社会的成分。李大钊曾经说过："孔子之道有几分合于此真理者，我则取之；否者，斥之。"这是一种正确的态

---

[1] 《答常乃德》，《新青年》第3卷第2号。

[2] 《复辟与尊孔》，《新青年》第3卷第6号。

度,但是"五四"时期的人们没有可能做到这一点。历史地、科学地、全面地评价孔子和儒学,探讨它的当时价值和在今天的现实价值,评估它的未来价值,这是当代中国人的任务,也是一切关心儒学命运的人们的共同任务。在某种意义上说,它也许是一项永远说不完的话题。

附记:

本文是作者1991年11月在日本横滨第二次汉字文化圈国际论坛所做的讲演。

戊戌维新以来的"国民国家"思想

国家是谁的？在很长的历史时期内，国家被认为是皇帝的。"普天之下，莫非王土；率土之滨，莫非王臣。"只是到了近代，国家才逐渐被认为是国民、或曰人民的，因此，与"君主国家"的概念相对，就出现了"国民国家"或"人民国家"等概念。

清末天赋人权思想的输入与"国民国家"思想的萌生

中国古代认为"天子受命于天"，人间的统治权被涂上神权的色彩。19世纪60年代以后，西方的天赋人权论和社会契约论陆续通过传教士传入中国，思想界获得新鲜养分，传统的"君权天授"说受到摇撼。戊戌维新运动前夜，君主专制思想受到猛烈批判，民主思潮日益澎湃。何启、胡礼垣提出，国家一政一令，必须以民为准，"民以为公平者，我则行之；民以为不公平者，我则除之"[1]。严复提出：君民关系，"通功易事"，只是一种社会分工，民才是天下的"真主"[2]。谭嗣同提出：生民

---

[1] 《曾论书后》，《新政真诠》初编，第18页，格致新报馆。

[2] 《辟韩》，《严复集》，第34~36页。

之初，本无君民之分，君由民举，立君为民，"事不办"则"易其人"。[1]这些言论表明，"国民国家"思想已经呼之欲出。到了梁启超笔下，"国民国家"思想更得到了比较充分的发挥。他认为人类历史的发展过程是从"多君为政"，发展为"一君为政"，直至"民为政"。[2]他直斥君主为"私"，民主为"公"，反映了这位改良主义政治家思想中的激烈一面[3]。戊戌变法失败后，梁启超的"国民国家"思想进一步发展。他明确提出："国也者，积民而成，国家之主人为谁，即一国之民是也。故西国恒言，谓君也，官也，国民之公奴仆也。"[4]将一向高踞于人民头上的"君"与"官"都视为人民的公共"奴仆"，这是前所未有的天翻地覆式的言论，后来曾为孙中山所继承和发挥。

应该指出的是，维新派虽然在理论上提出了"国民国家"的主张，但是，在实践上他们追求的却是"君民共主"的国家，因此，他们普遍提倡"民权"，反对"民主"，即只承认人民有参预政治的部分权利，而不肯承认人民可以当家做主，在事实上拥有国家的全部权力。

孙中山的民主思想

不仅在理论上，而且在事实上追求"国民国家"的是孙中山。

1894年，孙中山在兴中会章程中提出"创立合众政府"，所谓"合众"，就包含了"国民国家"的意思。1905年，孙中山在同盟会誓词中提出"建立民国"，这是近代中国史上首次明确地将"国民国家"作为奋斗目标。这个"国民国家"的标准，根据1906年制定的《军政府宣言》，它应该是："由平民革命以建国民政府，凡为国民皆平等以有参政权。大总统由国民公举。议会以国民公举之议员构成之，制定中华民国宪法，人

---

1 《仁学》，《谭嗣同全集》下册，中华书局增订本，第339页。

2 《论君政民政相嬗之理》，《饮冰室合集·文集》第2册，第2卷。

3 《与严幼陵先生书》，《饮冰室合集·文集》第1册，第1卷。

4 《中国积弱溯源论》，《饮冰室合集·文集》第2册，第5卷。

人共守。"[1]不过,孙中山认为不可能一步到达这个境界,开始只能建立军政府,实行军法之治,第二步是约法之治,军政府总揽国事(兵权、行政权),而将地方自治权交给当地人民,由人民选举地方议会议员及地方行政官员,各方的权利、义务均规定于约法。第三步才是宪法之治,军政府交出全部权力,国民公举大总统及议员,组织国会,由宪法规定的国家机关分掌国事。孙中山后来将这三步设想称为军政、训政、宪政。这三步设想的划分未必妥恰,但孙中山认为,民主宪政是一个过程,必须分阶段,循序渐进,无疑有其合理因素。

民国建立,1912年3月,南京临时政府参议院通过《临时约法》,共7章56条,它在近代中国历史上第一次以法律形式确立了"国民国家"体制。它规定:中华民国之主权,属于国民全体;民国人民一律平等;人民享有身体、家宅、财产、营业、言论、著作、集会、结社等自由;有请愿、陈诉、选举、被选等权利。由于民国初建,不可能迅速采取普选制,因此,它规定:参议员由各省选派,临时大总统和副总统由参议院选举。

孙中山认为:国家之所以成立,建筑于"国民的合成心力",凡共和立宪国家,"左右统治权力者,常为多数之国民",但是,政治之事无法人人都管,只能由"少数优秀特出者"组成政党,"代表民意",领导政府[2]。孙中山提出,政党对政府的领导权可以从一个党转移到另一个党[3]。"政府不行,可以推倒之"[4]。有政争、党争是好事,"一国之政治,必赖有党争,始有进步"[5]。

20世纪初年,西方民主制度的弊端已经充分暴露,因此,孙中山在设计中国民主宪政的蓝图时,不能不考虑对它如何加以改进。还在1906年,他在东京《民报》创刊周年庆祝大会上演说时就说:"我们这回革命,不但要做国民的国家,而且要做社会的国家,这决是欧美所不能及的。"他提出,要在西方行政、立法、司法三权分立的基础上,增加考

---

1 《中国同盟会革命方略》,《孙中山全集》第1卷,第297页。
2 《国民党宣言》,《孙中山全集》第2卷,第396页。
3 《中华民国》,《孙中山全集》第2卷,第393页。
4 《在神户国民党交通部欢迎会上的演说》,《孙中山全集》第3卷,第44页。
5 《在上海国民党茶话会上的演说》,《孙中山全集》第2卷,第5页。

选、纠察二权，成为"五权分立"。他认为"这不但是各国制度上所未有，便是学说上也不多见，可谓破天荒的政体"[1]。既承认西方民主制度的先进性，又并不认为一切都好，企图加以改进和超越，这是孙中山的伟大之处，也是他思想的深刻性所在。

孙中山是彻底的民主主义者，始终坚持不懈地追求真正的"国民国家"。民国初年，孙中山对西方民主制度的批判进一步明确。他说：美利坚、法兰西，固然是"共和之先进国"，但是，"两国之政治，操之大资本家之手"。[2]又说："英美立宪，富人享之，贫者无与焉。"[3]此后，他曾经设想过一种瑞士式的"直接民权"模式，企图使人民拥有全部政治权力。

辛亥革命前，章太炎就反对代议制，主张废除议会、议员，代之以"法官"和由法学家充任的"学官"[4]。孙中山对代议制也不十分满意，认为这只是一种"间接民权"，人民还不能直接参与国家管理，因此不能算是纯粹的"众民政治"。他说："既曰民权国，则宜为四万万人民共治之国家。治之之法，即在予人民以完全之政治上权力。"[5]孙中山设想的办法是：以县为单位自治，仿照瑞士模式，实行直接民权，使人民享有选举、罢官、创制、复决（废制）等"四大民权"。孙中山认为，只有达到这一程度，人民才可以"按照自己的意志任用、役使并防范官吏，管理国家大事"，真正成为"一国之主"。这样的政治就叫作"全民政治"，这样的国家才可以称为"纯粹民国"。[6]至于县以上，孙中山则仍然主张实行代议制，由各县选举国民代表一名，参与中央政事，组成国民大会。国民大会对中央政府官员，有选举权和罢免权；对于中央法律，有创制

1　《孙中山全集》第1卷，第328、331页。
2　《孙中山全集》第2卷，第354页。
3　《孙中山全集》第2卷，第371页。
4　《代议然否论》，《章太炎政论选集》，第456~470页，中华书局，1977。
5　《在桂林对滇粤军的演说》，《孙中山全集》第6卷，第26页。
6　《在沪尚贤堂茶话会上的演说》，《孙中山全集》第3卷，第323页；参见《三民主义》，《孙中山全集》第5卷，第189页；《在中国国民党本部特设驻粤办事处的演说》，《孙中山全集》第3卷，第477页；《民权初步》，《孙中山全集》第6卷，第413页；《三民主义》，《孙中山全集》第9卷，第350页。

权和复决权[1]。

在瑞士模式之外，孙中山也曾设想过采用苏俄模式。他在1922年初的一次演说中曾表示："法、美共和国皆旧式的，今日惟俄国为新式的。吾人今日当造成一最新式的。"[2]不过，孙中山当时对苏俄模式显然还不十分了解，后来也始终了解不多[3]。1924年，在国民党第一次全国代表大会宣言中，孙中山提出："近世各国所谓民权制度，往往为资产阶级所专有，适成为压迫平民之工具。若国民党之民权主义，非少数者所得而私也。"这一段话，反映出孙中山长期以来对人民民主的真诚追求，后来曾屡次为毛泽东所引用，认为除了谁领导谁之外，孙中山这里所说的民权主义，和中共所说的人民民主主义或新民主主义相符合[4]。在同一宣言中，孙中山又说："民国之民权，唯民国之国民乃能享之，必不轻授此权于反对民国之人，使得借以破坏民国。"孙中山的思想中，从来没有"专政"思想的成分。这一新成分的引入，显然反映了苏俄顾问和中共的影响。

近代西方国家规定了人民的选举权利，但是又常常有性别、教育、财产、居住时间等条件限制，在事实上剥夺了许多人的民主权利。国民党第一次全国代表大会通过的《政纲》规定："实行普通选举，废除以资产为标准之阶级选举。"在《民权主义》的演讲中，孙中山又肯定了美国由间接选举向直接选举的发展，认为总统、上议院议员、地方上与人民有直接利害关系的官员，都由人民选举是一种进步[5]。这些地方，反映出孙中山民主主义思想的彻底性。

人民和政府是一对矛盾的统一体。就人民来说，拥有选举、罢免、创制、复决四大政治权力，孙中山称之为"政权"，或曰"人民权"；但

1　《国民政府建国大纲》，《孙中山全集》第9卷，第128～129页。

2　《在桂林广东同乡会欢迎会的演说》，《孙中山全集》第6卷，第56页。

3　1924年4月13日，孙中山演说称："近来俄国新发生一种政体，这种政体不是代议政体，是'人民独裁'的政体。这种人民独裁的政体究竟是怎么样呢？我们得到的材料很少，不能判断其究竟，惟想这种人民独裁的政体，当然比较代议政体改良得多。"见《孙中山全集》第9卷，第314页。

4　《毛泽东选集》合订本，第1366～1367页。

5　《孙中山全集》第9卷，第305页。

是，不可能人人都当官，政府机关必须交给少数"有才能的专门家"来管理，拥有行政、立法、司法、考试、监察等五大权力，孙中山称之为"治权"，或曰政府权。他认为，将两者结合起来，用人民的四个权来管理政府的五个权，就会形成人民有权，政府有能的局面。一方面，人民可以指挥、控制、监督政府；另一方面，政府也可以充分发挥效率，为人民做事，成为"万能政府"。孙中山极为满意他的这一"权能区分"理论，自夸地说："中国能够实行这种政权和治权，便可以破天荒在地球上造成一个新世界。"[1]

陈独秀的"国民政治"与李大钊的"唯民主义"

辛亥革命后，中国号称民国，但是，并没有建成民主政治，"无限头颅无限血，可怜购得假共和"，于是，人们进行反思，因而有提倡"民主"与"科学"的新文化运动的崛起。其代表人物是陈独秀、李大钊、胡适、鲁迅等。

陈独秀认为，世界历史的发展趋势是："由专制政治趋于自由政治，由个人政治趋于国民政治，由官僚政治趋于自治政治。"[2]陈独秀提出，要实现"国民政治"，必须基于多数国民的自觉与自动。他说："所谓立宪政体，所谓国民政治，果能实现与否，纯然以多数国民能否对于政治，自觉其居于主人的主动的地位为唯一根本之条件。"陈独秀认为，在有了这种自觉之后，才可以进一步"建设政府"，"自立法度而自服从之，自定权利而自尊重之"。[3]

李大钊尖锐地批判袁世凯复辟帝制的行为，要求建设"国民自主之政"。他积极提倡"唯民主义"，认为代议制乃是形式，而"唯民主义"才是精神。他在《民彝与政治》一文中鲜明地指出："盖唯民主义乃立宪之

---

[1] 《民权主义》，《孙中山全集》第9卷，第355页。

[2] 《吾人最后之觉悟》，《青年》第1卷第6号。

[3] 同注2。

本，英雄主义乃专制之原。"[1] 李大钊特别指出，建设立宪政治，"扩张选举"，必须"开发农村"，"使一般农民有自由判别的知能"。他认为，只有农民能正确运用选举权，民主主义才算有了根底和泉源。[2]

建设"国民国家"或"人民国家"，固然依赖于制度的改革，但是，也还依赖于国民民主精神的自觉与高扬。没有后一点，已经建立起来的制度不可能巩固，或者徒具形式，民主其外，而专制其内。陈独秀、李大钊看出了这一点，这是他们高出于前人的地方。

俄国十月革命后，李大钊迅速表态，欢呼这一胜利。他认为俄国革命的特点是"将统制一切之权力，全收于民众之手"[3]。李大钊的这一段话，表现出他对于一种新的国家形式和民主形式的期待。此后，中国知识分子中的一部分人转而向俄国寻求民主道路，他们逐渐不满意于建立旧式的"国民国家"，而力图建设"劳动者的国家"，以至俄式"无产阶级专政"。[4]

胡适、罗隆基的人权思想

五四运动后，当年的参加者迅速分化。陈独秀、李大钊发展为马克思主义的信仰者，胡适等则坚持原来的自由主义立场。他们既反对马克思主义和中共的政治主张，也反对国民党一党专政的"党治"。

胡适的政治主张以温和、改良著称。1922年，他提出"好政府主义"，要求政府能"应公共的需要，谋公共的利益，做到公共的目的"[5]。1922年，他发表《我们的政治主张》，提出中国政治改革的原则：第一，必须是一个"宪政的政府"；第二，必须是"公开的政府"；第三，实行"有计划的政治"。[6] 1929年4月，胡适发表《人权与约法》，要求国民党政府从速制

---

1 《李大钊选集》，第48页。
2 《青年与农村》，《李大钊选集》，第148～149页。
3 《法俄革命之比较观》，《李大钊选集》，第104页。
4 《短言》，《共产党》第1号，1920年11月。
5 《晨报副刊》，1921年11月18日。
6 《努力周报》第2期，1922年5月14日。

定约法，保护人权。两个月之后，又发表《我们什么时候才可以有宪法》一文，要求规定人民的权利和政府机关的权限。这以后，他不断呼吁实行法治和民主宪政，认为"只有法治是永久而普遍的民权保障"[1]。他说："民主宪政不过是建立一种规则来做政府与人民的政治活动的范围，政府与人民都必须遵守这个规定的范围，故称为宪政；而在这个规定的范围之内，凡有能力的国民都可以参加政治，他们的意见都有正当的表现机会，并且有正当的方式可以发生政治效力。"[2] 近代中国有许多思想家，如梁启超、孙中山等都认为，实行宪政需要人民有一定的文化和政治素养，不可以一蹴而就，但胡适却认为，实行宪政并不困难，它只是一种"幼稚园"式的初级民主政治，随时随地都可以实行。

胡适要求国民党"抛弃党治，公开政权"。他认为，"党治"的腐败，在于没有合法政敌的监督。救济的方法，就是树立一个或多个竞争的政党。同时，他也主张建立议会，通过宣传鼓吹、组织运动、选举竞争等手段进行不流血的"和平革命"，"用和平的方式转移政权"。[3]

在近代中国，马克思主义者或接受马克思主义影响的人都将中国民主改革的希望寄托于工人、农民，而胡适则寄希望于知识阶级。他主张从各学术团体、商业团体、技术职业团体中产生"有计划、有力量的政治大组合"，通过这一"组合"干预政治，监督政府，指导政府，援助政府[4]。

罗隆基是胡适在人权等问题上的战友。他认为，人权不应只是维持生命，取得衣食住和人身安全，而且，要使个性和人格得到培养与发展，因此，他将人权概括为生命权、个性自由、最大多数人的最大幸福、劳动权、言论自由、革命权等。他特别重视言论自由。提倡说自己要说的话，不说旁人要自己说的话。他也特别重视"革命权"，主张人民在人权不能保障的时候，就可以行使"革命权"。在《论人权》一文中，他提出了35条人权要求，其主要内容有：

---

[1] 《民权的保障》，《独立评论》第38号，1933年2月19日。

[2] 《我们能实行的宪政与宪法》，《独立评论》第242号，1937年7月11日。

[3] 《政治改革的大路》，《独立评论》第163号；《从民主与独裁的讨论里求得一个共同政治信仰》，《独立评论》第141号，1935年3月10日。

[4] 《中国政治出路的讨论》，《独立评论》第17号，1932年9月11日。

1. 主权在民，任何个人或团体未经人民允许，不得行使国家权力。人民在法律上一律平等，享受国家政治上的一切权利，不得有宗教、政治信仰、社会阶级及男女的限制。

2. 国家保障国民私有财产，凡一切不经法定手续的没收及勒捐，均为违法；同时，国家也必须保障人民就业，保障人民思想、言论、出版、集会自由，普及教育，不得将教育机关作为政治信仰的宣传机关。

3. 政府与官吏对全民负责，任何家庭或团体不得包办政府多数高级官吏；废除荐举制，以才能选用官吏。

4. 司法独立，法律至上。法律对全体人民负责，不向一党一派负责。法律应该"约束"政府，限制执政者的特权。任何人或任何团体不得处于超越法律的地位。军政长官无权解释法律，执行司法职权。法官人选，不得有宗教及政治信仰的歧视。

5. 军队对全体人民负责；任何军人都不得兼任地方行政职务。国家无论在任何形势下，不得以军事法庭代替普通法庭。非经政府的许可，任何军人不得在任何地点宣布军法戒严。

6. 无论何人，不经司法上的法定手续，不受逮捕、检查、收押；不经国家正当法庭的判决，不受任何惩罚。任何国民，凡未经法庭处死刑者，国家任何官吏，不得以命令处任何人以死刑。[1]

罗隆基认为：国家是全体国民彼此合作以达到共同幸福的工具，人民是主人，国家为人民而存在。因此，人民对国家的服从是有条件的。当国家不能为大多数人谋福利，蜕变为某一家庭或某一集团的私有物时，人民就可以终止对它的服从义务。

1931年，南京国民政府公布《训政时期约法》，宣布"主权在民"，但同时规定，训政时期由国民党全国代表大会和国民党中央委员会行使统治权，罗隆基批评这种现象是"主权在党"，呼吁从国民党手上收回"国民的政权"。[2]他说："民主政治，重要的条件是国家的统治权，应树立在

---

[1] 《论人权》，《新月》第2卷第5号；《什么是法律》，《新月》第2卷第12号。

[2] 《我们要什么样的政治制度》，《新月》第2卷第12号。

国民的全体,不在某特别团体,或某特别阶级身上。"[1]罗隆基的这些思想,在当时和国民党是相对立的。

除主张议会政治外,罗隆基还提倡专家政治,主张通过考试选拔政府官吏[2]。

在20世纪二三十年代的自由主义者中,和胡适、罗隆基观点接近的有王世杰、王造时等人。王世杰提出,必须对旧的代议制进行改造。他主张,以职业代表制代替人口及地域代表制,以比例选举代替多数选举[3]。同时,他又主张,在总统与议会,或议会内部意见不一致时,可以诉诸"公民票决制",通过公民总投票解决纠纷。王造时主张"用选票代替枪杆子",各派政治势力都到选举场去决斗,"用不着杀人,用不着放火,用不着蹂躏人民,用不着破坏秩序。他们都有公平的机会,他们听国民最后的裁判"[4]。针对国民党一党专政、权力失控的状况,王造时特别提出,必须建立监督机制。他说:"权力是最危险的东西,没有监督,必致滥用。"[5]他主张行政系统受议会监督,对政府或政府官员,议会可以质询,可以弹劾,可以提不信任案。

在王世杰、王造时之外,张君劢企图独树一帜。他提倡一种"修正的民主政治",其内容为:权力属于政府,自由属于人民,政务归于专家。他称之为超越于独裁政治与议会政治之外的"第三种政治"[6]。

邓演达等第三党的"平民政权"

邓演达原是国民党左派。1927年汪精卫分共前夕出走莫斯科,1930年回国,正式组织中国国民党临时行动委员会,提倡"平民革命",建立

---

[1] 《对训政时期约法的批评》,《新月》第3卷第8号。

[2] 《专家政治》,《新月》第2卷第2号。

[3] 《新近宪法的趋势——代议制之改造》,《东方杂志》第19卷第22号,1922年11月15日。

[4] 《我们为什么主张实行宪政》,《荒谬集》,第53~54页,自由言论出版社,1935。

[5] 《怎样打倒贪污》,《荒谬集》,第107页。

[6] 《民主独裁以外之第三种政治》,《再生》第3卷第2期,1935年4月15日。

"平民政权",企图走和国民党、共产党都不同的第三条道路。

邓演达尖锐地批判以胡适和罗隆基为代表的人权派,认为他们只是"把欧美的政治形态整个地移植到中国来","不但是不会实现,即使实现,也不过是资产阶级的民主,与劳动平民无关",他说:"中国劳动平民大众做统治者的牛马奴属已好几千年,现时的唯一要求是要翻身起来自己管理自己,自己发展自己,而其最切近的第一步目标是要推翻传统的官僚机构,建立真正由人民直接参加及组织起来的政权。"[1]

邓演达所称的平民,指的是直接参加生产的各种工厂工人、手工业者、自耕农、佃农、雇农及设计生产、管理生产与担任运输分配等任务及其他辅助社会生产的职业人员。由这些人员掌握的政权称为"平民政权"。在这个政权里,工人、农民是重心[2]。

邓演达认为,建立平民政权的先决条件是形成平民群众本身的组织。一种是职业组织,如工会、农会;一种是准职业组织,如学生会、妇女会、士兵会等。

为了铲除官僚制度和军阀政治的积弊,保障参加生产各部门的民众和政权的紧密联系,邓演达主张,必须由职业团体代表掌握政权。其最高权力机关为国民大会。其中,直接参加生产的农民和工人占百分之六十,其他各职业团体及准职业团体占百分之四十。邓演达声称:"反对欧美流行的三权分立制,而主张立法机关不与执行机关分离,一切权力属于国民大会,在国民大会之下设执行机关。各地方的权力机关为省民大会、县民大会、乡民大会等。"[3]

为了促进地方发展,邓演达主张,实行分权制,将中央权限缩小到最低限度,除外交、军事以及关系全国的产业统制,全国的变通与财政外,其他各事均由各地方负责自行治理。

---

1 《南京钦定的国民会议和我们所要求的国民会议》,《邓演达文集》,第151页,人民出版社,1981。

2 《中国国民党临时行动委员会政治主张》,《邓演达文集》,第350页。

3 《中国国民党临时行动委员会政治主张》,《邓演达文集》,第352页。

民盟等中间党派提倡的"中国型民主"

抗日战争期间，民主力量有了一定发展，反对国民党"一党专政"的呼声再度高涨。1941年10月，中国民主政团同盟发表《对时局主张纲领》，要求"实践民主精神，结束党治"，"设置各党派国事协议机关"[1]。1945年10月，中国民主同盟召开临时全国代表大会，宣称"人是一切组织、一切制度的主人"，"民主的政治经济必定是全体人民的政治，全体人民的经济"[2]。会议通过《中国民主同盟纲领》，其政治部分共15条，比较集中地体现了中间党派的"国民国家"思想。它在第一条首先确认："民主国家以人民为主人，人民组织国家之目的在谋人民公共之福利，其主权永远属于人民团体。"在第二条中确认："国家保障人民身体、行动、居住、迁徙、思想、信仰、言论、出版、通讯、集会、结社之基本自由。"在以下各条中，民盟提出了建设"国民国家"的具体设想：

1. 实行宪政，厉行法治，国有国宪，省有省宪。于国宪颁布后，召集省宪会议，制定省宪。各民族组织的自治单位，也均应制定宪法，实行自治。任何人、任何政党不得处于超法律的地位。司法绝对独立，不受行政及军事干涉。

2. 以地方自治为实行民主政治的基础，中央与省、省与县的权限均按宪法的规定实行分权。

3. 国会为代表人民行使主权的最高机关，由参议院及众议院组成。参议院由各省省议会及少数民族自治单位选举的代表组成；众议院由全国人民直接选举的代表组成。

4. 国家最高行政机构取内阁制，对众议院负责。

5. 实行普选制。县以下行使直接民权。总统、副总统由人民直接

---

1 《中国各民主党派》，第460页，中国文史出版社，1987。

2 罗隆基：《中国民主同盟临时全国代表大会政治报告》，《中国民主党派历史资料选辑》，上册，第239~240页，华东师范大学出版社，1985。

选举。

6. 实行文官制。文官选拔实行考试制度，公开竞争，非经合格者不得任用。文官机关的长官及全国事务官应超然于党外。[1]

20世纪，人类社会有两种主要的国家制度，一是英美式，一是苏联式。民盟肯定英美的议会政治和政党政治，认为其缺点并非来源于政治制度，而是来源于社会经济制度缺乏调整。因此，民盟主张"拿苏联的经济民主来充实英美的政治民主，拿各种民主生活中最优良的传统及其可能发展的趋势，来创造一种中国型的民主"[2]。张东荪则明确提倡"建立一个资本主义与共产主义之间的政治制度"[3]。

中间派所称"中国型民主"的主要内容有三：一是"多党共存"。民盟主张，召集全国各党派以及无党派的代表人士共同举行圆桌会议，用和平协商的方式，对当前国家的一切问题逐步地积渐地求得全盘彻底的解决。张东荪称："各党共存，都能发展，这就是民主。"[4] 二是联合政府。民盟宣称：相当长时期的联合政府是中国和平、团结、统一的惟一途径。三是国民大会。民盟认为：国民大会必须是代表真正民意的机关，而不是任何党派包办操纵的机关。因此，民盟主张用人民普选产生的代表组成国民大会，从而结束国民党的党治[5]。当时的中间派普遍认为，一党专政制度难以有效地统治中国，特别难以防止掌握政权后的腐化，因此，也就难以使社会长治久安。1948年1月8日，上海《大公报》发表文章说："有革命抱负的政党稳握政权后十年二十年，可有把握不走上腐化途径？而那时不满现状的人们能不再起而革命？于是，革命不已，流血不已。这个连环套要到哪年为止呢？"他们认为，实行多党制，人民与统治者就是一种"由招标而发生合同"的关系。既然是招标，就

---

1 《中国民主同盟纲领》，《中国各民主党派》，第461～462页。

2 《中国民主同盟临时全国代表大会政治报告》，《中国民主党派历史资料选辑》，上册，第242页。

3 张东荪：《一个中间性的政治路线》，《再生》第118期，1946年6月22日。

4 《追述我们努力建立"联合政府"的用意》，《观察》第2卷第6期，1947年4月5日。

5 《中国民主同盟临时全国代表大会政治报告》，《中国民主党派历史资料选辑》，上册，第243～246页。

会有竞争，人民也就可以挑选，有"检验货真价实的应征者之权"；而应征者由于竞争作用，在货色价码上就不得不"分外老实克己"。

中共的"真正民主共和国"与"新民主主义共和国"主张

中共在建党时，对中国国情尚无清醒的认识，提出要以革命军队"推翻资本家阶级的政权"，"承认无产阶级专政"，"承认苏维埃管理制度"。[1]1922年7月，中国共产党召开第二次全国代表大会，认识到当时的中国革命只能是民主革命，因此，相应地提出了建立"真正民主共和国"的主张。其内容为：

1. 消除内乱，打倒军阀，建设国内和平；
2. 推翻国际帝国主义的压迫，达到中华民族完全独立；
3. 统一中国本部（东三省在内）为真正民主共和国；
4. 蒙古、西藏、回疆三部实行自治，成为民主自治邦；
5. 用自由联邦制，统一中国本部、蒙古、西藏、回疆，建立中华联邦共和国；
6. 工人和农民，无论男女，在各级议会市议会有无限制的选举权、言论、出版、集会、结社、罢工的绝对自由；
7. 制定关于工人和农民以及妇女的法律。[2]

这个纲领要求"真正民主"，重视"民族自治"和工人、农民的利益，是一个比较彻底的民主主义国家纲领。正是在这一基础上，中共与国民党建立了统一战线，共同从事"国民革命"。但是，1927年国共统一战线破裂后，中共即继续致力于在中国建立"苏维埃"——"无产阶级领导之下的工农民权独裁制"，提出"一切政权归工农兵士贫民代表

---

1 《中国共产党第一个纲领》，《中共中央文件选集》第1卷，第3页，中央党校出版社，1989。

2 《中国共产党第二次全国代表大会宣言》，《中共中央文件选集》第1卷，第115～116页。

会议"。[1]这样,资产阶级就和军阀、官僚、地主、豪绅、富农、僧侣一起被排斥到了"人民"之外,被剥夺了选派代表参加政权和政治上的自由[2]。只是随着日本侵华危机的逐渐加深,中共才逐渐改变主张,"人民"的内涵再度扩大。

1935年12月,中共在陕北提出,为了发展和壮大民族统一战线,愿将"苏维埃工农共和国"改变为"苏维埃人民共和国"。1936年8月,中共致函国民党,提出建立"全国统一的民主共和国"。1937年8月,中国共产党提出抗日救国纲领,主张召开国民大会,选举国防政府。1940年1月,毛泽东在《新民主主义论》中,从"国体"和"政体"两方面提出了"新民主主义共和国"的设想。

毛泽东所谓国体,指的是社会各阶级在国家中的地位。他说:"中国无产阶级、农民、知识分子和其他小资产阶级,乃是决定国家命运的基本势力","他们必然要成为中华民主共和国的国家政权和政权构成的基本部分,而无产阶级则是领导的力量"。根据这一理论,他提出:"现在所要建立的中华民主共和国,只能是在无产阶级领导下的一切反帝反封建的人们联合专政的民主共和国。"这里所说的"一切反帝反封建的人们"是一个相当宽广的概念,许多过去被视为敌人的阶级、集团、派别都可以包括在内了。他特别提出:"'国民'这个词是可用的,但是,国民不包括反革命分子,不包括汉奸。"

毛泽东所谓政体,指的是政权的构成形式问题。他说:"中国现在可以采取全国人民代表大会、省人民代表大会、县人民代表大会、区人民代表大会直到乡人民代表大会的系统,并由各级代表大会选举政府。"他特别提出:必须实行无男女、信仰、财产、教育等差别的普遍平等的选举制。他称这种制度为民主集中制。

毛泽东认为,将各革命阶级的联合专政和民主集中制两者结合起来,就是新民主主义的共和国,也就是名副其实的中华民国。他说:"国

---

1 《中国现状与党的任务决议案》,《中共中央文件选集》第3卷,第459~460页。
2 《中华苏维埃共和国宪法大纲》。

事是国家的公事，不是一党一派的私事。"[1]因此，他尖锐地反对"由一党一派一个阶级来专政"[2]，表示"既不赞成别的党派的一党专政，也不主张共产党的一党专政"[3]。他多次要求当时的各抗日政权实行三三制，即共产党员占三分之一，非党的左派进步分子占三分之一，不左不右的中间派占三分之一[4]。所谓"中间派"，毛泽东有时直指为"中等资产阶级和开明绅士"[5]。他甚至表示，政府机关可以允许不反共的国民党员参加，在民意机关中可以容许少数右派分子参加，切忌由中共包办一切[6]。

在人民权利方面，毛泽东提出：人民的言论、出版、集会、结社、思想、信仰和身体这几项自由，是最重要的自由[7]。他主张，要给别人以说话的机会，除了日寇汉奸和破坏抗战和团结的顽固派，其他任何人，都有说话的自由[8]。

针对当时有人怀疑共产党得势之后，是否会学俄国，来一个无产阶级专政和一党制的疑问，毛泽东回答道："在一个长时期中，将产生一个对于我们是完全必要和完全合理同时又区别于俄国制度的特殊形态，即几个民主阶级联盟的新民主主义的国家形态和政权形态。"[9]后来，毛泽东曾将这一政府称为"民主联合政府"。

毛泽东后来对他所提出的"新民主主义共和国"继续有所说明。一是关于"人民大众"。他一方面明确地将民族资产阶级列为"人民大众"的组成部分，但同时声明，其主体是工人、农民和其他劳动人民。一是关于工人阶级领导的实现形式。他表示工人阶级将通过自己的先锋队中国共产党实现对于人民大众的国家及其政府的领导[10]。1949年6月，他将

1　《毛泽东选集》（一卷本），第767页，人民出版社，1968年袖珍横排本（以下均同）。
2　《毛泽东选集》，第691页。
3　《毛泽东选集》，第718页。
4　《毛泽东选集》，第700页。
5　《毛泽东选集》，第708页。
6　《毛泽东选集》，第724页。
7　《毛泽东选集》，第971页；参见第726页。
8　《毛泽东选集》，第767页。
9　《毛泽东选集》，第963页。
10　《毛泽东选集》，第1167页。

"新民主主义共和国"称为"人民民主专政",声称对人民,实行民主;对反动派,实行独裁。

现代国家的职能当然既有民主方面,又有专政方面。毛泽东的"人民民主专政"论较之列宁的"无产阶级专政"论显然要更全面一些。但是,对于"国民国家"或"人民国家"来说,民主应该是主要方面,第一方面。民主,意味着人民真正成为国家的主人,意味着必须切实尊重并保障人民的各种权利。如果人民的权利得不到切实的保障,侈谈专政,其结果就会发展为专政无边,民主也就所剩不多了。

尾 语

民国建立,君主、民主、君民共主之争基本结束,以"民主共和"为主要内容的"国民国家"思想成为时代潮流,环绕怎样建设一个民主国家,不同派别的思想家和政治家提出了众多的方案,涉及国家权力与阶级构成、阶级关系、党派关系、政党与国家、民主与专政、政体形式、代议制的利弊、人民权利、直接民权与间接民权、有限自由与无限自由、选举制度、国家组织形式、法治与党治、政权更替、中央集权与地方分权、国宪与省宪、国家统一与民族区域自治等多方面的问题。这些问题的提出,极大地丰富了"国民国家"或"人民国家"的理论内容,为后人留下了一笔可观的思想遗产。民主是一个旧课题,又是一个新课题;既是某个国家的课题,又是世界各国的普遍课题。中国是个幅员广大的国家,民国时期是社会动荡和转型迅速的时期。仔细地研究、辨析这些遗产,将会大有益于中国的民主建设,也会大有益于人类历史的发展。

论辛亥革命前的国粹主义思潮

20世纪初叶，我国发生了辛亥革命。这次革命在意识形态领域内取得了什么成果？革命派提出过什么样的文化改革的要求呢？我们如果在这两个问题上进行一些考察，就可以发现，辛亥时期的中国民族、民主革命派在这方面虽然也做出了一些成绩，但建树比之政治方面却还要贫弱。近代中国的民族、民主革命派在思想、文化领域内确曾一度表现出革命的锐气和蓬勃的进取精神。他们批判尊古贱今的退化史观，批判封建文化、封建道德，要求革新和创造。这种情况，在1905年前表现得特别显著，但愈接近革命前夜，却反而渐趋沉寂。例如，近代中国的新型知识分子，包括改良派在内，曾经提出过道德革命、风俗革命、经学革命、史学革命、文界革命、诗界革命、曲界革命、小说界革命、音乐界革命、文字革命等一系列口号，他们在其中一些方面，确也做过一些改革的探索，一时风起云涌，颇为热闹；但是，曾几何时，这种现象就消失了，代之而起的是甚嚣尘上的复古思潮。"革命"的口号不喊了，要喊"光复"、喊"保存"了。

这一切情况是怎样发生的？它对于我们可以提供什么历史教训呢？这是本文试图探索的问题。

一

在辛亥革命前，有三种人都宣传过一种名为国粹主义的思想：一是清王朝统治集团，突出的代表人物是张之洞；一是日益退步的资产阶级改良派；一是革命派阵线中的某些分子，如章炳麟和《国粹学报》、南社中的部分成员。

中国的封建统治者一向自视为"诗书上国"和"礼仪之邦"。为了维护其统治，他们总是千方百计地宣传封建文化，坚持"天不变，道亦不变"。鸦片战争后，清王朝统治集团中的顽固派仍然拒绝任何改革，拒绝向资本主义的西方学习任何一点进步的东西；这一集团中的另一部分人则认为可以学习西方的船坚炮利和声光化电之学，借以加强镇压人民起义的手段，但同时认为必须保持封建意识形态体系的完整性和神圣性，于是便提出了"中学为体，西学为用"的口号。这就是封建统治集团中的洋务派。随着近代中国资产阶级的兴起和资产阶级改良运动的逐渐开展，封建统治阶级的这种宣传封建文化的努力也愈为加强。19世纪末年，以康有为、梁启超为代表的资产阶级改良派，介绍西方资产阶级的进化论和民主、民权思想，提出君主立宪的要求，近代中国出现了第一次思想解放的潮流。于是洋务派的代表人物张之洞便刊刻《劝学篇》，标榜"教忠"、"明纲"、"宗经"、"正权"、"讲西学必先通中学，乃不忘其祖也"，企图巩固封建文化对人民的思想统治。义和团运动后，民族、民主革命派兴起，大力介绍法国资产阶级革命时期的自由、平等、博爱等革命理想，对封建制度、封建文化进行了勇敢的抨击，并在论战中击败了改良派。近代中国出现了第二次思想解放的潮流。革命派不仅从事理论宣传活动，也在加速政治组织工作和武装起义，清王朝的统治已经风雨飘摇，岌岌可危。因而，它也就比过去更加狂热地宣传封建文化和复古思想。1906年，清王朝规定以"忠君、尊孔、尚公、尚武、尚实"五大纲为教育宗旨。同年，从刑部主事姚大荣请，以孔子为万世师表，诏升大祀。这一时期，它宣传封建文化，更提出了一个漂亮的名目，这就是保存国粹。在1903年清王朝颁布的《学务纲要》中，即规定各级学堂必须"重国文（指文言文及古代典籍——引者）以存国粹"。1907年，张之洞在湖北武昌成立存古学堂，并给清王朝上了一个奏疏，大意是，当时正是"道微文敝，世变愈危"之际，他经过经年的筹计，殚心竭虑，商榷数十次，发现只有"存国粹"才是"息乱源"的最好办法。什么是"国粹"呢？这就是"本国最为精美擅长之学术技能、礼教风尚"、"文字经史"、"历古相传之书籍"。对于这些，均应"专以保存为主"。他说：

> 若中国之经史废，则中国之道德废；中国之文理词章废，则中国之经史废……近来学堂新进之士，蔑先正而喜新奇，急功利而忘道谊，种种怪风恶俗，令人不能睹闻，至有议请罢四书五经者，有中、小学堂并无读经、讲经功课者，甚至有师范学堂改订章程，声明不列读经专课者。……此如籍谈自忘其祖，司城自贱其宗。正学既衰，人伦亦废。为国家计，则必有乱臣贼子之祸；为世道计，则不啻有洪水猛兽之忧。[1]

可以看出，所谓保存国粹，其目的是抵御当时汹涌澎湃的新思潮、新文化，抵御新型知识分子对封建文化所做的批判，从而挽救清王朝的垂死命运。张之洞的这个建议得到了统治者的赞赏。"上谕嘉勉"，于是全国各地遍设存古学堂，尊孔复古之风大盛，保存国粹的调子高唱入云。

革命运动进一步发展后，资产阶级改良派也逐渐加入到清王朝保存国粹的合唱队里。原先，改良派曾经对封建文化作过一点批判，但那是极其有限的。他们都无例外地美化中国古代文明，主张采西学而不否定中学，孔孟之道、六经之学仍须发扬。这时，由于他们的立场已从批判君主制度转为维护君主制度，因而，也就转而从封建文化中找寻救命灵丹。1902年，梁启超曾筹创《国学报》，认为"养成国民，当以保国粹

---

[1] 张之洞：《保存国粹疏》，光绪三十三年江苏活字印本。

为主义，当取旧学磨洗而光大之"[1]。1910年，在办《国风报》期间，更对"举国不悦学"、"动弃吾之所固有以为不足齿录，而数千年来所赖以立国之道遂不复能维系人心"的情况表示忧心忡忡，而致力于对中国美好的"国性"和"国民性"的宣扬。康有为"八年于外，周游列国"，考察了西方的许多国家后，突然发现中国的历史简直好到无以复加："吾国经三代之政，孔子之教，文明美备，万法精深，升平久期，自由已极"，所以他认为应大呼"孔子万岁"。[2] 在他看来，当时中国比西方所差的只是"工艺兵炮"。辛亥革命后，更发表了所谓《中国颠危在全法欧美而尽弃国粹论》。严复于1906年在环球中国学生会上发表演说，斥责西学少年"群然怀鄙薄先祖之思，变本加厉，遂并其必不可畔者亦取而废之"。他提倡中国的天理人伦和教化风俗，认为应"一切守其旧者"，"五伦之中，无一可背"。[3]

在行将被革命浪潮淹没之前，封建统治阶级以及和它有密切联系的资产阶级改良派力图抓住封建文化这根救命稻草，来挽救自己，这就是他们高喊保存"国粹"的实质。

二

1902年初，广东顺德人邓实在上海创办《政艺通报》，朔望出版，月出二册。邓实主张会通古今中外，探求国家治乱强弱的根由。《通报》表现出一定的向西方学习的要求，但同时也宣传国粹主义。1904年冬，邓实组织国学保存会，发展会员，发表宣言，致力于号召保存国学。在他所网罗的会员中，有许多都是当时革命派思想学术界中的活跃人物，后来也大都成了南社的社员。1905年，国学保存会的机关刊物《国粹学报》创刊，至辛亥革命后改名《古学汇刊》止，共发行82期。

---

[1] 转引自黄遵宪：《致梁启超书》，光绪二十八年八月，北京图书馆藏稿。
[2] 《法国革命史论》，《新民丛报》第87期。
[3] 《东方》第3年第3期。

《国粹学报》是当时革命派刊物中专门谈学术的一种，对近代中国的思想、学术界产生过相当大的影响。《学报》编者们表示要师法《庄子·天下》篇和《荀子·非十二子》的精神，探讨学术源流，历叙诸家得失，来为现实政治服务。他们批判乾嘉学派末流的烦琐考据和陆王心学的禅寂清谈，号召人们研究祖国的历史和文化，继承和发扬民族传统。在当时，尤为突出地宣传"夷夏大防"的民族主义思想，猛烈地抨击了以清王朝为代表的封建主义专制制度。但是《学报》所宣传的国粹主义思想却包含着一系列的根本错误，对近代中国新兴的文化事业、革命事业起了消极的影响。

在编辑《学报》以外，国学保存会还曾大规模地从事古籍的校勘整理工作，先后编辑出版过《国粹丛书》、《国粹丛编》、《神州国光集》、《国学教科书》、《国学讲义》等著作，又在上海设藏书楼一所，并曾拟设国粹学堂。

1906年，章炳麟自上海出狱赴日本，在中国留学生欢迎大会上对革命党人提出了两大任务，其一即为用国粹激励种性，增进爱国热肠。其后，东京留学生中成立了国学讲习会，由章炳麟任主讲。不久，又成立了国学振起社，以"振起国学，发扬国光"，章炳麟任社长。这以后，在章炳麟主编的《民报》上出现了许多宣传保存国粹的文字。不少革命党人钻在东京或其他地方的图书馆里，专意整理宋、明遗民的作品及其他国学著作。《民报》自第20期起，也改变编辑方针，似乎觉得过去宣传的革命理论太"空漠"了，自此以后，要"专以历史事实为根据"，同时，又征集"宋季、明季杂史下及诗歌、小说之属"，几乎要把《民报》办成《国粹学报》的样子。风气所开，不少革命派刊物莫不以"抒怀旧之蓄念，发思古之幽情，光祖宗之玄灵，振大汉之天声"一类词句作为发刊目的。它们大量介绍古代思想和人物，校刻古代典籍，于是，保存国学在革命派内部也成了一个时髦的口号。

《国粹学报》诸人在当时宣扬了一些什么思想呢？

1. 他们认为，中国古代文化曾经有过许多光辉灿烂的时期。首先，周公之学，上承百王，集黄帝、尧、舜、文、武之大成。至战国，更出现了一个空前绝后的黄金时期,在诸子的著作里,"其所含之义理于西人心理、伦理、名学、社会、历史、政法,一切声光化电之学无所不包"[1]。西方之所以强盛,那还是学习了我们,"偶得先王遗意"的结果。西方政术,虽然尽善尽美,但"证之《周礼》一书,无不相合"。西方科学之所以发达,乃是"秦人灭学,畴人子弟,抱器西奔"的结果。一句话,凡是西方现在所有的,都是我们古已有之的。中国的精神文明发达最早,"三坟五典,为宇宙开化之先;金版六籙,作五洲文明之祖"[2],是西洋所远不能比拟的。自有世界以来,"以文学立国于大地之上者以中华为第一","此吾国国文之当尊,又足翘之以自雄者也"[3]。

2. 他们认为,中国文化的代表是儒家学派,儒家学派的代表是孔子。它们构成了神州两千年学术的基干。儒家学派最适合于中国国情。周末,赖有孔子删《诗》,序《书》,赞《易》,定礼乐,作《春秋》,因而不亡者二百年。此后,据说,东汉、唐之所以兴,都是崇儒学的结果,而秦焚诗书,宋禁道学,明崇心学,就都国势不振,导致社稷倾覆。所以,"由孔子之教,罔不兴;违孔子之教,罔不亡"[4]。

3. 他们认为,鸦片战争后,海内沸腾,人们探求救亡图存之道,以为中国之弱,弱于中国之学,因而《论语》当薪,《三传》束阁,以《六经》为糟粕,"群以吾国文学之旧而欲痛绝废弃之"。同时,一般人又都醉心欧化。扬西抑中,不尚有旧,人人都在学习"蟹行文字"。举一事,革一弊,都以西方学说为准,把西方典籍视同神圣,这样中国文化就面临着一个空前的浩劫,"十三经、二十四史,诸子百家之文","黄帝、尧、舜、文、武、周公、孔子之学",不及十年,都将尽归烟灭,"国学之厄,未有甚于今日者矣"![5]

4. 他们认为,学术、文化是立国之本,是礼俗政教产生的基础。学

---

1 邓实:《古学复兴论》,《国粹学报》第9期。
2 邓实:《国学保存会小集序》,《乙巳政艺丛书·湖海青灯集》。
3 邓实:《鸡鸣风楼独立书》,《政艺通报》癸卯(1903)第24号。
4 邓实:《鸡鸣风雨楼著议第二·学强》;《政艺通报》壬寅(1902)第3号。
5 《拟设国粹学堂启》,《国粹学报》第26期。

亡，文化亡，则国亡，民族亡。"欲谋保国，必先保学"[1]；要挽救中国的灭亡危机，必须首先修述故业，挽救民族文化，保存国学，人民的爱国心将因此得到发扬。当然，也可以吸收一点西方的东西，但必须是借西学证明中学，彼为客观，我为主观，折中至当。

基于以上论点，《国粹学报》诸人痛心疾首地指斥当时先进的中国人向西方学习的热潮，辱骂他们"鬻道于夷"，放弃道德，搢击仁义，其罪等于卖国，结果是"快意一时，流祸百世，数典而忘其祖，出门不知其乡"[2]。在排斥西方文化的同时，他们大力提倡中国的精神文明，宣扬神州历史、文化的光荣。他们希望通过自己的工作转移世风，使人们重见先正典型、前贤风徽，使中国的古文化能得到恢复："东土光明，广照大千；神州旧学，不远而复。"[3]

当然，革命阵线中的国粹派的观点并不是完全统一的，他们之间也存在着一些差异，这里，须要简要地讨论章炳麟的文化思想。

章炳麟的思想包含着复杂的矛盾。一方面，他认为西方可以学习，问题是不应委心事人、自轻自贱。在《国故论衡·原学》中，他说："四裔诚可效，然不足一切颡画以自轻薄。"但同时他又对向西方学习的人采取鄙夷态度，称之为"新学鄙生"和"浮华之士"。他认为这种"新学"的传播是中国文化的灾难，必将"灭我圣文"，"非一隅之忧也"[4]。在《原学》中，他列举了大量的中国政治、经济、文化中的"精粹"，然后和西方作比较，证明自家的好东西远较西方为多。接着得出了结论，"赡于己者无轻效人"。当时革命派的任务是"恢张"民族传统，而不是"仪型"西方。他说："世人以不类远西为耻，余以不类方更为荣。"

章炳麟也说过一些不应复古的话。他认为古今政俗变迁各有一时之宜，古代的东西并非都是尽善尽美的，因而不可尽行于今，更不可定一尊于先圣。他激烈地反对定孔教为国教，批评孔子胆小，不敢联合平

1　《拟设国粹学堂启》，《国粹学报》第26期。

2　邓实：《国粹学报》第一周年纪念词，《国粹学报》第3期。

3　《国粹学报》发刊词。

4　《俞先生传》，《太炎文录》卷2。

民以觊觎帝位,甚至说孔子哗众取宠,污邪诈伪,湛心利禄。这是一方面。另一方面,他又称颂孔子是中国保民开化之宗,极力把孔子推崇为中国古代文化的保存者。他相信中国的古文化可以用来振兴20世纪的中国,国学兴,则"种性可复",只要使"耳孙小子耿耿不能忘先代",则"国有与立",他甚至认为只要他的朴学老师孙诒让能活得长一点,有人能继承他的学术,"令民志无携贰",中国就可以兴盛了[1]。他以阐扬中国古文化——"支那闳壮硕美之学"的任务自责,反对对这种文化的批判,认为"抨弹国粹者,正使人为异种役耳"。他号召革命党人爱惜自己的历史,一是语言文字,二是典章制度,三是人物事迹;要选出几个功业学问上的"中国旧人",学步他们;要利用古事古迹来动人爱国心思。[2]他甚至设想,革命军所到之处,应该首先保护那些能够宣扬国学、传播旧学的人,即使如大劣绅王先谦之流也不例外,因为他们要比"新学鄙生"更有用于中国。革命胜利后,对于"黎仪旧德",更应予以特别之"保护"。[3]

可以看出,章炳麟的文化思想虽然与《国粹学报》诸人有些差异,但基本上仍然是一致的。

三

在章炳麟以及《国粹学报》诸人的思想中,包含着若干合理内核,即:中国有悠久、丰富的历史、文化遗产,要热爱这份遗产,继承并发扬它。要有民族自尊心,不应该盲目迷洋,认为什么都是外国的好。应该懂得自己祖国的历史,"不明一国之学,不能治一国之事",对自己的祖先完全无知是可耻的,等等。他们中的个别人并且认识到西洋资本主义文化的虚伪一面,"始创自由、平等于己国之人,即实施最不自由、平等

---

1 《瑞安孙先生哀辞》,《民报》第20号。

2 《演说录》,《民报》第6号。

3 《主客语》,《民报》第22号。

于他国之人"[1],例如章炳麟。但是,从主要的方面考察,章炳麟等人的思想又仍然是错误的。

精神生产是需要随着物质生产的改造而改造的。一定的文化永远是一定的社会政治经济条件的反映,为一定社会的经济基础服务。革命,不仅改变旧的生产关系、社会关系,也必须改变由这些关系所产生出来的观念。近代中国资产阶级为了斗争的需要,必须建立反映本阶级利益的意识形态体系,必须与建立在旧的经济基础和社会关系上的旧文化作坚决斗争。这样,他就必然会面临两个问题:一、如何对待西方文化;二、如何对待本国的文化遗产,主要是封建社会中所形成的文化。这就是中学与西学、新学与旧学的问题。毛泽东说:"在'五四'以前,中国文化战线上的斗争,是资产阶级的新文化和封建阶级的旧文化的斗争。……学校与科举之争,新学与旧学之争,西学与中学之争,都带着这种性质。"[2]因而,如何回答这些问题,赞成西学、新学还是赞成中学、旧学,就反映着资产阶级和封建地主阶级两种不同的利益和立场。

在近代,传播西方文化的有两种人。一种是帝国主义的传教士李提摩太之流和一部分资产阶级洋奴买办,他们认为中国要全盘西化,中国什么都不如西方。这是为帝国主义的侵略政策服务的。其中的一些帝国主义分子,不仅不反对中国旧学,相反,倒是支持封建地主阶级的复古论的。另一种人,也是占大多数的,介绍的是西方资产阶级上升时期的民主主义文化。辛亥革命前,中国的民族、民主革命派把《民约论》、天赋人权论以及平等、自由、博爱等学说作为福音,以之作为批判封建文化、封建制度的武器,这就是当时的所谓"新学"。这种"新学"有其局限性,但在当时,正如毛泽东所指出,它"有同中国封建思想作斗争的革命作用,是替旧时期的资产阶级民主革命服务的"[3]。而章炳麟及《国粹学报》诸人却不区别这两种情况,对西方文化采取鄙夷和排斥的态度,他们不了解革命思想从来没有国家的界限,错误地把西方民主主义

---

1 《五无论》,《民报》第16号。

2 《毛泽东选集》第2卷,第689~690页。

3 《毛泽东选集》第2卷,第690页。

文化称为"异域之学"、"晳种之学",中国人学习这种文化就是"末学纷驰,乐不操土",就会导致民族文化的毁灭。他们这样说,就阻碍和打击了新思想的传播和发展。这是一。

第二,旧传统、旧观念往往是一种巨大的束缚力量。要建立新文化,就必须彻底地批判旧文化。没有这个批判,就不可能从封建阶级的思想禁锢下解放出来,因而也就不能建立起新文化。恩格斯曾经指出过:"每一个新的前进步骤,都必然是加于某一种神圣事物的凌辱,都是对于一种陈旧衰颓但为习惯所崇奉的秩序所举行的反叛。"[1]他热情洋溢地赞颂18世纪法国资产阶级革命准备时期的启蒙思想家们,称誉他们对封建的思想和文化所做的战斗和"最无情的批判"。[2]辛亥革命前中国新型知识分子中的一部分人也正是企图这样对中国传统文化重新审查并作出估价的。但是,正当他们对这种文化的神圣性有了一点儿怀疑、做了一点儿批判的时候,国粹派就气冲冲地大嚷大叫起来了。他们说,中国传统文化好得很呀!应该奉之为国粹呀!你们这样做,就是"骛外忘祖"呀!就是"刍狗群籍,粪土典坟"呀!他们这样说,实际上就维护了中国传统的封建文化的神圣地位。

民族文化从来都不是统一的,正如列宁所说,每一种民族文化中都包含着两种对立的成分。毛泽东也指出,中国封建社会中确曾创造了灿烂的古代文化,但其中既有民主性的精华,也有封建性的糟粕。而章炳麟及《国粹学报》诸人恰恰认为有一种超阶级的统一的全民文化,并把它视为立国精神,从而笼统地号召保存国粹,其结果必然是保存了那些封建的腐朽的陈旧的东西。

当然,一个革命的阶级不是绝对不可以利用前代的文化。事实上,思想史、文化史的规律总是这样,新兴文化是要利用前代文化的某些材料的。但是,不能奉行"拿来主义",不能照搬。因为前代文化总是产生在前代的政治、经济条件下,不可能完全适应,甚至根本不可能适应新的政治、经济条件,这就需要对前代文化,即使是其精华部分,予以革命的扬

---

[1] 《马克思恩格斯文选》两卷集,第2卷,第379～380页。
[2] 《马克思恩格斯文选》两卷集,第2卷,第117～118页。

弃、改造，只有这样，才能使之为新的经济基础服务，并从而有利于新兴文化的创造和发展。而国粹派却不是这样。在他们看来，民族文化已经好到无以复加了，可以永垂万代；不管社会条件发生了怎样的改变，这种文化都是使中国强盛的万灵药方，不必批判，也不必创新，任务只是保存。这实际上就是使民族文化长期停滞，使封建文化万古长存。

历史证明，奢谈"恢彉"民族传统，拒绝对外国革命、进步文化的借鉴，奢谈继承，不谈革新，其实质都是在宣扬和维护旧的思想、旧的观念、旧的文化，结果必然走上复古主义，堕落成为抱残守缺的孤臣孽子，成为时代前进的反对者。

这里，我们不妨看看章炳麟的例子。

章炳麟在东京的那次演说中号召革命党人爱惜祖国的历史。他的这种观点，直到今天还有一些同志为之叫好。但是，问题就在于这"爱惜"二字。章炳麟不区别什么是人民斗争史，什么是封建压迫史，什么是历史中的民主精华，什么是历史中的封建糟粕。他表面上虽然承认古制不可尽行于今，中国政治总是君权专制，本没有什么可贵，但在具体评述时却总是把中国历史说得好到不能再好，说什么中国的典章制度，总是近于"社会主义"。例证之一是中国实行均田，所以贫富不甚悬绝；之二是刑名法律的大公无私，犯了罪，"凭你有陶朱、猗顿的家财，到〔都〕得受刑"；之三是科场选举，这原是最恶劣的了，但做工营农的贫民也就有了"参预政权"的希望。章炳麟说："我们今日崇拜中国的典章制度……那不好的，虽要改良，那好的，必定应该顶礼膜拜。"[1]然而，既然连刑名法律、科场选举这"本来极不好的"，"尚且带有几分社会主义性质"，那么，还有什么应该改良的呢？岂不是一切都应该"顶礼膜拜"吗？实际上，章炳麟正是这样。他在辛亥革命前的理想就是"光复旧物"，神往于贞观、开元之治，觉得专制制度比资产阶级"立宪代议"政体好，科举比学校好，旧学比新学好，旧党比新党好。在辛亥革命后，他就提议"循常守法"[2]，认为清王朝的错误只在于"偏任皇族"，

---

1 《演说录》，《民报》第6号。

2 《菿汉微言》。

"贿赂公行"两桩,其他旧法则"多应遵循"[1],连婚姻、家族等制度都"宜仍旧"了。

章炳麟认为中国古文化中有许多精粹,特别是"言文歌诗",更是西方各国所万万不及。他说:"中国文字,与地球各国绝异,每一个字,有他的本义,又有引申之义……因造字的先后就可以推见建置事物的先后……"[2]也是好得毫无缺点,应在"爱惜"之列的。于是,他起劲地反对当时一部分人关于汉语拼音和减少汉字常用字数的意见,反对语言文字的发展变革。他对革命党人大讲小学,提倡扬雄、司马相如的"奇字";他的文章充斥了大量早已死亡了的古字,即使有通用字,也非用古字不可。在散文的体裁风格上,他提倡中国散文最初阶段的那种朴拙状态,鄙视唐宋文,反对白话文,企图使语言"一返皇古"。为了反对近代出现的日益与口语接近的新体散文,他甚至在辛亥革命后支持桐城派,说什么"乃至今日而明末之风复作,报章、小说,人奉为宗。幸其流派未亡,稍存纲纪,学者守此,不致堕入下流"[3]。对于诗歌,他也认为愈古愈好,汉魏六朝以前的都是好的,此后则"代益凌迟,今遂涂地",主张"宜取近体一切断之"。他自己的诗也大都古奥诘屈,确乎是汉、魏以上的作品。

在所谓"保存国学"的口号下,《国粹学报》诸人就走得比章炳麟更远了。他们明确地倡言复古,说什么20世纪将是中国古学复兴的时代,一切学术文章都将"寖复乎古"。有人给他们写了篇文章,主张定孔教为国教,孔子为国魂,把《六经》提到如印度的《四韦驮》、基督教的《旧约》的地位。他们加了按语说:"陈义确当,同人无任佩服。"他们认为一切都应该以古代为典范。编辑中有个叫黄节的,当时孜孜于华夷之辨,以光复旧学自任。他做了一部《黄史》,其中《礼俗书》一节,对革命后人民衣食住行的各方面都做了设计。他建议,婚姻,不必如西方的婚姻自由,而应采用《周官》旧礼;丧礼,依明太祖制,为父母斩衰三年;

---

1 《自述学术次弟》。
2 《演说录》,《民报》第6号。
3 《菿汉微言》。

祭祀，返乎三代；住房，远法商代的"四阿屋"。据黄节考证，古代还有所谓"通天屋"，比现代的摩天楼还好。冠服，古代有"留幕"，又有"窄衣"，可以仿制；音乐，国乐已亡，幸而尚存《诗经》中的《鹿鸣》之谱，可以"庶几仿佛皇汉"；舞蹈，《周官》有干舞，跳起来也可以"不失陶唐氏之遗"。[1]

在章炳麟式的"学步中国旧人"的思想指导下，他们认为"前贤学派，各有师承；懿言嘉行，在在可法"。在刘师培编写的《编辑乡土志序列》中，不仅包括名臣传、绅耆传、孝义传、一行传（忠臣、孝子、义仆），甚至也包括列女传，目的在于"表扬名德，阐扬幽光"。

在文学方面，《国粹学报》诸人和章炳麟一样反对白话文、新体散文，称之为粗浅鄙俗，不雅驯；称新体诗歌是"新曲俚词"，拼音简字是"愚诬之说"；提高小说地位是"尊稗官为正史"。他们自己的文章则标榜"纯用古人体裁"，"文辞务求古"，"择言求雅"，甚至说什么"群经多有韵之文，旧典尽排偶之作"，提倡形式主义的骈体文。他们又腾出大量篇幅来发表陈三立、郑孝胥、朱古微、王闿运等同光体、常州词派作家的作品，拉拢严复、林纾等参加国学保存会，和旧文化合流。

吴玉章在《辛亥革命》一文中指出过，辛亥革命时的中国资产阶级"没有强有力的思想革命作先导"，"未能攻破封建主义的思想堡垒"。"他们在理论方面不但缺乏创造性的活动，而且对西方17、18世纪启蒙学者的著作和19世纪中叶的主要思想家的著作也都没有系统地介绍。"这种情况，是同国粹主义思潮在革命派内部得到广泛传播的事实互为表里的。

四

在文学团体南社身上，最清楚地说明了国粹主义思潮怎样窒息了近代中国革命文化人的创造活力，使之在后期逐渐蜕变为文化复古组织。

南社成员在初期有许多都属于新型知识分子阶层，在反对封建制

---

[1] 《国粹学报》第3、4期。

度、封建文化上采取着激烈的态度。例如宁调元曾经痛骂孔子是"民贼","至贻中国二千年专制之毒,民族衰弱之祸"。柳亚子则是卢梭的崇拜者,认为中国的伦理、政治"皆以压制为第一义"。他热烈地呼喊"民权"、"自由",特别积极提倡女权,批判"三从七出"等封建纲常。高旭以"鼓吹欧潮"为自责,宣称"我爱自由如爱命"。他根据进化论的原理批判保守复古倾向,要求发展变革,声言"我说为父者,断勿肖其祖;我说为子者,断勿肖其父……愈演而愈上,今必胜于古","物种能变易,即为天所佑……一成而不变,斯义实大谬"。在文学上,他是新体诗的积极提倡者。周实,认为对中国的古文化,即使是圣贤的"大义微言",也应该"餍其精华而弃其糟粕",认为儒家"甚不广大",反对在各地遍设存古学堂。林獬,积极提倡"种田的、做手艺的、做买卖的以及那当兵的弟兄们"都能读得懂的白话文。在南社成立前,他们办的刊物也大都富于开创精神和改革勇气。例如1904年陈去病、柳亚子等办的《二十世纪大舞台》,提倡戏剧改良,"新曲新理",发表过一些表现当时现实的"时事剧",以"开通下等社会"、"收普及之效"为目的。语言则"或尚文采,或演白话,不拘一例"。又如1906年出版的《复报》首期,发刊词即标名"通俗体"。此后每期均发表新体诗及歌词。但是,在南社成立后,这些成果并不曾鲜明地反映到它的纲领和文学活动中去,其原因就在于国粹派的影响。

南社的酝酿过程正是保存国学的呼声在革命派内部愈来愈高的时期。上文已经谈过,南社的主要成员大都参加过国学保存社,南社的主要发起人之一陈去病更曾一度担任过《国粹学报》的编辑,因而国粹派的观点反映到南社内部去也就毫不奇怪了。在南社成立前,一部分社员曾经对南社的性质、任务等问题交换过意见。高旭后来回忆说,陈去病为什么要发起南社呢?是因为觉得"入同盟会者思想有余而学问不足"[1]。何谓"思想"?显然是革命思想;何谓"学问"?显然就是"国学"了。高旭请宁调元为《南社集》作序,宁调元在回信中说,《南社》应该

---

[1] 《周实丹烈士遗集序》,《南社》第7集。

"固杂志之藩篱",以"保神州之国粹"为目标。¹正是在这种复古思潮的影响下,一部分本来具有革新勇气的人认识模糊了,妥协了。例如高旭,这时就表现了一种摇摆的倾向。在《愿无尽庐诗话》中,他一方面认为"世界日新,文界诗界当造出一新天地";但另一方面,又认为"新意境、新理想、新感情的诗词,终不如守国粹的用陈旧语句为愈有味也"。在这种情况下写出的《南社启》,就接受了国粹派的观点。

> 国有魂,则国存;国无魂,则国将从此亡矣……然则国魂果何所寄,曰寄于国学。欲存国魂,必自存国学始。而中国国学之尤可贵者,端推文学。盖中国文学为世界各国冠,泰西远不逮也。而今之醉心欧化者,乃奴此而主彼。……嗟呼!痛哉!伊吕倭音,迷漫大陆,蟹行文字,横扫神州,此果黄民之福乎!人心世道之忧,正不知伊于胡底矣。²

这份文件代表了南社中相当多成员的看法,对南社的文学活动起了一定的影响。于是,诗界革命、文界革命的线断了,新派诗、新体散文不被提倡了,发表在《南社丛刻》上的仍然是传统的"诗古文词",甚至还有骈文。此外,传播革命新思想的文章少见了,而代之以宋明遗民、乡贤事迹的宣扬。《二十世纪大舞台》提倡的戏剧改良,《中国白话报》的通俗文传统被扔开了,许多社员一心一意以明代的幾社、复社文人为榜样。南社的这一倾向迅速得到了国粹派的欢呼。

辛亥革命后,国粹派立刻成立国学商兑会,发行自己的刊物,号召抱残守缺,保卫先圣之传,宗邦之旧,主张定孔教为国教,并且最后把柳亚子赶下了台,取得了南社的领导权。"五四"时期,这一部分人激烈地反对白话文,白话诗,说:"方今沧海横流,国学废坠,新进鄙文言为迂腐,士夫竞白话为神奇,直使吾国数千年文学渊源日就沦胥之域。"³

---

1 《与高天梅书》,《太一遗书·太一笺启》。

2 《南社通讯录》,辛亥正月版。

3 马士杰:《与高吹万书》,《国粹丛选》第13、14集合刊。

这就使得南社这一革命的文学团体终于沦为复古派的组织。在南社解体以后，南社中的国粹派又汇合而为南社湘集，和接受了"五四运动"影响的新南社相对立。

五

国粹主义思潮是一种复古思潮。它的特点是抵制外来进步文化，反对变革发展，在保存民族遗产的幌子下保存封建文化，或用以抵制革命，或用以抵制革命的新文化。提倡国粹的人当然也有不同：张之洞等代表着清王朝的利益，孔教会诸人则依附于袁世凯和北洋军阀，而章炳麟等国粹派则代表革命党内一部分对旧文化濡染甚深而又深情脉脉的人。像章炳麟等人，为了挽救民族危机，他们对封建制度、封建文化的最霉烂、腐朽的部分有所唾弃，有接受新思想的要求，但是，这种唾弃和接受都有一定的限度。一方面，他们认为"'西哲'的本领虽然要学"，但另一方面，"'子曰诗云'也要更昌明"。[1]一到了学"西哲"而有碍于"子曰诗云"的"昌明"的时候，一到了反封建的革命愈益深入的时候，他们便舍弃西哲、舍弃革命，而只要"子曰诗云"了。如果说，章炳麟等一类国粹派在辛亥革命前还带有若干新色彩，他们也发表过若干正确的对当时革命有利的言论的话，那么，在辛亥革命后，特别在新文化运动后，他们的新色彩就日益消失，而只剩下封建复古的一面了。"五四"前夜，在北京大学内部与新文化派对垒、创办《国故》月刊的，正是被称为"章太炎学派"的《国粹学报》编辑刘师培等人。1918年，正是资产阶级、小资产阶级急进民主派高呼打倒孔家店，拥护德先生、赛先生的时候，黄节在上海重新遇见了《国粹学报》的主编邓实，曾经写了一首诗给他：

国事如斯岂可期，当年与子辨华夷。数人心力能回变，廿载流

---

[1] 《鲁迅全集》第1卷，第409页。

光坐致悲。不反江河仍日下，每闻风雨动吾思。重逢莫作蹉跎语，正为栖栖在乱离。

廿载心力，孜孜于华夷之辨，不料人心仍如江河日下，国粹将亡，自然感慨系之，其声凄以厉了。后来邓实在上海以书画古玩自娱，郁郁以终。章炳麟"退居于宁静的学者"，和时代隔绝了，其原因都在这里。

对国粹主义思潮的复古实质，辛亥革命时曾有少数人有所认识，提出过"尊今贱古"、"餍其精华，弃其糟粕"等进步的命题来与之对抗，但是并未形成强有力的思潮，大多数人则听任国粹主义在革命派内部传播，不少人还随声应和，这就使得在政治、思想、文化领域内未能高举彻底的反封建的大旗，使得一度出现过的蓬蓬勃勃的现象逐渐消失，并使历史发生了某种倒退。

彻底地展开对封建文化的批判，彻底地展开对国粹派的斗争，这一任务是"五四"时期才提出来的。"五四"新文化运动揭出了反对旧道德、提倡新道德，反对旧文学、提倡新文学的大旗。这是一个了不起的功绩。它称得起是中国历史上以前不曾有过的伟大的文化革命。但是，这一运动也有它的缺点，这就是"对于现状，对于历史，对于外国事物，没有历史唯物主义的批判精神，所谓坏就是绝对的坏，一切皆坏；所谓好就是绝对的好，一切皆好"[1]。所以有些人又盲目崇拜西洋，完全否定民族文化传统，出现了许多洋八股、洋教条。

正确地解决了近代文化史上长期悬而未决的问题的是毛泽东。他在《新民主主义论》中指出，必须"革除""中华民族旧文化中的反动成分"，"建立中华民族的新文化"，即"民族的、科学的、人民大众的新文化"。他反对盲目排外自尊的文化上的狭隘民族主义，同时又强调不应该生吞活剥，盲目搬用，而应当从中国人民的实际需要出发，和民族的特点相结合，使之具有中国作风、中国气派。他反对割断历史的民族虚无主义，同时又反对盲目迷信古人的复古主义。他说：

---

[1] 《毛泽东选集》第3卷，第833页。

中国的长期封建社会中，创造了灿烂的古代文化。清理古代文化的发展过程，剔除其封建性的糟粕，吸收其民主性的精华，是发展民族新文化提高民族自信心的必要条件；但是决不能无批判地兼收并蓄。必须将古代封建统治阶级的一切腐朽的东西和古代优秀的人民文化即多少带有民主性和革命性的东西区别开来。……我们必须尊重自己的历史，决不能割断历史。但是这种尊重，是给历史以一定的科学的地位，是尊重历史的辩证法的发展，而不是颂古非今，不是赞扬任何封建的毒素。对于人民群众和青年学生，主要地不是要引导他们向后看，而是要引导他们向前看。[1]

当我们了解到近代文化史的发展及其有关论战后，我们就会认识到毛泽东这段话包含着深刻而丰富的内容。

批判是发展的必要环节，没有批判，就谈不上真正的继承。这种批判，是一种分析、分解和扬弃，并不是一概骂倒，全盘否定。只有运用马克思主义历史唯物主义对历史文化遗产进行科学的批判，才能真正继承民族文化的优良传统，保证新兴的革命文化的健康发展，保证思想革命的彻底胜利。在这方面，辛亥革命前国粹主义思潮的泛滥，正是给我们提供了一个反面的历史教训。

---

[1] 《毛泽东选集》第2卷，第700～701页。

论《天义报》刘师培等人的无政府主义

无政府主义思潮在20世纪初年传入中国，至1907年，出现东京《天义报》和巴黎《新世纪》两个传播中心。它们人数虽不多，却分别形成了自己的思想特色，在中国近代革命史和思想史上发生了影响。

《天义报》创刊于1907年6月10日，共发行19期。1908年4月28日，东京的中国无政府主义者们另出《衡报》，它实际上是《天义报》的继续。二者的创办人、编辑人和大部分文章的执笔人都是刘师培。他是这一派的理论代表。本文将以考察他的无政府主义思想为主，兼及他的妻子何震和有关人物。

绝望于民族民主革命

在西欧历史上，无政府主义产生于19世纪的上半叶，盛行于下半叶，它反映了小资产阶级对迅速膨胀的资本主义的抗议；在近代中国，无政府主义产生于民族民主革命的发展时期，它反映了小资产阶级对这一革命的绝望。

20世纪初年，世界资本主义已经发展到了帝国主义阶段，它的各种固有矛盾日益尖锐。启蒙思想家应许过的理想社会并没有实现，相反，暴露于光天化日之下的却是这个制度的遍身脓疮。1900年至1905年间，法国罢工人数达到110余万，德国每年发生罢工1400余次。刘师培等人生活在日本，他们较易了解西方世界的真实状况，也充分看到了日本资本主义和军国主义发展所造成的恶果。1907年6月4日，日本足尾铜山矿工罢工，并迅速发展为暴动，成为震动全日本的重大事件。这一年，日本全国共发生罢工斗争57起。这些事件，对于去国离乡、寻找救国救民真理的中国革命党人不能不是一个强烈的刺激。在日本社会党人和无政府主义者的启发和影响下，他们迅速感到，资本主义绝不是一条美好的出路。

《天义报》诸人思想的突出之点是反对资产阶级和资本主义。刘师培指责资本家"独占生产机关"，役使并剥削工人，镇压工人罢工，道德最为腐败。他说："呜呼！富民之财悉出于佣工之所赐，使无佣工之劳力，则富民无由殖其财。今乃忘彼大德，妄肆暴威，既夺其财，兼役其身，非惟夺其财产权也，并且夺其生命之权，此非不道德之极端耶！"[1] 他看出了资本家的剥削是人民贫困的根源。《大盗与政府》一文说："资本家用攫财之术，以一人之身而兼有百千万人之财，盗百千万人之财而归于一人，下民安得不贫！"[2] 因此，他强烈地反对在中国发展资本主义，认为："振兴实业，名曰富国，然富民愈众，全国之民悉陷于困穷之境，则实业之结果，不过朘削贫民计耳！"[3]

刘师培对资产阶级和资本主义的批判一般是从伦理学角度，但是，也有个别文章引用了政治经济学概念。《论中国资本阶级之发达》一文说："通州纱布各厂所获之利尤巨，其剩余价格均为各股东所吸收。例如工人于一日间织布六丈，每丈售价五角，则六丈可售三元。然原料约一元五角，机器损耗约三角，房屋费约摊一角，是所余尚一元一角，然工人作工一日不过得三角，是股东竟得剩余价格八角也。"[4] 发现剩余价值是马克思的一项划时代的功绩，它构成了马克思主义经济理论的基石。

1　《无政府主义之平等观》，《天义》第5卷。

2　《天义》第1卷。

3　《论种族革命与无政府革命之得失》，《天义》第7卷。

4　《衡报》第5号。

该文将剩余价值译为"剩余价格",失去了它应有的科学性和准确性。但是,它把这一概念引进中国来,有助于人们认识资本主义剥削的秘密。

刘师培认为,帝国主义是资本主义发展的结果。他说:"试考帝国主义发达之原因,盖政府、资本家,欲攫取异国之金钱,利其愚弱,制以威力,由是托殖民之名,以扩政府、资本家之实。"[1]又说:"资本家欲扩充商业,吸收他境之财源,盗为己有","遂成戕杀之世界"。[2]这些看法,接触到了问题的本质。刘师培尖锐地揭露资本主义对殖民地人民和本国人民的压迫,称帝国主义为"现今世界之蟊贼"。他说:"今日欧美各国,政府及富民势力日增,而人民日趋于贫苦,则帝国主义盛行之故也。"[3]刘师培的上述认识,虽然还缺乏足够的理论深度,但对20世纪初年的中国思想界来说,仍有其新颖感和启发性。

戊戌维新前后的一段时期,以西方资本主义为师曾经是先进中国人的理想。他们认为,那一套相当美妙。刘师培对资产阶级和资本主义的批判,无疑是一帖清凉剂。但是,刘师培既是缺乏辩证观念的形而上学者,又是生吞活剥外国经验的教条主义者。他不了解,在历史上,资产阶级和资本主义都曾经是革命的、进步的;当它在西方已经弊端丛生的时候,在落后的中国,仍有其存在和发展的必要。他错误地得出了应该和年轻的中国民族资产阶级进行战争的结论。《论中国资本阶级之发达》一文说:"中国自今而往,资本阶级之势力必步欧、美、日本之后尘,则抵抗资本阶级,固当今之急务,而吾党所当从事者也。"[4]这样,他在对中国社会主要矛盾和革命对象的认识上,就远远偏离了实际。刘师培在文章中并进一步声称,要"杀尽资本家"[5]。无政府主义思想常常具有狂热的特征,表现在这里的就是一种极端的狂热。

在当时,刘师培等反对孙中山的革命纲领,民族、民权、民生三大主义——受到指责。

---

1 《亚洲现势论》,《天义》第11、12卷合册。

2 《无政府主义之平等观》,《天义》第5卷。

3 同注1。

4 《衡报》第5号。

5 《女子劳动问题》,《天义》第5卷。

民族主义，刘师培讥之为学术谬误、心术险恶、政策偏颇。在他的笔下，孙中山等人提出这一主义完全出于不光彩的目的，"希冀代满人握统治之权"，"利用光复之名，以攫重利"[1]，"黠者具帝王思想，卑者冀为开国元勋"[2]。他们说：革命派的"排满"和改良派的"保满"没有什么区别，"排满亦出于私，与倡保满者相同"，结论是："民族主义，乃不合于公理之最甚者也。"[3]

民族主义不是无产阶级的世界观。孙中山的民族主义思想缺乏阶级观点，部分革命党人的思想内还包含着狭隘的种族主义成分，指出这些局限是可以的。《衡报》的一篇文章就曾说明："排满主义不必以种族革命自标，谓之阶级斗争之革命可也。"[4]但是，在革命斗争中，应该肯定和支持进步的民族主义。刘师培等丑化孙中山的民族主义，混淆革命和保皇的界限，这只能打击革命派，"适以保护满政府"[5]。

没有提出反对帝国主义的口号是孙中山民族主义思想的大缺陷。和孙中山不同，刘师培提出了建立广泛的国际团结以反对帝国主义的思想。他说："非亚洲弱种实行独立，不能颠覆强族之政府"，"亚洲弱种非与强国诸民党相联，不能实行独立"。[6]但是，他的实际主张又严重地有害于反对帝国主义、争取民族独立的斗争。

鸦片战争以后，中华民族遭受帝国主义的欺凌，每一个有爱国心的中国人都渴望祖国的富强，然而，刘师培却攻击"富强"二字为"公理之大敌"，是什么"大盗之术"[7]。他不去辨明帝国主义的侵略战争和殖民地、半殖民地人民反侵略的正义战争之间的本质区别，却跟在欧洲和日本的无政府主义或半无政府主义者的屁股后面，提倡"非军备主义"，主张"废兵"，要求解散军队。按照这些主张做去，中国人民在经济上就只

---

1 《保满与排满》，《天义》第3卷。

2 《论种族革命与无政府革命之得失》，《天义》第6卷。

3 同注1。

4 《社会革命与排满》，《衡报》第3号。

5 铁铮：《政府论》，《民报》第17期。

6 《亚洲现势论》，《天义》第11、12卷合册。

7 《废兵废财论》，《天义》第2卷。

能永远被帝国主义剥削,军事上则永远挨打。

孙中山的民权主义提出了包括议会制在内的一整套民主共和制度。对此,刘师培强烈反对。他尖锐地揭露资产阶级选举制、代议制的欺骗性,认为在这种制度下,"贫民虽有选举之名,实则失选举自由之柄"。《破坏社会论》一文说:"今法美各国,号为民主之国矣,然主治者与被治者阶级未能尽除也,贫富之界非惟不能破,抑且变本加厉。富者收佣工以增己富,因富而攬权;佣工为贫而仰给于人,因以自失其权。由是贫者之命悬于富者之手,名曰普通选举,实则贫者并无生命权,其选举之时,势不得不举富人以仰其鼻息,则所谓选举者,与专制何异?乃号其名曰共和,吾不知其何者为共,何者为和也,则共和政体非公明矣!"[1] 他们认为在中国实行这种制度的结果也只能是富民得益,贫民受病。

应该承认,在揭露资产阶级民主的虚伪上,刘师培等人的思想有其深刻性。但是,他们不了解,和封建专制主义比较起来,资产阶级民主仍然是一个大进步。这个进步,对历史发展和劳动人民的斗争有利;在当时的中国,也正需要这样一种进步。列宁说:"资产阶级的共和制、议会制和普选制,所有这一切,从全世界社会发展来看,是一种巨大的进步。""它们使无产阶级有可能达到现在这样的统一和团结,有可能组成步伐整齐纪律严明的队伍去同资本进行有系统的斗争。农奴连稍微近似这点的东西也没有,奴隶就更不用说了。"[2] 资产阶级民主的虚伪主要决定于它的阶级内容,而不在于共和制等形式。

"平均地权"是孙中山民生思想的核心。对此,刘师培讥之为汉武帝的盐铁专营和王莽改制。他说:"土地财产国有之说,名曰均财,实则易为政府所利用。观于汉武、王莽之所为,则今之欲设政府,又以平均地权愚民者,均汉武、王莽之流也。"[3] 历史上,汉武帝的盐铁官营和王莽改制都没有给人民带来什么好处;在刘师培看来,孙中山的"平均地权"也不过尔尔。

---

[1] 《天义》第1卷。
[2] 《论国家》,《列宁全集》第29卷,第442页。
[3] 《西汉社会主义学发达考》,《天义》第5卷。

刘师培等对孙中山领导的民族民主革命感到绝望。他们认为，这不过是以暴易暴，"势必举欧美、日本之伪文明推行于中国"，"所谓法律、租税、官吏、警察、资本家之弊，无一不足以病民，而中国人民愈无自由，愈无幸福，较之今日为尤甚"。[1] 因此，他们表示要"别筹革命之方"[2]——提倡"无政府革命"。刘师培说："吾辈之意，惟欲于满洲政府颠覆后即行无政府，决不欲排满以后另立新政府也。"[3]

不承认资产阶级民主革命的进步性和不可避免性，以为这一革命的结果反而不如不革命，这一观点自然是荒谬的，但是，剥去它的荒谬部分，我们却又可以看到，这一观点反映着中国革命所面临的深刻矛盾：世界资本主义的发展历史已经证明了，旧的西方资产阶级民主革命的结果并不十分美好，中国人民必须走一条新的道路。从这个意义上说，"别筹革命之方"的提法并不错，问题是所"筹"之"方"错了。

在介绍马克思主义的同时，又攻击马克思主义

由于日本社会主义运动的影响，刘师培等人接触过马克思主义。《天义》第8、9、10卷合册的《新刊预告》中，曾列入《共产党宣言》一书，宣布已请同志编译，不日出版。后来，它发表了恩格斯1888年为《宣言》英文版所写的序言和《宣言》第一章《资产者和无产者》。此外，它还发表过第二章《无产者和共产党人》以及恩格斯《家庭、私有制和国家的起源》一书中的个别段落。在为《宣言》中译本所写的序言中，刘师培充分肯定了马克思主义的阶级斗争学说对工人运动、研究历史和西欧资本主义制度的巨大意义。他说："观此《宣言》所叙述，于欧洲社会变迁纤细靡遗，而其要归，则在万国劳民团结，以行阶级斗争，

---

[1] 《社会主义讲习会第一次开会记事》，《天义》第6卷。

[2] 同注1。

[3] 《〈俄国革命之旨趣〉译者识语》，《天义》第16～19卷合册。

固不易之说也。"[1]又说:"欲明欧洲资本制之发达,不可不研究斯编;复以古今社会变更均由阶级之相竞,则对于史学发明之功甚巨,讨论史编,亦不得不奉为圭臬。"[2]《天义报》还译载过英国社会党领袖海德门的一本《社会主义经济论》,译者完全同意恩格斯对马克思学说的高度评价,按语说:"自马克思以为古今各社会均援产业制度而迁,凡一切历史之事实,均因经营组织而殊,惟阶级斗争,则古今一轨。自此谊发明,然后言社会主义者始得所根据,因格尔斯以马氏发现此等历史,与达尔文发现生物学,其功不殊,诚不诬也。"[3]译者批评中国学者不懂得研究经济发展,认为"经济变迁实一切历史之枢纽"[4],这就接触到了历史唯物主义的核心思想。在辛亥革命准备时期,《浙江潮》、《新民丛报》、《民报》等刊物都对马克思主义有所介绍,比较起来,以《天义报》刘师培等人的水平为最高。

但是,在若干重大问题上,刘师培又攻击马克思主义。其一是斗争策略。刘师培完全反对议会斗争,并把导致第二国际机会主义的责任推到马克思身上。他说:"夫马氏暮年宗旨,虽与巴枯宁离析,致现今社会民主党利用国会政策,陷身卑猥。"[5]其二是国家学说。刘师培反对无产阶级在推翻资产阶级的统治后,还必须建立自己的国家。他说:"惟彼之所谓共产者,系民主制之共产,非无政府制之共产也。故共产主义渐融于集产主义中,则以既认国家之组织,致财政支配不得不归之中心也。由是共产之良法美意亦渐失其真,此马氏学说之弊也。"[6]在刘师培等看来,建立国家,有了管理和发展社会生产的"中心",其结果必然是"多数劳动者昔为个人奴隶,今一易而为国家之奴隶,其监督之严,或增一层之惨酷"[7]。他们把任何国家形态都看成坏东西,视政府为万恶之源,

---

[1] 《天义》第16~19卷合册。

[2] 同注1。

[3] 同注1。

[4] 同注1。

[5] 《〈共产党宣言〉序》,《天义》第16~19卷合册。

[6] 同注5。

[7] 《苦鲁巴特金学术述略》,《天义》第13、14卷合册。

总结了两条公式：一条叫国家之利与人民之利成反比例，国家愈盛，则人民愈苦，一条叫政府与公理成反比例，政府存在，则公理不昌[1]。《社会主义与国会政策》一文宣布："由今而降，如有借社会主义之名，希望政权者，决非吾人所主张之政策，虽目为敌仇，不为过矣！"[2]

肯定马克思主义的阶级斗争学说和历史唯物主义的部分思想，这一点，刘师培等和蒲鲁东以来的许多无政府主义者有区别，但是，在反对马克思主义的国家学说上，又表现了无政府主义的共同特点。

辛亥革命时的中国，还不是实行社会主义的问题，但是，马克思主义却是一盏可以指导中国革命走向胜利的明灯。刘师培等绝望于旧的资产阶级革命，这本来是一个接受马克思主义的契机，但是，他们却失之交臂。中国人民要接受马克思主义，还必须走过一段曲折的途程。

"完全平等"的无政府乌托邦

无政府主义在其发展过程中，曾经产生过几个不同的流派，如个人无政府主义、社会无政府主义、消极无政府主义、共产无政府主义等。刘师培对上述各派都做过考察，他选择了共产无政府主义。

斯谛纳尔是所谓个人无政府主义者。他认为"我"是万事万物的主体，人类的进化之途是由集合之体分化为个体，由国家、社会分化为个人，达到不受任何限制，"各遂我性"的境界。刘师培接受过斯谛纳尔的影响。《戒学政法歌》以"国家"为"第一邪说"，以"团体"为"第二邪说"。歌云："第二邪说即团体，侈说合群真放屁。高张团体升九天，压制个人沉九渊。天网恢张众莫避，譬如兽罟与鱼筌。团体公意众人守，空立规条垂永久。有人欲遂自由性，便骂野蛮相掣肘。互相束缚互箝制，活泼精神更何有！试看群花大放时，众瓣各与苞蕊离。人类进化无止

---

[1] 《论国家之利与人民之利成一相反之比例》，《衡报》第1号；《政府者，万恶之源也》，《天义》第3卷。

[2] 《天义》第15卷。

境,当使人人呈个性,人非团体不能生,毕竟野蛮风未尽。"[1] 要求"人人呈个性",把"团体"视为束缚自由的"兽罟鱼筌",这正是斯谛纳尔的个人无政府主义。但是,刘师培认为,当时的人民还达不到这种程度:"盖近今之民,决不能舍群而独立。"他把希望放在遥远的将来:"异日物质文明倍为进步,或一切事物可以自为自用,则斯氏之说,或有实行之一日。"[2] 然而,刘师培有时又感到,"自为自用"不仅永远做不到,而且流弊很大。他举例说:建筑一座房子,绝非一人之力所能胜任。人人都"自为自用",必将"人人各私其所有,彼此不复相顾,一遇天灾,死伤必众"[3]。这就在实际上否定了个人无政府主义。比起斯谛纳尔来,刘师培要清醒一些,他的理论多了一点集体主义的色彩。

托尔斯泰是所谓"消极无政府主义者"。1907年,日本报刊先后发表了他的《答日本报知新闻社书》、《致中国人书》和《俄国革命之旨趣》等文,引起中国革命党人的注意。刘师培高度肯定托尔斯泰对西方资本主义制度的指责,尤其欣赏他对中国传统农业社会的赞美,认为"欲改革中国重农之俗而以工商立国者",不可不读托尔斯泰的著作[4]。但是,他不同意托尔斯泰对近代物质文明的完全否定,认为在有政府有阶级的社会里,物质文明是掠夺平民的工具,而在无政府、无阶级的社会里,"物质文明日进,则人民愈便利"[5]。比起托尔斯泰来,刘师培也似乎要开通一些。

在当时,刘师培主要信奉克鲁泡特金的共产无政府主义。这种主义主张,发扬人类天赋的互助精神,"以自由结合之团体代现今之国家政府,以共产之制代现今财产私有之制"[6]。刘师培认为它"最为适宜"[7],准备在破坏现存社会后立即付诸实施。他的无政府乌托邦主要是根据克

---

1 《天义》第8~10卷合册。

2 《苦鲁巴特金学术述略》,《天义》第13、14合卷。

3 《人类均力说》,《天义》第3卷。

4 《天义》第5卷。

5 同注2。

6 同注2。

7 同注2。

鲁泡特金的学说臆想的。但是，刘师培的思想并不是对前人学说的简单重复，它有着自己的创造，这就是以"完全平等"作为最高原则。

刘师培认为，人类有三大权：一是平等权，"权利、义务无复差别之谓也"；二是独立权，"不役他人，不倚他人之谓也"；三是自由权，"不受制于人，不受役于人之谓也"。这三大权都属于天赋人权，其中，尤以平等权最为重要。他说："无政府主义虽为吾等所确认，然与个人无政府主义不同，于共产、社会二主义均有所采。惟彼等所言无政府，在于恢复人类完全之自由；而吾之言无政府，则兼重实行人类完全之平等。"[1] 刘师培的这段话道出了自己的理论特色，下面的一段话就更清楚了。他说："独立、自由二权，以个人为本位，而平等之权必合人类全体而后见，故为人类全体谋幸福，当以平等之权为尤重。独立权者，所以维持平等权者也。惟过用其自由之权，则与他人之自由发生冲突，与人类平等之旨或相背驰，故欲维持人类平等权，宁可限制个人自由权。"[2] 历来的无政府主义者都以个人的"完全自由"或"绝对自由"作为最高原则，而刘师培却独张异帜，表示为了"人类平等"，可以限制"个人自由"，从而形成一种变态的无政府主义。

刘师培臆想的无政府乌托邦特点有三：

1. 无中心、无畛域。刘师培说："无政府主义非无稽之说也，蔽以一言，则无中心、无畛域已耳。无中心故可无政府，无畛域故可无国家。"[3] 他设想，在破坏固有之社会，破除国界、种界后，"凡人口达千人以上，则区画为乡。每乡之中，均设老幼栖息所。人民自初生以后，无论男女，均入栖息所；老者年逾五十，亦入栖息所，以养育稚子为职务"。另设阅书和会食之地，作为人民共集之区。在这样的社会里，没有任何"在上"之人，连管理生产和分配的人员也不需要[4]。

近代生产是社会化的大生产，它需要广泛的合作、联系和高度的组

---

[1]《无政府主义之平等观》，《天义》第4卷。

[2] 同注1。

[3]《无政府主义之平等观》，《天义》第7卷。

[4]《人类均力说》，《天义》第3卷；参见《论女子当知共产主义》，《天义》第8~10卷合册。

织性。拘限于"千人之乡",没有具有一定权威的管理"中心",任何社会化的大生产都无法进行,所谓"无畛域"也就是一句空话。

2. 实行共产。刘师培认为,在无政府的情况下,如果不实行"共产",那么,富民横暴、盗贼劫掠等现象都将不可避免,只有实行"共产","使人人不以财物自私,则相侵相害之事将绝迹于世界"[1]。这里所说的"共产",不仅指土地、工厂等生产资料,而且也指一切产品和财富。《废兵废财论》说:"于民生日用之物,合众人之力以为之,即为众人所公用。"[2]《人类均力说》称:"凡所制之器,置于公共市场,为人民所共有。"[3]刘师培等设想:由于社会产品无限丰富,可以听任人们"各取所需",不需要任何分配者和分配制度:"凡吃的、穿的、用的,都摆在一个地方,无论男人、女人,只要做一点工,要哪样就有哪样,要多少就有多少,同海里挑水一样。"[4]

刘师培认为,由于实行"共产",因此根本不需要贸易、交换,因而也就不需要货币。他说:"使人人不以财产自私,则贸易之法废,贸易之法废,则财币为易中之品者,亦失其行使之权。虽财币丰盈,于己身曾无丝毫之利,则人人将以刍狗视之矣!"[5]

刘师培曾经注意到生产力问题。他认为,"中国欲行此制,必先行之于一乡一邑中,将田主所有之田,官吏所存之产,富商所蓄之财,均取为共有,以为共产之滥觞。若各境之民互相效法,则此制可立见施行。此制既行,复改良物质,图生产力之发达,使民生日用之物足供全社会人民之使用,则共产制度亦可永远保存"[6]。这就是说,可以先"共产",后发展生产力。在有些文章中,他甚至认为,闹灾荒的时候实行"共产"最容易。《论水灾为实行共产之机会》一文说:"我现在奉告饥民的话,就是教他杀官、抢富户。这两件事做到尽头,就可以做成共产无政

---

1 《论种族革命与无政府革命之得失》,《天义》第6卷。

2 《天义》第2卷。

3 《天义》第3卷。

4 《论女子当知共产主义》,《天义》第8~10卷合册。

5 《废兵废财论》,《天义》第2卷。

6 《论共产制易行于中国》,《衡报》第2号。

府了。"[1]

没有高度发展的生产力，就不可能建成共产主义，也不可能消灭商品和货币。刘师培这种超前发展生产关系，先"共产"后发展生产力的设想，在实践上只能破坏生产力，并在分配上通向绝对平均主义。关于后一点，他们的议论已现端倪，如要求"人人衣食居处均一律"[2]，"所筑之室，其长短广狭均一律，人各一室"[3]等。

3. 实行均力。刘师培认为，人人作工，人人劳动，固然是平等的，但是，同一作工，苦乐难易大不相同，还是不平等。例如造钉制针，所费劳力甚少，而筑路筑室，则所费劳力甚多。因此，他又提出，要消灭"分业社会"，实行"均力主义"。其方案是：每个社会成员20岁之前在上述的"栖息所"受教育，20岁后即须出而劳动，按年龄依次轮换工种，即21岁至36岁一律从事农业劳动，同时兼做其他工作（21岁筑路，22岁开矿、伐木，23岁至26岁盖房，27岁至30岁制造陶器，31岁至36岁纺织及制衣），37岁至40岁烹饪，41岁至45岁运输货物，46岁至50岁为工技师及医师，50岁以后养育幼童并任教师。刘师培把这种情况叫作"人人为工，人人为农，人人为士"，又叫作"人人不倚他人，人人不受役于人"。据他说：这样做就"权利相等，义务相均"，苦乐相齐，完全平等，达到"大道为公"的境界了[4]。

人类历史上出现的分工造成了工业和农业的分离，城市和乡村的分离，体力劳动和脑力劳动的分离，刘师培的"人类均力"说包含着对上述情况的不满和抗议。但是，分工是生产力发展的结果，社会化大生产的特点是高度的分工和专门化。不考虑劳动者的专长、知识水平、技艺熟练程度和个人志趣，一律机械地按年龄轮换，要求"一人而兼众艺"，遍历所有劳动部门，这种做法，感情上是痛快的，理论上是彻底的，但是，它只能造成社会生产力和科学文化事业的大破坏、大倒退。在苏联

---

1 《衡报》第3号。

2 《破坏社会论》，《天义》第1卷。

3 《人类均力说》，《天义》第3卷。

4 同注3。

的社会主义建设中，斯大林曾经批评过一些"左派"糊涂虫的"平均主义儿戏"，认为它给工业带来了巨大的损害[1]。刘师培等也是一些"左派"糊涂虫，"均力"说实际上也是一种儿戏！

刘师培的"均力"说在某些地方很类似于傅立叶的"和谐制度"。在这种制度下，以"法郎吉"（协作社）为基层组织，每个"法郎吉"拥有1620人，分成若干"谢利叶"（生产队）。劳动者可以经常地调换工种。刘师培在构思他的乌托邦时可能受过傅立叶的影响[2]。不同的是：傅立叶的工种调换完全以劳动者的个人兴趣为依据，刘师培的职业轮换则以年龄为标准，劳动者本人没有任何选择的余地。它典型地体现了刘师培的理论原则——"欲维持人类平等权，宁可限制个人自由权"。

可以看出，刘师培的"完全平等"说的核心是绝对平均。在中国古代，农民有过"均贫富"、"均田"的要求，到了刘师培的"均力"说，平均主义就发展到了登峰造极的地步了。

刘师培的无政府主义主张有着明显的矛盾。

要使所有社会成员的劳动都准确无误地列入"均力"说的时间表中去，要人们都住一样大小的房子，穿一个式样的衣服，吃一律的饭，就必须建立严密而有力的管理机构，还必须伴以无情的强制。当时，曾有人致书《天义报》，认为刘师培等"标无政府之名"，"终难逃有政府之实"，[3]这是击中了刘师培的要害的。刘师培要使他的乌托邦化为现实，就必须建立政府，而且必须是一个高度专制的政府。无政府主义和专制主义有时是对立面，有时则是如影随形的孪生兄弟。

正像没有什么"完全自由"或"绝对自由"一样，世界上也不可能有刘师培幻想的"完全平等"或"绝对平等"。恩格斯说：在各个国家、省份、地区之间，"总会有生活条件方面的某种不平等存在，这种不平等可以减少到最低限度，但是永远不可能完全消除"。[4] 随着社会科学文化

1　《斯大林全集》第13卷，第316页，人民出版社，1956。

2　《天义》曾在16～19卷合册介绍过傅立叶的学说。

3　铲平王：《世界平等政府谈》，《天义》第13、14卷合册。

4　《给奥·倍倍尔的信》，《马克思恩格斯全集》第19卷，第8页。

和生产力的发展，随着社会主义、共产主义事业的前进，工业和农业、城市和乡村、体力劳动和脑力劳动之间的本质差别会消灭，但是，不可能消灭一切差别。无产阶级的平等要求只能限于消灭阶级，超出这个范围，就必然要流于荒谬。

刘师培宣称，他并不摒弃近代物质文明，相反，主张机器生产。这一点，他和蒲鲁东主义不同，也和托尔斯泰主义不同，但是，他实际上并不熟悉近代文明。不论是"无中心"的"千人之乡"也好，"杀官、抢富户"的"共产主义"也好，以农为主、半农半工的"均力主义"也好，处处都镌刻着小生产者狭隘经验的印记。

刘师培又说："原人之初，人人肆意为生，无所谓邦国，无所谓法律，人人均独立，人人均不为人所制，故人人俱平等。"又说："上古之初，人人自食其力，未尝仰给于人，亦未尝受役于人，虽所治之业至为简单，然分业而治则固上古所未有也。"[1] 20世纪初年，人们对原始社会已经有了相当了解。刘师培在构思他的无政府乌托邦时，除了依据小生产者的狭隘经验外，也吸取了关于原始共产制的某些知识。显然，它不是对未来社会的天才猜测，而是一种倒退的臆想。

以"劳民"为革命动力

革命必须依靠一定的社会力量，辛亥革命前夜的革命家们对此有不同的认识。有的笼统地提出要依靠"国民"，有的认为要靠"中等社会"和"学生社会"，有的认为要靠会党和新军。与上述各种认识迥然不同，刘师培等人明确指出，必须靠占人口大多数的"劳民"，即农民和工人。

刘师培看出了欧美资产阶级革命的狭隘性质，也看出了当时中国革命党人活动范围的窄小。他认为：法国革命，只是巴黎市民的革命，美国独立，只是商人的革命，因此革命成功之后，平民依然吃苦；只有像俄国民粹主义运动一样，使"革命之思想普及于农工各社会并普及于全

---

[1] 《无政府主义之平等观》，《天义》第4卷。

国之中","革命出于多数平民",才能叫"根本之革命"。[1]张继说:"无论行何种革命,均当以劳民为基础。"[2]《衡报》说:"现今中国,欲兴真正大革命,必以劳民革命为根本。"[3]他们并且指出,在这种革命中,"劳民"不仅是参加者,而且应是"主动者"。《衡报》说:"中国革命非由劳民为主动,则革命不成。"[4]

刘师培等认为,革命党人的活动必须以"运动农工为本位"[5],首先从事"劳民结合"。为此《衡报》曾发表长文《论中国宜组织劳民协会》,说明组织劳民协会"乃当今之急务"[6]。张继当时流亡在欧洲,他建议仿照法国劳民协会的办法,在中国各地设立"工党"。这些地方,说明他们和19世纪末年以来的无政府工团主义者一致。张继并建议革命党人甩掉绅士气派,"脱卸长衣,或入工场,或为农人,或往服兵",从而为中国革命奠定基础[7]。在上海的无政府主义者则建议制订"工会组织法",编写白话小册子,以便运动工人[8]。

从世界历史看,任何一次较为彻底的革命都必须有广大的劳动群众参加,否则就要夭折,或者浮皮潦草地结束。辛亥时期大多数革命家们严重忽略了的地方,刘师培等无政府主义者却看出来了。应该承认,这一点,是他们对中国近代思想史和革命史的贡献。

刘师培重视农民问题。他曾发起组织农民疾苦调查会。章程云:"中国幅员广大,以农民为最众,亦以农民为最苦,惜困厄之状,鲜有宣于口、笔于书者。迄今所出各报纸,于各省政治、实业虽多记载,然于民事则弗详,民事之中,又以农事为最略。嗟我农人,诚古代所谓无告之民矣。仆等有鉴于此,爰设农民疾苦调查会,举官吏、富民之虐,据

---

1 《论种族革命与无政府革命之得失》,《天义》第6卷。
2 《张继君由伦敦来函》,《衡报》第4号。
3 《论中国宜组织劳民协会》,《衡报》第5号。
4 《汉口暴动论》,《衡报》第4号。
5 同注1。
6 《论中国宜组织劳民协会》,《衡报》第5、6号。
7 同注2。
8 《平原断侵君来函》,《衡报》第10号。

事直陈，以筹救济之方，兼为申儆平民之助。"[1]其后，《天义报》、《衡报》陆续发表了一批调查记，如《贵州农民疾苦调查》、《川省农民疾苦谈》、《山西佃民之疾苦》、《山东沂州佃民之苦》、《皖北佃民之苦》、《江苏松江农民之疾苦》等，也发表了一些反映中国早期工人生活状况的调查记，如《四川工人之悲苦》等，这是近代中国最早的农村调查和社会调查。当那个时期的革命党人热心于陈述满洲贵族带给中国人民的苦难时，农民疾苦调查会的活动显然别具一格。

刘师培等人没有停留在表象上，而是揭示了农民受剥削、受压迫的社会根源——地主阶级。在《悲佃篇》一文中，刘师培指责"田主"为"大盗"，"始也操蕴利之术，以殖其财，财盈则用以市田，田多则恃以攘利，民受其厄，与暴君同"。[2]《衡报》并发表专文《论中国田主之罪恶》，分析中国地主制度的特点和演变。该文认为："重农之国，民间以田多为富，欲垄断多数之土地，不能不使役多数之农民，而田主、佃民之阶级遂一成而不可易。""佃民者，其生命财产之权均操于田主，谓之佃民，不若谓之农奴。"文章的结论是："为今日农民之害者，田主而已。"[3]那个时期的革命党人专注于"排满"，因而放过了地主阶级，刘师培等人却把它揪住了，虽然，他们还认识不到地主阶级乃是中国封建社会的支柱。

刘师培号召实行"农民革命"。《悲佃篇》提出："欲籍豪富之田，又必自农人革命始。"[4]《衡报》曾专门出版"农民号"，其中《无政府革命与农民革命》一文提出：要在中国实行无政府革命，必须从"农民革命"开始。文章充分估计了农民的力量："中国人民仍以农民占多数，农民革命者，即全国大多数人民之革命也。以多数抵抗少数，收效至速。"文章驳斥了中国农民没有"革命之资格"等说法，针锋相对地表示，农民有团结之性，有抵抗之能力，"革命党出于农民"。它说："试观之中国历史，则陈涉起于佣耕，刘秀起于力农，而唐初之时，刘黑闼起于漳

---

[1] 《天义》第8~10卷合册。
[2] 《民报》第15期。
[3] 《衡报》第7号。
[4] 同注2。

南,其所率均农民,此固彰彰可考者矣。自此以外,则西晋之时,流民扰乱亦均无食之农民。明代之时,则邓茂七以佃民之微,起兵闽省。明末之乱,亦以无食农民占多数。近世捻匪之众蔓延北方各省,然观曾国藩诸人所奏疏,均谓聚则为匪,散则为农,则革命党出于农民,益有证矣!"[1] 从陈胜开始绵延中国历史近两千年的农民起义,第一次得到了充分的评价。

在土地问题上,《衡报》提出了两步走的设想。第一步,当革命初起之时,农民摆脱田主和国家的羁绊,实行"完全之个人私有制";第二步,当革命成功之后,扩充农民固有的共产制,"使人人不自有其田,推为共有,以公同之劳力从事于公同之生产,而均享其利"[2]。巴枯宁、克鲁泡特金等无政府主义者都主张土地共有,但是这种主张在中国推行起来,必将脱离渴望得到土地的佃农和占有少量土地的贫农。《衡报》两步走的设想是一个创造。

必须指出,刘师培号召的"农民革命",并不是武装起义,而是一种停留于自发斗争阶段的骚动。《衡报》列举的"革命"方式有二:一为抗税,即各境农民互相结合,誓不纳税、纳租;佃民自有其田,不再承认土地为田主所私有。当田主讼于官署,差役捕人或索租时,合群力相敌,或加以殴击,同时驱逐为官效力的保正、庄头等出境。二为劫谷,即破坏各村大地主的粮仓,分其谷米;劫掠富民所开的典当,分其货物;各债主有贷财取息,强迫农民以田地作抵者,以强力相加,收为己有。文章认为,在发生上述斗争后,官府必然派兵镇压,但农村广大,政府兵力不够分配;农民不售谷,不纳税,政府军必然饥而自溃[3]。文章中虽然有"相敌"、"殴击"、"强力"一类字眼,但完全是自卫性质,无政府主义者所倡导的"非军备主义",使他们不允许有组织农民武装、进行农民战争的思想。他们虽然充分肯定陈胜等旧式农民起义,但在实际斗争的要求上,他们还是赶不上陈胜等人。

---

1 《衡报》第7号。

2 同注1。

3 《无政府革命与农民革命》,《衡报》第7号。

刘师培等提倡的另一种斗争形式是总同盟罢工。

总同盟罢工是西方无政府主义者多年的号召，德国人罗列以此为题，专门写过一本小册子，被视为无政府主义的经典。该书认为，总同盟罢工是资本主义条件下"第一流的革命方法"，可以在一旦之间把社会搅成乱泥，从而迅速摧毁资产阶级及其统治。张继、刘师培、章炳麟等人都非常欣赏这种斗争形式。刘师培说："倘罗氏之策推行禹域，闾阎驿骚，纭若羹沸，则握政之人，丧其所依。即以甲兵相耀，其资粮履扉之供，亦匮竭莫复继。"[1] 在他看来，这种斗争形式完全可以战胜统治者的"甲兵"，建立"泯等威而均民乐"的太平世界。1908年5月，汉口发生摊贩骚动，汉口警局强迫各处摊贩一律迁往指定地区，激起公愤。摊贩们聚众万余，拆毁警棚，焚毁警局，威胁商民罢市。《衡报》把这看作总同盟罢工的中国模式，立即作了报道，按语说："此实中国劳民之最大示威运动也。前岁上海罢市，其主动由于绅商、新党，其目的在于对外；此次汉口罢市，其主动出于小商，其目的在于对内。语云：'冤有头，债有主'，汉口此举，殆中国社会革命之先声矣！惟望中国劳民踵此而兴，反抗官吏、资本家，以实行劳民大革命，则共产无政府之社会施行未远矣！吾党谨为中国劳民贺，并愿以西历五月十四日为中国劳民革命纪念日。"[2] 该刊随即发表长文，提出了在汉口实行总同盟罢工的方案。该文认为，汉口为适中之地，工业发达，拥有数万工人，一旦罢工，武昌、汉阳、大冶等处的工人和湖北各地的农民必然纷起响应，"以多数之劳民，抗敌少数之兵警，夫复何难之有"[3]。

总同盟罢工具有一定的威力，但是，夸大这种斗争形式的作用，以之作为"唯一"的革命方法，同样是一种幼稚的幻想。

主张以"劳民"为革命的动力，重视农民问题，肯定农民的革命性，呼吁革命党人到工人、农民、士兵中去做发动工作，这些地方，刘师培等人高于孙中山，但是，在坚持武装斗争上，却又远远落后于孙中山。

1　《天义》第8~10卷合册。

2　《衡报》第3号。

3　《汉口暴动论》，《衡报》第4号。

被吹胀了的"男女革命"论

妇女问题受到刘师培等人的特别注意。

《天义报》曾用大量篇幅揭露中国妇女在封建社会所受的种种压迫，而特别集矢于儒家。何震说："儒家之学术，以重男轻女标其宗。"她认为，自孔丘开始，经过汉、宋儒者，形成了以"夫为妻纲"为核心的一整套压迫妇女的学说。她愤愤地喊道："儒家之学术，均杀人之学术也。"又说："前儒所言之礼，不啻残杀女子之具。"[1] 这是戴震以来对儒家思想最强烈的控诉。

何震认为：在资本主义社会中，妇女结婚、离婚自由，有和男子同受教育、同入交际场等权利，这些地方，较中国封建社会为胜。但是，妇女只获得了肉体上的解放，而没有获得精神上的解放。她举例说，资本主义的婚姻取决于金钱、门第等因素，"男子以多财相耀而诱女子，或女子挟家资之富而引男子爱慕之心"，名义上实行一夫一妻制，而实际上存在的是多妻制和多夫制。因此，"女子有自由之名，而无自由之实；有平等之名，而无平等之实"。[2] 应该承认，何震的这些看法有一定见地。

何震呼吁人们实行"男女革命"，破除中国几千年来的重男轻女之风。她的具体主张一部分是合理的。如：实行一夫一妻制；男女并重，做父母的要"视女犹子，视女之所出如孙"；男女养育同等，教育同等，有担任同等职务的权利，社会性的一切事务都必须有妇女参加；夫妇感情不和，可以分离；废尽天下娼寮，去尽娼女等。[3] 这些主张，反映了中国妇女摆脱男权和夫权压迫的愿望。但是，由于小资产阶级的狂热性和思想上的形而上学与绝对化，她的"男女革命"论又是被极大地吹胀了的。

1　《女子复仇论》，《天义》第3卷。

2　《女子解放问题》，《天义》第7卷。

3　《女子宣布书》，《天义》第1卷。

何震声称："欲破社会固有之阶级，必自破男女阶级始。"[1]这样，"男女革命"就提到了一切革命的首位。与何震的观点类似，另有人则提倡毁家，认为有家而后有私，家为万恶之首，只有毁家，才能拉开社会革命的大幕[2]。她们不了解妇女问题和家庭问题的社会根源，不懂得妇女的解放决不能先他于社会的解放，把主次完全颠倒了。

由于不了解妇女问题和家庭问题的社会根源，因而也就不能正确地分析并提示革命的对象。何震宣布所有的男子都是"大敌"，说是："今男子之于女子也，既无一而非虐；而女子之于男子也，亦无一而非仇。"[3]她鼓吹"女子复仇论"，声言要"革尽天下压制妇女之男子"。不仅如此，她还表示，要"革尽天下甘受压制之女子"[4]。例如，女子"甘事多妻之夫"者，她们要"共起而诛之"！未婚之女嫁再婚之男者，她们也要"共起而诛之"[5]。这样，何震就把千千万万和浩浩荡荡的人们都列入了打击计划。按照她的理论去做，必将出现一个乱诛乱斗的局面。

参加公共劳动是妇女解放的先决条件。在资本主义社会中，一大批妇女走出家庭，参加社会生产，这对于提高妇女的地位是有作用的。但是，刘师培等却对此持全盘否定态度。他们认为，这是由"玩物"发展为"用物"，"既屈其身，兼竭其力"，地位更加低下[6]。同样，他们也不能正确地评价资本主义社会中妇女争取选举权的运动，认为只能造成一批"助上级男子之恶"[7]的女子贵族，徒然增加一重压迫。

稍后，在个别问题上，刘师培等认识到了自己的错误。他们从《共产党宣言》和《家庭、私有制和国家的起源》二书中得到启示，《女子问题研究》一文说："以上所言，均因氏（指恩格斯——笔者）所论财婚之弊也。彼以今之结婚均由财产，故由法律上言之，虽结婚由于男女之

1　《天义报启》，《复报》第10期。
2　汉一：《毁家论》，《天义》第4卷。
3　《女子复仇论》，《天义》第2卷。
4　《破坏社会论》，《天义》第1卷。
5　《女子宣布书》，《天义》第1卷。
6　《论女子劳动问题》，《天义》第5卷。
7　《女子解放问题》，《天义》第8~10卷合册。

契约，实则均由经济之关系而生耳，无异雇主之于工人也。观于彼说，则女子欲求解放，必自经济革命始，彰彰明矣。"[1]从"必自破男女阶级始"到"必自经济革命始"，认识上前进了一大步，但是，他们仍然不能找到一条妇女解放的正确道路。

何震说："今日之女子，与其对男子争权，不若尽覆人治。"[2]把妇女解放和"无政府革命"联系在一起，当然只能是一条死胡同。

歌颂中国封建社会

历史现象竟是这样地有意思，当刘师培等批判资本主义，宣扬最彻底、最圆满的"无政府革命"时，他们表现出狂热的"左"派姿态，然而同时，他们却又在深情脉脉地为中国封建社会唱赞歌，表现出货真价实的"右"派本色。

据刘师培说，中国社会具有和西方迥然不同的若干特点，因此，西方各国实行无政府很难，而中国则和无政府主义理想很接近，实行起来比较容易。理由有三：

第一，放任而不主干涉。刘师培说："中国数千年之政治，出于儒、道二家之学说。儒道二家之学说主于放任，故中国之政治主放任而不主干涉。名曰专制，实则上不亲民，民不信官，法律不过具文，官吏仅同虚设，无一真有权之人，亦无一真奉法之人。上之于下，视若草木禽兽，任其自生自灭；下之于上，视若狞鬼恶神，可近而不可亲。名曰有政府，实与无政府无异。"[3]

中国的封建统治建立在广大的小农经济上，因此，不可避免地存在着分散、闭塞、割据的状态，也不可避免地要产生因循、苟且、疲惰等作风。而资产阶级的统治则不同。马克思、恩格斯曾经指出："资产阶

1　《天义》第16~19卷合册。

2　《女子解放问题》，《天义》第8~10卷合册。

3　《社会主义讲习会第一次开会记事》，《天义》第6卷。

级日甚一日地消灭生产资料、财产和人口的分散状态。它使人口密集起来，使生产资料集中起来，使财产聚集在少数人的手里。由此必然产生的后果就是政治的集中。各自独立的、几乎只有同盟关系的、各有不同利益、不同法律、不同政府、不同关税的各个地区，现在已经结合为一个拥有统一的政府、统一的法律、统一的民族利益和统一的关税的国家了。"[1]资产阶级以现代化的手段建立了庞大的、强有力的、高效能的国家机器（包括政府、军队、法庭、警察、监狱等），这是封建统治者所望尘莫及的。关于此，刘师培有一个对比。他认为，中国自两汉迄今，虽然是专制政体，但距国都较远的地方，政府干涉力就不能达到。而欧洲今日，交通日益发达，杀人之器日益发明，加上巡警侦探分布都市，人民稍有反抗，立即遭到镇压。因此，他们得出结论说："野蛮之国，人民之自由权尚克维持；文明之国，人民决无自由权。"[2]

资产阶级的统治远较封建统治严密、强化，资产阶级直接的、露骨的压迫也有别于用儒、道思想包裹起来的中国式的封建压迫。指出上述两点，自然是正确的；如果竟据此认为中国封建社会是一个"不主干涉"的"自由"社会，那当然是一种美化。

第二，中国社会早就消灭了贵族，法律平等。刘师培说："若中国去封建时代已数千年，为之民者，习于放任政治，以保无形之自由。贵族之制既除，富民之威未振，舍君主官吏专制外，贵贱贫富，治以同一之法律，其制本属差公。"[3]

欧洲封建社会长期处于领主制经济形态，自国王至诸侯、家臣、骑士，构成了一系列贵族等级。他们在分封的领地内既是土地占有者，又是政治统治者，握有行政、司法、征税、铸币等特权。中国封建社会长期处于地主制经济形态。秦王朝废分封，改郡县，勋臣、贵戚、地主们虽然占有土地，但行政、司法、征税、铸币等权则概归中央政府派出的地方官吏掌握。汉以后，历代大体相沿秦制。

---

1 《共产党宣言》，《马克思恩格斯选集》第1卷，第255～256页，人民出版社，1972。
2 《无政府主义之平等观》，《天义》第5卷。
3 《论新政为病民之根》，《天义》第8～10卷合册。

正确地分析并指出欧洲和中国两种封建经济形态及其政治结构的不同是必要的，但据此而认为中国封建社会早已消灭了贵族，法律平等，同样是一种美化。

第三，中国社会贱兵贱商，以农为本。刘师培说："中国自三代以来，以迄秦汉，其学术思想，均以弭兵抑商为宗，观老子言佳兵不祥，孟子言善战者服上刑，推之宋轻言罢兵，许行倡并耕，董仲舒言限田，一以利民为主，而杂霸之谈，商贾之行，则为学士所羞称，故以德为本，以兵为末，以农为本，以商为末，其制迥胜于今。"[1]

不同的经济基础上矗立着不同的意识形态体系。欧洲资本主义建立在近代工业和高度发展的商品经济上，为了保护和促进商品流通，开拓市场，必然贵兵贵商；中国封建社会建立在自给自足的自然经济上，为了保持这个农业社会的封闭性和稳固性，自然贱兵贱商，它是中国长期落后、软弱、停滞的重要原因，并不是什么"迥胜于今"的宝贝。

刘师培等既然认为中国封建社会有上述种种优点，逻辑的结论必然是封建主义远胜于资本主义，一切改革都没有必要。他曾举学堂、代议政体、实业为例，说明"新政"只能"病民"："若即社会之近况言之，则科举废而士人失业，汽车行而担夫嗟生，轮舟行而舟人失所，加以迷信既破，而术数之业，不克恃以谋身，电信既通，而邮驿之夫不克恃以谋食，平民疾苦，为往昔所未闻。且近日商埠之地，恃御车为业者以数万计，均属昔日之农民，今上海之地，改试电车，则御车者又失业。援是以推，则所谓新政者，果为利民之具耶？抑为害民之具耶？毋亦所利者在于少数人民，而所害则在于多数人民乎？"[2] 因此，他的结论是：学堂不如科举，立宪不如专制，维新不如守旧。

对资本主义的批判常常来自不同方面：一是地主阶级顽固派，一是受到资本主义发展威胁的农民、手工业者和小商人，一是工人阶级。辛亥革命前夜，东南一带由于外资输入和民族资本的初步发展，农村自然经济解体，手工业遭到冲击，担夫、舟人等传统行业受到挑战，不少

---

[1] 《废兵废财论》，《天义》第2卷。
[2] 《论新政为病民之根》，《天义》第8～10卷合册。

农民弃农作工，沦为雇佣奴隶。这些人，在封建主义的夹缝中还可以生存，而在资本主义条件下，他们却成了没落者，因此，不是沉溺于幻想，就是缅怀往古。刘师培等人的无政府主义正代表了这一社会阶层的声音。正如马克思、恩格斯所说："中间等级，即小工业家、小商人、手工业者、农民，他们同资产阶级作斗争，都是为了维护他们这种中间等级的生存，以免于灭亡。所以，他们不是革命的，而是保守的。不仅如此，他们甚至是反动的，因为他们力图使历史的车轮倒转。"[1] 刘师培的无政府主义之所以具有强烈的封建色彩和国粹气息，这固然和他的出身、教养有关——刘师培出身于三代治《春秋左氏传》的书香门第，极为熟悉中国封建社会的历史和文化，同时，也和他企图依附的小生产者这一社会阶层有关。小生产者和封建地主阶级既有其对立的方面，又有其一致的方面，这就是都具有狭隘、保守的阶级性格，都恐惧并反对资本主义，都企图保存自给自足的自然经济。从这个意义上来说，"左"的无政府主义和右的国粹主义合流并不奇怪，刘师培从提倡"无政府革命"到投降端方，后来又依附袁世凯，高唱"君政复古"也并不奇怪。

结　语

刘师培等人无政府主义思想的出现，既有其特定的时代背景，又有其深刻的社会根源。

以蒲鲁东、巴枯宁为代表的无政府主义思潮曾经受到马克思、恩格斯毁灭性的批判。但是，在恩格斯逝世后，第二国际大力鼓吹议会道路，作为它的对立面，"左"的无政府主义便死灰复燃了。在某些资本主义虽发展，而小生产仍占优势的国家里，它就更为活跃。日本的社会主义运动就正表现了这种情况。中国是个小生产者极为广大的国家，刘师培等人大都是小资产阶级知识分子，他们受到无政府主义的吸引是很自然的。

---

[1]《共产党宣言》,《马克思恩格斯选集》第1卷，第261页，人民出版社，1972。

在中国近代史上，刘师培等较早介绍了马克思主义。他们揭露资产阶级和资本主义，强调以农工为革命的动力，看到了资产阶级革命民主派所看不到的方面，提出了资产阶级革命民主派所提不出的问题，有一定贡献，不应该完全抹煞。

但是，刘师培等在介绍马克思主义的时候又攻击马克思主义。他们有时站在以孙中山为代表的革命民主派的"左"面，有时又站在右面，搅乱了革命党人的思想。同盟会上层在1907年的分裂和刘师培等人无政府主义思想的传播有着密切的关系。

刘师培等人的思想是近代中国无政府主义思潮的源头，它的短暂的表现给我们提供的政治上和理论上的教训是深刻的。

第一，革命的彻底程度永远不能超出历史进程的需要和可能，必须善于识别并抛弃各种高调。从人类历史的长河看，某些思想、纲领、政策可能是不彻底的，然而，从当时历史条件看，它却是现实的、合理的。人们不应该把那些只能在明天做的事情勉强搬到今天来做。刘师培提倡的"无政府革命"貌似彻底，然而，它超越历史进程，脱离社会实际，调子愈高，对革命也愈有害。

第二，反对资本主义有不同的立场，也有不同的发展方向。小资产阶级由于受到资本主义的威胁，因而，有着一种对资本主义的强烈憎恨。这种憎恨可能向"左"发展，成为否定一切的无政府主义，也可能向右发展，退向封建主义。刘师培等人的政治历程正生动地说明了这一点。

第三，必须善于摆脱小生产者的狭隘经验和目光。小生产者，由于生产方式落后，其社会改造方案不可能不是空想的，也不可能不是倒退的。只有熟悉社会化的大生产，了解它的特点和要求，才可能提出科学的、切实的、进步的社会改造方案。

第四，中国革命必须经由新民主主义走向社会主义。刘师培等完全否定孙中山的民主革命纲领固然错误，但是，它却从一个方面说明了，中国革命不应该是旧式的资产阶级民主革命。在当时，刘师培等不能解决这个问题，孙中山也不能解决这个问题，只有以毛泽东为代表的中国共产党人，根据马克思主义世界观和中国社会实际，提出了新民主主义革命的理论，这个任务才解决了。正是在这一理论的指导下，中国人民推翻了"三座大山"，完成了辛亥革命所未能完成的任务，并胜利过渡到社会主义。

第十章 高山仰止
——文化革新与文化名人

南社的酝酿

一　创建神交社

1907年初，陈去病回到苏州。4月清明，他和高旭、刘三、朱少屏、沈砺等人游览虎丘，凭吊张国维祠。张国维是明末著名的抗清将领，曾在浙江与清军苦战，失败后沐浴冠服，从容投水。陈去病在《天仙子》一词中写道：

> 短艇轻桡随处舣，又到中丞香火地。神鸦社鼓不成声，哀欲死，无生气。入门撮土为公祭。痛饮黄龙今已矣！亮节孤忠空贲志。满园花木又飘零，余碧水，向东逝（祠在绿水湾），盈盈酷似伤心泪。

当时，祠宇已经很破败。陈去病想象当年张国维慷慨赴死的气概，看到眼前满目荒凉的景象，不禁感慨万端。这次凭吊，埋下了后来南社在该处召开成立会的因子。

同年，陈去病到上海主持国学保存会，编辑《国粹学报》。7月，秋瑾殉难，东南革命党人一致瞩望的浙皖起义失败。秋瑾是位著名的女革命家与社会活动家。她的被杀引起了巨大的震动。陈去病想在上海为秋瑾召开一次追悼会，被人所阻，便改变计划，准备组织一个联络革命文化人士的团体。因为魏、晋间嵇康、阮籍等七个文人经常在竹林中相聚，史书称赞他们之间的友谊为"神交"，陈去病便把这个组织定名为神交社。29日，上海著名的《神州日报》上出现了陈去病署名的《神交社雅集小启》，该文首先追忆明末文社林立的状况：

> 昔在先朝，人材鹊起，文章学术，灿乎彬彬。是以泾阳、景逸，倡道东林，而朝野响应，翕然成风。故家子弟，被其余泽，咸敦诗书，别耽清尚。应社之作，斯其权舆。及熊嘉鱼作宰松陵，而吴沈之颖，群和甄陶，孟朴、扶九之伦，遂得创建复社，高会群英。云间继之，幾社乃作。由是江、淮、齐、豫、皖、浙、楚、赣，济济髦英，鳞萃幅辏。虎阜三集，南东金箭，美莫能名，至今道之，有余美焉。

明代中叶，东林党首开文人结团议政之风。其后，太仓人张溥与常熟人杨彝组织应社，吴江人孙淳、吴翱等组织复社，云间（今松江）人陈子龙、夏允彝、徐孚远等组织幾社。一时东南各省以至山东、河南、湖南、江西等地都出现了不少文社。1629年、1630年、1632年，复社联络各地文人先后在尹山、金陵、虎丘召开三次大会。最后一次虎丘大会时，赴会文人达数千人以上，"大雄宝殿不能容，生公台、千人石鳞次布席皆满，往来如织"[1]，观者叹为明代开国以来从未有过的盛事。陈去病是吴江人，熟悉乡邦文献和先辈事迹，在创建神交社时想起这一切是很自然的。

该文又称：

> 天崩地坼，云散风流，逃社方盟，史祸遽烈。吴、潘之后，风雅式微；慎交甫萌，而汉槎塞外，愁听悲笳。神州不祥，纪昀钟

1　《复社纪略》卷2。

庚，謷言一出，文网日张，三百年来，文人结社，几与烧香拜盟同悬厉禁。

清初，东南一带文人结社之风仍烈。1650年（顺治七年），吴炎（赤溟）、潘力田、顾炎武等人于松江组织惊隐诗社（又名逃之盟），吴兆骞等人于苏州组织慎交社。1653年（顺治十年），吴伟业联络慎交社等团体，继续大会于虎丘。但是，好景不长，不久，清政府在文化上实行高压统治。吴炎、潘力田因牵入庄廷鑨的"明史案"，在杭州被凌迟处死。吴兆骞也因另一案件被充军到宁古塔。1652年（顺治九年），清政府规定"生员不许纠党多人立盟结社"，"所作文字，不许妄行刊刻，违者听提调官治罪"。[1] 1660年（顺治十七年），兵科给事中杨雍建上疏，指责明末"社事孔炽，士子若狂"，"士风所以日坏，而人心由之不正"，要求清政府"厉行严禁"，"约束士子，不得妄立社名，其投刺往来，亦不许仍用社盟字样，违者治罪"。[2] 疏上，顺治皇帝下旨："士习不端，结订社盟"，"相煽成风，深为可恶，著严行禁止"。在《神交社雅集小启》中，陈去病猛烈抨击清政府的这种文化专制主义，他表示，要广泛联络天下文士，论交讲学。《小启》说：

倘今而后，天作之合，俾江东下士，菰中病夫，得一旦强起，与天下士轩眉扬舲，把臂入林，欢然上下其议论，未可谓非千古佳话也。

与《小启》同时公布的还有《神交社例言》，它宣称，"本社性质，略似前辈诗文雅集，而含欧美茶会之风"。同时表示，它欢迎下列八种人加入：1. 耆儒硕彦，有诗文杂著发刊于世者；2. 曾为著名杂志担任撰述者；3. 海内外有名之新闻记者；4. 有编译稿本为学界欢迎者；5. 留学生之得有允当文凭者；6. 海内外著名学校之主任者；7. 各学会之会长；8. 名人

---

[1] 《松下杂钞》卷2。

[2] 《黄门奏疏》卷上。

后裔,能保先泽而勿失坠者。戊戌维新运动以后,东南一带的新闻、出版、学校、学会等新兴文化事业蓬勃兴起,大批年轻人出洋留学。神交社例言表明,它吸纳的主要对象是这批新兴的知识分子,但是也容纳旧式的"耆儒硕彦"和"名人后裔"。

8月9日,陈去病生日,邀请《国粹学报》主笔邓实、黄节、诸宗元、名小说家包天笑以及朱少屏等人小饮。席上,陈去病赋《念奴娇》词,抒发对浙、皖起义失败的悲愤。词云:"可堪捲地风潮,吴山越水两处频凄恻,弹断薰琴浑不竞,士气天南如墨。祈死无灵,疗愁鲜术,抚剑空鸣咽。"这实际上是一次政治集会。15日(夏历七夕),神交社在上海愚园举行第一次雅集,到陈去病、吴梅、刘三、冯沼清等十一人,一起拍了一张照,"设宴终日而散"。陈去病很高兴,觉得是竹林七贤"清谈"的场面再现,又觉得是当年的应社重生了。刘三赋诗道:

七月七日春申浦,一十一人秋禊游,一自神山理归棹,几曾高会揖清流?

——《神交社纪事即题摄影》

从表面上看,诗并没有什么特别的意义,但它隐约地透露出,当时在上海,像这样的革命文化人的结社是罕见的。高旭、柳亚子原来都是神交社的谋划者,但因风传两江总督端方将按名逮捕,这时,都躲在乡下家中,没有到上海与会。事后,陈去病写信向高旭索诗,并约他重游苏州,高旭答诗道:

弹筝把剑又今时,几复风流赖总持。自笑摧残遽如许,只看萧瑟欲何之!青山似梦生秋鬓,红豆相思付酒卮。怕听夜乌啼不了,沼吴陈迹泪丝丝。

高旭对神交社的创建表示欣慰,希望陈去病继承几社、复社的传统,主持坛坫;对重游苏州之约则婉谢,理由是不忍再见当年越灭吴的陈迹。

柳亚子比高旭积极得多，他收到了陈去病寄来的神交社雅集图后，立即提笔写了一篇图记，高度评价晋代忧国忧时的"新亭"名士和明末踊跃抗清的复社文人，他说：

> 降及胜国末年，复社胜流，风靡全国，其意气不可一世。迨乎两京沦丧，闽粤继覆，其执干戈以卫社稷者，皆坛坫之雄也。事虽不成，义问昭于天壤，孰谓悲歌慷慨之流，无裨于人家国也。
>
> 板荡以来，文武道丧，社学悬禁，士气日熸，百六之运，相寻未已。岁寒松柏，微吾徒其谁与归？然则此集之有图，此图之有记，其亦鸿爪之义欤！他日攀弧先登，孰为健者，慎勿忘此息壤也。[1]

柳亚子认为，复社文人组织的抗清义军虽然都失败了，但他们所表现出来的凛然正气却是不朽的。柳亚子进一步希望，神交社能成为生生不息的土壤，在反对清政府统治的革命战争中，它的成员将身先士卒，"攀弧先登"，成为攻城夺地的"健者"。

神交社雅集后不久，冯沼清即于9月22日逝世。这位热情的年轻人和陈去病、柳亚子都是好友，因为强烈地渴望推翻清政府的统治，所以特别把自己的名字改为"沼清"。他的早夭使陈去病等非常悲伤。恰巧同时，苏曼殊自日本回沪，住在国学保存会藏书楼，和陈去病等时而"对床风雨"，时而"酒家相谈"，因而，又带来不少慰藉[2]。11月，江、浙两省人民为保护沪杭甬路权，掀起轰轰烈烈的路事运动。陈去病到苏州组织江苏铁路协会，曾经写过一首诗分寄神交社同人，可以看作是以诗的形式的通信。诗云：

> 无可如何姑止此，有谁心意事文章，三杯浊酒销秋气，一着残棋挽汉疆（时方从事江苏铁路协会及苏府招股总汇处）。自笑绨袍仍故我，最怜余子尽迂狂（闻章、刘在江户开拒款会，主张劳动罢

---

1 《南社》第1集。
2 陈去病：《曼殊轶事》，稿本，北京图书馆藏。

工)。陆沉岂必关天意,亟盼中流涌一航。

——《写怀答同社诸子》

陈去病不忍看到神州"陆沉"的悲惨场面,他殷切盼望在滔滔横流中能出现巨大的航船,满载中国人民驶向彼岸。

二　上海酒楼的两次小饮

神交社成立后,除了在上海愚园举行过一次雅集外,并未能开展什么活动;高旭曾征集稿件,准备出版《神交集》,也没有成功。从1908年年初起,陈去病等人再次从事结社的努力。

1907年12月,刘师培自日本回国。刘师培出身于治《春秋左氏传》的书香门第。1903年改名光汉,以示"攘除清廷,光复汉族"之志,同时又以"激烈派第一人"等为笔名,在上海报刊上发表过不少鼓吹革命的文字,算是一位有学问的革命宣传家。他的归来自然受到陈去病等人的热烈欢迎。1908年初,陈去病、高旭、柳亚子、沈砺等四人在上海设宴为刘师培洗尘。席上,陈去病想起了逝世不久的冯沼清,提议完成他的未竟之志,组织文社,进行反清宣传。有诗云:

星辰昨夜聚,豪俊四方来。别久忘忧患,欢多罄酒杯。文章余老健,生死半堪哀(谓冯沼清)。待续云间事,词林各骋才。
——《无畏、天梅、亚卢、嚠公翩然萍集,喜成此什》

云间事,指夏允彝等在松江组织幾社。"待续云间事",即指步武幾社的后尘,组织反清的革命文学团体。刘师培没有对陈去病的建议明确表态,他在《步佩忍韵》一诗中说:

老木清霜黄歇浦,故人应讶我重来。海天归棹人千里,江国消愁酒一杯。尽有文章志离合，似闻欢笑杂悲哀。四方豪杰今寥落，越水吴山泪霸才。

大凡"左"得快的人"右"得也快。刘师培去了一趟日本，接受了当时最时髦的思潮——无政府主义，于是反对孙中山，大闹同盟会，最后和自己的老朋友章太炎也吵得不可开交。这时，他正准备暗中向端方自首，归顺清朝，他自然不愿多谈政治，只表示赞成以文章记述"离合之感"。

积极支持陈去病的是高旭。他在《次佩忍无畏韵》一诗中说：

到头时事何堪说，地老天荒我始来。几复风流三百首，竹林豪饮一千杯。尽教黄种遭奇劫，端为苍生赋《大哀》。尚有汨罗须蹈去，江山如此不宜才。

这里提到了几社、复社，提到了竹林七贤，正是神交社的老路子，他主张"端为苍生赋《大哀》"，为拯救民族的危难而写作。

柳亚子的和诗为《海上即事次巢南、慧云韵》：

天涯旧是伤心地，裙屐丛中我再来。把臂恍疑人隔世，浇愁端赖酒盈杯。琵琶天宝龟年怨，词赋江南庾信哀。莫管存亡家国事，酒龙诗虎尽多才。

诗中，提到了安史乱后流落江南，以琵琶诉怨的李龟年，提到了沉沦北国，写作《哀江南赋》的庾信，显然，在文学主张上，他是高旭的同调。

从上述陈、高、柳三人的唱和之作看，他们在结社问题上取得了一致的意见。1月12日，陈去病等人再次聚宴于上海的一家酒楼。这次的参加者除原有的五人外，又增加了《神州日报》的主编杨笃生以及邓实、黄节、朱少屏、张家珍、刘师培的妻子何震等六人。席上，一致同意结社。柳亚子兴奋之极，即席赋诗道：

> 慷慨苏菲亚，艰难布鲁东。佳人真绝世，余子亦英雄。忧患平生事，文章感慨中。相逢拼一醉，莫放酒樽空。
>
> ——《偕刘申叔、何志剑、杨笃生、邓秋枚、黄晦闻、陈巢南、高天梅、朱少屏、沈道非、张聘斋海上酒楼小饮，约为结社之举，即席赋此》

何震也是个无政府主义者。当时东京无政府主义刊物《天义报》即是由何震出面创办的。所以柳亚子把她比为苏菲亚，而将刘师培比为布鲁东。在中国近代史上，无政府主义以它否定一切的决绝态度倾倒了不少苦于封建压迫的年轻人，柳亚子也是如此。要认识无政府主义的本质和危害，还需要一个长期的过程。这次雅集，和神交社一样，也拍了一张照。高旭有诗道：

> 伤心几复风流尽，忽忽于兹三百年。记取岁寒松柏操，后贤岂必逊前贤。
>
> 余子文章成画饼，习斋学派断堪师。荒江岁暮犹相见，衰柳残阳又一时。
>
> ——《丁未十二月九日国光雅集写真，题两绝句》

岁寒而知松柏之后凋，高旭勉励结社同人永葆气节。他相信："后贤"们一定会创造出比"前贤"更值得人们赞叹的业绩。清初，博野人颜元提倡"经世致用"，强调"习行"、"习动"，反对读死书、说空话，形成著名的"习斋学派"。高旭建议以之为榜样，写作于社会、国家、民族有用的文章。

大概前述五人聚会只是商量，而十一人聚会才正式决定结社，所以后者被陈去病看作是南社的权舆。他在《高柳两君子传》中说："至丁未冬，复与余结南社于海上，而天下豪杰咸欣然心喜，以为可藉文酒联盟，好图再举矣。"不过，应该提出的是，高旭的诗题称1月12日的聚会为"国光雅集"，可见当时还没有出现南社的名称。根据现存文献资料，南社定名是在此后的几十天内。

陈去病始终不能忘情于秋瑾。2月25日，他和徐自华一起在杭州西湖为秋瑾下葬并在凤林寺举行追悼会，同时成立纪念性的组织秋社。事毕，陈去病作诗赠给徐自华及秋社同人，并遥寄诸宗元、高旭、柳亚子等人索和。陈诗云：

岳坟于墓久荒凉，苍水冤沉孰表章？不信中朝元气尽，只令儿女挽颓纲！

玄酒菜香次弟陈，衣冠如雪拜佳人。道旁妇孺争垂涕，道是鲁连耻帝秦。

诸君高谊薄云天，千里殷勤挂纸钱。我为陈词酬一斝，好将心事达重泉。

——《正月二十四日，在西泠会葬璇卿秋子，既迄事退而有作。示寄尘女士洎秋社同人，亦遥寄贞壮、天梅、亚卢索和焉》

高旭、柳亚子等均有和诗，高诗云：

胡尘滚滚待澄清，惆怅江南野吏亭。翘首天涯酹杯酒，表章义烈眼垂青。

新亭高会事成尘，痛哭荒江后死人。十万横磨剑安在？愤来我亦欲逃秦。

——《巢南在西泠会葬秋女士以诗四章索和即步原韵寄复并示秋社同人》

陈诗、高诗都发表在当时上海的报纸上。它既是对"义烈"的表彰，也是对清政府的抗议和示威。

在为秋瑾治丧的活动中，陈去病深为徐自华的侠义精神所感动，为之题诗集说：

天生风雅是吾师，拜倒榴裙敢异词。为约同人扫南社，替君传布廿年诗。

——《题忏慧诗集》

这是南社一词最早见之于文献。稍后，柳亚子也有《海上题南社雅集写真》诗，感叹于人员分散，活动寥落，注称："南社诸子时在海上者，唯朱少屏、沈道非两人而已。"[1]大概这一时候，陈、高、柳三人已就社名问题取得了一致意见，因而可以公之于世了。

古诗云："胡马依北风，越鸟巢南枝。"从日本归国后，陈去病便很喜欢这个南字。他不仅改字巢南，而且诗集也命名为《巢南集》。他后来解释说："南者，对北而言，寓不向满清之意。"[2]定名南社，正是为了表现他们的反清主旨。

三　陈去病的越中、岭海之行

追悼秋瑾事毕，陈去病即应邀赴绍兴府中学堂任教。绍兴是秋瑾的故乡，也是光复会的大本营。当年，秋瑾曾经和徐锡麟一起在这里办过大通学堂，培养了一批革命力量。陈去病到绍兴后，通过学生宋琳将这批人联络起来，组织了一个革命团体，名叫匡社，意在以匡复中华为志。匡社的成立，为后来的越社打下了基础。

在绍兴期间，陈去病除去古轩亭口祭奠秋瑾外，还去宋高宗、孝宗、光宗、宁宗、理宗、度宗等六个皇帝的陵墓祭扫。他想起了北方的崇祯皇帝的陵寝，不胜伤感。5月8日，在杭州教书的刘三写了一首诗给陈去病，邀他来共同祭扫抗清英雄张煌言墓，诗云："为扫南屏苍水墓，有人号哭过江来。"陈去病读后，很受感动，立即发信给高旭和柳亚子，要他们同来张煌言墓前一哭，兼吊秋瑾。这时，陈去病已经得到章太

---

[1]　《磨剑室诗词集》上册，第61页，上海人民出版社。

[2]　《太平洋报》，1912年10月10日。

炎、刘师培二人反目成仇的消息，因此在信中说：

> 刘、章结果，弟数年前早料到，盖两人皆经生，铿铿好辩，不肯服输，匪若吾侪终不忍以意气坏大局也。好兄弟而如此，能无怃然？所愿吾侪当日凛凛，无蹈此覆辙，而自破其贞盟也。

信中，陈去病并告诉高旭，他所起草的《南社叙》将托柳亚子抄写寄呈，但刊行则须要见面后商量再定。

5月24日，陈去病赶到杭州。这一天，是南明永明皇帝被清兵杀害之日。当时，陈去病"南向哀号"，写成《永明皇帝殉国实纪》一文，他称这一天是"吾朱明皇帝亡国之最后日"，又是"吾皇汉民族永堕于奴隶牛马之第一日"。陈去病不了解，从进入阶级社会之日起，汉族中的劳动人民早就是奴隶牛马了。辛亥革命时期的革命党人大多对民族压迫敏感，而迟钝于阶级压迫，陈去病即是一例。文章表示，有剥必有复，有因必有革，号召革命党人掌握时机，响应正在云南河口等地发动的起义。他相信："我高祖、列宗、永明诸皇帝在天之灵，必阴相佑之，以策成功。"[1] 7月4日（六月初六日）是秋瑾牺牲一周年纪念。陈去病准备在西湖再次召开追悼会，秋社同志徐自华、姚勇忱、褚辅成等革命党人纷纷集中西湖。旗人贵翰香闻讯，奔告浙江巡抚增韫。增韫准备派人缉拿。这时，正赶上革命党人陈陶怡回国，刚到上海，就因刘师培夫妇告密，被端方派人逮捕。一时风声紧张，陈去病接受姚勇忱等人的建议，准备南下汕头暂避。行前，他回到故乡同里，安排家事，又特意赶到黎里，向柳亚子告别。他写成了六首绝句，向南社诗人索和，诗云：

> 耿耿旄头灿九天，汉家残社几曾延？祝宗祈死浑无效，又向尘寰过一年。

> 欲为苍生赋《大哀》，侧身且向粤王台，会看丹荔黄椒候，万里炎荒披发来。

1　《民报》第23号。

1907年生日，陈去病与邓实等人聚会时，曾有"祈死无灵"之句，眼看生日又快到了，而所事无成，还要被迫逃亡，陈去病很悲愤，因此，又有"祝宗祈死浑无效"之句。柳亚子读后，不以陈去病的情绪为然，写诗慰勉道：

残山剩水哭黄天，妖鸟余腥总蔓延。赖有义熙元亮在，中原不数羯羌年。

元龙湖海本无家，绝业千秋计未差，便使此身终异域，要留文字辨夷华。

复社逃盟总旧因，网罗遗佚替传真，祝宗莫便轻祈死，文献东南要此人。

——《巢南初度将及感成六绝和韵》

柳亚子希望陈去病珍重，坚持以文字反清，即使终老南荒绝域，也要坚持初衷。"文献东南要此人"，这里有着对陈去病的殷切期待。赠诗之外，柳亚子还写了一首《金缕曲》，为陈去病壮行。其下半阕云：

罗浮天半山如掌，算从今飞书草檄，未须悲怆。战血南天烽火地，应有遗踪可访。

广东是宋、明末代的血战之地，兴中会成立以后，革命党人又在这里多次起义。柳亚子鼓励陈去病为义军"飞书草檄"，并访寻宋、明遗址。

8月，陈去病抵达汕头，参与《中华新报》的编辑工作。编余之暇，他果然不负柳亚子所期，奋力写作。9月22日，他在一个海岛上祭悼南明的隆武皇帝，有诗。10月13日（九月十九日），是明末抗清英雄顾咸正、刘曙、钱旃、夏完淳等人牺牲之日，他又有诗。这些诗，他都寄给了柳亚子等人，柳亚子等人也纷纷和作，拟议中的南社机关刊物虽然尚未出版，但诗笺却沟通了彼此之间的情怀。

陈去病在《中华新报》的工作卓有成效，该报迅速成为革命党人在岭南的一块重要宣传阵地。11月，光绪皇帝和西太后相继去世。当月，陈去病去香港，与云南、广东各省革命党人相见于中国日报社。归途中，他兴奋地赋诗道："北极腥风动，南天热血多。吾曹应有事，努力砺征戈。"然而，正当他奋发图强，准备有所作为的时候，突然接到徐自华的电报，浙江巡抚增韫勒令平毁西湖秋墓。于是，陈去病立即束装北返，企图挽救。12月7日，陈去病与浙江革命党人张恭相晤于上海。当晚，张恭被捕。

张恭被捕仍是刘师培夫妇告密的结果，这两个叛徒为了向端方邀宠，一次又一次地出卖自己的同志和友人。危险的是陈去病等仍然没有任何觉察。几天后，徐自华等设宴为陈去病洗尘，居然还邀请刘师培夫妇出席。一直到1909年夏天，南社同人们才识破了这一对叛徒夫妇的真面目。

四　监狱内外的唱和通信

由于找不到充分的谋反证据，清政府定不了宁调元的罪，他的案子就挂了起来。

在长沙狱中，宁调元辛勤读书写作，并与傅尃、高旭等人唱和通信。1907年冬，当他从傅处得悉高旭准备出版《神交集》时，曾将一批稿件寄给《国粹学报》的邓实，请他转交高旭。1908年4月，《神州日报》出版一周年，高旭写了八首诗以为庆祝，诗云：

数枝健笔抵戈矛，震撼魔王唱自由。东亚风潮勤鼓吹，青年有责振神州。

麟经一卷纪宗周，天丧斯文是用忧。砥柱中流原不易，要当戮力此神州。

中原时事叹无鸠，收拾河山仗俊俦。旭日柳开扬异彩，万千气象壮神州。

——《神州八章为〈神州日报〉一周年纪念而作也》

同月，宁调元从报上读到了这八首诗，顿生空谷足音之感，于是也写了八首诗相和，其中二首云：

鹊巢盘踞任鸣鸠，困苦王孙孰与俦？文字有灵重祷祝，国魂复苏返神州。

峨峨八岳足高游，路险难分愁复愁。最后成功争一篑，共将热血染神州。

——《哀蝉音问隔绝一年，顷于报端见所作〈神州八绝〉，慨然和之，即为〈神州日报〉周年纪念，未审哀蝉见之，以为何似也》

可以看出，不论是唱，还是和，都表现了那个时代青年革命党人的一腔爱国热情，也表现了那个时代进步作家对文学作用的重视，他们渴望以自己的创作为振兴神州服务。这以后，高旭又写了四首绝句寄给宁调元，其一云：

幾复风微忆昔贤，空山时往听杜鹃。支撑东南文史局，堪与伊人共此肩。

——《寄怀太一湘中》

这首诗要求宁调元和自己共同支撑东南文史的局面，可以看作是对宁调元参加南社的邀请书。宁调元读高诗后，欣然作诗相答：

钜艰当世几人肩？夜雨魂销蜀道鹃。幾复风流已千古，后生莫漫拟前贤。

——《接哀蝉书并寄怀诗四首，即次韵以答之》

同时，宁调元又在信中告诉高旭，自己应傅尃之约，已写就了《南社序》。他并建议，出版机关刊物《南社》时可不必列插画和文选，而应"添论著一门，专为列代诗运之盛衰及其源流；添传记一门，专为列代诗人作小传；此外则词话、诗话不可少也"[1]。关于杂志的原则，他主张"保神州之国粹"。尽管宁调元对孔学采取激烈的批判态度，但是，在对中国传统文化的态度上，他也无法摆脱盛行一时的国粹派的影响。

由于陈去病远在汕头及其他原因，《南社》一直未能出版。5月31日，宁调元致函高旭，询问主持《南社》其事者"约有几人"[2]，6月23日，再次寄书高旭，要求在《南社》出版后"幸速寄我一阅为感"[3]。7月，他又一次寄书高旭，告以拟发展张汉英、唐群英两位女性为社员，并问："稿已编定否？出版有期否？"[4]宁调元此时虽然是清政府的阶下囚，但整个身心都在系念着革命和革命文学事业。

五　成立宣言

陈去病回到上海，照理建立南社的工作可以加紧进行了。然而，天有不测风云。1909年春，陈去病因腿疾住进医院，而且这一病就是半年。直到8月份，才恢复出院，回乡休养。不久，到苏州，受聘于电报局内张宅，任家庭教师。在此期间，叶楚伧代替陈去病，赴汕头主持《中华新报》；于右任在上海办起了《民呼报》，以"大声疾呼，为民请命"为宗旨。该报社长为于右任，编辑为范光启、徐血儿、王无生。这是继《神州日报》之后上海出现的又一份革命党人的报纸。柳亚子、高旭、苏曼殊、徐自华、谢无量等人纷纷为之提供稿件，革命文化界顿形活跃。但是《民呼报》只办了不到三个月，就被迫停刊。10月3日，于右

1　见《太一笺启》，《太一遗书》。
2　同注1。
3　同注1。
4　同注1。

任以顽强不屈的毅力再创《民吁报》，只是社长改以范光启出面，其他工作人员为：发行人朱少屏，总编辑景耀月，编辑王无生、杨天骥、谈善吾，文苑栏的作者则仍然是柳亚子、高旭等一批人。这样，报纸虽然改了名，却完全不改旧观。

这一时期，也有一件使柳亚子等人不舒心的事，这就是刘师培夫妇的公开投降清政府。8月，端方由两江改督直隶，随员名单中出现了刘师培的名字。这一对夫妇的叛变终于得到证实。高旭打开当年在上海酒楼相约结社时所摄的照片，激愤地写下了两首诗：

今贤那识古贤心，几复风流何处寻？富贵于侬本无分，聊将皓月证初襟。

残阳疏柳黯魂销，吟到河山惨不骄。毕竟经生成底用，可怜亡国产文妖。

——《重观海上写真成两章》

高旭这里对刘师培的批判是义正词严的。然而，世事沧桑，若干之后，他参与曹锟贿选，成为"猪仔议员"，竟也成了柳亚子等人指责的对象！

大约就在这以后，陈去病、柳亚子等决定在苏州虎丘召开南社成立会。10月初，俞锷（剑华）自日本回国，到黎里访问柳亚子。二人原是《复报》时期的老朋友，一别三年，见面时分外兴奋，一起欢聚了十天，临别时，柳亚子坚约俞锷参加拟议中的"吴门雅集"，作词送别道：

碧云黄叶天无际，惨离筵丁宁后约，情何能已。雅集吴门期不远，饶有风流况味。便纵有高歌休去，大醉可中亭畔月，好狂呼几复骚魂起。重记取，别时意。

——《金缕曲》

虽然雅集尚未举行，但柳亚子已经想象届时在虎丘可中亭畔高歌痛饮，赏月吟诗，召唤"骚魂"的"风流况味"了。

10月17日，高旭在《民吁报》上发表《南社启》，公开表白结社主旨。该文称：

> 国魂乎，盍归来乎，抑竟与唐、虞、姬、姒之版图以长逝，听其一往不返乎？恶！是何言？是何言？国有魂，则国存；国无魂，则国将从此亡矣。夫人莫哀于亡国，若一任国魂之漂荡失所，奚其可哉！然则国魂幕何所寄？曰寄于国学，欲存国魂，必自弃国学始。而中国国学中之尤可贵者，端推文学，盖中国文学为世界各国冠，泰西远不逮也。而今之醉心欧风者，乃奴此而主彼，何哉！余观古人之灭人国者，未有不先灭其言语文字者也。嗟乎痛哉！伊吕倭音，迷漫大陆，蟹行文字，横扫神州，此果黄民之福乎！

"国魂"，辛亥革命时期曾是一个使不少仁人志士热血沸腾的名词。它表现了对自己国家、民族及其精神、文化的深厚感情。高旭呼喊"国魂"，主张"存国学"，具有抵抗帝国主义文化侵略、光大民族文化的积极意义。但是，民族文化中既有光辉的瑰宝，也有必须洗涤的污浊；它需要继承，尤其须要吸受外来文化的精粹，根据新的现实需要加以革新和发展。笼统地号召"保国学"，将易于窒息新机，流于故步自封、抱残守缺。这一点，在南社和近代中国文化的发展中，可以清晰地得到证明。

10月27日，《南社例》十八条公布。它明确地规定了南社作为文学团体的性质。条例称："品行、文学两优者许其入社。""社员须不时寄稿本社，以待刊刻。""所刊之稿即署名《南社》。寄稿限于文学一部，不得出文学之外。"值得注意的是，它在社员内部提倡心平气和的讨论，声称"各社员意见不必尽同，但叙谈及著论可缓辩而不可排击，以杜门户之见，以绝争竞之风"[1]。但是，后来的事实表明，它并未能始终遵循这一原则。

10月28日，陈去病发表《南社诗文词选序》，将南社比拟为"遭逢坎坷"、"志屈难伸"的遗民、逸士。序言称：

---

[1] 见1909年10月27日《民吁报》。

> 每相逢其痛哭,或独往而迢遥,时从詹尹卜居,辄向祝宗祈死。黄冠野服,惊看方外之人,局地蹐天,如抱无穷之恨。[1]

序言号召社员效法屈原、贾谊、谢翱等人,写伤时忧国的"不得已"之作。它说:

> 抑或揽髦丘之葛,重慨式微;采首山之薇,将归曷适?竹石俱碎,凄凄朱鸟之吟;陵阙何依,黯黯冬青之树。吊故家于乔木,厦屋山丘;寻浩劫于残灰。铜驼荆棘。此不得已者又其一也。[2]

这一段话,写得十分隐晦曲折,但熟悉中国文学历史的人一眼就可以看出,这是在号召人们抒发"故国"之恩,反对清朝统治。

10月29日,宁调元发表《南社诗序》,阐明南社命名的意义在于"钟仪操南音,不忘本也"。它说:

> 《乐记》道之曰:"治世之音安以乐,乱世之音怨以怒,亡国之音哀以思。"故哀乐感乎心,而咏叹发于声。斯编何音?斯世何世?海内士夫庶几晓然喻之而同声一慨也夫![3]

当时还处在清政府的统治下,这个政府虽然既腐败又衰弱,但是它还是可以随时采取措施,无情地对付几个手无寸铁的文人。因此,宁调元的话也说得很含蓄,但表达的意思还是十分清楚的。

高旭的《南社启》、陈去病的《南社诗文词选序》、宁调元的《南社诗序》,都是长期经营的作品,它们实际上是南社的成立宣言。可以看出,它们共同响彻着一个主旋律——反清。清政府对内镇压,对外投降,是

1　见当日《民吁报》。
2　同注1。
3　同注1。

封建主义和帝国主义的集中代表。南社作家主张以文学为这一政治斗争服务，反映了时代和民族的需要。但是，中国近代民主革命的任务是反帝反封建，而不只是反对清政府，在文学上的任务则是推陈出新，创建反映新兴阶级思想和感情的反帝反封建的新文学，而不是"保国学"。从这些意义上，上述宣言就显得不足、片面和保守了。

11月6日，陈去病发表《南社雅集小启》，向社会各界公开宣布了召开南社成立会的时间和地点。《小启》以优美的笔触描写了严冬统治下春意的萌动：

> 孟冬十月，朔日丁丑，天气肃清，春意微动。詹尹来告曰：重阴下坠，一阳不斩，芙蓉弄妍，岭梅吐萼。微乎微乎，彼南枝乎，殆生机其来复乎？[1]

上海、南京、松江、苏州等地的文化人迅速看到了这份别具特色的通知，不少人打点行装，准备赴会。久已沉寂的虎丘张国维祠就要迎接一批虔诚的瞻仰者了。

---

[1] 见当日《民吁报》。

黄遵宪的生平、思想和创作

一 黄遵宪的生平与思想

黄遵宪（1848—1905），字公度，别号人境庐主人。祖籍光州（今河南省东南部），五代时迁闽，宋元之际迁梅州，后遂为广东嘉应州（今梅州市）人。祖上屡代经营典当。父亲黄鸿藻，曾任户部主事、广西知府。

黄遵宪少年时即遭逢太平天国起义和英法联军入侵等巨变。当他12岁时，太平军第一次攻破嘉应州城。"七万里戎来集此，五千年史未闻诸。"民族矛盾、阶级矛盾的深刻震撼使黄遵宪成为一个早熟的年轻人。他曾自述："吾年十六七，始从事于学，谓宋人之义理，汉人之考据，均非孔门之学。"同治三年（1864年），黄遵宪在《感怀》诗中批判复古主义，主张"知今"、"阅世"，提出"法弊无万全"、"正当补弊偏"，表明17岁的黄遵宪已经有了改革思想。同治六年（1867年），考中秀才。同治十三年（1874年），以拔贡生的资格去北京应廷试，没有考中。其间，黄遵宪到过广州、香港、天津等地，有机会接触鸦片战争后中国社会的严酷现实。内忧外患和自身的经历，促使黄遵宪愈来愈强烈地滋生了对科举制度的批判思想。光绪二年（1876年），他在《述怀再呈霭人、樵野丈》诗中说："徒积汗牛文,焉用扶危颠。到此法不变,终难兴英贤",明确地主张"变法",改革科举制度。这年秋天,黄遵宪考中举人。12月,同乡何如璋出使日本,黄遵宪应邀任参赞。

光绪三年（1877年）10月,黄遵宪随何如璋赴日本,旋即参与琉球问题谈判。当时,正值日本明治维新之后,黄遵宪由惊怪、犹疑,逐渐发展为肯定。他对日本友人宫岛诚一郎称："君民共治之体,实胜寡人政治。"又对何如璋说："中国必变从西法。其变法也,或如日本之自强,或如埃及之被逼,或如印度之受辖,或如波兰之瓜分,则我不敢知,要之必变。"他认真地研究日本的历史和现状,开始起草《日本国志》一书。在此期间,他读到法国思想家孟德斯鸠和卢梭的著作,"心醉其说,谓太平世必在民主国无疑"。

在日本,黄遵宪受到许多热爱中国文化的汉学家的欢迎,和源辉声、宫岛诚一郎、青山延寿、石川英、龟谷省轩、冈鹿门等结下深厚友谊,彼此经常笔谈,为中日文化交流做了大量工作。光绪五年（1879年）,黄遵宪出版《日本杂事诗》,受到日本朋友的热烈赞扬。源辉声征得黄遵宪同意,将原稿埋藏于东京家园中,由黄遵宪亲题"日本杂事诗最初稿冢"九字,刻石树碑。源辉声逝世后,安葬于东京北部的平林寺,其子为了实践父亲"与丽句兮永为邻"的遗愿,也将诗冢迁移到了平林寺。

光绪八年（1882年）,黄遵宪调任驻美国旧金山总领事。任内,美国排斥华工运动日益加剧,黄遵宪抨击美国官员"不公、无理、苛刻、残虐",积极保护华侨的正当权益。光绪十年（1884年）,美国大选,黄遵宪目睹总统选举过程中的许多怪事,不能正确地加以分析,得出了"共和政体万不能施行于今日之吾国"的错误结论。

光绪十一年（1885年）,黄遵宪请假归国,多年的海外生活使他认识到,"中国非除旧布新,不能自立",开始起草变法方案。同时,埋头修订《日本国志》,至光绪十二年（1886年）成书。它"详今略古,详近略远,凡牵涉西法,尤加详备,期适用也"（《凡例》）。书中,黄遵宪批判秦汉以后"君尊而民远"、"竭天下以奉一人"的专制主义,提出了完整的变法思想体系,主张建立立宪政体,学习西方自然科学和发展生产、管理经济的方法，保护和发展民族工商业，建立强大的国防力量，开办新式学堂，进行文体和字体的改革。次年秋，黄遵宪带着《日本国志》入京，得到总理各国事务衙门章京袁昶的赞许，被推荐为驻英二等参赞。

在英期间，黄遵宪仔细考察了英国的政治制度，改良主义思想臻于巩固。他明确提出："改从西法，革故取新"，同时主张："上自朝廷，下自府县，咸设民选议院，为出治之所。"当时，日本已召开国会，黄遵宪致函日本友人说："一洗从前东方诸国封建政体，仆于三万余里海外闻之，亟举觞遥贺，况其国人乎！"光绪二十年（1894年），正当中日战争的紧要关头，黄遵宪被两江总督张之洞自新加坡总领事任调令回国，任江南洋务局总办，处理五省教案。次年（1895年）黄遵宪在上海会见康有为，纵论时事，随即参加强学会。自此，黄遵宪成为维新运动中的积极分子。光绪二十二年（1896年），黄遵宪邀请梁启超到沪创办《时务报》，"藉此大声疾呼，为发聋振聩之助"。10月入京，受到光绪皇帝和帝党官僚翁同龢的接见。次年（1897年），被任命为湖南长宝监法道。不久，署理湖南按察使。黄遵宪积极协助湖南巡抚陈宝箴推行新政，先后创办时务学堂、南学会、保卫局、课吏馆、不缠足会，《湘学新报》、《湘报》，使湖南成为当时全国最活跃最有朝气的一省。他曾在南学会演讲，批评封建帝王"生于深宫之中，长于妇人之手"，"骄淫昏昧，至于不辨菽麦，亦靦然肆于民上，而举国受治焉"。封建保守势力攻击他"阴狡坚悍"，声称"自黄公度观察来而有主张民权之说"，"我省民心，顿为一变"。光绪二十四年（1898年），维新运动进程加速，黄遵宪全力支持康有为的主张，致函陈三立说："康所上折，先设制度局，即宪所谓三司条例司也，极为中肯。读此及彼得变政折，宪不能不爱之！敬之！"同年因徐致靖奏保，光绪帝命陈宝箴将黄遵宪送部引见。8月，任命黄遵宪为出使日本大臣。当黄遵宪行抵上海时，戊戌政变发生，黄遵宪被参奏为"奸恶"与谭嗣同辈相等，"请旨饬拿"，"从严惩办"。由于英国驻上海总领事和日本驻华公使林权助等人的干预，清政府允许黄遵宪辞职还乡。

黄遵宪还乡后，思想郁闷，但他仍怀抱着拳拳报国之心，自称"早夜奋厉，务养无畏之精神，求舍生之学术，一有机会，投袂起矣"。光绪二十八年（1902年），黄遵宪和逃亡日本的梁启超取得联系，二人经常以长信交换意见，讨论立宪、革命、保教、保国粹、人物评价、文学改良等各方面的问题。他预言自己有可能从"加富尔变而为玛志尼"，鼓励梁启超批判"儒教"，支持他创办《新民业报》和《新小说》，但反对梁启超的貌似激烈的"破坏主义"理论。这一时期，黄遵宪有较多的时间从事新体诗的创作，因此，被梁启超树为"诗界革命"的旗帜。光绪二十九年（1903年），黄遵宪邀集地方人士创立嘉应兴学会议所，自任会长，积极发展家乡的教育事业。次年（1904年）末，黄遵宪在《病中纪梦述寄梁任父》诗中写道："人言廿世纪，无复容帝制，举世趋大同，度势有必至。"但这时，黄遵宪的肺病已日渐加深。光绪三十一年（1905年），他在致梁启超信中说："余之生死观略异于公，谓一死则泯然澌灭耳。然一息尚存，尚有生人应尽之义务，于此而不能自尽其职，无益于群，则顽然七尺，虽躯壳犹存，亦无异于死人。无避死之法，而有不虚生之责。"旧历二月二十三日（3月28日）逝世。

黄遵宪的著作，生平自定的有《日本杂事诗》、《日本国志》、《人境庐诗草》等三种。

《日本杂事诗》两卷。版本众多，以光绪五年（1879年）总理衙门刊行的同文馆聚珍版为最早。光绪十六年（1890年），黄遵宪在使英期间重加改订，于光绪二十四年（1898年）由长沙富文堂以木版刊行，成为定本。1981年，湖南人民出版社出版了钟叔河的辑校本《日本杂事诗广注》，列为《走向世界丛书》的一种。

《日本国志》四十卷。光绪十六年（1890年）始刊于广州富文斋，嗣后有光绪二十四年（1898年）浙江书局本、上海图书集成印书局本等。

《人境庐诗草》十一卷，黄遵宪自编，黄遵宪初校，梁启超复校，宣统三年（1911年）刊行于日本。近人钱仲联有《人境庐诗草笺注》，初版于1957年，1981年增订修改，由上海古籍出版社再版。

黄遵宪的集外诗文，近年来陆续有所发现。1960年，北京中华书局出版北京大学中文系近代诗研究小组整理的《人境庐集外诗辑》。1981年，《文献》杂志发表了钱仲联所辑《人境庐杂文钞》。黄遵宪任驻日参赞期间与日本人士的笔谈记录也已由实藤惠秀、郑子瑜二人辑出，编为《黄遵宪与日本友人笔谈遗稿》，1968年由日本早稻田大学东洋文学研究会出版。黄遵宪与宫岛诚一郎笔谈遗稿笔者已在日本访得，有待整理。

二 黄遵宪的文学主张

创造性是文学的生命活力所在。只有创造，才能产生出命意新颖、风格独特的作品来。明清以来的作者大都不懂得这个道理，他们视古人为偶像，刻意求似，亦步亦趋，黄遵宪鄙视这种诗风。《杂感》诗说：

俗儒好尊古，日日故纸研。六经字所无，不敢入诗篇。古人弃糟粕，见之口流涎。沿习甘剽盗，妄造丛罪愆。

他指出，今古是发展的，今不必卑，古不必尊，应该敢于摆脱古人的束缚，"我手写我口"。因此，他推崇韩愈的文学主张。《刘毓庵诗序》说：

韩退之铭樊宗师也，曰："惟古于词必己出。"其答李翱书又曰："惟陈言之务去。"以昌黎之文起八代之衰，而摄其要乃在去陈言而不袭成语，知此可与言诗矣。

黄遵宪认为，清代诗派林立，"或矜神韵，或翊性灵"，但大都"肤浅油滑，人人能为诗，人人口异而声同"，其症结就在于迷信古人。他在研究了中国古代诗歌发展的历史经验之后指出：

不能率其真而舍我以从人，而曰吾汉、吾魏、吾六朝、吾唐、吾宋，无论其非也，即刻画求似而得其形，肖则肖矣，而我则亡也，我已忘我，而吾心声皆他人之声，又乌有所谓诗者在耶？汉不必三百篇，魏不必汉，六朝不必魏，唐不必六朝，宋不必唐，惟各不相师，而后能成一家言。是故论诗而依傍古人，剿说雷同者，非夫也。

但是，黄遵宪并不反对向古人学习，在日本时，他就向日本友人建议，"多读杜、韩大家，以观其如何"。后来，在《人境庐诗草自序》中，又明确主张"复古人比兴之体"，"取《离骚》、乐府之神理而不袭其貌"，自曹氏父子、鲍照、陶渊明、谢灵运、李白、杜甫、韩愈、苏轼，以至晚近小家，无一不可成为自己"炼格"的对象。黄遵宪认为，这种学习取径要广，必须"不名一格，不专一体"，而且必须善于抛弃古人的糟粕，其最终目的则在于建立自己的个人独特风格，"要不失乎为我之诗"，黄遵宪把这种境界叫作"诗之中有人"。它正确地揭示了诗歌和传统和创作主体的关系。

黄遵宪懂得，现实是诗歌的土壤，生活的丰富和时代的发展保证了诗歌的源泉既生生不息，又绚丽多姿。他在《与朗山论诗书》说：

> 日月、星辰、风云、雷雨、草木、禽鱼、日出其态以当我者，不穷也；悲欢、忧喜、欣戚、思念、无聊、不平之出于人心者，无尽也；治乱、兴亡、聚散、离合、生死、贫贱、富贵之出于我者，不同也。苟能即身之所遇，目之所见，耳之所闻，而笔之于诗，何必古人，我自有我之诗者在矣。

在《人境庐诗草自序》中，黄遵宪将这种境界称之为"诗之外有事"。唐代的白居易主张"文章合为时而著，歌诗合为事而作"，宋代陆游主张"功夫在诗外"，黄遵宪的思想正是在此基础上的进一步发展，它正确地揭示了诗和现实的关系。

诗源于现实，又反作用于现实。黄遵宪对西方文艺史有一定了解，曾说："诗虽小道，然欧洲诗人出其鼓吹文明之笔，竟有左右世界之力。"（《与丘菽园书》）正确认识到诗歌可以"鼓吹文明"，为维新变法服务；但以为它可以"左右世界"，则过于夸大。应该特别指出的是，近代作家常常强调诗歌的社会政治作用而忽视其艺术和审美特征，黄遵宪则不然，他说："吾论诗以言志为体，以感人为用，孔子所谓兴于诗，伯牙所谓移情，即吸力之说也。"（《致饮冰室主人手札》）

诗的发展是格律化和自由化的统一。它既要求节奏和谐，具有回环反复的音乐美感，又要求能自由畅达地抒情、叙事。针对古典诗歌格律过严的情况，黄遵宪主张"以单行之神，运排偶之体"，"用古文家伸缩离合之法以入诗"（《人境庐诗草自序》）。这实际上是主张吸收散文的特点和句法来写诗，从而提高诗歌的表现力。

语言是诗歌构造形象的唯一手段，它必须不断更新代谢。针对古典诗歌语言日益僵化的情况，黄遵宪在青年时代就勇敢地提出："即今流俗语，我若登简编；五千年后人，惊为古斓斑。"（《感怀》）后来，又进一步提出，自群经三史、周秦诸子之书，许慎、郑玄诸家之说，以至当时的官书、会典、方言、俗语，一概可以作为诗歌语言的取材范围，这就大为丰富了诗歌的语言源泉。

黄遵宪自小熟悉家乡的民歌，又受过晚明公安派的影响，论诗强调"真意"，认为《诗经》中的"十五国风"之所以"妙绝古今"，其原因在于"妇人女子矢口而成"。他高度评价故乡民歌手的才能，"彼冈头溪尾，肩挑一担，竟日往复，歌声不歇者，何其才之大也！"（《山歌题记》）但是，他还认识不到吸收民歌营养对于发展文人诗的意义。

黄遵宪的上述主张反映了近代诗歌发展的要求，较之谭嗣同、夏曾佑捋扯新名词以自表异的"诗界革命"要高出许多。

黄遵宪是高度评价《红楼梦》的第一人。他曾赠给日本友人源辉声一部《红楼梦》，并对另一日本友人石川英说："《红楼梦》乃开天辟地、从古到今第一部好小说，当与日月争光，万古不磨者。"又说："论其文章，直与《左》、《国》、《史》、《汉》并妙。"他认为，小说必须有神采，有趣味；作者必须阅历丰富，饱尝烂熟社会中所有情态；又必须积累材料，具有浓厚的语言修养，能得心应手地驱使通行俗谚，以至譬喻语、形容语、解颐语等。

黄遵宪主张言文合一，在《日本国志·学术志》中，他说："语言与文字离，则通文者少；语言与文字合，能通文者多。"他要求改变汉语书面语言和口语严重脱离的状况，创造一种"明白畅晓，务期达意"的新文体，力求做到"适用于今，通行于俗"，使得"天下之农、工、商贾、妇女、幼稚皆能通文字之用"。这些主张，比之裘廷梁的《论白话为维新之本》要早12年。

三　黄遵宪的诗作

黄遵宪在《与弟遵楷书》中说："平生怀抱，一事无成，惟古近体诗能自立耳。"诗是黄遵宪的"余事"，但却是他一生最大的成就。黄遵宪自觉地以诗歌来反映近代中国的重大历史事件，呼吁人们维新救国，内容宏富，可以称为一代诗史。

反对帝国主义侵略，反对卖国投降是黄遵宪诗的首要内容。在《香港感怀》、《羊城感赋》、《和钟西耘庶常津门感怀》等诗中，黄遵宪追念鸦片战争和第二次鸦片战争的往事，对《南京条约》、《北京条约》等耻辱的城下之盟表示愤慨。"教训十年民力盛，倘排犀手射鲸鱼"。这不仅是黄遵宪的愿望，也是近百年来中国人民的共同愿望。光绪十一年（1885年）中法战争中，冯子材在谅山战胜法军，黄遵宪在《冯将军歌》中热情地歌颂了这位70岁的爱国老将，描绘了清军英勇杀敌，"十荡十决无当前，一日横驰三百里"的壮观场面。光绪二十一年（1895年），中国在甲午战争中战败，黄遵宪为此写下了一组诗篇，系统地反映战争的全过程，《哀旅顺》云：

> 海水一泓烟九点，壮哉此地实天险。炮台屹立如虎阚，红衣大将威望俨。下有洼地列巨舰，晴天雷轰夜电闪。最高峰头纵远览，龙旗百丈迎风展。长城万里此为堑，鲸鹏相摩图一啖。昂头侧睨何眈眈，伸手欲攫终不敢。渭海可填山易撼，万鬼聚谋无此胆。一朝瓦解成劫灰，闻道敌军蹈背来。

全诗以十四句极写旅顺之险，而失守一事，只有寥寥两句，无限的哀痛和愤怒尽在不言之中。"剖胸倾热血"，诗人这一时期的作品都高扬着强烈的爱国主义的激情。《马关纪事》写战败签约割地赔款的悲愤。《台湾行》指出台湾是"我高我曾"开辟出来的神圣领土，批评扬言守土而又仓皇内渡的清吏，斥责投降日本的败类。《书愤》写甲午战争后帝国主义的瓜分狂潮：

　　一自珠崖弃，纷纷各效尤。瓜分惟客听，薪尽向予求。秦楚纵横日，幽燕十六州。采用南北海，处处扼咽喉。
　　弱肉供强食，人人虎口危。无边书瓯脱，有地尽华离。争问三分鼎，横张十字旗。波兰与天竺，后患更谁知。

当时，还没有别人能在诗中将中华民族的危机表现得如此触目惊心。

黄遵宪诗的另一重要内容是批判封建顽固派、批判封建文化，抒发维新变法、振兴中华的愿望。《感怀》讽刺"昂头道皇古，抵掌说平治"的世俗儒生，反对儒学的独尊地位。《杂感》指责封建统治者以八股制艺诱人入彀，使知识分子的精力疲于无用的丹铅之中。《赠梁任父同年》勉励梁启超以精卫填海之志出手大干，希望由此出现一个"黄人捧日"、光照大千的局面。戊戌政变发生后，黄遵宪的一腔忧愤完全倾泻到了诗作里。《仰天》诗云：

　　仰天击缶唱乌乌，拍遍栏干碎唾壶。病久忍摩新髀肉，劫余惊抚好头颅。箧藏名士株连籍，壁挂群雄豆剖图。敢托鸩媒从凤驾，自排阊阖拨云呼。

诗中的抑郁不平既反映黄遵宪对国家民族命运的深沉忧虑，也反映他对顽固派镇压维新运动的愤怒。环境虽然恶劣，但黄遵宪仍然相信未来。诗人这一时期写作的《己亥杂诗》是一组仿龚自珍同名之作的身世感怀诗。其中"滔滔海水日趋东"一首写中国必然要变革、"万法从新"的信念。黄遵宪虽然不赞成革命,但他始终强烈地渴望祖国和民族的强大,光绪二十八年(1902年),他写作《军歌》24首,呼吁人们以死求生,改变国势衰弱的局面。如:

  阿娘牵裾密缝线,语我毋恋恋。我妻拥髻代盘辫,濒行手指面。败归何颜再相见,战战战!
  弹丸激雨忍旋风,血溅征衣红。敌军昨屯千黑熊,今日空营空,黄旗一色盘黄龙,纵纵纵!

黄遵宪设想,经过对侵略者决死的战斗,中国军队大胜,鼓吹齐鸣,铙歌奏凯,嚣张跋扈的帝国主义者瑟缩谢罪,彼此在平等的基础上订立新约。梁启超盛赞此诗,认为"读此诗而不起舞者,必非男子"(《饮冰室诗话》)。

  黄遵宪先后出使日、美、英等国,他的诗集中有不少描写海外风物的诗篇。《日本杂事诗》总数达200首,全部为绝句,系以小注,内容涉及日本的历史、国政、民情、民俗、物产和社会生活的各方面,是百科全书性的大型组诗。《樱花歌》写日本举国观花的盛况。《游箱根》写日本的秀丽山水。《都踊歌》写西京街头青年男女轻歌妙舞的情态和他们对爱情生活的祝福。此外,锡兰岛卧佛、英国温则宫、伦敦大雾、巴黎铁塔、苏伊士运河、埃及象形石柱、新加坡的华人山庄,都一一成为黄遵宪的歌咏对象。黄遵宪的这些诗,空前地扩大了中国古典诗歌的表现领域,所以,他曾不无自负地表示"吟到中华以外天"(《奉命为美国三富兰西士果总领事留别日本诸君子》)。

  《山歌》是黄遵宪诗中一组别具风格的作品。它们描写青年女子对忠贞爱情的期待以及离别、相思之情。语言活泼、天真、表现上则采取谐音、双关等传统的民歌手法。如:

  催人出门鸡乱啼,送人离别水东西。

> 挽水西流想无法，从今不养五更鸡。

> 一家女儿做新娘，十家女儿看镜光。
> 街头铜鼓声声打，打看中心只说郎。

郑振铎曾誉之为"像夏晨荷叶上的露珠似的晶莹可爱"。《新嫁娘诗》写少女在出嫁前后的生活与心情，是黄遵宪诗中又一组别具风格的作品。它所描绘的婚嫁情况，宛如一幅色彩缤纷的嘉应民俗图。如：

> 脉脉春情锁两眉，阿侬刚及破瓜时。
> 人来偶语郎家事，低绣红鞋佯不知。

> 屈指三春是嫁期，几多欢喜更猜疑。
> 闲情闲绪萦心曲，尽在停针倦绣时。

> 问娘添索嫁衣裳，只是含羞怕问娘。
> 翻道别家新娶妇，多多满叠镂金箱。

这里对旧时少女在出嫁前的心态、神情的描写可以说到了惟妙惟肖的地步。

对前代诗歌，黄遵宪兼收博采，不拘限于一体一格，因此，他的诗表现出多种多样的风格和意境。有时气势磅礴，豪语满纸；有时恬淡自然，宁静舒缓；有时雄辩滔滔，议论风生；有时幽默诙谐，情致盎然；有时匠心雕镂，精细入微；有时随手拈来，涉笔成趣。但是，就其主要方向，则表现为下列特点：

1. 善于描写场面，刻画人物，塑造鲜明的形象。《纪事》写美国总统竞选以杂耍招徕看客："铁兜绣裲裆，左右各分行，宝象黄金络，白马紫遥缰。橐橐安步靴，林林耸肩枪，或带假面具，或手执长枪。金目戏方相，黑脸炒鬼王。"宛如一个个跳动的特写镜头；"齐唱爱国歌，曼声音绕梁。千头万头动,竞进如排墙。"又宛如阔大的全景。它们生动地表现了"纵欢场"上百戏杂陈、光怪陆离的景象,使人有身临其境的感觉。黄遵宪尤其善于写人物,如《度辽将军歌》:

雄关巍峨高插天,雪花如掌春风颠。岁朝大会召诸将,铜炉银烛围红盘。酒酣举白再行酒,拔刀亲割生麃肩。自言平生习枪法,炼目炼臂十五年,目光紫电闪不动,袒臂示客如铁坚。淮河将帅巾帼耳,萧娘吕姥殊可怜。看余上马快杀贼,左盘右辟谁当前!鸭绿之江碧蹄馆,坐令万里销烽烟,坐中黄曾大手笔,为我勒碑铭燕然。

本诗先是写吴大澂在岁朝大会上模仿汉初名将樊哙,故作豪举;次写他伸拳揎袖,卖弄武功;再写他讪笑败军将领;末写他大言自夸。经过这几层渲染,吴大澂骄狂的情态须眉毕现。近人誉之为"通幅嬉笑怒骂,婉转逼肖,不愧诗史之目"。其他如《冯将军歌》、《聂将军歌》、《拜曾祖母李太夫人墓》等,都能以精练的语言勾勒出人物面貌。

2. 善于铺展恢张,写作汪洋广博的鸿篇。《锡兰岛卧佛》全诗2000余字,是集子中最长的一首诗,也是中国古典诗中少见的长诗。梁启超曾说:"欲题为印度近史,欲题为佛教小史,欲题为地球宗教论,欲题为宗教政治关系说","有诗以来所未有也"。《番客篇》写在南洋参加的华侨富商婚礼,从门庭、陈设、嫁妆、服饰、宾客、新人,一直写到迎亲、交拜、宴会、傀儡戏、博弈,又写到更阑酒散后的娓娓长谈,细致周详,直似汉赋。类似的长诗还有《罢美国留学生感赋》、《流求歌》、《逐存篇》、《春乡招乡人饮》等。和古典诗歌比起来,它们的规模和容量都大为扩充。

3. 善于吸收和运用散文的特点写诗。《冯将军歌》采用《史记·魏公子列传》的笔法,多次使用"将军"二字,如:"奋挺大呼从如云,同拼一死随将军。将军报国期死君,我辈忍孤将军恩。将军威严若天神,将军有令敢不遵,负将军者诛及身。将军一叱人马惊,从而往者五千人。"既将冯子材写得虎虎有生气,又充分表达了诗人的敬佩之情。黄遵宪常以散文句入诗，如《赤穗四十七义士歌》："一时惊叹争歌讴，观者、拜者、吊者、贺者万花绕冢每日香烟浮，一裙、一屐、一甲、一胄、一刀、一矛、一杖、一笠、一歌、一画手泽珍宝如天球。"它们伸缩自如，参差错落，别具一种音韵美。

4."新理想"与"旧风格"的和谐。黄遵宪的诗既继承了中国古典诗歌的传统，又表现了新的时代特点。他的新派诗主要有两种类型。其一，写新事物、新思想，但保持旧体诗的格律。如《今别离》分咏轮船、火车、电报、相片、东西半球昼夜相反。《八月十五夜太平洋舟中望月作歌》写"月不同时地各别"，"彼乍东升此西没"。梁启超称这类诗"熔铸新理想以入旧风格"。其二，打破旧体诗的格律，但又保持了诗歌应有的韵律和节奏。如《军歌》、《幼稚园上学歌》，它们类似于古典诗歌中的杂言体，均为配谱歌唱而作，较为通俗，一般不用典。黄遵宪对《军歌》最满意，在《示权甥》函中说："此乃车辚、马萧、哭声干云之反对语也。自创新调，试参玩之。"又致函梁启超说："此新体择韵难，选声难，着色难"，"愿任公等拓充之，光大之"。

黄遵宪诗在近代产生了广泛的影响。他不仅被梁启超誉为"诗界革命"的旗帜，而且也启迪了马君武、高旭等南社诗人。高旭题《人境庐诗草》云："惊魂碎魄断肠时，三百年来见此诗。"在中国古典诗歌的终结阶段，黄遵宪不愧为首屈一指的杰出诗人。

黄遵宪的思想和创作都存在着严重的局限。他仇恨太平天国，仇视义和团，不敢坚决反对帝国主义，力图用改良来代替革命，在保存封建主义的前提下发展资本主义。他的爱国主义有时表现为错误的大国主义。

黄遵宪认为，"文界无革命而有维新"（《与严幾道书》），因此，在诗歌改革上不能跨出更大的步子。他尝试写新体诗，但主要还是利用旧形式创作，语言也主要以古籍为源泉。在艺术上，往往议论过多，未能摆脱晚清宋诗运动的影响。在《与丘菽园书》中，他自述说："少日喜为诗，谬有别创诗界之论，然才力薄弱，终不克自践其言，譬之西半球新国，弟不过独立风雪中清教徒之一人，若华盛顿、哲非逊、富兰克令，不能不属望于诸君子也。"这是有自知之明的认识。

论钱玄同思想
——以钱玄同未刊日记为主所作的研究

钱玄同是"五四"新文化运动的主将之一,也是这一运动中最顶尖的激烈人物。他是北京大学、北京师范大学等校教授,先后参与编辑《新青年》、《语丝》和《国语周刊》,倡导整理国故,推动古史辨学派的创立和形成,又倡导汉字改革、国语统一,是著名的文字、音韵学家。本文将以他的未刊日记为主,参以他的书札,勾画并评述他的思想的几个重要方面,从而探讨"五四"思潮中几个有普遍意义的问题。至于他公开发表过的文章,由于易于见到,故尽量少用。

无政府主义

20世纪初年中国的先进人物大体都有一个从维新向革命发展的阶段,钱玄同也是如此。他最初歌颂光绪皇帝,向慕维新变法;后来转而赞同"排满革命"。1905年12月东渡日本留学,在短暂的立志改革教育后,迅速转向无政府主义。

钱玄同留学之初,日本社会党中的激烈派日渐活跃。1907年,幸德秋水、堺利彦、山川均、大杉荣等组织社会主义金曜讲演会,宣扬社会主义和无政府主义。张继、刘师培等受其影响，组织社会主义讲习会，刊行《天义》报，认为只有无政府主义才是中国的最好出路。钱玄同多次参加社会主义讲习会的活动，听过堺利彦、山川均、宫崎民藏以及印度旅日革命者等人关于无政府主义和蒲鲁东、克鲁泡特金、马克思学说的演讲。例如，他在日记中记堺利彦演说称："社会自有富豪而后，贵贱日分，贫富日区，今欲平此阶级，宜实行无政府至共产主义。"[1] 显然，演说给他留下了深刻的印象。自此，钱玄同即反对"社会不平等"，反对"金钱之为资本家掠夺"[2]，信奉无政府主义者所标榜的"平民革命"。他在与人辩论时曾表示："本国政府与外国政府其欺平民同，故即有国而富强，而平民终陷苦境。吾侪今日当为多数平民之革命，不宜为少数人之革命。"[3] 1908年，刘师培归国投顺清朝大臣端方，社会主义讲习会一派受到东京中国革命党人和留学生的冷落和耻笑，但钱玄同信仰无政府主义之志不变[4]。自民国初年至20年代，他始终赞赏师复的心社及其主张。1925年8月4日日记说："我自读师复之《心社意趣书》以来，久想废姓了。今又忽见此，更增我废姓之念。"一直到30年代，他仍然为刘师培编辑遗书。可以说，钱玄同对无政府主义始终怀有感情，心向往之。

不过，钱玄同的思想和张继、刘师培等仍然有着很大不同。社会主义讲习会一派的无政府主义者大都对孙中山的三民主义表示不满，甚至多所攻击，他们对排满革命、共和立宪也鄙夷不屑，要求在中国立即实行所谓"无政府革命"。"无政府"，作为一种遥远的美好的理想，本无可非议，但是，以"无政府"作为一种行动纲领或近期目标，则不仅在理论上是错误的，而且在实践上是有害的。同盟会在辛亥革命准备时期的分裂和两次反对孙中山的风潮，都和这一思潮相关[5]。钱玄同虽然一度认

---

[1] 《钱玄同日记》，未刊，1907年9月15日，以下简称《日记》。该项日记起于1905年，止于1939年钱玄同去世之前三天。

[2] 《日记》，1908年2月14日。

[3] 《日记》，1908年1月21日。

[4] 《日记》，1917年9月12日。

[5] 参阅本书《同盟会的分裂与光复会的重建》。

为,世界大势,已至无政府阶段[1]。但是,他赞成"排满",反对保皇,热烈拥护共和,支持孙中山的革命活动[2]。他虽师从章炳麟,与陶成章、龚宝铨等光复会系统的人员过从甚密,但从不参与和孙中山闹矛盾的派别活动。还在1907年初,他就渴望"吾国之孙公",能够早日"撞革命之钟,卷三色之旗",建成"吾中华民国"。[3]1926年3月,更给了孙中山及其三民主义以极高的评价。他说:"夫彼孙公中山者,宁非当世伟人!彼之《三民主义》、《孙文学说》,虽不高明之言论也颇有,然他的功业一定比得上王安石,他的著作(即《三》、《孙》)一定比得上黄黎洲之《明夷待访录》。老实说,我是觉得不谈政治则已,苟谈政治,救中国之策,莫良于三民主义矣。"[4]

除了刘师培、张继等人外,吴稚晖、李石曾、张静江等在巴黎发刊《新世纪》,成为中国思想界的又一个宣传无政府主义的中心。这一派,和东京的《天义》派,既有共同点,又有相异点。其相异点之一是,《天义》派反对孙中山,而《新世纪》派则支持孙中山的民主革命理想和活动;相异点之二是《天义》派对中国传统社会和传统文化常怀脉脉深情,而《新世纪》则多持批判、嘲笑态度。辛亥革命前,钱玄同称誉《天义》报"精美绝伦"[5],对《新世纪》派虽有所肯定,但时有不满。日记称:"购得《新世纪》五至八号,于晚间卧被中观之。觉所言破坏一切,颇具卓识,惟终以学识太浅,而东方之学尤所未悉,故总有不衷于事实之处,较之《天义》,瞠乎后矣!"[6]个别时候,他甚至辱骂《新世纪》同人为"诸獠"、"丧心病狂"。[7]在刘师培和吴稚晖二人之间,他也扬刘而贬吴,日记说:"(申叔)不斥旧学,贤于吴朓诸人究远矣!"[8]而

---

1 《日记》,1908年3月5日。

2 《日记》,1907年1月1日。

3 《日记》,1907年1月7日,3月5日。

4 《致周作人》,《鲁迅研究资料》第9辑,第111页。

5 《日记》,1907年7月11日。

6 《日记》,1907年10月3日;参见同年9月18日日记。

7 《日记》,1908年6月6日;1910年1月20日。

8 《日记》,1908年7月1日。

在"五四"前后,则对《新世纪》派时加赞许,肯定该刊"实为一极有价值之报"[1]。对这派的代表人物吴稚晖则引为同道,尊敬有加。1917年9月24日日记说:"阅《新世纪》。九年前阅此,觉其议论过激,颇不谓然。现在重读,乃觉甚为和平。"1925年4月,他更将吴稚晖和孙中山、胡适、蔡元培等一起列为中国人的"模范"[2]。这种变化,和钱玄同对中国传统社会、传统文化态度的变化密切相关。

近代中国的许多先进人物都曾信仰过无政府主义,或者受过它的影响。钱玄同之所以向往无政府主义,除了它的"平民"立场外,还在于它的"厌恶阶级社会",反对一切压迫和"强权",怀疑一切、破坏一切的"彻底性"和世界主义的倾向。这些方面,曾经影响了"五四"及其以后钱玄同的思想和性格。

反传统思想

新文化运动诸人大都具有比较强烈的反传统思想,但其顶尖人物则是钱玄同。

钱玄同1908年在东京师从章炳麟,和龚宝铨等人一起听章讲《说文》、《汉书》、《文心雕龙》等著作,一度主张复古。在这一方面,钱玄同甚至走得比他的老师更远、更彻底。但是,袁世凯的复辟帝制使他受了强烈的刺激,袁世凯之后的北洋军阀统治也使他深恶痛绝。1917年天津大水,但督军曹锟却到"太乙庙"去三跪九叩首地祭拜"蛇精"。钱玄同愤慨地在日记中写道:"此种野蛮原人居然在二十世纪时代光天化日之下干这种畜牲事业。唉!夫复何言!"[3] 1919年,被鲁迅等讥为"大东海国大皇帝"的徐世昌连续下达卫道命令,钱玄同讽刺道:"这几天徐世昌在那里下什么'股肱以膂'!什么'祈天永命'!什么'吏治'!什么'孔

---

1 《日记》,1917年1月11日。
2 《回语堂的信》,《语丝》第23期。
3 《日记》,1917年9月25日。

道'的狗屁上谕！这才是你们的原形真相呢！"[1]

正是这些原因，使钱玄同转而反对复古，对中国传统道德、礼仪、历史和以汉字为载体的传统文化持全面的激烈的批判态度。他反对旧的"三纲五常"，反对妇女的"三从"之训，反对迷信，反对旧的婚礼、葬礼、丧服，以及拖辫、缠脚等恶习。他说："凡过去的政治、法律、道德、文章，一切都疑其不合理。"[2] 1918年，他一度认为，在中国两千年的古籍中，"孔门忠孝干禄之书"占百分之五十五，道家及不明人身组织的医书占百分之二十，海淫海盗、说鬼谈狐、满纸发昏梦疯之书占百分之二十五[3]。在稍后公开发表的《中国今后之文字问题》一文中，他进一步提出："欲废除孔学，不可不先废汉文；欲废除一般人之幼稚的野蛮的顽固的思想，尤不可不先废汉文。"[4]

中华民族在漫长的历史中创造了光辉灿烂的文化。但是，在我们研读钱玄同的著作时，总感觉到，他否定较多，看消极面较多。1923年7月1日，他致函周作人说："我近日很'动感情'，觉得二千年来的'国粹'，不但科学没有，哲学也玄得厉害。"在他看来，不仅"理智的方面毫无可满足之点"，即就"情感方面的文学"而论，也问题很多[5]。为此，他以疾恶如仇的态度激烈地攻击国粹的崇拜者，声称对"国故派之顽凶"，"必尽力攻讦"。"前此已然，于今为烈"[6]。

在这一方面，他较之陈独秀、鲁迅、胡适诸人，也都走得更远，更彻底。还在"五四"前夜，他就认为胡适"微有《老》学气象"[7]；又批评他对外议论，旗帜有欠鲜明，"对于千年积腐的旧社会，未免太同他周

1　《日记》，1919年1月5日、1月7日。

2　《日记》，1925年8月4日。

3　《日记》，1918年3月4日。

4　《新青年》第4卷第4号。据钱玄同1918年1月2日日记云："独秀、叔雅二人皆谓中国文化已成僵死之物，诚欲保种救国，非废灭汉文及中国历史不可，吾亦甚然之。此说与豫才所主张相同。"可见当时主张废除汉字的不止钱玄同一人，不过别人没像钱玄同一样"放炮"而已。

5　《致周作人》，《中国现代文艺研究资料丛刊》第5辑，第340～341页。

6　《致胡适》，《胡适遗稿及秘藏书信》第40册，第270页。

7　《日记》，1918年1月2日。

旋了"[1]。1923年，更批评胡适"思想虽清楚"，而态度则不如陈独秀和吴稚晖二人"坚决明了"。他甚至说，"旧则旧，新则新，两者调和，实在没有道理"，主张将"东方文化连根拔去"。[2]这是中国近代很少有人发表过的极端言论。

近代中国正处于社会转型阶段。与社会转型相适应，文化也会发生不同程度的转型。钱玄同的反传统思想虽然偏激，有其谬误之处，但它是这一历史条件下的产物，有其必然性和合理性。同时，应该看到，钱玄同在事实上并未全盘反传统。对于中国文化中的优良部分，他仍然是充分肯定的。例如：对周秦诸子，特别是墨学，对司马迁、刘知幾的史学，对王充、鲍敬言、邓牧、李贽等人的异端思想和无君思想，对宋代的永嘉学派、清代的颜李学派和浙东学派，以及对《水浒》、《三国演义》、《金瓶梅》、《红楼梦》、《儒林外史》等等，钱玄同都是肯定的，有些还肯定得很高。例如，他之所以改名"玄同"，就是"妄希墨子"，"想学墨子的长处"[3]。对《诗经》中的《国风》，他评之为"狠真狠美"[4]。对司马迁的《史记》，他认为"作意"好，有"特识"，可以使人"得鉴既往，以明现在，以测将来，决非帝王家谱、相斫书"[5]。一直到20年代，禅宗的语录、王阳明的《传习录》都还在他的常读书之列[6]。即使对于有些所谓"伪书"，他也不轻易否定。1922年9月1日，钱玄同致函胡适说："'托古改制'，是中国人的惯技，自来造假书的最有名的人是刘歆和王肃，但此二人所造的伪书，尽有他的价值，未可轻于抹杀。"[7]

还特别应该指出的是，钱玄同所反对的主要是传统文化的当代价值或此时价值，而非其历史价值或彼时价值。对传统文化的历史价值或彼

---

1 《致胡适》，1918年7月或8月，《胡适遗稿及秘藏书信》第40册，第255页。

2 《致周作人》，《中国现代文艺研究资料丛刊》第5辑，第346页；又见于其1924年4月8日日记。

3 《日记》，1917年4月14日。

4 《致胡适》，1921年12月7日，《胡适遗稿及秘藏书信》第40册，第297页。

5 《日记》，1919年1月1日。

6 《日记》，1922年9月12日。

7 《胡适遗稿及秘藏书信》第40册，第316页。

时价值，钱玄同也是肯定的，认为这种价值可谓"不废江河万古流"，虽岁月变迁，不能"贬损丝毫"。例如，钱玄同对孔子，就肯定得很高。新文化运动期间，他虽然主张"废孔学"，但同时明确表示："如孔丘者，我固承认其为过去时代极有价值之人。"他所"实在不敢服膺者"，不过只有"别上下，定尊卑"这一点[1]。他同意朱蓬仙的看法，认为"孔子以前，榛榛狉狉，极为野蛮。孔子修明礼教，拨乱反正"，有文明开化的功劳[2]。五四后，他进一步表示："一部《论语》，确是古代底大学者的言论。"[3] 又说："孔丘确是圣人，因为他是创新的，不是传统的；秦汉以来的儒生，直到现在的孔教徒是蠢才，因为他们是传统的，不是创新的。"[4] 他对孔学在中国历史上因时变迁的情况也有很好的分析。他认为，在孔子成为"教主"后，经过汉、宋、晚清等不同时期学者的解释，"三次增加，真相愈晦"[5]。钱玄同提出："适用于古昔，未必适用于今日。"[6] 他所针对的，主要是袁世凯、孔教会之流利用孔学，毒化当代人，为复辟帝制或巩固北洋军阀统治服务。因此，他明确表示：孔学不适用于20世纪共和时代，"孔门忠孝干禄"一类书籍，"断不可给青年阅看，一看即终身陷溺而不可救拔"[7]。可见，他对传统文化的批判的立足点、着眼点都在当代。

钱玄同主张，新的时代，中国应该有一种新的文化出现，传统文化必须"退居到历史地位"[8]。这一思想仍然有其合理性。打个比方，商鼎周彝之类，在彼时是适用的礼器、食器、酒器，但在此时，则只能送进历史博物馆陈列。它们可以价值连城，但是，却不再具有实用价值。假如今天仍然有人要求社会公众普遍使用，那只能是笨伯。1922年9月22日，钱玄同致函周作人称："我尊重《红楼梦》有恒久的文学价值，犹之

---

1 《致陈独秀》，《新青年》第3卷第4号。
2 《日记》，1917年3月28日。
3 《古史辨》（一），第52页。
4 《日记》，1922年10月1日。
5 《日记》，1926年9月14日。
6 《日记》，1917年1月28日。
7 《日记》，1918年3月4日。
8 《新青年》第4卷第1号。

乎尊重《诗经》有恒久的文学的价值,但现在做诗,人之知其决不应该'点窜《周南》《召南》字,涂改《郑风》《卫风》诗',则现在做文,当然也不应该'点窜贯中、雪芹字,涂改承恩、敬梓文'也。"[1]钱玄同所反对的只是"拒新崇故",用旧事物、旧文化拦阻新事物、新文化的出生和成长[2]。

任何文化形态都是特定时空状态下的产物,它常常只适应于特定的时间和空间,因此,文化的发展总是如长江、黄河,一浪一浪地向前发展,所谓"江山代有才人出,各领风骚数百年"是也。但是,在文化的发展中,也总有若干东西,若干成分,可以适用于其他时代、其他环境。这里,有着文化发展的阶段性和连续性的辩证关系,也有着民族性和世界性的辩证关系。应该承认,钱玄同只看到了文化发展的阶段性,较少看到其连续性和可继承性,这是其缺陷。同时,也应该看到,一种过时的文化,在不同的历史条件下,可以再度焕发生命;或者,在经过改造、转换后,可以为新的时代服务。我们这个民族有许多宝贵的东西,腐朽尚且可以化为神奇,何况本来就是宝贝呢!近年来,有些学者提倡对"儒学"进行"创造性的转换",力图使古老的儒学和现代化结合,或者以之作为对西方现代病的一种补偏救正的药方。这方面的探索当然是有益的、有意义的。这些情况,当年的钱玄同当然无法梦见,但是,1922年4月,钱玄同评论沈尹默"五四"后的"笃旧"倾向时,曾经表示,"旧成绩"总有一部分可以"供给新的","为材料之补充",这样的观点就较为全面了。

欧化思想

钱玄同主张中国的出路是"欧化"。所谓"欧化",也就是"西化"。他说:"我的思想,认定中华民国的一切政治、教育、文艺、科学,都该

---

[1] 《中国现代文艺研究资料丛刊》第5辑,第335~336页;参见《日记》,1922年10月1日。
[2] 《致周作人》,同上,第343页。

完全学人家的样子，断不可回顾十年前的死帝国。'不好的样子'虽然行了数千年，也该毅然决然的扑灭他；合理的新法，虽然一天没有行，也该毅然决然振兴他。"他号召中国国民"做一个二十世纪时代的文明人，不做那清朝、唐朝、汉朝、周朝、五帝、三皇、无怀、葛天时代的野蛮人"[1]。钱玄同这里所说的"学人家"，自然指的是学西方。钱玄同甚至公开主张，要废除汉语，改用世界语或一种外国语作国语。他说："中国的语言文字总是博物院里的货色，与其用了全力去改良他，还不如用了全力来提倡一种外国语作为第二国语——或简直作为将来的新国语，那便更好。我的意思，以为今后中国人要讲现在的有用学问，必当懂几国语言文字。"[2] 辛亥革命前，钱玄同曾经辱骂主张改革汉字或废汉字的人为"发疯"，是"王八蛋"[3]，至此，算是转了一个一百八十度的大弯子。

此后，在"西化"和"保存国粹"之间，他总是肯定"西化"。1920年8月16日，钱玄同致函周作人说："纯粹美国派固亦不甚好，但总比中国派好些。专读英文，固然太偏，然比起八股、骈文的修辞学来，毕竟有用些。"又说："我近来对于什么也不排斥（因为我自己太无学问也），惟对于'崇拜国故者'，则以为毫无思想与知识之可言。虽著作等身，一言以蔽之曰，屁话而已。"[4]

近代中国人的难题是：中国人一方面学习西方，但是，西方列强却又侵略和欺负中国，于是，顽固派和"国粹"派就有了市场。钱玄同却能正确处理这一难题。他认为，为了爱国，不吸哈德门香烟是对的，但是，不能回过头去提倡三尺长的旱烟筒。后来，他进一步明确表示："忍受帝国主义者侵略的暴力，是糊涂蛋丢脸的行为；服从先进国发明的学术，是明白人合理的举动。"[5]

钱玄同的所谓欧化，实际上是现代化的同义语。他说："到了民国时代，还要祀什么孔，祭什么天，还要说什么纲常名教，还要垂辫裹脚，

---

[1] 《新青年》第5卷第1号，第81页。

[2] 《日记》，1919年1月5日。

[3] 《日记》，1908年4月29日、8月27日。

[4] 《中国现代文艺研究资料丛刊》，第5辑，第317页。

[5] 《通讯》，《国语周刊》第9期。

还要打拱叩头……你想，人家是坐了飞机向前进，我们极少数人踱着方步向前跟走，那班'治平'大家还气不过，还要横拖直扯的把少数人拉扯上了哪吒太子的风火轮，向后直退。"[1] 又说："我坚决地相信所谓欧化，便是全世界之现代文化，非欧洲人所私有，不过欧洲人闻道较早，比我们先走了几步。我们倘不甘'自外生成'，惟有拼命去追赶这这位大哥，务期在短时间之内赶上，到赶上了，然后和他们并辔前驱，笑语前行，才是正办。"[2] 这两段话，可以帮助我们了解钱玄同提倡"欧化"及其心情迫切的原因。

如所周知，民族语言是民族文化中最重要的因素，钱玄同却主张用一种外国语来作为中国的国语，自然，这是彻底的西化论。在日记和私人信札中，钱玄同也曾有过"全盘承受西洋文化"的说法[3]。陈序经的"全盘西化"论和胡适的"充分世界化"论，都出现于30年代，比起钱玄同来，要晚很多年。

"全盘西化"论当然是错误的，以一种西方语言代替汉语作为国语的意见也当然是错误的。但是，必须指出的是，钱玄同所主张引进的主要的是西方的自然科学和进步的社会科学、文学，如达尔文的进化论、易卜生的问题戏剧，以及博爱、互助、平等、自由等学说之类，并非认为西方什么都好，连月亮也是外国圆[4]。他清醒地看到，西方也有"臭虫"，反对将它移到中国来"培养"。1923年7月16日，钱玄同致函周作人说："我们纵然发现了外国人的铁床上有了臭虫而不扑灭，但我们决不应该效尤，说我们木床上的臭虫也应该培养，甚至说应将铁床上的臭虫捉来放在木床上也。"他反对什么都效法西方，亦步亦趋，认为"外国女人虽穿锐头高跟的鞋子，但中国女人并非不可穿宽头平底的鞋子"[5]。1925年6月25日，他又进一步解释道："我常说'欧化'，似乎颇有'媚外'之嫌，其实我但指'少

1　《新青年》第6卷第2号，第241页。

2　《回语堂的信》，《语丝》第23期。

3　《致周作人》，《中国现代文艺研究资料丛刊》第5辑，第346页；又见于其1924年4月8日日记。

4　《致周作人》，《鲁迅研究丛刊》第7页；参见《新青年》第6卷第6号，第650页。

5　《中国现代文艺研究资料丛刊》第5辑，第344页。

数合理之欧'前言之耳。'多数之欧',不合理者甚多,此实无'化'之必要。"[1]这样,他就又在实际上修正了自己的"全盘西化"论。

西方世界从18世纪起陆续脱离中世纪(也就是大陆学界通常所说的封建社会),进入现代化过程;到20世纪20年代前后,西方发达国家的现代化已经达到了相当的高度。中国则自鸦片战争之后,长期沉沦于半封建、半殖民地的泥潭中。摆在中国人民面前的所谓"欧化"问题,实际上是一个学习西方,实现中国的现代化问题。自林则徐、魏源以至严复、康有为、梁启超、孙中山等先进的中国人无不提倡学习西方,今天的现代中国文明的许多方面也确实来源于西方。因此,我们应该看到"欧化"思想的合理内核,而不应该恐惧"欧化",拒绝"欧化"。试问,我们能拒绝在西方充分发展起来的"声(学)、光(学)、化(学)、电(学)"等近代科学吗?能拒绝以选举制、代议制、政党制等为特征的近代民主吗?当然不能。

坚定不移地从事改革,从事开放,世界各个国家、各个民族一切比我们先进的东西都要学过来,这是历史的经验,也是历史的结论。自然,我们也要记住钱玄同的话,不要引进西方的"臭虫"。

自由主义思想

如上述,钱玄同早年就羡慕社会主义和无政府主义,但是,很奇怪,当陈独秀和胡适因在赞成或反对社会主义这一问题上发生分歧,《新青年》内部因而分裂时,钱玄同却站到了胡适一边。

根据钱玄同日记所述,分歧始于1918年1月,爆发于1919年10月李大钊将《新青年》第6卷第5号编为《马克思主义研究专号》时。冲突的结果是改变《新青年》第4、5、6三卷所实行的轮流编辑制,仍如此前各卷一样,归陈独秀一人编辑[2]。1920年,陈独秀先后出版《劳动纪念

---

1 《致周作人》,《鲁迅研究资料》第10辑,第7页。

2 《日记》,1919年10月5日。

专号》和《俄罗新研究专栏》，陈、胡分歧加剧，双方"短兵相接"。"一则主张介绍劳农，又主张谈政；一则反对劳农，又主张不谈政治。"[1]从思想自由的理念出发，钱玄同认为"统一思想"是"最丢脸的事"[2]，反对胡适"不谈宝雪维儿（Bolshevism）"的意见，主张陈独秀等人可以谈，《新青年》可以任由陈独秀办下去，办成《苏维埃俄罗斯》的汉译本也无不可[3]。但是，他认为中国人的程度不够，要改良中国政治，首先要改良中国社会，改变中国人的思想，"好好地坐在书房里"，"请几位洋教习"来教"做人之道"，"等到略有些'人'气了，再来推翻政府"。[4]因此，他明确表示，"布尔什维克"主义"颇不适用于中国"[5]。

钱玄同之所以有上述看法，固由于他从早年起，就反对"强凌弱，众暴寡"[6]。但更重要的原因则在于，他觉得中国人"专制"、"一尊"的思想过于强烈，有关传统过于深厚，会发生"学术专制"、"思想压迫"的可怕状况。1920年9月25日，他致函周作人说："我们实在中孔老爹学术思想专制之毒太深，所以对于主张不同的论调，往往有孔老爹骂宰我，孟二哥骂杨、墨，骂盆成括之风。"[7]1922年4月8日，再致周作人函说："我近来觉得改变中国人的思想真是唯一要义。中国人'专制'、'一尊'的思想，用来讲孔教，讲皇帝，讲伦常……固然是要不得，但用它来讲德谟克拉西，讲布尔什维克，讲马克思主义，讲安那其主义，讲赛因斯……还是一样的要不得。反之，用科学的精神（分析条理的精神），容纳的态度来讲东西，讲德先生和赛先生等固佳，即讲孔教，讲伦常，只是说明他们的真相，也岂不甚好。我们从前常说'在四只眼睛的仓神菩萨面前刚刚爬起，又向柴老师的脚下跪倒'，这实在是狠危险的事。"[8]

1　《日记》，1921年1月18日。

2　《关于"新青年"问题的几封信》，《中国现代出版史料》甲编，第11页，中华书局，1954。

3　《钱玄同致鲁迅、周作人》，《鲁迅研究资料》第12辑，第18页。

4　同注3。

5　《致周作人》，1921年6月12日，《中国现代文艺研究资料丛刊》第5辑，第332页。

6　《日记》，1917年1月5日。

7　《中国现代文艺研究资料丛刊》第5辑，第322页。

8　《鲁迅研究资料》第9辑，第112页。该刊将本函写作年代系于1932年，误。

他神往于中国古人所幻想的"万物并育而不相害，道并行而不相悖"的宽阔而自由的世界，只要不"有害于社会"，个人的各种信仰、崇拜、爱好都可以听其自由[1]。1926年3月14日，钱玄同致函周作人称："我的谬见，总觉得还是'太丘道广'些好。""三民主义也好，好政府主义也好，'苏'制也好，无政府主义也好（只要比曾琦略为不讨厌些，也就可以容纳）；国语也好，方言也好；汉字暂且维持也好，注音字母也好，罗马字母也好；规规矩矩的文章也好，放屁放屁的文章也好；赞美《马太福音》的第五章也好，反对基督教也好；到天安门前去痛哭流涕也好，在爱人怀里做'狄卡丹'也好。"[2] 又说："若有人肯研究孔教与旧文学，鳃理而整治之，这是求之不可得的事。即使那整理的人，佩服孔教与旧文学，只是所佩服的确是它们的精髓的一部分，也是狠正当，狠应该的。但即使盲目的崇拜孔教与旧文学，只要是他一个人的信仰，不波及社会——波及社会，亦当以有害于社会为界——也应该听其自由。"[3] 钱玄同认为，天下最可厌的事便是"清一色"，不能大家都做"千篇一律，千言万语只是一句话"的文章，"要它驳杂不纯些才好"[4]。

20年代的钱玄同主张改变五四时期"排斥孔教，排斥旧文学"的绝对态度，但是，他仍然坚持，"很鲜明的'浑'不得不反对"，例如"鼓吹复辟，鼓吹文言，鼓吹向孔丘与耶稣叩头"[5]。1925年5月，当他读到章太炎主编的《华国》杂志第38期时，不胜愤愤，认为"'敝老师'的思想的的确确够得上称为昏乱思想"，"其荒谬之程度远过于梁任公之《欧游心影录》，不可不辞而辟之。"他致函胡适，希望他出来做"思想界的医生"，为思想界注射"防毒针和消毒针"，不仅写《中国哲学史》、《中国佛学史》、《国语文学史》一类著作，而且尤其希望他写《评东西文化及其哲学》、《科学与人生观序》一类文章。他谦虚地自称："钱玄同是'银样镴枪头'，心有余而力没有（还配不上说'不足'），尽管叫嚣跳突，发一

1　《日记》，1921年1月1日。

2　《鲁迅研究资料》第9辑，第110～111页。

3　《鲁迅研究资料》第9辑，第113页。

4　《致周作人》，1926年3月14日，同上，第110～111页。

5　《致周作人》，第110页。

阵子牢骚，不过赢得一班猪猡冷笑几声而已，所以不得不希望思想、学问都狠优越的人们来干一下子。"[1] 同年，当章士钊出任北京政府教育总长，攻击白话文，企图恢复文言的一统天下时，钱玄同奋然再起，组织反击，致函胡适说："现在古文妖焰太盛了，这种'反革命'的潮流，实有推翻它之必要。"[2] 不久，反章斗争胜利，钱玄同又著文宣布："章行严去矣，后之来者，要是也像他那样做浑蛋们的代表，也像他那样，要凭借官势来统一思想，不管他是张三或李四，阿猫或阿狗，亡国大夫或兴国伟人，绅士或暴徒，我还是与对待章行严一样，反抗他，攻击他。"[3]

思想自由与思想斗争相辅相成。没有思想自由，就会窒息新机，使社会和文化趋于僵化、停滞；但是，没有思想斗争，也会使谬种流传，真理不彰，无法除旧布新，推动社会和文化向更高层次的发展。当然，这种思想斗争，凭借的是真理自身的力量，而不是凭借权势或其他。争论双方都应该是平等的。

整理国故思想

研究一种民族文化，只懂得这种文化本身是不够的。还在新文化运动初期，钱玄同就主张研究外国文化，扩大外国文化知识，然后才能获致对民族文化的精确认识。他说："前此闭关时代，苦无域外事可参照，识见拘墟，原非得已。今幸五洲变通学子正宜多求域外知识，以与本国参照。域外知识愈丰富者，其对于本国学问之观察，亦愈见精美。"[4]

"五四"以后，钱玄同是整理国故运动的倡导者之一。他主张用新思想、新方法研究国故，反对顶礼膜拜。1920年8月16日致周作人函称："我以为'国故'这样东西，当他人类学、地质学之类研究研究，也是

---

1 《胡适遗稿及秘藏书信》第40册，第352~356页。
2 《胡适遗稿及秘藏书信》第40册，第360~362页。
3 《国语周刊》第26期，1925年12月6日。
4 《日记》，1917年1月20日。

好的，而且亦是应该研究的。"[1]在他和胡适等人的推动下，古史辨学派兴起。

疑古思潮古已有之。钱玄同推尊自唐代刘知幾、宋代欧阳修、明代李贽直至清代康有为等人的疑古思想，大力提倡辨伪之学，企图将疑古精神普遍扩展到对中国古代历史和传世古籍的研究中去。还在辛亥革命前，钱玄同就对刘知幾的著作有极高的评价。日记说："晚阅《史通》，先取前儒所痛斥为非圣无法之《疑古》篇而观之，觉其伟论卓识，独具眼光，钦佩无量。"[2]李贽在其著作《焚书》中对被儒家尊为大圣人的舜有所非议，钱玄同也表示赞赏，有先得我心之喜[3]。五四前夜，钱玄同的疑古思想进一步发展。当时，朱希祖曾认为"虽子思、孟子所说亦不足信"，钱玄同赞成此说，声称："思、孟之义既不可信，何以左丘明之事实便可信，义可伪造，事宁不可伪造乎？"[4]五四后，他多次表扬宋人、明人"勇于疑古"[5]。他甚至认为，善疑是学术进步的必要条件，声称："学术之进步全由于学者的善疑，而'赝鼎'最多的国学界尤非用极炽烈的怀疑精神去打扫一番不可。"[6]

钱玄同认为，辨伪经重于辨诸子，辨伪事重于辨伪书。

西汉时，儒学从九流中脱颖而出，定于一尊；自此，儒学和与儒学有关的若干著作也就上升为"经"，具有了"天经地义"、不容置疑的权威性和永恒性。钱玄同重视辨伪经。1921年11月5日，他致函顾颉刚，认为辨伪经的重要性超过辨子书，刻不容缓的工作是编纂《伪经辩证集说》一书。他说："'子'为前人所不看重，故治'子'者尚多取怀疑之态度，而'经'则自来为学者所尊崇，无论讲什么，总要征引它，信仰它（直到现在，还有人根据《周礼》来讲周史的，也。"[7]后来又说："我

---

[1] 《中国现代文艺研究资料丛刊》第5辑，第317页。
[2] 《日记》，1908年1月2日。
[3] 《日记》，1908年1月23日。
[4] 《日记》，1917年3月28日。
[5] 《日记》，1917年1月5日，1922年1月10日。
[6] 《研究国学应该首先知道的事》，《读书杂志》第12期，1923年8月5日。
[7] 《古史辨》（一），第41页。

觉得宋以来有四个大学者，本来都是可以有大成就的，因为被'经'字罩住了，以致大蒙其害。"[1]可见，钱玄同着眼辨伪经，目的是打掉笼罩在儒学著作上的神圣光轮，将人们的思想从"经"的桎梏中解放出来。1921年12月7日，他曾将这一工作戏称为"毁冠裂冕"，"撕袍子"，"脱裤子"，致函胡适说："我们是决心要对于圣人和圣经干'裂冕，毁冕'，撕袍子，剥裤子的勾当的，那么，打'经字招牌'是狠要紧的事了。"[2]

儒家学说有稳定社会秩序的作用，汉以后，历代的统治者大都提倡读经，清末和北洋时代的军阀们尤其如此，凡疑"经"、非"经"者均视为非圣无法，大逆不道，可以"正两观之诛"[3]。钱玄同说："在官厅方面，打'经字招牌'更是极重要的事。教育部虽然比较别部稍微干净一点，可是遗老、遗少，卫道的君子们，晚晴簃的诗翁，此中亦复有之，在这种地方发点'非圣无法'的议论，也是功德。""晚晴簃的诗翁"，指徐世昌及其清客们。由此不难看出钱玄同的辨伪经和当时现实的反对北洋军阀斗争的关系。

古无文字。人类的远古史靠一代一代人的口耳相传，自然，其可靠性、科学性是极为有限的。在这种口耳相传中，后人会不断地、层层叠叠地附加自己臆想的成分，自然，离古史的实际情况也会越来越远。中国古代流行尊古、崇古观念，各家各派常常自觉不自觉地托古改制，或借古喻今，或自我作古，伪造古事以至伪造古书的情况更时有发生。钱玄同认为：三皇、五帝、三代（至西周止）的事实，百分之中倒有九十分以上是后人虚构的[4]。又认为：孟子、墨子、荀子以至宋代的"朱老爹"等人，"无不造假典故"[5]。因此，钱玄同主张将辨伪作为研究工作的"第一步"[6]，既辨伪事，也辨伪书，以便清除古史、古籍中的虚假成分，还其真实面目。1921年1月27日，钱玄同致函顾颉刚称："考辨真伪，

---

1 《古史辨》（一），第52页。

2 《胡适遗稿及秘藏书信》第40册。

3 同注1。

4 钱玄同：《三国演义序》。

5 《胡适遗稿及秘藏书信》第40册，第316页。

6 《古史辨》（一），第30页。

目的在于得到某人思想或某事始末之真相,与善恶是非全无关系。"[1]他认为,只有这样,才能将历史学和文献学的研究建立在科学的、可信的基础之上。

近代古史研究的重要推进是对甲骨文、金文的利用。在这方面,王国维做出过重大成就。钱玄同虽然强烈反对一切忠于清王朝的人,称罗振玉为"罗遗老",王国维为"王遗少",但是,他仍然充分肯定"王遗少"的研究方法,提出要"应用甲、金二文,推求真古字、真古史、真古制"[2]。五四以来的中国古史研究证明,这是一条正确的道路。

有些古代著作,并非伪书,但是,经过历代儒生的解释后,面目全非,《诗经》就是最典型的例子。钱玄同认为:《诗经》只是一部最古的"总集",与后来的《文选》、《花间集》、《太平乐府》等书性质相同,不是什么"圣经"。他反对汉儒动辄牵合政治,主张不去理会所谓某篇"刺某王"、"美某公",以及"后妃之德"、"文王之化"一类注解,同时主张将解《诗》的汉儒"毛学究、郑呆子"的文理不通处举出几条来示众[3]。1921年12月7日,钱玄同致函胡适,要求他在阐述"国语文学"时,首列《诗经》中的《国风》,同时建议胡适,赶紧"请它洗一个澡,替它换上平民的衣服、帽子"。他说:"腐儒误解的,我们更要替它洗刷,留它的'庐山真面目'才是。"1923年,他又曾致函顾颉刚,鼓励他说:"救《诗》于汉宋腐儒之手,剥下它乔装的圣贤面具,归还它原来的文学真相,是狠重要的工作。"[4]

钱玄同勉励胡适重新整理《诗经》,他说:"孔圣人虽未一定干过'删诗'事业,而胡圣人则大可——而且应该——干'删诗'的事业。"[5]钱玄同这里称胡适为"胡圣人",让他和"孔圣人"平起平坐,虽是戏言,但却充分表现出钱玄同平视古今的勇敢态度。

《诗经》是旧时《六经》之一。钱玄同认为《六经》之说乃是"无

---

1 《古史辨》(一),第24页。
2 《日记》,1922年7月15日。
3 《复顾颉刚》,1922年2月22日,《古史辨》(一),第46～47页。
4 《致顾颉刚》,《古史辨》(一),第50页。
5 《胡适遗稿及秘藏书信》第40册,第46～48页。

端将几部无条理、无系统、真伪杂糅、乱七八糟的什么'经'也者硬算是孔二先生的著作,还造了许多妖魔鬼怪之谈什么'三统'咧,什么'四始'咧……强说是他老先生说过这样不通可笑的话,他真被冤诬了!"因此,钱玄同主张将《六经》与孔丘分家[1]。

《春秋》长期被认为是孔子的重要著作。钱玄同认为,《春秋》是历史,但不是孔子做的,"以他老人家那样的学问才具,似乎不至于做出这样一部不成东西的历史来"[2]。

《尚书》,钱玄同认为其《金縢》篇"满纸鬼话","其荒诞不经的程度,比《三国演义》中诸葛亮借东风那一段还要加增几倍"[3]。

可以看出,疑古思潮、整理国故运动、古史辨学派的出现都是"五四"精神在学术领域内的深入和发展,具有反对老八股、老教条,解放思想,存真求实的作用。在这一精神的光照下,古史辨学派在中国古史、古籍的辨伪、还原等方面,做出过一定的贡献。但是,万事万物都有度,过了度,真理就可能成为谬误。近年来考古学、古代文献学等方面的发展已经证明,钱玄同和古史辨学派的疑古有许多过头之处,因此,又出现了"走出疑古时代"的呼吁。

信古和疑古,是两个对立面,也是两个极揣。迷信古人,易为古人所欺;反之,怀疑过分,也会否定了应该肯定的东西。科学的态度应该是,尽力摆脱政治附庸、宗派师承、个人好恶的局限,客观冷静,实事求是,当信则信,当疑则疑,这才能接近真理,掌握真理。

文学革命、汉字革命思想

辛亥革命前,钱玄同一度是中国传统文学的崇拜者。1909年6月,他在阅读清代作家张惠言的《茗柯文编》时,评价说:"阅其赋,庶几汉人

---

[1] 《古史辨》(一),第52页。
[2] 《古史辨》(一),第276页。
[3] 钱玄同:《三国演义序》。

矣，而其散文出入韩文，颇有桐城气息。"[1]他的朋友和同学朱蓬仙准备学习骈体文，以清代汪中为榜样，他也极表赞成[2]。但是，新文化运动兴起后，钱玄同却尖锐地批判"桐城谬种，《选》学妖孽"，成为旧文学的强烈反对者。1917年1月25日日记说："若如近世所谓桐城派之文，江西藏之诗……直欲令人作三日呕。"

钱玄同积极支持胡适、陈独秀等倡导的文学革命。胡适发表《文学改良刍议》后，钱玄同即断言"必能于中国文学界开新纪元"。但是，钱玄同提倡一种比较彻底的白话文学。他总觉得胡适的白话还不到家，有点像宋词和明清小说。1917年，钱玄同读了胡适的《尝试集》后，在日记中写道："适之此集是他白话文的成绩，而我看了觉得还不甚满意，总嫌他太文点，其中有几首简直没有白话的影子。我曾劝他既有革新文艺的宏愿，便该尽量用白话去做才是。此时初做，宁失之俗，毋失之文。"[3] 他主张："我们现在做白话诗，不但应该脱尽古诗、律诗的俗套，而且应该脱尽从前的白话诗词至民歌的俗套。"[4] 在钱玄同的帮助下，胡适才"放手去做那长短无定的白话诗"[5]。其他白话诗作者，如刘半农、周作人、汪静之等，也都得到过钱玄同的鼓励或帮助。例如，钱玄同认为，周作人的《小河》等诗"做得比适之、半农都好"，汪静之的诗，"确是一种葱茏、清新气象，可羡可妒"[6]。

钱玄同也提倡一种比较彻底的白话文，认为"不但应该脱尽古文、骈文的俗套，而且应该脱尽从前的白话文学（如禅宗及宋儒的语录、宋明人的笔札、曹吴的小说）的俗套"[7]。但是，他也主张，"凡明白易晓的文言，可以尽量输入于白话之中，使白话的内容逐渐丰富起来"。此外，

1　《日记》，1909年6月18日。

2　《日记》，1909年10月22日。

3　《日记》，1917年10月22日。

4　《日记》，1922年10月1日。

5　胡适：《五十年来的中国文学》，《胡适文存》第2集卷1。

6　《日记》，1919年2月5日，1922年9月29日。

7　同注4。

他还主张，吸收西方语言的优点，做欧化的白话文[1]。1922年10月19日，钱玄同致函周作人，称赞周的"欧化语体文"，要求"努力做得'极力各洛'，使其去中国旧白话文愈远愈好"[2]。

中国小说长期有文言小说、白话小说两派。还在辛亥革命前，钱玄同就认为小说应该以白话为正宗。1906年2月3日日记称："小说总以白话章回体为宜。若欲以文笔行之，殊难讨巧。"1920年，他又为《儒林外史》作序，称颂这部书的出世"可以说它是中国国语文学完全成立的一个大纪元"[3]。他甚至提出，要将《儒林外史》作中等学校的《模范国语读本》[4]。

在提倡以白话写作文学作品之外，钱玄同特别提倡在应用文领域内普遍使用白话。1917年，他致函陈独秀，提出应用文改革大纲，其第一条就是以国语写作[5]。这就空前地扩大了白话的使用范围，使它全面占领汉语书面语言的各个领域。钱玄同多次指出，近语比古语精密[6]，提倡白话，不是为了求通俗，求普及，而是要将它"作为高等文化、高等知识的媒介"[7]。1922年10月2日，他在北京女子高等师范学校演讲，特别说明："我们主张文学革命，不是嫌古文太精深，乃是嫌古文太粗疏：不是单谋初级教育和通俗教育的方便，乃是谋中国文学的改良。我们不仅主张用白话文来做初级教育和通俗教育的教科书，尤其主张用彼来著学理深邃的书籍。"[8]

提倡白话，将白话定为正统的汉民族的书面语言和文学语言，对于普及文化，提高民族文化素质，引进先进的外来文化，发展新文化、新文学，都极为有利。它是五四新文化运动的重大功绩。这一革命的主将

1　《三国演义序》。

2　《中国现代文艺研究资料丛刊》第5辑，第338页。

3　《儒林外史新叙》，亚东版《儒林外史》，1920年11月。

4　同注3。

5　《新青年》第3卷第5号，《通信》第8页。

6　《日记》，1922年10月22日。

7　《国语月刊发刊词》。

8　《国语月刊》第1卷第9期。

自然是胡适，而助其成功率者，陈独秀之外，就是钱玄同。

在提倡白话的同时，钱玄同主张改良汉语。1919年1月5日日记说："国语的用处，当限于普通信札、报纸等等。以中国现在的普通语言，即所谓的官话也者为根底，其有不备，古文、方言和外国语里的字都应该采用。"钱玄同从1917年加入国语研究会起，就一直以满腔热情投入提倡国语和国语统一的各项工作。他提出，"国语应该以民众的语言为基础"，"要仔细搜集考察民众的语言、文艺的精髓"[1]，这都是有价值的见解。

钱玄同对汉字进行过猛烈的攻击。他认为汉字是低级的文字。日记说："论其本质，为象形字之末流，为单音语之记号。其难易巧拙已不可与欧洲文字同年而语。"又说："此等文字亦实在不可以记载新文明之事物。"[2]因此，他大力提倡汉字革命。其主要内容是，为汉字注音或改用罗马字拼音。1927年，钱玄同对早年的激烈言论颇多后悔，但是，对提倡"国语罗马字"一事却始终坚持。致胡适函说："我近来思想稍有变动，回思数年前所发谬论，十之八九，都成忏悔之资料。今后大有'金人三缄其口'之趋势了。事业中至今尚自信为不谬，且自己觉得还配干的惟有'国语罗马字'一事。"[3]

钱玄同很清楚，废汉字，改为拼音文字不是短时期所可以完成的。因此，他主张首先简化汉字，同时减少汉字字数，挑选白话中所用及普通文言中所常用而为白话中所欠缺的字三四千字，作为常用字。

钱玄同非常重视他的汉字革命思想，把它看成一件很重要的事业。他说："这也是一种大胡闹，和文学革命一样，不是一班'主张通俗教育的人们'（如劳乃宣、王照之流）做给'小百姓'吃的窝窝头，实是对于鱼翅、燕窝改良的食物——是鸡蛋、牛乳之类。"[4]

汉字有自己的特点，在地域广大、方言繁多的中国，汉字在传播和发展民族文化等方面发挥过无可替代的作用。它具有卓越的构词能力。

---

1 《答裴文中》，《国语周刊》第27期。

2 《日记》，1918年3月4日。

3 《胡适遗稿及秘藏书信》第40册，第377页。

4 《致周作人》，1922年12月27日，《中国现代文艺研究资料丛刊》第5辑，第339页。

少数汉字便可以发展出数量庞大的新词。在人类进入电脑时代的今天，汉字更显示出若干新的过去为人们所不知的优越性。因而，钱玄同视汉字为低级文字的思想是错误的，主张废除汉字的思想也是错误的。但是，他的汉字拼音方案不应完全否定，作为一种学习汉字的辅助工具，今天在华人世界和非华人世界已普遍流行。他的减少常用汉字字数和简化汉字笔画的意见也是正确的。从汉字发展的历史看，简化是主流趋向。当然，这一点，热爱繁体的朋友可能不同意，这是一个可以讨论并让历史去选择的问题。

篇末赘语

"五四"时期，曾经有人称道，钱玄同是"文学革命军里一个冲锋健将"，又说他是"说话最有胆子的一个人"，这是正确的。[1]

如前所述，近代中国处于转型时期。随着社会向现代化的发展，文化也必然要向现代化发展。这就要扬弃旧文化中不适合现代需要的部分，创造符合现代社会需要的新文化。这是一个不可阻挡也不应阻挡的历史大趋势。在五四时期的反对旧文化、提倡新文化的斗争中，钱玄同有摧陷廓清、倡导改革和扶植新芽之功，应该予以充分肯定；对他发表过的若干偏激、过当、极端以至谬误的言论，则应该在批评的同时，加以分析。

谬误有两种。一种是旨在推动时代前进的谬误，一种是保守现状、阻碍时代前进，甚或是"拉着车屁股"向后的谬误。这是两种不同的、应该加以区别的谬误，显然，钱玄同的谬误属于前者。傅斯年在反思五四新文化运动时曾经说过："发动这个重新评价，自有感情的策动，而感情策动之下，必有过分的批评。但激流之下，纵有旋涡，也是逻辑上必然的，从长看来，仍是大道运行的必经阶段。"[2] 钱玄同的偏激和谬误

---

1 《新青年》第5卷第3号，第303、306页。
2 《五四二十五周年》，重庆《大公报》，1944年5月4日。

就是傅斯年所说的激流奔腾时的"旋涡"。

　　但是，既然是谬误，就不能不加以批评。应该承认，钱玄同的偏激言论在当时就有负面作用。1918年，任鸿隽批评钱玄同废灭汉字的主张，"有点Sentimental"。[1] 1919年1月5日，《时事新报》发表漫画，讥刺钱玄同主张废汉文，用西文的主张。同年1月7日，蓝公武在《国民公报》上发表给傅斯年的信，声称《新青年》中有了钱玄同的文章，于是人家信仰革新的热心遂减去不少。由于批评的言论多了，以致陈独秀不得不出面声明，钱玄同的主张是"用石条压驼背的方法"，"本志同人多半是不大赞成的"。

　　近代以来，中国人在现代化的过程中已经走过了漫长的途程，曲折很多，犯的错误也很多。我们既要坚持不懈地向前走，又要力戒偏激，力避片面，尽量让曲折少一点，错误少一点。

1　《新青年》第5卷第2号，第170页。

钱玄同与胡适

钱玄同和胡适的友谊始于"五四"前夜,延伸至20世纪30年代。二人的思想性格虽然有较大的反差,但20多年中,始终互相支持,互相影响,共同为中国新文化事业做出了巨大贡献。

"小批评,大捧场"

古有所谓"神交"之说,常用以指人们虽未见面,却已经精神交通,成为莫逆。钱玄同与胡适的友谊即发端于"神交"。1917年1月1日,钱玄同日记云:

> 往访尹默,与谈应用文字改革之法。余谓文学之文,当世哲人如陈仲甫、胡适之二君均倡改良之论。二君邃于欧西文学,必能于中国文学界开新纪元。余则素乏文学智识,于此事全属门外汉,不能赞一辞,而应用文之改革,则二君所未措意。其实应用文之弊,始于韩、柳,至八比之文兴,桐城之派倡,而文章一道,遂至混沌。晚唐以后,至于今日,其间能撇去此等申申夭夭之丑文字者,惟宋明先哲之语录耳。今日亟图改良,首须与文学之文划清,不能存丝毫美术之观

念，而古人文字之疵病，虽见于六艺者，亦不当效。[1]

这当儿，胡适还是个22岁的年轻人，正在美国哥伦比亚大学研究哲学，同时探索中国文学改革的道路。1916年8月，他寄书陈独秀，提出文学革命八条件。11月，写成《文学改良刍议》。钱玄同于此即断言，胡适"必能于中国文学界开新纪元"，这不能不说是独具慧眼。1月7日日记又云：

> 至尹默处，携胡适之《论文字句读及符号》一文（见《科学》第二卷第一期）往。因客冬尹默与幼渔及我，选有关于中国古文学术升降之文百余篇，拟由学校出资排印，尹默意欲用西文点句之法及加施种种符号，将以胡文所论供参考。此意我极谓然。

胡适的《论文字句读及符号》作于1915年8月，发表于1916年，并未受到重视，但是，钱玄同、沈尹默却敏感地注意到了，并且试图立即加以实践。

胡适的《文学改良刍议》当年1月在《新青年》第2卷第5号发表，钱玄同立即致函陈独秀，表示"极为佩服"，"其斥骈文不通之句，及主张白话体文学，说最精辟"，钱玄同并称：

> 具此识力，而言改良文艺，其结果必佳良无疑，惟选学妖孽，桐城谬种，见此又不知若何咒骂，虽然得此辈多咒骂一声，便是价值增加一分也。[2]

2月15日，钱玄同再次致函陈独秀，特别肯定胡适"不用典"的主张，认为此论"实足祛千年来腐臭文学之积弊"。[3] 他以中国文学的发展历史说明，齐、梁以前的文学，如《诗经》、《楚辞》、汉魏歌诗、乐府

---

1 本文所引钱玄同日记，均据未刊原稿，不一一注明。
2 《新青年》第2卷第6号，《通信》，第12页。
3 《新青年》第3卷第1号，《通信》，第1~2页。

等，朴实真挚，从无用典者，只是到了后世，才习非成是，竞相用典，成为文学窳败的一大原因。在《文学改良刍议》中，胡适虽主张"不用典"，但又认为"工者偶一用之，未为不可"，特别举了苏轼诗、江亢虎文等为例，作为"用典之工"的例子。对此，钱玄同不以为然，认为无论工拙，用典均为行文之病；至于普通应用文，更须老老实实讲话，务期老妪能解。他表示：

> 白话中罕有用典者，胡君主张采用白话，不特以今人操今语，于理为顺，即为驱除用典计，亦以用白话为宜。蒙于胡君采用白话之论，固绝对赞同者也。[1]

信中，钱玄同还就文章中人的称谓、骈散、文法，小说、戏剧的文学价值等问题，广泛发表了看法。信末，钱玄同再次表示了他对"桐城巨子"、"选学名家"的蔑视，称他们的作品为"高等八股"。

钱玄同是章太炎的弟子，有名的声韵训诂学家，当时是北京大学教授，他的信使胡适有受宠若惊之感。尽管胡适正在紧张地准备博士考试，还是于5月10日复函陈独秀，接受钱玄同的批评，承认所举用典五例，有"不当"和"失检"之处，对钱玄同所论文中称谓、骈散、文法等问题，均"极表同情"[2]。信中，胡适也对钱玄同所论《聊斋志异》等小说提出了不同看法，由此二人反复通信，展开了对中国古典小说评价问题的讨论。

钱玄同对《文学改良刍议》的批评是局部的、细节性的，而肯定则是总体的、根本性的，胡适后来称之为"小批评，大捧场"。他说："钱玄同教授则没有写什么文章，但是，他却向陈独秀和我写了些小批评、大捧场的长信，支持我们的观点。这些信也在《新青年》上发表了。钱教授是位古文大家，他居然也对我们有如此同情的反应，实在使我们声势

1　《新青年》第3卷第1号，《通信》，第1~2页。
2　《新青年》第3卷第4号，《通信》，第7页。

一振。"[1]

　　读了胡适的《文学改良刍议》后，钱玄同一直想写一篇《论应用之文亟宜改良》，因课务繁忙，未能执笔。7月，《新青年》第3卷第5号发表了他的致陈独秀函，提出应用文改革大纲十三事，其主要者为"以国语为之"、"绝对不用典"、"无论何种文章，必施句读及符号"、"凡纪年，尽改用世界通行之耶稣纪元"、"改右行直下为左行横迤"等。稍后，钱玄同又致函陈独秀，建议《新青年》同人带头使用白话。他说：

　　　　我们既然绝对主张用白话体做文章，则自己在《新青年》里面做的，便应该渐渐的改用白话。我从这书〔次〕通信起，以后或撰文，或通信，一概用白话，就和适之先生做《尝试集》一样的意思，并且还要请先生、胡适之先生和刘半农先生都来尝试尝试。[2]

钱玄同满怀信心地表示："若是大家都肯'尝试'，那么必定'成功'。'自古无'的，'自今'以后一定会'有'了。"

　　《新青年》同人积极响应钱玄同的倡议，自此，愈来愈多的人采用白话写作，中国文化发展中长期存在的言文脱节现象得到彻底纠正，文学语言、书面语言迈上了健康发展的大道。

初次相识

　　1917年8月，胡适应蔡元培之邀，回国任北京大学教授，讲授中国古代哲学史。10日，到达北京。12日，蔡元培在六味斋设宴接风，陪客有蒋竹庄、汤尔和、陶孟和、沈尹默、沈兼士、马幼渔及钱玄同等七人，

---

[1] 胡适英文口述稿，唐德刚编校译注《胡适的自传》，见《胡适研究资料》，第248页，北京十月文艺出版社，1989。

[2] 《新青年》第3卷第6号，《通信》，第11页。

这是钱、胡二人第一次见面[1]。14日，钱玄同赴北大拜访胡适，未晤。19日，钱玄同再至北大拜访，二人"畅谈甚乐"。胡适兴奋地谈起他对于中国儒学的新看法：

> 自汉至唐之儒学，以《孝经》为主，自宋至明之儒学，以《大学》为主。以《孝经》为主者，自天子以至庶人，均因我为我父之子，故不能不做好人，我之身但为我父之附属品而已。此种学说，完全没有个"我"。以《大学》为主，必先诚意、正心、修身，而后能齐家、治国、平天下。此乃以"我"为主者，故陆、王之学均能以"我"为主。如陆九渊所言，我虽不识一字，亦须堂堂做一个人是也。[2]

封建主义力图压抑、桎梏以至虐杀"我"，"五四"先驱者们则力图拯救、发现以至扩张"我"。胡适的这段议论未必是对儒学发展的正确总结，但他力图重新审视中国思想史，并且力图用一种新的观点加以阐释，使钱玄同极为佩服，归来后立刻在日记中记述了这段谈话，并且加了一句评语："此说可谓极精。"

胡适又说：

> 古书伪者甚多。然无论何书，未有句句皆具本来面目者，读书贵能自择，不可为古人所欺。[3]

中国人喜欢托古立言或托古改制，因此，中国浩如烟海的文化典籍中便掺进部分伪书。胡适看出了这一点，强调"自择"，摆脱古人的蒙蔽以发现历史的"本来面目"，这一思想成为他后来提倡疑古辨伪的发端。对此，钱玄同也很佩服，认为"此说亦极是"。

---

[1] 《钱玄同日记》，1917年9月12日。

[2] 《钱玄同日记》，1917年9月19日。

[3] 同注2。

9月25日，钱玄同第三次去北大拜访胡适，从下午三点谈到六点。这次，还是胡适高谈阔论。他说：

> 现在之白话，其文法极为整齐，凡文言中止词为代名词者，每倒在语词上，如不己知、莫我知、莫余毒、不吾欺、不汝理、我诈尔虞之类，在白话则不倒置，略一修饰，便成绝好之文句。

胡适表示，他准备编辑《白话文典》一书，对此，钱玄同表示："此意吾极以为然。"[1]

两次谈话，胡适思想活跃，才华焕发，使钱玄同极为倾倒，他开始在各种场合赞美胡适。10月2日，钱玄同见到朱希祖，盛赞胡适的《墨经新诂》"做得非常之好"[2]。唐人杨敬之诗云："平生不解藏人善，到处逢人说项斯。"钱玄同之于胡适，颇有杨敬之对项斯的意味了。

在此期间，胡适和钱玄同之间多次通信，讨论并设计新式标点符号[3]。1918年1月，钱玄同在《新青年》第4卷第2号提出繁式和简式两种方案。1919年11月，胡适和钱玄同又联合马裕藻、周作人、朱希祖、刘半农，向教育部提出《请颁行新式标点符号议案》[4]。今天广为通行的标点符号，正是他们当年呼吁、奋斗的结果。

关于中国小说的讨论

戊戌变法前后，严复、夏曾佑、康有为、梁启超等人为了启迪民智，开始重视小说的社会作用和艺术功能，小说在文学各门类中的地位得到了前所未有的提高。"五四"时期，胡适、钱玄同为了提倡白话文

---

1 《钱玄同日记》，1917年9月25日。

2 《钱玄同日记》，1917年10月2日。

3 参见《胡适致钱玄同函》，1917年9月28日、9月30日，《中国现代文艺研究资料丛刊》第5辑，第288~290页，上海文艺出版社，1980。

4 《胡适文存》卷1。

学,小说的地位再一次升腾,成了"正宗",因此,小说研究也就进入学术之宫,逐渐成为显学。

在《文学改良刍议》中,胡适于批判以摹仿为能事的诗人、古文家的同时,高度评价《水浒传》、《红楼梦》、《儒林外史》以及吴趼人、李伯元、刘鹗的小说。他说:"吾每谓今日之文学,其足与世界'第一流'文学比较而无愧色者,独有白话小说。"[1]钱玄同大体同意上述看法,他根据胡适所提出的批评标准对中国小说作过一个总体分析。1917年2月25日函云:

> 前此小说与戏剧在文学上之价值,窃谓当以胡先生所举"情感"与"思想"两事来判断。其无"高尚思想"与"真挚情感"者,便无价值之可言。旧小说中十分之九,非诲淫诲盗之作,即神怪不经之谈,否则以迂谬之见解,造前代之野史,最下者,所谓"小姐后花园赠衣物","落难公子中状元"之类,千篇一律,不胜缕指。故小说诚为文学正宗,而前此小说之作品,其有价值者乃极少。[2]

钱玄同反对胡适对《老残游记》的评价,认为该书只有写毓贤残民以逞一段是好的,其他所论,"大抵皆老新党头脑不甚清晰之见解"。

在"五四"先行者中,钱玄同的批判色彩最浓,而胡适则较淡。5月10日函中,胡适承认钱玄同对《老残游记》的批语中肯,但是,在若干小说的评价上,胡适也表示"未敢苟同"。

《聊斋志异》:钱玄同认为"全篇不通",胡适认为"此言似乎太过"。

《西游记》:钱玄同认为"神怪不经",胡适认为"其妙处在于荒唐而有情思,诙谐而有庄意",其中写孙行者历史的八回,"在世界神话小说中实为不可多得之作"。

《七侠五义》:钱玄同视为"诲盗"之作,胡适认为"其书似亦有深意"。

---

1 《新青年》第2卷第5号,第13页。
2 《胡适文存》卷1,第35页,《新青年》第3卷第1号所载文字与此小异。

《三国演义》：钱玄同视为"见解迂谬"之作，胡适视为世界历史小说中"有数的名著"，特别赞美它对于读者的"魔力"。

此外，胡适特别提出，《镜花缘》一书为吾国倡妇权者之作，寄意深远，请钱玄同注意[1]。

"五四"先行者们有一种坦率真诚的美德，既勇于坚持真理，也勇于修正错误。7月2日，钱玄同致函胡适，纠正自己在《聊斋志异》和《西游记》两书评价问题上的偏颇。他表示，《聊斋》一书，指责龌龊社会，讪笑肉食者流，就作意而言，尚有可取之处；而《西游记》一书，确可与《水浒》、《儒林外史》、《红楼梦》三书并列为第一流小说。但是，在《三国演义》的评价上，钱玄同仍然坚持自己的看法——"未知其佳处"。他认为，该书的"帝蜀寇魏之论，原极可笑"，而关羽的影响，尤为不佳，函称：

> 明清两代，社会上所景仰之古人，就是孔丘、关羽二位……不但愚夫愚妇信仰"关老爷"，即文人学士亦崇拜"关夫子"。此等谬见，今后亟应扫荡无疑。玄同之不以《三国演义》为佳著者，此也。

信中，钱玄同还特别谈到了《金瓶梅》，认为其作意与《红楼梦》相同，"若抛弃一切世俗见解，专用文学的眼光去观察，则《金瓶梅》之位置，固亦在第一流也"[2]。

11月20日，胡适复函钱玄同，继续阐述对《三国演义》的看法，认为"以小说的魔力论，此书实具大魔力"，至于褒刘贬曹，不过是受了习凿齿和朱熹的影响，并非独抒己见。关于《金瓶梅》，胡适认为"即以文学眼光观之，亦殊无价值"。他说："文学之一要素，在于'美感'。请问先生读《金瓶梅》作何美感？"[3]

钱玄同对《金瓶梅》的看法很快就改变了。还在7月末，他就致书陈

1　《新青年》第3卷第4号，《通信》，第7～9页。

2　《新青年》第3卷第6号，《通信》，第15～18页。

3　《新青年》第4卷第1号。

独秀,指出该书"虽具刻画社会的本领,然而描写淫亵,太不成话"[1]。11月下旬,他又复函胡适,承认以前对《金瓶梅》的看法"大有流弊"。在《三国演义》的评价上,他也接受了胡适的部分观点,承认该书具有"大魔力",但认为其原因,"并不在乎文笔之优,实缘社会心理迂谬所致"。钱玄同认为,中国的传统小说,即使是《水浒》、《红楼》,也非青年所宜读,因此,寄希望于新小说,他说:"中国今日以前的小说,都该退居到历史的地位,从今日以后,要讲有价值的小说,第一步是译,第二步是新做。"[2]

钱胡二人关于小说的通信是"五四"时期的重要学术讨论之一,它表现出良好的学风、文风,也部分地反映出那个时代的活跃气氛。

钱胡通信激发了胡适研究小说的兴趣。1919年,胡适向钱玄同吐露心愿,准备以科学方法写一部《中国小说史》[3]。次年,他以对《水浒传》的考证为开端,展开了对中国小说历史演进的研究。同年,他又促进上海亚东图书馆制定出版新式标点本中国小说名著的庞大计划。在这两项工作中,钱玄同都是积极的支持者。他曾应胡适之请,为亚东版的《儒林外史》和《三国演义》写过两篇序言。从那里可以看出,钱玄同继续受到胡适学术观点的影响。

《尝试集》及其批评

白话文的提倡始于晚清,那时候人们只认识到,白话易读好懂,便于普及教育和社会启蒙,并不认识到白话可以成为优美、高雅的文学语言。到了"五四"前后,人们提倡白话诗,这就意味着承认白话可以进入文学中最辉煌神圣的殿堂,白话的身份也就前所未有地升腾起来了。

胡适是"五四"时期最早的白话诗人之一。1916年,他因与友人讨

---

1 《新青年》第3卷第6号,《通信》,第10页。
2 《新青年》第4卷第1号,第79~80页。
3 《胡适致钱玄同》,1919年×月16日,《中国现代文艺研究资料丛刊》第5辑,第297页。

论文学，颇受攻击，一时感奋，发誓三年之内专作白话诗词，借此实地试验，考察"白话之是否可作为韵文之利器"。不过六七个月，写出的作品居然成集。陆游诗云，"尝试成功自古无"，胡适因取名为《尝试集》。1917年2月，他在《新青年》第2卷第6号上发表了《朋友》等白话诗八首。这些诗，开始突破中国传统诗歌的严谨格律，采用自然音节和自由句式，是中国现代文学史上第一批新诗。但是，又保留了若干旧诗的痕迹。对于胡适用白话写诗，钱玄同十分赞成，但又不十分满意。还在1917年7月2日，钱玄同就在信中批评这些诗"未能脱尽文言窠臼"[1]。同年10月22日，钱玄同收到胡适的《尝试集》稿本，在日记中写道：

> 适之此集，是他白话诗的成绩，我看了觉得还不甚满意，总嫌他太文一点，其中有几首简直没有白话的影子。我曾劝他，既有革新文艺的弘愿，便该尽量用白话去做才是。此时初做，宁失之俗，毋失之文。[2]

10月29日，胡适将新做的题为《唯心论》的诗给钱玄同看，钱玄同较为满意，在日记中写道：

> 诗用长短句，较从前所作白话七言、白话词自然得多，我对于用白话作韵语，极端赞成，唯以为不可限于五、七言，因字数规定，则必有强为增减之字也。白话填词，我意尤不以为然。适之谓词句有长短，较诗为佳，我则以为词句长短固佳，然某长某短，有一定则，比诗更为束缚也。[3]

31日，钱玄同致函胡适，函称：

---

[1] 《新青年》第3卷第6号，《通信》，第20页。
[2] 《钱玄同日记》，1917年10月22日。
[3] 《钱玄同日记》，1917年10月29日。

> 现在我们着手改革的初期，应该尽量用白话去做才是。倘使稍怀顾忌，对于文的一部分不能完全舍去，那么便不免存留旧污，于进行方面很有阻碍。[1]

对钱玄同的批评，胡适初时觉得很奇怪，后来平心一想，又认为是极不易得的诤言，觉得自己的"尝试"不过是一些"洗刷过的旧诗"，于是，改弦更张，在北京所做的白话诗就都不用文言了[2]。

诗的特点之一是音乐性。白话诗打破了旧体诗的格律，同时也容易丢掉诗的音乐性。因此，"五四"先行者们在倡导白话诗的同时，又在探求一种新的形式，以保持诗的格律和节奏。钱玄同、刘半农产生过"填西皮二黄"的想法，胡适则看中了"长短无定的韵文"。11月20日，胡适在答钱玄同书中说：

> 由诗变而为词，乃是中国韵文史上一大革命。五言七言之诗，不合语言之自然，故变而为词，词旧名长短句，其长处正在长短互用，稍近语言之自然耳。[3]

但是，胡适又认为词的字句终嫌太拘束，只可用来表达一层或两层意思，至多不过能表达三层意思，因此，他又说："最自然者，终莫如长短无定之韵文，元人之小词，即是此类。今日作'诗'，似宜注重此长短无定之体。"对胡适的主张，钱玄同表示同意，但他强调："总而言之，今后当以'白话诗'为正体，其他古体之诗及词、曲，偶一为之，固无不可，然不可以为韵文正宗也。"[4]

经过胡适、钱玄同等人的倡导，白话初步在文学殿堂里站稳了脚跟，但是，社会上怀疑和反对白话的人仍然不少。1918年1月，钱玄同为

---

1 函佚，见胡适：《答钱玄同书》，《胡适文存》卷1，第61页。
2 《尝试集自序》，《胡适文存》卷1，第282页。
3 《新青年》第4卷第1号，第78页。
4 《新青年》第4卷第1号，第80页。

胡适的《尝试集》作序，再次为白话和白话诗护法。他从文字发展的历史论证语言和文字最初是完全一致的，后来言文分歧，乃是独夫民贼和文妖们弄坏的。他再一次宣称："白话是文学的正宗。"同时也再一次表示："现在做白话韵文，一定应该全用现在的句调，现在的白话。"[1]

五四时期的钱玄同是这样一个人——他看准了一个真理，就全身心地为之奋斗，绝不彷徨，也绝不妥协。

张厚载风波

胡适和钱玄同都热心倡导新文化，这是他们迅速成为莫逆的原因，但是，二人的思想性格又有着很大的差异。钱玄同炽烈、偏激，好走极端，不愿作任何调和，胡适则冷静、平和，乐于持中，因此，二人之间便免不了有时发生点风波。

《新青年》同人大都对中国传统戏曲没有好感。1917年2月25日，钱玄同在致陈独秀函中曾说："中国戏剧，专重唱工，所唱之文句，听者本不求其解，而戏子打脸之离奇，舞台设备之幼稚，无足以动人情感。"[2] 1918年6月15日，《新青年》第4卷第6号发表了北大学生、《神州日报》通讯记者张厚载（蟉子）的通信《新文学及中国旧戏》。该文表示赞成文学改良，但认为"一切诗文，总须自由进化于一定范围之内"，"必以渐，不以骤"。该文指名批评钱玄同对脸谱的看法，认为中国旧戏中的脸谱，"隐寓褒贬之义，未可以'离奇'二字一概抹杀之"。该文并称："中国戏曲，其劣点固甚多，然其本来面目亦确自有其真精神。"胡适、钱玄同、刘半农、陈独秀等人都在同期作了答辩。胡适首称：

> 蟉子君以评戏见称于时，为研究通俗文学之一人，其赞成本社改良文学之主张，固意中事。但来书所云，亦有为本社同人所不敢

---

[1]《新青年》第4卷第2号，第141页。
[2]《新青年》第3卷第1号，《通信》，第6页。

苟同者。

接着，胡适逐一反驳了张厚载的有关观点，他说：

> 来书两言诗文须"自由变化于一定范围之中"，试问自由变化于一定范围之"外"，又有何不可？又何尝不是自然的进化耶？来书首段言中国文学变迁，自三代之文以至于梁任公之"新文体"，此岂皆"一定范围之中"之变化耶？吾辈正以为文学之为物，但有"自由变化"而无"一定范围"，故倡为文学改革之论，正欲打破此"一定范围"耳。[1]

胡适的答辩着重于说理，而钱玄同的答辩则嬉笑嘲讽，表现了完全不同的风格。他说：

> 我所谓"离奇"者，即指此"一定之脸谱"而言：脸而有谱，且又一定，实在觉得离奇得很。若云："隐寓褒贬"，则尤为可笑。朱熹做《纲目》，学孔老爹的笔削《春秋》，已为通人所讥讪；旧戏索性把这种阳秋笔法画到脸上来了，这真和张家猪肆记卐形于猪鬣，李家马坊烙圆印于马蹄一样的办法。哈哈！此即所谓中国旧戏之"真精神"乎？[2]

钱玄同对胡适答张厚载信中"君以评戏见称于时"一段话不满，8月8日，他在复刘半农信中说：

> 这几句话，我与适之的意见却有点反对。我们做《新青年》的文章，是给纯洁的青年看的，决不求此辈"赞成"。

---

[1] 《新青年》第4卷第6号，第622~623页。

[2] 《新青年》第4卷第6号，第624页。

钱玄同并称，张厚载要保存"脸谱"，"实与一班非作奴才不可的遗老要保存辫子，不拿女人当人的贱丈夫要保存小脚同是一种心理"[1]。

胡适则不然，他写了一封信给张厚载，要他把"中国旧戏的好处"，"详细再说一说"。为此，张厚载已在《晨钟报》上撰文和胡适辩论，但胡适仍要张厚载为《新青年》撰文，"预备大家讨论讨论"[2]。钱玄同反对胡适的这一做法，宣称要脱离《新青年》。同月20日，胡适致函钱玄同，批评他过于激动，主张"吾辈不当乱骂人"。函称：

> 至于老兄以为若我看得起张镠子，老兄便要脱离《新青年》，也未免太生气了。我以为这个人也受了多数日报文字和少年得意的流毒，故我颇想挽救他，使他转为吾辈所用。若他真不可救，我也只好听他，也决不痛骂他的。[3]

胡适说明，他之所以请张厚载做文章，目的是替自己找做文章的材料。他说："无论如何，总比凭空闭户造出一个王敬轩的材料要值得辩论些。老兄肯做王敬轩，却不许我找张镠子做文章，未免太不公了。"但是，钱玄同仍不同意胡适的做法，复函说：

> 至于张厚载，则吾期期以为他的文章实在不足以污我《新青年》（如其通信，却是可以），并且我还要奉劝老兄一句话，老兄对于中国旧戏，很可以拿他和林琴南的文章、南社的诗一样看待。

由此，钱玄同进而批评胡适的处世态度。函称：

> 老兄的思想，我原是很佩服的，然而我却有一点不以为然之

---

1 《新青年》第5卷第2号，第187~188页。
2 《新青年》第5卷第4号，第343页。
3 《胡适来往书信选》上，第24~25页，中华书局，1979。该书系此函于1919年2月20日，误。

处，即对于千年积腐的旧社会，未免太同他周旋了。平日对外的议论，很该旗帜鲜明，不必和那些腐臭的人士周旋。[1]

胡适也不接受钱玄同的批评，答复说：

> 我所有的主张，目的并不在于"主张"，乃在"实行这主张"，故我不屑"立异以为高"。我立"异"，并不"以为高"，我要人知道我为什么要"立异"，换言之，我"立异"的目的在于使人"同"于"我的异"。

胡适认为，提出一种主张，要考虑它的可实行性，考虑人们的接受程度，因此，不愿发表"曲高和寡"式的言论。函末，胡适坚决而又温和地顶回了钱玄同的指责：

> 老兄说："你无论如何敷衍他们，他们还是狠骂你。"老兄似乎疑心我的"与他们周旋"是要想"免骂"的，这句话是老兄的失言，庶不驳回了。[2]

君子之交以道。胡适和钱玄同之间有分歧，有辩论，但是，这并不影响他们之间的融洽关系。10月，胡适在《新青年》第5卷第4号中以附录形式发表了张厚载《我的中国旧戏观》。该文论述中国旧戏有三大好处，声称"中国旧戏是中国历史社会的产物，也是中国文学美术的结晶，可以完全保存，社会急进派必定要如何如何的改良，多是不可能的"。同期，胡适发表《戏剧改良各面观》、《再论戏剧改良》等文，批评张厚载的观点，于是，这一期《新青年》便成了《戏剧改良号》。

---

1 《胡适来往书信选》（上），第25页。
2 《胡适来往书信选》（上），第27页。

在《新青年》同人的矛盾中

1918年11月，胡适因母亲病故，回乡奔丧，次年1月返京。同月22日钱玄同日记云：

> 适之此次来京，路过南京、上海，不知怎样，捱了人家的骂，一到就和独秀说，有人劝我，为什么要同这班人合在一起，适之自己也发了多……

这段日记没有写完就被钱玄同涂去，看来钱玄同不愿记下《新青年》同人中正在萌发的矛盾。1月24日日记又云：

> 午后三时半农来说，已与《新青年》脱离关系，其故因适之与他有意见，他又不久将往欧洲去，因此不复在《新青年》上撰稿。

如果说，胡适和刘半农之间还是私人矛盾，那么，胡适和李大钊、陈独秀之间的矛盾则反映出政治上的分野了。1月27日，钱玄同日记云：

> 《新青年》为社会主义的问题已经内部有了赞成和反对两派的意见，现在《每周评论》上也发生了这个争端了。

胡适与李大钊之间关于问题与主义的争论发生于1919年7月，钱玄同的这则日记表明，《新青年》同人间的内部争论要比这早得多。

自第6卷第1号起，《新青年》成立编辑委员会，由陈独秀、钱玄同、高一涵、胡适、李大钊、沈尹默轮流编辑，由李大钊编辑的第6卷第5号成为马克思主义研究专号。胡适不赞成这种做法，提议刊物由他一个人来编。10月5日，《新青年》同人在胡适寓所集会，钱玄同日记云：

> 下午二时至胡适之处，因仲甫函约《新青年》同人今日在适之家中商量七卷以后之办法，结果仍归仲甫一人编辑。

1920年2月，陈独秀为逃避北京政府拘捕，迁居上海，《新青年》也随之在沪出版。5月1日，出版《劳动节纪念专号》。9月，第8卷第1号刊出"《俄罗斯研究》专栏"，译载苏俄革命理论和实际情况的有关资料。此后，陆续发表文章，和梁启超、张东荪等开展"社会主义论战"，这样，胡适和陈独秀之间的矛盾就逐渐尖锐起来。1921年1月11日，钱玄同致函鲁迅和周作人，对胡、陈二人"已到短兵相接的时候"表示惊讶。他声明"于此事绝不愿为左右袒"，"若问我的良心，则以为适之所主张者较为近是"，但是，胡适反对谈"宝雪维儿"（Bolshevism），钱玄同也不以为然。他认为："马克思啊，'宝雪维儿'啊，'安那其'啊，'德谟克拉西'啊，中国人一概都讲不上。"[1] 1月19日，钱玄同日记云：

> 接守常信，知仲、适两人意见冲突。盖一则主张介绍劳农，又主张谈政，一则反对劳农，又主张不谈政治，其实是猪头问题罢了。

20日，钱玄同访问李大钊，讨论胡、陈二人冲突[2]。22日，胡适写信给李大钊、鲁迅、钱玄同等人，征求对《新青年》前途的意见，钱玄同表示说：

> 玄同的意见，和周氏弟兄差不多，觉得还是分裂为两个杂志的好。一定要这边拉过来，那边拉过去，拉到结果，两败俱伤，不但无谓，且使外人误会，以为《新青年》同人主张"统一思想"，这是最丢脸的事。[3]

---

[1] 《中国现代文艺研究资料丛刊》第5辑，第329~330页。

[2] 《钱玄同日记》，1921年1月20日。

[3] 《关于新青年问题的一封信》，《中国现代出版史料》甲编，第11页，中华书局，1954。

当时，陶孟和主张停办，钱玄同表示和李大钊一样，绝对地不赞成。他说："《新青年》这个团体，本来是自由组合的，即此〔使〕其中人彼此意见相左，也只有照'临时退席'的办法，断不可提出解散的话，极而言之，即使大家对于仲甫兄感情真坏极了，友谊也断绝了，只有他一个人还是要办下去的。我们也不能要他停办。"29日，钱玄同致函胡适，重申上述意见。他说："与其彼此隐忍迁就的合作，还是分裂的好。"又说："即《新青年》若全体变为《苏维埃俄罗斯》的汉译本，甚至于说这是陈独秀、陈望道、李汉俊、袁振英等几个人的私产，叫做《新青年》，我们和他们全不相干而已，断断不能要求他们停版。"[1]

事情的发展正如钱玄同所言，《新青年》继续按陈独秀的方针出版，而胡适则于1922年5月7日，另办《努力周报》。

整理国故与疑古辨伪

"五四"运动后，《新青年》同人分道扬镳，一派主要从事政治，一派主要从事学术文化活动，胡适、钱玄同属于后者。

1919年8月，胡适在《新潮》发表《论国故学》，主张"用科学的方法去做国故的研究"。12月1日，在《新青年》第7卷第1号发表《"新思潮"的意义》，提出"研究问题，输入学理，整理国故，再造文明"。胡适的主张得到了钱玄同的全力支持，他们首先致力的工作是"辨伪"。

中国人有制造伪书的传统，也有辨伪的传统。自汉以后，即不断有辨伪著作问世。1920年10月，胡适让顾颉刚整理清人姚际恒的《古今伪书考》，胡适自己则准备编辑《古今伪书续考》。1921年1月，钱玄同致函胡适，建议他收集古今辨别伪书的著作，自王充起至崔述止，编辑刊行[2]。同月，胡适收得崔述的《东壁遗书》，认为他是"二千年来的一个了

---

[1] 《胡适来往书信选》(上)，第121~122页。
[2] 转引自顾颉刚致钱玄同《论〈辨伪丛刊〉分编分集书》，《古史辨》第1册，第23页。

不得的疑古大家"[1]。钱玄同完全同意胡适的看法，致函胡适说：

> 我以为推倒汉人迂谬不通的经说，是宋儒；推倒秦汉以来传记中靠不住的事实，是崔述；推倒刘歆以来伪造的古文经，是康有为。但是宋儒推倒汉儒，自己取而代之，却仍是"以暴易暴"，"犹吾大夫崔子"。崔述推倒传记杂说，却又信《尚书》、《左传》之事实为实录。康有为推倒古文经，却又尊信今文经——甚而至于尊信纬书。这都未免知三五而不知一十了！[2]

钱玄同鼓励胡适用新方法来进行研究，绍述并光大前人的事业。他说"若足下做上几年'仿泰西新法，独出心裁的新国故党'，我敢预言必大有造于国故界也"。

同年9月18日，钱玄同在中央公园遇见胡适。这时，胡适新自上海回京。二人见面，分外亲热，寒暄之后，迅速谈到了中国古代的经书。钱玄同说：

> 我以为章炳麟师治经，笃信刘歆伪古文固非，但是他的治经方法甚为不错。他只是把经典当作一种古书看，不把彼当做什么圣经看。他对于经典持评论的态度，不持崇拜的态度。这都是正当的。

按照儒学保守派的观点，经书体现着先王和圣贤的精义，是中国人民必须遵循的典则。章炳麟把"经典"当作古书看，反映出近代的理性精神。钱玄同又谈道：

> 我们对于《尧典》、《皋陶谟》只应作为古史看，不必于此中〈寻〉孔丘的微言大义看。不信《尧典》诸篇之事迹为真，则惟有下列之两种讲法尚可言之成理：（一）他们本是古代官书，所叙事功

1　《玄同先生与适之先生书》，《古史辨》第1册，第27页。

2　《玄同先生与适之先生书》，《古史辨》第1册，第27~28页。

多是铺张粉饰,不可据为实录;(二)他们也是孔丘后人之所伪造,其价值等于《大禹谟》、□□之类。[1]

胡适非常赞同钱玄同的意见。

同月19日,钱玄同见到顾颉刚。顾正在胡适影响下收集辨伪资料,计划出版《辨伪丛刊》。他告诉钱玄同,已以书名为纲,将前人对于诸子的辨伪之说抄成一书,钱玄同极为欣赏这一工作,连声称:"这样办法很好。"[2] 但是,钱玄同自己的兴趣则在辨伪经。他认为:经"自来为学者所尊崇,无论讲什么,总要征引它,信仰它,故《伪经辨证集说》之编纂尤不容缓"[3]。

1922年1月,北京大学决定设立研究所,下设自然科学、社会科学、国学、外国文学四门。2月11日,国学门第一届委员会成立,蔡元培为当然委员长,李大钊、沈兼士、马裕藻、朱希祖、胡适、钱玄同等任委员。3月21日,国学门开会,决定创办《国学季刊》,推胡适为编辑委员会主任,钱玄同等10人为委员。11月,胡适将所作《发刊宣言》请钱玄同审阅,该文声称:"'国学'在我们的心眼里只是'国故学'的缩写,中国的一切过去的文化、历史都是我们的'国故',研究这一切过去的历史文化的学问就是'国故学',省称为'国学'。"钱玄同认真地阅读了这篇《宣言》,并曾"指出几处毛病",请胡适改正[4]。

《国学季刊》于1923年1月出版,横排,采用新式标点符号,表现出和"国粹派"不同的新姿态。钱玄同热心支持这一刊物,并期望它多登一些"离经叛道"、"非圣无法"的文章。当时,顾颉刚在上海商务印书馆任编辑。2月9日,钱玄同致函顾颉刚,嘱他为《季刊》作文。顾早有这个意思,他想写一篇《层累地造成的中国古史》。2月25日,顾颉刚致函钱玄同,告以该文大意。该函第一次提出,禹是九鼎上铸的一种动物,

---

[1] 《钱玄同日记》,1921年9月18日。

[2] 《钱玄同日记》,1921年9月19日。

[3] 《论编纂经部辨伪文字书》,《古史辨》第1册,第41页。

[4] 《钱玄同日记》,1922年11月18日。

大约是蜥蜴之类。4月27日,顾颉刚再次寄函钱玄同,详细地阐明了他的"古史说"。一、时代愈后,传说的古史期愈长;二、时代愈后,传说中的中心人物愈放愈大。5月25日,钱玄同复函顾颉刚,从文字学的角度说明禹是蜥蜴的说法难以成立,但热烈赞美他的"古史说",希望顾"用这种方法常常考查,多多发明,廓清云雾,斩尽葛藤,使后来学子不致再为一切伪史所蒙"[1]。信中,钱玄同详尽地阐述了他对中国古史,特别是"六经"的看法。钱玄同认为:一、孔丘无删述或制作"六经"之事;二、《诗》、《书》、《礼》、《易》、《春秋》本来是各不相干的五部书;三、"六经"的配成,当在战国之末。钱玄同并进一步说明,《诗》是一部最古的总集;《书》似乎是"三代"时候的"文件类编"或"档案汇存";《仪礼》、《周礼》均是伪书;《易》是古代的诗;《春秋》是"断烂朝报",在"六经"中最不成东西。他说:

> 我们要看中国书,无论是否研究国学,是否研究国史,这辨伪的工作是决不能省的。"六经"在古书中不过九牛之一毛,但它作怪了二千多年,受害的人真是不少了;它作怪时用的许多法宝之中,"伪书"和"伪解"就是很重要的两件,我们不可不使劲来推翻。[2]

顾颉刚的观点受到了刘掞藜、胡瑾等人反对,双方在胡适主编的《读书杂志》上展开辩论,6月25日,钱玄同发表《研究国学应该首先知道二事》,支持顾颉刚。他提出,要敢于疑古,对于"六经",应该持"质疑"、"纠谬"两种态度,断不可无条件地信任[3]。

这次讨论历时9个月,在《读书杂志》共发表了8万字的辩论文章。1924年2月22日,胡适发表《古史讨论的读后感》一文,支持顾颉刚和钱玄同。文章说:

---

1 《读书杂志》第10期,1923年6月10日。

2 同注1。

3 《读书杂志》第12期,1923年8月5日。

如果我们的翻案是有充分理由的，我们的翻案只算是破了一件几千年的大骗局，于人心只有好影响，而无恶影响。即使我们的论据不够完全翻案，只够引起我们对于古史某部分的怀疑，这也是好的影响，并不是恶影响。[1]

顾颉刚、钱玄同、胡适的疑古辨伪工作极大地震动了中国学术界。1926年，顾颉刚将有关文章，结集为《古史辨》第一册，由朴社出版。钱穆评论说："《古史辨》不胫走天下，疑禹为虫，信与不信，交相传述。三君者或仰之如日星之悬中天，或畏之如洪水猛兽，纵横于四野，要之凡识字之人几于无不知三君者。"[2]

为"汉字改革"放炮

钱玄同认为汉字难认、难写，"五四"前夜曾积极主张废除汉字、汉语，代之以世界语或某一种外国语。钱玄同的这一主张遭到了广泛的非难，也遭到了胡适的批评。1918年5月29日，胡适致函钱玄同云：

中国文字问题，我本不配开口，但我仔细想来，总觉得这件事不是简单的事，须有十二分的耐性，十二分的细心，方才可望稍稍找得出一个头绪来。若此时想"抄近路"，无论那条"近路"是世界语，还是英文，不但断断办不到，还恐怕挑起许多无谓之纷争，反把这问题的真相再糊涂了。[3]

信中，胡适充分肯定钱玄同研究文字问题的热情，鼓励他研究出一些"补救"的改良方法，批评他的"抄近路"是"存一个偷懒的心"，态度

---

1 《读书杂志》第18期，1924年2月22日。
2 《崔东壁遗书序》，亚东图书馆1935年版。
3 《中国现代文艺研究资料丛刊》第5辑，第294页。

严格而语气温存，充分体现出胡适的论学为人风格。

在胡适等人的影响下，钱玄同逐渐感到，汉字一时不能废去，转而致力于"汉字改革"运动，同时，力图创造一种记录汉语的新式拼音文字。

1920年2月，钱玄同发表《减少汉字笔画底提议》，提出以简体字来补救汉字的缺点[1]。1922年，教育部召开国语统一筹备会第四次大会。会上，由黎锦晖提出《废除汉字采用新拼音文字案》，钱玄同、黎锦熙等连署；又由钱玄同提出《减省现行汉字的笔画案》，黎锦熙等连署。钱玄同在提案中指出："现行的汉字，笔画太多，书写费时，是一种不适用的符号，为学术上、教育上之大障碍。"他认为：改用拼音是治本的办法，减省现行汉字的笔画是治标的办法，但是，"我们决不能等拼音的新汉字成功了才来改革！所以治标的办法，实是目前最切要的办法"。[2] 大会通过了钱玄同的提案，成立汉字省体委员会，以钱玄同为首席委员。"汉字改革"运动取得了一个重要的胜利。

同年冬，钱玄同与黎锦熙在西单牌楼一家小羊肉馆雨花春楼上，共同决定利用中华民国国语研究会的《国语月刊》放炮，出版一期特刊《汉字改革号》，除各同志都写一篇论文外，并把历年讨论这个问题的文字都综合起来。1923年1月12日，钱玄同邀请胡适为《汉字改革号》做些短文。当时，胡适正在病中，但他"答应就做"[3]。13日，胡适即将文章寄给钱玄同。文中，胡适声称，他在研究语言文字的历史时，曾发现一条通则："往往小百姓是革新家而学者文人都是顽固党。"胡适又称：从这条通则上又可得一条附则："促进语言文字的革新，须要学者文人明白他们的职务是观察小百姓语言的趋势，选择他们的改革案，给他们正式的承认。"胡适赞美中国小百姓所创造的"破体字"，赞美钱玄同等人以这些"破体字"作为"简笔新字"。他说：

这虽不是彻底改革，但确然是很需要而且应该有的一桩过渡的

---

1 《新青年》第7卷第2号。

2 《国语月刊》第7期，第160页。

3 《钱玄同日记》，1923年1月12日。

改革。钱先生们的理论是很不容易驳倒的,他们的态度是十分诚恳的。我很盼望全国的人士也都用十分诚恳十分郑重的态度去研究他们的提议。[1]

胡适的这篇文章只提到了简笔字,而没有提到注音字母、词类连书、改用世界字母拼音等问题,钱玄同怕读者"或有误解",因此,特别加了一个跋语,说明"字体改简,只是汉字改革的第一步,只是第一步中的一种方法,而且只是第一步中的一件事;此外应该研究的问题很多很多"[2]。

钱玄同自己写了一篇《汉字革命》,提倡"汉字之根本改革的根本改革",即采用"罗马字母式的字母拼音"。钱玄同希望,以十年为期,完成这一任务。他说:"我希望从1932年(民国二十一年)以后,入学的儿童不再吃汉字的苦头!"[3] 钱玄同完全明白,以十年为期根本办不到,他承认,"这不过聊作快语,以鼓励同志罢了"[4]。

1月20日,钱玄同在国语讲习所讲演"汉字革命"。未讲前,有人对他说,"革命"这个词儿太骇人听闻了,不如换个较和平的词儿好。钱玄同听后,不仅没有接受,反而故意在演讲中说了几句"激烈"的话,当日钱玄同日记云:

说的时候,自己觉得脸上热烘烘的,我想,鼓吹汉字革命,难道就会被枪毙吗?何以他竟会吓得如此?若果因此事而被枪毙,这真是为主义而牺牲,是最光荣的牺牲,是最值得的。[5]

在钱玄同发表"激烈"演说之后不久,某次宴会上,有人问胡适:"听说北大有提倡过激主义之说,信否?"胡适答道:"人数到了二千,自然形形色色的都有,这是不稀奇的。北大有提倡过激主义的,也有主张复

1　《国语月刊》第7期。
2　《国语月刊》第7期,参见《钱玄同日记》,1923年1月14日。
3　《国语月刊》第7期,第24～25页。
4　《钱玄同日记》,1923年1月17日。
5　《钱玄同日记》,1923年1月20日。

辟的。"又说："北大的人提倡过激主义倒不稀奇，读八股和信道教这才稀奇哩！"[1] 胡适的答语使钱玄同非常满意，在日记中写道："这句话说得真妙！"

对溥仪出宫的不同态度

溥仪出宫本来是1912年制订的清室优待条件规定的，但历届北京政府均意在优容，让溥仪继续在"黄圈圈"里做他的小皇帝。这种情况，直到1924年冯玉祥发动"首都革命"后才得以改变。11月4日，黄郛摄政内阁通过修改清室优待条件，宣布"永远废除皇帝尊号"，清室"即日移出宫禁"。次日，溥仪被迫出宫。

废除溥仪尊号、令其出宫一事得到社会舆论的普通赞扬，但出人意料的是，胡适却认为，这不是"绅士的行为"，于11月5日致函外交总长王正廷抗议，函称：

> 先生知道我是一个爱说公道话的人，今天我要向先生们组织的政府提出几句抗议的话。今日下午外间纷纷传说冯军包围清宫，逐去皇帝；我初不信，后来打听，才知道是真事。我是不赞成清室保存帝号的，但清室的优待乃是一种国际的信义，条约的关系。条约可以修正，可以废止，但堂堂的民国，欺人之弱，乘人之丧，以强暴行之，这正是民国史上一件最不名誉之事。[2]

函中所言"欺人之弱"，意指溥仪为弱者；所谓"乘人之丧"，则指半个月前瑾太妃去世。胡适发出此信后，还亲赴醇亲王府慰问，声称"这在欧美国家看来，全是东方的野蛮"[3]。

---

1 《钱玄同日记》，1923年2月3日。
2 《胡适来往书信选》(上)，第268页。
3 溥仪：《我的前半生》，第179页，群众出版社，1981。

钱玄同和胡适的态度迥然相反，11月6日，他立即撰文，恭贺溥仪恢复"固有的人格和人权"，"超升为现代的平民"，并且希望他"好好地补习"，把自己造就成个"知识丰富"的人。[1] 12月2日，又撰文说明民国政府对溥仪的宽厚与仁慈。钱玄同写道：

> 我民国以宽大为怀，不念旧恶，将奴尔哈赤以来三百余年残杀汉人之滔天罪恶一笔勾销，不效法夏启"予则孥戮汝"底行为，不主张孔丘作《春秋》所赞美的齐襄复九世之仇底办法，仅仅取消溥仪底政权和帝号，既没有丝毫难为他，也不曾"夷其社稷，迁其宗庙"，且还送钱给他用。民国对于满清，岂但是"仁至义尽"，简直是"以德报怨"。[2]

不久，钱玄同得悉溥仪逃入日本使馆，极为愤怒，再次撰文表示："对于亡清的武装已经解除了的，现在又重新要披挂起来了，看他们那样勾结外人来捣鬼，说不定仇恨之心比以前还加增些。"[3]

胡适的抗议曾经遭到他的一些朋友如周作人、李书华、李宗侗等人的批评[4]。钱玄同虽然没有直接加入批评的行列，但他显然是站在周作人等一边的。

对溥仪出宫的不同态度再次显示出钱胡二人在思想、性格上的差异。尽管如此，钱玄同仍然尊敬并崇拜胡适。1925年4月，他在《回语堂的信》中说：

> 我以为若一定要找中国人做模范，与其找孔丘、墨翟等人，不如找孙文、吴敬恒、胡适、蔡元培等人。[5]

1　《恭贺爱新觉罗溥仪群迁升之喜并祝进步》，《语丝》第1期。
2　《告遗老》，《语丝》第4期。
3　《三十年来我对于满清态度底变迁》，《语丝》第8期。
4　参见拙作《溥仪出宫·胡适抗议及其论辩》，见《横生斜长集》，天津百花文艺出版社，1998。
5　《语丝》第23期。

同心"驱虎"

1925年4月,章士钊出任北洋政府教育总长。他反对白话文和注音字母,主张小学生读经。同年7月,出版《甲寅周刊》,公开宣布"文字须求雅驯,白话庶不刊布"。该刊仿照民初《甲寅月刊》的旧例,封面上画一只老虎,其译名即为《The Tiger》;章士钊也因此被称为"老虎总长"。

面对思想文化界的昏谬、倒退现象,钱玄同十分着急。他致函胡适,动员他"开炮",但胡适有他自己的想法,复函说:

> 老兄不要怪我的忍耐性太高,我见了这些糊涂东西,心里的难受也决不下于你。不过我有点爱惜子弹,将来你总会见我开炮的,别性急呵。[1]

然而,钱玄同耐不住。当年5月初,他即和黎锦熙二人以私人名义倡办《国语周刊》,坚持提倡国语和白话文。同月6日,钱、黎应胡适之约,到中央公园长美轩相见。当日钱玄同日记云:"邵西与谈行严之倒行逆施,适之允为作文致函,并允为《国语周刊》撰文。"这就是说,胡适准备"开炮"了。《周刊》筹办得很顺利。6月9日,钱玄同、黎锦熙邀约胡适、邵飘萍、孙伏园、李小峰、萧家霖等人在长美轩吃饭,庆祝《国语周刊》告成[2]。14日,该刊第一期出版,发刊词是钱玄同的手笔,中云:

> 我们相信这几年来的国语运动是中华民族起死回生的一味圣药,因为有了国语,全国国民才能彼此互通情愫,教育才能普及,人们底情感思想才能自由表达,所以我们对于最近"古文"和"学

---

[1] 《胡适致钱玄同》,1925年4月12日,《鲁迅研究资料》第9辑,第85页,天津人民出版社,1982。

[2] 《钱玄同日记》,1925年6月9日。

校底文言课本"阴谋复辟,认为有扑灭它的必要,我们要和那些僵尸魔鬼决斗,拼个你死我活。[1]

钱玄同宣称:吴稚晖、胡适、林语堂、周作人、顾颉刚、魏建功等人已应允为刊物经常撰稿。这样,就形成了与"虎阵"对抗的局面。[2]

《国语周刊》提倡民间文艺,胡适很快就送来了《扬州的小曲》一文。8月27日,钱玄同编辑《国语周刊》第十二期,"专攻章士钊"[3]。胡适通知钱玄同称,"有《老章又反叛了》一文,今晚撰成,不及送出,明日当一早送来"。次日晨七时,胡适如约送来稿子。30日,该文在《国语周刊》第十二期刊出。胡适说:

> 我们要正告章士钊君:白话文学的运动是一个很严重的运动,有历史的根据,有时代的要求,有他本身的文学的美可以使天下睁开眼睛地共见共赏,这个运动不是用意气打得倒的。

同期,钱玄同也发表了《甲寅与水浒》一文,用冷嘲热讽的语言讽刺章士钊与反对白话文、视《水浒》为"下等说部"的汪某之间的通信。钱文说:

> 这样一吹一唱,虽然一个是短短几行,一个是寥寥数语,而卫道之诚,忧时之切,溢于言表,其有功圣门,殆有过于刻在《古文观止》里的那篇《原道》。

胡适和钱玄同的文章,庄谐杂出,尖锐地抨击了章士钊的复古卫道立场。

11月下旬,北京革命形势日渐高涨,人们高举着"首都革命"的大

---

1 《国语周刊》第1期,1925年6月14日。

2 黎锦熙:《国语运动史纲》,第135页。

3 《钱玄同日记》,1925年8月27日。

旗，多次集会、游行，要求打倒军阀政府，惩办卖国贼。愤怒的群众捣毁了章士钊等人的住宅，章士钊被迫潜逃天津。12月6日，钱玄同撰文说：

> 章行严去矣，后之来者，要是也像他那样做昏蛋们的代表，也像他那样要凭藉官势来统一思想，不管他是张三或李四，阿猫或阿狗，亡国大夫或兴国伟人，绅士或暴徒，我还是与对待章行严一样，反抗他，攻击他。[1]

至此，"驱虎"之役取得了完全的胜利。

《钱玄同成仁纪念歌》与《胡适之寿酒米粮库》

钱玄同因人到中年，常常变得固执而专制，曾经不无感慨地说过："凡人到了四十岁，便应该绑赴天桥，执行枪决。"[2] 1925年10月30日，他在一封信中又说："我现在三十九岁了，照旧法算，再过两个月便到枪决之年了。即照新法算，也不过'枪监候'十个月罢了。"[3] 1926年是钱玄同的"成仁"之年。次年，有几个幽默的朋友和他开玩笑，打算在《语丝》周刊里发刊一期《钱玄同先生成仁专号》。钱玄同欣然同意，亲自致函友人索稿。当时，胡适正在上海，担任新月书店董事长，8月11日，他致函钱玄同说："生离死别，忽忽一年，际此成仁周年大典，岂可无诗，援笔陈词，笑不可抑。"诗云：

> 该死的钱玄同，怎会至今未死！
> 一生专杀古人，去年轮着自己。
> 可惜刀子不快，又嫌投水可耻。

---

1 《在邵西先生的文章后面与几句不相干的话》，《国语周刊》第26期。
2 《国语周刊》第21期。
3 同注2。

这样那样迟疑，过了九月十二。
可惜我不在场，不能来监斩你！

今年忽然来信，要做"成仁纪念"。
这个倒也不难，请先读《封神传》。
回家挖下一坑，好好睡在里面，
用草盖在身上，脚前点灯一盏，
草上再撒把米，瞒得阎王鬼判，
瞒得四方学者，哀悼成仁大典。
年年九月十二，处处念经拜忏，
度你早早升天，免在地狱捣乱。[1]

这一年，钱玄同贫病交攻，神经衰弱，精神极为痛苦，日记自云："懒散颓废，日甚一日，真成了一个鲜鲜活死人了！这样活法，实在太苦恼，太无意义了。"[2] 大概他在致胡适函中有"回思数年前所发谬论，十之八九都成忏悔之资料"一类的话，因此，胡适在信中说："实则大可不必忏悔，也无可忏悔。所谓'种种从前，都成今我，莫更思量更莫哀'是也。我们放的野火，今日已蔓烧大地，是非功罪，皆已成无可忏悔的事实。"胡适要求钱玄同持一种坚定的人生态度："此中一点一滴都在人间，造福造孽惟有挺身肩膀担当而已。"[3]

胡适的《纪念歌》写好了，其他人的挽联、挽诗也写好了，《成仁专号》的广告也在有些地方发表了，但是，张作霖正统治着北京，对文化界采取高压政策，邵飘萍、林白水、李大钊等人都先后死在他的手下。为了避免引起"误会"，《成仁专号》终于没有出版。

转眼到了1930年，胡适40岁。11月28日，胡适离沪到北平任北京大学教授。这时，离胡适的生日已经很近，朋友们便酝酿为他作寿。12月4

---

1 《胡适致钱玄同》，1927年8月11日，《鲁迅研究资料》第9辑，第86页。

2 《钱玄同日记》，1927年9月12日。

3 《鲁迅研究资料》第9辑，第88~89页。

日，魏建功和钱玄同商量，拟联络马隅卿、黎锦熙、徐旭生、周作人等12人，共同送一篇寿辞，由魏建功作文，钱玄同书写[1]。15日，魏建功将寿辞写成，题为《胡适之寿酒米粮库》。文章称胡适为"从事革新中国文学的先锋将"，赞美他"慧眼高深，法力广大"，使中国文化界发生了一日千里的变化。寿辞说：

> 民国十九年（1930）十二月十七日便是他的四十整生日，他的朋友和学生们中间，有几个从事科学考古工作的，有几个从事国语文学研究和文字改革运动的，觉得他这四十岁的纪念，简直比所谓"花甲"、"古稀"更可纪念，因为在这十三四年中间，他所尽力于中国学术的辛苦，应该获得一些愉快，应该享受一点安慰[2]。

寿辞共两千余字，当日，钱玄同准备了优质的高丽纸，采购了笔墨，从晚七时直写至十二时。16日，约周作人、黎锦熙、魏建功来观看。17日，发现其中有两处错字，便割下重写了三分之二。当晚，钱玄同前去拜寿。本来，胡适因夫人规劝戒酒，其诗中有云："幸能勉强不喝酒，未可全断淡巴菰。"魏建功等人在寿辞中要求为胡适开戒，"好比乡下老太婆念佛持斋，逢了喜庆，亲友来给他开了斋，好饱餐肉味一样。"不料，胡夫人却重申酒戒。钱玄同日记云：

> 胡夫人赠以戒指与适之，刻"止酒"二字。吃得半中晦时，他受戒了。我过去看看，被胡夫人推为"证戒人"。[3]

生日晚会在"大开玩笑"中结束，它显示出胡适和朋友们的良好关系，也显示出钱胡二人间的深厚友谊。

12月20日，胡适应钱玄同之请在信中谈了自己对《春秋》的看法。

1　《钱玄同日记》，1930年12月14日。

2　魏建功影印《钱玄同先生遗墨》。

3　《钱玄同日记》，1930年12月17日。

胡适认为，今日无法可以证或否证今本《春秋》为孔子所作，由于时代关系，其中"有所忌讳"乃是很平常的事。函称："即使胡适之、钱玄同在今日秉笔作国史，能真正铁面不避忌吗？"函末，胡适对钱玄同费了那么多工夫书写寿辞表示感谢，并称："裱成时，还要请你签字盖章，使千百年后人可以省去考证的工夫。"[1]

国难期间

1933年1月1日，日本侵略军突袭山海关。3日，山海关和临榆县城失守，中国军民遭到疯狂的屠杀。2月21日，日军进犯热河。3月4日，占领承德，进迫长城脚下。自此，中国军队展开了英勇的长城抗战，历时80余天，其中如宋哲元部在喜峰口，徐庭瑶、关麟征、黄杰所率中央军队在南天门一带的血战，都极为悲壮激烈。5月22日，北平陷入日军三面包围之中。次日晨，华北军第七军团傅作义部在怀柔牛栏山抗击日军，演出了长城抗战最后的一幕。

从一开始，钱玄同就关注着长城战事。

1月3日日记云："今日看天津报，知1日晚日本兵在榆关开火，恐北平不能久居矣！"

3月5日日记云："在会中见报，知汤玉麟昨日逃，承德遂陷落，计日人攻热以来，不战而叛而降或逃。噫！"

3月14日日记云："古北口又失守了！"

3月15日日记云："塘沽日兵已上岸！"

由于忧心国事，而又自感缺少"执干戈以卫社稷"的能力，简直不知"究竟该做什么事才对"。[2]钱玄同从年初开始就谢绝参加各种宴会。他在致黎锦熙函中说："缘国难如此严重，瞻念前途，忧心如捣，无论为

1　《胡适致钱玄同》，1930年12月20日，《鲁迅研究资料》第9辑，第86页。

2　《以公历1684年岁在戊子为国语纪元议》，《国语运动史纲》，第4页。

国为家为身，一念忆及，便觉精神不安，实无赴宴之雅兴也。"[1] 5月17日，师大研究院毕业生宴请导师，钱玄同"照例谢绝"，只参加了饭后的摄影[2]。

进入5月以后，北平的局势日益紧张，敌机不断前来盘旋、侦察，街头开始挖壕，设置沙包。21日，何应钦通知各国立大学，可以允许学生"请假旋里"[3]。22日，军政首脑机关准备撤离，钱玄同也曾拟携子赴天津暂避。当日，北平政务整理委员会委员长黄郛开始与日方谈判停战。31日，签订《塘沽协定》，规定中国军队撤离长城区域，承认冀东为非武装区；同时也规定日军撤至长城线。

《塘沽协定》是屈辱的城下之盟，但它暂时稳定了华北地区的局势，钱玄同的心境也逐渐平静下来。6月初，胡适准备赴加拿大参加第五届太平洋国际学会。6日，钱玄同致函胡适，告以将在9日为他钱行。函称：

> 我从热河沦陷以后，约有三个月光景，谢绝饮宴之事。我并非以国难不吃饭为名高，实缘彼时想到火线上的兵士以血肉之躯当坦克之炮弹，浑噩的民众又惨遭飞机炸弹之厄，而今之东林党君子犹大倡应该牺牲糜烂之高调，大有"民众遭惨死事极小，国家失体面事极大"之主张。弟对于此等怪现象与新宋儒，实觉悲伤与愤慨，因此，对于有许多无谓之应酬实不愿参与，盖一则无心谈宴，一则实不愿听此等"不仁的梁惠王"之高调也。自塘沽协定以后，至少河北民众及前线士兵总可以由少惨死许多乃至全不遭惨死，故现在不再坚持不饮宴之主张了。[4]

钱玄同这里批评的"今之东林党君子"，主要指的是"自己安坐而唱高调，而以为民众应该死的空谈派"，对于真正舍生忘死、英勇杀敌的战士

---

1 曹述敬：《钱玄同年谱》，第117页，山东齐鲁书社，1986。
2 《钱玄同日记》，1933年5月7日。
3 《钱玄同日记》，1933年5月21日。
4 《胡适来往书信选》（中），第215~216页。

们，他是敬仰的。这从他为傅作义部在怀柔战死将士书碑一事可以清楚地看出来。碑文由胡适执笔，铭文说：

> 这里长眠的是二百零三个中国好男子，他们把他们的生命献给了他们的祖国。我们和我们的子孙来这里凭吊敬礼的，要想想我们应该用什么报答他们的血。

墓碑树立于绥远大青山下，这座由两位文化巨匠合作的纪念物堪称双璧，但是，遗憾的是，后来又有人命令说，一切抗日的纪念物都应该隐藏，于是，又在上面加了一层遮盖，另刻"精灵在兹"四字。

"只努力工作，就好像永永不死一样"

钱玄同长期为疾病所苦。从1929年起，他就身患高血压、血管硬化、神经衰弱诸症，此后，国事日非，他的疾病也日益加剧，身体与精神都日益衰颓。1934年冬天，他有一次在师大讲课，头目眩晕，几乎倾倒。1935年，他的右目突患视网膜炎，血压继续增高，因此，经常陷入目昏、头重、心悸、手颤的艰难境地。但是，他仍然孜孜矻矻于他所心爱的文字改革和国语统一工作，并作文自勉："一个人，无论事功或学问，总得要干，总得要努力干，不问贤愚，更无间老少。少年固然要努力干，老年因桑榆暮景，更应该乘此炳烛之明努力去干。"[1] 1937年，钱玄同致函胡适，询问佛学中的若干问题。4月8日，胡适复函钱玄同，认为佛教是一种消极的人生观，但积极的人，如王安石、张居正等，均能从中寻出积极的人生观来。他说："尊恙正需一种弘毅的人生观作抵抗力，切不可存一苟延残喘的悲观。我曾听丁在君说一句英国名言，我曾替他译为韵语：

1　《哀青年同志白涤洲先生》，《国语周刊》第160期。

Ready to die tomorrow, But work as if you live long!

明日就死又何妨！

只努力工作，就好像永永不死一样！[1]

这是目前所能见到的胡适致钱玄同的最后的一封信。它是胡适对老朋友的慰勉，也可以看作是他对老朋友的评价。

---

[1] 《鲁迅研究资料》第9辑，第101~102页。

柳亚子与胡适
——关于中国诗歌变革方向的辩论及其他

"五四"前夜,关于中国诗歌的变革问题,柳亚子和胡适之间有过辩论。尽管柳亚子对胡适的诗作和为人都并不佩服,但是,在理论上,他还是很快就成了胡适的赞同者。

胡适对南社的批评及其诗歌变革主张

南社是辛亥革命前后著名的文学团体。发起人为陈去病、高旭、柳亚子。1909年11月成立,活动延续30余年,社员总数达1180余人。他们大都是当时教育、新闻、出版事业方面的精英。社刊为《南社丛刻》,共刊出22集。其作品以诗歌、散文为主。辛亥革命前的主题多为批判清朝统治,倾诉爱国热情,呼唤民主,谴责专制,号召人们为中国的独立、富强而斗争,因此有同盟会宣传部的美誉。辛亥革命后的主题转为斥责袁世凯的称帝丑剧,抒发理想破灭的悲哀,在反映那个倒退、黑暗的年代方面亦有其积极意义。但是,胡适对南社的作品却一直很看不起。

1916年6月下旬,胡适在美国克利弗兰城(Cleveland, O.)参加第二次国际关系讨论会,其间收到杨杏佛的一首题为《寄胡明复》的"白话诗",诗云：

> 自从老胡去，这城天气凉。
> 新屋有风阁，清福过帝王。
> 境闲心不闲，手忙脚更忙。
> 为我告夫子，《科学》要文章。

杨杏佛，名铨，江西清江人，南社社员。1912年入美国康奈尔大学学习。1914年6月，与留美学生任鸿隽、胡明复等组织中国科学社。1916年创办《科学》杂志。本诗为催稿而作，胡适读了之后，非常高兴，在日记中录下了这首诗，同时写道："此诗胜南社所刻之名士诗多多矣！"[1]

胡适酝酿诗歌革新为时已久。1915年9月，胡适送梅光迪入哈佛大学读书时即有诗云："梅生梅生毋自鄙。神州文学久枯馁，百年未有健者起。新潮之来不可止，文学革命其时矣。吾辈势不容坐视，且复号召二三子，革命军前杖马棰，鞭笞驱除一车鬼，再拜迎入新世纪。"[2]这首诗可以看作是胡适从事"文学革命"的最早宣言。诗中，胡适用了十一个外国名词，自跋云："此种诗不过是文学史上一种实地试验，前不必有古人，后或可诏来者，知我罪我，当于试验之成败定之耳。"[3]同月，胡适有《依韵和叔永戏赠诗》云："诗国革命何自始，要须作诗如作文，琢镂粉饰丧元气，貌似未必诗之纯。"[4]胡适要求在绮色佳读书的朋友们共同努力，作"诗国革命"的实验。1916年1月29日，胡适日记云："近来作诗颇同说话，自谓为进境。"[5]同年4月，胡适研究中国文学的变迁，认为在中国历史上，曾经有过多次"文学革命"，至元代时，登峰造极，出现了以"俚语"写作的"活文学"。他说："倘此革命潮流，不遭明代八股之劫，不受明初七子诸文人复占之劫，则吾国之文学必已为俚语的文学，

---

1 《胡适留学日记》(四)，第47页，台湾远流出版公司。
2 《胡适留学日记》(三)，第196页。
3 同注2。
4 同注2。
5 《胡适留学日记》(三)，第247页。

而吾国之语言早成为言文一致之语言，可无疑也。"[1]稍后，胡适提出中国文学有"无病而呻"、"摹仿古人"、"言之无物"等三大病[2]，为此，胡适多次改订其所作《沁园春》(誓诗)，提出"何须刻意雕辞，看一朵芙蓉出水时"，"不师汉魏，不师唐宋，但求似我，何效人为"，"语必由衷，言须有物"等创作要求。[3]6月，胡适在绮色佳与任鸿隽、杨杏佛、唐钺讨论文学改良的方法，胡适认为，文言不能使人听懂，是一种半死文字；白话是文言的进化，优美适用，是一种活的语言。"凡文言之所长，白话皆有之，而白话之所长，则文言未必能及之"。因此，胡适力主以白话作文、作诗、作戏曲及小说。胡适并称："白话的文学为中国千年来仅有之文学。其非白话的文学，如古文，如八股，如札记小说，皆不足与于第一流文学之到。""今日所需，乃是一种可读、可听、可歌、可讲、可记的言语"，"施诸讲坛舞台而皆可，诵之村妪妇孺而皆懂"。胡适坚信，这种用白话写出的作品完全可以进入"世界第一流文学"之林[4]。

近代中国的文学革新运动始于戊戌维新运动的准备时期。白话文的早期提倡者为黄遵宪、裘廷梁、林獬，诗歌革新的提倡者为黄遵宪、谭嗣同、夏曾佑、梁启超。胡适倡导"似我"，以新名词入诗，并没有超越前驱者，但是，他认为白话优于文言，主张以白话写诗，相信运用白话可以产生出高级作品来，这确是破天荒的创见。然而，理论上的创见又常常伴生着片面和偏颇，胡适认为"白话文学为中国千年来仅有之文学"，就未免流于片面和偏颇。他之所以推崇杨杏佛的一首平淡、近于游戏的"白话诗"，认为远远超过南社的"名士诗"，其原因就在这里。

梅光迪、任鸿隽均为南社社员，二人都强烈反对以白话写诗。7月初，胡适开完国际关系讨论会，再过绮色佳，和梅光迪等展开辩论，梅光迪激烈地指责胡适的"活文学"之说。17日，他致书胡适，认为白话"未经美术家之锻炼"，"无永久之价值"，"鄙俚乃不可言"。函称："如足

1　《胡适留学日记》(三)，第269页。
2　《胡适留学日记》(三)，第290～291页。
3　《胡适留学日记》(三)，第287～290页。又《胡适留学日记》(四)，第4、9页。
4　《胡适留学日记》(四)，第43～46页。

下之言，则人间材智、教育、选择诸事，皆无足算，而村农伧父，皆足为诗人美术家矣。"[1] 22日，胡适写了一首《答梅觐庄》的白话长诗，其第一段复述梅光迪的观点，二、三两段胡适反驳，第四段互相问难，第五段云：

> 人忙天又热，老胡弄笔墨，
> 文章须革命，你我都有责。
> 我岂敢好辩，也不敢轻敌。
> 有话便要说，不说过不得，
> 诸君莫笑白话诗，
> 胜似南社一百集。[2]

这里，胡适再次表示了对南社及其刊物《南社丛刻》的轻蔑。

胡适的这首诗"开下了一场战争"[3]。梅光迪讥之为"如儿时听'莲花落'，真所谓革尽古今外诗人之命者"[4]。任鸿隽认为它是一次"完全失败"，虽然是白话，也有韵，但并不能称之为诗。他担心胡适的努力会破坏中国文学的美好传统，致函说："假定足下之文学革命成功，将令吾国作诗者皆京调高腔，而陶、谢、李、杜之流，永不复见于神州。"[5] 胡适坚信真理在握，不吐不快，写了一封长信回答任鸿隽。函中，胡适表示，白话能否作诗，全靠"实地试验"，一次"完全失败"，何妨再来。信末，胡适针锋相对地提出：1. 文学革命的手段，要令中国的陶、谢、李、杜皆敢用白话高腔京调做诗；又必须彼等皆能用白话高腔京调做诗。2. 文学革命的目的，要令中国有许多白话高腔京调的陶、谢、李、杜。换言之，则要令陶、谢、李、杜出于白话高腔京调之中。3. 今日决用不着"陶、谢、李、杜"的陶、谢、李、杜。4. 与其作似陶、似谢、

1　《胡适留学日记》（四），第78页。
2　《胡适留学日记》，第74页。
3　《胡适留学日记》，第80页。
4　《胡适留学日记》，第80页。
5　《胡适留学日记》（四），第81～82页。

似李、似杜的诗，不如做不似陶、不似谢、不似李、不似杜的白话高腔京调。胡适表示，自此以后，他绝不再作文言诗词。[1]

不仅如此，胡适又进一步把这场论战引向国内。8月，胡适翻读1915年出版的《青年》第3号，见到其中有南社诗人谢无量的长律《寄会稽山人八十四韵》，编者推为"希世之音"，按语说："子云、相如而后，仅见斯篇，虽工部亦只有此工力，无此佳丽。"胡适不同意这一观点，于同月21日致函该刊编者陈独秀，认为该诗在排律中，也只能是下等作品。胡适并称：

> 尝谓今日文学之腐败极矣，其下焉者，能押韵而已矣；稍进，如南社诸人夸而无实，滥而不精，浮夸淫琐，几无足称者（南社中间亦有佳作，此所讥评，就其大概言之耳）。更进，如樊樊山、陈伯严、郑苏龛之流，较南社为高矣，然其诗皆规摹古人，以能神似某人某人为至高目的，极其所至，亦不过为文学界添几件赝鼎耳，文学云乎哉！[2]

清末民初的诗坛，除陈去病、柳亚子、高旭等南社派外，还有以模仿汉魏诗为主的王闿运派，以模仿中晚唐诗为主的樊增祥（樊山）、易顺鼎（实甫）派，以模仿采诗为主的陈三立（伯严）、郑孝胥（苏堪、苏龛、海藏）派。胡适此函，以横扫千军的气势否定了当时的各种诗派，这就在沉闷窒息的中国文坛上投下了一枚重磅炸弹。

柳亚子的反击及其"文学革命"观

胡适对南社的第一次批评，当时没有正式发表；第二次批评，发表

---

[1] 《胡适留学日记》，第85~86页。
[2] 《新青年》第2卷第2号，所署时间为"民国五年十月"，但据《胡适留学日记》（四），此函作于1916年8月21日。

于《留美学生季报》，柳亚子没有见到，只有第三次批评，柳亚子见到了。1917年4月23日，他在《与杨杏佛论文学书》中说：

> 胡适自命新人，其谓南社不及郑、陈，则犹是资格论人之积习。南社虽程度不齐，岂竟无一人能摩陈、郑之垒而夺其鳌孤者耶？[1]

南社诗人大多反对清王朝，是同盟会领导的民族、民主革命的参加者或拥护者；郑孝胥、陈三立则均做过清政府官吏，反对革命。因此，南社成立伊始，柳亚子就激烈地批判郑、陈诗派（当时称为同光体），并力图与之"争霸"。郑孝胥、陈三立推尊宋诗，柳亚子则推尊唐诗。1911年，清政府实行"铁路国有"政策，受到全国人民反对，革命党人准备借机起义，推翻清政府。然而，本已罢职赋闲的郑孝胥却于此际复出，依附盛宣怀和端方，支持清政府的"国有"政策，并出任湖南布政使。8月，柳亚子在《胡寄尘诗序》中说：

> 今之称诗坛渠率者，日暮逢穷，东山再出，曲学阿世，迎合时宰，不惜为盗臣民贼之功狗，不知于宋贤位置中当居何等也！[2]

这里所说的"诗坛渠率"，指的正是郑孝胥。1912年2月，民国初建，柳亚子又在报上撰文，点名批评郑、陈二人"貌饰清流，中怀贪鄙"，模仿江西诗派，以致作品"声牙佶屈，庋于目而涩于口，终已莫得其要领"，其祸等于"洪水猛兽"。[3]柳亚子认为：民国时代应有民国之诗，不应再推尊亡清遗老为诗坛领袖；章太炎以及苏曼殊、马君武等"南社诸贤，龙翔虎视，霞蔚云蒸"，"将以开一代风骚之盛"。[4]现在胡适居然认为郑、陈等人的作品"较南社为高"，这自然使柳亚子极为不平。

---

[1] 上海《民国日报》，1917年4月23日。
[2] 《南社》第5集。
[3] 《民声日报》，1912年2月27日。
[4] 上海《民国日报》，1917年8月20日。

在《与杨杏佛论文学书》中，柳亚子又批评胡适说：

> 彼倡文学革命，文学革命非不可倡，而彼之所言，殊不了了。所作白话诗，直是笑话，中国文学含有一种美的性质，纵他日世界大同，通行"爱斯不难读"，中文、中语尽在淘汰之列，而文学犹必占有美术中一科，与希腊、罗马古文颉颃，何必改头换面，为非驴非马之恶剧耶！[1]

1917年2月1日，胡适在《新青年》第2卷第6号上发表了《白话诗》八首，这是中国文学史上在明确理论和自觉意识指导下创作的第一批白话诗。作为新生事物，它们自然是不成熟的，与取得高度艺术成就的中国优秀古典诗歌比，它们自然是幼稚的。但是，这批诗开始突破中国传统诗歌严密格律的束缚，采用与生活接近的新鲜、活泼的语言，毕竟是一种有益的尝试，昭示着中国诗歌发展的新途径。然而，柳亚子却讥之为"直是笑话"，是一种"非驴非马"的"恶剧"。他进一步阐述自己的"文学革命"观说：

> 《新青年》陈独秀弟亦相识，所撰非孔诸篇，先得我心。至论文学革命，则未免为胡适所卖。弟谓文学革命，所革当在理想，不在形式。形式宜旧，理想宜新，两言尽之矣。又诗文本同源异流，白话文便于说理论事，殆不可少；第亦宜简洁，毋伤支离。若白话诗，则断断不能通。
>
> 诗界革命，清人中当推龚定庵，以其颇有新思想也。近人如马君武，亦有此资格，胜梁启超远甚。新见蜀人吴又陵诗集，风格学盛唐，而学术则宗卢、孟，亦一健者。诗界革命，我当数此三人。若胡适者，所谓画虎不成反类犬，宁足道哉！宁足道哉！[2]

---

[1] 上海《民国日报》，1917年4月23日。

[2] 上海《民国日报》，1917年4月27日。

近代中国的"诗界革命"经历了曲折的发展过程。1896年至1897年之间，改良派企图融合佛、孔、耶三教思想资料，创立一种为维新运动服务的"新学"；在诗歌上，他们则力图创造一种"新学之诗"。这种"新学之诗"从《旧约》、《新约》、佛教经典及外文中吸取典故和词汇，表现出开辟诗歌语言新源泉的努力。但是，他们实际上使诗歌的语言源泉更为狭窄，写出来的作品又完全不顾诗歌的艺术要求，生涩难懂，既脱离传统，又脱离群众，很快就证明是一条死胡同。戊戌维新运动失败后，梁启超推崇黄遵宪的诗作，主张"以旧风格含新意境"。他说："革命者，当革其精神，非革其形式。吾党近好言诗界革命，虽然，若以堆积满纸新名词为革命，是又满洲政府变法维新之类也。能以旧风格含新意境，斯可以举革命之实矣。"[1]梁启超主张的实质是，在保存中国古典诗歌的传统风格、形式的前提下，表现新思想、新生活。到了"五四"前夜，胡适主张以白话写诗，诗界革命就进入了它的第三阶段。

柳亚子在政治上和梁启超对立，因此，他总是不大愿意肯定梁启超的"诗界革命"主张。实际上，他的"形式宜旧，理想宜新"的观点和梁启超的"以旧风格含新意境"的主张并无二致。他所不能接受的只是胡适的更加彻底的"革命"。在漫长的岁月里，中国古典诗歌取得了辉煌的成就，积累了丰富的艺术经验，因此，不少人宁愿接受传统格律的束缚，而不愿意写作白话诗。

同年6月，南社内部的尊宋派向柳亚子挑战，掀起唐宋诗风之争，牵连及于"文学革命"。在《再质野鹤》一文中，柳亚子说：

> 去岁以来，始有美国留学生胡适，昌言文学革命，谓当以白话易文言，殆欲举二千年来优美高尚之文学而尽废之，其愿力不可谓不宏，然所创白话诗，以仆视之，殊俳优无当于用。彼之论文，诟太炎为不通，于诗则诋梅村《永和宫词》、《圆圆曲》用典太多，尤集矢于渔洋《秋柳》。至其数当代作者，则亦曰郑、陈、樊、易而

---

[1] 《饮冰室诗话》，第51页，人民文学出版社，1959。

已。故仆尝诮其名为革命，实则随俗无特识。[1]

1916年8月，胡适致书陈独秀，提出"文学革命"入手八事，其第一事即为"不用典"[2]。1917年1月，胡适在《文学改良刍议》中对八事作了阐释，他批评章太炎"刻削古典成语，不合文法"，批评王士禛的《秋柳》诗用典"泛而不切"，"无确定之根据"。[3] 柳亚子此文，即系针对《文学改良刍议》而言。"殆欲举二千年来优美高尚之文学而尽废之"，柳亚子加给胡适的罪名实在不能算小。

胡适的批驳

正像看不起南社一样，胡适也没有把柳亚子的批评看在眼里，因此，始终不曾作过认真的答辩。

1917年6月，胡适自美洲归国，途中摘抄了柳亚子的《与杨杏佛论文学书》，在日记中写道：

> 此书未免有愤愤之气。其言曰："形式宜旧，理想宜新。"理想宜新，是也。形式宜旧，则不成理论。若果如此说，则南社诸君何不作《清庙》、《生民》之诗，而乃作"近体"之诗与更"近体"之词乎？[4]

中国的文学形式经历了丰富纷繁的变化。以诗歌论，反映原始狩猎生活的古代《弹歌》是二言体："断竹，续竹，飞土、逐肉。"后来发展出四言体，周朝的宗庙乐歌《清庙》和民族史诗《生民》便是其代表作。其后，随着社会生活、语言、音乐等诸种因素的变化，相继产生了五言古

---

[1] 上海《民国日报》，1917年7月6日。
[2] 《新青年》第2卷第2号。
[3] 《新青年》第2卷第5号。
[4] 《胡适留学日记》（四），第253页。

诗、七言古诗、五言近体、七言近体（律诗与绝句）。唐末至宋、元时代，又发展出长短不定的词与曲。如果坚持"形式宜旧"的观点，那么，中国诗歌便只能永远保持原始歌谣的古朴面貌，不可能出现如此众多的形式，也不可能有任何革新与创造。胡适的这一反驳很有力，南社诸君也并没有按《清庙》、《生民》的古老形式写作，又何能反对人们对一种新的诗歌形式的追求呢？

文学是内容和形式的统一体。其中，内容流动不居，变化迅速，而形式则具有较大的稳定性。但是，当一种形式已经丧失生命力，或者严重脱离社会生活，桎梏内容的表达时，便应该改造旧形式，创造新形式。柳亚子主张文学内容的革命——"理想宜新"，但是却反对文学形式的革命，自然是片面的，不可能为中国诗歌的变革指出正确的方向和途径。1919年8月，胡适在《尝试集自序》一文中说：

> 近来稍稍明白事理的人，都觉得中国文学有改革的必要……甚至于南社的柳亚子也要高谈文学革命。但是他们的文学革命论只提出一种空荡荡的目的，不能有一种具体进行的计画。他们都说文学革命决不是形式上的革命，决不是文言白话的问题。等到人问他们所主张的革命"大道"是什么，他们可回答不出来了。这种没有设想计画的革命——无论是政治的是文学的——决不能发生什么效果。[1]

胡适这里批评柳亚子不懂得形式、语言诸因素的重要性，其"文学革命"论缺乏"具体进行的计画"，可以看作是对柳亚子《与杨杏佛论文学书》的公开回答。

关于郑孝胥、陈三立诗与南社作品的高下问题，胡适以后并没有再发表过新的意见。1922年2月，《申报》出版《最近之五十年》一书，胡适为该书写作《五十年来中国之文学》一文，其中论及近代诗人，除推崇金和与黄遵宪外，只提到陈三立、郑孝胥、樊增祥三人，而一字不及南社，可以看出，胡适完全没有理会柳亚子的抗辩。

1　《尝试集》。

柳亚子成为白话诗的拥护者

柳亚子是个不断进步、不断求新的人，因此，他和胡适在文学主张上的对立并没有坚持多久。

"五四"运动后，柳亚子逐渐感到，做白话文的人，怀抱的主张大都和他相合，而做文言文去攻击白话文的人，其主张则和他相距太远。同时，他也感到，用文言文表达新思想，确实困难，恍然悟到必须有"新工具"。这样，他便决心加入新文化运动，并酝酿改组南社。

1923年5月，柳亚子与叶楚伧、胡朴安、余十眉、邵力子、陈望道、曹聚仁、陈德徵等人发起组织新南社。10月14日，该社成立，沈雁冰（茅盾）、刘大白等新文学作家陆续成为社员。新南社骨干朱少屏曾邀请胡适加入，遭到拒绝。[1]

新南社以响应新文化运动为主旨。在《新南社成立布告》中，柳亚子回溯历史，检讨南社在辛亥革命后逐渐堕落的原因，他说：

> 二次革命失败，社中激烈份子，更牺牲了不少，残余的都抱着"妇人醇酒"消极的态度，做的作品，也多靡靡之音，所以就以"淫滥"两字，见病于当世了。

他又说：

> 旧南社的朋友，除了少数先我觉悟的以外，其余抱着十八世纪遗老式的头脑，反对新文化的，竟居大多数。那末，我们就不能不和他们分家，另行组织，和一班新朋友携手合作起来，这新南社便应运而生，呱呱堕地了。[2]

---

1 《胡适日记》（微卷），1923年10月14日，美国哥伦比亚大学珍本和手稿图书馆藏。

2 《南社纪略》，第101~102页，上海人民出版社。

胡适曾批评南社的作品"夸而无实,滥而不精,浮夸淫琐",从上述柳亚子的言论可以看出,他认真考虑过胡适的批评;他之所以毅然和"旧朋友"分家,组织新南社,和胡适的批评不无关系。

这一时期,柳亚子已经成为白话文学的积极护卫者。1923年11月1日,他在《答某君书》中说:

> 承询旧文艺与新文艺之判,质言之,即文言文与语体文耳。仆为主张语体文之一人,良以文言文为数千年文妖乡愿所窟穴,纲常名教之邪说深入于字里行间,不可救药,故必一举而摧其壁垒,庶免城狐社鼠之盘踞。[1]

将文言文斥为"文妖乡愿"的窟穴,揭示反对文言文和反对"纲常名教"之间的关系,主张"一举而摧其壁垒",完全是《新青年》同人的观点。

胡适在与陈独秀、钱玄同等人的通信中,曾盛赞《水浒》、《儒林外史》等白话小说,柳亚子完全同意这一看法。在《答某君书》中,他又说:

> 《儒林》处科举万能之世,而痛骂时文;《水浒》处君权专制之下,而昌言革命。其思想高尚,出唐、宋八家万倍。学校采其菁华,、定为课本,何嫌何疑?[2]

以为《儒林外史》、《水浒》的成就远远高于唐、宋八大家的古文,可以列为学校教材,这也是《新青年》同人的观点。

当时,守旧派攻击胡适等人提倡白话是由于学问不够,对此,柳亚子反驳说:

---

[1] 《新黎里》,1923年11月1日。
[2] 同注1。

>仆意适之辈对于所谓国学，其程度至少在林纾之上，而主张语体文之仆，至少亦尚在足下之上也。[1]

从胡适的反对者转变为胡适的支持者，反映出柳亚子思想的巨大进步。也反映出新文化运动的日益深入人心。然而，柳亚子毕竟是柳亚子，他并不一味附和胡适。函末，柳亚子赘言称：

>胡适之以《努力周报》取媚吴、陈，其人格已与梁任公等夷，仆极不满，以其为新文学首难之胜、广，故特举以为例，非崇拜其人也。[2]

柳亚子论文、论人，感情热烈，爱憎鲜明，常常因政治倾向而抹杀其余，然而于胡适，却能在批评其以《努力周报》"取媚"吴佩孚、陈炯明的同时，承认其为"新文学首难"的陈胜、吴广，表现出理智的、科学的态度。

此际，柳亚子对白话诗的看法也有了一百八十度的转变。

1924年6月，南社社员吕天民写信给柳亚子，批评以白话写作的新诗。其理由之一是新诗缺乏音节。他说："既叫新诗，无论四言、五言、六言、七言或长短句，总应该有相当的音节。"其理由之二是新诗的内容："满纸都是姐呀，妹呀，花呀，叶呀，其立意无非害单相思病。"其理由之三是新诗爱用"呀哟吗呢"等语气词。如此等等。对此，柳亚子一一作了解释。他说：

>我的主张，文学是善于变化的东西，由四言变而为五七言，由五七言古体变而为律诗，变而为词，再变而为曲，那么现在的由有韵诗变为无韵诗，也是自然变化的原则，少数人的反对是没有效力的。[3]

---

[1] 《新黎里》，1923年11月1日。

[2] 同注1。

[3] 《新黎里》，1924年8月1日。

承认文学是"善于变化的东西",表明柳亚子已经放弃了"形式宜旧"的看法,并且接受了胡适在"五四"前后大力倡导的"历史的文学观念论"。信中,柳亚子谆谆劝告吕天民,自己喜欢做旧诗,尽做不妨,但是切不可反对新诗,不能当"新顽固"派。他说:

> 祝你努力于革命的文学(是你所谓新其意思)和文学的革命(是你所谓新其体格)。[1]

既赞成革命文学,又赞成文学革命,表明柳亚子已经完成了从辛亥到"五四"的飞跃。

尽管柳亚子赞成白话诗,但是,他对于胡适的创作实践却并不欣赏。在"五四"时期出现的诗人中,使柳亚子倾心赞美的乃是郭沫若。1924年7月,柳亚子读了郭沫若的《匪徒颂》,曾经写过一篇热情洋溢的评介文章,中云:

> 自从《新青年》杂志提倡白话诗以来,在中国文坛上突起了一支生力的革命军,对于思想学术界都起重大的变动,我觉得是非常有关系的。[2]

肯定《新青年》提倡白话诗的功绩也就是肯定胡适,但是,柳亚子又说:"在许多白话诗集当中,我最爱读的是郭沫若先生《女神》集里六首《匪徒颂》,有高视阔步不可一世的气概","是白话诗集中无上的作品"。后来,有人将新诗分为郭沫若、徐志摩、闻一多三大派,认为"郭诗是一条疯狗,徐诗是一个野鹤,闻诗是一匹猫",柳亚子又曾明确表示:"我是宁愿赞同疯狗的。"[3]

---

[1] 《新黎里》,1924年8月1日。
[2] 《新黎里》,1924年7月16日。
[3] 《我对于创作旧诗和新诗的感想》,见《创作的经验》,上海天马书店,1933。

余　波

柳亚子既成了白话诗的拥护者，因此，他在中国诗歌的变革方向上就不再与胡适构成对立，但是，在对于南社的评价上，二人之间却仍然存在着歧异。

1929年10月，国民党中央宣传部长、原南社社员叶楚伧发表文章，其中有"中国本来是一个由美德筑成的黄金世界"一语[1]，胡适认为这一句话最足以代表"国民党的昏愦"[2]，于同月写成《新文化运动与国民党》一文，批评国民党保守的文化政策。胡适认为，这种保守的文化政策有其历史渊源。他分析戊戌维新运动以后的文化界情况说：

> 那时国内已起了一种"保存国粹"的运动。这运动有两方面，王先谦、叶德辉、毛庆藩诸人的"存古运动"自然是完全反动的，我们且不论。还有一方面是一班新少年也起来做保存国粹的运动，设立"国学保存会"，办《国粹学报》，开"神州国光社"，创立南社。他们大都是抱着种族革命志愿的，同时又都是国粹保存者。他们极力表彰宋末明末的遗民，借此鼓吹种族革命论；他们也做过一番整理国故的工作，但他们不是为学问而做学问，只是借学术来鼓吹种族革命并引起民族的爱国心。他们的运动是一种民族主义的运动，所以他们的领袖人才，除了邓实、刘光汉几个人之外，至今成为国民党的智识分子。柳亚子、陈去病、黄节、叶楚伧、邵力子诸先生都属于这个运动。因为这个缘故，国民党中自始便含有保存国粹国光的成分。

胡适并称：

---

[1] 《浙江民报》，1929年10月10日。

[2] 《胡适日记》（微卷），1929年11月12日。

> 狭义的民族主义运动总含有一点保守性质，往往倾向到颂扬固有文化，抵抗外来文化势力的一条路上去。这是古今中外的一个通例。[1]

胡适认为，"许多国民党的领袖人物"之所以不赞成新文化运动，"国粹保存家与南社诗人"之所以反对新文学，其原因就在这里。

胡适是从清末文化界走过来的人，他的上述言论深刻地揭示了辛亥前夜革命党人鼓吹的国粹主义思潮的两种性质：既有鼓吹反清革命、发扬民族优秀文化的爱国主义一面，又有抵御西方先进文化、抱残守缺、反对文化革新的保守一面。事实也确是如此，南社成员中有些人曾经积极推动过诗界革命、文界革命、戏曲革命，但是，南社成立时，由于接受了国粹主义思潮的影响，上述诸种"革命"就都停顿了。

胡适的《新文化运动与国民党》一文曾经激起许多国民党人的愤怒，但是，柳亚子没有参与那盛极一时的"围剿"。在对于传统文化——"国学"的态度上，20年代的柳亚子已经比胡适更为激烈。例如新南社成立时，叶楚伧曾经将"整理国学"列为宗旨，但不久，柳亚子就对此表示怀疑。他说：

> "整理国学"之说，创于胡适之辈。陈独秀先生则以为求香水于牛粪，徒劳而靡所获。仆近日瓣香，颇宗独秀。曩时发起新南社，以"整理国学"列诸条文，犹不免为适之辈所误。然第曰整理，而不言保存，则国学之价值如何，自当付诸整理后之定论，非目前即视为神圣不可侵犯也。[2]

视"整理国学"为"求香水于牛粪"，自然不会维护所谓"黄金世界"说。

一直使柳亚子耿耿于怀的还是老问题——胡适认为郑孝胥、陈三立的作品较南社"为高"。1936年2月，柳亚子发表致曹聚仁的公开信，中云：

---
1 《新月杂志》第2卷第8号。
2 《新黎里》，1923年11月1日。

对于南社，我觉得二十年来的评坛上，很少有持平之论；捧南社的讲它是如何有功于革命，我自己也颇有些赧颜。我以为南社文学，在反清反袁上是不无微劳的。不过它不能领导文学界前进的潮流，致为五四以后的新青年所唾弃，这也是事实。然而像胡适之博士论南社，以"淫滥"两字一笔抹杀，反而推崇海藏之流，我自然也不大心服。我以为讲三十年来的中国文学史，南社是应该有它的地位的。[1]

1929年，鲁迅在燕京大学国文学会发表演讲，曾经说过："清末的南社，便是鼓吹革命的文学团体。他们叹汉族的被压制，愤满人的凶横，渴望着'光复旧物'。但民国成立以后，倒寂然无声了。"[2] 柳亚子认为南社在反清之后，还有反袁的一幕，并不如鲁迅所言"寂然无声"，但是，他认为鲁迅的这一评价远较胡适为公正。同文中，柳亚子又称："他承认南社为清末鼓吹革命的文学团体，其识见便也高出胡博士之上了。"[3]

---

1 《南社诗集》第1册。
2 《三闲集》，《鲁迅全集》第4卷，第134~135页，人民文学出版社，1982。
3 同注1。

图书在版编目（CIP）数据

从帝制走向共和：杨天石解读辛亥秘档 / 杨天石著. -- 重庆：重庆出版社，2016.1

ISBN 978-7-229-09810-0-01

Ⅰ.①从… Ⅱ.①杨… Ⅲ.①辛亥革命—史料 Ⅳ.①K257.06

中国版本图书馆CIP数据核字（2015）第096268号

从帝制走向共和：杨天石解读辛亥秘档
CONG DIZHI ZOUXIANG GONGHE: YANGTIANSHI JIEDU XINHAIMIDANG

杨天石 著

策　　划：华章同人
出版监制：徐宪江
责任编辑：徐宪江　李　翔
营销编辑：史青苗　刘晓艳
责任印制：杨　宁
封面设计：潘振宇774038217@qq.com

重庆出版集团 重庆出版社 出版
（重庆市南岸区南滨路162号1幢）

投稿邮箱：bjhztr@vip.163.com
北京温林源印刷有限公司　印刷
重庆出版集团图书发行有限公司　发行
邮购电话：010-85869375/76/77转810

重庆出版社天猫旗舰店
cqcbs.tmall.com

全国新华书店经销

开本：787mm×1092mm　1/16　印张：36　字数：520千
2016年1月第1版　2020年4月第2次印刷
定价：69.80元

如有印装质量问题，请致电023-61520678

版权所有，侵权必究